多層的ヨーロッパ統合と法

大木雅夫・中村民雄［編著］

聖学院大学出版会

はしがき　——編集の意図、本書の構成——

ヨーロッパ統合は、統合への力と瓦解への力、求心力と遠心力が同時に作用してきた。二十世紀後半だけをみても、統合への力、求心力を高めるために、一九五〇年代に発足したEC（European Communities, 欧州共同体）、一九九〇年代にそれを発展させたEU（European Union, 欧州連合）、このほか一九五〇年代以来の欧州審議会（Council of Europe）といった国際的制度が試みられてきた。他方で、瓦解の力、遠心力も働いてきた。ECの成立時には東西冷戦がヨーロッパを東西に分断していた。ECがヨーロッパの人々の流血の対立を乗り越える共同体として構想されながら、実際には東西冷戦の谷間におかれた西ヨーロッパの経済復興による自立を一九五〇—六〇年代に第一目的とし、東欧諸国とソビエト連邦の経済協力体コメコンに対抗した現実も見逃せない。EC・EUの内部にあっても、加盟国はそれぞれが主権的国家の実質を維持しようとして、EC・EUの運営や発展を停滞させる現象が繰り返しみられた。あるいは国家内部での分権化がEUの統合の進行と並行して生じるといった現象もみられる。

このようにひとつEC・EUをとってもヨーロッパ統合に対して常に求心力として働いてきたわけ

ではなかった。むしろ求心と遠心の両義を備えていた。したがって、ヨーロッパ統合の理念と現実を客観的に把握するためには、EUや欧州審議会の内部論理の考察だけでは足りない。それに加えて、今も厳然と残るヨーロッパの各国家の法の歴史的展開、過去に企てられたヨーロッパ統合の事例と現在のEUや欧州審議会の実行との歴史的比較などを通じて、現在の統合の形態のどこがどう新しいのかを解明することが必要である。また現在のEUや欧州審議会に対する加盟諸国のそれぞれの立場を比較する必要もある。このような歴史的かつ比較的方法によってEUを客観的に認識して初めて、日本のヨーロッパ諸国やヨーロッパ全体に対する政策の方針についても妥当な提言ができるようになるであろう。そこで本書**第一部「多層的ヨーロッパ統合への接近」**では、まず歴史、理念、比較法といった巨視的な視点からヨーロッパ統合を眺める諸論稿を第一部に集めた。ここではEUと欧州審議会の両方を含めたヨーロッパ統合全体について、歴史的、理念的また比較法的な観点から、それを相対化して外在的な目でみることを試みる。

さて、EC・EUや欧州審議会といった制度を通したヨーロッパ統合は、これまでの法学が主として論じてきた国家内や国家間の法秩序の把握の仕方を応用して把握できる部分も多いが、それだけでは十分に把握し理解できない面ももっている。さらに、EC・EUという制度と欧州審議会の制度は、いずれもヨーロッパ統合に貢献するが、貢献の仕方は、重なり合いをもちながらも異なる。

一方のEC・EUは、加盟各国の国家主権の一部をEC・EUに移譲し、EC・EUは超国家的な機関としてすべての構成国とそこの人々のために政策の立案や遂行に当たる。つまりEC・EUを通したヨーロッパ統合は、端的にいえば、統治権力の制度的多層化である。ゆえにこの局面では、E

C・EUは、アメリカ合衆国やドイツの連邦制度のような制度的な統治権力多層化現象とも、一定程度は、共通して把握できる。またヨーロッパ諸国の国内の憲法と同様に、EC・EU次元の統治三権を立憲的な関心から特定してそれを憲法的規範により統制するという国内法的なパラダイムをEC・EUに投射して分析する方法も、一定程度は、可能である。しかし、EC・EUは、構成国を国家として存続させながら、自らは国家とはならずに、統治権限の部分を共有化して統治に当たる前例のない特異な統治体である。ゆえに国家憲法や国際法が前提にしていた「国民」や「領土」をもつ権力は、EC・EU自らはもたない。

他方、欧州審議会は、EC・EUのような国家統治権力の移譲や制限は伴わない。その代わり、特に欧州人権条約(一九五〇年締結)やその下で設置された欧州人権裁判所の人権事件判決を通じて、加盟各国の人権保障水準の底上げ、ひろくは「ヨーロッパの公序(l'ordre public européen)」の形成に貢献してきた。こうして欧州人権条約と人権裁判所の活動により、ECとは別のヨーロッパ次元の法と各国法との重層化が生じている。これは権力の多層化とは異なる。欧州人権条約とその裁判所が形成する欧州人権秩序は、権力の配分を伴わないで、規範の共有と相互補強を行うのである。

このように、ヨーロッパ統合には、共通利益の維持や増進のための権力多層化を進める面(EU)と、それを含まずに同様の法的規範の重層化による各次元の法規範の相互補強を進める面(人権条約)との両方がある。ただし、この両方は相互排他的ではなく、重複しうる。EC・EUの活動は、規範の構成国間での共有化と、各国次元とEU次元での法の相互補強が、統治権力による強制を伴っていっそう実効化したものとみることもできよう。EUと欧州審議会の二制度がヨーロッパ統合に対して貢献する仕方は、重なり合いをもちながらも異なるというゆえんである。

このような包括的な見方をとると、ヨーロッパ統合という現象が国民国家建設とは異なることがいっそう明確に理解されるであろう。EC・EUは一見すると連邦制国家の建設途上に類似してみえるけれども、EC・EUの内在論理を細密に検討すればそれは国家建設プロジェクトではない。EU諸国は、あくまでも国家として存続することを望んでおり、EUだけでなく欧州審議会の活動をも推進している。

以上の理解に基づいて、本書では、ヨーロッパ統合を外在的な視点からみる第一部に続いて、**第二部「国家統治権力の多層的再編成」**では、今度は内在的な視点から、EC・EUを取り上げ、EU法と各構成国の法との関わり合いを中心に、EU法秩序を内在的視点から把握し、その独自の特徴やヨーロッパ統合への貢献の態様や構成国の法との相互作用を検討する諸論稿を収めた。**第三部**では、**「基本的規範の共有と緊張」**と題して、EC・EU、欧州審議会、そして国際法による規範の共有とその失敗ないし緊張を指摘する論稿を収めた。このように、ヨーロッパ統合を、歴史的に文脈化し、EC・EUと欧州審議会の複線がある作業として複眼的にとらえる視点を明確に出して論稿を集めた。このような複眼的なヨーロッパ統合論集は、本書の独自の貢献といえるであろう。

しかし、規範の共有による統合という面については、まだ立ち戻るべき問題がある。ヨーロッパ統合も、「ヨーロッパ」なる概念を携える限りは、純粋の規範共有作業とも異なるという点である。純粋の規範共有作業は、国連など国際的な場での世界共通法の形成作業に代表されるように、地理的概念とは本来的に無縁である。いかにEC・EUが自ら領土画定権力をもたないといっても、いかにE

C・EUや欧州審議会の基本規範を共有するメンバーであれば「ヨーロッパ」のメンバーと呼ぶものとして「ヨーロッパ」を政治的な概念として使うとしても、やはり「ヨーロッパ」という言葉には、歴史的にそれとして語られてきた場所の範囲がある。地理的境界を含意する概念として「ヨーロッパ」はいまだに日常は使われている。そういう「ヨーロッパ」概念を統合の題目に掲げる限りは、やはりヨーロッパ統合は一定の地域において領土を画定して社会を建設しようとする、領土国家の建設作業とも類似する面を払拭できない。ゆえに、最終的に、長期的な歴史的視点に再び立ち戻りつつ、ヨーロッパ統合の行く末がどこにあるのかについては、法的な視点だけにとらわれず、複眼的に人文科学や社会科学のさまざまの知見も総合しつつ、なお冷静に見守る必要がある。

「ヨーロッパ」の地理的限界の実務的な試金石は、欧州人権条約には加盟できてもEC・EUに加盟を許されていない諸国である。トルコが最たる例であるが、東欧やロシアもこの点で興味深い。冷戦解消後の一九九〇年代に東欧諸国は、人権条約の人権規範を共有する国として、かつ社会主義経済体制から民主的政治体制かつ資本主義経済体制へと移行してEC・EUの統治権力の多層的配分体制への参加も許された。ところが、ロシアは人権規範を共有して欧州人権条約には加盟しているが、（ロシア自身がEU加盟の意思を表明していないこともあるものの）EUからその権力配分的な多層統合には参加できないものとして扱われている。EUは二〇〇〇年代から「近隣政策」なる将来の加盟を含意しない新たな外交戦略をロシアには展開しているのである。本書第一部に、ロシアや東欧諸国とEUの関係を論じる論稿を入れたのは、一九九〇年代以降の重要な統合の成果を示すだけでなく、そういうヨーロッパ統合の制度複線方式の抱える懊悩を明確にしたかったからでもある。

制度複線方式の現代ヨーロッパ統合が、日本にあるわれわれに示唆している普遍的な法学の課題は何だろうか。「ヨーロッパ」の地理的概念を容易に取り去って議論できないことは十分承知の上で、あえてこれを取り去っていうなら、それは、個人の法的主体性の多層的な再構築を模索することといえるかもしれない。ヨーロッパだけでなく、南北アメリカや東アジアでも地域統合論が勃興している。国際法の世界でも世界秩序形成のさまざまな議論（例えば世界立憲主義 World Constitutionalism）がある。それらの議論が出ている根底の一因を大づかみにいえば、個人が国家単位の統治では最大の幸福を享受できなくなり、より大きな統治単位を通して自己実現することを求めているからではなかろうか。一九九〇年代から二〇〇〇年初頭にかけての時期は、目前の問題、例えば狂牛病やSARSや鳥インフルエンザやテロリストといった「非伝統的」脅威への安全保障として個人の越境的単位の自己実現が語られてきた。しかし、そういう社会的害悪からの安全保障という消極的なものだけでなく、積極的な幸福の増進としても、個人の多層的な自己実現の課題を語りうるのではないか。その先駆的実例として、EUや欧州人権条約をとらえることはできないだろうか。EUと欧州人権条約ではそれぞれ法制度の構築の仕方は根本的に違うけれども、いずれも個人の多層的な自己実現に貢献していることは、ヨーロッパの経験が示すとおりである。

大木教授は序論で本書を「未完成」と謙虚に評されている。確かにこの論集は試論の集合であって、ヨーロッパ統合に対する定見を示すようなものではない。しかし各論文は、執筆者の執筆時点での最大の努力の成果であり、それは十分に論評に耐えるものである。ゆえに読者には、編者として請いたい。本論集を糧として、これを批判し、あるいは継ぎ足し、あるいは訂正して、ヨーロッパ統合に対するさらに深い認識と評価をわれわれにもフィードバックしていただきたい、と。今後の質疑と応答による研究の前進に期待する意味での「未完成」な論文集を、ここに送り出す。

本書の出版に当たっては、聖学院大学出版会の山本俊明氏の熱意あふれるご協力を賜った。また聖学院大学総合研究所からも長期にわたるご支援をいただいた。記して御礼申し上げる。

二〇〇八年一月

共同編者　中村 民雄

多層的ヨーロッパ統合と法　目次

第二部　国家統治権力の多層的再編成——ＥＵ

第三部　基本的規範の共有と緊張
——国際法・欧州人権条約・ＥＵ法・各国法の多層的補完と緊張

主要略語表

判例関係

AC : Appeal Cases　英・貴族院公式判例集

AG : Advocate General（EC）　欧州司法裁判所法務官

All ER : All England Law Reports　英・判例集

BVerfGE : Entscheidungen des Bundesverfassungsgerichts　ドイツ連邦憲法裁判所判例集

CMLR : Common Market Law Reports　ＥＣ法関係の判例集

D. : Recueil Dalloz　仏・判例集

ECR : European Court Reports　欧州司法裁判所公式判例集

EuGH : Europäischer Gerichtshof　欧州司法裁判所

JO : Journal officiel　仏・官報

OJ : Official Journal of the European Communities　ＥＣ官報

Rec. : Recueil des décisions du Conseil constitutionnel（Dalloz）　仏・憲法院判例集

Rec. Leb. : Recueil des décisions du Conseil d'Etat（Recueil Lebon）　仏・国務院（コンセイユ・デタ）判例集

Slg. : Sammlung der Rechtsprechung des Gerichtshofes und des Gerichts erster Instanz　欧州司法裁判所公式判例集（ドイツ語版）

雑誌・論文集

AJDA : Actualité juridique droit administratif　仏

CMLRev. : Common Market Law Review　オランダ

ELJ : European Law Journal　英

ELRev. : European Law Review　英

RDP : Revue du droit public et de la science politique en France et à l'étranger　仏

RFDA : Revue française de droit administratif　仏

RFDC : Revue française de droit constitutionnel　仏

RMCUE : Revue du marché commun et de l'Union européenne　仏

Yale LJ : Yale Law Journal　米

YEL : Yearbook of European Law　英

多層的ヨーロッパ統合と法

序論 ——ＥＵ法研究の方法を中心にして

大木雅夫

人類史上新しい巨大な法体系がわずか半世紀の間に形成されるということは、稀有のことであろう。ＥＵ法がそれである。聖学院大学総合研究所が有力な研究者の参加を得て、ＥＵ法研究会を組織したのは二〇〇一年のことである。その後六年の歳月を閲し、一年に数回開かれた研究会の成果として、現在では少なからぬ数の論文が蓄積されている。その一部は、折々に総合研究所紀要にも掲載されてきたが、ここに未発表論文の一部をも加えて一書にまとめ、これを世に送る。

その編集に当たっては、難問が横たわっていた。この研究会の主題は、「ＥＵ法の理念と現実」であるが、各研究会における論題は報告者各自の選択に委ねたために、全体を一筋縄でくくり上げることは至難の業であった。これは共編者中村民雄教授の努力によって切り抜けることができた。それゆえ、本書を手にされればまず中村教授による本書のはしがきをお読みいただきたいと思う。それにしてもローマは一日にして成らず、まして学問が一書において終わることなどまったくありえないから、ＥＵ法研究そのものも終わることはありえない。私としてはこの研究会発足時の初心忘るべからずの思いを込めながら、なお今後将来のＥＵ法研究のために、その基本的方法に関する小論を寄せることにする。

＊　＊　＊

最初に注目すべきことは、あまりにもしばしば現在が激動の時代として特徴づけられていることである。この語は陳腐であり、乱用しないほうがよい。尭舜の時代ならばいざしらず、永続的な平穏、絶対的平和の時代などはなかったともいえるからである。常に激動の時代に生きていればこそ、遠い過去に民衆は「神の平和」(Pax Dei) の歓呼を繰り返し、哲学者カントが「永遠の平和」(ewige Friede) を論じ、政治家クーデンホーフ・カレルギーが「汎ヨーロッパ」(Paneuropa) を鼓吹し、そして作家ヴィクトル・ユゴーは「ヨーロッパ合衆国」(les Etats Unies d'Europe) を切望した。二十世紀前半の二次にわたる世界大戦は、激動というよりもほとんど死の舞踏に近い。「西洋の没落」を目前にして、戦争を廃絶して永遠の平和を実現するために、ヨーロッパは経済統合から始めて政治統合まで夢みるに至ったといわれる。これは通説であろう。

それにしてもおよそ研究者としてはここにいう通説の意味を吟味すべきであり、その際には理由 (Motiv) と原因 (Kausa) を区別しなければならない。理由は後からいくつもつけられるが、原因は客観的究明を必要とする。例えばヨーロッパ統合のような大事件の発端をひとえに戦争の廃絶のみをもって説明するのは、思想の貧困である。世紀の大事件には多くの原因がある。しかしそれらを羅列するだけでは、頭の整理ができていないとみられよう。それらの原因の中で何が決定的原因であるかまで探求すべきこと――歴史哲学は、今やそこまで来ているのであり、通説の意味は、これを前提として考えるべきであろう。

独断は眠りであるが、祖述も怠惰である。学問の世界における通説の存在理由は、それが常に最も疑われるべきものとして存立する限りにおいてであると私は信ずる。通説追従を「八百長的拍手」と痛撃したのはドイツの人文主義法学者ツァージウスであり、『玉勝間』の中であえて「師の説に泥まざること」を要求したのは本居宣長である。(1) 権威あるもののごとく語ることは、唯一者にのみ許されるものと私は信ずる。

これをヨーロッパ統合の原因との関連でいえば、あまりにも簡略化された通説が行われているように思われてならない。前世紀二次にわたる大戦を経験したフランス人の合言葉は《plus jamais cela!》(こんなこと二度とはご免だ)であった。[2] それはフランス人に限らず交戦国民衆の叫びであった。これに勢いづけられた連邦主義者たちは、アルザス・ロレーヌの鉄鋼業とルール地方の炭田との結合こそ戦争の火種だから、これらを共同体最高機関の支配下に移すべきことを主張し、これをシューマン・プランと直結させ、一九五一年におけるヨーロッパ石炭鉄鋼共同体の創設を説明した。この種の説明は、誤りではないが、不十分ではないかと思う。

歴史は断片でなくて、継続的過程である。実際第一次大戦の戦勝国フランスの製造業生産指数は、ヨーロッパが戦争の惨禍から立ち直った一九二五年当時ですらどん底の破産状態にある敗戦国ドイツよりは高いが、日本のそれの半分であった。[3] ドイツから取り立てる賠償金の半ばはフランスの取り分とされたが、支払能力を喪失したドイツに対してフランスがとった手段は、派兵によるルール地方の占領であった。時の大統領ポアンカレは、賠償金よりも占領と征服を選ぶとすら公言した。[4] それは排外的・侵略的ナショナリズムそのものではないか。第二次世界大戦の戦後処理は、第一次大戦のそれと同日には論じ難いが、仏独両国民が直ちに総懺悔したなどということはない。ユーロフィルは多い。しかしユーロスケプティックもきわめて多いのが実情である。しかも戦勝国フランスは偉大で強くあるべきものであり、敗戦国ドイツは弱くしておかなければならないというのが長い歴史におけるフランス人の信念であった。しかしそれに激変をもたらしたものは「鉄のカーテン」であり、冷戦であった。当時国連の舞台において米ソ両国代表は、互いに口も利かなかった。この事実こそ冷戦の厳しさを象徴するであろう。この状況下にアメリカがとった政策は、ドイツをソ連の脅威に対する防塁にするということであった。[5]

ナショナリズムの消滅は夢に近い。それゆえにナショナリズムの絶頂において急転直下ヨーロッパ統合の動きが進展したという見解も傾聴に値しよう。シューマン宣言以来の彼自身の思想を跡づけるならば、すでに彼が戦後数年間の空想的連邦主義者たちとは異なり、きわめて慎重であり控えめであったことは明らかである。確かに、歴史的に形成された文化的・民族的多様性は国境線を守るが、技術的・経済的発展は、国境を越えた自由移動を促がす。シューマンは、この双方を見据えてそれを語り、石炭鉄鋼共同体の基礎とした。無論その上にこれと競合する少なからぬ原因はありうるし、その究明はすでに決着したなどということではなく、今後とも課題となり続けるであろう。紀元前五世紀の人で歴史の父といわれるヘロドトスは、その著書『歴史』(Historiai)の冒頭でギリシャ人と異邦人ペルシャ人がいかなる「原因」で戦ったかを「調査探求」するためにこの本を書いたと語り、歴史とは原因の事実探求だと述べた。同様にして十九世紀ドイツきっての歴史学者ランケのいう「それが本来どうであったかを単に記述するだけ」——それが真の歴史だという。(6) EUといいEU法というような巨大な構築物を研究する際には、その過去の回顧と将来の展望を含む動かし難い事実究明の努力が求められており、そしてその意味では、いわばシジュフォスの営みを覚悟しなければなるまい。

事実探求は、広汎な視野における考察を必要とする。現在二十七カ国を擁するEUの法体系は、立法、行政、司法の全分野にわたって加盟諸国に甚大な影響を及ぼしている。ナポレオンの「五法典」(Cinq Codes)やわが国の「六法」に親しむ者がいきなりEUの名を冠して書かれた書籍の中に“Europol”を手にしたならば、あるいはドイツで法曹資格を取得するための国家試験に憲法、民法、刑法、民事訴訟法、刑事訴訟法等のほかにEU法が課せられている事実を直視すれば、いささかの戸惑いすら覚えるのではないか。若き日に「比較法はそもそも過大な学問である」との励ましを受けた者としては、今後のEU法研究者のために開拓すべき領域の広大さを語らざるをえない。そして比較法がしばしば比較法研究所における共同研究として成果を挙げえたことを思えば、EU法研究も研究所活動とか共同研究として行われる必要があると思う。ベーコンによれば、「知は力なり」である。しかし同時代人モンテーニュは、謙虚にも「我、何を知るや」(Que sais je?)と自問した。この問いこそ現在二〇〇〇点に達したクセジュ文庫に結実し、百科全書家の高い志を実現したことを想起すべきであろう。

EU法およびEU一般の研究においても、ほとんど百科全書家的備えが必要であり、そこは共同研究とか総合研究の場といえる。試みに二〇〇六年にドイツで刊行された一冊の概説書を取り上げれば、(7)その序論の末尾にドイツの主要なEU法教科書を二十五点、主要なコメンタールやハントブーフ類を十六点列挙している。私の机上にはわずか三巻のコメンタールがある。その一冊はベック社から刊行されたGalliess/Ruffertの編纂に成るその第三版であるが、これは、ぎっしり細字の詰め込まれた二八七七頁の浩瀚なコメンタールである。コメンタールやハントブーフの類は、すべて共著であり、学問的人海作戦なしには成り立たない作業である。しかもドイツをはじめEU加盟国は現在二十七の法秩序から成るものであるから、そこは比較法の沃野である。もちろん立法や司法においてEUの法律家たちが比較法的予備研究を施しながらも、立法理由書や判決理由の中ではそれを明記しない傾向はある。しかしEUの本拠ブリュッセルには三万を超える職員がおり、その多くが法学テクノクラートであると推定される。彼らの活動が比較法と無関係などとは到底考えられないであろう。

ここで注意すべきことであるが、わが国では比較法が独特な意味で理解されているかにみえる。外国法学(Auslandsrechtskunde)と比較法(Rechtsvergleichung)とをほとんど同視し、また比較法(droit comparé)と比較法制(législation comparative)とを必ずしも区別せず、わが国で「比較法」は、見失われているのではないか。比較法を生んだヨーロッパ諸国の比較法観は、わが国のそれとは基本的に異なっている。ドイツの代表的比較法学者ツヴァイゲルト(Konrad Zweigert)は、比較法の名においてまず比較法の基礎理論(Grundlagen)と法圏論(Lehre der Rechtskreisen:わが国でいう比較法文化論)との両者を中核とし、城に例えればその本丸として上巻とし、その基礎の上に本丸を守る無数の出城や砦のように下巻の比較法制度論(Institutionen)を構築したが、その場合にもツヴァイゲルトは、この比較法概論を弟子で比較法学界の俊才と知られるケッツ（Hein Kötz）との共著とし、私法の領域に限定し、それどころか契約、不法行為、不当利得に限局してその下巻としたのである。フランスのルネ・ダヴィド（René David）やレオンタン－ジャン・コンスタンティネスコ（Léontin-Jean Constantinesco）らにしても、その立論の仕方や法圏分類の基準に相違はあるにもせよ、基礎理論と法圏論を土台とし、その上部構造として個別的法制度の比較を構築するという基本的観念においては、いずれも共通している。それゆえ前世紀における浩瀚な比較法活動の所産である『国際比較法百科事典』(International Encyclopedia of Comparative Law) において、ツヴァイゲルトとダヴィドとは、理論的立場にかなりの相違はあるにもせよ、共にその総編集者として緊密に協力しえたのである。その意味は、ヨーロッパの法学者たちが専攻のいかんを問わず、比較法制度論をほとんどすべての研究者に開かれた沃野と考え、それぞれ自己の分野を耕し、全体としては共同研究の舞台にしようとしているということである。

比較法制度論が分業に親しむにしても、個人的営為を否認するものではない。ただそこで用いられる手法はミクロの比較（Mikrovergleichung）であり、法的素粒子ないし法的細胞の顕微鏡的観察である。そこから得られるものは、ミクロの結果の集積である。しかしEU加盟二十七カ国法を含む現在のヨーロッパの法地図は、ローマ法一色をもって塗りつぶせるものではない。これらの諸国法を望遠鏡的に観察してその存在様式を確かめれば、諸法秩序全体の形態的特徴を明らかにしうるであろう。顕微鏡は、蛇や象や人間の細胞の観察に有効であるが、これらの動物はそれぞれ非常に異なった形態をとっているのであり、それを観察するには望遠鏡を用いなければならない。これがマクロの比較（Makrovergleichung）であり、これによって把握しえた諸法秩序の形態的特徴を基礎にすれば、EU加盟二十七カ国法は、ロマン法圏、ドイツ法圏、北欧法圏、コモン・ロー法圏等に大別できる。これらの多様な諸法圏の観察を媒介として初めて法統合が達成されるのではなかろうか。いわば森を展望して木々を観察し、新たな造林に向かうような段取りがとられるべきものと思われる。ヨーロッパの法統合が法圏論ないし法様式論の基礎づけなしには果たされない限り、それら

の理論的な備えのないヨーロッパ法研究は、迷路をさまようことにならないであろうか。(8)

EUのモットーは、憲法条約第一―八条において「多様性において統合される」もの（Unie dans la diversité）とされていた。しかし統合が完成したわけではない。二〇〇〇年春に当時の首相ヨシュカ・フィッシャーはベルリン大学で講演し、「ヨーロッパはどこへ行くのか」（Quo vadis Europa?）と問いかけ、「国家連合から連邦へ」（von Staatenbund zur Föderation）の道を示した。ここでは新たな意味の連邦概念が追求されているようであり、その条文化にはかなりの変遷もある。しかし基本的には「共同体は、加盟諸国の国民的・地域的多様性を尊重してそれぞれの文化を維持し、同時に共通の文化的遺産を保護するために寄与する」（EC設立条約第一五一条第一項）をはじめとして、その第五項までに掲げる原則に変わりはないと思われる。そこでは技術、学問、芸術、道徳、宗教、言語、教育、政治等はもとより、法もまた法文化として文化の一部である。そして文化における多様性と統一性は、統合の作業過程において常に目配りすべき両面である。面壁九年によって悟りは得られるであろう。しかしEU加盟諸国の法令集を熟視するだけでは、EU法統合は理解できない。ランケ的歴史観は、過去の事実の客観的認識を中核とする。しかしEUとその法の統合は過去と現在を越えて未来を展望するものである。そこでは「作られた法」（lege lata）を越えて「作られるべき法」（lege ferenda）と取り組まなければならないのであって、ここではランケ的な客観的事実記述の歴史観ではいささか足りない。それを未来とつなぐ歴史観をオルテガ・イ・ガセットに求めよう。彼は、「未来を予言することにおいてのみ歴史は科学でありうる。そしてそのために頼りうるものは過去と現在のみである」と語るのである。ここまで来れば、EU法の未来を築き上げるためには、比較法文化論、特に法様式論ないし法圏論の視点を欠かすことができないのではなかろうか。たまたま机上にあるEUにおける国家と宗教に関するロッベルス編の一冊の本（Gerhard Robbers, State and Church in the European Union, Nomos, 2005）には、実に三二〇点に及ぶ文献が掲げられている。わが国のEU研究において、この種の文献の何冊が利用されているであろうか。

ここで比較法文化論の万能をいうつもりはない。あくまでもそれは文化科学全般から学び取って構成されたものであり、人文・社会諸科学の専門家との協力は最も望ましいことである。例えばフランス全人口の一割をなす六〇〇万は、アラブ系の民衆である。ターバンの着用が激論の的になったのはフランスにおいてであるが、ドイツでも巻き起こったことである。また、半世紀以上も共産主義教育を受けた東欧諸国の民衆が抵抗もなく西側に同化できたとも思われない。同じ民族が同じ言語を使っていても、そこに越え難い多様性の壁があることを知るべきであり、直視すべきはベルリンの壁だけではなく、その背後にある文化の壁である。歴史学とか民俗学、あるいは宗教学や政治学等、隣接諸科学の援助を受けなければならないであろう。

＊　＊　＊

最後にわが国におけるEU法研究の前に横たわる困難さを指摘しておかなければならない。ヨーロッパは今EU法を生み育てている本場であり、加盟二十七カ国においてその研究教育が民法や刑法その他の基礎科目と並んで重要な地位を占めていることは多言を要しない。ドイツでは、EU法が国家試験科目の一つに挙げられており、その履修なしにはおよそ法律家にはなれない。EU法は形成途上にあるヨーロッパ普通法、すなわち新たなるユース・コムーネ（ius commune）であるから、今は欧米のみならず全世界の法律家が注目せざるをえないまでになっている。前述のようにヨーロッパは数個の法圏に分かれてはいるが、その底流としてローマ法やゲルマン法、あるいはコモン・ロー等がある。その意味でもEU法は、法学の沃野ともいえよう。そしてその地には、それを耕すバイリンガルやトリリンガルの研究者に事欠くことはない。しかもその上にエラスムス計画やソクラテス計画によって外国留学は強力に推進されている。そもそもドイツ人は十五歳人口の半数が、そしてルクセンブルクのそれの九八％は、外国語の会話についていけるといわれるほどである。(9) その上にまた、ヨーロッパ審議会は、二〇〇一年の「ヨーロッパ言語年」において自国語＋二外国語の教育を目標として掲げたし、またEUきってのエリート言語をもつフランスは、幼稚園年長組からの外国語教育にまで踏み切った。そもそもEU法関係の研究書をみても共著が多く、最近では仏独英の言語に限らずイタリア語やスペイン語で書かれた論文が一巻の書物の中に肩を並べて登載されたものすらある。そこでは、ラテン語への復帰とかエスペラントの普及やユーロパント（europanto）の創造などを夢見る必要もなさそうに思われる。(10)

欧米諸国のEU研究教育体制に比して、わが国の体制は、まったく不備である。今わが国の法学教育においてEU法の講義を提供している大学は、果たしていくつあるだろうか。聖学院大学総合研究所がEU法研究会を組織して六年経過したことは、すでに述べた。しかし他にEU法研究のための研究所や共同研究組織がわが国のどこにあるのか、私は詳らかにしない。

法学教育の方法にしても、わが国のそれは特殊独特である。文明開化の掛け声とともに西欧近代法の継受が始まった。しかしそれは部門ごとに分業的に遂行され、法学教育も明治以来自国法＋一外国法主義の伝統を固執している。明治民法典編纂の当時は互いに対立する仏法派、英法派、独法派の間に法典論争があったが、今はそれすらもない。この状況の中でそれぞれの外国法研究者が協力すれば、比較法制度論の観点からするEU法研究は果たされうるかもしれないので、この線は徹底的に進められるべきであろうが、百年来の法学教育における一外国法主義からは脱皮できないものであろうか。近年はまた、実務家偏重の教育制度改革の道を驀進した。すでに法学部と大学院をもち、その上さらに法科大学院を設け、ついには裁判員制度を導入するという比較法的にはまことにユニークな教育体制を構築した。それは、法制度と法様式にわたる十分な比較法的準備研究なしに短兵急に作られた制度である。法律の素人たる裁判員の常識に頼らざるをえないほど非常識な法律専門家たちが、新たなユース・コムーネで教育されたヨーロッパの法律家と互角の勝負に出ることなど、果たして可能であろうか。EUは今、世界経済の三分の一を握り、それにもまして政治的文化的領域において強力な発言権ある巨大な組織である。蟷螂の斧をもって巨象に立ち向かうことはできない。眼前には気の遠くなるほど大量のＥＵ法関係の外国文献がある。現在八十校の法科大学院の実務家養成ぶりをみて、私は大学院レベル以上のＥＵ法研究機関を一つでも設置してＥＵ法の理論家を養成しなければ、国際的な法の舞台には立てなくなるのではないかと思う。

聖学院大学総合研究所のＥＵ法研究会は、所長大木英夫教授の発議によって組織され、終始その支援を受けた。ここに記して感謝する。この研究会のメンバーは、ほとんど有力な他大学の教授や准教授の方々であり、共同研究としてはしかるべき成果を挙げえたかと思う。しかし本書の編者である私自身は、四十年以上も前にEC法を研究したことはあるが、ＥＵ法研究の初心者である。ようやく現時点においてこの方法論を物する始末である。しかも対象は、ＥＵ法という巨大な法体系である。完成品として本書を世に送るなどとは思ってもいない。しかし未完成品は無価値だなどとは思わない。不遜な比喩のそしりを免れないが、シューベルトの交響曲第八番やレオナルド・ダ・ヴィンチのモナ・リザですら未完成だったという事実は、大いなる慰めである。今は一里塚に欅の苗木を植える心境をもって本書を公刊する。この苗木は小さい。しかしわれわれの取り組む対象は巨大である。十七世紀半ばにホッブズの目に映った海の怪獣リヴァイアサンは、絶対的主権をもつ国民国家を象徴していた。二十世紀半ば以来の現代人の目に映るものは、巨大な宇宙艦隊にも似た、しかもいつの日にか民主主義の基礎に立つ連邦にもなろうという新たな政体である。いかにしてこの巨大な対象に取り組むべきか。

すでに私は、ランケのいう事実探求的歴史観を述べ、オルテガのいう未来予言的歴史観を述べた。それとの関わりにおいて私は、学問研究のあり方を説くテイヤール・ド・シャルダンの言葉をもってこの方法論的序論を結びたい。彼はいう。«Je ne fais que tracer la route, d'autres l'amenageront.» 私は路線図を描くことぐらいしかできないが、きっと他の人々がその図面に手を加えながら進んでくれるだろうというほどの意味でもあろうか。あるいはまた、巨大な対象におびえることなく、自ら方法を考えてわが道を行き、自分自身のテーゼを打ち出すだけのことはしよう。他の人々がそのテーゼを正してくれるだろうとの含意があるかもしれない。いずれにもせよそれは、学問をする者にとってなんと美しい言葉ではないか。ＥＵとＥＵ法研究の発展を祈りつつ、ここにあえてこの未完成の書を世に送る次第である。

注

（1）ツァージウスはいう。「『通説』は、真理への意思から生ずるのではなくて、いかなる場合にも、またその出典のテキストに根拠づけられていない場合ですら、自分たちの主張を決して捨てまいという点で一致している人々のいわば八百長拍手に基づくものである」。(Ulrich Zasius, *Von wahrer und falscher Jurisprudenz: aus Schriften, Reden und Briefen, 1507 bis 1526*, (V. Klostermann, 1948), S.7.) これについて詳しくは、大木雅夫「人文主義法学者ツァージウスとその周辺」『民法学と比較法学の諸相』二［山畠正男・五十嵐清・藪重夫先生古希記念］（信山社、一九九七年）参照。また、本居宣長はいう。「吾にしたがひて物まなはむともがらも、わが後に、又よきかむかえのいできたらむには、かならずわが説になゝづみそ、わがあしきゆえをいひてよき考えをひろめよ。」（本居宣長、村岡典嗣校訂『玉勝間』上（岩波書店、岩波文庫、一九九五年）九二頁以下。

（2）Marie-Thérèse Bitsch, *Histoire de la construction européenne de 1945 à nos jours*, (Éditions Complexe, 2006), p.21.

（3）石原司、早坂忠「戦勝国の内政と外交」『岩波講座世界歴史』二六、現代三（岩波書店、一九七〇年）一〇〇頁以下。

（4）山上正太郎「戦争の哀歓」江口朴郎責任編集『世界の歴史』一四、第一次大戦の世界（中央公論社、一九七五年）二六八頁。

（5）Thomas Oppermann, *Europarecht: ein Studienbuch*, 3 Aufl., (Verlag C.H. Beck, 2005), S.6f., S.8ff. Desmond Dinan (ed.), *Origins and Evolution of the European Union*, (Oxford University Press, 2006), p.33ff., p.38ff. この問題については、近時ヨーロッパ統合の理念史に関する研究書が多数刊行されており、共同研究の対象として格好のテーマであると思われる。

（6）西村貞二『歴史観とは何か』（第三文明社、レグルス文庫八七、一九七七年）一八頁、五九頁。
（7）Hans-Wolfgang Arndt, *Europarecht*, 8 Aufl, (C.F. Müller, 2006), UTB, S.3ff.
（8）わが国には、比較法の基礎をなす法圏論や法様式論を無視して「比較法文化論」を提唱する立場があった。しかもそこでは主に民族のメンタリティが論じられた。それは比較法制度論による比較法独占の容認と比較法に不可欠な基礎理論の排除に連なった。根底にはドイツ学界の方法論過剰に対するラートブルッフの批判を鵜呑みしたことにある。これはわが国における比較法不振の一因になったのではなかろうか。
（9）Thomas M.J. Möller, *The Role of Law in Integration: In Search of a European Identity*, (Nova Science, 2003), p.87. 大木雅夫「EU法における言語問題」古屋安雄他編『歴史と神学』［大木英夫教授喜寿記念献呈論文集］下巻（聖学院大学出版会、二〇〇六年）四七五頁。
（10）Jean-Luc Sauron, *Cours d'institutions européennes: le puzzle européen*, 2ème éd., (Gualino éditeur, 2004), p.235, 大木雅夫、前掲、四七六頁。

第一部　多層的ヨーロッパ統合への接近——歴史・理念・比較法

大陸法とコモン・ロー
——隣接の相の下における——

大木雅夫

I　比較法様式論の限界

学問に国境はないといいながら、近代的国民国家の下における法律学、特に法解釈学には、明らかにそれがある。この環境の中で、そしてこの不幸な星の下に、それに抗うがごとくに、現代的比較法学は誕生した。(1)しかもこの学問は、相次ぐ戦争と平和の時代相に揉まれて発展し、その都度この学問分科の目的自体が揺れた。ヨーロッパ共通法（droit commun）とか世界法（droit mondial）のような言葉の飛び交う時期があった。(2)しかしこれらの自然法的目標は夢にすぎないとして、諸国法対立の現実を歴史的・比較的に観察しようとする時期があった。冷戦たけなわの頃ともなれば、ソ連の比較法学者は「ソヴィエト比較法学」（советское сравнительное правоведение）を主張し、ソヴィエト法の独自性を示すことがその目的であるとまで、敢えて主張していた。

それと直接の関係があるとも思えないが、その頃開かれたある比較法学会のシンポジウムにおいて、川島武宜教授は「比較法学はもっと相違の面に注目すべきだ」と主張された。これに対して五十嵐清教授は、機能的類似性の発見こそ比較法の任務であると応酬されて、機能的比較法（funktionelle Rechtsvergleichung）の立場を主張された。

当時私は、この論争をただ聞き流していた。比較法は、諸国法制度の異同の確認から始まるものであり、類似あればこそ相違があり、相違があるから類似が浮き彫りになる。その一方だけを強調すると、北極点に立てばすべてが南になるというような議論に連なると思われたからである。誇張は真実よりも虚偽に属する。それにしても類似性の強調は、共通法論を通じて近代的比較法学の基礎となり、個別的法制度の統一や調和への運動を鼓舞した。これに反して相違の強調は、現代的比較法学の根底をなす比較法様式論に親しむであろう。芸術の分野でロマネスク様式とかゴシック様式というような様式論を諸法体系の分類に応用する場合には、それぞれの様式的相違に注目せざるをえないからであり、この比較法様式論の成果として、世界の諸法秩序は、ヨーロッパ大陸法、コモン・ロー、イスラーム法、ヒンドゥー法、社会主義法、極東諸法等の諸法圏に分類されるに至ったのである。

比較法が比較法様式論として確立されるのは、ルネ・ダヴィドの『比較民法原論』（Traité élémentaire de droit civil comparé, 1950）や『現代の大法体系』（Les grands systèmes de droit contemporains, 後に Jauffret-Spinosi と共著）、およびツヴァイゲルトとケッツ共著の『比較法概論——私法の領域における——第一巻　基礎理論』（Zweigert/Kötz, Einführung in die Rechtsvergleichung auf dem Gebiete des Privatrechts, Bd.I: Grundlagen, 1971）が刊行されたときからといえよう。いずれもフランスやドイツの固有の意味における比較法学者たちの開拓した新分野であるから、西洋中心であることを免れない。それゆえわが国の外国法学者間には、非西洋法研究の必要を説くあまり、往々にして比較法文化論という壮大な構想も現れてきている。しかし私はこのような方向づけにいささかの疑問を禁じえない。ヨーロッパ諸国におけるアジア・アフリカ諸法の研究は、かつて宗主国だった関係からみても、容易にわれわれの追随を許さないほど進んでいるにもかかわらず、比較法学の枠内でこれらの諸国法に割り当てられてきた紙幅はわずかなものであった。わが国の場合、どれだけアジア・アフリカ諸国法研究の体制が整備され、その研究の実績があるであろうか。学問

の世界に無手勝流は通用しない。(3)

私が従事してきた比較法研究は、ダヴィドやツヴァイゲルトらの線における比較法様式論である。それは、例えば大陸法とコモン・ロー、資本主義法と社会主義法、あるいは世俗法と宗教法等を比較し特徴づける際に有効であった。そもそも様式というものは持続性あるものだから、学問としての客観性を確保するには不可欠の範疇である。ただ、法様式論の出発点には相違の強調があるために、長期にわたる持続的相違の誇張に達する危険があることは看過できないであろう。地殻の形成が岩石水成説だけでなく、岩石火成説をもってしても説明しなければならないように、現在急激な、ある意味では革命的な変動の過程にあるEUヨーロッパ連合を取り上げるような場合には、長い歴史の過程において形成されたそれぞれに独特な様式、例えば法典法主義か判例法主義かとか、糾問主義か当事者対抗主義かというような対立図式では処理しきれないものがある。このような場合には直近の過去まで掘り下げ、相違のみならず類似ないし接近の状況をも探査しなければ過ちを犯しやすく、まして「歴史は未来を予言することにおいてのみ科学でありうる」(4)というようなオルテガ・イ・ガセットのテーゼにまでは到底たどり着けないからである。このような意味においてここで私は、比較法様式論によって、しかし比較法様式論を越えて、相違のみならず、類似ないし近接の相の下に大陸法とコモン・ローの関係を解明したいと思う。

II　楽観主義の土壌としての過去

「東は東、西は西、かくてこの二つのもの相交わることなかるべし」とは、ラジャード・キップリング（Rudyard Kipling）の人口に膾炙した詩の一節であるが、それをもじってベルギーの卓越した法史学者ヴァン・カーネヘム（R. C.

van Caenegem）は、「大陸法は大陸法、コモン・ローはコモン・ロー。かくてこの二つのもの相まみえることなかるべし」と述べた。しかし彼は他方において、「過去こそ楽天主義を鼓舞する」と語る。(5) まったく不可能と思われたことが可能となり、起こりえないことが起こってきたことを念頭において、彼はそういうのである。ペテロの岩の上に建てられた千年の普遍的ローマ教会は、わずか一、二世代にして崩壊した。ヴェルサイユ宮殿の庭に自由に出入りした民衆は、国王に出会えばモン・パパと呼び掛けていたが、その国王はギロチン台の露と消えた。十九世紀初頭にドイツの政治的統一は夢にすぎなかったが、七〇年代にそれを達成し、その世紀末には法的統一から法典編纂にまで進んだ。冷戦当時、東西ドイツの再統一やソ連の崩壊を予言しえた人々がいたであろうか。ソルジェニーツィンが国外追放になったことは騒ぎになった。しかし当時のソ連法体制を担った指導的法学者オリンピアート・エス・ヨッフェ（Олимпиад С. Иоффе）のアメリカ亡命事件は、恐るべき大事件の予兆だったにもかかわらず、わが国ではまったく看過されていた。しかし間もなくソ連は、目前で崩壊した。われわれは確かに歴史を悲観的末世思想の温床のように思うかもしれない。しかし不可能を可能とする事実を目撃するとき、過去の栄光が革命的変革を鼓舞するように、確かに歴史は楽観主義の種子であり、その温床ともなる。このような観点からみると、"corpus christianum"（コルプス・クリスチアーヌム、キリスト教共同体）とか"ius commune"（ユース・コムーネ、普通法）を未来への夢を育む過去の栄光と見なすことも許されるかもしれないのである。

まずコルプス・クリスチアーヌムについていえば、まさにそれを、ＥＣの founding father たちは想起していた。彼らの脳裡には、コォシャカー（P. Koschaker）のいう文化的ローマ理念（kulturelle Romidee）とかシャルルマーニュの帝国とともに、中世キリスト教共同体の過去が甦っていた。とりわけそれは、ＥＵに先駆ける実体を備えていた。カーネヘムによれば、「多くの人々がありうべき未来のヨーロッパ国家を語るとき、その線における最初の実験が中世の教会であって、それが国家にも似て（quasi-state）、現在のヨーロッパ連合の諸国を含むものであったことは注目に値する。

キリスト教共同体、あるいはキリスト教世界は、確かにEUが生み出した世界に先駆ける実体を備えていた」[6]。それは、アイルランドからパレスチナに至る、また、スウェーデンからポルトガルに至る広大な領域にわたって、種々の民族や言語や文化を含む自己完結的な、しかも能率的な組織であった。国家と同様に、教会は自己の法規をもち、紛争処理機関を有し、安全保障の仕組みを保持していた。裁判所や牢獄があった。常備軍だけはもたなかったが、大きな予算をもち、ヒエラルヒッシュな対内的統治と安全保障の装置を備え、かなり高度に整備されたカノン法やローマ法の支配する世界国家としての先駆的形態をとっていたのである[7]。

この先駆的形態のキーワードを„Hierarchie"という言葉に求めて説明すれば、これはギリシャ語の"hierarchia"すなわち「聖なる支配」(heilige Herrschaft) に由来する言葉である。中世のキリスト教会は、この概念を借用し、これを世俗のローマ法に伝えた。教会の組織と基本的体制をみると、その構成員各自がそれぞれ自己の聖別された場所に位置づけられており、世俗の帝国もこれに倣って組織されるべきだというのである。教会においては教皇が枢機卿や司教の上に立つように、帝国にあっては皇帝が選帝侯や諸侯の上に立つというのである。この原理の下に国家の基本体制は、教会と同様の姿をとったのである。

コルプス・クリスチアーヌムは、ヨーロッパの政治体制に大きな影響を与えただけではない。それはローマ法と関わり合っていわゆる"ius commune"の形成に多大な寄与をなしている。ボローニャ大学はじめ諸大学の法学教育が普及するとともに、卒業生の最大の就職先は政治の中心にある教会だったから、教会は自ずから「法律家教会」(Juristenkirche) となる。教会は統治の必要上法令を出す。いわゆるカノン法がこれである (Kanon = Messstab 測量竿)。カノン法のモデルはローマ法であるが、ローマ法は、キリスト紀元前一世紀から紀元二世紀頃までに基本的完成をみたものだから、中世には時代後れである。これに比べれば、カノン法は現実の社会に向けて制定されたのだから、当時の進歩的な現代法であり、ローマ法学はカノン法によって刺激される。こうしてローマ法とカノン法は、教え合い教えられ合って発展し、遂にヨーロッパ諸国に共通な"ius commune"が形成されたのである。十八世紀頃までヨーロッパ各地の大学で教えられていたのはまさにこのius communeだけであった。少なくともヨーロッパ大陸の諸国法が大同小異の状況にあるのは、各国法が多かれ少なかれius communeと関わり合わざるをえなかったからである。

ところでコルプス・クリスチアーヌムは、確実にヨーロッパ大陸とイギリスをも覆った。しかしユース・コムーネがドーヴァー海峡を越えたか否かは問題である。もちろん海峡を挟んで東西交流はあった。実際、ようやくローマ法とコモン・ローが岐路にさしかかった十二世紀に、かつてボローニャで学んだヴァカリウス(Vacarius, c.1120－c.1200)は、一一五一年にオクスフォードで講義し、その後そこではローマ法学者たちが最も人気ある学者たちであった。コモン・ローそのものは、十二世紀ヘンリー二世(Henry II, 在位一一五四－八九)以来次第に形成されていくが、すでにその当時イギリスの諸図書館には、ボローニャ渡来の書物が備え付けられ、ローマ法の知識は、とりわけ聖職者を通じて普及していた。ことにローマ法と車の両輪を成すカノン法に至っては、教会裁判所を通じてイギリスでも適用されていたのである。(8)

これだけをみても大陸法とコモン・ローが早くから異質的に形成されたとか、法思考の方法がまったく異なるなどということはできない。ヘンリー二世自身は、フランスとイギリスにまたがるアンジュー帝国を支配したが、大陸にある領土はフランス国王のそれよりも広大なものであったし、彼の法改革にしてもローマ法の侵入を阻止しながら特殊＝イギリス的な法を創出しようとしたわけではない。イギリスのウェストミンスターでもノルマンディーのルーアンでも、同一のアングロ・ノルマン法が適用されていた。しかもそれはイギリス的であるよりもノルマン的な法であった。裁判官の大部分は、フランス語を話す騎士階級の人々だったので、裁判所の公用語はフランス語であり、いわゆるロー・フレンチ(Law French)であった。この状態はピューリタン革命がコモン・ローをオーバーホールするまで続き、裁判所の公用語が英語になるのもこの頃である。(9)これだけの歴史的事実を一切無視して現在の相違だけを誇張していけば、大きな誤解に陥るであろう。繰り返していうが、誇張は真実よりも虚偽に属すると私は考えている。

これだけの一般的な歴史の再検討を通じて、私は次第に楽観主義に傾いているが、しかしなお現実に相違があるとされる以上、個別的にその相違なるものを直近の過去に至るまで再検討することにしよう。

III　大陸法とコモン・ローの相違点と接近 (rapprochement)

コモン・ローと大陸法という大きな歴史的構築物の比較であるから、カーネヘムが相違点として検討してきた点を取り上げ、これをさらに検討することによって私の通説批判のための足がかりとしたい。
(1) まず第一には、大陸法が成文化された法典法主義をとり、コモン・ローは不文の判例法主義をとることである。book law と case law の対立ともいえる。book law の典型はフランス民法典とドイツ民法典であり、これは、未来の国家社会を展望する設計図的色彩が強い。これに対してイギリスにも "code" と称する立法形式はある。しかしこれは、過去に蓄積された判例法やある特定の事項についての個別的立法を過去回顧的にまとめあげて、大規模な制定法化したものである。それゆえこれは "codifying act" (法典化的法律) と呼ばれ、特に過去に制定された複数の関連法律だけをまとめたものは "consolidation act" (統合的法律) といわれて、未来の国家社会の設計図的性格はない。
イギリス法が判例法である限り判例が基礎で、判例は裁判官の判決から生まれたものである。それゆえイギリス法は「裁判官製の法」(judge-made-law) と呼ばれ、裁判官こそイギリス法の世界における立役者とみられてきた。(10) しかし厳密にいえば、そこには誇張がある。イギリスにももちろん国会制定法があり、これは判例法を改廃補充するものである。この国会制定法に対する裁判官の地位がまさに問題なのである。確かに、制定法は国会を通過したというだけでは法とは認められず、きわめて特殊＝イギリス的であるが、「法廷で鞭打たれて」初めて法になる。すなわち裁判官が現実の事件にそれを適用して初めて法と認められる。しかしこれによって裁判官が制定法の死命を制するかのように考えるとすれば、それは即断である。イギリスでは国会の絶対的権力が古来裁判官によって認められており、国会制定法に対して、国会の権限踰越とかその他の理由でその法律の無効を申し立てることは許されていないのである。もちろん裁判官は、その法律を解釈することはできるが、その法律を無効とすることはできない。イギリスの裁判官には、日米欧諸国にみられる違憲立法審査権すらないのである。[11] このような前提にたって初めてコモン・ローは、裁判官が創った判例法であり、法典を含めて制定法は、一般的な判例法に対する例外であるにすぎないといわれるのである。ともあれ判例集の中に蓄積されている膨大な数の判例が法であれば、その法発見に投じられる労力は大変なものである。まさにそれゆえに他ならぬイギリス人ベンタムが“codification”という言葉を作り出したのであり、一見明瞭な法典をとの切実な願いを込めてのことだったのである。[12]

それにもかかわらず、大陸法がbook lawで、コモン・ローがcase lawだというだけでは、正確さを欠く。大陸で将来の社会の設計図として法典が作られたのはようやく十八世紀末プロイセン一般ラント法編纂以来のこと、あるいはもっと正確には一八〇四年のナポレオン法典以来のことである。例えばユースティーニアーヌス法典は、ローマ法の大集成を便宜的に法典と呼んでいるにすぎない。そして法典の中の法典、ナポレオン法典は、革命の沈静期に作られたせいでもあろうが、北フランスを支配したゲルマン慣習法と南フランスで広く行われたローマ成文法の和解という形で編纂されたものである。それゆえ逆説的に聞こえようとも、フランス民法典は素材的には過去回顧的性格を濃厚に有するきわめてゲルマン慣習法的性格のものであり、ゲルマン民族ドイツの民法典のほうがむしろラテン的ローマ法的である。[13] またフランス民法典の中でも不法行為法などは原則的規定しか掲げなかったので、現在の不法行為法は、ほとんど完全に判例法といわざるをえず、ここでは不法行為責任に関する裁判官の支配が語られているのである。[14]

他方において、判例法の母国イギリスをみれば、激動する現代社会に即応するために制定法が激増し、すでに一九六五年頃にはその数が四〇〇〇にまで達し、その当時それらは三五八巻の書に収められていた(15)。遺憾ながら私は現在のイギリスにおける制定法の数を知らない。しかしその数の急増は、年々歳々悠長に判例法の成立など待っておれないからであり、また制定法の法としての強力さからみても、イギリス法の概説書などでは、制定法を法源の最初に挙げるまでになっている。ちなみにこれをアメリカ法にみれば、基本的にはコモン・ローを受け継ぎながら、連邦と各州がそれぞれ膨大な量の制定法を生み出し、例えばカリフォルニア州などは、大陸諸国の顔色を失わせるほどの制定法国になっているのである(16)。

(2) 第二の相違点は、公法と私法の区別である。コモン・ローにはこの区別がなかったから、治者も被治者も、強者も弱者も同じ法に支配され、国の行為も私人の行為も等しく通常の裁判所で裁判される。大陸ではこの区別があり、国の行為は行政裁判所によって裁判される。マックス・ウェーバー流にいえば、この相違は、法名望家が独立した法曹階級であるか高級行政官僚であるかという問題と関わるものであり、立ち入った研究を要するであろう(17)。

ともあれ国の行為を特別扱いすることの根は深く、市民法大全のディゲスタにある“Princeps legibus solutus est”(Dig.1, 3, 31, 皇帝は法によって拘束されることとなし) とする皇帝絶対、公権力絶対の思想が、皇帝のみならず、国王、諸侯によって歓迎されたことの名残であろう。ボローニャの教授たちもこれに呼応した。シュタウフェンの皇帝とボローニャの法学者たちのイデオロギー的同盟を達成した一一五八年のロンカリアの会議において、彼らは市民法大全を手にして皇帝万歳を叫んだ。そしてこの大学を卒業した博士たちが国元に帰れば、国王万歳を叫ぶことになるのである(18)。このような事情があればこそ、ラテン世界の全体からみれば現在のギリシャ、トルコ、イスラエル等を版図とする小国にすぎない東ローマ帝国の皇帝ユースティーニアーヌスが作らせた法典が全ヨーロッパを支配しえたのであろう(19)。こうして大陸では、一方において公権力絶対の思想を確立した。しかし他方では私法学の全盛を招いていた。私法こそ強大な公権力からブルジョアジーの安全地帯を守る砦となったからである。比喩的にいうことが許されるならば、ナポレオン法典もドイツ民法典も、ブルジョアジーの大阪城であった。そして今でも民法学者が法学部の本丸に住み、公法学者は二の丸三の丸あるいは出城に住んでいるのはその名残だといえる。[20]

他方、公法と私法を区別しないイギリスこそ民主主義の祖国であるとみるのも問題である。確かにピューリタン革命の発端においてはクック（Edward Coke）とジェイムズ一世（James I, 在位一六〇三―二五）の対決があり、国王も法すなわちコモン・ローの下に置かれた。[21] これに対してフランスでは大革命の最中に一七九〇年八月一六日―二四日法が行政に対する裁判所の介入を禁止した。[22] イギリスでも“The king can do no wrong.”（国王は悪をなさず）の法諺の下に行政権の独立、そして行政権の頂点にある国王の無答責制が維持されていたことを看過してはならない。公法と私法の峻別が揺らぐのは、十九世紀末から二十世紀にかけてダイシー（Albert Venn Dicey, 1835-1922）の登場を待たねばならず、それを受けてようやく一九四七年の“Crown Proceedings Act”（国王訴訟手続法）が国王も「完全な権利能力をもつ重要な私人」であるにすぎないとして国王無答責の原則を廃棄したのである。[23] それはようやく六十年前のことであり、イギリスは民主主義の祖国とはいえ、今なお形成途上にあるといわざるをえないのである。

それにもかかわらずドイツでならば行政裁判所があり、イギリスにはないという。この狭い局面だけをみればそのとおりである。ところがイギリスにも“administrative tribunal”はある。これはドイツの„Verwaltungsgericht“に相当するわけではないから、わが国では「行政審判所」などと苦し紛れの訳を付けている。社会的経済的紛争の激増に対処して、個別的に裁判所を作るかわりにイギリスではadministrative tribunalを作ったのではないか。私の考えでは、“tribunal”よりも“administration”のほうを考えるべきだったと思う。権力分立をモンテスキューのいう三権分立とだけ考えるのは誤りであり、イギリスの啓蒙思想家にとっては、legislationとadministrationの二権分立であり、後者は狭い意味の行政の外に司法をも含まれているのである。同様の思想は外ならぬドイツにもあって、ワイマール憲法で

„Richter“の語が用いられるまでは、裁判官の正式名称は„der richterliche Beamte“（裁判に携わる官吏）と呼ばれて、裁判官は、行政機構の片隅に置かれていたのである。

公法と私法を明確に区別する大陸でも、例えば労働法とか無体財産法など、公法なのか私法なのかわからない法部門はいくらでもある。つまり公法と私法の区別の有無は、一般に信じられているほど大陸法とコモン・ローを区別する決定的標識にはならないと私は思うのである。

（3）第三の相違点は、実体法と手続法との関係である。大陸では、フランスでもドイツでも民法典と民事訴訟法典、刑法典と刑事訴訟法典とを区別し、実体法が訴訟手続よりも重視されている。ボローニャ大学以来、法学は道徳神学とともに教えられ、法律家はローマ法を理性のモデルとして学んでいた。訴訟手続きの仕方などは、到底法学の主要科目とはなりえなかった。これに反してイギリス法には、実体法と手続法の区別がない。今でこそ法律家養成の場は大学に移りつつあるが、久しくinns of court（法曹学院）において練達の先輩法実務家が若者たちに裁判の手ほどきをしていたのであり、[24]大学教授が関与することはなかった。十九世紀の有名裁判官の誰一人とて学位保持者はいなかったといわれ、実務に即して養成された裁判官たちがもっぱら後進者養成に当たっていたのである。[25]

何かここに大陸法とコモン・ローの根本的な相違がありそうにみえるが、歴史はそれほど単純なものではない。コモン・ローの独特な法様式は、一つには令状制度から由来する。訴訟は令状を得ることから始まるが、特定類型の事件には特定の令状（writ）が発給される。しかもそれは、個々別々の訴訟に個々別々の訴訟方式（form of action）があるという意味である。そして各訴訟方式はそれぞれ固有の実体法上の要件を備えているので、ある訴訟方式に合致する実体法上の要件を備えている請求を、別の訴訟方式によって訴えを提起すれば必ず敗訴してしまうほど、手続きと実体は密着していたのである。

それにしてもここに決定的対立があるとばかりはいえない。そもそも中世におけるコモン・ローの発展は、古代ローマ法の発展と酷似していた。ローマにおいて原告は、praetor（法務官）からformula（方式書＝令状）を取得して裁判上の権利保護を受ける。イギリスでは、chancellor（大法官）からwrit（令状＝方式書）を得て初めて訴訟に入る。いずれの側でも、どの類型の訴権に該当するかが関心事である。そもそも権利があるから救済されるという観念はなく、救済手段があるところに権利がある（“remedies precede rights”）という考え方である。言い換えれば、権利の有無を定める実体法などは、「手続法の隙間に挟まっている」程度のこととしか考えられていなかったのであり、この基本的観念に従って、イギリスは古代ローマ法発展の足跡を千年後にそのままたどったにすぎないのである。しかもイギリスでは硬直した令状制度に発するコモン・ローを補充するために衡平法（equity）の体系を生み出し、さらに追い打ちをかけるように一八七五年の裁判所規則によってこの訴訟方式中心の考え方は廃止されてしまった。もちろん訴訟形式が実体法と結びついて発展してきた以上は、葬られたはずの訴訟形式が依然として「墓場からわれわれを支配している」（メイトランド）とはいえる。しかし訴訟法と実体法を一本とする太い根は、すでに百年以上も前に抜き取られていたということも事実なのである。[26]

他方において十二世紀以来大陸法は精緻な訴訟法を築き上げ、確かに実体法の法典の傍らに訴訟法典を編纂してきた。しかし法典が別立てになっているからといって、講義でも両者が峻別されているわけではない。民事訴訟法は民法の一部、刑事訴訟法は刑法の一部、そして憲法訴訟法（Verfassungsprozessrecht）と行政訴訟法（Verwaltungsprozessrecht）は公法の一部と見なされ、要するにドイツでは訴訟法を、関連する実体法の一部と見なす見解が法学部規則にも掲げられているようである。[27] そしてわが国でも、まさに実体法と手続法の交錯は、早くから重要な研究テーマとなってきたことを想起すべきである。このようにみるならば、大陸法とコモン・ローとを分かつ外堀は埋められたか、あるいは見かけほど深いものではないといえるであろう。

（4）第四の相違点は、裁判官と当事者の役割が、イギリスと大陸で非常に異なることであり、これは特に刑事訴訟において顕著である。イギリスでは当事者同士あるいは検察官と弁護人が法廷の弁論を通じて争い、裁判官はアンパイヤのような役割を果たす。その場合、検察官（訴追機関）が訴追・立証により審判手続きを開始・進行させ、裁判官（審判機関）が判決を下すといういわゆる弾劾主義訴訟（accusatorial procedure）、あるいは当事者対抗主義の訴訟（adversarial procedure）であり、司法スポーツ理論（sporting theory of justice）ともいわれる。

これに対して大陸における裁判官は、一般の教養人でも勤まるようなアンパイヤなどではなく、専門的裁判官僚でなければならない。彼は、他の何人の訴追を待たず、裁判官の職権により訴追手続きを開始し、同じく職権により犯人と証拠・証人を捜査・糾問・裁判するやり方である。[28] 裁判官が法律専門家として積極的に事件の全貌を究明し、事実をくまなく照射して真実を発見しようとする。当然迅速な解決などは期待すべくもない。これは、当初教会裁判所で発展した糾問手続（inquisitorial procedure）に端を発するものであり、裁判官は聖職者だったから、その信仰が篤ければ篤いほど異端者、そして一般に犯罪者に対して峻厳な態度で臨んだのである。[29] この糾問主義は、その後教会裁判所から世俗の裁判所に普及していった。

それにしてもなぜ大陸とイギリスにおいてこのような対極的相違をもたらしたかは問題であろう。両者間には、法規範およびとりわけ刑法規範をどのようにみるかについて根本的な相違がある。大陸ではあらかじめ確立された法規範が、可能な限り社会に浸透すべきことが期待されている。法は、裁判官だけのものではなく、民衆一般のものでもある。大陸の裁判官は政府の官吏であるから、行為規範としての法によって民衆を教育しなければならない。それゆえ裁判官は、自ら積極的に真実を探求しなければならない。例えばフランスにおける予審判事（juge d'instruction）などは、裁判の開始前に自ら積極的に証拠の収集にも当たっているほどである。[30]

これに反しておよそイギリス人は、大原則とか抽象的・一般的法規範の樹立を好まないし、法規範は基本的に裁判規範として裁判官のものであり、必ずしもそれが社会に浸透する必要はないと考えている。彼らは法によって民衆を教育し徳化するまでもなく、ただ社会的秩序の攪乱に対する効果的防御に専念している。これを刑法についていえば、その目的は、市民全体の安全を十分に守り、しかも無実の者が処罰されないようにすることであって、真実の探求とか犯人の処罰を大上段に振りかざすものではない。そして実際、一九八三年のある事件において常任上訴裁判官ウィルバーフォース卿（Sir Wilberforce）も、裁判官の役割は、当事者の双方を裁判することであって、客観的真実の探求に携わることではないと明言し、証拠が不十分なために判決が完全な真実を反映していないということは、あまり重大ではないとすらいう。その判決が、提出された証拠と一致し、法と一致するのであれば、満足な仕方で「正義は行われた」のだというのである。[31]裁判官は裁判すればよいのであって、自ら真理探究者ではないのであるから、証拠の収集とか証人尋問や鑑定人の依頼などは、すべて当事者に任せておけばよい。まさに裁判官は、当事者対抗闘技の審判人のような立場に立てば十分だというのである。

こうして大陸における訴訟の形態は、基本的にコモン・ローのそれとは異なっている。しかしこのことを誇張すればするほど、それは、虚偽に近づくであろう。大陸の糾問主義といっても、古来批判の的であり、特に啓蒙時代以後はヴォルテールをはじめとして、刑事訴訟一般に対する非難は高まっていた。裁判官が一切を取り仕切る制度の下では、弁護人は訴訟書類を見る機会もなく、証人尋問もせず、取調に立ち会うこともできず、法廷では口も利けないような有様では、被告人にとって処罰を免れる希望などもてないのである。[32]しかしかつては治安維持に重点を置いてナポレオンが編纂させた「治罪法典」（Code d'instruction criminelle）も、第二次世界大戦後の人権擁護思想の高まりとともに全面改正が実現し、名称も「刑事訴訟法典」（Code de procédure pénale）と改められるに至った。ようやく一九五七年一二月三一日の法律によってであるにしても、純然たる糾問主義の原則は、すでに過去のものとなったといわなければなるまい。

これに対してイギリスでも、当事者対抗主義のゆえに適切でない裁判が続いたので、糾問主義を導入しようとする議論も現れている。糾問主義は、適切に組織され規制された事前手続きを設け、独立の裁判官が取調の手続き全体を監督できるからという理由によってである。しかしフランスの予審判事制度を導入したところで、警察が凌虐にわたる場合は別として、その横柄な捜査活動を抑制することなどできないし、全事件の一〇％しか持ち込まれなくても予審判事は多忙を極めて裁判遅延を招いていること、またドイツやイタリアではその重荷を検察官の方に負わせることによって訴追機関と裁判官の役割分担を考えていることなども学び取って、一般にイギリスでは、糾問主義の導入に懐疑的な立場がとられている。[33] それにしてもイギリスの裁判官もまた、当事者が異議を申し立てないならば証人を呼び出せるし、当事者の請求がなくとも訴訟手続きの遂行上イニシャティヴをとることはできるのであるから、いささかなりとも両者間に接近の現象がないわけではない。[34]

（5）ここに裁判官が登場した時点で、私は大陸法とコモン・ローの相異なる法様式の形成に主役を果たした職種を探査しておこう。大陸諸国を個別的に検討すれば、それぞれの国において独自の様式形成者として登場する者は必ずしも大学教授とは限らないが、大陸法を全体として観察すれば、大学教授はやはり大陸法形成における立役者であった。

ボローニャ大学は、すでに十三世紀に学生数一万名という当時としては天文学的数字の学生をヨーロッパ各地から集めており、その後各地に設立された諸大学の「最も高貴な学部」（die vornehmste Fakultät）といえば、それは法学部だったといわれる。卒業生の就職先は国王の宮廷や都市の参事会等でもあるが、何よりも教会である。教会はまた、何よりも法律家教会（Juristenkirche）であった。これらの支配者層を養成する大学の教授たちが並はずれた社会的地位を享受したことは多言を要しない。大学はまた裁判官を養成したが、ヨーロッパ全域に学識ある裁判官を送り込むことは不可能である。その職には土地の名望家がつく場合が多く、ドイツの場合には、手に負えない難しい事件は近隣の大学法学部に訴訟記録を送付して鑑定を依頼するしかなかった。これが訴訟書類送付（Aktenversendung）の制度であり、大学は判告学部（Spruchkolleg）を構成して鑑定書を書き、裁判所は、しばしばラテン語で書かれたこの鑑定書をそのまま判決として言い渡すまでになっていた。そしてその鑑定料収入は、教授たちの懐を潤した。[35]

それに加えて„Ruf"といわれる教授招聘の制度があった。大学は都市の財源であり、多数の学生を集めるために有名教授招聘の競争が大学間で熾烈に展開された。これを通じて大学教授の収入はますますせり上げられるという結果となり、これらの背景があって何世紀かの間に教授は知識人最高の地位を獲得していた。厳密にヨーロッパ諸国の大学教授の地位を比較すれば、上述のことは特殊＝ドイツ的現象であり、例えばフランスの大学教授にこれが完全に当てはまるわけではない。しかし巨視的にみた場合、そして特にイギリスの大学教授と比較した場合には、大陸の、そして特にドイツの大学教授はしばしば「バロン」(Baron) と呼ばれるほど高貴な地位を占めてきたといえるであろう。[36]

これに対してイギリスでは、法律家の中の法律家といえば裁判官であり、その供給源としての "barrister"（バリスタ）である。イギリスには別に "solicitor"（ソリシタ）がいる。前者は法廷弁護士、後者は事務弁護士と訳されているが、これは適訳ではない。前者は上位裁判所の弁論権を独占し、後者は、訴訟準備の事務を行い、下位裁判所においては弁論権をもつ。一般庶民が直接バリスタに事件を依頼することは畏れ多いことで、必ずソリシタを通して依頼しなければならなかった。Inns of court でほとんど紳士教育のような仕方で養成されるのはバリスタだけであり、裁判官になれるのはバリスタだけであった。大陸の裁判官は余人をもって代えられる裁判官僚にすぎなかったが、これに対してイギリスの裁判官は文字どおりＶＩＰである。この頃は日本でも開廷前の法廷がテレビで放映されているが、イギリスの裁判官はそもそもメディアにも登場する立役者である。大陸では合議体の秘密が原則で、反対意見を公表することはできないが、イギリスの裁判官は、メディアに登場し、反対意見を公表し、これによってオピニオン・リーダーの役割さえ果たしている。その背後には、反対意見こそいつの日にか多数意見になりうるという堅い確信があるのでもあろう。[37]

戦後の比較法学特に法様式論は、つい先頃までに修正に修正を加えながら、ほぼここまでの経緯を語っていた。私自身もまた、「比較法講義」における法秩序の様式形成者に関してはここまでで止まっていた。しかしそこにあった重大な欠落は、ＥＵ研究に関する限り、直近の過去まで掘り下げていなかったということである。それゆえ特に様式形成者については、次に項をあらためて論ずることにしよう。

Ⅳ　ヨーロッパ法律家を目指して

前節において私は、大陸法とコモン・ローの相違点と接近の傾向を若干の事例に則して概略検討してきた。しかし法秩序の主体的側面である法律家の問題は、前節の叙述においては、道半ばにとどまっている。今われわれは法治国に生きているとはいえ、法が独り歩きするわけではなく、人が法を動かしている。法の主体的側面を照射することは、とりわけＥＵの未来を予言しようとする場合に不可欠である。特に何世紀にもわたって独特なコモン・ローを生み、それを担い続けてきた裁判官とその供給源バリスタの今を知らなければならない。

イギリス法の栄光を担ってきたバリスタは、今攻撃にさらされている。イギリスの弁護士数は、一九九五年にソリシタ六万三〇〇〇、バリスタ八五〇〇である[38]。人口一〇万当たり弁護士数は、アメリカが二三三、ドイツが九二、日本は桁外れに少なくて三〇、イギリスではイングランドとウェールズを合わせ、バリスタとソリシタを合わせて計算すると約一四〇人ほどになる。しかしバリスタだけについていえば、一〇分の一に当たる一四人となるであろう。日本の弁護士やイギリスのバリスタの社会的・経済的地位が桁外れに高いのは、希少価値の高さから来るものである。

あえて再言するが、およそ法体系の発展や変化を握る鍵は、それぞれの法体系における法律家の活動ぶりや組織形態等にある。イギリスの場合法律家社会の立役者は裁判官でありバリスタであった。彼らは学説書を歯牙にもかけず、立法者意思を知ろうともしなかったので、国会議事録（いわゆるHansard）を読まなかった。しかし近来、バリスタの特権的地位は、攻撃の的とされてきた。バリスタ志願者の熱意に水を差す議論が現れた。ケンブリッジ大学のイギリス法の講座を担当したグランヴィル・ウィリアムズ（Glanville Williams）によれば、法曹学院に入るには、何らかの学位を取り、入学試験を受け、入学すれば高い学費を支払い、贅沢な晩餐会に出席し、事務弁護士協会（Common Council）の教育活動に参加しなければならない。ようやくバリスタ資格を取得しても、駆け出しのバリスタを迎え入れる事務所は年々得難くなっているので、開業の機会の少ない「放浪者」（floater）同然の立場にあり、依頼人が現れても他のバリスタが使用していない机を使って相談に応ずるという有様である。[39] 修習を終えた駆け出しのバリスタは、少なくとも一年間は両親あるいは配偶者に依存して生活せざるをえなかった。[40] ウィリアムズはこれを率直に「イギリス法入門」において、初学者たちに訴えたのである。そしてついに一九九〇年の「裁判所と法律扶助法」（Courts and Legal Services Act）は、バリスタに決定的な打撃を加えている。従来四つの法曹学院（Inner Temple, Middle Temple, Lincoln's Inn, Gray's Inn）が新進のバリスタに上位裁判所における訴訟代理権を認める権能を一手に握っていたが、その独占権はこの法律によって廃止された。またソリシタにも上位裁判所で演述する権利を認めようとか、裁判官になる可能性をも開こうとするのである。[41]

これはイギリスの法的伝統を破壊することを意味しない。バリスタとソリシタの別は、イギリスの法的伝統として十二世紀頃から何世紀にもわたって維持されてきたなどというほうがまやかしであり、それを区別することによって自己の超越的地位を守ろうとしたバリスタたちの宣伝であるにすぎない。弁護士活動の場が截然と切り分けられたのは、ようやく十九世紀になってのことである。今やバリスタとソリシタの職能区分の間で峻別はなく、法廷弁論とオフィス・ワークとの分担も薄れているが、それは革命というよりも過去への回帰に近い。[42] もちろんそれが結果的にソリシタに有利な変革であっても、バリスタとソリシタの区別が全廃されたわけではない。

バリスタは法廷でガウンを着用し、カツラをかぶるが、ソリシタはガウンを着るだけでカツラをかぶることは許されないとするような、いわゆるカツラ戦争（wig wars）のような対立抗争は続くであろう。(43) それにもかかわらず今や、バリスタも唯我独尊でおれるわけがなく、制定法が急増するにつれて、立法理由を知る必要の前には国会議事録（Hansard）を読まざるをえなくなってきた。それはイギリスの裁判官が、もはや逐字解釈に終始することなく、制定法の目的に即した解釈、すなわち大陸における法律解釈に接近したという意味である。(44) しかも今やイギリス法の大陸への売り込み（marketing a product called English law）に適しているのは、誇り高いバリスタでなく地道なソリシタであるといえる。(45) EU諸国との協調の任は、まさにソリシタによって担われたとみてよいのではなかろうか。

こうしてイギリス法秩序の主体的側面は、大いに揺るがされている。法曹およびその権能と活動の態様は今、激変しようとしている。それは従来"judge-made-law"といわれたイギリス法の形成者たる裁判官の質的変化をもたらすものといえるし、その限りで大陸型への接近ともみえる。そしてもし裁判官が創る法という観念が変質するとすれば、実は大陸法を"professor-made-law"と称することも、一応考え直しておくほうが適当である。大陸法は、ボローニャ大学以来、大学教授の主導権の下に形成されてきたといわれているが、実際そこには教授の役割に対する過大評価が潜んでいる。これは大学人の大学教授に対する過大評価の習性から来る錯覚ではないかと私は思う。民法典の中核にある契約法を取り上げれば、それはボローニャ以来の大学教授が想像力をたくましくしてその法形態を創作したわけではない。大学がなくとも契約法は作られたであろう。そもそもそれは、古代地中海商業の発展過程において何世紀もかけて出来上がっていた商慣習が基礎であり、それなしには契約法の法理論体系などありえなかったはずである。このことを語らずに、ただ大陸法を教授製の法と語り継いできただけのことである。そして典型的な教授製の法とみられるドイツ民法典にしても、現在では、そのすべての条文について判例が船底の貝殻のように付着しており、判例を度外視して法文を解釈することは到底不可能になっている。

このようにみてくると、大陸法が教授製の法であるとか、コモン・ローが裁判官製の法といっても、程度問題であるにすぎないとも思われるのである。決して両立不能とか統合不可能な対立ではないとの思いに駆られる。しかも今やヨーロッパ連合の全体をみれば、各国とも新しいヨーロッパ法律家（european lawyer）育成に取り組んでいる。

もちろん今「ヨーロッパ法律家」について語ることは、必ずしも目新しいことではない。法律家がそれぞれ国家の名を冠していたのは、僅々二、三世紀のことである。それまでは法律家たちがヨーロッパ内を自由移動するのは通例のことであった。大学ではローマ法とカノン法と、そして後には自然法のような、いずれも普遍的な法が教えられているし、大学で用いられる言葉はラテン語であったから、教授も学生も自由に移動していた。ことに学生たちは、心も軽く財布も軽くヨーロッパの諸大学を遍歴していた。

ドイツを例にとれば、法学を外国で学ぶことはこの国の伝統となっていた。中世ドイツの大学では、カノン法教育が主流であり、ローマ法を学ぶにはイタリアやフランスに留学するのが早道であった。ドイツ西部からはフランスへ、東南部からはイタリアへというのは自然の勢いであったが、とりわけイタリアにはスペインの留学生が多かったので、イタリア語とスペイン語を同時に学ぶ機会に恵まれていた。ドイツ貴族などは、好んでその子弟をイタリアに送り込んでいたのである。十六世紀にボローニャ大学の最大の勢力はドイツからの留学生であり、一二八九年から一五六二年までにドイツからの遍歴学生数は、四四〇〇人に及んだといわれている。(46) ここからも明らかなように、法学は最初から語学の学習や教養と結びついており、学位はともあれ、単に職業的な資格とだけ結びつけようと狂奔するような近時われわれがわが国で目撃したことは、思わざるも甚だしいといわなければなるまい。

現在、われわれは「ヨーロッパ法律家」の言葉を頻繁に聞く。今やＥＣ以来ＥＵにおいて縦横に積み重ねられた統一的法規範は、いかなる大学でも、そしてイギリスの大学ですら至る所で、多数の学生たちが必修あるいは選択科目として履修している。

他方ヨーロッパ諸国間において、学生たちの交換留学は大いに推進されている。例えばオランダでは数百人の法学生を年々ＥＵ域内諸国の大学に送り込み、ほぼ同数の外国人法学生を国内諸大学に迎え入れ、しかもそこでは英語で講義がなされるまでになっている。[47] かつてのヨーロッパの諸大学でラテン語がlingua franca（共通語）だったことを思い出すかのように、今は英語がそれになったといえるかもしれない。

この交換留学の奨励は、一九八七年ＥＣ理事会が採用したERASMUS（European Action Scheme for the Mobility of University Students）によって推進されている。三カ月から十二カ月間、他の加盟国大学に留学する費用を支給しようというものであり、[48] その目的は国民的意識ではなくてヨーロッパ人意識を高めようとすることにある。一九九〇年にはTEMPUSが東欧出身学生のために、また、一九九五年にはSOCRATESがERASMUSをはじめとする同種の組織を統轄し、LINGUA計画は、諸国の法律用語に重点を置く語学教育を推進しているのである。

Ｖ　結　び

この研究によって私は、久しく抱懐していた従来の見解を再考しなければならなかった。大陸法とコモン・ローの関係を相違の相の下にみれば、両者間の様式的相違は否定すべくもない。しかしこれを類似の相の下に、あるいは相互的な接近と同化の観点から再考すれば、絶対化されていた相違は、大幅に相対化されざるをえないであろう。もしかしたら従来の比較法学は、真の様式論として成り立つためにここで脱皮することが不可避ではないかとすら思う。

過去は「それが本来どうであったかを記述しなければならない」。しかし未来を予言しうるまでに客観的に記述しなければなるまい。そのような過去の究明こそ、未来への展望を開くであろう。これらの観点から大陸法とコモン・ローの対立点とされてきた法典法主義と判例法主義、公法と私法、実体法と手続法の区別、訴訟における当事者対抗主義と糾問主義、裁判官製の法と教授製の法等の対立には、予想以上に両立の事実や接近の傾向があることを知るであろう。おそらくはまた、諸国の国内的法律家からヨーロッパ法律家が今後続々と登場することであろう。先に私は、カーネヘムに倣って、過去が楽天主義を生むといった。初めに楽天主義があるのではない。諸民族がそれぞれ他民族の抜きがたい文化的多様性に習熟するための楽天主義である。これこそ茨の道を歩む原動力となり、多様性を超えて統合に向かおうとする未来への新しい意思と政治的政策的決断を支えうるのではなかろうか。

注

(1) ルードルフ・フォン・イェーリングはいう。「この学問は、法学においては、政治的国境と一致している。学問としては何と卑屈な、不面目な姿であることか!」(Rudolf von Jhering, *Der Geist des römischen Rechts*, 4.Aufl., Bd.1, 1878, S.15. 原田慶吉監修訳『ローマ法の精神』第一巻(一)、(有斐閣、一九五一年)二二頁。

(2) 一九〇〇年八月にパリで開かれた最初の比較法国際大会のおりに、レイモン・サレイユやエドゥアール・ランベールは、「共通法」のスローガンを掲げ、その後レヴィ・ユルマンは「二〇世紀世界法」を唱えた。わが国でも田中耕太郎の『世界法の理論』(岩波書店、一九三二年)が出されている。

(3) 野田良之は、西洋の「著名で有力なる比較法学者の法圏論に追随することは、比較法学者の真の使命を果たすゆえんではない」と語られたが、私の考えでは、「先人の業績によって、しかしそれを越えて」発展させるべきものと思う。さらに、野田が「そろそろ日本人の立場からの法系論が出現することを期待したい」と主張されたことにも異議がある。この種の主張は、わが国の外国法学者がこれまでとってきた方法とそれによって自ら積み重ねてきた業績を否定する嫌いがあるように思われてならない。

(4) José Ortega y Gasset, *Gesammelte Werke,* (Deutsche Verlags - Anstalt, 1954-56), Bd.2, 1950, S.87.

(5) R.C. van Caenegem, *European Law in the Past and the Future: Unity and Diversity over Two Millennia*, (Cambridge University Press, 2002), p.36, p.51 et ss.

(6) R.C. van Caenegem, *op. cit.*, p.15.

(7) cf. van Caenegem, *op. cit.*, p.16.

(8) R.C. van Caenegem, *The Birth of the English Common Law*, (Cambridge University Press, 1973), p.100ff. 詳しくは、大木雅夫『比較法講義』(東京大学出版会、一九九二年) 一三八頁以下。

(9) van Caenegem, *op. cit.*, p.97. Werner Teubner, *Kodifikation und Rechtsreform in England*, (Duncker & Humblot, 1974), S.54. 大木、前掲、二六三頁参照。

(10) 私自身、法様式論の観点からは、若干の留保は付しながらも、裁判官の優越的地位を強調していた(大木、前掲、一三五頁以下)。

(11) J.A. Jolowicz, *Droit anglais*, (Dalloz, 1986), Précis Dalloz, p.52 et s.

(12) van Caenegem, *supra* note 5, p.30 et s.

(13) K. Zweigert & H. Kötz, translated by Tony Weir, *An Introduction to Comparative Law*, 3rd rev. ed., (Clarendon Press, Oxford University Prss, 1998), p.88.

(14) サヴァティエは、«gouvernement des juges en matière de responsabilité civile» とこれを称している。Savatier, *Recueil d'études en l'honneur d'Édouard Lambert I*, 1938, p.455 et ss., cité par Constantinesco/Hübner, *Einführung in das französische Recht*, (C.H. Beck, 1974), S.144.

(15) Max Rheinstein, *Einführung in die Rechtsvergleichung*, (C.H. Beck, 1974), S.91.

(16) 詳しくは、大木、前掲、一五〇頁、第六章第三節、英米の法典を参照。

(17) Rheinstein, a.a.O., S.35.

(18) van Caenegem, *supra* note 5, p.76.

(19) van Caenegem, *supra* note 5, p.73.

(20) cf. van Caenegem, *supra* note 5, p.43.

(21) 大木英夫『ピューリタニズムの倫理思想――近代化とプロテスタント倫理との関係』（新教出版社、一九六六年）三一五頁以下。

(22) 滝沢正『フランス法――Le droit français』（三省堂、一九九七年）六二頁。

(23) J.A. Jolowicz, *op. cit.*, p.79. Caenegem, *supra* note 5, p.43.

(24) René David & Camille Jauffret-Spinosi, *Les grands systèmes de droit contemporains*, 9ème éd., (Dalloz, 1988), p.400.

(25) Jolowicz, *op. cit.*, p.400.

(26) Jolowicz, *op. cit.*, p.4. なお、戒能通厚編『現代イギリス法事典』（新世社、二〇〇三年）四六頁以下参照。

(27) Ingo von Münch, *Legal Education and the Legal Profession in Germany*, (Nomos Verlagsgesellschaft, 2002), p.34.

(28) 弾劾主義、当事者対抗主義、糾問主義については、田中英夫（編集代表）『英米法辞典』、東京大学出版会、一九九一年、accusatorial system, adversarial procedure, inquisitorial system 等の項目を参照せよ。

(29) van Caenegem, *supra* note 5, p.51 et ss.

(30) Catherine Elliott & Frances Quinn, *English Legal System*, 4th ed., (Longman, 2002), p.246.

(31) Air Canada v. Secretary of State for Trade, 1983, 2 A.C. 394, 438, cité par Jolowicz, *op. cit.*, p.142, p.165.

(32) Benoît Garnot, *Justice et société en France aux XVIe, XVIIe et XVIIIe siècles*, (Ophrys, 2000), p.111 et s.

(33) Elliott & Quinn, *op. cit.*, p.246.

(34) van Caenegem, *supra* note 5, p.53.

(35) John P. Dawson, *The Oracles of the Law*, (University of Michigan Law School, 1967), pp.200-203.

(36) Merryman & Clark (ed.), *Comparative Law: Western European and Latin American Legal Systems*, (Bobbs-Merrill, 1978), p.412. 例えば一四九五年に創設された„Reichskammergericht“（帝室裁判所）は半数が学識者であるが、残り半数は騎士階級から選ばざるをえなかったほどであるから、ましてヨーロッパ各地の裁判所が名望家によって支えられていたのは当然である。

大木、前掲、第七章　法律家論、特にそのⅣ２、三二一頁以下参照。筆書にこの比較法社会学的視点を示されたものは、上山安敏『法社会史』（みすず書房、一九六六年）であることを、懐かしい想い出をこめてここに付記する。

(37) van Caenegem, *supra* note 5, p.44 et s.

(38) David S. Clark, "Comparing the Work and Organization of Lawyers World-Wide: The Persistence of Legal Tradition," in John J. Barceló III, Roger C. Cramton, (ed.), *Lawyers' Practice and Ideals: A Comparative View*, (Kluwar Law International, 1999), p.89, note 38, pp.88-95. による。イギリスの弁護士数について現在では、ソリシタ約八万、バリスタ約九千といわれている。(Elliott & Quinn, *op. cit.*, p.122, p.129.)

(39) グランヴィル・ウィリアムズ（庭山英雄、戒能通厚、松浦好治共訳）『イギリス法入門』（日本評論社、一九八五年）二四〇頁以下。Ugo Mattei, *op. cit.*, 170 et s.

(40) ウィリアムズ、前掲訳書、二五三頁。Mattei, *op. cit.*, p.171.

(41) Mattei, *op. cit.*, p.173.

(42) John Flood, "Remapping Lawyers' Turf: A Comment on Professors Clark and Mattei," in Barceló & Cramton, *op. cit. supra* note 38, p.213.

(43) Flood, *op. cit.*, p.216.

(44) Zweigert & Kötz, *op. cit.*, p.267. この転換を判示したものは、グリフィス卿（Lord Griffith）の意見である。Cf. Pepper v. Hart [1993] AC 593, 617.

(45) Flood, *op. cit.*, p.211.

(46) Karl Heinz Burmeister, *Das Studium der Rechte im Zeitalter des Humanismus im deutschen Rechtsbereich*, (Guido Pressler Verlag, 1974), S.58-65.

(47) David S. Clark, "Comparing the Work and Organization of Lawyers Worldwide: The Persistence of Legal Tradition," in Barceló III & Cramton, *supra* note 38, p.74 et s.

(48) ドイツの例については、Ingo von Münch, *Legal Education and the Legal Profession in Germany*, (Nomos Verlagsgesellschaft, 2002), p.43.

国家観の変遷

――ヨーロッパ連合前史――

大木雅夫

I　はしがき

「どこへ行くのか誰が知ろう。どこから来たのかすら分からないのだ」。――歴史主義時代の夜明けにゲーテはこの言葉をしばしば語った。(1)いかにも浮き草のようなさだめなき時代を語るかにみえる。次いで歴史主義の最盛期にランケ(Leopold von Ranke, 1795-1886)は、„bloss zeigen, wie es eigentlich gewesen" とのスローガンを掲げ、一切の事実を発見し解明する客観的歴史を追求して、ヒストリーを単なるストーリーではなく、しかも過去を裁かないサイエンスたる歴史を志した。(2)しかし一切を解明することは神業であろう。

歴史主義の終焉に際会したオルテガ・イ・ガセット(Ortega y Gasset, 1883-1955)は、一切の主観を排除したともとれる歴史記述に史観の欠落を感じたのでもあろうか。単なる歴史的事実の記述ではなくて、「未来を予言することにおいてのみ、歴史は科学でありうる」と反論する。(3)未来は空漠たるものである。確実なものは過去の事実だけだ。それを確認して未来を予言しようという。ここには、歴史の進展に律動があり、法則とか傾向があるという確信、すなわち進化論の復活があるように思われ、確かに問題はあるが、今眼前に起こっているヨーロッパ統合とそれを構成する諸国家の運命を考えると、やはり人類史上における国家観の変遷をたどるしか私には手がない。いきなりヨーロッパ連合と加盟諸国家の運命だけを取り上げようとするのは性急であり、国家観の変遷という遠い道を歩むことにしよう。その場合にも私はオルテガの歴史観を基礎とし、なおフランスの歴史家マルク・ブロックが唱えた「現在から遡る歴史」という観点、すなわち現在を出発点として過去を検証しようとする観点を取り入れて、未来の予言に不必要なものは軽く、必要なものは重く取り上げたいと思う。

II　国家論の変遷

一　哲学的歴史観と問題史の相違

現在は、EUとの関連において伝統的な国家そのものが再考されるべき問題に逢着している。新しい国家形態の模索――それが現在である。ここから過去に遡れば、十六世紀すなわち近代国家の形成期から論ずることで足りると思う。無論歴史家や哲学者が、古代社会のポリスを論じキヴィタスを論ずることを妨げるものではない。プラトンの「ポリテイア」は理想国家と訳されることもあるが、当時のギリシャは、決して理想国家ではなかった。町々村々に暴力が横行し、少数者の弾圧、階級司法、愛国を名乗る脅迫、オストラキスモス(陶片追放)等のあらゆる悪徳の巷であった。彼は現実のポリスに失望し、それを描写する意欲を失ってきたからこそ、ユートピアとしての国家を論じたのであった。どこにもない国を夢見た。枝葉末節にわたって民衆を規制する社会機構――これを現代人の目からみればまことに非人間的な国家像がそこに描き出された(4)。しかしプラトンの時代は、相対的には平和な時代であった。国家の統治を一人の賢人に委ねれば足りた。しかしアリストテレスの生きた時代は荒れていて、賢人政治は期待できない。彼は、強力で多数を占める中産階級によるデモクラシーの政治体制・国家体制を考えていた。この二人の哲学者による国家論は哲学であって、歴史ではない。古代から始めて現代に及ぶ歴史は、今国家がどこへ行こうとしているのかを模索する手がかりにはなりにくい。例えば役員賞与をめぐる税制の研究に際して、十分の一税から説き起こす必要はほとんどないと同然である。近代国家とか国民国家の運命いかにと問う場合には、せいぜい十六世紀、宗教戦争の時代に遡ることで足りるであろう。

二　主権との関連における近代国家の誕生

近代国家の誕生は、しばしばその生みの親ホッブズ（Hobbes, 1588-1679）とその著『リヴァイアサン』（一六五一年）によって語られている。その議論は、間違いではないが、十分ではない。ホッブズほどの大天才が戦前から日本で歓迎されなかったのは、彼が暴君放伐論とか良心的兵役拒否などを認めていたからであろう。ロックやルソーやスピノザ等のほうが大写しになっているが、彼らはみなホッブズのひらめきを転用し流用しただけともいえる(5)。しかしホッブズの頭の中に近代国家の構想が忽然と現れたとみるのも誤りで、これは日本人の学説史なり理論史偏重によるものである。ホッブズの近代国家論が出される前の世紀、十六世紀における宗教戦争の実態を観察しなければならない。

世俗君主による絶対主義的支配の思想は、十三世紀末から十四世紀の人ダンテ（Dante Alighieri, 1321没）にみられ、これを主権の観念と結びつけて君主主権を公然と唱えたのはルネサンスの人文主義者ジャン・ボダン（Jean Bodin, 1596没）である。彼は宗教改革とそれに続く宗教戦争、そしてサン・バルテルミーの大虐殺を目撃した。現在イラクやパレスチナにみられるようなどこまでも続く血のぬかるみは、教皇側もプロテスタント側も解決不能である。革命による体制の激変か、神に次ぐリヴァイアサン的ないし大魔神的権力を国連に与えるのでなければ、解決不可能である。ここでボダンは、国家に最高の絶対的権力を与えようと思いつくに至ったのである。その権力の中枢に位置づけられたのが君主の立法権である。(6) それまでは、神法か自然法か慣習法が法であった。目に見えないこれらの法に対して、目に見える形の現実の法、すなわち実定法の制定権を握った君主は、自然必然的に絶対君主と変身した。当然これに対してはモナルコマキ（Monarchomachi）の暴君放伐論が現れ、また、熱烈なカルヴァン主義の徒で人文主義法学の代表者でもあるフランソワ・オットマン（François Hotman, 1590没）もモナルコマキの有力な論客ぶりを発揮する。彼は、フランスに定住したフランク族がゲルマン民族の一部族であり、ゲルマン民族の伝統によれば人民集会が国王を選出し罷免する権能をもつ、つまり国王権力の正統性は民衆の同意のあることを主張した。この人民集会が後に聖職者と貴族と第三身分から成る三部会となる。この意味でフランスには君主主権が国民主権と化する素地があった。(7) もちろん国民主権とはいえ、フランスでナシオンすなわち国民が生まれるのは、オットマンの死後二百年、フランス革命まで待たなければならなかった。

記憶すべきことは、ホッブス以前に血みどろの宗教戦争があり、君主主権論が生まれ、モナルコマキの大立者オットマンの国民主権への橋渡しがあり、そこにホッブズが登場したということである。その主著『リヴァイアサン』はピューリタン革命のさなかに書かれ、目前には国王と議会の争いがあった。しかし彼は国王側からも議会側からも、そしてキリスト教会からも愛された気配はない。ガリレイの自然科学とイギリス経験論の支配下に、彼は機械論的、非神学的立場からこの書を書いた。騒乱に生きる者にとって、生命は最高の価値であり自然権の中核である。しかし誰もがそれを追求すれば、「万人の万人に対する戦い」となるから、むしろばらばらの群衆が単一の人格になるために協定を結んで、civitas（キヴィタス、国家）という法人格を作ろうというのである。

これを受けてルソーも「国家……は、法人格にすぎないのであり、その生命は、各構成員間の連合にある」という。[8]この「連合」(association)という言葉については、説明を加えておこう。それは火の玉のように一丸となって団結するという意味ではない。構成員の一人一人が独立の人格を維持しながら結び合うというすばらしい結合形態である。この結合が実現すれば、大欧州二十七カ国内に戦争は起こるまいとの期待にも似て、そのキヴィタスにおいては、争いは絶えるであろう。こうしてホッブズやルソーは、近代国家を理想的に基礎づけたのである。

III　近代的国民国家の成立

一　国民主権と国民

君主主権から国民主権への移行は、国民が存在しなければ起こらない。フランスの場合ノルマンディーとプロヴァンス、ブルターニュとラングドッグはそれぞれ別世界であった。同業者組合とか同郷会などは、「組織されたナシオン」(nation organisée)と呼ばれて存在していたが、それらは絶対王政のもとで消滅し、「国家によって組織されたナシオン」(nation organisée par État)が現れた。しかし国民という意味のナシオンの成立は、フランス革命の過程においてであり、こうして成立したフランス国民なればこそ、そこにみなぎるナショナリスムがナポレオンの十年にわたる全ヨーロッパ支配を可能にしたのである。[9]

その同じ時期に、ドイツには「国民」がいなかった。それは、プロセイン、ザクセン、バーデン、バヴァリア等三百諸侯の割拠する国であった。フランス革命が起こったとき、ヘーゲルは十九歳。チュービンゲンの神学生であった。彼はその報に接して、学寮の同室者ヘルダーリンやシェリングと庭に跳び出し、そこに自由の木を植えて、その周りを一夜踊り明かしたと伝えられる。しかしドイツ知識人の熱狂はそこまでであり、革命の進展とともに期待は幻滅に変わった。ナポレオンの軍隊に占領されても、民衆は鉛のように眠りこけていた。国民的に結束して戦う気力などない。たまりかねたフィヒテ（Johann Gottlieb Fichte, 1762-1814）は、『ドイツ国民に告ぐ』の叫びを上げざるをえなかった。

二　ヘーゲルとマルクス——観念論的理想国家と唯物論的理想国家

ナポレオンが死んだ一八二一年に、ヘーゲルは、彼の最後の著書『法の哲学』（Grundlinien der Philosophie des Rechts）を公刊した。財産と教養を蓄えた教養市民層が生まれ、官僚、法曹、教授らは国家や王権と結びついた時代であった。ヘーゲルは、ドイツ国家建設の期待を担って創立されたベルリン大学の教授として、最も幸福な日々を送っていた。[10] そして彼は最大の国家礼賛をする。同時代の歴史法学派が「民族」（Volk）に究極的価値を見いだしていたのに対してヘーゲルは、国家（Staat）こそ理性的なもの、最も崇高な概念、最も完全なる現実態、すなわち「倫理的理念の現実態」だという。[11] ヘーゲルにとって、国家と倫理的理性、国家と法とは同一である。しかも国家は一つ、法も一つ、現実の国家の傍らに理想国家があるではなし、実定法の傍らに自然法があるわけでもない。そしてこの思想の根底には、ヘーゲルの有名な命題「理性的なものは現実的であり、現実的なものは理性的である」があった。

この国家礼賛は、ヘーゲルだけがしたことではない。ドイツの国家論は元来マキャヴェリ的・合理主義的要素が希薄である。ルターには、キリスト者はキリスト教国家を建設すべきだという信念があった。彼の著作にはアウグスチヌスが頻繁に出てくるから、その『神の国』の思想を継承しているのかもしれない。しかしカントやフィヒテの国家論も同様であり、ライヒスフライヘル・フォン・シュタイン（Heinrich Friedrich Karl Reichsfreiherr vom und zum Stein, 1757-

1831）にいたっては、ルター同様に、道徳的人間は道徳的国家を建設すべきだというのである。ここで私は注意を喚起しておきたいことがある。ドイツ人の愛国心は強く、国のためなら一致団結する国民性の持ち主だといわれるが、これは俗説ではないかと思う。むしろ愛国教育のせいだったのではないかと私は思う。国民性の問題ではなくて教育の問題だと思う。実際、ナチスの標語に „Du bist nichts, dein Volk ist Alles" というものがあった。「汝は無、汝の民族こそすべて」という意味であるが、戦時中の日本では「滅私奉公」と訳され、少年時代のわれわれはこれをたたき込まれたのである。つまり、国民性などという雲をつかもうとすることよりも、現実になされた教育を顧みることのほうがはるかに重要で、ルターもカントもフィヒテも、倫理的国家を教え続けてきた。だからヘーゲルが国家を倫理的理性の現実態と述べたとしても何ら不自然ではない。

教育の力は絶大である。しかし限界があり、ほとんど常に異端者を生む。異端者が出ればこそ学問は発展する。ヘーゲルから最も多く学び取ったはずのマルクスは、ヘーゲルの最大の批判者となる。天上ばかり眺めていたヘーゲルに対して、地上に目を転じたマルクスにとって人類史は階級闘争の歴史である。宗教も法も国家も支配階級の武器であり、階級的搾取と抑圧のない共産主義社会が実現すれば、それらはいずれも無用のものとなり、博物館行きになるという。もちろん国家の死滅とはいえ、人民に対する統治は、事物の管理とか生産活動の方向づけに代えられるので、国家は廃止（abschaffen）されるのではなくて、枯死する（absterben）というのである。[12]

マルクスは決して空想を語ったわけではない。真剣に真の自由と平等を求めればこそ、あまりにも観念的な国家論に徹底的な反撃を加えたのである。自分の自由が確保されるためには、あらゆる他人の自由が顧みられなければならない。しかし市場経済の下では人々は利己的にしか行動しないのだから、新たに築かれる社会主義的生産関係の下では新しい人間が生み出されなければならないと考える。[13] レーニンもこれを新約聖書の一句によって裏づけた。しかし新しい人間は生み出されなかった。ノルマが常に過重であれば、労働者農民は常に怠惰になる。それどころかロシア革命直後から彼らは働かなくなった。そして若き日に神学を学んだスターリンもスターリン憲法第一二条に「働かざる者食うべからず」(Кто не работает, тот не ест.) と書いた。[14] しかし働く者と働かない者が同一賃金なのだから、儲けるには賄賂を使うとか生産の場から物品を着服するしかない。それは日常茶飯事となった。ロシア語のнесун《ネスーン》(持ち帰る人) という言葉は、ソ連人の意識では泥棒とは見なされない。しかしそれに対して共産党大会において繰り返された呼び掛けは、「寄生、贈収賄、投機、職業外の収入および社会主義的所有を侵害する一切のものに付け入る余地を与える隙間をふさぐために組織的、財政的、司法的手段に訴えなければならない」ということであった。ソ連ではホモ・サピエンスに並ぶホモ・ソヴィエティックスが生み出されるはずであった。しかしそれは果たせぬ夢であり、社会主義ソ連邦は六十九年の生涯を閉じた。[15] 日本人男女合わせて平均寿命は現在八十歳を超えているから、ソ連という国家は日本人の一生よりも短命だったことになる。

三 「国家からの自由」から「国家への自由」へ——法治国から福祉国家、社会国家へ

ルイ一四世の時代を民衆は «le Grand Siècle» (大御代) と呼んでいたが、それは国王自身が「朕は国家なり」(L'État, c'est Moi.) と語る絶対主義国家であった。その反動のように法治国思想が芽生える。モンテスキューと一世代後のアダム・スミスは、古典的自由主義の旗を振る。その「自由」は本質的に「国家からの自由」であり、自分の利己心に従って活動すれば、「見えざる手に導かれて」全体の利益に連なる。国家はただ、警察官や夜警同然に国民生活の秩序破壊者を取り締まるいわゆる夜警国家 (Nachtwächterstaat) であれば足りるという。[16] しかしこの理論の表面は明るく、裏面は暗かった。一八一五年から一八四八年までにドイツ連邦の人口は二二〇〇万から五三〇〇万まで増えた。これは一世代前の二倍の人口を養う高度成長ぶりとみられるが、これはストーリーであってヒストリーではない。当時この人口増

を養えるほど農業技術は進んでいなかったし、人口の三分の一は乞食同然の暮らしぶりで、都市部でもベッドも家具もない家に昼食抜きで暮らす人々があふれていた。マルサスがイギリスで前世紀末に予言した事態がドイツで起こった。そして世紀末にかけて貧富の格差は救いがたいものとなり、ようやく社会問題、労働問題そして婦人問題という言葉が生み出されるまでになった。(17) マルクスの経済学や国家観は、そこに生まれた。しかしマルクスの後継者たちによる国づくりは、世紀の大実験とはいえ空しく失敗した。弱者貧民の出現が労働保護や社会保障を国家に求めているとき、国家は賭博的大戦争に走り、難民と人口爆発、傷病兵と老幼者の介護、年金、社会保障の諸問題等、経済的社会的弱者保護は、国家の積極的介入を至上命令とした。貧窮からの解放と福祉増進の目標は、国家の存在理由をまったく変わらせた。(18)

新たな国家像は、福祉国家（welfarestate）である。ドイツのボン基本法第二〇条第二項は、これを「ドイツ連邦共和国は、民主主義的で社会的な共和国である。」と規定し、法治国家（Rechtsstaat）とは別個の社会国家（Sozialstaat）という言葉を採用した。この言葉は、十九世紀末にローレンツ・フォン・シュタインが自由主義と社会主義を超える第三の道として提唱した言葉であり、(19) 常に修正資本主義などと酷評されてきたものである。日本国憲法の中では社会国家の語を用いず、学説上「社会的基本権」と呼ばれる若干の規定が掲げられている。注目すべきことであるが、一九九三年制定の現行ロシア連邦憲法第一章は、社会的保護政策の実施を内容とする「社会国家」という言葉を掲げた。(20) 修正資本主義と排撃してきた西欧法の原理を、今は受け入れた。もちろん最初は社会主義の原理と調和させつつ導入を試みたが、やがて社会主義の衣を脱ぎ捨てて、そのまま全面的に自己展開することとなる。実際ペレストロイカの段階にある一九九〇年一〇月に「市場経済移行の基本方針」が決定され、はじめには「社会主義的市場経済」といっていたが、その年内に、「計画市場経済」、「規制された市場経済」そして単に「市場経済」へと表現が変化した。この体制の大変革は、なりふり構わぬものと思わざるをえないであろう。

Ⅳ　ＥＵと国民国家――結びに代えて

これまで私は、人類史の進展とともに国家観が激しく変動してきたことを跡づけた。しかしこの時点で目前にするヨーロッパ統合の動きがどこへ行こうとするのか必ずしも定かではない。君主主権から国民主権への転換があり、しかも今や主権そのものが不可分のものとはみられず、加盟諸国からの主権の部分的移譲がヨーロッパ統合の梃子である。しかも今や欧州議会は直接選挙で選ばれ、先頃フランスとドイツがコンゴに派兵するに際しては共同司令部を設けた。ヨーロッパ統合の初期には一蹴された軍事的統合の兆しすら感知される。ヨーロッパ合衆国は夢であろうか。

政体との関係でしばしばモデルにされるのはアメリカ合衆国である。しかし統合の状況はＥＵの場合とまったく異なっている。アメリカでは一七七五年に独立戦争が起こる。メイフラワーで移住したプロテスタントらの共通の敵はイギリスである。翌年には勝利した十三州が次々に独立宣言を発した。そしてその十一年後に連邦憲法が制定され、アメリカ合衆国が成立した。翻ってＥＵは、多民族、多言語、多宗教の、そして一般に多文化の国々から構成されている。ベルリンの壁があり、鉄のカーテンがあった。ようやくヨーロッパ統合の動きが始まり、隔壁はなくなっても、共通の敵もなければ固い結束もない。統合の希望と解体の恐れの間にあってすでに半世紀あまりの歳月が経過している。鉄は熱きに鍛えよといわれるが、それはアメリカ合衆国の場合であった。確かに、今世紀初頭に加盟二十七カ国に達して大欧州への道は開かれた。しかし単一国家は痴人の夢である。連邦への兆しはあるが、現時点では国家連合の域を出ない。ＥＵはどこに行くのか、誰が知ろうか。今こそわれわれは、ヨーロッパの理念と現実の客観的歴史に立ち返るべきものと思うのである。

注

(1) ゲーテ（小牧健夫訳）『詩と真実』（岩波書店、一九四九年）第四部、五六一頁以下。彼はこの言葉をエグモントの口を通して語っている。なお、マイネッケ（中山治一訳）『歴史的感覚と歴史の意味』（創文社、歴史学叢書、一九七二年）六頁、一五七頁参照。

(2) Leopold von Ranke, *Geschichte der romanischen- und germanischen Völker von 1496 bis 1514* の冒頭に掲げられた言葉。鈴木成高『ランケと世界史学』三版（弘文堂、一九四二年）三頁。西村貞二『歴史観とは何か』（第三文明社、レグルス文庫、一九七七年）五九頁。ランケの客観的歴史記述の主張こそ、彼自身の歴史観だったことを看過すべきではない（林健太郎、ランケの人と学問、中公バックス世界の名著四七『ランケ』、一九八〇年、二九頁）。

(3) José Ortega y Gasset, *Gesammelte Werke*, Bd.2, (Deutsche Verlags - Anstalt, 1954-56), S.32f.

(4) Stig Strömholm, *Kurze Geschichte der abendländischen Rechtsphilosophie*, (Vandenhoeck & Ruprecht, 1991), UTB, S.32f.

(5) 田中浩『ヨーロッパ知の巨人たち』（日本放送出版協会、NHKシリーズ、二〇〇四年）七七頁以下参照。

(6) Strömholm, a.a.O., S.147.

(7) Strömholm, a.a.O., S.148.

(8) ルソー（井上幸治訳）『社会契約論』、（平岡昇責任編集）『ルソー』（中央公論社、中公バックス世界の名著三六、一九七八年）二四三頁および田中浩、前掲、一二二頁以下参照。

(9) Jacques Ellul, *Histoire des institutions*, 4., (Presses Universitaires de France, 1956), p.72.

(10) 阿部謹也『物語ドイツの歴史——ドイツ的とは何か』（中央公論社、中公新書、一九九八年）一七八頁以下。

(11) G.W.F. Hegel, *Grundlinien der Philosophie des Rechts – oder Naturrecht und Staatswissenschaft im Grundrisse*, §257, Ed. Suhrkamp, 7. Bd., S.398, zitiert nach A. Kaufmann u. W. Hassemer (Hrsg.), *Einführung in Rechtsphilosophie und Rechtstheorie der Gegenwart*, 6. Aufl., (C.F. Müller Juristischer Verlag, 1994), S.78.

(12) *Le grand dictionnaire encyclopédique Larousse*, 〈état〉.

(13) Dieter Grimm (Hrsg.), *Einführung in das Recht*, (C. F. Müller, 1985), UTB, S. 163.

(14) ルターの訳では、„Wer nicht arbeiten will, soll auch nicht essen." となっており、またフランス語の聖書では、«Si quelqu'un ne veut pas travailler, qu'il ne mange pas non plus.» となっている。いずれも働く「意欲の有無」が前提であり、日本語訳の聖書もテサロニケ人への第二の手紙第三章第一〇節においてこれに従っている。しかしわが国で巷間に語られる「働かざる者は、食うべからず」のモットーは、スターリン憲法だけからの直輸入であろう。

(15) ミシェル・エレル（辻由美訳）『ホモ・ソビエティクス——機械と歯車』（白水社、一九八八年）「第三章　腐敗」を参照せよ。原著は、〈Michel Heller, *La machine et les rouages—La formation de l'homme soviétique*〉の名ですでに一九八五年に刊行されているが、当時わが国には、このような視角からする研究は皆無に近かった。

(16) この説明には問題がある。スミスは国富論の中で「利己心」の語をほとんど使っていない。『道徳情操論』をみれば、利他心とか惻隠の情に似た思想を強調している。国家国民全体のためになどとばかりいっていないで、率直に自分の利益を求めて働けといったのではないか。また「見えざる手に導かれて」の原文は "led by an invisible hand" となっていて、神のみ手とは書いていない。社会の見えざる手と説く人もいる。スミス思想を理解する上で再検討を要するのではないか。

(17) 阿部謹也、前掲書、一九五頁。

(18) Rudolf Wiethölter, *Rechtswissenschaft* (Funk-Kolleg), (Fischer Taschenbücher Verlag, 1976), Fischer Taschenbücher, S.331ff.

(19) 広渡清吾「ドイツの社会と法」、戒能通厚・広渡清吾『外国法——イギリス・ドイツの社会と法』（岩波書店、一九九一年）二一九頁以下。ローレンツ・フォン・シュタインは、明治憲法起草者伊藤博文の師。

(20) 森下敏男「体制転換と法」小森田秋夫編『現代ロシア法』（東京大学出版会、二〇〇三年）第二章、五九頁。

ヨーロッパ法の発展と他の法分野との関連

滝沢　正

Ⅰ　はじめに

ヨーロッパ法[1]は、近年目覚ましい展開を示している。その中心的内容については専門家の検討に任せるとして、こうしたヨーロッパ法の発展に伴ってそれ以外の法分野との関わりが必然的に生じてきている。ここではそうした若干角度のある視点から、二つの周辺的テーマを取り上げて考察を及ぼしたい。第一は、ヨーロッパ法の発展が既存の法分野に与える影響がいかなるものかである（Ⅱ）。第二は、経済統合を何よりも対象としてきた欧州共同体法が、欧州連合法へという大きな流れとも呼応しつつ、経済領域を超えて新規の法規制を導いており、具体的事例を通じてこれを検証することである（Ⅲ）。

II ヨーロッパ法の発展が既存の法分野に与える影響

ヨーロッパ法の発展は、その具体的形態と程度に差こそあれ、およそすべての法分野に影響を与えている。以下においては、便宜的に国際法、国際私法、実定法諸分野、比較法、外国法の五分野に分けてその関係を論じる。このうち比較法および外国法については、すでに別稿(2)において詳論する機会をもった。

一 国際法

欧州共同体法は、もともとは国際法の一部と考えられてきたといってよい。欧州共同体を研究する者も、経済的観点や政治的観点からのアプローチを別にして法的アプローチである場合には、国際法学者が圧倒的に多数であった。欧州共同体法は、国際法の一分野に位置づけられる国際組織法に属すると考えられたからである。(3)国際組織としては国際連合のように全世界的なものもあるが、米州機構や東南アジア諸国連合のように地域的に限定されたものもあって、これを地域共同体と総称する。欧州共同体法はこうした地域共同体法(4)の典型例ということになる。

ところが、主権国家の存在を前提とする一般の国際組織と、主権の一部を超国家機関に委譲している側面をもつ欧州共同体(5)とでは構造に根本的な相違があり、そのことが当該法規の性質にも反映する。すなわち、欧州共同体法は、国内法(droit interne)とも国際法(droit international)とも異なる超国家法(droit supranational)という性格づけがなされている。欧州共同体法の研究を積極的に推し進め、こうした特殊性に対する認識を深めるのに貢献したのは国際法学者であった。(6) しかし逆に、ヨーロッパ法の専門家の登場に伴いまたその法の特殊性故に、現在ではプロパーの国際法学者は大幅に手を引いてしまっており、むしろ疎遠な感じすらある。当初の関心の中心が組織法にあったのに対して、欧州共同体法によって何が規律されているのか、構成国法にどのような影響を与えているのかという実体法に比重が移ってきたことも関わっていよう。

二 国際私法

国際私法というのは、国家法が相互に異なることを前提として渉外的な事件に適用される準拠法を決定するルールを考える、すぐれて手続法的な学問である。もっともそうはいっても、国際私法上の原則を適用した結果特定の事件を規律することになる実体法にも、必然的に関心をもたざるをえない。また場合によっては準拠法を決定するに当たって実体法が影響を及ぼすこともある。そのため、国際私法学者には統一法や比較法に興味を抱く研究者が多く、このことはとりわけ共通する法基盤が存在するヨーロッパの国際私法学者について指摘できることである。欧州共同体法は構成国間という域内で立法共通法を目指すものであるから、各国の国際私法学者の観点と共鳴する部分が多い。その点で、欧州共同体法が実定法たりえないわが国の国際私法学者と、ヨーロッパの国際私法学者との共同体法に対する関心のギャップは大きい。もっとも、域内で統一法が実現するということは国際私法が機能する領域、すなわち自己の学問領域がそれだけ縮減することを意味する。そこに国際私法学者のジレンマがあるといえようが、対象外の領域は広い上に、そもそもヨーロッパ人が法統合にかける情熱はこうした憂慮をはるかに上回っている。

実定法に対しては、同じ事項を規律する国際法規との効力関係のとらえ方によって、内容的に影響が及ぶことが当然にありえよう。しかし同時に、通常は国際法規よりも上位規範とされている憲法についても、その影響を考察してみたい。

三　実定法諸分野

1　憲法

フランスを例に取り上げる。国内法秩序において、憲法規範は条約よりも優位することが広く認められてきたため、ヨーロッパ法の発展に憲法が直接影響を受けることはないはずである。しかし、かつてのように条約の合憲性審査制度がない場合においては、憲法に矛盾する条約が現実には存在することがあり、こうした事態は憲法の最高法規性に疑念を抱かせることになる。(7)逆に現行憲法のように条約の批准に先立って合憲性審査が義務づけられている場合、すなわち憲法優位が手続的に担保されている場合には、規範の階層秩序に混乱は生じない。しかし憲法に抵触する条約を締結した政府は、当該条約を批准できないわけであるから、国際的責任を果たせないことになる。そこで実際には、下位規範であるはずの条約の内容に合わせて、憲法改正を行わざるをえない状況に追い込まれる。国家主権のあり方に関わることの多い欧州連合法の場合にこうした事態が顕著に示され、それがマーストリヒト条約およびアムステルダム条約に対応した、フランスにおける度重なる憲法改正であった。(8)

憲法でも基本的人権については、欧州人権条約が関わりをもつ。この条約によれば、人権を侵害されたと思料する者は、国内的に救済手続を尽くしても満足を得られない場合に、欧州人権裁判所に提訴することが認められる。欧州人権裁判所は、欧州人権条約の規定に従い判断するため、国内的な人権カタログにその範囲で追加、修正がもたらされることがある。

2　その他の法分野

憲法以外の法分野は法律以下の法源によって規律されていることから、条約の適用のためには国内法化が常に不可欠とする二元論にたつのでない限り、条約との優劣関係が各国でどのように考えられているのかが問題となる。フランスにおいては、現行憲法五五条が条約優位を明文で規定している。もっともこの規定が実際にどのように運用されてきたかは別の問題であって、裁判所が一致して憲法の条文どおりの対応を採用したのは、近時のことにすぎない[9]。ところで欧州共同体法に関しては、こうした各国実定法上の扱いとは別に、条約および欧州裁判所の判例法によりその法源の効力が統一的に定められている。規則（regulation, règlement）については、各構成国への直接適用性と構成国の国内法に対する優位性が承認されており、実定法各分野に対するその影響は決定的である。他方指令（directive）については、達成すべき目標および期限のみが示されるにとどまり、具体的な立法方法は各構成国の裁量に委ねられている。しかし、定められた期限までの不作為や不十分な内容の立法に対しては、委員会による立法勧告や罰金強制を命じる裁判所の判決、利害関係当事者による指令の援用や損害賠償請求が認められており、その実質的法形成力には規則に劣るところがほとんどない。

もっとも、欧州共同体法がこのように構成国の実定法に大きな影響を及ぼすとはいえ、その領域は規律の対象となる法分野に限定されている。関税法、経済法、農業法、環境法など産業規制行政法が中心であって、労働法や社会保障法となるとごく一部が関連する範囲で関わるにすぎない。また当該法領域を扱う構成国の実定法研究者にとっては、共同体機関による立法は国内法の制定や改正と大差なく、研究対象の直接の変化であるため重大な関心をもたざるをえない。これに対して日本の実定法学者の立場からは、共同体法はヨーロッパにおいて標準的内容を有しかつ影響も大きいのではあるが、実質的にわが国において立法や解釈に当たって参考とすべき外国法が一つ増えたというにとどまる。

四　比較法

比較法が扱う大きなテーマとして、一方で各国法に共通する側面に焦点を当てた統一法があり、他方で各国法の相違する側面に焦点を当てた法系論がある。ヨーロッパ法の発展は、この両者に対して大きな影響をもたらしている。

1　統一法

法の統一は世界的規模でも試みられているが、同時に地域規模でも行われる。欧州共同体法の形成は後者の一例として位置づけられるものの、立法共通法を実現するために従来よりも徹底した新規の手法を用いている点が注目される。まず、条約による統一であれば、国家相互が直接に合意した内容についてのみ効力が生じる。これに対して欧州共同体法においては、一次的法源である基本条約のほかに、基本条約により立法権限を授けられた超国家機関も、主権国家である構成国に効力を及ぼす法規を制定することができる。二次的法源とか派生法（droit dérivé）と呼ばれるものであって、理事会が定める規則や指令がこれに該当する。国内法に例えれば基本条約が骨格を定める憲法に相当するとすれば派生法はこれに肉づけを与える法律の働きをなし、その重要性は計りしれない。法の統一の手法としては、規則のような画一化を直接に目指す伝統的な手法のほかに、より緩やかに調和化を目指す指令が併用されている点に特徴がある。さらに、欧州共同体法の統一的適用を確保するために共同体裁判所が設けられており、解釈の統一が図られている。すなわち、欧州共同体法を実施するのは各構成国であり、これに関する訴訟を管轄するのも各構成国の裁判所であるが、その解釈に疑義がある場合には訴訟を中断し、先決問題として共同体裁判所に移送することが義務づけられている。[10]

法の統一の対象領域としては、公法私法の二分論にたつならば、一般的には私法それも財産法分野が取引活動の便宜から統一法になじむとされてきた。もっとも、各国固有の文化と伝統に根差していると考えられてきた家族法分野も、昨今では現代社会が抱える共通の課題――例えば非婚同棲カップルの増加、離婚の増大など――の解決をせまられている。統一法に向かうことはないとはいえ、外国法を参照した事実上類似した立法が頻繁にみられるようになっている。

他方欧州共同体法における法規制としては、対象領域は市場統合を目指していることから経済活動に関わる事項であるが、民法・商法といった固有私法の領域というよりは、経済法、農業法や関税制度、国境管理といった事項が中核をなし、広くは行政法に含まれることが特徴となっている。[11]

憲法の領域では、基本的人権に関する法の統一がとりわけ注目される。世界人権宣言は法的拘束力を伴わない宣言にとどまるが、その後に国際人権規約、さらに近時においては男女差別撤廃条約、子供の権利条約などが世界規模では締結されるに至っている。これに対してヨーロッパに関していえば、欧州人権条約が別個に存在しており、実効性を担保するべく欧州人権裁判所を備え、より確実な人権保障に向けて特色ある運用を実現している。

欧州審議会 (Conseil de l'Europe) が設立されて以降、欧州共同体とは別に、欧州人権条約をはじめとする多くのヨーロッパ規模の法の統一が導かれた。また欧州特許裁判所を有する欧州特許条約も締結されており、欧州共同体の枠組みを超えて一層幅広い領域について、裁判的担保を伴う法の統一に向けた努力が払われてきていることが特徴となっている。

2　法系論

法系論は二十世紀初頭からさまざまに展開されたが、第二次大戦後ダヴィドとツヴァイゲルトが本格的に構築し、共通の理解が形成された部分が多かった。ところが現在ではかつてないほどのゆらぎをみせており、そこにはヨーロッパ法の展開がからんでいる。すなわち、しばらく前までは、一方で資本主義法と社会主義法とが明瞭な形で対立し、他方資本主義法の内部では法技術的観点から大陸法(civil law, droit civil)と英米法(common law, droit commun)が多くの面できわめて異質な法体系としてとらえられていた。ところが、ソビエト連邦の崩壊およびこれと連動した中東欧諸国の相次ぐ脱社会主義の動きは、それまで世界を二分するといわれてきた社会主義法を採用する国[12]を地球上からほとんど消滅させた。社会主義法は「現代の諸大法系」の舞台から消え、歴史研究の対象に移行しつつあるといえよう。ヨーロッパ法は、この局面では中東欧諸国の欧州連合などへの加盟承認、すなわち資本主義法への確定的合流という形で関係してくる。

他方、仏独伊にベネルクス三国の六カ国で発足した欧州共同体は、大陸法諸国ということで共通しており、法統合は比較的容易と考えられていた。ところがその後、イギリスおよびアイルランドという英米法に属する国が加盟する。さらにその後、等しく大陸にあってもローマ-ゲルマン的な法伝統とは趣を異にするスカンジナビア法系のスウェーデン、フィンランド、デンマークなども加盟するに至っている。こうしてヨーロッパにおける法統合は、大陸法と英米法という法系論のもう一つの基本枠組みをもゆるがしつつある。論者によっては、英米法におけるアメリカ法の自律性の増大と北米自由貿易連合(NAFTA)の成立に着目し、ヨーロッパ法と北米法という新たな分類を提示している。

大陸法と英米法のヨーロッパを舞台にした融合という問題に関連して、二点指摘しておきたい。第一は、西欧法という包括的なとらえ方が復活するのかである。かつてダヴィドは『比較民法』の中で、従来西欧法を中心に考えその内部で法系分類を試みる傾向を根本的に批判し、宗教(イスラーム法、ヒンドゥー法)や社会伝統(極東法、アフリカ法)に立脚する他の法系の存在を指摘し、それらとの比較を踏まえたグローバルな観点を提示し、大陸法と英米法の相違は法技術的なものであって、より本質的な区分があることを説いた[13]。これに対して、今日両法系の混淆した欧州共同体法の重要性を説く者は、こうした立場とは異なり、西欧法中心の法系論の延長線上にあるとみうる。すなわち、英米法と大陸法という二大法系が解消されるとみるのではなく、その存在を前提としつつさらに新たな混合法系としての共同体法を二重写しで念頭に置いているからである。(14)

第二は、中世以来ヨーロッパに存在してきたユース・コムーネ（共通法 ius commune）との関係である。西欧近代における法典編纂による国家法の形成は、国内各地域の慣習法や局地法を統一することによって成し遂げられた。国民国家の法——早くは一八〇四年のフランス民法典があり、さらに一八九六年のドイツ民法典や一九〇七年および一九一一年のスイス民法典・債務法がある——の成立は、同時に西ヨーロッパに周く存在していたユース・コムーネを最終的に崩壊させた。近代的意味における比較法の成立は、一九〇〇年にパリで開催された第一回比較法国際会議であるとされるが、そこでの主要テーマはヨーロッパにおける国家法の分立を目の当たりにして立法共通法（droit commun législatif）を探ること、すなわち一種のユース・コムーネへの回帰であった。国家レヴェルでの法の統一が、ヴォルテールが指摘したように「宿場ごとに馬を換えるように法が変わる」慣習法割拠の不便さを解消するものであったとすれば、今日のグローバル化した社会においては「飛行場ごとに航空機を乗り換えるように法が変わる」国家法割拠も、同様に不便である。ユース・コムーネと欧州共同体法とでは内容に相当の隔たりはあるが、ヨーロッパ次元での共通立法の重要性がこれを契機として再認識されていることはいえよう。欧州共同体法の基礎としては、さらにローマ法的伝統やキリスト教的文化といった要素を指摘することができる。これらが政治的、軍事的、経済的思惑と重なり合って、欧州連合の拡大される範囲をめぐる議論へと連なっていく。

五　外国法

外国法に対するヨーロッパ法の影響——もちろんここでは共同体構成国である外国を対象とする外国法を念頭に置いている——は、通常は外国法学の衰退要因としてのみ考えられがちである。確かにそうした面は否定できないが、しかし逆に、欧州共同体法の形成がかえって外国法学に注目させる面があることは留意されるべきであろう。(15)

1　画一化による外国法学の重要性の低下

欧州共同体が先に述べた規則や指令を通じて構成国に共通する法規律を拡大してゆくならば、その部分については共同体法を学べば足りるわけであって、構成国である外国法として研究する意味はない。一般的に直ちに思い浮かぶ影響であって、これ以上詳論するまでもない自明の事項である。もっとも、現時点では統合される法分野は依然として限られており、国家法に残された部分が圧倒的に大きい。また欧州共同体法は各構成国の国内法体系の枠内で運用されるため、その具体的適用を理解する前提として外国法の知識は欠かせない。さらに統一法が域内で形成されるに当たっては、多くの場合にはその起源をなす複数の外国法が寄与しているはずであって、外国法研究の土台なくしては欧州共同体法の正確な把握は困難となろう。現実には外国法研究の重要性にほとんど変化がないといえよう。

2　対応の仕方の特徴に注目した外国法学の隆盛

欧州共同体構成国の法が統合されていく場合においても、そこにゆきつくまでの過程に各構成国法の特徴、いわばお国柄が示されることが少なくない。社会科学の対象としての事象は通常は実験が困難であって、それが自然科学との方法論の相違として指摘される。ところが共同体法の受容については、同一の法規の導入に直面した構成国おのおの対応の相違が明瞭にみてとれる。規則の直接適用に関していえば、ドイツはその正確な意味内容の把握に神経を使い、律儀に共同体裁判所の見解を聞こうとするため先決問題移送が多い。これに対してイタリアは、規則の理解におおらかであって先決問題移送に熱心でない。そのため誤った規則の解釈に基づく運用をなしたとして欧州共同体法違反として訴えられ、共同体裁判所の判例法を多く形成している。かくしてイタリアは、ドイツとは違った意味で欧州共同体法の発展に大いに寄与している。指令の具体化に関していえば、域内で取り残されないように熱心に国内法化に努める国がある一方で、フランスのように自国法の優秀さに自信をもつ（過信している？）国では、国内法規定立を大幅に遅らせる場合もある。(16)

またこれまでは、大陸法の国といえばドイツ、フランスといった特定の大国にのみ目が行きがちであった。ところが欧州共同体法という視点からは、その形成にあずかるという面でもその異なる対応を実感するという面でも、イタリア、オランダ、ベルギー等々構成国すべてに目配りせざるをえなくなった。この点も、逆説的な多様な外国法への関心の高まりの要素といえよう。

Ⅲ　ヨーロッパ法の発展が新規の法規制を導く事例

Ⅱにおいて、欧州共同体法が既存の他の法分野に与える影響について検討した。次いでヨーロッパ法そのものに関わる事項を対象とするが、経済的国境の撤廃や共同市場の形成といった欧州共同体法の中核的部分を扱うのではない。一見したところこれらとは無縁と思われるような法領域において、以外に深い関連性がみられることがある。このような異なる視点からのヨーロッパ法へのアプローチとして、筆者が代表者として関与してきた二つの共同研究会のテーマ、すなわち欧州警察協力と欧州生命倫理基準とを取り上げてみたい。

一 欧州警察協力(17)

ヨーロッパの共同市場内部において、経済活動が国境を越えて自由に展開できることが保障されているということは、広い地域でまっとうな仕事を企画する者にとって好都合であることはもちろんであるが、不正な行為をたくらむ者にとっても有利な状況を提供する。すなわち、経済活動の広域化に応じて犯罪行為も広域化する。しかも犯罪規制というものは、おおむね特定の犯罪行為の増加という病理現象が先行しそれに対処するために行われるのであって、予防的になされることはまれである。犯罪のグローバル化に対応して始まった各国間の警察協力法制の整備は、まさにその典型とみうる。

警察協力法制としては、一般的には、世界規模で国際警察協力機構（ICPO、インターポール）が設けられている。しかし、犯罪シンジケートの発達や国外逃亡の多発と比較すると、権限の上でも組織の面でも今日きわめて不十分である。加えて欧州共同体の域内に限っていえば、人、物、資本、サービスの自由な移動が認められているわけであるから、犯罪者にとってこれ以上便宜な環境はないことになり、ヨーロッパを舞台とした国境を越える犯罪の増加が必然的にみられた。

こうした事態へのヨーロッパ独自の対応としては、先駆的にはトレビグループの結成などが試みられた。さらに欧州警察協力機構（ユーロポール）の創設があり、インターポールの非政府性格を脱して、構成国間の本格的な警察協力体制が構築されていった。アムステルダム条約では、内務・司法領域における具体的協力まで視野に入れられたため、今日欧州警察協力も欧州連合の政策の一環として位置づけられる。

他方、フランス、ドイツ、ベネルクス三国の間では、国境管理に関するシェンゲン協定が締結される。同協定を具体化したシェンゲン議定書においては、国境を越えた犯罪者の追跡や監視などの警察協力に関する規定が盛り込まれている。従来の国際法の枠を超えた内容を有するこうした国境管理体制も、「シェンゲン既得事項（シェンゲン・アキSchengen acquis)」として欧州連合に取り込まれていく。

欧州警察協力機構にせよシェンゲン体制にせよ、現在はヨーロッパにおける構成国間の警察協力という形にとどまっている。しかし将来的には、欧州連合が掲げる経済統合以外の柱、すなわち内務・司法領域でのより進んだ協力体制の構築にどこまで踏み込むのか注目される。統合された警察組織の実現可能性が検討されているほか、警察による捜査段階のみならず刑事裁判や判決の執行の段階にまで及んだ欧州司法協力が課題として指摘されているからである。

二　欧州生命倫理基準

人、物、資本、サービスの国境を越えた自由移動というものは、犯罪行為という明白に違法な活動に利するというだけではない。明文の法規で禁止されていないため直ちに違法と断定することができないものの、果たして許容できるのかについて議論の余地がある行為に関して越境行動を生じさせる。先端医療に関わる事項が典型であり、ここでは医学的に援助された生殖を例にとる。生殖医療技術の発達には目覚ましいものがあり、独身の女性であっても精子の提供を受ければ子を産むことができることはもちろんのこと、夫の死後であっても精子を冷凍保存しておけばいつ何時でも夫の子を産むことができる。閉経後の女性であっても卵子の提供を受けて体外受精卵を着床させれば子を産むことができるし、逆に自分の卵子による体外受精卵を代理母に産んでもらうこともできる。技術的に今日ではさほど困難ではないこれらの補助生殖が実際に可能であるかは、ひとえに各国における生命倫理法のあり方に関わっている。[18] さらにここで問題なのは、ある国の法規が特定の生殖医療行為を禁止していても、患者が外国に行ってこの恩恵に浴することを意図するならば、特別に規定を設けて阻止するのでない限り現行法上は規制することは困難である。こうした理由から、ヨーロッパにおいては――そして日本においても事情は類似しているのであるが――臓器移植を含めてアメリカに行く例が多くみられた。アメリカは医療水準が高い上に、患者の自己決定権が重視され、広くこうした医療行為が行われてきたからである。

しかし欧州共同体の域内においては、患者は他国の医療機関に査証や旅券なしに容易に行ける（人の自由移動）のみならず、配偶子のような医療に不可欠な人体派生物も原則的には持ち込み可能であろうし（物の自由移動）、他国の先端医療技術を受けることも認められる（サービスの自由移動）。構成国の生命倫理法制を比較検討した結果によっては、アメリカよりもはるかに近場でより簡単に同じことが実現可能となる。[19] 現在までのところでは、各構成国がこのような国内法規回避行為をどこまで許容しどこから規制するかという形で問題の処理が行われている。しかしすでに、いかにして共通する生命倫理基準をヨーロッパ全域で遵守させるかが検討されており、特定の事項については合意も成立している。[20] 他方伝統的なヨーロッパ法システムでも、これが人間の尊厳と関わる事項であるため、欧州人権条約の適用対象という面では統一的な枠が課せられている。かくして、欧州共同体条約と欧州人権条約という出発点を異にする両法制は、生命倫理に関わる医療技術の規制という実体法を通じて、ヨーロッパ法として連結することになる。

注

(1) ヨーロッパにおける法統合の動きは、欧州石炭鉄鋼共同体(CECA)や欧州経済共同体(CEE)を経て欧州連合(UE)に至るという一連の発展の過程をたどることができる。しかし同時に、これに含まれない欧州人権条約や欧州特許条約といった別の法枠組みでも示される。ここでは、それら全体を視野に収めているという意味を込めてヨーロッパ法という表現を一般的には用いることとし、焦点の置き方に合わせて適宜他の表現を併用したい。

(2) 滝沢正「欧州共同体法の発展と比較法・外国法」滝沢正編集代表『比較法学の課題と展望・大木雅夫先生古希記念』(信山社出版、二〇〇二年)一三七頁以下。

(3) 高野雄一『国際組織法』新版(有斐閣、一九七五年)は、国際組織を専門的国際組織と地域的国際組織とに区分する。欧州共同体については、後者の一例として論述されている。

(4) 地域共同体の法を総称して地域共同体法と呼ぶことがある。この名称は、上智大学において国際関係法学科が創設された際(一九八〇年)に、国際組織法とは別の科目名として採用されたのが最初と思われる。高野雄一「国際関係コース」『法学セミナー増刊　法学入門』(一九八〇年)一二八頁以下、石本泰雄「国際関係法コース」同(一九八四年)一二二頁以下参照。

(5) 欧州共同体が市場統合に関わる事項につき国家と対等な地位に立つ自立的側面をもつことは、大使館(代表部)の設置、サミットへの参加等に象徴的に示される。

(6) 欧州共同体法の研究に早くから取り組んだ国際法学者として、山手治之(立命館大学)、大谷良雄(小樽商科大学・一橋大学)、岡村堯(西南学院大学・上智大学)、黒神聡(愛知学院大学)といった諸教授がおられる。関与された主要な著書・訳書のみ指摘するならば、P・マテイセン(山手治之他訳)『EC法入門』(有斐閣、一九八二年)、P・ペスカトール(大谷良雄他訳)『EC法――ヨーロッパ統合の法構造』(有斐閣、一九七九年)、大谷良雄『概説EC法――新しいヨーロッパ法秩序の形成』(有斐閣、一九八二年)、岡村堯他編『EU入門――誕生から、政治・法律・経済まで』(有斐閣、二〇〇〇年）、岡村堯『ヨーロッパ法』（三省堂、二〇〇一年）がある。

(7) かつては議会主権の思想が優位し、法律の合憲性審査制度も存在しなかったわけであり、憲法の最高法規性にそれほどの実際的意味はなかった。滝沢正「フランスにおける憲法の最高法規性に関する一考察」『上智法学論集』四一巻三号（一九九八年）三頁以下参照。

(8) 滝沢正「紹介・フランス――立法／憲法改正」『比較法研究』五八号（一九九七年）一九七頁以下、同「紹介・フランス――立法／憲法改正」同六一号（二〇〇〇年）二三〇頁以下。前者では、マーストリヒト条約が要請する各国の財政健全化のために、フランスにおいて財政赤字の原因とされる社会保障支出に歯止めをかけるために、社会保障拠出法律という特別な範疇の法律を憲法上設けた。一九九六年二月二二日の憲法的法律であって、憲法三四、三九条の改正および四七条の一の新設を定める。後者では、アムステルダム条約の批准に先立ち、これと抵触する欧州共同体および欧州連合に関する章の八八条の二、八八条の四が、一九九九年一月二五日の憲法的法律により改正された。さらに本稿での対象とは離れるが、国際刑事裁判所設立条約の締結に伴う憲法改正も行っており、後者の紹介ではこれをも扱っている。

(9) 滝沢正「フランスにおける国際法と国内法」『上智法学論集』四二巻一号（一九九八年）三九頁以下参照。

(10) 滝沢正「EC行政訴訟の概念と機能」『判例タイムズ』七三二号（一九九〇年）八一頁以下、広岡隆『欧州統合の法秩序と司法統制――欧州諸共同体司法裁判所の裁判を中心として』（ミネルヴァ書房、一九九八年）参照。

(11) 田村悦一『EC行政法の展開』（有斐閣、一九八七年）参照。

(12) 社会主義国家を標榜する中国も、開放政策以降はどれだけ実質的に社会主義法を実現しているか、議論の余地がある。

(13) もっとも、その後に著した『現代の諸大法系』においては、大陸法、英米法、社会主義法、伝統的諸法といった分類をしており、ややその立場を緩和している。

(14) 例えば、Peter de Cruz, *A Modern Approach to Comparative Law*, (Kluwer, 1993) がある。なお、滝沢正「紹介・比較法一般」『比較法研究』五六号（一九九五年）二二四頁以下参照。

(15) 滝沢正「ヨーロッパ統合と法／フランス」『比較法研究』五四号（一九九二年）一三頁以下、同「EUと各国法」木村直司編『EUとドイツ語圏諸国』（南窓社、二〇〇〇年）一六〇頁以下参照。

(16) 製造物責任立法につき、滝沢正「紹介・フランス――立法／欠陥製造物による責任」『比較法研究』六〇号（一九九九年）

二三五頁以下参照。

(17) 欧州警察協力研究会「欧州警察協力の新展開」『上智法学論集』四五巻一、二号（二〇〇一年）。なお、庄司克宏「欧州連合（EU）法の下における司法・内務協力」『法学研究』六八巻九号（一九九五年）三三頁以下参照。

(18) 一例として、滝沢正「フランスにおける生命倫理法制」『上智法学論集』四四巻四号（二〇〇〇年）九頁以下参照。

(19) Jacqueline Flauss-Diem, «Insémination post mortem, droit anglais et droit communautaire,» in *Liber Amicorum Marie-Thérèse Meulders-Klein, Droit comparé des personnes et de la famille,* (Bruylant, 1998), p.217 et s.

(20) Noëlle Renoir et Bertrand Mathieu, *Les normes internationales de la bioéthique,* (Presses Universitaires de France, 1998), p.64 et s.

欧州人権条約と法統合

滝沢　正

Ⅰ　はじめに

ヨーロッパ統合は、政治、経済、軍事、社会などさまざまな面から論じることができる。ここでは論者の専攻との関係から対象を法統合に限定する。法統合を検討する場合に、ＥＵ研究会の趣旨に最も合致するのは、当然のことながらＥＵにおける法統合である。しかしながら、これについては少なからぬ専門家が本研究会に参加しており、したがって論者が有する周知と思われる知識を披瀝することにさほどの意義があるとは考えられない。そこで以下においては、等しくヨーロッパを舞台としつつも、少し異なる角度から欧州人権条約[1]による法統合を考察する。実は欧州人権条約は一九五〇年に締結されており、ＥＵの母体となる欧州石炭鉄鋼共同体を設けた一九五一年のパリ条約、欧州経済共同体および欧州原子力共同体を設けた一九五七年のローマ条約に先行している。このように歴史が古いだけに、その今日までの変化をたどることにも意義があり、また一九九八年の第一一議定書により人権委員会の廃止を含む大幅な組織改革が行われており、その内容の吟味も興味ある課題である。しかし、ここではそうした欧州人権条約自体の検討には一切立ち入らない[2]。欧州人権条約の法統合との関連、とりわけＥＵ法および加盟国法への影響の動向に限定して検討する。

本稿では、まず前提事項を確認する意味で、欧州人権条約による法統合をめぐる一般的状況について扱う（Ⅱ）。具体的には、統一法という観点からの位置づけと欧州における人権保障法全体の中での位置づけが検討される。次いで、欧州人権裁判所による判例法の目覚しい展開を踏まえた欧州人権条約が及ぼす影響を、ヨーロッパ法に対するものと加盟国の国内法に対するものに分けて考察する（Ⅲ）。最後に、若干のまとめを述べる（Ⅳ）。

Ⅱ　欧州人権条約をめぐる一般的状況

一　統一法における欧州人権条約

法の統一については、その最終的に目指す形態により、完全に同一な法文の採用か単なる法の実質的調和かといった区別、その実現手法により主権国家による合意すなわち条約によるか条約が設置する超国家機関による立法すなわち派生法を中心とするかといった区別があり、それぞれの特質が議論されている。ここでは欧州人権条約が対象とする「欧州」という地理的範囲と「人権法」という事項的範囲が、それぞれ統一法においてどのような地位を占めているのかに限って、まず確認しておく。

1　統一法における「欧州」

法の統一における地理的な面から「欧州」の独自性は何であろうか。法の統一は、全世界レベルでも地域レベルでも行われる。全世界レベルにおけるいわば本格的な統一法の実現は、外交関係の円滑な展開、資源の争奪をめぐる紛争の防止、地球環境を保全する取り組み、国際的な取引の便宜などにとって不可欠である。しかし、利害関係が対立する事項については、政治的立場の相違、経済状況の格差、歴史的伝統の影響、宗教の壁などさまざまな要因が背景に存在しており、統一への越えがたい障害を形成することになり、条約交渉が容易に進展しないことが少なくない。

これと比較するならば、法統合のために必要とされる前提条件が各国にほぼ均一に存在している国々を対象としうる地域レベルでは、法の統一ははるかに容易に実現することができよう。とりわけヨーロッパ地域は、法の歴史が古くかつ豊富であって、最適な環境にある。ECが経済統合を超えて広範な法統合を実現しつつある背景には、古くはローマ法の、さらに中世から近世にかけてのユース・コムーネ（共通法 **ius commune**）の存在がある。また欧州人権法が発展しえた背景には、各国の市民革命の成果が共有されていることのほかに、共通するキリスト教文化の土台を指摘することができる。(3) しかも実効的な法形成に当たってEC裁判所や欧州人権裁判所の果たしてきた役割が大きく、そうした面でもヨーロッパの法形成における裁判的統制の伝統が影響しているとみうる。

2　統一法における「人権法」

次に、法の統一における事項的な面から、「人権法」の独自性について考える。統一法の対象としては、通常は私法がなじみやすく、公法はなじみにくいといわれている。また私法の中でも財産法がなじみやすく、家族法は文化的伝統や宗教と関連する部分が多く難しいといわれている。さらに、財産法のうちでも物権法は土地の利用方法の相違に規定されるところが大きく統一を困難にしているのに対して、債権法は財貨の等価関係を基本とする点において各国法が共通し統一に適しているといわれる。一般的には確かにそのとおりであって、国際的な統一法といえば国際動産売買や国際海上物品運送のような国際取引に関する分野、国際決済に関する分野、手形や小切手のような国際商事仲裁のような国際的紛争処理に関する分野など債権法関連の事項がすぐに思い浮かぶ。

しかし、法の統一を他国の状況を参考にした自発的同調を含めて広く考えるならば、国際関係の緊密化に伴い、市民社会の同質化が目覚ましく進展した結果、法改革の動向としては類似した現象が各国で頻繁にみられる。例えば、独自性が際立っていた家族法のような分野でも、離婚の増加に伴いとりわけ破綻離婚を広く認める、非婚カップルの増加を踏まえて嫡出による区別を解消する、女性の社会進出により男女の性差に基づく区別を漸減するなどが、各国に共通する法改正として指摘できる。

他方で公法は、公法・私法の区別が国家と社会という規制対象の根本的相違に基づくとすれば、類似する市民社会を形成していても、一国の統治のあり方や行政の運営方法は多様に展開することが政治社会の多様性から当然であり、統一は困難であるしまたその必要もないと考えられてきた。しかし、私法の統一が経済的要請に基づいて実現される自然的傾向をもつものであるのとは異なるものの、公法の統一も近時における政治的要請に基づいて強制的、人為的に実現されることが多くみられる。すなわち、クーデタによって独裁政治を行えば、超大国の軍事介入を受けるのではないとしても国際機関による警告や経済援助の停止といった制裁はありうる。またEUといった超国家組織への加盟の条件として、公法制度の民主的あり方が問われることが通例である。かくして統治機構についていえば、大統領制か議院内閣制かといった具体的発現形態はともかくとして、民主政原理を採用する、権力分立を制度的に実現するなどの大枠については、世界全体の法が収斂しつつあるといってもよい。かつては統治の形態としては、権力の担い手の数により、君主制、寡頭制、民主制が区別されたり、統治手法により専制政治と立憲政治が区別されたりした。今日では、こうした基本分類はほとんど意味を失い、民主制と立憲政治を前提としつつ、統治の多様性はこの範囲内で許容される状況である。行政のあり方についても、福祉国家の理念を重視するか、自由主義的な市場に委ねて小さな政府を志向するかといった相違はあっても、為政者の善政にもっぱら依存する行政は考えられず、法治行政原理が共通の土台となっている。

人権については、統治機構や行政活動に関する大枠における原理的同一化と異なり、内容的に一層厳格な普遍性が主張され、その絶対的な性格が強調される。信教の自由や表現の自由がそもそも保障されなくてもよいとか、刑事被告人が正規な裁判手続きを経ることなく処罰されることがあってもよいということは、ありえないからである。もっともこうした人権保障の無条件の優位を説く動きに対しては、西欧で形成された人権だけが人権の唯一のあり方ではないとして、人権の相対性や人権の多様なとらえ方を主張する第三世界からの反論もある。(4) しかし、そうしたことを弁明しなければならないほど、異なる人権を主張する側は追い詰められているわけである。統一法に参加しなければ拘束されない私法とは異なり、人権保障の確保は、今日ではむしろ強行法規的に世界標準を形成している証拠といえる。(5)

先に述べたように共通法が地理的にみて形成されやすいヨーロッパにおいて、人権についても世界人権宣言や国際人権規約とは別に、欧州人権条約が普遍性をもつ性格ゆえに締結されたわけである。また裁判的統制により実効性を担保するという基盤を有することから、欧州人権裁判所が設置され積極的に活動しており、加盟国への影響は当然大きなものがある。(6) しかも、人権保障の内容は、国家や行政に関わるものももちろんあるが、今日では市民社会のあり方に関わる事項の増大が注目される。例えば、性別や嫡出性により異なる家族制度と平等原理との関わり、見世物の興行たる営業の自由やポスターでの表現の自由と人間の尊厳との関わり、医学的に援助された生殖による親子関係と幸福追求権との関わりといったものである。(7) すなわち、加盟国の公法や刑事法のみならず、民法をはじめとする私法の全領域に影響が及ぶことになる。フランスではこうした現象をとらえて民法の憲法化（constitutionnalisation）とか基本権化（fondamentalisation）と性格づけたりしている。

二　ヨーロッパ人権法における欧州人権条約

1　内容的特徴

欧州人権条約が対象とする人権保障の内容に関しては、ヨーロッパにおける近時の変化を二点にわたって検討することを通して、その特徴を指摘したい。

一方において、ヨーロッパにおける人権保障という場合のヨーロッパの地理的範囲が近時拡大している。かつて東西両陣営の対立が厳しかったときは、欧州人権条約が体現する西ヨーロッパ諸国における人権と東ヨーロッパ諸国における人権のとらえ方に根本的な相違があり、統一的に考える基盤が欠如していた。それぞれがまったく別の観点から正当な立場を競っていたわけである。これに対して、ソ連が崩壊し東西の壁がなくなったことにより、西欧的な人権の観念が中東欧に波及し、ヨーロッパにおける人権を画一的に論じることが可能とされた。人権条約がこの地域全体において普遍性を備えるに至ったといえる。もっとも、西欧型の人権の浸透の度合いは中東欧全域で必ずしも均一ではなく、ポーランド、ハンガリー、チェコのような先進的な国とルーマニア、ブルガリアのような後進的な国が区別され、それがひいてはEUへの加盟の時期の相違といった形で影響してくる。

他方において、ヨーロッパにおける人権保障の範囲が近時変化している。人権の起源としては、ギリシャ思想や啓蒙思想のような古くからの歴史とイギリス、フランスといった各国の市民革命の寄与が認められるが、いずれにせよ個人的自由を中心とするものであった。これに対して、社会主義国家との対立を契機として、経済的・社会的権利をも積極的に視野に収めるようになった。欧州人権裁判所は、条約において明文で規定されている権利のほかに、加盟国に共通する法の一般原則を援用しつつこうした人権の救済をも図っている。人権条約が保障の範囲を拡大しつつ、充実した内容を実現するに至ったといえる。もっとも、いっそう新たに生起する問題には、胎児の扱いをめぐる人間の尊厳とは何か、生殖医療と幸福追求権やプライバシーの権利との関係、同性愛者の処遇と家族公序の射程といったように一義的対処が困難な事項が多く、課題を残している。

2　人権保障機関における位置づけ

ヨーロッパにおいて人権保障を司る主体として、三つの機関を挙げることができる。各々の役割から欧州人権条約の占める地位を明らかにしておきたい。

(1) 第一は欧州審議会 (Conseil de l'Europe) であって、一九四九年にいち早く発足している。防衛を除くヨーロッパに共通するさまざまな問題について討論し、条約案を作成することにより、加盟国間の一体性を高めることを任務としている。この主導の下にすでに百あまりの条約の採択がなされており、欧州共同体、欧州連合とは異なる次元でヨーロッパ統合の役割を果たしている。一九五〇年の欧州人権条約の締結はその代表的な成果であって、ヨーロッパにおける人権保障の中心的役割を果たし続けてきた。また一九六一年にはこれを補完するものとして、欧州社会憲章が採択されている。

(2) 第二は欧州共同体 (communautés européennes) である。[8] 一九五一年のパリ条約による欧州石炭鉄鋼共同体、一九五七年の二つのローマ条約による欧州経済共同体、欧州原子力共同体が基礎をなす。設立条約が経済事項を中心としていたため、人権については対応が控えめであり、関わりが弱かった。しかし、当初はそのことによる問題が深刻には認識されていなかった。構成国はいずれも国内法上において憲法典によって人権保障を十全に実現していると信じられていたからである。他方欧州審議会による欧州人権条約や西欧同盟の基本憲章が、いち早く人権保障に重要な地位を明記しており、両機関の棲み分けが成立していると考えられたため、関与の必要性が感じられなかったという事情もある。もっとも、ECが人権にまったく無関心であったというわけではなく、設立条約にも例えばローマ条約二三八条（原初規定）では明示的に代議制への言及がなされている。こうした適切な統治構造は、法治国にふさわしい人権保障とともに「共同体既得事項（アキ・コミュノテール acquis communautaire）」の一つとなっており、今日では加盟や支援を受けるに当たって必須の条件とされる。さらに単一議定書は、前文五項においてこの旨を明言している。

しかし、EC独自の人権保障を充実させることが一九七〇年代から議論となり、改善のための選択肢は三点に集約された。その第一は、欧州共同体がそれ自体として欧州人権条約に加盟することである。課題として話題となることはよくあったが、これには問題も多い。EC構成国はすでにすべてが条約に加盟している点、EC機関が加盟国と同一のレベルになるわけであり、とりわけEC裁判所が欧州人権裁判所の下位に位置づけられる点などである。実現には重大な政治的決断が不可欠であり、[9] 以下の選択肢の充実により今日では可能性はきわめて低い。

その第二は、欧州共同体に固有な人権カタログを制定することである。一九七七年四月五日と一九八六年六月一一日には権限行使に当たって人権を尊重する旨が議会、閣僚理事会、委員会によって宣言（反人種差別、反外国人排斥共同宣言）され、一九七八年四月七―八日にも欧州理事会宣言（民主政に関するコペンハーゲン宣言）がなされた。多くの欧州議会の決議があり（一九七三年四月四日の共同体法作成における構成国市民の基本権の保護に関する決議、一九九〇年一〇月一〇日の人種差別に関する決議等）、裁判所もこうした宣言に言及している。委員会、理事会、議会、裁判所のそれぞれが職務に応じて人権擁護に寄与するに至っており、とりわけ議会は一九八九年四月一二日に人権宣言（欧州人権宣言）を採択している。さらに二〇〇〇年には、EU基本権憲章が制定された。[10]

その第三は、欧州共同体の法の一般原則の活用であって、現状では人権保護の実質化の中心をなす。EC裁判所が各種の人権を法の一般原則としてEC法規範に編入していくことにより、実定法化が図られているわけである。[11] それではEC裁判所は法の一般原則の起源を何に求めているのであろうか。一つには、ローマ条約二一五条（原初規定）が不法行為責任について認める「構成国に共通する」一般原則であって、人権についていえば「構成国に共通する憲法伝統」ということになる。当初は、国内人権規定がEC法優位を阻害する働きに懸念がもたれたが、近時は構成国法そのものではなく一般原則の形成ということで、編入が積極的に図られている。これには適合的なものの選別とその共同体への適応という二つの作業が裁判所にとって必要となる。法の一般原則と認められるための選別は、「全会一致」や「大多数の国」でその原則が採用されている必要はなく、「一定数の国」やさらには「一国」のこともないわけではない。そうであれば加盟国の増加はこの法形成に影響を与えないことになる。適応の問題とは、EC裁判所は人権を擁護する最高の規範とより適切と思われる規範の間でいかなる選択をなすべきかである。委員会は最高水準を要求する立場をとるが、EC法全体のあり方に関わるため、法の一般原則の内容はEC裁判所が調和を考えて決めることができるとする見解もある。ちなみに、欧州人権条約は最低水準の保障を定めるものであり、補完性原理が支配している。EC裁判所が採用する法の一般原則はECにつき具体的に形成されるため、関連する事項につきより適切な形で人権保護を実現できると考えられている。

一つには、国際法起源の規範から着想を得た一般原則がある。国際法はヨーロッパ法よりも広い領域を規律しているという理由によるが、ヨーロッパ法には国際法とは異なる面も多いのでそのすべてとはならない。しかし、人権に関していえば共通する内容がほとんどであり、欧州人権条約を典型として指摘できる。ECが欧州人権条約に加盟しなくても、法の一般原則として取り込めばほとんど同一の効果が得られるわけである。時期的には構成国法由来のものより遅いが、その後EC裁判所が実質的に考慮した例は枚挙にいとまがない。なお、フランスの同条約の批准前は「適用して」ではなく「考慮して」基準として用いるといった、用語法の変化がある。さらに単一議定書はその前文で欧州人権条約が欧州社会憲章と同じ資格で法源となりうることを認めている。もっとも締約国は必ずしも当然に法源となることは認めていない。また構成国すべてが加盟していることから欧州人権条約にEC機関は拘束されるとする考えがあるが、E

C機関は義務的適用は否定している。

一つには、欧州共同体法に内在するということができる一般原則である。パリ条約やローマ条約の前文や目的規定に含まれる一般理念から由来する規範であり、EC裁判所が「共同体の性質から導き出された」とか「共同市場の観念に固有の」と考えるものである。さらには、これらが複合して認められる法の一般原則もある。もちろんEC裁判所が形成した法の一般原則のすべてが人権に関わっているわけではない。共同体の性質からして経済的事項に関するものが多くみられ、伝統的な人権に直接関係する法の一般原則はむしろまれである。

(3) 第三は欧州安全保障協力会議 (Conférence sur la sécurité et la coopération en Europe) ――一九九五年以降は欧州安全保障協力機構 (Organisation pour la sécurité et la coopération en Europe) となった――である。安全保障を中心とし経済、社会、文化に及んでヨーロッパにおける協力関係の構築を目指す。外交手段を通じて中東欧諸国における人権の発展に寄与しているものの、法的な面でのその役割は限定されている。

Ⅲ　法統合における欧州人権条約の役割

一九五〇年に成立した欧州人権条約がどのような規定を含み、欧州人権委員会や欧州人権裁判所が人権救済のためにどのような手続きを認めていたのか、さらに一九九八年の第一一議定書が欧州人権委員会の廃止を伴ういかなる改革を加えたのかといった、人権条約の内容そのものの検討は、すでに述べたようにここでの対象としない。以下において検討するのは、法統合という観点からもっぱら関係する他の法体系への影響である。すなわち、一方において、等しくヨーロッパを舞台とするヨーロッパ法への影響があり、他方において、同時に欧州共同体の構成国でもあるわけであるが、欧州人権条約加盟国の国内法への影響がある。

一　ヨーロッパ法への影響

ヨーロッパ法は、EC裁判所が人権に関する「法の一般原則」を形成する際に、欧州人権条約の内容を取り込むことを行っていることによって、人権条約の影響を受けていることは、すでに指摘した。ここでは欧州人権裁判所がEC法について判断する機会があり、その判決がEC法規範の解釈となることによる、より直接的な影響について考察する。

まず一九九二年二月一八日のマシューズ判決[12]が注目される。イギリスがジブラルタルで欧州議会選挙を実施しなかった（当局は英国本国に限っていた）ことについて、ジブラルタル住民のマシューズ氏が欧州人権委員会に申立てをなし、人権委員会が条約違反はないとしたのに対して、人権裁判所大法廷が人権条約違反を認定した。EC条約自身が規定する欧州議会議員選挙のあり方について、人権裁判所が判断したわけである。

より近時の事件としては、二〇〇五年六月三〇日のボスフォラス判決[13]がある。ボスフォラス航空がユーゴスラビア航空から借り受けた航空機一機を、アイルランド当局が安保理決議八二〇号に基づくEC理事会規則九九〇号に基づき差し押さえた。ボスフォラス航空は二機しか所有しておらず、この措置は死活問題であったのでアイルランドの裁判所に訴えを提起した。理事会規則の適用の可否について、EC裁判所に先決問題として移送され、規則の適用を認める判断が下されたため、アイルランド最高裁判所はボスフォラス航空の請求を退けた。ボスフォラス航空は、欧州人権委員会に提訴し、組織改革後の欧州人権裁判所大法廷が、人権条約違反はないとした。手続きも争っているが、実体法としては人権保障の水準が同程度であれば人権条約違反は問われないとする、「同等の保護」の理論を採用した。本件では、条約違反は認定されなかったものの、EC派生法に対する人権裁判所の統制がありうることが示された。さらに傍論においては、ヨーロッパ公序を擁護する憲法的価値を体現する人権条約が、EC法の利益に優位することを示唆している。

二 加盟国の国内法への影響――フランスの例――

欧州人権裁判所の判断が、特殊な事例においてヨーロッパ法に直接影響を与えることは、一で検討したとおりであるが、主としては加盟国の国内法に影響を与える。各国について若干の対応の相違はあろうがおおむね同様であるため、論者の専門からフランスを例にとることにしたい。(14) この影響は、さらに立法への影響と判例への影響に大別される。

1 立法に対する影響

(1) 前提となる仕組み

EC法との対比で影響の違いを明確にしていきたい。EC法上の規則 (règlement) は、構成国に直接適用され、国内法に優位するとされている。かくして、規制対象となる事項の紛争解決は、そもそも国内法ではなくEC法に依拠して行われる。競合する限度において立法権の一部が超国家機関により代替されてしまっているため、国内での立法的対応は不要である。影響としては、抵触する国内法令の失効と国内裁判所による不適用ということになる。(15)

これに対して、欧州人権条約が定める人権法は、国内法として直接に適用されることがない。加盟国では、各国の流儀に従い人権保障を制度化しており、条約が保障する人権の救済が国内法という場において最終的に得られないときに初めて、欧州人権裁判所での条約の適用が問題となる。この場合に欧州人権条約違反という欧州人権裁判所の判断が下された上で、国内で人権救済が最終的に得られなかったのはそもそも法律が不備であったという事情が確認されれば、立法的対応が必要とされる。

フランスでは、人権が問題となる事件を解決する任に当たる司法、行政両裁判所は、事件に法律を適用して紛争解決を図ることを任務としており、法律そのものの合憲性を審査することはない。また憲法裁判所である憲法院は、新たに議決された法律に限りしかも提訴権者による提訴があった場合にのみ合憲性審査を行い、また行う際にも合憲性審査基準は国内憲法規範に限定されており、欧州人権条約は含まれない。したがって、こうした事例について国内法的に人権侵害の責を究極的に負うのは、人権条約違反の疑いがある立法につき法改正を怠っていた立法機関ということになる。

（２）具体例の検討

条約違反判決から法改正がもたらされた例として、子の相続分に関するものがある。二〇〇〇年二月一日の人権裁判所判決は、フランス民法典旧七六〇条（重婚的内縁子の相続分は嫡出子の半分とする）を平等原則に違反するとした。二〇〇一年一二月三日の法律は旧七六〇条を含めて姦生子関連条文をすべて廃止した。

他方、条約違反判決の可能性から法改正が生じた例として、子の氏がある。二〇〇二年三月四日の法律による改正前は、若干の補正を加えつつも父系氏の原則によっていた。父系氏については、国内法上違憲とした国もあり、欧州人権裁判所も一九九四年二月二二日の判決でその可能性に言及している。フランスでは改正以後は、氏は両親のうちいずれかを選択するものとし、すべての子に同一とした。ただし結合氏を用いることも可能であるが、この場合にも子孫に伝達できるのは、選択したどちらか一つとなる。

２　判例に対する影響

（１）前提となる仕組み

ここでもＥＣ法との対比で影響の違いを明確にしていきたい。ＥＣ裁判所は、ＥＣ機関やＥＣ機関の職員に関する訴訟は直接に扱うのに対して、各構成国におけるＥＣ法の適用に関して生起する問題については、構成国の国内裁判所と連携して事件の解決に当たる制度を採用している。すなわち、ＥＣ法の適用に関する紛争を具体的に解決する任に当たるのは国内裁判所であるが、個別のＥＣ法の解釈につき疑義があるときは、国内裁判所の最終審に先決問題（question préjudicielle）としてＥＣ裁判所に移送することを義務づけ、このＥＣ裁判所の判断に国内裁判所が拘束されることによって、ＥＣ法の画一的適用が担保されるという仕組みになっている。国内裁判所の判例に対する影響は直接的である。

これに対して、欧州人権裁判所は、国内裁判所によって個別的救済が最終的に得られなかったということが、提訴するための要件として課せられている。直接的連関はないことになるが、事件を扱う裁判所であることが前提となるので、司法裁判所と行政裁判所の最高裁判所である破毀院および国務院の判例が検討の対象となる。そもそもフランスでは、司法、行政両裁判所ともに、事件に法律を適用して紛争解決を図ることを目指しており、法律の人権規定との適合性の審査は行わない。人権を含む憲法規範への法律の適合性を担保しているのは憲法院であり、この点は後に扱う。法規そのものではなく、裁判所の対応とりわけ法規の解釈適用につき人権条約の観点から過誤があったということであれば、国内判例への影響が生じる。人権侵害はかつては刑事手続きや行政活動に関連して問題となることが多かったのに対して、すでに述べたように近時は民法にも及んで国内法のあらゆる分野が関わりをもつ。個人の人権裁判所への提訴に応じて、偶然的にさまざまな法分野に影響が及ぶことになる。

（２）具体例の検討

行政裁判所の例としては、養子の承認を同性愛者に対して拒否していた（国務院一九九六年一〇月九日の判決）が、欧州人権裁判所への提訴を受けて、予想される動向の意を汲んで二〇〇二年二月五日の判決において態度変更を行った。結局、人権裁判所二〇〇二年二月二六日の判決は、条約違反はなしとした。

司法裁判所の例としては、性同一性障害者の性別変更を拒否していた（破毀院一九九〇年五月二一日の四つの判決）

が、人権裁判所一九九一年三月二五日の判決が条約違反を認定し、破毀院は一九九二年一二月一一日の判決で判例変更を行った[16]。

憲法院の関わり方は、事件を審理する行政裁判所、司法裁判所とは異なる。欧州人権裁判所は、人権侵害の事実を欧州人権条約の規定に照らして判断する。これに対して憲法院は、人権侵害を内容とする法律を国内憲法規範の規定に照らして判断する。ある法律が条約上認められている人権を侵害する内容であると人権裁判所が認定しても、その法律が憲法上認められている人権を侵害しているとは必ずしもいえない。すなわち、憲法院は、原則として欧州人権裁判所の判決から直接には何らの影響も受けることはない。そもそも憲法院の審査は、一定の提訴権者の提訴をまって事前に本案として行われる審査に限定されており、審査を経ないで成立した法律や憲法院の創設前に既に成立している法律など判断外のものが少なくない。

ところが、憲法院が「追認の法律（loi de validation）」の合憲性の審査を行う場合においては、憲法院は、欧州人権裁判所が下す個別的判断と、事実上同じ次元で判断することになる[17]。人権裁判所一九九九年一〇月二八日のジーリンスキー判決[18]がその例であり、憲法院が合憲とした追認の法律による個別措置を不服とした当事者が、欧州人権裁判所に救済を申し立てて、条約違反の認定を得ている。欧州人権裁判所の判断に対しては、各加盟国は拘束されるため憲法院判例は類似の事例において欧州人権裁判所の判例に順応せざるをえない。

こうした齟齬を除去するためには、一方において憲法院の合憲性審査基準（bloc de la constitutionnalité）に欧州人権条約を取り込むことが考えられる。人権侵害が法律を適用して帰結したとすれば、憲法院での審査がなされないため法律に問題がある場合のほかに、憲法の人権規定にそもそも欧州人権条約と比較して不備があることになるからである。しかし、そうした場合には欧州人権裁判所と法源を同一にするため、憲法院は欧州人権裁判所の解釈に全面的につき従わざるをえなくなるという、別の制約が課せられる。当面は、追認の法律という事例の扱いにつき、個別に対応するしかないと思われる。他方において、違憲な法律を根本的になくすのであれば、事後の付随的違憲審査制を設けることにより、国内制度の不備により素通りしている法律による人権侵害は減少する。しかし、合憲性審査基準の問題を解決しなければ、欧州人権条約との関係では抜本的解決とはなりえない。現在の対応は、国内法の不備を前提として、それを補うための人権保障の最後の砦として、欧州人権条約を活用しているわけであり、こうした棲み分けを継続することも政策的にありえないわけではなかろう。

Ⅳ　おわりに

国際人権法について、とりわけ欧州人権法について関心をもってきた者であればともかく、一般にはヨーロッパにおける法統合といえばEC法やEU法を念頭に置くことが通常である。ところがこれとは異なる次元で、欧州人権条約がヨーロッパにおいて共通の法形成にさまざまな形で大きな影響を与えるに至っていることが注目される。

ところで、ヨーロッパにおける人権法の展開に関しては、欧州人権条約がそれのみで牽引してきたわけではない。諸国の人権法形成の歴史が背景となっており、EC独自の試みがあり、また加盟国のこの条約の成立と発展への寄与がある。結局、欧州人権条約、EC法、構成国の国内法のそれぞれが、相互に影響を与え合うことによって大きな成果を上げることができたことが、指摘できる。そこにヨーロッパにおける法伝統の重みをみてとることができよう。

注

（1）正式には「人権および基本的自由の保護についての欧州条約（Convention européenne de sauvegarde des droits de l'homme et des libertés fondamentales）」というが、ここでは通称に従い「欧州人権条約」とした。

（2）欧州人権条約については、F・スュードル（建石真公子訳）『ヨーロッパ人権条約』（有信堂高文社、一九九七年）、西谷元「欧州における人権保障制度」畑博行・水上千之編『国際人権法概論』第三版（有信堂高文社、二〇〇二年）二三七頁以下参照。

（3）この点を強調するものとして、Jean Touscoz, «Les droits de l'homme et l'Europe,» in *L'Europe et le droit: Mélanges en hommage à Jean Boulouis*, (Dalloz, 1991), p.496 et s. がある。

（4）「非西欧諸国における人権概念の受容と変容」『比較法研究』五九号（一九九八年）二頁以下。

（5）有斐閣の判例六法には、国際法分野としては国際連合憲章や国際司法裁判所規程ですら登載されていないのに対して、世界人権宣言と国際人権規約（A規約、B規約）は入っている。人権の普遍性ゆえの国内実定法的性格をよく示している。

（6）地域的人権条約としては、米州人権条約もあって、人権裁判所も設置されている。しかし、実際の機能は欧州人権条約にはるかに及ばない。洪恵子「米州人権保障システムにおける胎児の地位――ベイビー・ボーイ事件を手掛りとして――／共同研究・生命倫理法の展開――比較法的考察――（2）Ⅵ国際法」『上智法学論集』四九巻一号（二〇〇五年）一一三頁以下参照。

（7）小林真紀「フランス公法における『人間の尊厳』の原理」『上智法学論集』四二巻三＝四号、四三巻一号（一九九九年）、同「フランス司法裁判所の判例に見る『人間の尊厳』の原理」『愛知大学法経論集』一六二、一六三号（二〇〇三年）参照。

（8）田尻泰之「EC司法制度を欧州人権裁判所と関連させることを阻む要因」『早稲田法学』七二巻四号（一九九七年）二七九頁以下、鈴木秀美「EU法と欧州人権条約」『比較憲法学研究』一一巻（一九九九年）一五頁以下、中西優美子「ECの欧州人権条約への加盟」中村民雄・須網隆夫編『EU法基本判例集』（日本評論社、二〇〇七年）三五三頁以下参照。

(9) ＥＵ憲法条約Ｉ―九条は、ＥＵ自体が当事者として人権条約に加盟することを定めている。

(10) 法的拘束力はないものの、統合の象徴として重要であり、また政治的な事実上の影響力は大きい。伊藤洋一「ＥＵ基本権憲章の背景と意義」『法律時報』七四巻四号（二〇〇二年）二一頁以下参照。

(11) Jean Vergès, «Droits fondamentaux de la personne et principes généraux du droit communautaire,» in *L'Europe et le droit. Mélanges en hommage à Jean Boulouis*, (Dalloz, 1991) 参照。

(12) Cour EDH (G. C.), Matthews c. Royaume-Uni, 18 février 1999, Req. No24833/94, Rec.I-1999. この判決については、庄司克宏「欧州人権裁判所とＥＵ法――マシューズ判決（欧州人権裁判所）の概要――」『横浜国際経済法学』八巻三号（二〇〇〇年）九九頁以下、九巻一号（同）四九頁以下、同「ＥＵ法の最前線・欧州議会選挙権と欧州人権条約」『貿易と関税』（二〇〇〇年九月号）八一頁以下参照。

(13) Cour EDH (G.C.), Bosphorus Hava Yollari Turizm ve Ticaret Anonim Sirketi c. Irlande, 30 juin 2005, Req. No45036/98. この判決については、小林真紀「ヨーロッパ人権裁判所によるＥＣ派生法の条約適合性審査の可能性――Bosphorus事件判決を題材に――」『愛知大学法学部法経論集』一七二号（二〇〇六年）一五七頁以下参照。

(14) 幡野弘樹「ヨーロッパ人権条約がフランス家族法に与える影響――法源レベルでの諸態様――」『日仏法学』二四号（二〇〇七年）七七頁以下参照。

(15) 他方で、同じくＥＣ法上の法源である指令（directive）は、立法内容と期限を指示しつつ具体的な規律とその手段は各国に委ねる。したがって、国内立法の指令との適合関係が問題となる。

(16) フランス国内の学説には強い反対論があり、欧州人権裁判所も、二〇〇二年七月一一日の判決において判例変更しているようにみえる。

(17) 府川繭子「フランスにおける行政行為の『追認のための法律』」『早稲田大学大学院法研論集』一一五号（二〇〇五年）一三二頁以下、一一六号（同）一九四頁以下参照。

(18) Cour EDH, *Zielinski et Pradel et Gonzalez et autres c. France*, 28 octobre 1999, Rec. 1999－VII.

連邦国家アメリカ合衆国の形成

有賀　貞

はしがき

一九九三年、マーストリヒト条約（欧州連合条約、調印は九二年）の発効とともに、欧州統合の機構は欧州連合（ヨーロッピアン・ユニオン、EU）と呼ばれるようになった。この「ユニオン」は連邦国家アメリカ合衆国で連邦を表すことばとして用いられてきたものである。一九五七年調印のローマ条約（発効は五八年）で「たえずより緊密化するユニオン」の形成が目標とされて以来、ユニオンということばは欧州統合を推進する諸条約において繰り返し用いられてきたように、アメリカでも連邦国家形成期に「連合と恒久的ユニオンのための規約」（略称「連合規約」、一七七七年採択、八一年発効）「合衆国憲法」（一七八七年採択、八八年発効）などの基本文書で用いられた。合衆国憲法前文にある「より完全なユニオンを形成する」ためにこの憲法を制定するという文言はよく知られている。(1)

連邦国家であるアメリカでは国家的結合を表す言葉は、大統領の年頭教書が憲法に基づいて「ステイト・オブ・ユニオン・メッセージ」と呼ばれるように、今日でも正式にはユニオンである。合衆国分裂の危機に際してリンカーンが強調したのは、ユニオンの不可分性であった。南北戦争の後になるまで、アメリカ人はアメリカを指してわがネイションと呼ぶよりもユニオンと呼ぶほうが普通であった。マイケル・カメン（Michael Kammen）が著作の中で紹介しているある調査によると、一九〇八年にアメリカの一二八〇の都市には「ユニオン街」が六〇三あり、他方「ナショナル街」は三二であったという[2]。この数字は二つの言葉がもつ重さの歴史的相違を表していたといえよう。ユニオンは日本語に訳す場合、通常連邦あるいは連合と表現される。しかしユニオンとは連邦や連合という言葉以上に統合、統一を強調した言葉であるから、本稿ではユニオンは訳さずにそのままユニオンと書くことにする。

アメリカにおいても、現代の欧州と同じく、統合を表すことばがユニオンであったことは、アメリカにおける連邦国家の形成過程を現在進行中の欧州統合の過程と比較して考えることへと導く。そのような比較が、時代と状況を異にする現在の欧州統合に関する研究に何かの貢献をなしうるかどうかは心もとないが、アメリカ史の研究者にとっては、アメリカの連邦国家形成の過程の特徴を理解するために有益である。

欧州統合と比較してみると、アメリカの連邦の形成について、次のようないくつかの特徴が浮かび上がる。

第一、アメリカにおける連邦国家形成過程は、対英武力闘争の中で始まって以来、合衆国憲法に基づく合衆国政府の発足をもって一応完結したとみることができるが、それは欧州統合とは比較にならない約十五年という短期間で実現したことが特徴である。

第二、アメリカで連邦国家形成が独立後短期間に完結したことは、独立前には各植民地がいずれも英帝国の一部であったという共通性によるところが大きい。

第三、アメリカにおける連邦国家の形成が短期間で完結したからといって、その過程が独立宣言以降、順調に進展したわけではなく、一時は停滞というよりも退行というべき傾向がみられた。そして合衆国憲法体制成立後も、それで連邦の統一が確固たるものになったわけではなく、約七十年後に連邦を二分する南北戦争を戦わなければならなかった。

第四、アメリカの連邦形成は対英武力闘争という状況の中で、革命行動の一環として超法規的実態として連邦が形成されたことに始まり、合衆国憲法体制の発足も連合規約の改正規定を迂回した超法規的な革命行動の結果として実現した。それは多国間条約の積み重ねで統合が進められてきた欧州の場合とは著しく異なる。

第五、欧州統合の場合、市場統合の面から進展してきたものであり、外交権が一元化されるところまで到達するのはまだ先のことと思われる。それに対してアメリカの場合には、戦争と講和、条約締結等の権限は当初からもっぱら連邦の権限とされたことが特色である。アメリカでは最初から超国家的な連邦が形成されたのである。ただし、アメリカでは戦争と講和の権限が当初から連邦の権限だったとしても、共和主義思想のために有力な連邦軍が維持されることはなく、民兵が国防の主力とされ、州もまた常備軍をもたなかったことを付け加えねばならない。

第六、アメリカでは外交と戦争が連邦権限になっていた反面、合衆国憲法成立以前には、通商政策の一元化も関税同盟も欠けていた。植民地時代からの慣行として相互間の自由な貿易は存在していたが、関税をめぐる争いが諸州間の貿易に障壁を生む傾向もみられた。

これらの特徴をより詳しく議論し、その事情を説明することが本稿の目的である。本稿ではまず、独立とともに連邦国家アメリカの形成を可能にした植民地時代の背景について考察する。次に一七七四年の第一次大陸会議の開催から一七八九年の合衆国憲法体制の発足に至る時期について、革命行動としての連邦形成—連邦の性格の定義の成文化—連邦形成における退行—連邦強化のための革命行動—革命行動の結果としての合衆国憲法体制の発足という連邦国家形成の過程について述べ、なぜそのような経過をたどったのかを論じる。本稿の中心は形成期の考察にあるが、その後のアメリカ連邦制が南北戦争という分裂と内戦を経験していることにかんがみ、合衆国憲法体制発足後の連邦制の曲折と変遷について言及せずに済ますことはできない。それについて最後に簡単な考察を付して稿を終えることにする。

アメリカの連邦制については、合衆国憲法体制発足までの形成期の問題についても、またその後の連邦制の問題についても、それを歴史的に整理する著作あるいは論文は日本では近年書かれていない。連邦制の歴史的研究は日本では層の薄い分野で、一九八五年の山口房司『南北戦争研究』が比較的新しい唯一の研究書であろう。アメリカ研究の近況をまとめた九八年の阿部斉・五十嵐武士編『アメリカ研究案内』を調べても、五十嵐武士「アメリカ型『国家』の形成」と長田豊臣『南北戦争と国家』とがあるだけで、それらはともにアメリカにおける国家の特徴の歴史的研究であり、スティーヴン・スコウロネク（Stephen Skowronek）『新アメリカ国家の建設』と共通の問題意識によって書かれたものといえる。それぞれ示唆に富む研究であるが、連邦制の問題はアメリカ国家の特徴の議論との関連で言及されているにとどまっている。(3) そのような状況からして、連邦国家アメリカの形成と変遷についてエッセーを書くことには、若干の意味があろう。

本論に入る前に、連合、連邦、連邦国家という用語法について説明したい。この論文では連合という言葉は「連合規約」をいう場合にのみ用い、その他の場合は連邦という言葉で統一している。通常 'confederation' は「連合」と訳され他方 'federal' 'federation' など con のない語は「連邦（の）」と訳される。しかし十八世紀当時は歴史学者マーティン・ダイアモンド（Martin Diamond）が指摘したように、両者は国家の連盟という同一の意味で用いられており、特に区別すべき違いがなかったのであるから、連邦という表現で統一し、連合は固有名詞の訳語として定着しているものについてのみ用いることにした。(4) 他方、連邦国家あるいは連邦共和国という場合は、州政府と同じく全体の政府も人民に権力の源泉をもち人民を統治する共和政府であること、つまり二重共和制ともいうべき体制を意味する。本論文で連邦国家の形成という場合そのような体制の形成という意味で用いている。そのような体制を創出したことに合衆国憲法制定の独自性がある。

I　アメリカ革命期に連邦形成を促進した諸要因

植民地時代、英領北米植民地を統合する行政単位は存在せず、また臨時にそれら植民地を糾合する機関が設けられたこともなかった。一七五四年フレンチ・アンド・インディアン戦争勃発後に北東部・中部七植民地の代表により英領北米植民地の政治連合案（オールバニ・プラン）が作られたことは注目に値する。その案の作成者ベンジャミン・フランクリン (Benjamin Franklin) は対英武力闘争が始まった後七五年に再び連合案を作成しており、それが七六—七七年にまとめられた連合規約案に影響を及ぼしたことは確かであるから、オールバニ・プランに先駆的意義を認めることができる。しかしこの案には英本国が否定的反応を示し、各植民地もその案の実現に消極的だったので、具体化への進展はなかった(5)。

十三の植民地はそれぞれ個別的にイギリス王からの特許状を受けており、それぞれの特許状に定められた方式によって統治されていた。大部分は王が総督を任命する王領植民地であったが、ほかに王から領主権を委ねられた領主が支配する領主植民地と住民自らが選ぶ総督によって統治される自治植民地があった。これら植民地は大西洋岸に南北約一〇〇〇マイルの距離に広がり、それぞれ起源と統治方式において異なるばかりでなく、宗教状況が違っており、また地域により地勢や気候、経済基盤、社会構造が異なっていた。

特に宗教的にはピューリタンの伝統を受け継ぎ、自営農民主体の農業とともに漁業、商工業を発達させた「ニューイングランド」すなわち北東部の諸植民地と、奴隷制大農場での商品作物生産を主要な経済基盤として発達し、宗教面ではアングリカン教会を公定教会としていた南部の諸植民地「プランテーション・コロニーズ」との間には、社会経済構造にも生活習慣にも大きな相違があったことはよく知られている。それはヨーロッパ共同体の最初の構成国の間の相違よりも大きかったともいえよう。このような地域的相違は独立後の連邦の統一性を脅かす要因となったから、連邦国家としてのアメリカの歴史を考える場合、念頭に置くべき事柄である。

しかし、植民地時代にこれら植民地を統合する政治単位がなく、臨時に全体的な連合機関が設けられたこともなく、しかも多くの点で互いに異なっていたにもかかわらず、十三の植民地は本国との紛争に際して連帯し、連合して独立することが可能だったのであり、しかもそれから十数年でアメリカの連邦国家形成は一応完結したのである。したがって、ここではなぜそうなったのかを説明するために、それを可能にした要因を植民地時代に求めなければならない。

まず第一に、十三の植民地には多様性とともに、重要な共通性があった。それら植民地はいずれもイギリス人によって建設され、植民地人は主としてイギリスからの植民者およびその子孫によって構成され、イギリス王から与えられた特許状によって植民地としての地位と権利とが認知されていた。宗教的伝統と雰囲気とは植民地によって異なったが、どの植民地も植民地人の大多数がプロテスタントであるという大枠での共通性があった。はしがきで述べたように、各植民地はイギリスの言語、法的政治的伝統を継承し、地方自治、陪審裁判制、議会政治などを発達させていた点で共通していた。

それぞれの植民地は十八世紀に入ってからの急速な発展とともに、資産と学識とをもち、社会的敬意を受け、政治に携わる指導層を生み出したが、彼らの多くは北米植民地あるいは本国の高等教育機関で学び、多分に古典の教養と法律的知識、十八世紀のイングランドやスコットランドの哲学・政治論の知識を共有していた。またどの植民地でも政治に参加する権利は独立した生計を営む成年男子には広く行き渡っていたから、通常、政治指導を上層階級の紳士に委ねるにせよ、少なくとも議員選挙への参加によって政治社会の一員であるという意識をもっていた幅広い中流階級があったことも共通している。(6)

第二に、各植民地の横のつながりは非公式なものであったが、十八世紀半ばまでには植民地をつなぐ交通・通信が発達し、それとともに、相互間の物的人的交流と情報交換も増大していたことが挙げられる。各植民地の主要産物にとってイギリス、大陸ヨーロッパ、西インド諸島などの海外市場が重要であり、植民地にとって本国が工業製品の主要な供給者であったとしても、北米植民地相互間の供給と消費の関係もかなりの発展をみせた。一七六九―七二年にボストンから出港した船の四三％（一七一四―一五年には一七％）が北米植民地の他の港に向けて出港したという。これは北米植民地相互間の貿易が大きくなっていたことの一つの例証である。[7] イギリスの航海および貿易に関する諸法は、通常アメリカ植民地を一括して扱い、西インド諸島（カリブ地域）植民地を含めてアメリカ植民地の間に通商障壁を設けなかったから、北米植民地相互間の貿易は帽子法および羊毛法の規制を除けば、ほとんど自由であった。[8] 植民地相互間の輸送は沿岸航路による船舶輸送であったが、陸上交通もある程度発達し、ボストンからチャールストンまで、主要都市をつなぐ幹線道路ができていた。主要都市の間には客船と駅馬車の定期便があった。そのような交通の発達とともに、通信面でも北米全体の郵便システムがベンジャミン・フランクリンらの尽力で一七五三年に作られた。[9]

第三に、十八世紀半ばには植民地人は「アメリカ意識」というべきものをもつようになった。右に述べた交通通信の発達と並んで、北米植民地全体にまたがる文化活動も盛んになった。一七四三年には、これもフランクリンを推進者として、「アメリカ哲学協会」が設立された。ある学者は、この協会の設立をアメリカ意識の文化的表現として画期的な出来事とみている。これもフランクリンが活動した分野であるが、植民地における出版活動も一つの植民地を越えた顧客を対象にするようになった。彼が編集し刊行した『貧しいリチャードのアルマナック』など十八世紀半ばに人気を得たアルマナックは、北米植民地で広く読者を獲得した。それらのアルマナックは北米植民地の将来の偉大さを讃える言葉を印刷することにより、アメリカ意識を広める役割を果たした。[10] 植民地における最も有力な情報の伝達源は各地で刊行された新聞（六四年には二十一紙あった）である。これら新聞は通常近隣植民地にもある程度読者をもっていた。これらの新聞も時を追って次第に北米の他の植民地に関する情報を多く掲載するようになった。また一つの新聞に載った重要記事は他の植民地で刊行されている多くの新聞に転載された[11]。

植民地人の帰属意識では、それぞれの植民地が第一の帰属対象であり、英帝国が第二の帰属対象であったが、それとともに、第三の帰属対象としてアメリカが登場したのである。実は英帝国への帰属意識とアメリカへの帰属意識とは連動していたのであるが、それについては後に述べることとし、第四の要因として、北米植民地が英帝国の一部であったことの意味について述べたい。十三の植民地はそれぞれ別個にイギリス王との結びつきをもっていたとしても、いずれもイギリス王を共通の王とし、イギリスを共通の母国として、英帝国の一部であった。つまり北米という政治単位はなかったが、より大きな政治単位として英帝国があり、全植民地はそれに属していた。北米植民地相互間に対立や紛争があったとしても、それが武力衝突に発展したことは少なかった。北米植民地でみられた武力紛争はほとんど個々の植民地内部の出来事であった。境界などをめぐる植民地間の紛争が少なく、暴力化しても現地住民レヴェルの小さな武力紛争にとどまったのは、各植民地が主権国家ではなく、イギリス王という上部権力があり、それぞれの権利が王の特許状に基づいていたためであると思われる[12]。北米植民地は王という共通の頂上権力をもって、相互に対して基本的には平和的な安全保障コミュニティを形成していたといえる。そのような平和的な過去の関係が反英闘争の必要に迫られたとき、連帯の形成を可能にした一つの要因であったといえよう。

第五の要因として、英帝国への帰属意識とアメリカへの帰属意識とが連動していたことについて述べたい。植民地人は英帝国に属していることに誇りと満足を感じていた。植民地は英帝国の中にあって急速に発展してきたのであるから、その発展の中で資産や地位を得た人々が英帝国に栄光ある帰属対象を見いだしたのは不思議ではない。彼らは強力な英帝国の一員であることを誇り、イギリス人としての自由をもっていることに満足した。

植民地人が英帝国への賛辞をしきりに口にした十八世紀半ばは、彼らがアメリカ意識を抱くようになった時期であった。英領北米植民地の発展についての喜びが英帝国への称賛につながっていたのである。植民地人は北米植民地の発展について語るときには個々の植民地についてよりも北米植民地全体、すなわちアメリカあるいは英領アメリカの発展について語った。北米植民地を全体としてみれば、すでに貿易額も大きく、英帝国の中で重要な地位を主張することができ、その人口増加の速さと広大な豊かな土地からして、その重要性が将来ますます高まることが予想できたからである。[13]

フレンチ・アンド・インディアン戦争（「七年戦争」より先に始まった北米の戦争）におけるイギリスの勝利によって、北米からフランスの勢力が一掃され、カナダおよびミシシッピ川に至る西方の土地がイギリスの領土になったとき、植民地人には北米植民地の発展を妨げるものは何もないように思われた。その戦争が北アメリカで始まった直後の一七五五年に、後にアメリカ革命の指導者、第二代大統領になるジョン・アダムズ（John Adams）は「もしわれわれが平和を乱すフランス人勢力を除去できるならば、われわれの人口は控え目に計算しても、一世紀の間にイングランドより多くなるであろう。そうなれば、われわれは船舶資材を手中にしている事情からして、海洋の支配権を得るのは容易であろう。そうなればヨーロッパが力を合わせても、われわれを屈服させることはできないであろう。われわれが強国として自立するのを防ぐ唯一の方策はわれわれの分裂させておくことである」と友人に書いた。[14]この戦争の終結に際して、植民地人は英帝国の勝利を喜び、その栄光を称賛するとともに、その帝国内における北米植民地の重要性と将来性とに言及した。彼らにとって、英帝国とともに英領北アメリカが誇るべき帰属対象になった。彼らの意識においては、北アメリカはいわば「帝国内帝国」となったのである。ある歴史家はこれを植民地人による「アメリカ発見」と呼んでいる。[15]植民地人は独立を近い将来の現実的選択としては考えなかったが、遠い将来、独立もありうると考えるようになったのである。植民地に対する本国の統制が緩やかである限り、彼らは英帝国の一部であることに満足していた。

フレンチ・アンド・インディアン戦争終結後、イギリスが本国議会の立法による植民地への課税、植民地貿易に対する規制の強化など新たな植民地政策をとるようになると、北米のどの植民地の人民もそれに強く反発した。その過程で植民地人は本国の植民地政策を植民地共通の問題として議論したから、彼らのアメリカ意識は一層強まる。[16] 植民地の猛反発にあってイギリスが印紙税を撤回したことが植民地人に自らの力についての自信を与えた。ボストン茶会事件後、イギリスがマサチューセッツ植民地に対して強圧政策をとったとき、植民地の権利の擁護者たちは諸植民地の連帯によりそれに抵抗することを決意した。彼らの希望は、まだ英帝国の中で、最大の自由を維持することであった。しかし武力抗争の進展の中で、彼らはその希望を放棄し、十三植民地の独立を宣言するに至る。

アメリカ革命の指導者は誰しも独立する場合には当然、連邦形成を伴うものと考えていた。英帝国がもやは自由の帝国ではなくなったとき、彼らは独立連邦としてのアメリカに自由の帝国を求めたのである。つまり、彼らが英帝国という偉大な帰属対象を捨てたとき、「アメリカ帝国」は独立したアメリカを表す言葉となった。それは革命期から合衆国初期のアメリカ人が好んで用いた言葉であった。[17] 一七七六年七月の独立宣言に先立ち、六月に独立の決議案が大陸会議に提出されたとき、それは正式な連邦形成および外国との同盟に関する二つの決議案とセットになっていた。アメリカ革命の指導者たちのアメリカ独立の構想では、英領北アメリカの全地域を継承することが狙いであった。それゆえ、大陸会議は独立宣言前にカナダに軍隊とともに交渉委員を派遣し、カナダを植民地連合に引き入れる工作を行った。七七年採択の連合規約にもカナダの連邦加盟に関する規定があった。フランスとの条約交渉に当たっても、アメリカ側は英領北アメリカの領土をアメリカが継承する権利をもつという規定を挿入しようとし、フランスはアメリカが征服した場合にはという条件付きでその権利を認めた。[18] このように革命の指導者たちは英帝国から分離独立して、北アメリカに広い領土をもつ大連邦「自由の帝国」を創設することを構想していた。[19]

最後に本国—植民地紛争期に主張されたアメリカ人の「英帝国＝連邦」観について、その概略を述べたい。英帝国を連邦と見なす観念があったことが、アメリカが連邦として独立することになった第六の要因である。一七六五年の印紙法反対のときには、植民地人は本国の議会に植民地に対する権限をある程度認めていた。彼らの主張は「代表なくして課税なし」であり、本国議会の課税権だけを問題にしていた。そして課税についても、従来本国議会による関税の賦課を認めてきたから、印紙税が関税とは関わりのない「内部税」であり、それは植民地議会の聖域を侵すものであるという論法がみられた。本国議会は植民地印紙税の撤回を認めたが、その際に宣言法を制定して本国議会が植民地に関してすべての面で立法権をもつと宣言した。つまり本国議会と植民地議会にはそれぞれ固有の権限領域があるという植民地の連邦的帝国論を否定したのである。[20]

数年後のタウンゼンド諸法に対する反対の場合には、植民地人は本国議会が通商規制と無関係の関税を課すことに反対し、そのような権限はないと否定した。一七七三年の茶法と翌七四年のマサチューセッツに対する「抑圧的諸法」との撤回を要求した同年の第一次大陸会議の決議では、植民地の課税と内政とに関する本国議会の立法権を否定し、植民地の対外通商に関しては、本国議会の諸法の実施が真に帝国共通の利益を守るためのものであれば、「その事態の要請と両国（both countries）という表現が用いられているのは興味深い。ここではアメリカはイギリスとともに一方の「国」と意識されている）相互の利害関係に鑑みて」欣然としてそれを受け入れると述べた。これは対立した二つの意見の妥協としてまとめられた文言であり、本国議会の権限としてそれを認めたわけではなく、双方の利益になるものについては、便宜上それを容認するという趣旨であった。植民地人は英帝国を、ほとんど共通の王への忠誠のみによって結ばれた連邦と見なすに至ったのである。[21] その場合、戦争と講和、条約締結などの権限は王の大権であるが、それ以外のことは帝国を構成する諸単位の議会の権限である（ただし植民地人は王への忠誠を否定するまでは、王が各植民地の立法を審査して否認する権利を原則的には容認していた）と理解されていたといえよう。植民地人が王を軍隊をもって植民地人の自由を圧殺しようとする抑圧者と意識し、トーマス・ペイン（Thomas Paine）の『コモン・センス』の王政批判に共感するようになったとき、大陸会議は独立を宣言する。その宣言は王による圧政の罪科を具体的に列挙することにより、英帝国とのつながりの要と見なした王への忠誠を断つものであった。六五年から七六年までの本国―植民地紛争期は、植民地人が英帝国を連邦と定義しつつ、本国議会の植民地に関する立法権を次第に全面的に否定していき、最後に連邦的帝国の結び目である王への忠誠を断って英連邦から離脱する過程であった。

II　革命権力の連邦組織としての大陸会議

最初に述べたように、アメリカの連邦は革命運動の中で形成され、当初は非合法非公式の機構だった大陸会議として組織された。一七七四年の第一次大陸会議は本国の「抑圧的諸法」等に対する撤回要求を北米植民地共同で声明し、反対闘争の共同の手段――当初は英商品の組織的不輸入運動――について合意した後に散会したもので、緊急の会議という性格のものであった。

この会議に提案されたジョゼフ・ギャロウェイ (Joseph Galloway) の英帝国体制改革案（大陸会議を大評議会の名で英帝国の中の制度として本国議会の下位に位置づけ、ただし北米植民地全般に関する事柄については本国議会と大評議会の双方が発議権と拒否権とをもつという案）は彼が後に忠誠派、すなわち反革命派になったために、議事録からも削除されたが、アメリカ連邦の形成を英帝国の内部で行い、英帝国内の連邦として英領北アメリカの地位を正式なものにし、それによって帝国体制を安定させようとしたものとして興味深い。本国―植民地関係の危機が解消して植民地が英帝国にとどまった場合、特に第二次大陸会議発足後であれば、北米植民地の間で何らかの連邦形成が進んだであろう。またギャロウェイ提案が大陸会議で六対五という僅差で不採択になったことも興味深い。これは連邦形成にはかなりの関心があったものの、植民地統治に本国議会を関与させることはいかなる形にせよ好ましくないという立場が勝ったことを物語る。[22]

第一次大陸会議は本国との紛争が未解決の場合には翌年五月に再び開催することを決めて散会した。翌年四月にはマサチューセッツで武力衝突が始まったので、第二次大陸会議は十三州が結束して戦うことを決め、武器をとる宣言を発表した。大陸会議は二万の「大陸」軍を編成することを決め、ジョージ・ワシントン（George Washington）を軍の最高司令官に任命し、その他の大陸軍上級将校を任命し、戦争費用調達のために紙幣を発行することを決めた。第二次大陸会議は夏の間一時散会したが秋に再開し、それ以来常設の機関として革命権力の連邦政府としての役割を果した。[23]しかし武力で戦うとしても当初は独立が目的ではなかったから、大陸会議は英帝国の中で植民地の自由を確保するまでの暫定的な機関であった。

革命権力は三つのレヴェルで構成されていた。各植民地には植民地内の諸地方から選出された代表からなる植民地会議があり、各植民地の反英闘争を指導した。派遣軍の司令官が総督を兼ねていたマサチューセッツを除けば、植民地の総督は自らの軍隊をもたなかったから、植民地議会を解散させることはできても、その指導者たちが植民地会議を組織して政治の実権を掌握するのを防ぐことはできなかった。マサチューセッツを除く多くの州では革命派は無血革命により権力を掌握した。植民地会議の下には地方組織として、英商品不輸入運動・対英不輸出運動を実行するための委員会が設けられたが、やがてその委員会は保安委員会などと呼ばれ、地方の秩序維持に当たる地方組織となった。武力闘争は当初は対英和解の成立を期待しつつ行われていたから、和解が成立すれば総督の下で植民地政府が復活するはずであった。したがってこれらの機関は闘争のための臨時の組織にすぎず、革命派の有権者の支持の下に組織されたから、彼らの支持を調達することはできたとしても、法的な機関としての正統性は何ももっていなかった。[24]

そのような時期には大陸会議は十三植民地の代表によって構成される最高の機関として権威をもっていた。それぞれの植民地会議は自らの立場の正統性を大陸会議の決議や勧告に求めたからである。大陸会議は十三植民地の結束の維持を重視し、慎重派と急進派との調整に努めつつ、次第に独立へと接近した[25]。大陸会議は革命戦争の成功のために、外国に使節の派遣したり、条約を交渉したりする外交上の権限を当然もっていると考えて行動した。これらは植民地人が帝国共通の王としてイギリス王に認めていた権限であって、彼らは王のもっていたそれらの権限を大陸会議に委ねたといえよう。

Ⅲ　連合規約による連邦体制の明文化

大陸会議は武力闘争の現実に直面して、自然の成り行きとして戦争と外交の権限を掌握した。大陸会議の決議によって独立が宣言され、各植民地はそれぞれが独立の州（国 state）になると、各州の革命機関は州政府となり、それぞれ憲法を準備して、正式に人民の名において権力を行使する正統性を獲得した。そうなると各州は自らを主権国家として意識し、一七七七年一一月大陸会議で連邦体制を規定する連合規約が採択されたときには、連合会議（従来の大陸会議）の権力を明確に制限しようとする傾向を示した[26]。連合規約では連邦形成の目的は「諸州の共同の防衛、諸州の自由の確保、諸州の相互的全般的福利のため」と幅広い表現が用いられていたが、各州は「その主権・自由・独立、およびこの規約が明文によって連合会議に委任していない一切の権限・管轄権・権利を有する」と定められ、連合会議の権限は明文で与えられたものに限定された。

しかし、連合規約は、州を主権国家と規定したとしても、その主権の重要な部分、対外関係に関する部分を連合会議に委ねていた。そのほか貨幣の貴金属含有量と価値の決定、インディアンとの貿易と対インディアン関係の管理、郵便局の運営なども連合会議の専権であった[27]。それゆえ、ジャック・ラコウヴ（Jack N. Rakove）がいうように、連合規約によって連邦はすでに国家的権限をもつ共同体になったという「ナショナリスト的解釈」をとることができる。[28] 戦争講和、条約締結の権限は、植民地人の連邦的帝国観において王に与えられていた権限であり、大陸会議が独立以来それを事実上継承し、それが正式に連邦すなわち連合会議の権限になったのだといえよう。

今述べたように、連合規約は連邦に大きな権限を与えたとしても、連合規約体制における連邦が弱体でそれらの権限を有効に行使できなかったことはよく知られている。特に連合会議が独自の課税権をもたず、各州の通商についての規制権を欠いていたこと、連合会議が適切にその権限を行使するために十分な権力を与えていなかった。連合規約は連合会議が適切にその権限を行使するために十分な権らを獲得する試みがいずれも成功しなかったことが連合会議の権威の凋落をもたらした。連合規約の草案が作成され採択された一七七六―七七年当時、連合会議に課税権を与えるべきだと考えた革命指導者はまったくいなかった。七六年独立宣言直前に連合規約起草委員会でジョン・ディキンソン（John Dickinson）がまとめた草案は、連邦権限の拡大解釈の余地を残していたといわれるが、その草案でも連邦の課税権は明文で禁止されていた。[29] 課税権を連邦に与える考えが革命指導者になかったことは、革命戦争勃発時の革命派の連邦的英帝国観との連続性によって理解できる。課税権は個々の植民地の固有の権利であり、譲るべからざるものと考えられたから、それを独立後も連邦と分かちもつべきだとは考えられなかった。

連合規約が条約締結権を連邦の専権としながら、通商規制権を与えなかった理由は、次のように考えられる。第一に、革命の指導者たちは国際的自由貿易の発展を望んでおり、アメリカ貿易の国際的魅力を過大評価して、アメリカ貿易を国際的に開放することにより、そのような秩序の発展を促進できるという自負心をもっていた。彼らはフランスとの同盟を望んでも、その同盟を達成するためにフランスに通商上の特権を何も与えようとはしなかった。アメリカ側はフランスにアメリカ貿易に参入できるようにするだけで、アメリカを援助させるに足る魅力ある誘因だという考えがあった。[30] またイギリスにとってアメリカ貿易は重要であるから、イギリスも講和の際には貿易の機会確保のためにアメリカにも寛大な条件で本国およびその植民地との貿易を認めるだろうと、彼らは考えていた。[31] そのため連合会議に通商規制権を与える必要は意識されなかったのであろう。

第二に、通商規制は通常、通商への課税を伴うものであるから、通商規制か課税政策かをめぐって本国と争った経験の記憶も新たであった革命指導者たちとしては、通商規制のための連邦による課税を例外的に認めることを好まなかったのであろう。第三に、彼らは本国議会の権限に否定的態度をとり、その通商規制についても拘束と感じるようになっていたから、本国議会がもっていたのと同じ権限を連邦に与えることは好まなかったのは自然であった。[32]

連合規約は連邦に通商規制権を与えないことにより、各州が通商政策を追及する自由を認めた。しかしどの州も自由貿易的政策をとることが期待されたから、通商政策の個別化による支障は心配されなかった。それぞれの州が輸入品に通商条約と矛盾しない形で任意に関税を課すとしても、それにより問題が生じるとは予想されず、州際通商の規制がそれぞれの州の権限であるとしても、州が植民地時代以来の諸州間の貿易の自由を妨げるような行動をとることはありそうもないと思われたからであろう。[33]

連合規約は市民権に関して、連邦の一つの州の「自由な居住者」（なぜか「市民」ではなく「自由な居住者」と規定されていた）が他の諸州において「自由な市民のすべての特権」をもつと規定していたことも注目される。諸州は独立とともにそれぞれ市民になれる者の資格を定めており、外国人の帰化に関する規定はさまざまであったが、連合規約により、一つの州の市民は、他のどの州でも、自動的に市民として待遇されることになった。連合規約は市民権についても州の主権に重要な制限を加えていたといえる。しかし、植民地時代にはイギリス王の臣民はいずれの植民地においても王の臣民であったことから、独立後の連邦においても、連邦の他の州の市民を自州の市民として受け入れることが、植民地時代からの連続性という観点からも、むしろ当然であり、新しい試みというわけではなかった。[34]

連合規約の改正については全州の同意が必要であったが、連合会議の権限とされた事柄については、連合会議の決議によって決定し、あらためて州政府の同意を得る必要はなかった。ただし戦争・講和・条約締結・軍備など重要事項に関しては、議決に際して九州の同意が必要であり、他の議案については七州の同意によって決定した。各州は連合会議に二名以上七名以下の代表を送り、投票は出席代表二名以上の多数意見（賛否同数の場合は白票）により各州一票として投票した。ただし連合会議の費用分担は州の実勢に応じて負担することとし、各州の私有地の評価額の総計に比例することに定められた。土地の評価額か人口かどちらを費用分担の基準にするかという問題をめぐる対立もあったが、投票権の対等については大州の間に強い不満があった。投票権を対等にするか加重投票にするかは第一次大陸会議以来の対立点であったが、常に大州の譲歩によって各州一票とされてきた。(35) 代表権に関する大州の不満が後にナショナル・ガヴァメント形成を推進する一つの推進力になった。

連合規約がまとまったのは一七七七年であるが、全州の批准を得て発効したのは、八一年三月である。翌年一一月には英米講和予備条約が調印され独立戦争が実質的に終了したことを考えると、戦争期間の大半をアメリカは事実上の連邦制のまま戦ったわけである。このように連合規約の批准が遅延した理由は西方領土についての権利をめぐって、イギリス王の特許状によって西の境界が定められていた州と、特許状に西の境界の規定がなく、それゆえ無限定に西方の土地を自州の領土として主張できる州との対立のためであった。後者が西方領土への自州の権利を放棄することを渋ったのに対して、前者は独立戦争により西方領土を確保できれば、それは十三州共同の戦争の成果であるから、個々の州の領土とすべきではなく、連邦の統治する地域とすべきであると主張した。特にメリーランドは隣接するヴァージニアがオハイオ川西北の土地への領有権を放棄しなければ、連合規約を批准しないという態度を崩さなかった。

連合規約が発効しなくても、大陸会議は現実に連邦政府の役割を担っており、その点では大きな支障がなかったが、連合規約発効の遅延はアメリカ連邦の恒久性に疑問を抱かせ、対外関係においてアメリカの立場を不利にするものであるから、連合規約の発効のためにも、連邦の長期的な結束のためにも、特許状によって西方の土地への領有権を主張できる州の自制が求められた。八〇年二月にニューヨークは自らの西部境界を限定して、それより西の土地への領土請求権を放棄することを決議した。連合会議は同年一〇月ヴァージニアの代表も同意して、「特定の州から連邦に権利を委ねられた土地は連邦の共通の利益に沿って処理され、定住に供され、いくつかの共和制の州となり、連邦において在来の州と同一の主権・自由・独立をもつようになる」ことを決議した。このような圧力を受けて、ヴァージニア州議会も翌年一月に条件付きでオハイオ川の北西の土地に対する領有権を連邦に対して放棄した。八〇年から八一年にかけては、戦争の状況はアメリカにとって最悪だったから、連合規約の批准が特に急がれた。ヴァージニアの譲歩に加え、同盟国フランスの公使からの働きかけもあり、八一年二月メリーランドは連合規約を批准し、その批准書の到着を待って大陸会議は連邦が正式なものになったことを発表した。[36]

Ⅳ　連合会議——不十分な権力と権威の低下

連合規約発効前の大陸会議と発効後の連合会議とはともに戦争遂行のための中央政府機関として重要な役割を果たした。独立が宣言されるまでは各植民地の革命機関はまだ非合法の組織であったし、独立宣言後もそれぞれの州が革命機関を州政府として再編し、その権力を確立するまでには時間を要した。イギリス軍が州内にいた場合には特にそうであった。大陸会議が州に経費分担を割り当てたのは一七七八年からで、その時の割り当てはそれぞれの人口の概数に応じて行われた。革命戦争の前半期には大陸会議は自ら戦費を調達しなければならなかった。大陸会議はフランスからの贈与や貸与などの金銭的援助に助けられ、また大陸会議債券の発行や軍当局などの債務証の交付という手段にも頼ったが、戦費調達の主な手段として用いられたのは、当初は紙幣の発行であった。[37]

戦争は軍需による物価の上昇をもたらしたが、紙幣の発行が急増するとその価値が下落してますます紙幣の購買力が低下し、それがさらに紙幣の発行額を増加させた。七九年九月には大陸会議は紙幣が無価値になることを恐れ、紙幣の発行を停止した。紙幣の発行を停止した大陸会議は諸州に軍需物資を直接現物で大陸軍に供給することを求め、さらに大陸軍所属のそれぞれの州の部隊将兵の給与も直接支払うことを求めた。諸州による分担金の納入は割り当ての二〇％程度にとどまっていたから、大陸会議はこのような形で、州による軍への直接のサポートを求めたのである。翌年三月、大陸会議は大陸会議旧紙幣の回収とその回収に応じて発行される大陸会議新紙幣の発行を州に委託し、発行された新紙幣を連邦六、州四の割合で使用することを決めた。その際、旧紙幣の正貨価値を四〇分の一ドル（当時の市場価値の二倍以上）に設定し、旧紙幣四〇ドルを回収するごとに新紙幣二ドルを発行することにした。この措置は旧紙幣の価値を引き上げることに成功したが、新紙幣の発行額はあまり伸びなかったので、経費調達のため利子付き債券や債務証の発行が増大し、それらの流通価値も額面から大幅に下落した[38]。

一七八〇年は、戦争の状況がアメリカにとって最悪の時期であった。イギリスはニューヨーク港を占拠しており、活発な南方作戦を展開してジョージア、サウスカロライナ両州を制圧し、ノースカロライナからヴァージニアに進出しようとしていた。このような状況の中で、大陸会議では連邦権力の強化によってのみ戦争を有効に戦うことができると考える指導者たちが台頭した。彼らの中には、大陸会議あるいは軍の総司令官ワシントンに期限付きで独裁的権力を与えるよう諸州に要請することを考えた者もあったほどである[39]。そのような時期に大陸会議は自らの権限を強化すること、特に課税権を獲得することを目指した。七八年には、大陸会議はまだ、この革命が植民地議会によるもの以外の課税に反対する闘争として始まったことを考慮すれば、大陸会議が「関税を課すことはどうしようもない最後の手段としてでなければ狂気の沙汰」であると考えていた[40]。しかし八〇年には、その最後の手段を行使すべき時が来ているという意識が高まったのである。しかし連合規約はまだ発効していなかったから、批准をしていない州を説得してそれを発効させることは急務と見なされたが、しかし連合規約では連邦の課税権は認められていないのであるから、規約の発効とともにその改正が必要だと考えられた。

このような大陸会議の動向に影響力を発揮し、八一年二月に大陸会議財務部の総監に就任したのは、ペンシルヴェニアの政治家で大商人だったロバート・モリス (Robert Morris) である。モリスは連邦官僚の人員整理、購買手続きの合理化などにより経費の節減に努め、連合規約改正による連邦課税権の獲得を期待した。彼はまず連邦関税を実現し、それによって連邦の国際的信用を高めて外債募集を容易にし、将来は連邦税の課税対象を広げ、連邦が自前の財政基盤をもつようにする構想であった。彼はまたフランスからの借款を資本金として連邦認可の銀行として北アメリカ銀行をフィラデルフィアに設立し、連邦の財政運用の助けにしようとした。(41)

大陸会議は一七八一年二月——連合規約が発効する一月前——大陸会議（連合会議）に、公債の返還の財源に充当するために、若干の例外を除くすべての輸入品に五％の関税を課す権限を与えるよう諸州に提案することを決議した。この提案の実現には連合規約の改正規定に従って、全州の承認が必要であった。大部分の州は連合会議の要請を受けてこの提案に同意したが、ロードアイランドだけが同意せず、八二年にはむしろ不同意の態度が堅くなっていた。ヨークタウンの戦いで戦況が好転し、イギリスとの講和交渉が始まっていたからである。連合会議はロードアイランドに使節を派遣して説得に努めたが、ヴァージニアもこの提案にいったん与えた同意を撤回したため、関税徴収権の獲得は絶望的になった。(42)

連合会議の権力強化に熱心なアレグザンダー・ハミルトン (Alexander Hamilton) やガヴァヌア・モリス (Gouverneur Morris) ら数人の政治家は給料や年金の問題で不満をもつ軍人の圧力を利用して、連邦の課税権獲得を促進することを計画したが、ワシントンは軍人の不満を政治的に利用するのは危険だと考え、彼の威信によって軍の中の不穏な動きを押さえた。(43) その事件の影響もあって連合会議は一七八三年三月に、再び連邦財源の確保のための提案を諸州に対して行った。それは連合会議の関税徴収権を二十五年の期限を限って認めること、集税官は連邦官吏とするが州によりに任命されること、そのほかに州が徴収する特定の税を連合会議の財源に指定して分担金の納入を確実にすることなどを骨子とするものであった。この提案もすぐには諸州の賛成を得られず、戦後連合会議の主導権はロバート・モリスの財政運用に批判的な人々の手に移ったので、モリスは八四年三月財務総監を辞任した。(44)

一七八三年の連合会議の財源確保のための提案は、次第に諸州の条件付き賛成は得られたものの、条件をめぐる調整は最後までつかず、実現に至らなかった。戦後、連合会議がもつべき権限か否かで争点になったもう一つの問題は通商の規制権であった。アメリカはイギリスとの講和条約調印後、英帝国とは相互に大幅な通商航海の自由を認める通商条約を締結できることを期待した。確かに講和をまとめたイギリスの首相シェルバーン (Lord Shelburne) は将来の英米連邦に期待をかけ、寛大な条件で通商条約を結ぶ意向だったが、彼は講和でアメリカに譲歩しすぎたという批判を受けて失脚した。その後のイギリス政府は通商条約に関心を示さず、一方的にアメリカとの通商の条件を定めた。イギリス側はアメリカの連邦の結束が弱体化することを予想し、駐米公使を派遣することもしなかった。アメリカの国際的立場の改善を重視する指導者たちは、そのためには連邦強化が必要であり、連合会議には課税権を与えるとともに、通商条約を結ばない国に対して対抗措置がとれるようにするために、連合会議に通商規制権を与えねばならないと考えた。(45)

連邦が通商規制権をもつことを望んだ利益集団は、イギリス領カリブ諸島から締め出されたことで打撃を受けたニューイングランド商人たちであったが、また貿易港をもたないために関税収入をもたない州の政治指導者の間でもその要求が強かった。ニューハンプシャーは輸入をボストンなどマサチューセッツの貿易港に依存し、コネティカットはロードアイランドやニューヨークの港に依存し、ニュージャージーはニューヨークとフィラデルフィアの両港に依存し、デラウェアはフィラデルフィア港に依存していた。貿易港をもつ州はイギリスとの通商条約の締結には関心があったが、他方で貿易港からの関税収入が重要財源になっているために、それを連邦に委ねることを望まない場合があり、その傾向はニューヨーク州政府では強かった。それに対して貿易港をもたない州にとっては、自州民の購入する輸入品についても隣接州が関税収入を得ていることは不満の種であり、連合会議が通商規制権をもつよう強く主張した。コネティカットやニュージャージー、デラウェアの諸州は対抗措置として、自州の港を自由貿易港として外国貿易を誘引しようとし、コネティカットは隣州から入る商品に関税を課し、ニュージャージーは当面連合会議への分担金を納入しないことにした。(46)

連合規約体制においては、戦争や外交は一元化していたが、通商規制の一元化はなく、関税同盟も成立していなかった。連邦内の貿易については植民地時代からの自由な貿易の慣行が引き継がれたが、対外共通関税はなく、関税収入の多い隣州への反発から連邦内の州際通商に課税する場合も出てきた。つまり連邦による通商規制の欠如が連邦内の自由貿易を妨げる事例も生じたのである。

連合会議は一七八四年に、通商条約を締結していない国の船舶の入港を禁止する権限を求めることを諸州に対して提案したが、全州の同意は得られなかった。連合会議が全面的な通商規制権をもつべきだと主張する州の中には、その提案を不満として支持しない州があった。一方、連邦が全面的に通商規制権をもつことは、八五年にそれを諸州に提案する決議が先送りされ、翌年あらためて審議されたときにも、慎重論があり、通商規制権について諸州に提議する決議には至らなかった。(47)

連邦の軍事組織についていえば、大陸軍は戦争の終了とともに解散していた。戦争の必要の中で形成された連邦の軍事機構とその政治的影響力とが戦後に存続することはなかった。ワシントンは平時にも連邦が領土の防衛のため数千人の連邦軍を保持し、いくつかの兵器貯蔵庫と砲術学校とを維持すべきであると考えたが、連合会議には常備軍は共和主義を脅かすという不信感が強く、その程度の規模の平時の軍の保持にも難色を示した。特にニューイングランド諸州に強い反対があった。そのため、連合会議は一七八四年には大陸軍の最後の連隊も解散させた。(48)

しかし革命戦争後のアメリカにとって軍事力の保持が不必要になったわけではなかった。英米の講和条約には、州により没収されたイギリス臣民および忠誠派の資産の回復についての規定があったが、これはアメリカでは最も評判の悪かった条項であり、諸州では彼らの資産回復のための措置をとらなかったので（その点について条約では連合会議は諸州に勧告する以上の責任は負わなかった）、イギリス側はアメリカ側の条約不履行を理由に、アメリカ領土内北西部のいくつかの砦からの撤退を拒否した。イギリス軍は革命戦争中、北西部に勢力圏をもつ先住民諸部族を味方にしていたので、戦後も彼らとの関係を維持していた。アメリカが北西部領土全域に実効的支配を樹立するためにはかなりの軍事力が必要だったが、それはしばらく先送りするとしても、当面オハイオ川北西流域に増大する入植者社会を連邦が防衛し統治するために、若干の兵力を配置する必要があった。そのため連合会議はいくつかの州に小規模の兵力の提供を求めたが、財政難のためその兵力の維持にも困難があった。また独立戦争中に組織された小規模の艦隊も戦後は維持されず、一七八五年末までに海軍の艦船はすべて処分された。(49)

戦争のために必要と見なされながら、戦時中実現に至らなかった連合会議の権限の強化が戦後進まなかったのは、自然の成り行きといえる。連邦を強化しようとする運動は、戦争が終わった後は、対外関係、特に対英関係に問題があったとしても、一七八一年に連合規約の批准を急がせたような切迫した外的要因を失った。独立戦争後の時代はアメリカの連邦にとっては確かに退行の時代であった。州民は弱体な連合会議に期待するよりは、州に問題の解決を期待するようになった。そのためいくつかの州は州民に対する連合会議の債務も州が引き受けて返済する措置をとった。(50)

このような連邦の弱体化傾向がさらに進めば、連邦の解体を導くのではないかという不安が多く語られるようになった。しかし連邦を解体して小連邦を形成することは選択肢として語られても、それを追求する運動があったわけではなく、州の間にさまざまな対立があっても、それは武力衝突を引き起こすようなものではなかった。連邦解体論は、積極的連邦強化論者が連邦体制の再検討を促すために、警告として用いたものであった。連邦の現状に特に危機感のない人々は彼ら自身の行動が連邦を弱めていたとしても、連邦を否定するはずがなかった。[51]
むしろ現状に強い危機感をもつ人々は、ユニオンの強化が実現しなければ、次善の選択として小連邦の形成を選ぶこともありえたであろう。より密接なまとまりをもつ小連邦の形成が一つの選択肢とされたことは、州を越えたより広域の共通の利害が意識され、州の独立性よりもより広域な地域的政治統合が重視されていたことを物語る。広域での共通の利害を連邦全体の政治統合強化の中で実現できるならば、それは最善であり、それが不可能ならば、小連邦規模での統合強化が次善の策とされたのである。たとえばニュージャージー、デラウェア両州はニューヨーク、ペンシルヴェニア両州とは経済的に密接な関係にあった。各州が関税課税権をもち、各州の収入となっていることが、前者二州と後者二州との間の軋轢を招いた。しかし通商規制権が連邦の専権になれば、中部諸州は広域経済圏として一体化することができ、その広域の範囲をさらに広げる可能性が生じるのである。州を越えたより広域の共通の利害の存在は地域的なものであっても、それが連邦全体の強化を推進しようとする力となった。[52]
諸州間に激しい対立を生む最大の要因であった西方領土の問題が、戦争中の合意を出発点として、連合会議において具体的な法令が作成され、解決されたことは特筆に値する。西方領土については独立戦争中、連合規約発効前に、諸州の領有権の主張を連邦に譲渡することを奨励し、連邦直轄地として将来新たな州をそこに作っていくという方針が大陸会議で作られ、オハイオ川北西の土地に関しては諸州が領有権を放棄したことは前述のとおりである。一七八一年のヴァージニアの領土権放棄の条件は連合会議に受け入れられなかったので、八三年条件を改めて放棄を決め、翌年北西部領土は正式に連邦のものとなった。連邦が直接支配地をもったことは、連邦の解体を防ぎ連邦を維持する要因になったことは確かであろう。その地域の公有地の処分方法については八五年連合会議で公有地法が制定され、八七年にはその地域の統治の方法を定める北西部領土法が制定された。この法令で定められた連邦による暫定統治の方法と将来の州の創設の手続きは、その後連邦に移管され、あるいは外国から獲得された他の西方の領土についても引き継がれた。独立戦争後の数年は連邦国家形成過程における退行期であったが、その間にも連邦が直接統治する地域を得て、連邦公有地の分配やその統治の方式を定めるという成果を挙げることができたのである。これはメリル・ジェンセン（Merrill Jensen）の言葉を借りれば、まさに連合会議が後世に遺した「将来のための基礎造り」であった。[53] 西欧諸国の統合がそれぞれの国の植民地主義を清算することにより促進されたのとは、事情は大いに異なるけれども、個々の州の植民地主義が清算され連邦直轄地が作られることにより、連邦の結束を強める条件が整ったという点では、アメリカの事例もEUの事例に類似するところがあるといえよう。

合衆国憲法発足後、ヴァージニアはケンタッキーの分離を認め、後者は新たな州として連邦に受け入れられたが、それ以南の地方では、他の南部諸州が連邦に対して西部地方への領有権を放棄した後で、そこに新たな州が作られていった。州の領土の問題は近隣の州の間に対立を生むものであり、それが円満に解決したことで、州を超えた近隣諸州のより密接な関係が可能になった。ヴァージニア州がオハイオ川北西地方への領有権を連邦に対して放棄したことは同州とメリーランド州との地域的協力を可能にした。すなわち一七八五年両州の代表はマウントヴァーノンで会議し、ポトマック川の共同管理およびチェサピーク湾の航路開発経費の分担、共通関税の設定や定期的通商協議などに合意した。これはポトマック川を利用してチェサピーク地域とオハイオ川流域など西方地域とを連結する広域経済の発展を図ろうとする構想であり、この年にはポトマック川の滝を迂回する運河の建設のための会社も設立された。両州の合意への参加を近隣諸州に呼びかける案もあったが、むしろヴァージニアは通商に関する全州会議の開催を呼びかけることにした。[54]

独立戦争後のアメリカで活発化した文化活動をみる限り、偉大なアメリカを誇るべき帰属対象と見なすアメリカ人のナショナリズムは旺盛であった。[55] そのような文化面での観念的なナショナリズムはそれ自体では連邦体制の改変を促す政治的な行動力にならないとしても、そのナショナリズムの詩文が描く発展のヴィジョンは連邦強化による開発促進を促す精神的な雰囲気を提供したといえるであろう。[56]

実際、連合会議に課税権をもたせることでその財政基盤を強める提案は、いま一歩のところで実現しなかったが、多くの州はそれを受け入れたのであり、したがってそのような線に沿う改革の必要については政治指導層には広く認識されていたといえる。問題は十三州すべての足並みを揃えることの困難をどのようにして超越するのかであり、独立戦争後数年、その方策を見いだせない状況にあった。しかし一七八七年にはその隘路を打開する方策が推進される。

V 合衆国憲法体制の成立——革命的な制度変革

ヴァージニア州は一七八五年のマウントヴァーノン会議の成功を土台にして、通商規制権の問題一般を検討する各州代表者の会議をアナポリスで開催することを各州に提案した。このような問題の検討は元来連合会議で検討し諸州に提案すべき事柄であったが、ヴァージニアのジェイムズ・マディソン (James Madison) ら連邦強化論者は連合会議の外で、特にこの問題を検討する諸州代表の会議を開いて、一気に改革案をまとめ、それによって、各州と連合会議とを動かそう考えたのである。かねてから、連合会議に課税権あるいは通商規制権を与えるため、あるいは連邦体制の広範な改革を促進するために、連合会議とは異なる特別の諸州代表の会議を開くという方式を推奨する人々はいたが、州がそのような提案をしたのは初めてであった。当時特にスペインとの条約問題で、南部諸州がニューイングランドおよび中部の商業州に警戒心を抱いていたので、この計画の推進者はそれを和らげるため、この会合をメリーランドの比較的小規模な商業都市アナポリスで開催することにした。しかしニューイングランド諸州の政治指導者たちはヴァージニア提案の意図を怪しんでこの会議への参加に消極的であり、ヴァージニア以外の南部農業州も商業州への警戒心からこの会議には参加しなかった[57]。

結局、アナポリス会議に出席したのはヴァージニアと中部四州の代表だけであったから、出席者は協議の末、通商問題は他の連邦権限の問題と密接に関連があるので、連邦の状況を全般的に検討し、全般的な改革案をまとめるための特別の各州代表者の会議をフィラデルフィアで開催することを各州に提案することになった。この提案の推進者、マディソンやニューヨークのハミルトンは、この会議を主だった威信ある政治家たちの会議として重みをもたせ、連邦全体を統治する「ナショナルな政府」を組織する憲法をまとめることを考え、憲法がまとまれば、それを全州の同意をまたずに制定できるような方式をとることを思案していた。連合規約をその改正手続きによって修正するという方法をとらずに、連合規約とは異なる憲法を採択し、連合規約の修正とは異なる手続きで発効させることを狙ったのである。人民は主権者であり、憲法の制定権力の所有者であるから、人民から授権された代表者の会議は新たな政治体制を構成できるというアメリカ革命が生み出した革命的憲法理論に拠って、彼らは革命的手段を用いてその実現を期したのである[58]。実際、フィラデルフィア会議は、新たな合衆国憲法を採択し、その憲法の発効については九つの州による批准を条件とし、各州の批准を州議会ではなく、州の人民により特別に選挙された代表者会議によって行われるべきことを定めることになる。こうして連合規約の改正規定を迂回する革命的手段がとられた。ロードアイランドはこの会議に欠席しており、全州の承認を早急に得ることは期待できなかったので、大部分の州の批准により憲法を発足させ、残った州を後で参加させることにし、連合会議が重要案件を可決するときの九州という数が選ばれたのである。ただし連合会議はこのような革命的方策に反対しなかった。連合会議は「連合規約改定を検討するために」フィラデルフィア会議の開催を支持し、連合規約とは異なる憲法が作られても、それを各州に送付して、その批准手続きの結果を受け入れた。連合会議は革命的手段の行使を追認することで、新たな全国的政府に道を譲ったのである[59]。

ヴァージニアが国民的英雄ワシントンを含む強力な代表団の派遣をいち早く発表したことは、この会議の威信を高める効果があり、他の州の態度にも影響した。連邦体制の改革への動きは、一七八七年には植民地指導層の間に州の政治状況への不安が高まったことにより促進された。八六年八月から年末にかけてマサチューセッツ西部で起こったシェイズの反乱や他の州政府による負債者に有利な紙幣政策がその背景にあった。マディソンはナショナルな政府の形成は、議会に代表される利益を多様化するとともに、共和政治の代表制の質を高めると考えていた。(60)

フィラデルフィア会議には、まずマディソンが起草したナショナルな政府を形成することを目指すヴァージニア案が提出され、やがて対案として連合規約の改正手続きによりその改革を目指すニュージャージー案が提出されて、両案をめぐって議論が対立したことはよく知られている。ニュージャージー案も連合会議体制の大幅な強化と改革を目指しており、連邦議会に課税権を認め（課税は関税・印紙税・郵税の三種とし、各州の分担金制度も存続させ、滞納の場合、連邦に一定の強制力をもたせる）、外国通商と州際通商についての規制権を与えること、連邦政府を立法・行政（立法部によって選出）・司法（行政部により選出）の三部門に分けることにしていた。また連合規約およびそれに基づいて制定された連邦法および外国との条約はそれぞれの州における最高の法であるという規定も盛り込まれていた。しかし主権国家として各州が対等の代表権をもつことは適当であり、その原則は全州の同意がなければ変更できないと主張した。そこにはニュージャージーなど小州の立場が反映されており、他方、人口に比例する二院制議会（第二院は第一院により選出）の創設を主張したヴァージニア案には大州の立場が反映していた。結局この対立は人民から直接選挙される第一院の議席は人口に比例して諸州に配分し、間接選挙の第二院は各州二議席とし議員は各州議会で選出されることで妥協が成立した。この妥協により、合衆国議会は下院は人民を代表し、上院は州を代表するという構成原理をもつことになり、それによりデモクラシーの進展の中でも上院は間接選挙制度を一九一三年まで続けることができた。(61)

まとめられた合衆国憲法は州の行為についての禁止規定を増やして州の権限を狭め、他方で合衆国政府の権限を拡大強化し、同憲法およびそれに基づく合衆国法、外国との条約を「国の最高の法」と規定したから、その点ではナショナルな政府を形成しようとした人々を満足させるものであった。ただしそれは、ヴァージニア案の構想とはかなり違ったものであった。ヴァージニア案は合衆国政府を人民から選出された下院から積み上げる案であり、その政府を州政府の影響からできるだけ切り離そうという意図がみえ、また州法に対する限定的拒否権を連邦に与える案も含まれていた。

この会議で最終的にまとまった憲法では、州は上院議員の選出にとどまらず、他の点でも連邦政府を構成する上で重要な役割を与えられた。ドナルド・ルッツ（Donald Lutz）が数えたところでは、合衆国憲法には州について五十回言及されているという。[62] ヴァージニア案では合衆国議会により選出されることにしていた大統領についても、各州が選出した大統領選挙人により選挙されることになり、その選挙人（その州の上下両院の議員の総数と同数）の選出方法は州の自由な決定に委ねられた。また下院議員の選挙権は各州でそれぞれの州議会の第一院の選挙権を準用することになり、選挙の具体的実施方法も（日程も選挙区を設けるか否かも）州の決定に委ねられた。[63] 最終的な憲法案はヴァージニア案に比べ合衆国政府を組織する上での州の役割が大きくなり、その分連邦制的性格がより強くなって、諸州の批准会議でより広く受け入れられるものとなった。合衆国憲法の支持者たちは自らをフェデラリストと呼び、合衆国憲法は連邦制を存続させるものだと主張することがより容易になったのである。

合衆国憲法が作り出した政府は、この憲法によって与えられた権限の範囲においては、連邦の人民を一つの国民として統治するものであるから、「ユナイテッド・ステイツ」に「合衆国」という訳語を用いることを可能にしたのであり、それはナショナルな政府、トクヴィルのいうように「連邦政府というよりは不完全なナショナルな政府」なのであった。[64] しかしアメリカでは、合衆国憲法下におけるこのような「合衆国政府」を通常「連邦政府」とも呼び、今日に至っており、またその他の国でもそのような政府を連邦政府と呼ぶようになった。それゆえ本稿でも「連邦政府」という言葉を「合衆国政府」の意味で用い、意味やニュアンスの区別なしにまったくの同義語として併用する。

連合規約とはまったく異なる合衆国憲法について賛否を求められた諸州では、当然ながら、この憲法に対する異論があった。特に問題とされたのは、合衆国憲法に人民の基本的な権利を明記する諸条項（権利章典）がないことであった。

フィラデルフィア会議でもこの問題は最後に議論されたが、不必要ということになった。ロージャー・シャーマン(Roger Sherman)は各州憲法で人民の権利はすでに明示されており、合衆国憲法の下でもその権利の保障は有効だと述べて、不要論を主張し、その主張が支持された。[65] ハミルトンは『ザ・フェデラリスト』第八四論文で、連邦に限られた権限しか与えない憲法に権利章典を付けることはむしろ連邦権力の拡大を促す危険があると主張したが、説得力ある議論とはいえなかった。[66] 人民に直接支配を及ぼす全国的な政府を創出しながら、人民の権利を保障する諸条項を欠いたことについて、憲法賛成派は批判者たちを説得できなかった。またこの憲法では連邦に与えられていない権限は州にあることが前提とされているとしても、州の権利について明文の保障がないことは、重要な問題点と見なされた。そのため憲法批准の推進者たちは、多くの州の憲法批准会議で、憲法体制発足後に人民の諸権利と州の権利の保障を追加することを付帯決議として、ようやく憲法の承認を得ることができた。マディソンは合衆国下院議員として議会発足後まもなく、それら追加すべき条項を憲法修正一二カ条にまとめ、議会の発議により各州に批准を求め、そのうち十カ条が批准され修正一条―一〇条になった。九条まではもっぱら人民の権利の保障であり、最後の一〇条だけが州あるいは人民に残された権限に言及したものである。[67]

合衆国憲法の発効は一七八八年、憲法に基づく政府が発足したのは八九年で、憲法修正一条―一〇条が四分の三の州の批准を得て発効したのは九一年である。合衆国憲法体制の発足により、アメリカの統治体制にどのような変化が起こったのかについて、ここで整理してみたい。最大の変化はそれまで共和国としての州が構成する連邦であったユニオンが、連邦共通の事柄については人民に対して統治権を行使する一個の共和国になったことである。

第一に、基本的に変わらなかった点を挙げれば、連合規約時代から戦争、講和、条約締結など連邦全般の利益に関わる事柄は連邦の権限領域であったから、その点では合衆国憲法も基本的な違いはない。共同の防衛、自由の確保、全般的福利など連邦の目的は若干の表現の相違はあるが、両方の文書に共通している。合衆国憲法発効によって変わったのは、その権限領域において権限を有効に行使できるだけの権力が与えられたことである。

第二に、連邦（合衆国）と州との力関係は合衆国憲法の制定により大きく変わった。より完全なユニオンを形成するために、合衆国（合衆国議会）の権限は多く列挙され、強化されたのに対して、他方、州の行為には多くの禁止規定が設けられ、制約が大きくなった。その上、従来は連合規約の改正なしに連邦の権限を拡張する余地がなかったのとは異なり、合衆国憲法においては解釈による合衆国の権限拡張の可能性があった。明文で認められた権限のみを行使した連合規約体制における連合会議と異なり、合衆国憲法修正第一〇条の、合衆国に与えられず、州に対して禁じられなかった権限は州および人民にあるという規定には「明文で」という言葉はないから、したがって憲法で合衆国議会に明示的に与えられた権限に含意される黙示的権限があるという、合衆国の権限についての憲法の「緩やかな解釈」が可能になった[68]。

第三に、これが一番大きな変化であるが、合衆国憲法制定に伴い、州と合衆国との二重の共和制が成立した。連合規約が主権国家たる諸州の盟約という形式をとっていたのに対して、合衆国憲法は諸州の基本法と同じく憲法(constitution) の名称をもち、the United States の人民を制定権力者として成立し、権力分立の原則に基づいて構成された政府をもつ共和国となった[69]。しかしその政府の権限の範囲は合衆国全般に関わる事柄に限られ、それぞれの州固有の事柄はもっぱら州の権限領域であると理解された。それゆえ、連邦制の性格を保持する共和国という意味で、連邦共和国――当時憲法の擁護者たちが使った言葉を用いれば、'confederate republic' ――と呼ぶに相応しい[70]。つまり彼らは複数国家の連邦だった「連邦」という言葉と単数の「共和国」とを結合することにより、これまでの体制との連続性を主張しつつ新しい体制――連邦共和制――を創造したのである。日本語では連合規約と合衆国憲法の「連合」と「合衆国」とは非常に異なるが、連合規約における連邦の名称は 'the United States' であり、合衆国も同じく 'the United States' であって変化はない。しかし後者が合衆国と訳されるのは、連邦が一つ国というべき実態をもつようになったからである。

第四に、合衆国憲法の連邦共和制は合衆国と州とがそれぞれ人民を支配する二重構造の制度であったが、憲法は両者の管轄権の範囲や境界を明示したわけではなかったから、具体的事例に関して、それを決めていく必要があり、その決め方、つまり憲法の解釈をめぐって時として深刻な対立が生じることは免れなかった。そのような紛争の中で、合衆国政府の政策に対する強い不満をもつ勢力から、いわゆる「州権論」が提起されて、連邦の統一を揺るがすようになり、一八六〇年代には連邦の分裂と南北戦争とを引き起こすに至るのである。

VI　合衆国憲法制定者としての人民と州

前節最後に述べたように、合衆国憲法体制発足をもって連邦国家アメリカは一応成立したとはいえ、連邦政治における対立は連邦制の性格をめぐる対立に発展した。そして連邦国家アメリカは一八六〇年代には連邦の南北への分裂、南北間の戦争、そして再統一という劇的な展開を経験したのである。合衆国憲法体制下における連邦制の歴史を詳しく述べるためには別稿が必要であるが、連邦国家アメリカの形成に関するエッセーとしてはそれについて短い概観を付けておくべきであろう。以下二節において憲法体制発足後から南北戦争までの時期を中心にアメリカの連邦制の問題について簡潔に述べることにする。

合衆国憲法の前文は「われわれ合衆国人民は……この憲法を制定する」（原文は注を参照）という有名な文言で始まる。この人民は一体としての合衆国人民なのか個々の州に分かれている人民なのかは、議論が分かれたところである。この文章では前者であるように読めるし、憲法を既成の文書として読むならば、そう読むべきである。(71)

他方、憲法は批准手続きについて「この憲法は、九つの州の憲法会議（Convention）による承認があるときは、その承認を行った諸州の間で発効する」と規定している。人民はそれぞれの州で代表を選んで憲法会議を行い、その同意により、合衆国憲法に基づく連邦に参加するのであるから、個々の州で個別的に承認行動をとり合衆国に参加することにより、彼らが自らの統治権の一部を委ねた合衆国の人民となるのである。したがって憲法前文をこれから批准される文書として読むならば人民は個々の州に分かれた人民、批准が終わった文書として読むならば、一体化した人民と理解される。しかしこの憲法の発効により一体化した人民は、他方では各州の人民という性格を失わない。人民は彼らの統治権の別の一部を依然として州に委ねているからであり、それが連邦共和国たる所以である。個人としての人民は合衆国市民であるとともに一つの州の市民である。二重共和制は二重市民権を伴う。連邦と州とのそれぞれの権限の範囲を定めるのは、究極的には二重市民権をもつアメリカ市民自身なのである。

合衆国憲法体制の発足に尽力したマディソンは『ザ・フェデラリスト』第三九論文で、人民は個々の州において行動し、合衆国憲法を承認したと述べている[72]。州民による承認はすなわち州による承認であるから、州はこの憲法制定における当事者であるといえる。それゆえ、合衆国憲法を解釈する権限は合衆国にのみあるのではなく、むしろそれは契約の当事者として州の権限であると主張することもできる。合衆国という連邦を生み出した当事者たる州の多数が共通の解釈を示せば、それが究極的な解釈となるべきではないか。このような論理に従って、一七九八年に「州権論」を最初に打ち出したのは八七年の合衆国憲法のまとめに際して指導的な役割を果たしたマディソンその人であった。マディソンと彼の同志トーマス・ジェファソン（Thomas Jefferson）とは、「外国人法および治安法」と総称される一連の連邦法に対して、それを違憲と宣言する「ケンタッキーおよびヴァージニア決議」によって対抗した。この事件の背景には連邦政治における政党対立の激化があった。一七八九年に発足した合衆国政府は、国民的信望あるワシントンを大統領として、内政外交の懸案解決に実績を挙げたが、彼の引退までには、党派的対立が発生し、九六年の大統領選挙ではフェデラリスト党とリパブリカン党とがそれぞれの候補者を出して争った。合衆国憲法が政党政治を想定しない憲法だったように、当時は党派的対立は共和制に有害なものと考えられていたので、二つの政党は互いに相手の正統性を認めず、連邦共和国に有害な集団と見なした。政権党のフェデラリストたちは野党のリパブリカンを国の統一を乱す分子と見なし、後者は前者に共和制を脅かす君主制的傾向を見いだした。そうした相互の不信感があったために対仏関係が緊張した九八年には、フェデラリスト党は外国人の攪乱活動を防止し、また親仏的なリパブリカン党の反政府活動を押さえるために、外国人法および治安法の制定を推進し、リパブリカン党の強い反発を呼び起こした。(73)

マディソンはヴァージニア州議会を動かして彼が起草した決議を採択させた。その決議はそれらの法律を州および市民の権利に対する不当な侵害であり主権の一体化を狙うものであると非難し、州は合衆国憲法という契約の当事者として、その憲法に反する連邦政府の越権行為に対して「介入する」(interpose)権利と義務があると主張した。ケンタッキー州も同様の決議を行った(これはリパブリカン党から選出されていた当時の副大統領ジェファソン——当時の憲法の規定では最高得票者が大統領、次点者が副大統領になるため——によって内密に書かれたものである)。両州は諸州の議会に同様の決議をすることを呼びかけ、多数の州の同調を得られれば、それをもって連邦議会に両法の撤廃を迫るつもりであったが、他の州の同調は得られず、北東部および中部諸州は連邦法から生じる事件については連邦裁判所にのみ裁定権があり、州議会にはその権利はないという立場をとった。そのため、マディソンもジェファソンも州レヴェルでのそれ以上の行動を断念し、それら法律の撤廃を次の合衆国の諸選挙における人民の審判に委ねることにした。(74)一八〇〇年の選挙におけるリパブリカン党の勝利により、これらの法律はまもなく廃止された。

主権が連邦と州とに分有されているという見解は、合衆国憲法の擁護者たちが合衆国憲法の批准を容易にする意図もあって一七八七—八八年に表明したものであり、例えば『ザ・フェデラリスト』論文でもハミルトンやマディソンはそのように主張していた。(75)州が部分主権を有するという主張それ自体は当時の常識的な見解であったが、州が連邦法の違憲性を判断して「介入する」権利を主張したことがこれら決議の新しいところであった。そのような州の権利の主張は一八一四年末には、今度はリパブリカン党政権の出港禁止政策と対英戦争（一八一二年戦争）政策に強い不満を抱いたニューイングランド諸州のフェデラリストたちによって主張された。彼らの間では連邦脱退論も囁かれたが、彼らがそれら諸州の代表として参集したハートフォード会議の決議は原則的に違憲立法に対する州の「介入」権を主張しただけで、あとは若干の憲法改正を提唱したにすぎない穏やか文書であった。ちなみに彼らの運動は戦争が一五年一月には終結したために、格好の悪いものとなり、戦後のフェデラリスト党の凋落に一役かった。[76] 連邦政治はフェデラリスト党の衰退後リパブリカン党の一党時代を経験するが、二〇年代後半には再び二大政党制へと再編成されていった。

連邦法についての司法審査権はアメリカ合衆国憲法下の政治制度における特徴的な原則になったが、それについては合衆国憲法には明文の規定がなく、よく知られているように、判例によって形成されたものである。一八〇三年にあまり政治問題化しない事件を取り上げて、その最初の判例を作ったのが、十九世紀の最初の三十五年間最高裁判所首席判事を務めたジョン・マーシャル (John Marshall) であった。彼はナショナリストとして連邦の権限領域を確立することに尽力したが、彼はまた州の正当な権限を連邦政府による侵害から守ることも同様に合衆国司法部の役割であると主張し、合衆国憲法の解釈者としての合衆国司法部の立場を確立することを使命とした。マーシャルも合衆国憲法の下では連邦も州もそれぞれ限定された主権を保持していると考えていた。[77]

最高裁におけるマーシャルの時代が終わる一八三〇年代に、それまでのものより過激な州権論が登場してアメリカの政界を揺るがした。一八二八年に合衆国議会で党派的駆け引きの産物として高率の保護関税が成立したことに対する不満からサウスカロライナ州で州権論が高まった。当時副大統領だった同州の有力政治家ジョン・カルフーン (John C. Calhoun) はそのような州内の動向を意識して州権論者となり、独自の合衆国憲法解釈を展開した。関税の課税権は合衆国憲法により連邦政府の専権とされた権限である。しかし彼は、合衆国憲法が連邦共通の利益とともに個々の州の利益を増進することを目的とする諸州の契約であるから、連邦法は連邦議会とともに各州の議会で多数の支持を得るものでなければならないと主張した。サウスカロライナ州の政治家たちはこのような議論を踏まえて、それぞれの州は州民に損害を与える連邦法を違憲とし、その州内でその法律を無効としその実施を阻止する権利があると主張した。もし連邦がその権利を力で抑圧しようとするなら、州は連邦から脱退する憲法上の権利があるという議論である。これはヴァージニア–ケンタッキー決議などよりもはるかに先鋭な州権論であった。マディソンは各州は合衆国憲法によって、一つのナショナルな結合を形成した以上、もはや合衆国から脱退する憲法上の権利はないと考えていた。一方、サウスカロライナの州権論は連邦独自の権限領域を否定し、主権国家としての州による州内での連邦法の実施の拒否を正当化し、そして連邦からの脱退権もあると主張するものであった(78)。

一八三二年にはそのような議論がサウスカロライナ政界で主流となり、同州議会は二八年および三二年の関税法の州内実施を拒否するという強硬な決議を行った。カルフーンは副大統領を辞任して出身州に戻り、州の立場を支持した。アンドルー・ジャクソン (Andrew Jackson) 大統領はサウスカロライナの反逆的姿勢に強く反発し、軍隊による強制も辞さぬ態度をとった。彼は合衆国憲法の制定者は人民であって州ではない、州は人民がネーションのために設立した政府の一体性を壊すことはできないと主張した。大統領が強硬姿勢をとる一方、それとともに、議会では事態収拾のため妥協的関税法が成立したので、サウスカロライナは態度を軟化させ、関税法の実力阻止を中止した(79)。

ジャクソンはサウスカロライナの無効宣言に対しては強硬な方針で望んだが、彼は基本的には連邦権力の拡大に反対する分権論者であった。彼の前任者ジョン・クィンジー・アダムズ (John Quincy Adams) や一八三二年選挙の政敵だったヘンリー・クレイ (Henry Clay) らが提唱した「アメリカン・システム」構想は彼には受け入れがたいものであった。アダムズは連邦政府主導での規律ある国内開発、産業発展のための適度な保護関税、合衆国銀行による通貨の管理、連邦大学設立による人材育成などの構想を抱いていたが、当時のアメリカには連邦権限の拡大を嫌う古風な共和主義者たちが残っており、他方では連邦主導を排して自由な発展を望む地方的企業家が台頭していた。ジャクソンは民主主義・反エリート主義のレトリックをもって保護関税を除く「アメリカン・システム」構想に反対し、二つの反対勢力双方の支持を得、また参政権の拡大により政治参加の機会をもった人々を引きつけた。彼は政治の民主化の波に乗って当選した最初の大統領であった。二八年までに大統領選挙人の選出はほとんどの州で有権者の投票によって行われ、政党が大統領候補を決めて選挙戦に望むようになると、大統領選挙も有権者に身近なものになった。彼の政党は民主党と名乗り、かつての名望政治家の全国的グループとしての政党ではなく、有権者を選挙に動員する地方および州組織の連合となった。そのような組織としての政党の発達は、連邦政治を国内に対立を引き起こす重要問題――奴隷制度の問題はもちろんその最たるものであった――に向かい合うよりも、それを回避しつつ地方的利害を満足させる方向へと連邦政治を進めることを助長した。そのような傾向は政治的摩擦を少なくして、市民の自由な活力をアメリカの発展に向ける連邦制の利点を発揮させたといえるが、アメリカの急速な発展の間に奴隷制度の問題は合衆国の政治体制の中でますます解決困難なものになっていった[80]。

しかし奴隷制度の問題を避け続けることはできなかった。一八五〇年代に奴隷制度の問題が連邦政治の最大の争点になると、連邦脱退論を全面に押し出す州権論が南部諸州で力を得た。サウスカロライナ州はこの時期にも依然脱退論の急先鋒であったが、三二年との違いは南部の多くの州で脱退論が強くなったことであった。十九世紀の前半、アメリカは急速な膨張の時代を経験した。領土は太平洋岸にまで広がり、国の人口が急速に増大しアパラチア山脈以西地方への入植人口が急増した。連邦を構成する州の数は当初の十三州から五九年までに三十三州に増えた。新しい州の居住者は主として大西洋岸の諸州からの移住者だったから、州の数が増えた割りには、文化的多様性は増大しなかった。そのことは州の増大に伴う統合の問題を容易にした面もあった。しかしむしろそのことがやがて連邦共和国の分裂をもたらすことになる。それは奴隷制度がアメリカ文化の多様化ではなくその二分化をもたらしたからである。

独立前には十三のどの植民地にも制度としては存在していた奴隷制度は独立後、北部諸州では即時あるいは漸進的に廃止され、北西部領土法により北西部では奴隷制度は禁止された。南部諸州では奴隷制度は維持されたが、チェサピーク地域諸州では多くの奴隷が解放された。それより南では奴隷制度への執着が強く、特にサウスカロライナ州はイギリス軍に連れ去られた奴隷喪失を埋め合わせる必要を主張し、合衆国憲法に奴隷の輸入を一八〇八年より前に禁止してはならないという保障を書き込ませた。しかし当時のアメリカには奴隷制度を好ましくない制度と見なす雰囲気が広く存在した。そのため合衆国憲法では奴隷制度は保護されたけれども、条文では奴隷とか奴隷制度という言葉は使われず、婉曲に表現されていた(81)。

奴隷制度に新たな活力を与えたのはイギリスでの綿需要の急増に促されて南西部に拡大した綿の栽培である。ノースカロライナ、サウスカロライナ、ジョージアからテキサスに至る地域に綿の栽培地が広がり、綿の栽培と結びついて、それらの地域に奴隷が持ち込まれた。そうなると奴隷制度は南部諸州に不可欠な制度とされ、それを積極的に擁護する議論が盛んになった。十九世紀初頭には穏やかな奴隷解放運動は南部にも支持者があったが、一八三〇年代には奴隷制度反対運動は北部のみの運動となり、即時廃止を唱えるアボリショニストの運動も始まった。アボリショニスト運動は北部でも少数者の運動だったが、北部では西部の新領土への奴隷制度の拡張に反対する運動が次第に勢いを得た。西部の発展につれて、アメリカは自由州と奴隷州とに分かれ、自由共和国文化圏と奴隷共和国文化圏ともいうべきものが形成されていった。

偉大な連邦共和国アメリカを誇りとするナショナリズムは定着していたが、連邦共和国がアメリカ人の帰属意識を独占することはなく、多くのアメリカ人にとって第一の帰属対象でもなかった。それぞれの州も彼らの国であり、州や地方社会への帰属意識が強かった。それに加えて、十九世紀半ばに向かって、奴隷制度を共有し、その制度の正統性を共通の信条とする諸州の間に連帯意識が生じ、奴隷制度の重要性の薄い中間地帯の数州を除く奴隷州には「南部」というセクションのアイデンティティが発達した。それに対して北部には「自由州」というアイデンティティが生じた。この時期のカルフーンは未完に終わる政治論を執筆していたが、彼の論点が連邦法に対する州の拒否権の主張から、多数利益集団（自由州）に対する少数利益集団（奴隷州）の拒否権の主張へと移ったのは、そのような状況の反映であった。[82]

合衆国議会における妥協工作「一八五〇年の妥協」によって収まったものの、五〇年には南部のいくつかの州で合衆国から脱退する運動が盛り上がった。人口が増えたカリフォルニアの住民が奴隷制度を禁止する州憲法を作り、州としての地位の承認を合衆国議会に求め、議会で南北の対立が激化したことが紛争の直接のきっかけであるが、西部の新領土への奴隷制度の拡張に反対する機運が北部で強くなってきたことが南部白人に合衆国脱退の動きを起こさせたのだといえよう。五〇年代には、北部と南部とがそれぞれの立場の正統性をかけて争うことが連邦の政治の基調となった。北部は合衆国における奴隷制度の正統性を奪うことを狙い、南部はその正統性を確立することを狙った。五七年ドレッド・スコット事件判決における、合衆国領土の奴隷制度を禁止する連邦権限を否定したロージャー・トーニー（Roger B. Taney）首席判事の判決は合衆国における奴隷制度の正統性を確立しておこうという南部人の焦りを反映したともいえよう。しかしその判決はそれまで南部が連邦政治に影響力を及ぼす手段としてきた民主党の南北分裂をもたらし、共和党のエイブラハム・リンカーン（Abraham Lincoln）の大統領当選を可能にするのである。北部人はその判決に反発して奴隷制度の地域的拡大に反対する共和党への支持を強めた。[83] 北部のいくつかの州は強化された逃亡奴隷法の実施を拒む州法を制定し、それを州権論に基づいて正当化した。[84] リンカーンがいったように、アメリカには「半ば奴隷、半ば自由という状態をいつまでも続けることはできない」状況が来ていた。[85]

一八五〇年代に新たに州としての地位を認められた三州はいずれも自由州で連邦政治における南北の均衡は明らかに揺らいだ。合衆国の政治における南北の比重が次第に後者に傾くことを憂慮した南部は六〇年のリンカーンの大統領当選を機会に南部七州が連邦から脱退して新たな連邦（アメリカ連合国 the Confederate States of America）を形成し、南北戦争勃発後ヴァージニアなど四州が合衆国を脱退して南部連邦に加わった。

それら七つの州は特別の州民会議を開いて、非奴隷州が奴隷州の権利にますます敵対的になっていることを理由として連邦からの脱退を決議し、そして一八六一年三月各州の代表の会議で新連邦の憲法を採択した。連合国憲法前文の「われわれ連合国人民は」という文言は合衆国憲法と同じであるが、その後に「各州が主権と独立を有する主体として行動する」という修飾語が付いていた点に特徴があった。連邦に与えられた諸権限は合衆国憲法の場合とほぼ同じであったが、奴隷という言葉が公然と用いられ、奴隷所有者の権利を害する立法は禁止され、所有者は国内どの地域にも奴隷を連れて移住できることとされた。ただし合衆国以外の外国からの奴隷の輸入は禁止された。「国内改良」(交通インフラなどの整備)は州の権限とされ、また六条ではこの憲法で「連邦に与えられず、州に対して禁止されていない権限はそれぞれの州およびその州の人民にある」と規定し、「人民」を「その州の」と修飾して、州主権と整合させているが、「明文で」という文言がないことは合衆国憲法修正一〇条と同じであった。アメリカ連合国憲法は、これらの違いを除いては合衆国憲法とほぼ同じであり、極端な州権論は条文に明文で書き込まれていなかったが、従来から南部の指導者が合衆国憲法を彼らの州権論に即して解釈できたことを考えれば、それはむしろ当然のことといえよう(86)。

Ⅶ　南北戦争後のアメリカ連邦制――変化と連続性

南北戦争における北部の勝利、南部の敗北により、連邦体制にどのような変化が起こったといえるであろうか。次のようにまとめられるであろう。

第一に、州主権に基づいて主張された州の連邦脱退権が完全に否定されたことである。合衆国政府は南部諸州の連邦脱退を認めず、その戦争行為を反乱として扱った。戦争は南部では「諸州間の戦争」であったが、合衆国では反乱を鎮圧した「内戦」であった。戦後合衆国は反乱州を合衆国軍の軍政の下に置き、反乱政府の公職者の参政権を一時剥奪し、それらの州が合衆国政府の条件を受け入れた新たな州憲法を制定して、それに基づく政府を形成したときにのみ、合衆国の州の地位の回復を認めることにした。この戦争後は南部指導層も連邦脱退権を主張することはなくなった。それでもなお州に主権があると主張する人々がいたが、彼らの主張はもはや影響力に乏しかった。後に大統領になる政治学者ウッドロー・ウィルソン（Woodrow Wilson）は一八九三年に、合衆国の権力の行使は州の存在によって制限されているが、合衆国と州との権限の境界を決める権限は合衆国にあるから、主権は合衆国にあり、州はいわば主権なき国家であると論じた。(87)

第二に、合衆国政府は二つの憲法修正により、それまで州の権限とされてきた奴隷制度の廃止を定め（修正一三条）、それまで連邦法により定義されていなかった合衆国市民権を定義し、その権利を州による侵害に対して保障し（修正一四条）、これまで各州の裁量に任せていた投票権における人種差別を合衆国と州の双方に対して禁止した（修正一五条）。このようにして、合衆国政府は黒人を奴隷身分から解放するだけでなく、彼らを市民として積極的にアメリカ社会に統合していくことに着手したようにみえた。

第三に、合衆国政府は南北戦争まで南部との妥協のために実現を阻まれていた国内開発と産業発展のための諸政策（国法銀行法、保護関税、自営農地法、森林鉱山開発のための公有地譲渡、大陸横断鉄道建設の助成など）を推進し、この面での連邦権限を積極的に活用した。(88)

第四に、以上述べた新たな展開にもかかわらず、連邦制の理念には従来からの連続性があった。依然として、合衆国憲法は合衆国と州とにそれぞれ固有の権限領域を与えているという考え方は変わらなかった。州内の事項は州の管轄権だという考え方が継続した。二十世紀初頭、アメリカで労働条件の規制などの社会立法が導入されるようになっても、州内の問題は州の管轄権であると見なされた。例えば船員のように州の管轄を越えた労働者の労働条件は連邦法によって規制されたが、州内の作業場における児童労働を州際通商に結びつけて禁止しようとした法律は合衆国最高裁判所により、違憲とされた(89)。エドワード・コーウィン（Edward Corwin）によって「二重連邦主義」と呼ばれたこの連邦制理念は南北戦争後も存続し、一八七〇年代以降の最高裁の判事たちはこの連邦制における州の権限——「破壊できない連邦の中の破壊できない州」の権限——を擁護することに配慮したのである(90)。

第五に、この「二重連邦主義」の理念は合衆国最高裁判所の判事たちによって修正一四条の意味が狭く解釈されることを許し、アフリカ系市民の権利を守ろうとする合衆国議会の立法の効力を骨抜きにした。一八八三年の「市民的権利訴訟」判決において、最高裁は、市民が社会生活における公共的な場所での差別を禁止した一八七五年の市民的権利法を違憲とする判決を下した。その理由は最高裁の多数意見によれば、修正一四条は州に対して合衆国市民の権利を侵害することを禁じたのであり、一般市民が他の市民を差別することを禁じたものではないからであった(91)。つまり、市民生活上の問題を取り締まるのは州の管轄権であって連邦の管轄権ではない。連邦はその州の管轄権に一定の条件を課したにすぎず、州は合衆国市民の権利を侵害する州法を制定することはできないが、市民が他の市民を差別することを禁じる州法を制定するか否かは州の自由なのである。修正一四条のこの解釈は今日においても基本的に変わっていない。一九六四年の市民的権利法（公民権法）では社会生活上の差別の禁止は州際通商規制権によるものとされたという(92)。

合衆国最高裁判所は州の公権力による人種差別についても、その定義を限定することによって、修正一四条一五条の効果をさらに無力なものにした。一八九〇年代から二十世紀初頭にかけて、南部諸州は公共的施設での人種分離を徹底したが、最高裁は一八九六年の「分離しても平等」という原則によってそれを容認し、また同じころ南部諸州でとられた黒人市民から投票権を事実上剥奪する政策についても、直接的な人種差別でない限り、投票権の制限を州の権限内と見なしたのである。北部の白人も人種差別意識をもっており、南北関係の修復を望むようになっていたから、北部の世論はそのような南部の黒人差別政策を黙認した(93)。

二十世紀の間に、アメリカで高度産業社会が発展し、世界大国として国際政治への関与を深め、人種差別性差別撤廃など平等のための新たな運動が高まってくると、アメリカの連邦制もそれに対応して、大きな変化を遂げた。従来、州の固有の管轄権の領域と見なされていた分野に連邦が介入するようになった。一九〇八年に、ウッドロー・ウィルソンは「合衆国議会に与えられた権限と州に残されている権限との定義は、国民生活が時代とともに変わるにつれて、常に変化していく」と、変化を強調したが、彼の予見したさらなる変化は、特に一九三〇年代以降に起こった(94)。そして一九五〇年にはコーウィンは伝統的な「二重連邦主義の終焉」を語った(95)。連邦と州との間にそれぞれ固有の権限領域があるとする連邦主義は過去のものになったのである。今日では州は多くの面で連邦の政策に従って連邦と共同している。しかし依然として州は州内の事柄に関しては、連邦法に反しない範囲で、広範な権限を有しているし、連邦が元来州固有の管轄権とされていた分野に介入する場合は、憲法の何らかの条項に基づいて、それが正当化されなければならないのである。市民たちの日常生活に関する法の多くが州法であることに変わりはない(96)。

注

(1)「連合と恒久的ユニオンのための規約」は通常「連合規約」として知られるが、正式には“Articles of Confederation and perpetual Union between the states of ...”である。なお‘union’の語が大陸会議の公式声明に登場するのは、一七七五年七月の「武器を取る理由の宣言」が最初である。七四年の第一次大陸会議の「宣言および決議」では不買・不輸入闘争のための

「連盟」（association）が結成された。Samuel Eliot Morison, (ed.), *Sources and Documents Illustrating the American Revolution, 1764-1788*, 2nd ed., (New York: Oxford Univ. Press, 1965), pp.122-125, 144, 178, 292. アメリカ革命期の主要文書集としてはモリソン編の史料集が便利であるが、日本語訳の史料集としてアメリカ学会訳編『原典アメリカ史』第二巻『革命と建国』（岩波書店、一九五一年）、研究社『アメリカ古典文庫』第一六巻、斎藤眞・五十嵐訳編『アメリカ革命』（一九七八年）と、建国期の主要な著作を採録した中央公論社『世界の名著』の三三巻、松本重治編『フランクリン、ジェファソン……』（一九七〇年）を参照した。

（2）Michael Kammen, *A Machine That Would Go of Itself: the Constitution in American Culture*, (New York: Knopf, 1987), p.91. なおカメンの著作はこの憲法がアメリカ文化史において果たしてきた意味の研究として示唆に富む。

（3）山口の著書は啓文社、研究案内は東京大学出版会の刊行。五十嵐の論文は『年報政治学・一九九〇』（一八世紀の革命と近代国家の形成）（岩波書店、一九九一年）に発表され、最近の著書『覇権国アメリカの再編』（東京大学出版会、二〇〇一年）に再録。長田の著作は（東京大学出版会、一九九二年）。スコウロネクの著作はStephen Skowronek, *Building a New American State: The Expansion of National Administrative Capacities, 1877-1920*, (Cambridge: Cambridge Univ. Press, 1982) である。

（4）合衆国憲法制定当時の理解では'confederate (confederation)', 'federal (federation)' の間に意味の相違がなかったことについては、ダイアモンドの論文に詳しい説明がある。Martin Diamond, "What the Framers Meant by Federalism," in Robert A. Goldwin, (ed.), *A Nation of States: Essays on the American Federal System*, (Chicago: Land McNally, 1963), pp.24-41. また Jackson Turner Main, *The Antifederalists: Critics of the Constitution, 1781-1788*, (Chicago: Quadrangle Books, 1961), ix-x; Garry Wills, *Explaining America: The Federalist*, (Garden City, NY: Doubleday, 1981), pp.169-175 を参照した。

（5）斎藤眞『アメリカ革命史研究』（東京大学出版会、一九九二年）一一一―一一八頁。この本には植民地時代における連合の系譜について啓発的な考察がある。

（6）植民地時代末期の植民地社会の階級については、Richard Hofstadter, *America at 1750: A Social Portrait*, (New York: Vintage Books, 1973), pp.131-179. Jack P. Greene, "An Uneasy Connection: An analysis of the Precondition of the American Revolution," in Stephen G. Kurtz and James H. Hutson, (eds.), *Essays on the American Revolution*, (Chapel Hill, NC: Univ. of North Carolina

Press, 1973) によれば、エリートといえる指導層は自由な成年男子の三―五%、指導層ではないが政治過程に参加したといえる階層は地方により異なるが、六〇―九〇%であったと推定されるという。

(7) Richard L. Merritt, "Nation-Building in America: The Colonial Years," in Karl W. Deutsch and William J. Foltz, (eds.), *Nation-Building*, (New York: Atherton Press, 1963), p.61. また Merritt, *Symbols of American Community, 1735-1775*, (New Haven: Yale Univ. Press, 1966) を参照した。

(8) Herny Steele Commager, (ed.), *Documents of American History*, 2 vols., (Englewood Cliffs: Prentice-Hall, 1973), I, pp.32-34, 38-39, 42-43. アメリカ史全般の史料集としてコマジャー編の史料集を参照した。なお航海法貿易法を含めて植民地時代の詳しい史料集として Merrill Jensen, ed., *American Colonial Documents to 1776* [English Historical Documents, IX], (London: Eyre & Spottiswoode, 1955) がある。

(9) Michael Kraus, *Intercolonial Aspects of American Culture on the Eve of the Revolution*, (New York: Columbia Univ. Press, 1928), pp.21-40.

(10) Max Savelle, *Seeds of Liberty: The Genesis of the American Mind*, (Seattle: Univ. of Washington Press, 1965), pp.566-575.

(11) Arthur M. Schlesinger, *Prelude to Independence: The Newspaper War on Britain*, (NewYork: Knoph, 1958), pp.41, 303-304.

(12) Richard Middleton, *Colonial America*, 3rd ed., (London: Blackwell, 2002), pp.457-458. 本国との紛争の時代というべき独立前の十数年間にニューイングランド諸植民地とニューヨークおよびペンシルヴァニアとの間での領域をめぐる紛争が目立った。これらは現地住民相互の紛争で、双方の植民地総督が解決のため協議した紛争はマサチューセッツとニューヨークとの一七七三年の紛争だけである。グリーンマウンテン・ボーイズの反乱と呼ばれる紛争は、帰属に関して隣接植民地間で対立があるニューヨーク北東部にニューハンプシャーから入植した小農民がニューヨーク州の権利書をもつ農民を武装して攻撃し、前者がニューヨーク植民地と争った紛争。前者は王に提訴し差し止め命令を得たが、紛争が続いた。グリーンマウンテン・ボーイズは革命戦争中、独自の州ヴァーモントを形成、ようやく九一年に州としての地位を認められた。植民地間紛争で戦闘が繰り返された例として「ヤンキー―ペンナイト戦争」と呼ばれるものがある。ペンシルヴェニア北西部でコネティカット植民地発行の権利書によって入植した住民とペンシルヴェニア植民地発行の権利書によって入植した住民とが一七六九年から八四年まで断続的に戦った。これは現地の住民同士の武力闘争であり、植民地（州）政府が直接関与したものではない。Louise B. Ketz and Joseph G. E. Hopkins, (eds.), *Dictionary of American History,* 8 vols., rev.ed., (New York: Soribners, 1976), VII, p.353.

(13) Richard Koebner, *Empire* (New York: University Library, 1961), pp.86, 105-130; Richard Van Alstyne, *The Genesis of American Nationalism,* (Waltham, MA: Blaisdell, 1970) はこのことを強調している。

(14) John Adams to Nathan Webb, Oct. 19, 1755, John Q. Adams, (ed.), *Works of John Adams*, 10 vols., (Boston: Little Brown, 1850-56), I, p.23.

(15) Max Savelle, *The Origins of American Diplomacy: The International History of Anglo-America, 1492-1763,* (New York: Macmillan,1967), pp.553.

(16) Paul A. Varg, "The Advent of Nationalism, 1754-1776," *American Quarterly*, Vol. 16 (1964), pp.169-182.

(17) Van Alstyne, *The Genesis of American Nationalism*, passim.

(18) Tadashi Aruga, "Revolutionary Diplomacy and the Franco-American Treaties of 1778," *Japanese Journal of American Studies*, No.2 (1985), pp.59-100.

(19) 「自由の帝国」はジェファソンの一七八〇年の言葉、明石紀雄『トマス・ジェファソンと「自由の帝国」の理念』(ミネルヴァ書房、一九九三年)一七頁を参照。

(20) 有賀『アメリカ革命』(東京大学出版会、一九八八年)四五―五六頁。

(21) 決議の引用は斎藤・五十嵐『アメリカ革命』一〇〇―一〇四頁から、また有賀『アメリカ革命』五七―六七頁を参照。

(22) 斎藤『アメリカ革命史研究』一一八―一二七頁に連邦案としての考察がある。その文書の訳は斎藤・五十嵐訳編著、九七―九九頁にある。ギャロウェイ案否決から連合規約発効までの連邦形成をめぐる政治過程を保守派対民主派の図式の中で解釈した代表的な著作は Merrill Jensen, *The Articles of Confederation: An Interpretation of the Social-Constitutional History of the American Revolution, 1774-1781,* (Madison, WI: Univ. of Wisconsin Press, 1940) である。

(23) 連合会議を含む大陸会議の通史としては Edmund Cody Burnett, *The Continental Congress,* (New York: Norton, 1941, 1961) が依然として有益であり、Jack N. Rakove, *The Beginnings of National Politics: An Interpretative History of the Continental Congress,* (Baltimore: Johns Hopkins Univ. Press, 1979) は比較的新しい通史的研究で、示唆に富む。

(24) 有賀『アメリカ革命』、八九―一〇八頁。

(25) 同、九五―九六頁。

(26) 同、一六九―一九八頁。

(27) 連合規約の全文は Morison, (ed.), *Sources and Documents*, pp.178-186. 訳は斎藤・五十嵐、一六五―一七三頁に採録されている。

(28) Rakove, *Beginnings of National Politics*, pp.xvi, 172-185.

(29) 大陸会議による権限掌握や連合規約で認められた連邦（連合会議）の権限を革命期アメリカ人の連邦的英帝国観との関連で理解することについては、斎藤の『アメリカ革命史研究』とグリーンの『周辺と中心』から示唆を得た。グリーンの著作は主として英帝国における植民地と中心との間の権限分割の原理と実質に関する研究であるが、同様の権限分割が独立後のアメリカの連邦制においても常に問題になったという観点から、最後の二章を独立から合衆国憲法成立までに充てている。Jack P. Greene, *Peripheries and Center: Constitutional Development in the Extended Politics of the British Empire and the United States, 1607-1788*, (Athens, GA: Univ. of Geogia Prees, 1986). また Andrew C. McLaughlin, "The Background of American Federalism," *American Political Science Review*, Vol. 12 (1918), pp.215-240を参照。この論文は Kermit L. Hall, (ed.), *Federalism: A Nation of States: Major Historical Interpretations*, (New York: Garland, 1987) にリプリントされている。ホールの編書はアメリカの連邦制に関する必読の論文というべき二十一の論文のリプリントを集めた本として便利である。

(30) Worthington C. Ford, (ed.), *Journal of Continental Congress* (*JCC*), 34 vols., (Washington, D.C.: U.S. Government Printing Office, 1904-37), V, pp.549-551. 本稿作成に際して*JCC*を参照する余裕がなかったが、他の論文作成のために参照した部分については、出典を*JCC*としている。

(31) 筆者が今まで読んだ限りでは、当時の文献には講和後、英帝国の重商主義体制から締め出されることを恐れた様子はない。

(32) Felix Gilbert, "The 'New Diplomacy' of the Eighteenth Century," *World Politics*, vol. 4 (1951), pp.1-38; Aruga, "Revolutionary Diplomacy," *loc. cit.*, pp.61-64.

(33) 通商規制権問題に焦点を当てて合衆国憲法制定会議の背景を論じた著作は William Winslow Crosskey and William Jeffrey, Jr., *Politics and the Constitution in the History of the United States*, 3 vols., (Chicago: Univ. of Chicago Press, 1953, 1980) の第三

巻である。最初の二巻はクロスキーの著作として一八五三年に刊行されたもので、当時の用語法を詳しく検討して合衆国憲法の「諸州間の（among）通商」とは「州際通商」のみならず「州内通商」をも意味していたという独自の解釈を提示した。第三巻は独立戦争中からの通商規制問題の議論の展開をそのような観点から通観している。

(34) James H. Kettner, *The Development of American Citizenship, 1608-1870,* (Chapel Hill: Univ. of North Carolina Press, 1978), pp.3-247, 特に pp.220-222.

(35) 有賀『アメリカ革命』、九三、一九三—一九四頁。

(36) Burnett, *Continental Congress*, pp.472-501; Jensen, *Articles of Confederation*, pp.198-224.

(37) E. James Ferguson, *The Power of the Purse: A History of American Public Finance* (Chapel Hill: Univ. of North Carolina Press, 1961), pp.25-51.

(38) *Ibid.*, pp.51-56.

(39) Merrill Jensen, *The New Nation: A History of the United States during the Confederation, 1781-1789,* (New York: Vintage Books, 1950), pp.46-49.

(40) *JCC*, XII, p.1048.

(41) Ferguson, *Power of the Purse*, pp.125-138.

(42) Bernett, *Continental Congress*, pp.527-535.

(43) Richard H. Kohn, *Eagle and Sword: The Beginnings of the Military Establishment in America,* (New York: Free Press, 1975), pp.17-39; Ferguson, *Power of the Purse*, pp.155-167.

(44) Ferguson, *Power of the Purse*, pp.174.

(45) 有賀『アメリカ革命』二〇三頁。

(46) Crosskey and Jeffrey, *Politics and the Constitution*, III, pp.132-201. Allan Nevins, *The American States during and after the Revolution 1775-1789,* (New York, 1924; reprint ed., New York: A.M. Kelly, 1969), pp.557-563.

(47) Bernett, *Continental Congress*, pp.634-635; H. James Henderson, *Party Politics in the Continental Congress*, (New York: McGrow Hill, 1974), pp.360-366.

(48) Kohn, *Eagle and Sword*, pp.45-60.

(49) Kohn, *Eagle and Sword*, pp.60-72; Harold Sprout and Margaret Sprout, *The Rise of American Naval Power, 1776-1918*, (Princeton, NJ: Princeton Univ. Press, 1969), p.15; E. Wayne Carp, "The Problems of National Defense in the Early American Republic," in Jack P. Greene, (ed.), *The American Revolution* (New York: New York Univ. Press, 1987), pp.14-50.

(50) Ferguson, *Power of the Purse*, pp.220-250.

(51) Jackson Turner Main, *The Antifederalists: Critics of the Constitution, 1781-1788*, (Chapel Hill, NC: Univ. of North Carolina Press, 1961), pp.283-284.

(52) Cathy Matson and Peter Onuf, "Toward a Republican Empire: Interest and Idelogy in Revolutionary America," *American Quarterly*, Vol. 37 (1985), pp.526-531.

(53) Merrill Jensen, *The New Nation*, pp.350-359; Peter Onuf, "Toward Federalism: Virginia, Congress, and the Western Lands," *William & Mary Quarterly*, Vol.34 (1977), pp.353-374.

(54) Richard B. Morris, ed., *Encyclopedia of American History*, 6th ed., (New York: Harper & Row, 1982), p.134; Burnett, *Continental Congress*, p.665; Matson and Onuf, "Republican Empire," *loc. cit.*, pp.496-531.

(55) Kenneth Silverman, *A Cultural History of the American Revolution, Painting, Music, Literature, and the Theatre, 1763-1789*, (New York: Columbia Univ. Press, 1987), pp.454-588.

(56) Peter Onuf, "Liberty, Development, and Union: Visions of the West in the 1780s," *William & Mary Quarterly*, Vol.43 (1986), pp.179-213.

(57) Crosskey and Jeffrey, *Politics and the Constitution*, III, pp.315-324. スペインとの条約問題で北東部諸州と対立したマディソンがそれにもかかわらずナショナルな統合の強化に積極的だったのは南部の人口と州の数が近い将来急速に増大し、連邦内の勢力関係が変わることを予想したからである。Drew McCoy, "James Madison and Visions of American Nationality in the Confederation Period: A Regional Perspective," in Richard Beeman, et al., (eds.), *Beyond Confederation: Origins of the Constitution and American National Identity*, (Chapel Hill, NC: Univ. of North Carolina Press, 1987), pp.226-259を参照。

(58) Robert Palmer, *The Age of the Democratic Revolution, I: Challenge*, (Princeton, NJ: Princeton Univ. Press, 1959), pp.49-178;

Gordon S. Wood, *The Creation of the American Republic,* (Chapel Hill, NC: Univ. of North Carolina Press, 1969). Bruce Ackerman, *We the People* [I. *Foundations*], (Cambridge, MA: Belknap Press of Harvard Univ. Press, 1991), [II. *Transformations*] (1991) は合衆国憲法体制の創設、南北戦争後の再建体制の形成、ニューディール国家の形成をアメリカ憲法史上の三つの革命期ととらえ、その革命的変革の過程を分析するアメリカ憲政史の研究として示唆に富む。

(59) Burnett, Continental Congress, pp.669-726. 一七八九年四月合衆国政府は十一州の批准を得たところで発足した。当初二州は除外されていたのであるから、連合規約時代の十三州の連合とは明らかに断絶がある。ノースカロライナは同年一一月に、ロードアイランドは九〇年五月に合衆国憲法を批准して合衆国に加わった。Ackerman, *Transformations*, pp.57-65.

(60) このようなマディソンの政治思想については五十嵐武士『アメリカの建国——その栄光と試練』(東京大学出版会、一九八四年)、二章五二—八八頁が参考になる。ハミルトンの政治思想については中野勝郎『アメリカ連邦体制の確立——ハミルトンと共和政』(東京大学出版会、一九九三年)を参照。

(61) 有賀『アメリカ革命』二一二—二一八頁。両案のテキストは Max Farrand, ed., *The Record of the Federal Convention of 1787,* 4 vols., (New Haven, CT: Yale Univ. Press, 1931), I, pp.33-34, 235-237, 242-245 に議事録とともに収録されているが、そのほかアメリカ史およびアメリカ革命の主要な資料集に収録されている。上院議員は州を代表するとはいえ、議員個人として投票し、六年の任期中州からリコールされることはなく、連合会議における州代表とは根本的な相違があった。憲法作成者たちの主目的は上院を間接選挙により見識ある少数の選良の府とすることであった。

(62) Patrick T. Conley and John P. Kaminski, (eds.), *The Constitution and the States,* (Madison, WI: Madison House, 1988), p.x.

(63) 有賀『アメリカ革命』二一八—二二〇頁。当初は投票日もまちまちで、それらの期日は一年以上の違いがあった。選挙の仕方も選挙区に分けず全州を一区として選挙を行う州もあり(一八四〇年には二十六州のうち六州)、下院議員選挙区は必ず一人区とすることが決まったのは四二年であり、また投票日を任期満了前年一一月の特定日に統一したのは七四年からである。Michael F. Holt, "Change and Continuity in the Party Period," in Byron E. Shaper and A. J. Badger, (eds.), *Contesting Democracy: Substance and Structure in American Political History, 1775-2000,* (Lawrence, KA: Univ. Press of Kansas, 2001), p.102.

(64) Alexis de Tocqueville, *Democracy in America* (Everyman's Library Edition), (New York: Knopf, 1994), pp.156-157.

(65) Robert Allen Rutland, *The Birth of the Bill of Rights, 1776-1791*, (New York: Collier Books, 1962), pp.120-121.

(66) *The Federalist Papers* (Mentor Book edition), (New York: Mentor Books, 1961), No. 84 (H) pp.510-515. (H) はハミルトンが筆者と推定されていることを示す。斎藤眞・武則忠見訳『ザ・フェデラリスト』(福村出版、一九九一年)、四一五―四一九頁。

(67) Rutland, *Bill of Rights*, pp.130-221.

(68) 合衆国銀行の設立の合憲性に関する財務長官ハミルトンの黙示的権限を認める緩やかな解釈論と国務長官ジェファソンの厳格解釈論とは Commager, (ed.), *Documents of American History*, I, pp.156-160 に採録されている。ジェファソンは大統領としても概して厳格解釈の立場をとり、黙示的権限の行使に慎重だったが、ルイジアナ購入に際してはその権限を活用した。十九世紀前半に、厳格解釈が主流だったことについては Richard E. Ellis, "The Persistence of Antifederalism after 1789," in Beeman, et al., (eds.), *Beyond Confederation*, pp.295-314 を参照。

(69) 'Constitution' が一つの文書にまとめられた基本法を意味するようになったのは成文憲法の国アメリカにおいてである。成文憲法の伝統の植民地的起源については有賀『アメリカ革命』一四二―一四三頁に説明がある。

(70) Walter Hartwell Bennett, *American Theories of Federalism*, (University, AL: Univ. of Alabama Press, 1964) pp.70-71; Wood, *The Creation of the American Republic* は革命・建国期の研究書として著名であるが、連邦的共和国としての「アメリカ共和国の創造」を題名としている。連邦的性格をもつ一つの共和国であることは「混合的共和国」a compound republic とも呼ばれた。マディソンは『ザ・フェデラリスト』第三九論文で compound, composite という言葉を用いて合衆国憲法体制を説明している (*The Federalist Papers*, pp.243-246)。Martha Derthick, *Keeping the Compound Republic: Essays on American Federalism* (New York: Brookings Institution Press, 2001) を参照。

(71) 憲法前文は "We the People of the United States, in Order to form a more perfect Union, establish Justice, insure domestic Tranquility, provide for the common defence, promote the general Welfare, and secure the Blessings of Liberty to ourselves and our Posterity, do ordain and establish this Constitutuion for the United States of America." である。合衆国憲法を注釈する教科書として一九二〇年代から広く読まれてきたコーウィンの著作は憲法前文の合衆国人民を合衆国市民たちと同義語であると説明している。Edward S. Corwin (revised by H.W. Chase and C.R. Ducat), *The Constitution and What It Means Today*,

(Princeton, NJ: Princeton Univ. Press, 1978), pp.1-2.

(72) *Federalist Papers*, No. 39 (M), p.243. (M) はマディソンが筆者と推定されていることを示す。

(73) 有賀『アメリカ革命』(東京大学出版会、一九八八年) 二四四―二五三頁。

(74) 両州の決議と他の州の反応は Commager, *Documents of American History*, I, pp.178-186 に採録されている。Bennet, *American Theories of Federalism*, pp.91-100.

(75) *Federalist Papers*, No.32 (H) p.198, No.45 (M) p.290, No.62 (M?) p.378. フェデラリスト論文の二人の主要執筆者の主権および連邦制理念については Martin Diamond, "The Federalist on Federalism, Neither National Nor Federal Constitution, But a Composition of Both," *Yale Law Journal*, Vol.86 (1977), pp.1273-37 [Hall, *Federalism*] がすぐれた研究である。Garry Wills, *Explaining America: The Federalist* (New York: Vintage Books, 1981), pp.162-177 にも示唆的な研究がある。

(76) ハートフォード会議の決議は Commager, *Documents of American History*, I, pp.209-211 を参照した。Bennet, *American Theories of Federalism*, pp.101-104.

(77) Bennet, *American Theories of Federalism*, pp.86-87, 106, 160-161.

(78) サウスカロライナ州議会の決議および関連文書については Commager, *Documents of American History*, I, pp.261-270 を参照した。

(79) Samuel H. Beer, "Modernization of American Federalism," *Publius*, Vol.3 (1973), pp.49-95, esp.53-62 [Hall, *Federalism*]; Joel H. Silbey, "'To One or Another Parties Every Man Belongs' : The American Political Experience from Andrew Jackson to the Civil War," in Shafer and Badger, (eds.), *Contesting Democracy*, pp.65-92; David Waldtreicher, "The Nationalization and Radicalization of American Politics: Before, Beneath, and Between Parties," *ibid*., pp.37-64; Holt, "Change and Continuity," *ibid*., pp.93-116 (注 (63) 参照); Kenneth M. Stampp, "The Concept of a Perpetual Union," *Journal of American History*, Vol. 65 (1978), p.506.

(80) Paul Finkelman, "Slavery and the Constitutional Convention," in Beeman, et al., (eds.), *Beyond Confederation*, pp.188-225.

(81) Marcus Cunliff, *The Nation Takes Shape, 1789-1937,* (Chicago: Univ. of Chicago Press, 1959); William R. Taylor, *Cavalier and Yankee: The Old South and American National Character,* (New York: Harper & Row, 1957) が詳しく論じている。

(82) Kammen, *Machine That Would Go of Itself*, 114; Richard Hofstadter, *The American Politican Tradition* (New York: Vintage Books, 1955), pp.68-92.

(83) ドレッド・コスット判決は Commager, *Documents of American History*, I, pp.339-345 および Stanley I, Kutler, (ed.), *The Supreme Court and the Constitution*, 3rd ed., (New York: Norton, 1984), pp.150-157 を参照した。畑博行『アメリカの政治と連邦最高裁判所』(有信堂、一九九二年) 二三一二六頁に事件に関する解説がある。

(84) 山口『南北戦争研究』、四〇三―四六九頁。

(85) Commager, *Documents of American History*, I, pp.345-348.

(86) *Ibid.*, I, pp.376-385. ただし南部連邦の最高裁の設置については憲法では決まっていたが、議員の間に憲法の解釈権を最高裁に委ねることへの拒否反応があり、実現しなかった。Kammen, *Machine That Would Go of Itself*, pp.114-116.

(87) Bennet, *American Theories of Federalism*, pp.179-196.

(88) 連邦制の変化の面は長田『南北戦争と国家』で強調されている。

(89) 連邦制の連続性の面はベネディクトの研究が強調している。Michael Les Benedict, "Preserving Federalism: Reconstruction and the Waite Court," *Supreme Court Review*, Vol.36 (1978), pp.39-79 [Hall, *Federalism*].

(90) Edward S. Corwin, "The Passing of Dual Federalism," *Virginia Law Review*, Vol.36 (1950), pp.1-24. [Hall, *Federalism*].

(91) Commager, *Documents of American History*, I, pp.536-538; Kutler, ed., *Supreme Court*, pp.200-208.

(92) John R. Vile, *A Companion to the United States Constitution and Its Amendments*, (Westport, CT: Greenwood, 1993), p.166. シヴィル・ライツについては通常「市民権」あるいは「公民権」の訳語が当てられるが、ここでは田中英夫に従い、「市民的権利」の訳語を用いた。田中英夫編『英米法辞典』(東京大学出版会、一九九一年) 一四八頁。

(93) Commager, *Documents of American History*, I, pp.630-632; Kutler, (ed.), *Supreme Court*, pp.216-219; Vile, *Companion*, p.166.

(94) Woodrow Wilson, *Constitutional Government in the United States* (New York, 1906, rep. ed., New York: Columbia Univ. Press, 1966), p.173.

(95) Corwin, "The Passing of Dual Federalism," pp.1-3, 23.

(96) 二十世紀アメリカにおける連邦制の歴史と現状についての要を得た概観として、Harry N. Scheiber, "Federalism and the

States," in Stanley I. Kutler, (ed.), *Encyclopedia of the United States in the Twentieth Century*, 4 vols., (New York: Scribners, 1996), pp.427-449がある。一九八〇年代にレーガン大統領が登場して、新連邦主義を提唱して以来、保守派の主導により連邦への過度の権力の集中を改め、州および地方自治体に大きな裁量権を委ねる分権化政策が進められ、連邦最高裁もその傾向に好意を示した。ただし九・一一事件後、G・W・ブッシュ政権は「テロに対する戦争」遂行のためとして、個人の権利および州の権限に対して連邦権限の著しい拡大を行い、憲法上の問題を引き起こしている。

欧州連合(EU)とNATOの東方への拡大による欧州図の変化

鈴木輝二

I　冷戦時代における東西欧州関係

第二次大戦後のブレトン・ウッズ体制は、国連創設にみられるような、大戦間期における国際経済の危機克服を念頭におく理想主義を起点に形成されたものであった。しかし設立の時点ですで東西冷戦の直接的影響を受けて単一の国際経済組織とはならなかった。冷戦体制は、一九四九年前後から外交、通商、人的、文化的交流の面で急速に展開し、ソ連邦が解体する一九九二年まで存続する。(1) 二十世紀の後半の半世紀はまさに冷戦の時代であった。

冷戦とは、国家関係からみれば戦争状態に至らない体制の相違に基づく対立関係であるから、対抗する国家群、ソ連ブロックと西側といわれる米国および西欧諸国とともに日本も西側グループに属し、あらゆる分野での対立的競争関係が成立していた。最も顕著であった分野は軍備競争である。

それぞれのブロックにおいて安全保障を口実とする軍拡競争はエスカレートしていき、ついには一九八九年にソ連の指導者ゴルバチョフが、国連総会で告白したようにソ連の軍備支出はGNPの一五%あまりに達し、ソ連経済を破綻させる要因になった。(2)

冷戦関係を米ソ関係だけでみると人的交流の断絶に象徴される緊張関係が続いていたが、歴史的および地理的関係が深い欧州では実態としての通商、文化の交流が部分的に継続され、それが東西経済関係の源流として定着していた。東西経済関係は一九五〇年代後半の冷戦から平和的共存といわれる時代に、制度的には未完成ながら第二のブレトン・ウッズともいうべき機能を果たした。東西経済時代においては西側においては欧州諸国、特にドイツ、フランス、英国が中心であり、東側では同じ欧州文化圏に属する中東欧諸国が中心となり、実質的な東西関係の多層化が実現していた。

日本は日米安保体制下で独自の外交の可能性はきわめて限られていたが、冷戦下での対ソ関係の改善は、ドイツ、アデナウアー外交に次いで一九五六年に鳩山首相の訪ソを契機にソ連・東欧諸国との関係平常化が半世紀の空白を経て実現する。これはドイツに遅れたとはいえ、当時の状況からみて日本外交の独自性を示した好例である。

具体的な日本の対旧中東欧とソ連の関係は、東西関係といわれるブロック関係であるので、米国の対ソ冷戦外交原則(日本国憲法の理想主義には一致しないが)を前提に、政経分離原則といわれる経済中心主義であった。それさえも米国の対社会主義国通商政策に左右され、ココムなどの通商規制には日本政府はきわめて厳格に対応しなければならない限界があった。(3) しかし一九六〇年代以降は、経済力の回復とともに、経済外交と称して、独自路線をやや積極化して欧州関係の強化を進める。東西貿易は、米国が国内法上の制約から、事実上禁止状態であったので日本には、一定の制限はあったが、好機到来であった。米企業も日本経由での東西貿易に期待するところがあったほどである。

一九六〇年代は日本の戦後復興が一段落し、技術革新が重化学工業を中心に展開し、日本経済の急成長に世界が注目し、それにソ連・東欧諸国も東西関係の改善の一環として政治的に難題のある対米関係に先駆けて注目した。東側は、戦後復興こそかなり速く進めて注目されたが計画経済の矛盾が災いして、競争的技術開発に遅れ、それを認識したフルシチョフ政権は一九五〇年末からそのギャップを東西貿易で補うというデタント政策をとり、西ドイツに関心を示し、次いで日本に接近した。日本の産業構造は、戦後の西欧からのテクノロジートランスファーが一段落し、産業界の輸出体制が準備されていた。ソ連東欧市場が計画経済であったので日本の産業界にとって最適の市場となった。しかも、大規模な工業設備の取引にとって強力な中央政府による計画管理貿易は、決済手段の問題が解決できるのであれば問題のない通商関係であった。[4]なぜなら中央集権の管理体制だけに政府の政策決定が最終的となり、取引成立のための市場的マーケティングコストがかからなかった。

しかし東西金融取引は、東側がブレトン・ウッズ体制の外延であったことで共通決済通貨に関して高度な政治問題となった。この種の問題は歴史的に初めてではない。米国においては国交樹立した一九三〇年代に対ソ輸出に関連して対外金融規制法（ジョンソン法）を排除して、対ソ輸出を可能とする政府系のワシントン輸出入銀行（第二次大戦後、合衆国輸出入銀行に改名）を創設して対ソ貿易に備えた歴史がある。ルーズベルト政権は不況脱出のためにジョンソン法で対外金融取引を規制する反面、一九三三年のソ連承認後は速やかにソ連貿易に期待したのである。また、一九七〇年代になるとニクソン政権は対ソ貿易に関心を示し、米国産小麦を大量にソ連に輸出したが、その際も、複雑な議会対策は必要であったが、米国輸出入銀行の長期低利のローンをアレンジしている。[5]

日本政府も一九七〇年以降は、本格的に対社会主義国輸出金融を日本輸出入銀行を通じて認めており、大規模工業設備の対共産圏貿易を間接的に支援した。その結果、日本の一九七〇年代における対社会主義国貿易は、大型工業設備を中心として急成長し、ソ連・東欧諸国は有力な大型工業設備の輸出市場として注目された。しかも輸出が、プラント設備が中心という点で特殊性のある相手国となった。当時日本の東西貿易に占める地位は、西ドイツと並ぶ西側最大のパートナーであり、日本製工業プラントは、製鉄、重化学、機械製造などの分野で大歓迎され、ソ連、東ドイツ、ポーランド、チェコスロバキア、ルーマニアなどに建設された。[6]建設現場には数百人単位の日本人関係者が滞在し、契約形式がターンキー契約であるので、工事完成まで長期に現場で作業した。日本の工業文化の初めての東欧への進出という側面もあった。

一九八〇年代に東欧諸国を中心に発生した累積問題は、東西貿易の当初から予見された高度な政治経済問題であった。共通支払い手段を欠いた上に社会主義国側の国内通貨は交換性がなく、交換性のある通貨の蓄積も限界があった。累積債務問題は、制度的に異なるブロック間通商の制度の問題であり、単純な財政的デフォルトとは異なっていた。何らかの外交的対策なしには解決不能な問題であった。この問題は、本来なら、東西間の重要事項として世界的首脳間で協議すべき問題であったが、デタントによる東西外交が活発になったとはいえ、当時はそれを国際的に解決する機運にまで至らなかった。

一九七〇年代から冷戦終結に至る一九九〇年まで一貫してソ連・中東欧諸国に接近し、関係を深めていたのは西ドイツである。

一九六九年に始まるブラント政権による東方外交の特色は東西間の制度的対立あるいは相違を前提に友好協力関係を構築し、欧州に政治的安定をもたらすことを最終目的としてそのための戦後処理問題、経済協力、文化協力(東欧各地にゲーテ研究所を開設し、ドイツ語教育を復活させた)を戦後半世紀後の歴史的精算の意義をもつ外交として展開したことである。その点で経済協力に限定する日本の戦後処理外交とは異なる。このような西ドイツのプラグマティックではあるが、同時に長期的展望にたつ外交により、西ドイツは一九八〇年代の対ソ連東欧の最大の債権国ではあったが、相手国から最大の信頼を得ていただけでなく、一九九〇年代に急速に進展した体制転換、なかんずくドイツ統一が、予期せぬ歴史的展開としてもたらされる状況の基盤を作っていた。デタント外交以来、西ドイツ政府が、その経済力を背景にして東ドイツ関係について協力体制を築いたが、その交渉過程で将来の統一の可能性について言及したことはなく、終始、二民族二国主義の立場で東西ドイツの平等であるが、歴史的な関係の樹立を目指した。つまりこれらの東西経済関係は、冷戦体制を前提にした異なる体制間の経済体制であり、したがって経済原則で介入できる範囲は限られていて、いわば管理された貿易体制であることに変わりはなかった。それだけに当事者の外交感覚が重要であった(7)。

本格的な冷戦の終結はまず、一九八九年の米ソ間の核軍縮交渉（マルタ会談）が始まり。軍事面での冷戦体制の解体はソ連の覇権的東欧支配体制の枠組みであるワルシャワ条約の解体へと進み、それは最終的にはソ連駐留軍の全東欧諸国からの撤退であった。経済体制における冷戦体制は形式的にはコメコンが解体して、多国間で管理された東側の国際貿易が世界市場に開放されることで終結を意味した。しかし、それには国内の経済管理体制の自由化による市場経済化が伴わなければ実質的な解体とはいえなかった。東欧の一部の国（ポーランド、ハンガリー、ルーマニア）はすでにガット加盟国で、IMFにも加盟を申請中であったが、国内経済体制の集権的管理体制の自由化はまだ始めたばかり、核心の通貨改革なしには実質的な経済の冷戦体制の終結には至らなかった。(8)

II　欧州文明の持続と拡大

欧州人はエリートといわれる知識人、聖職者を中心に中世ローマ教会の影響、宗教改革を通じて欧州を全体で理解するのが常であった。宗教改革の本来は犠牲者であるユグノーが仏独の文明的平準化に大きく貢献した。国民国家形成以降は各国のナショナリズムが多様に展開したが、ローマ・カトリック教会の存在は常に国境を越えていた。しかも非欧州に対しては一般人でも欧州を意識して行動する伝統の基盤はあった。第一次大戦に際して欧州内の紛争とはいえ、アトランティック文明の危機ととらえて、仏米が協力した。フランスの哲学者、ベルグソンが政府特使となり、ウィルソン大統領を訪ね米国の参戦を促し、大統領に参戦の決断を迫った論理はアトランティック文明の危機であった。(9)第二次大戦に際しては欧州とアメリカの協力はさらに深く、アメリカがより積極的に行動した。この際反ファシズムの共同戦線は拡大して、アメリカの協力する文明的範囲は正教国のギリシャ、さらに戦略的とはいえイスラム国のトルコを加えている。

第二次大戦後の冷戦体制は戦時下の米ソの蜜月を解消して、表面的には欧州の地勢図をめぐるイデオロギー対立であったが、文明的には人為的分断であった。その地勢的分断が半世紀と長期であったが、分断体制の崩壊後の欧州が再び全欧州文明に回帰する可能性は当然ながら否定されていなかった。その鍵は中東欧の存在であった。アメリカ外交が欧州問題に未経験であったことでヤルタ・ポツダム体制では中東欧はソ連ブロックに編入されたが[10]、他方、ソ連は中東欧の欧州文明的背景に基づく反ソビエト的行動に苦悩する（一九五六年のポーランドとハンガリーの動乱、一九六八年のチェコスロバキア事件など）[11]。一九八五年にゴルバチョフがソ連共産党書記長として登場し、提唱した〝欧州共通の家〟構想はソ連ブロック体制維持のための苦肉の策としての対外政策だった。ゴルバチョフ提案は冷戦に疲れた東西欧州の大衆レベルの人々にも歓迎され、潜在的な大欧州再生の願望に火をつけるような形で歓迎された。

一九五六年のフルシチョフ以降のソ連政権はマーシャル計画や西欧統合に対抗していた社会主義欧州の経済統合体として一九四九年に成立したコメコン（COMECON）と欧州連合との共存を図る対応を考え、一九七〇年代に入ると具体的な外交交渉に入っていたが、経済統合に関する利害は共通でも、それぞれの統合体の原理が異なり、長期の交渉にもかかわらず交渉は成功しなかった[12]。

一九五八年に欧州共同市場が成立した際、成立までの政治的プロセスはともかく、目的は、仏独協調による巨大な欧州共通市場の形成による欧州経済の再生であった。しかも欧州は、依然、冷戦の渦中にあり、欧州統合は、東側に対抗することを含めた西欧統合であった。さらに統合の契機は、東西緊張や欧州経済の他の地域（アメリカ、アジアなど）からの挑戦に対応するという危機意識もあり、統合を加速する契機にもなった[13]。

しかし一九九〇年以降の欧州統合にはもはやそのようなイデオロギーの対立、欧州内部の地勢的条件に限定する対抗意識はない。マーストリヒト条約さらに一九九八年のアムステルダム条約による欧州統合は、経済、政治、文化のトータルな分野で地理的に拡大した全欧州が統合し、グローバルな経済競争に対抗することを目標にしている。[14]

具体的課題は、法形式的には、超国家性といわれる欧州連合諸機関が加盟国の権限を越えて超国家的機能を行使する権限をどのように実現するかであるが、創設以来の四十年の歴史における論争で理論的、実践的成熟がみられ、超国家性というアプローチよりは、補完性原理の適用などによって実質的な中央機関（ＥＵ委員会）の機能が実現できるところまで到達した。加盟国間の利害調整は異端的な英国の積極参加にみられるように高度な統合はそれぞれの国内問題として深刻であったが、国内体制の相違を越えて統合の理念が承認されてきた。そして、人、物についての物理的、制度的障害を排除して欧州共同体人としての市民が、国籍こそ固有の国籍を保持しながらも、国境を越え、自由にほぼ平等の権利義務をもつ市民として行動できるという統合体制に近づきつつある。そのためには国民国家時代に過度に強調された民族的心情を乗り越えて、普遍的欧州文明のトータルな再生と拡大が文明復興として重要な要因になっている。欧州知識人の観念の世界で始まった欧州統合の理想が、現実に近づいたのは欧州の政治文化の成熟度である。

歴史的に国民国家形成以前の中世世界および、古典的欧州史学が提起して以来の共通法（ユース・コムーネ）は欧州概念を再検討する際に有効である。史学だけでなく、社会科学の諸分野がともに協調して検討しなければならない課題のように思われる。[15]

冷戦体制を社会経済的にみると所有制の相違（私的所有制対公有制）に基づく対立であった。東側諸国が一九九〇年代に欧州評議会に加盟を認められ、欧州人権条約に規定される私的所有制度保護原則が全欧州の共通原理となった意義は大きい。[16] 欧州人権条約を管理する欧州評議会は体制移行の旧社会主義国に対して〝踏み絵〟のような役割を果たし、改革後のハンガリー、ポーランドを手はじめに加盟を承認し、加盟国を倍増させた。欧州機関としては冷戦後初めての普遍的機関となった。[17] その条件は欧州人権条約の遵守にある。極論すれば、所有制度の相違によって分断された欧州を所有原理を統合することで文明的原理を再び統合し、私的所有制文明はユーラシア大陸を横断したのである。このような文明的認識の上に、シェンゲン条約やアムステルダム条約による国境撤廃や共通通貨ユーロの創設がある。

III　中東欧の経済的後発性

問題は経済的格差である。戦間期を振り返るとハプスブルグ帝国における工業化を担ったチェコを除いて、ポーランド、ハンガリーにおいては中世の後れた農業経済構造がそのまま残り、大土地所有の封建的農業経営が主流で、工業投資は新興国家の指導者の発意によって形成される国家セクターがわずか残されただけ、西欧で展開している産業革命による技術革命はなく、市場経済化に取り残された欧州の後進経済地域となっていた。その結果として社会構造は、大土地所有の貴族階級と土地のない貧農という古典的構図が継承され、西欧にみられる中産階級の形成が貧弱であった。この地域の政治社会の近代化への中心的勢力となるのはやはり、貴族出身のインテリ、下級士族出の官僚などが変革の際でもエリートとなったのである(18)。中産階級を中心とする市民的階層の形成は弱かった。

バルカン諸国の場合はより後進的で、トルコ的社会構造は地方の農村地域ではそのまま残され、農民は、農奴的地位のまま農業技術も中世そのままであった。第一次大戦後の国際連盟調査団の報告では、当時、バルカンの農村では、鉄製の農具は皆無であったという(19)。

第二次大戦後の社会主義時代にこのような経済的、社会構造的格差を是正すべく、社会主義的、兄弟的経済援助としてコメコンあるいはソ連を中心とする二か国援助体制ができて、初期の重工業化の政策はもっぱら後れたバルカン諸国に対するソ連、チェコ、東ドイツなどの工業文化が移植され、一応成功した。しかしそれは一九六〇年代に至るとソ連中心の覇権主義だと批判され、ルーマニア、アルバニアなど小国から、異議が出た。それだけではない、コメコン先進国間でも西欧経済統合なみの経済効果をもたらすためには、さらなる国際分業の必要性が提案され、そのための主権制約もやむをえないと提起されて、社会主義兄弟援助方式は、この二面から試練にあい、結局、経済原則に基づく国際分業の機能は、部分的にしか実現しなかった。

コメコンは、一九七〇年代に至って国際協力の新方式（利害関係国のみを拘束するとする政策決定）を採用したが、それが経済効果をもたらすまでには至らなかった。国境を越える国際協力について西側の欧州統合に対抗して合理的でなおかつ社会主義原理と調和する新しいシステムを創設しようとしたが実現できなかった。つまり、独立国家の民族主権と国際的共同財産権の管理という構想をめぐって国家間の利害が調整できなかったのである。結局、コメコンは、共通通貨、国際分業、統一市場について有効な制度を確立することなく解体した。残された国際分業体制は古典的中央管理手法に基づく重化学工業とエネルギーに関する国際分業だけであった[20]。

マーストリヒト条約の起草過程で欧州統合は多層的構造になっているのが明白になった。単一欧州が同心円的統合を目指しているといったのは、当時欧州委員会委員長のドロールであった。一九五八年のローマ条約でスタートした当時の共同市場は、レベルの接近した欧州諸国の同質的統合といわれていたのであるから、拡大欧州諸国の現状をレベルの異なる多層構造ととらえた上での同心円統合であると宣言したことは大きな政策の転換を意味する。では、発展段階の異なる多層的拡大部分である中東欧諸国との統合プロセスはどのように考えられたのか。

冷戦期東西の欧州といわれたその中味は政治社会システム全体の根本的相違が前提とされる二極型対抗関係であった。歴史的な発展段階の格差はそこでは、まず問題にされなかった。したがって、一九九〇年代の体制移行とは、経済制度としての市場経済制、政治制度としての多元主義（多党制）、国家と共産党からの政治的解放（デコムニザツィア）による市民社会の構築が最も緊急な課題とされて、発展段階の相違あるは経済構造などの問題は検討されていない。

このようなシステムの転換＝移行は、歴史的に先例がなかった。したがって、この課題のためには、内外の知的な協力が必要であった。従来一般的であった南北間の協力関係では先進国の経験と経済力を後進国に供与し、後進国のレベルを高めるというモデルを前提にした作業が可能であったが、それとは異なり、既存の社会主義体制（部分的にはかなりのレベルにあるものも含めて）を解体し、その上に新しい市場経済を基礎とする市民社会を構築するのであるから、ショック療法としてもかなり過激な手段が必要であった。(21) 欧州連合が東側の体制改革には積極的に協力したが、いざその加盟問題になると慎重になった背景には、経済社会的格差の問題があったからである。

Ⅳ　戦間期の歴史的教訓

中東欧は現代史において三度の大変革を経験している。それは第一次世界大戦とソビエト革命によってウィーン体制後の一世紀の欧州秩序であるハプスブルグ帝国、ロシア帝国、ドイツ帝国などが解体し、中東欧が民族自決原則の下に世紀の独立が実現した一九二〇年代のヴェルサイユ体制。次いで第二次大戦後の一九四五―四八年の共産党政権の樹立によるソ連ブロック化。そして現在直面する一九九〇年体制といわれる体制転換である。

一九二〇年代のヴェルサイユ体制においては国際平和と民主主義が形式的には保障された時代であった。中東欧諸国は、民族主義の高揚の中でフランス共和制、ドイツのワイマール体制、アメリカ民主制に学びながら国造りを始めた。フィンランド、エストニア、ラトビア、リトアニア、ポーランド、チェコスロバキア、ハンガリー、ルーマニア、ブルガリア、など新興独立国は、国民国家の建設と民主的議会制の確立という二つの課題を同時に抱えながら国造りを始めた。しかしそれは理想と現実の乖離した幻想の時代でもあった。それぞれの国で国民統一でさえ少数民族問題があり、深刻な問題であった。

国民国家（少数民族保護はヴェルサイユ条約上の義務）であったから、憲法起草、国籍法、の制定を急ぎながら、それをめぐる政治的多元主義を保障された複数政党は混乱と同意語の議会運営に没頭した。複数政党制は過剰な民主義となり、政治の不安定性の象徴であった。[22] それに加えて、一九三〇年代に入ると新興のソ連とナチス・ドイツが外交パワーを回復して、野心的対外戦略を開始すると大国の中間にある地政的条件が災いして、たちまちその犠牲になって、中東欧の中小国のヴェルサイユ体制二十年の夢は消えた。[23] しかも中小国の安全保障についての国際的枠組みが、国際連盟が創設されながらも機能せず、あまりにも脆弱であった。

一九九〇年体制を考慮するとき、このような歴史的経験は、いずれの国でも政治指導者がプログラムを構想するに当たって去来した危惧であった。しかしそこにはいくつかの時代の相違がみられる。

まず、一九九〇年体制では欧州諸機関が強力で、国際的知的支援が一般化した。

一九八九年EU加盟国を中心に変革が開始されたポーランドとハンガリーに対する経済再建援助計画としてPHAREが組織され、西側二十四カ国が参加した。コメコンの解体を予期して、欧州連合は、交渉をコメコンから個別の対象国に切り替え、まず、通商拡大、協力、援助を二国間条約で起動させた。欧州の政治法制度の統合に中心となったのは欧州評議会である。政治的民主化のための人権の確立、複数政党の実現を目指す多元主義を条件に加盟国を拡大させた。第一歩は共産党の独裁体制を解体すべく、普通、一般自由選挙が保障されるよう、専門家および選挙用の知的支援として各国の公務員の再教育を実施した。一九八九年以降、投票整理などに西欧からの技術が導入され、さらに選挙運動におけるマスメディアの活用などの新しい選挙方法が伝授された。

経済協力のためには、一九九二年に欧州復興開発銀行（EBRD）が、この地域の経済開発投資の専門の第二の世界銀行の役割を期待されて設立された。

このような西側の体制転換に対する支援は、経済だけでなく、知的支援として従来であれば外国の国内問題介入となるような範囲に拡大していることが特徴で、欧州の官民の団体は、日常的に活動できる支援体制を各地で組織し、あらゆる分野での持続的協力関係ができていた。西欧の何千人の専門家が常時、中東欧各地の官庁や企業で商業ベースでなしに活動している。それを駆り立てているものは欧州の同質的拡大への欧州人の情熱である。その目的は、一党独裁体制の共産党の解体（デコムニザツィア）であり、市場経済化、自立した市民の人権の確立による市民社会の建設である。その前提には大戦間期の中東欧の不安定化が、第二次大戦の誘因だとする欧州人の反省がある。(24)

V　脱ロシア

ロシアは、文明的に欧州の部分か否かとする疑問は決して今日だけの問題ではなかった。しかし、少なくとも十七世紀までのロシアは、ユーラシアの大国だが、ほぼ欧州とは外交的に無縁な存在であった。ロシアは、十八世紀初頭、スウェーデンとの闘いで勝利し、バルト地方を獲得し、さらにその後、ポーランド分割に参加して、その東方部分の領土を獲得することで欧州外交における大国になった。十八世紀以降はフィンランド、エストニア、ラトビア、リトアニア、東部ポーランド、ウクライナに関してロシアは、外交的決定権をもったが、文明的にロシアが欧州文明国であるか否かの問題はあった。一七九一年のポーランド憲法体制を軍事力で破壊し、ポーランドを分割したロシアは欧州の啓蒙思想を認めない非ヨーロッパ国であると主張する歴史家の説が有力である。(25) ロシアはポーランドを統治するに当たり、当時のアレクサンドル皇帝はポーランドの兼王となったが、ウィーン条約の制約もあって領土統合することを避けて、ポーランドを公国としてロシアとは別格の統治国とし、西欧並みの諸制度の継承を認めた。ロシアはキリスト正教国であるからローマ・カトリック教会とは無縁であるし、皇帝は正教会を支配する絶対的地位にある点で西欧の王権と教会の関係とは異なり、宗教戦争以前の西欧の状況にあった。特に政治社会制度としての西欧の啓蒙思想やその制度の影響を恐れ、言論は厳しく統制されていた。あえて文明的孤立主義がもたらす強権政治が言論弾圧政策ともにロシアの政治文化の特徴となっていた。しかし十九世紀後半以降ロシアの直接統治になったポーランド、リトアニアではカトリック教会の影響が強く、ロシア当局の言論弾圧をめぐってしばしば文明的衝突に直面していた。ロシア当局は強権的にポーランドを帝国の一部として統合するに際しても特別のポーランド問題省を創設して対応したが、それ以後においても熾烈な民族的抵抗に直面していた。(26)

そのような文明的状況は一九四五年以降のいわゆるヤルタ・ポツダム体制においても継続し、ソ連型社会主義体制は、一九五六年のポーランドとハンガリーの反乱、一九六八年のチェコスロバキア事件、一九八〇年のポーランドの連帯運動などによって体制内部からの変革要求が突きつけられた。それが、西欧的文明圏の市民体制下であれば市民の民主的要求と理解されたはずであるが、東側ブロックの覇権を握るソ連当局は、文明的にもそれを許容せず、主権国家といえども制限主権だとして強権的に介入し、ハンガリーとチェコスロバキアでは軍事力で大衆デモを弾圧した。反体制運動はかつての帝政下におけるように常態化してポーランド、チェコでは地下活動として影響を持続し、それを西欧の諸団体が支援していた(フランスのルモンド紙、英国のタイムズ紙などは地下活動家の発言を好意的に扱った)。ソ連の反体制運動は、東欧のそれと異なり一部インテリ(サハロフなど)にとどまるものであったが、東欧のそれと連帯することでソビエト体制全体の変革へのエネルギーに転化した。しかしソ連では一般大衆が、市民社会的人権思想に目覚めて、政治変革の勢力になるまでには時間を要する問題であった。(27)

しかし中東欧諸国においては、対ロシア関係は重大な問題である。地理的に西欧に隣接するチェコ、ハンガリーを除くと、特にポーランド、エストニア、ラトビア、リトアニア、スロバキアなどでは、政治社会システムとしてのソ連体制とは断絶しても、特に軍事、経済問題を考慮するとき、ロシアとの深い関係が世紀の関係として形成されているので、ソ連（ロシア）からの離脱あるいは断絶だけでは問題は解決されない。バルト諸国のように通常の民族主義運動のように独立だけが目標とはならず、その後のロシアとの共生できる関係が問題となる。

バルト地域の十八世紀初頭のロシアへの領土編入は戦争の結果の平和条約に基づくが、一九三九年のソ連軍の占領は不法であるとする（モロトフ−リッペントロープ秘密協定は国際法上は根拠のない不法[28]）バルト諸民族は半世紀の怨念の結果として一九九一−九二年に独立を達成した。十八世紀にロシア領となった際、バルト地域はロシアにとっての初めての欧州文明圏の領土であった。一七二一年の平和条約で宗教的、言語的自立性は維持され、スウェーデン時代に創設されたエストニアのタルト大学は、当時まだロシアには大学がないので初めての欧州文明をもたらす社会的装置だった。しかしロシア（後のソ連）は十九世紀後半になるとこれらの地域においてロシア化（ロシア語、ロシア行政）を強要して統治した。経済的にはバルトは、地勢的にロシアと共存せざるをえないが、小国としての利害は独特である。歴史的に巨大なロシアの資源輸出はすべてバルトの港湾を通じて欧州へ輸送され、バルトのハンザ商人以来の商都は多民族の商人の街として栄えた。一九三九年にバルトを占領し、次いで併合したソ連は、バルトを戦略的、経済的にソ連の最先進地域と位置づけ、高度産業の投資を積極化し、バルト住民の文明度の高さを活用した。統計的に住民の学歴、教育、所得、などからみて、プロテスタント系、それにカトリック系住民からなるこの地位の文化水準は高く、二十世紀初頭において、バルト地域は西欧以上に識字率が高く、ロシア帝国の文明の最先端地域であった[29]。ロシア革命後の大戦間期はつかの間の独立を得た時代で、政治的には不安定ながら、議会制民主主義体制を維持していた。一九九二年に独立したバルト諸国は、新体制を戦間期の市民型民主主義体制に回帰する立場を明確にした。フィンランドは、第一次戦後独立するまではバルト諸国とともにロシア支配を受けていたので協力関係をもちやすい関係にあり、地理的、民族・言語的に隣接するエストニアに接近している。リトアニアは十四世紀以来のポーランドとの王君連合、国家連合の歴史からまた、それゆえの相互の葛藤の歴史もあるが、それを考慮するとしてもリトアニアとポーランドの文化的共通性は高く、両国は、この地域最大のカトリック国であるのでバルト諸国とポーランドの地政的接点となる。三国で共通しているのは、政治的にはともかく、経済的にはロシアの影響が大きく資源供給の面では依然重要な輸入先であるということである。一九九七年年夏のロシア金融危機は、すぐ直接的影響をもたらし、タリン、リガ、ビリニュスで代表的民間銀行が連鎖倒産に追い込まれている。いずれも小国であるので、経済規模、政治単位としては国際協力が必須で、戦前は三国共同で国際連盟に加盟した先例がある。バルト諸国が二〇〇二年に至ってNATO加盟を果たし、二〇〇四年のEU加盟を果たした意義は三世紀にわたるロシア（ソ連）の覇権的統治からの最終的な解放を意味する。今後においても、政治的独立を維持しながらロシアとの経済関係も維持するという立場が続けられよう。しかし大国ロシアの凶暴な側面を歴史的に経験しただけに、NATO加盟、EU加盟は国家の安全保障を考える上で画期的意義があるだけでなく、新世紀における欧州図を象徴する。

コメコン時代にソ連は自国の連邦内部だけでなく、加盟国全体を含めた国際分業構想をもち、自国を資源エネルギー供給国と位置づけ、ブロック経済の骨格にしていた。したがって中東欧のエネルギー供給は、ソ連からのパイプライン輸送で一〇〇%確保されると同時に、それはソ連の経済的ヘゲモニーの手段になっていた。それは経済だけでなく政治的にも意義が高く、中東欧諸国は石油危機にあるときソ連の政治的供給原則に悩まされた。

冷戦体制の解体は政治的関係を経済関係に転化させた。

中東欧諸国は、体制移行後、このロシア石油依存体制を脱却して石油エネルギー確保のための自由を求めて西欧企業と接触して供給源の多元化を計った。ロシア側も一変して商業主義で石油、ガスを供給する方針に変わり、形式的には民営化されたロシアのガスプロム社などの有力企業は、国際的経済性を考えて、ロシア・エネルギーの市場としての中東欧、特に大市場であるポーランドに対しては積極的にアプローチしている。経済的視点からみれば、コメコン時代から建設されていたガスと石油輸送のためのパイプラインが有効であるから、ポーランドなどはロシアの石油、ガス輸入は依然重要である。それに加えてポーランドなどではロシアの西欧への輸送用のパイプラインを建設し、その使用料としての収入もある。しかもロシア経済は、市場経済体制として未熟であり、粗放な民有化政策で国有資産が民有化され、独占的な企業が形成され、一九九七年の金融危機にみられる経済運営に不安定性があるのは否定できないが、資源輸出国としての地位は不動である。長期的にみて中東欧諸国のビジネス界にとりロシア市場が重要であることはいうまでもない。(30)

VI　NATO加盟による欧州安全保障体制の変容

冷戦期における欧州は戦略的にNATOとワルシャワ条約によって二分され、経済的にはブレトン・ウッズ体制と欧州共同市場(EEC、後にEC、EU)、それに対抗するコメコンによって二分されていた。ソ連は戦略上、西側に対抗してソ連軍を第二次大戦後の占領の継続として中東欧に駐留させていた。それはソ連の一国社会主義時代からの過剰防衛思想だとする説もある。戦後が終わり、その形式は一九五五年以降はワルシャワ条約としたが、ソ連占領軍による〝国際軍〟の実態に変わりはなかった。(31)その目的はNATOの戦略に対抗するために中東欧地域にソ連の軍事力を集中することで一貫していた。デタント期に一時的に軍縮の傾向はみせたが、兵力としては約一〇〇万を超すソ連軍(正規軍およびその要員)が東ドイツ、ポーランド、ハンガリー、チェコなどに常駐した。

それはNATOに対する戦略だけでなく、ソ連体制の覇権的地位をブロック内部においても維持するために重要な意義をもち、同盟国内部からの異議を排除する体制維持装置として機能した。それをソ連当局は、一九六八年以降、加盟国は兄弟国として独立国だが、制限主権国だと定義してソ連覇権体制での加盟国のソ連への従属を当然視した。(32)一九五六年のハンガリーと一九六八年のチェコスロバキアへのソ連軍の行動はそれを示した。一九八一年のポーランドの連帯運動で体制転換の危機に直面した当局は戒厳令によって体制維持を図ったが、それはソ連軍の出動を阻止するためといわれたほどである。一九八五年のゴルバチョフ書記長の登場はこの軍事戦略体制を改革し、新思考外交として同盟国への軍事行動の不行使とソ連駐留軍の段階的撤退を約束した。各国は、ソ連から自由になる機会を与えられたのである。

一九八九年以降ポーランドの民主政権の初代の外相を務めた国際法学者のスクビシェフスキ(Skubiszewski)は、在任した一九八九年から一九九三年までを二期に分けて巨大な軍事ブロックとしてのワルシャワ条約機構の崩壊過程を回想する。[33] すなわち、一九八九年からのポーランド外交は、ソ連からの離脱とNATOへの接近を構想してチャンスをうかがうが、ソ連のゴルバチョフは最後まで、ワルシャワ条約の解体までは譲歩しなかった。ポーランドの本格的なNATOとの関係強化のための外交が進展したのは、ソ連のクーデタとその解体後の一九九一年夏以降であったという。その前段においては統一ドイツ後の旧東ドイツ地域のNATO化の問題があった。独ソの首脳会談(一九九〇年七月一五日)においてゴルバチョフは、統一後の旧東ドイツ領における軍備は通常兵器(非核戦力)に限り、しかも外国軍の駐留を認めないとする条件で形式的には旧東ドイツ領がNATO化されることを承認した。ポーランドの外相が東側の政府代表としては初めてNATO本部を訪問し、NATOとの協力を打診したのは一九九〇年三月二〇日である。同年三月にはブリュッセル駐在ポーランド大使がNATOとの交渉窓口となることが確認されて公式な対話が開始された。

ワルシャワ条約は一九九一年二月二五日のブダペスト会議で同年三月三一日をもって解散することを決議し、解散のための手続が直ちに開始され、それが七月一日に完了した。それに続いて、七月三日ポーランドの大統領、ヴァウエンサ(ワレサ)(Walesa)はNATO本部を公式訪問し、加盟意思を公式に表明した。それ以来一九九九年三月に正式にNATOの加盟国となるまでの八年間にかけて頻繁な人的交流(軍事専門家、政治家ら)を続けながら、NATOの東方への拡大問題は旧ソ連（ロシア）、そしてウクライナ問題などを解決しながら全欧的戦略図の再編成問題となって展開された。

最大の問題はNATOとソ連（ロシア）の関係である。軍縮をし、旧東ドイツ問題で譲歩しても、ロシアは依然、軍事大国であることに変わりなく、中東欧諸国の安全保障は代案なしに無風のまま放置される危険は予見された。中東欧バルト諸国のNATO加盟問題はNATOの対ロシア関係の解決なしには前進しなかった。つまり、中東欧諸国の加盟問題を契機にNATOは冷戦時代の歴史的役割を変革して、新しい欧州安全保障の基盤となるための模索を始めたのである。(34) NATOは、東方への拡大に反対するロシアとの間に、逆に欧州に緊張をもたらす状況を避けるためにもソ連解体後の新生ロシアのエリーチン（Ielchyn）政権にNATOとの協力関係を提案し、ロシアはNATOの加盟国ではないが、有力な協力者としての地位が保障されるとした。具体化したのは一九九七年三月二〇—二一日のヘルシンキでの米ソ首脳会談（エリーチン—クリントン）である。NATOとロシアの間に協力のための評議会を新設し、NATOとロシア間の常時の協力関係を樹立すること、また、新加盟国の領土においては核戦力および通常戦力についても増強されないことを条件にNATO拡大をロシアは承認する。同時に新加盟国が従来の加盟国と同等の地位をもつことが保障されるとした。

同様の要旨を盛り込んだNATOとロシア政府間の相互協力協定はモスクワで一九九七年五月一四日に合意に達し、同年五月二七日にパリでプリマコフ・ロシア外相とソラーナNATO事務局長の間で調印された。同協定によりモスクワにNATOとロシア間の常設評議会が設置された。

ロシアとの協定に続いて、NATOはウクライナとの間にも同じような要旨の協定を締結した（一九九七年七月九日）。

ポーランド、チェコ、ハンガリー三国の加盟問題については、NATOとロシア関係の協力関係の確立によって外的

な条件が満たされ、その後は技術的問題の調整の後、法的手続に従って一九九九年三月一二日に加盟が成立した。(35)

米国の第二次大戦後の欧州における本来の意味での外交上の相手国は冷戦期を通じてソ連だけであった。それにそれまで欧州問題に無関心であった米国の外交的空白もあり、中東欧問題については欧州諸国のような経験をもっていなかった。ヤルタ体制（ヤルタ、ポツダム会議）についても米国は十分な知識に基づいた上での結論かどうか疑わしいというのが欧州問題の専門家の評価である。(36) 冷戦期におけるそれぞれのブロック内部の問題には介入しないという米ソ間の外交的了解は、一九五六年のハンガリー事件、一九六八年のチェコスロバキア事件のような東欧での内部反乱にも示されており、米国は、東側内部の問題には介入しなかった。しかしゴルバチョフ登場以来の米ソ関係は、軍縮交渉の妥結にみられるように古いブロック間外交による安全保障の時代を終わらせ、一九七五年以来のヘルシンキ会議に象徴される全欧の多国間外交へと転化した。その意味では米国の西側世界における警察国家の役割の終わりでもあった。しかし、残されたロシアが軍事大国、核武装国であることに変わりはない。中東欧諸国は、その軍事的空白を恐れて一日も早いNATO加盟を求めたのだが、NATO諸国および米国は、対ロシア関係を考慮して慎重であった。旧ワルシャワ条約解体後の戦略図が、NATOの東方拡大が東側の浸食という形ではロシアはとうてい承認できないが、NATOとの常設的協力関係という保障の下で新しい欧州戦略図を描くことで、ひとまずポーラント、チェコ、ハンガリーの加盟についてロシアは譲歩した。

これでNATOの承認する欧州の軍事的境界は、ほぼ東方の線、英国のヴェルサイユ条約会議代表のカーゾン卿が提唱したポーランドとベラルーシ、リトアニア、ウクライナの国境にあるカーゾン線に移動した。しかしNATO加盟を求める旧社会主義国は、これら三国に限られなかった。エストニア、ラトビア、リトアニア、それにスロバキア、スロベニア、ブルガリア、ルーマニアが加盟を申請していたので、これらのケースもロシアの妥協がみられて二〇〇二年に加盟が成立した。特に旧ソ連を構成したバルト三国のNATO加盟問題は、ロシアの伝統的な戦略からみるとロシアの戦略図から分離することになるので認めにくい問題であった。NATOにおいても慎重な態度であった。エリーチンに代わったプーチン大統領（Putin）が米国との融和政策に転向していることに問題解決の光があった。二〇〇二年五月に一九九七年以来のNATO・ロシア協力関係をさらに改善し、常設的な協力関係の分野を拡大し（NATO・ロシア理事会の創設）、NATOを実質的には、〝加盟国（十九カ国）プラス・ワン（ロシア）〟体制に変革したことが、二〇〇二年一一月のプラハ会議で新たに七カ国の加盟が承認された背景にある。プーチン大統領はそれ以前に旧ソ連の構成国であったバルト三国のNATO加盟について問題はないと声明していた。(37) 二〇〇二年にエストニア、ラトビア、リトアニアが加盟したことは重要である。なぜなら、バルト諸国のNATO加盟について NATO事務局も米国政府もそれまでのエリーチン大統領の態度からみて加盟問題を楽観していなかったからである。

バルト諸国のNATOへの加盟問題は、ロシアからみれば準国内問題とみる傾向があったために特殊な問題であった。しかし米国政府は一九四〇年のバルト三国のソ連編入を認めず、形式的には独自の外交関係が持続しているという立場をとっていたので、一九九八年一月一六日には米合衆国とエストニア、ラトビア、リトアニア間に〝パートナーシップ憲章〟が調印された。同憲章により米国はバルト諸国のNATO加盟を支持、促進することを約定した。米ソの関係改善にはプーチン外交の特色が反映しているが、二〇〇一年九月一一日事件を契機とする世界的な反テロリズム対策についての米ソの接近という要因もある。

軍事的な意味では、西欧との境界線は、ウクライナ、ベラルーシ、そして飛び地のロシア領カリーニングラードになった。

米国が冷戦期ほどに欧州問題に介入できないとすれば、米国の世界戦略が修正されなければならなかった。その意味で冷戦期の対ロシア戦略に焦点を当てた戦略から欧州安保というグランド・プランに中東欧・バルト諸国をどのように位置づけるかが課題であった。米国の大欧州戦略の試金石ともいうべき事件は旧ユーゴスラビアのコソボ事件に伴う

NATO軍としての軍事介入であった。[38] 新加盟国となったポーランド、チェコ、ハンガリーは、NATO軍の指示に従い後方支援が中心であったが、加盟国の義務を懸命に果たし、兵力、難民輸送、そしてPKOなどに地理的条件の優位さも加わり有効な貢献を果たした。そして二〇〇三年の米国のイラク戦略に対しても、これらの新NATO加盟国は米国からの単独の要請に応えて派兵している。

欧州においてこのような米国の過剰ともみえる欧州問題への軍事政治介入に疑問をもつ考えもある。しかし中東欧の軍事政治的問題は欧州連合が軍事化して現状のEU常設軍の規模拡大をしない限り米国中心のNATO軍に依存せざるをえないのが実状である。[39] バルカンにおける民族紛争あるいはイラク、中東問題の危機の潜在性を考慮すると米国の欧州での役割は終わることがない状況が続いている。コソボ事件、国際テロ対策を契機にロシアに隣接するバルト諸国のNATO加盟が加速されたのもこの事情が反映している。バルト諸国ではNATO加盟準備をかねて兵器など軍の近代化に関連した技術仕様を米軍基準に変更し、その指令に使用する言語もロシア語から英語にしていた。軍指導者に自国出の旧米国軍人を任命している(加盟当時のリトアニア大統領、ラトビア首相などの政界の要人はいずれも旧米国国籍の保有者。彼らは個人として米国での要職を退いて帰国し、母国での国籍を回復して国家指導者や軍隊の要職に迎えられている)。[40]

VII　米国の対中東欧経済戦略

米国の私企業の中東欧戦略は米国政府の政策に影響されている。米国が世界戦略の一環として東欧問題に関わる理由の中には国内に多数の中東欧系の市民を抱えていることがある。中西部に数百万単位で定着する中東欧系の市民のために、大統領選挙キャンペーンのたびに中東欧への経済援助、民主化問題が蒸し返され、そのたびに米国では対中東欧外交が国内問題としても注目される。最初に〝ポーランド・カード〟を選挙戦に活用したのはニクソンで、選挙後の一九五八年、公約に従い米国の首脳としては初めてポーランドを訪問している。一九七六年のフォード対カーター大統領選挙の際、フォードは、ソ連体制下でも中東欧には民主制が維持されている。とテレビ討論で発言したここが大きく影響して東欧系市民の失望をかい落選した。したがって中東欧に対する経済援助と関連して通商上の法的待遇問題については特に、一九六〇年代から最恵国待遇問題、余剰農産物供与とからんで米政府は議会対策としても弾力的に運用しなければならなかった。(41)

しかしこのような政治的関心にもかかわらず、米国企業は、冷戦期に中東欧に特別の関心をもつことはほとんどなかった。米国の官民の経済組織が本格的に中東欧に進出したのは、一九九〇年以降である。

米国政府は、市場経済の創設のために〝個人起業基金〟をポーランドなどで公的資金で準備し、現地政府および民間団体と共同で審査機関を組織し、小規模な私企業、ベンチャー企業の創設に資金を提供した。ポーランド政府が管理する一九七〇年代以降の累積債務については(いわゆるパリ・クラブによる政府系機関の累積債務)、西側諸国に先駆けて七五%の削減に応じた。これにより米政府は、公的資金を直接、体制移行期の旧社会主義企業に供与する従来の政府間協定による金融援助とは異なり、債務免除による実質的な援助方式を適用した。米国政府はこの際、西側債権国に同調を呼びかけ、大半の国は五〇%の削減に応じた。(42)

米国の私企業の得意とする分野は、大量消費の流通、金融サービスであるが、民有化、規制緩和が進む金融部門では、旧公的機関の精算と民有化に関係して、経営参加を果たし、GEキャピタルのケースにみられるように銀行リテール・ビジネスの国内市場の過半数を占める場合(ハンガリー)もある。いずれにしても米国企業の場合は、欧州連合の市場に対する戦略の一環としての多国籍的経済活動として、すでに欧州に進出している企業がその対欧州戦略としての中東欧市場への進出のケースが多い[43]。

米国の対中東欧関係には、通常の通商関係にない特殊な側面がある。それは、前述の国内的政治性である。大量のポーランド系市民をもち、多くのユダヤ系市民の祖先の地であることでの法的な国内問題となっているからである。法的に、〝米国市民の父祖の地〟というカテゴリーで財政支出が正当化される。一九八〇年代のポーランドの戒厳令に対抗して、米国政府は経済制裁を発動した際にも、別途に連帯の非合法活動に対する資金援助のための外交ルートを求め、ポーランド側も妥協して、それを認めたので事実上、ポーランドには二重政権の実態があった時代もある[44]。

ポーランド系米国市民が、市場経済化の過程で果たした役割も大きい。その最大の影響は個人レベルでの情報伝達であろう。社会主義社会と根本的に異なる市場システムについて、大衆レベルでは、個人個人の体験でしか理解できない場合が多い。ポーランド社会を例にすると、個人レベルの米国などの親戚訪問が一九六〇年代から実現しており、その際、訪問地でのガスト・アルバイトなどの経験もあり（一九八九年当時、ポーランドの地下経済に流通していた米ドルの規模は六五―七〇億といわれ、旧社会主義国では最大の地下経済規模であった[45]）。市場経済での賃労働や競争がどんなものか、少なからず見聞したりする体験があった。市場経済化のためのショック療法が、中東欧では初めて一九八九年にポーランドで施行されるが、それに耐える準備がある程度あったのは、このようなポーランド系米国市民の大衆レベルでのコミュニケーションではなかったか。

Ⅷ　中東欧経済の欧州化とグローバル化

欧州企業にとって中東欧、中でもドイツ、オーストリア、イタリアなど国境を接する国の企業は、戦間期における自由貿易時代また社会主義時代でも東西貿易として復活した一九六〇年代以降の経験があるので活動の範囲は、企業や取引のスケールに左右されない幅広い分野でのビジネスチャンスの到来であった。しかし当初においては二十一世紀初頭における欧州統合までを予見した行動ではなかった。さまざまなタイプの企業が中東欧市場に現実的に対応した（東西ベルリン間には電話回線の不足から、オートバイによる私的郵便業が生まれるほどビジネス環境が異なっていた）。すでに一九八九年以前に西側経済界には、東側市場の西側への雪崩的融合を予期するものもあり、西ベルリンなどでは、ダミー企業を通じての東側企業との不動産取引にまで進出したケースもあった。

旧コメコン時代は、西側からの技術導入に意欲的でも国有企業は、支払い手段を欠き、それに導入した最新技術を有効に生かす経済管理システムに問題があった。国際通貨基金（IMF）は、すでに一九八〇年代から加盟申請のあったポーランドやハンガリーの構造調整のため専門家チームを派遣して国内通貨のズオティ（ズロチ）、フォリントの交換性回復の条件について相手側財務当局と検討していた。一九八九年のショック療法政策でその制度的障害は一挙に取り除かれ、内外の公的金融政策で支えられたとはいえ、通貨の交換性が回復した。外為行政は国家貿易の中心的機能であったので、複雑な行政手続の大半を占めた外為決済手続がなくなり、貿易の自由化、資本取引の自由化は大幅に改善された。西欧の中小企業にも中東欧への進出のチャンスが与えられたのである。

体制移行における最初の問題は、当時の生産手段としての産業の大半を占めていた国有資産の民有化だが、経済性を考えれば、西側企業は、すでに西欧市場における一九八〇年代の長い不況下で国際的にみて財産価値を失った重工業の不動産、工業設備、それに特に有望な工業所有権などもなく、魅力のある含み資産のない旧国有大規模工業企業の民有化に興味を示さなかった。欧州企業は、当初、消費財の欠乏、低賃金という短期的状況に注目し、消費財の輸出、直接投資による生産基地としての活用を考えた。ショック政策による経済混乱は避けられなかったが、下請け製造業としての再生は、旧国有企業の部分的活用としては、差し当たりの方法であった。しかし、ポーランド、ハンガリーなど一九八九年当時、個人の平均月収が五〇ドル前後（交換性のない通貨であるので外貨表示は正確ではないが）であったものが体制移行後十五年余の二〇〇六年になると、その平均賃金は自国通貨の交換レートの上昇もあって二十倍近く、約一〇〇〇ドル以上に達した。ＥＵレベルの平均賃金水準からすればまだ、五〇％にも達しない低さだが、賃金は生産性上昇率よりも早く上昇傾向にある。その過程で新規加盟国の国内市場が、かなりの消費市場として形成されてきたことも注目されている。西欧企業は国内市場に対する関心から流通市場への投資を先行させ、欧州の大手ハイパーマーケットの進出がワルシャワ、ブダペスト、プラハなどの都市部郊外などにみられ、新しい都市景観となっている。(46)

欧州経済の産業構造からみれば重工業偏重の旧国有企業資産は魅力に乏しく、その上、国有企業は経済的にみれば経済計算で経営される市場経済型ではなく、過剰な労働力を抱える福祉型社会団体型の企業であったのでその再生は私企業の商業ベースでは難しかった。特に製鉄業、鉱工業、造船業など、すでに西欧においてもリストラ問題を抱えてる分野では西欧の有力外資もほとんど関心を示さなかった。欧州企業で目立つ投資は金融サービス部門への新規投資である。資本取引、株式市場、各種金融取引は、自由化され、市民の所得上昇とともに住宅ローンなどで急成長を遂げている。特に市民を対象にしたローンは、社会主義時代の半世紀にわたり個人が与信の対象にされることがなかったのですべてが新しい分野である。〝昨日〟まで平均的サラリー以外に所得の可能性が閉ざされていた市民の最初の資産は形式的には国有の住宅が居住権を立証すれば私有となる不動産であった。金融業にとっては国家与信方式から個人与信方式への移行であり、小口金融のリスクを除けばすべて新しいビジネスとなり、いずれの都市の中心部にも利率を争うようにして商業銀行が開業した。

中東欧経済が依然、発展途上であるので西欧企業からみて比較的安い賃金、社会主義時代から残されたインフラ、教育の浸透で生まれた比較的良質な労働力などが直接投資の際の評価すべき条件となる。

社会主義時代の法的規制は百八十度変更されて、外資保護体制は確立した。(47)その前段にはＷＴＯおよびＥＵ加盟準備過程で調整された自由化政策の結果としての規制撤廃がある。外国人による不動産取得、その所有についても制限はほぼなくなり、外資が歓迎される体制が確立した。新興市場経済国として差し迫った政策であったが、大胆なビッグバン政策であった(48)。

欧州企業にとっては、EU内の自由化、規制緩和が進み、新しい枠組みでの国際分業を構想する際に中東欧市場が、まず生産基地として活用するというアプローチが視野に入った。そうなると、歴史的関係としての一九三〇年代の関係が復活する。チェコに対するドイツとオーストリア、ハンガリーに対するオーストリアとドイツ、ポーランドに対する米国とドイツ、ルーマニアに対するフランスとギリシャなどの伝統的地政的関係を生かした企業進出があるし、多国籍企業として成功しているユダヤ系企業などはかつての父祖の地でもある中東欧に土地勘もありサービス、不動産部門などに投資している。

体制変革ですぐにも実現する分野は通商体制での自由化である。すでに一九六〇年代にガットの加盟国であったポーランド、ハンガリーでは一九八九年時点ですでに西側との貿易量が五〇%前後であったので、国営貿易体制が自由化されてもそれに対応する中小の私的商社が設立され、海外企業との関係が構築され、比較的スムーズな体制移行が可能であった。ガットに未加入な旧コメコン諸国は、このグループ国より厳しい状況にあった。WTOと改組したことで加盟問題は、物の取引だけでなく、工業所有権など新しい分野での自由化が義務づけられていたからである(ロシアなど)。中東欧諸国は、ロシアとは異なりWTOにも加盟が認められ、世界貿易の舞台への可能性は高まった。一九九二年以降、中東欧諸国は、EUとの間で欧州協定を締結し、欧州連合加盟への一次的準備を完了したが、その際、暫定協定によって相互に無関税化のための関税協定を締結している。それは直ちに実施され、協定によれば協定国は二〇〇〇年前後までに段階的に少なくとも、農産品を除く工業製品に関してのEUとの輸出入はほぼ無関税となっていた(49)。

IX　教育・技術トランスファー・労働問題

経済体制の市場化に伴って人材の不足が深刻な問題になった。重工業などの巨大産業の解体で大量の失業者が出たのは産業構造の変化が原因だが、旧経済体制における指令的管理機構での人材の大半は、リストラに対応できる教育や職能の変更を経験していなかった。社会主義時代の教育は統計的には高い水準を維持していたが、一般的には理科学系が重視され、社会科学系も形式的な分野が中心であった上に教育と職業を直結するリクルート制度であったので、将来の職業、職能の変更を予見していなかった。教育分野での規制緩和による私立大学、専門学校が急増しているのはその空白を補うための実践的教育改革である(50)。

中東欧諸国においてそれぞれ事情は異なるが、一九九〇年代に、歴史的文化的に関係の深いドイツ、米国、英国、スカンジナビア諸国は、大量の専門家を派遣して市場経済に必要な人材の再教育、育成を公的資金を投じて行い、いわば、ビジネス環境のインフラの構築に協力した。この種の知的支援活動は長期、持続的でなければならないので、EUをはじめとする国際機関がそれを支援している。二国間あるいはNGOの私的財団などの国際的活動も活発である。国立大学の中に、欧州大学、アメリカ大学、ドイツ大学、フランス大学などが設立されて、外国語による講義は当然として、さらに修得単位は、本国文部省も承認する方式であるので野心的学生は、その後、留学したりしてますます国際化し、その国との関係を深めている。社会主義時代の大学には法学部、経済学部があったが、ビジネススクール、経営学部はなかった。しかし、一九九〇年代に入るとさまざまな内外の資金で私立のビジネススクールがあちこちで設立され、教育ブームが起き、外国語教育も活発である。当面労働市場は海外からの魅力のあるリクルート情報があり、大学卒業クラスは英語などの外国語が条件となるのでその準備である。

私立や国立の教育機関に対して外国の財団が資金援助を行っている。さらにそこでの教員の不足が大きな問題であるので西欧の専門家、例えばEUから〝ジャン・モネ客員教授〟プログラムとして派遣される大学教授などの例のように、援助体制が長期化し、持続的になるようその費用は欧州連合が負担している例が多い。

さらに、市場経済とともに技術導入のビッグバンが始まり、当初はインターネット・カッフェがあちこちで活用されていたが、IT技術の一般化とともにパーソナルコンピューター、などの私有化による実用化は目覚ましく、技術が世代を飛び越えて最新のハイテクがトランスファーされている。そのための教育は中学校レベルで行われている。その好例はエストニアだが、一般的に普及度は日本以上かもしれない。これは、社会主義政権が情報の拡散を恐れ、言論統制の手段として情報産業を国家独占にしていた反動にもよる。当初、予想された事態とは異なり、新しい経済活動の活力の源泉になった。国有セクターの旧産業の民有化による活性化は必ずしも予定どおりに進んでいるわけではないが、旧産業が再生しなくとも、新規分野が活性して、経済全体を押し上げている。

なぜこのように急速なサイバー技術が普及したかについては、日本などの事情を参考にすれば、理解しやすい。障害となる既存の電信などの社会設備が旧式で問題にならず、それを維持しようとする利害団体などの社会勢力がなかったことが挙げられる。新しい外国の技術がジャンプして導入された。その事情をいち早く知ったフィンランドの企業などが先行投資したのが始まりで、世界的企業の市場競争が展開されている。

さらに、徴税制度の改革で、いわゆるEU型間接税が導入され（社会主義時代には個人所得税がほぼゼロであったので、国税を徴収する政府機関がなかった）、全国のあらゆる商店、オフィスなどに大蔵省の直接管理する電子計算機の設置が義務とされ、従業員の末端機操作が一般化した事情も挙げられる。末端機の操作は単純なものだが、中高年を含めた従業員全員が、電子機器に触れ、それがビジネスの一般的水準となったことに意義がある。

ゴルバチョフはソ連共産党書記長就任後、一九八五年に最初の訪問国としてヘルシンキを訪問しているが、そこで見た電子機器を指し、フィンランド国産かと念を押したというエピソードは、ヘルシンキでは有名だが、一九八九年時点で貿易総額の半数近くがソ連とコメコンであり、政治的にも中立で欧州機関にも加盟してなかったフィンランドの変身は注目すべきである。フィンランドの有力なノキア社は、今日では、欧州の代表的多国籍企業として成長したが、その背景には、旧東側諸国との経済的文化的な長い協力の経験がプラスかあるは反面教師として役立っていると思われるし、ノキアの中東欧市場でのプレゼンスはその市場の変化を素早く読みとった戦略により、新規業種に先行していることが特徴である。

二〇〇四年五月のEUへの十カ国、それに続く二〇〇七年のルーマニア、ブルガリアの加盟は一九五八年以来の欧州連合の歴史において画期的である。南欧のスペイン、ポルトガルの加盟による拡大と比較してもスケールと意義がはるかに大きい。欧州における経済発展史からだけでも第一次大戦後、敗戦国ドイツが、ヴェルサイユ条約に基づく賠償支払い義務という非市場的状況下で、いわゆる協定貿易 Abkommen Handel（アプコメン・ハンデル）を拡大し、物品貿易でドイツ製品が欧州、特にバルカン、東欧に輸出され、それまでのイギリス、フランスの市場を奪ったという歴史的事実がある。それ以来、ドイツの工業製品は、ドイツ規格（DIN）を東欧に浸透させ、コメコン時代にソ連規格あるいはコメコン規格が社会主義国の工業規格の統一を試みたが、旧工業設備の大半がドイツ製であったために、コメコン規格の普及は難しかった(51)。

欧州レベルの市場拡大は、同時に世界規模のグローバル時代の国際競争をも視野に入れなければならない。一九九〇年代当初、西欧の投資企業から関心をもたれなかった旧重工業分野でもリストラ如何では活性化できるとする動きがみえてきた。それも旧社会主義企業が体制移行過程でEU型の社会福祉型社会への移行がかなり進展し、リストラ対策が市場型に修正されたからであろうか。一九九〇年中頃、旧社会主義ポーランドの最大の鉄鋼コンビナート、ノバ・フタを見学したことがあるが、巨大な設備が休眠している状況は無惨であった。しかしポーランドを例にとると、EU市場向けの大型投資が特に、南西部に多く実現し、日本、ドイツ、フランス、米国、韓国などの企業は、統合された拡大欧州市場での競争力を拡大欧州の旧東欧に対する投資によって見いだそうとしている。EU内の国際分業体制構築に際して旧東欧諸国のもつ潜在力に注目しているのである。それに伴ってまず、西欧に投資された製造設備・工場を拡大欧州部分の中東欧に移転させた。日本に輸出されるドイツ車が統計上は、スロバキア製となっていることなど象徴的である。この状況の変化が旧基幹産業の潜在力を見直す契機にもなった。旧重工業設備とその能力が再び関心を集め、グローバルに展開する多国籍企業によって再生されている。[52]

それらの問題を含めて拡大欧州は、グローバル経済のスケール拡大の傾向に支えられながら、構造的にはさらなる変革の可能性を抱えている。すなわち、EU統合の拡大のもう一つの問題である社会問題として存在する格差である。〝南北問題〟に近い経済水準の格差が平準化に進む過程で発生させる〝きしみ〟の問題である。ドイツを例にとれば、ドイツの労働組合は中東欧の新工場に仕事を奪われる危機に直面して、経営陣に工場移転に反対して撤回を要求するが、無視されることが多い。しかも組合代表の経営参加という社会民主的体制を実現したドイツにおいて、政府・財界はそれがドイツ経済の競争力の改善になると反論すると組合のスト権もむなしくなっている現実がある。

他方、国境的規制が廃止されたことで労働力としての人口移動も激しい。ポーランドの例では、二〇〇四年加盟以降（シェンゲン・ルールの適用は二〇〇七年一二月以降）、二〇〇七年までに百万とも二百万ともいわれる人口が労働力としてEU加盟国の各地に移動した。英国、アイルランド、スペインは無制限、ドイツは職業上の資格次第という条件がつく。ポーランドの戦間期の歴史には大量のアメリカへの移民の歴史があり、百万の人口移動は初めてではないが、EU内ではかつての国籍変更の永住タイプとは異なる、労働移民の特色がある。彼らは国籍を維持したまま市民権を海外で行使する。EUルールによる労働許可は実質的な市民権に近く、複雑な手続なしに生活できるという。各政党は選挙キャンペーンのために移民の住む英国やアイルランドまで出張しなければならない。差し当たりこれらの国では労働力不足の現状であるので問題はない。国内の労働問題と競合する場合は外国人労働力問題は社会問題になる可能性があるが、現状では深刻な社会問題は発生していないし、むしろアイルランドのように国内活性化の好機と理解しているところもある。代わりにポーランドでは高い失業率が半減し（二〇〇四＝二〇・六％――二〇〇七＝一二％）、失業問題解消に近づくだけでなく、分野によっては労働力不足に直面している（ポズナン（ポズナニ）＝三・七％、グダンスク（グダニスク）＝四・五％、ワルシャワ＝三・六％）[53]。それを補うのが、まだEU加盟国ではないが、伝統的な隣国ウクライナなどから簡易査証手続きで移動してくる労働力である。いずれにしても外資側からみると、現地に対する投資かそれとも国内での外国人労働者の雇用かの選択の問題が発生してくる。

二〇〇四年以降の拡大欧州における欧州問題はグローバル化する世界経済の中で高度に発達した市民社会の持続性が問われながら、すべての市場がオープンとなった状況での拡大と深化の路線がどこまで民主的制度と人権を保障する制度として実現するかを問う問題となっている[54]。

注

（1） L.E. Davis, *The Cold War Begins: Soviet-American Conflict over Eastern Europe*, (Princeton University Press, 1974), p.3ff.

（2） T. Suzuki, "On the Demilitarization and Privatization of Industry in Post-War Japan and Some Paralles with Post Communist Countries (Russia)," *Tokai Law Review*, (東海法学)（一七号、一九九六年）一頁以下：T. Suzuki, «La demilitarization et la privatization de l'industrie de l'après-guerre au Japon et en Russie,» *Revue International de Politique Comparée*, vol.4, 1, 1997, p.77 et s.

(3) 鈴木輝二「東西経済協力の制度と実態——冷戦からデタントへの米国・西欧主要国の現状」、(社) ソ連東欧貿易会編（一九七七年）五頁以下。A.F. Lowenfeld, *Trade Controls for Political Ends*, (New York: M. Bender, 1977), p.147ff.

(4) 鈴木輝二『東西経済協力と法』（三省堂、一九八七年）一頁以下。

(5) 鈴木輝二「東西経済協力の制度と実態」前掲書、一頁以下。

(6) 日本の輸出は、工業製品の単品によるのではなく、大型工業プラントであったので契約方式は〝ターンキー〟であり、工事期間も長期であった。一九七〇年代の一時期、日本のプラント輸出に占める対東欧共産圏向けは常に上位五位以内の地位にあった。

(7) 鴨武彦『世界政治をどう見るか』（岩波書店、岩波新書、一九九三年）二頁以下。

(8) 前掲書。

(9) ウィルソンの前職がプリンストン大学の欧州史の教授であることも幸いした。ベルグソンは、ウィルソンのアトランティック精神に賛同して彼の提唱する国際連盟創設の資金集めまでして協力している。

(10) Z. Brzezinski, "US. Foreign Policy in East Central Europe—A study in Contradiction," *Journal of International Affairs*, New York, vol.XI, no.1, 1957.

(11) P. Sztomka, "European Integration as a Cultural Opportunity (on Morality, Identity and Trust)", *The Polish Foreign Affairs Digest*, Quarterly, No.4 (5), 2002, p.77ff.

(12) 鈴木輝二「社会主義国債経済法の新展開、(二)—コメコン・EC協力協定交渉の問題点」、『香川法学』四巻、一—一号（一九八四年）一頁以下。

(13) 鈴木輝二、同上、一四頁。

(14) 鈴木輝二「中東欧の再編成とEC統合」『行動科学研究』三九巻（一九九二年）一頁。

(15) T. Koopmans, "The Birth of European Law at the Crossroads of Legal Traditions," *American Journal of Comparative Law*, vol.39, 1991, p.493.

(16) G.S. Alexander, G. Skapska, (eds.), *A Fourth Way?: Privatization, Property and the Emergence of New Market Economies*, (New York: Routledge, 1994).

(17) 庄司克彦「欧州審議会の拡大とその意義——ロシアの加盟を中心に」『国際法外交雑誌』九五巻四号（一九九七年）一頁。

(18) J. Rothschild, *A History of East and Central Europe*, (University of Washington Press, 1974).（邦訳、大津留厚監訳『大戦間期の東欧——民族国家の幻影』（刀水書房、一九九四年）二九三頁以下）。

(19) J.R. Lampe, Imperial Borderlands or Capitalist Peripehery? Redefinding Balkan Backwardness, 1520−1914, in D. Chirot, (ed.), *The Origins of Backwardness in Eastern Europe: Economics and Politics from the Middle Ages until Early Twentieth Century*, (University of California Press, 1989), p.177ff.

(20) 鈴木輝二「経済相互援助会議（コメコン）」、丹宗昭信ほか編『国際経済法』（青林書院、一九八七年）二三二頁以下。

(21) W. Brus, K. Laski, *From Marx to the Market: Socialism in Search of an Economic System*, (Oxford: Clarendon Press, 1989), p.3ff.

(22) E.H. Carr, *The Twenty Years' Crisis, 1919−1939: An Introduction to the Study of International Relations*, (London: Macmillan, 1939).（邦訳『危機の二十年』井上茂訳、岩波書店、一九五二年）。

(23) A. Essen, *Polska a Mala Entanta 1920−1934*, (PWN, Warszawa-Krakow, 1992), s 7 i n.

(24) J. Charvet, "The idea of State Soveignty and the Right of Humanitarian Intervention," *International Political Science Review*, vol.18, no.1, Jan. 1997, p.39ff.

(25) O. Halecki, *The Millennium of Europe*, (University of Notre Dame Press, 1963), p.304ff.

(26) S. Kieniewicz, *Historia Polski 1795−1918*, (Warszawa, 1963), s 404 i n.

(27) 一九八九年から一九九八年間における市民の自由度のランキング調査によれば、ロシアとポーランドの比較では、政治的権利に関して、ポーランドは当初五段階評価で四からスタートしたが、改善が著しく、一九九二年には二となり、一九九五年から一となった。これに対してロシアは、一九九二年に三となって以後、一九九八年まで三のままである。体制移行が権威的システムのまま進行しているのが厳しい評価の理由である（A. Karatnycky, A. Motyl, C. Graybow, *Nations in Transit*, (New Brunswick, N. J.: Transaction Publishers, 1998)。

(28) D.A. Loeber, V.S. Vardy, L.P.A. Kitching (eds.), *Regional Identity under Soviet Rule: The Case of the Baltic States*, (Institute for the Study of Law, Politics and Society of Socialist States, University of Kiel, 1990).

(29) 鈴木輝二「バルト諸国の国家形成」『東海法学』一〇号（一九九三年）。R. Beermann, "Marx Weber, Friedrich Engels and the Soviet Baltic Republics," *Co-existence*, vol.12, 1975, p.158ff.

　バルト諸国におけるロシア系住民は、ソ連時代の工業化政策に伴い急増し、独立時点で四〇％前後に達しており、中でも、ラトヴィア、エストニアでの人口比率は高い。ゴルバチョフは、各地の民族語をロシア語と並んで公用語とする言語法を認め、テレビ、公的機関での民族語の使用を認めたが、各国では独立後、民族語のみを公用語とする新言語法を採択して、ロシア語は非公用語となるだけでなく、国籍法では民族語の知識が義務となった。これは事実上、ロシア系住民に対する差別であり、もはや少数となったロシア系住民の人権にもかかわる問題となったとして欧州諸機関は問題にしており、さらに一九九五年の公的職務についての言語規制法（エストニア語のみとする）はいったん議会で採択されたが、大統領は欧州機関の非難を考慮して批准を留保し、法案は成立しなかった（参照、渋谷謙次郎「シティズンシップと言語問題――マイノリッテイの権利をめぐる予備的考察」『社会体制と法』創刊号（二〇〇〇年六月）五四頁以下）。また、エストニアの民族問題については、タルト大学のベルグらの以下の論文参照（E. Berg and W. Van Meurs, "Borders and Orders in Europe: Limits of Nation -and State Building in Eastonia, Macedonia and Moldova," *Journal of Communist Studies and Transition Politics*, vol.18, Dec.2002, no.4, p.51ff.）

(30) 二〇〇〇年一〇月にロシア政府とEU間で調印されたガス・パイプライン建設に関する協定では、ロシアの外交的立場が強化され、ロシアと問題を抱えるウクライナを通過せずに、欧州へ向かう路線が選択された。ウクライナ政府は直ちに、不満を表明しているが、エネルギー輸出国、ロシアの立場は依然、欧州においては強者である。（Unia z Rura, Gazeta Wyborcza, 5, X. 2000）

(31) 鈴木輝二「社会主義理論における国際法と国内法の関係」『法律時報』四一巻一号（一九六九年）三六頁以下。

(32) 同上。

(33) K. Skubiszewski, "Polska i Sojusz Polnocnoatlantycki," *Sprawy Międzynarodowe*, 1–3 (LII), 1999, s 9 i n.

(34) 佐瀬昌盛『NATO――二一世紀からの世界戦略』（文藝春秋、一九九九年）、一五八頁以下。植田隆子「EU／NATOの東方拡大と欧州国際政治の変容――その影響と二つの拡大と相克」『国際問題』四五八号（一九九八年）。
(35) A.D. Rotfeld, "Rozszrzerzenie NATO a umocnianie euroatlantyckich struktur bezpieczenstwa," *Sprawy Międzynarodowe*, *op. cit.*, 1–3, 1999, s 65 i n: 植田隆子、欧州安全保障協力機構（植田隆子編）『現代ヨーロッパ国際政治』（岩波書店、二〇〇三年）七一頁以下。
(36) ブジェジンスキは第二次大戦期のアメリカ政府の対中東欧外交を無知と未経験によると批判する (Z. Brzezinski, *op. cit.*, "US Foreign Policy in East Central Europe—A Study in Contradiction," *Journal of International Affairs*, New York, vol.XI, no.1, 1957)。
(37) プーチン大統領の二〇〇二年六月二四日の記者会見（日本経済新聞二〇〇二年六月二五日）。
(38) G.A. Mattox, NATO Enlargement and the United States, in C. David, J. Levesque (eds.), *The Future of NATO: Enlargement, Russia, and European Security*, (McGill-Queen's University Press, 1999), p.79ff.
(39) A. Balogh, The Dimensions of Central European Security, *op. cit.*, p.186ff.
(40) A. Krupavicius, "The Post Communist Transition and Institunalization of Lithuania' Parties," *Lithuanian Political Science Yearbook*, (Vilnius University, 1999), p.43ff.
(41) P. Marer (ed.), US Financing of East-West Trade: The Political Economy of Government Credits and the National Interest, (Bloomington: International Development Research Center, Indiana University, 1975), p.3ff.
(42) 鈴木輝二「ココム体制と東西経済協力」『香川法学』七巻三―四号（一九八八年）二一頁以下。
(43) 小山洋司、「EU単一市場に加盟した東欧・バルト諸国」『海外事情』（二〇〇七年六月）五二頁。
(44) 鈴木輝二、前掲論文、「ココム体制――」、四五頁以下
(45) T. Kowalik, "On the Transformation of Post -communist Societies; The Inefficiency of Primitive Capital Accumulation," *International Political Science Review*, Tradition in Pluralist Thought, Vol.17, No.3, July, 1996, p.289ff.
(46) 小山洋司、富山栄子『東欧の経済とビジネス』（創成社、二〇〇七年）五九頁以下。
(47) 東欧諸国においては東西関係の強化のため、すでに一九七〇年代から外資法を準備していた。しかし社会主義理論としての所有権の制約から、いずれも不完全なもので、外資誘致の目的を果たせなかった。一九九〇年代の外資法は、その所有

権規制をなくし、外資に国内資本市場を開放した。（鈴木輝二「コメコンにおける多国籍経済組織企業法の形成と発展」『社会主義経済研究』五号（一九八五年）。およびJ. Menkes, "Protection of Foreign Investment Property under International Law," *Polish Quarterly of International Affairs*, Summer, 2000, Vol.9, No.3, p.63ff.）

(48) G.W. Kolodko, *Poland 2000: The New Economic Strategy*, (Warszawa, 2000), p.32ff.

(49) EUとポーランド政府間で加盟交渉の一環として農業問題は難航したが自由化が完了した。二〇〇〇年九月二七日に調印された農産物協定によって、双方の課題であった農産物の輸出入に関する自由化についてEU側は、農産品に対する輸出補助金を廃止するかわり、ポーランド側は輸入規制を廃止するという内容の協定である。これによりポーランドは、対EUの農産物輸出に関して基本的に自由となるが、ポーランド国内においても消費者は安く、良質な食料を求め、生産農家は国際競争に直面するという事態になった。ポーランドは対EUの農産物輸出が三倍ほどになるという期待があるという。（K. Naszkowska, Gazeta Wyborcza, 9, IX 2000); A. Jurcewicz, B. Kozlowska, E. Tomkiewicz, *Polityka Rolna Wspolnoty Europejskiej w Aspekcie dostosowania Polskiego Rolnictwa, do Standardow Europejskich*, (PAN, Warszawa, 1995), s 171 in.

(50) 社会主義時代の高等教育は全額無料であったが、一九九〇年代に自立採算制が導入されて、国立大学でも授業料をとるシステムが採用された。大半の国立大学で、授業料は成績により無料と有料に分けられている。私立大学は授業料収入が中心に経営されているので、国立大学より授業料は高額だが、学生やその親たちはその出費を惜しまないようだ。

(51) 鈴木輝二『東西経済協力の制度と実態――冷戦からデタントへの米国・西欧主要国の現状』（ソ連東欧貿易会、一九七七年）四四頁以下。A. T. Bonnell, *German Control over International Economic Relations, 1930–1940*, (Univ. of Illinois Press, 1940), p.138ff.

(52) 二〇〇三年の時点で世界最大級の鉄鋼企業（生産量二位）に成長したLNM社（ミテル社）はもともとインドネシアを基盤としたインド系の企業だが、その急成長の要因としてルーマニア、ポーランドなどの旧社会主義国有企業の巨大な休眠設備を買収し、世界的規模で競争力を高めたことが挙げられている（日本経済新聞、二〇〇三年一一月二四日）。

(53) 失業率の低さは都心部、工業地帯で特徴的だが、東部地方は外資の投資も少なく失業率は依然、一〇－一五％である。*Rzeczpospolita*, 1, X, 2007.

(54) 欧州連合の未来図については、一九五八年以来の歴史において大きな変革を伴いながらの発展という経緯がある。今後においても経済規模、市場システム、社会政策などの分野で変革が予想されるが、現在直面する事態は何度目かになる歴史的転換期であることは間違いない。興味ある報告が、欧州委員会の専門家集団によって編集されている(G. Bertrand, A. Michalski, L.R. Pench, "*Scenarios Europe 2010: Five Possible Futures for Europe*," Forward Studies Unit, European Commission, 1999. 小久保康之監訳、小林正英、東野篤子訳、『ヨーロッパ2010――EU・世界を読み解く5つのシナリオ』(ミネルヴァ書房、二〇〇〇年)。同書によれば、五つのシナリオが提示されているが、アメリカ型市場経済発展主義については、楽観していない。貧富の拡大、過度な競争により負の側面についても観察している。しかし、EUが当初目指した中央集権による福祉国家モデルも実現が難しいことも指摘され、加盟国は、国の大小にかかわりなく、自己責任の範囲は拡大するとしながら、統合の深化過程の問題の困難さを指摘する。それゆえに加盟国の拡大とともに構造が多層化せざるをえないとする。統合が深化しなければならないとしてもその構造、手法、体制はより複雑なものになることを予想している。

二〇〇二年以来本格化し、具体的な採択手続きにまで作業を進展している欧州憲法構想にしても加盟国の議論は多様である。二〇〇〇年一二月のニース条約で基本原理について合意に達し、二十七カ国への拡大も視野に入り、EUはバラ色の未来を展望したのであるが、中心となるドイツ、フランスは、EU権限の拡散を警戒し、制度としての機能的合理性を求めるが、民主主義の不足を理由とする国家主権論に象徴される新保守原理も、特に新規加盟国を中心に未だに生き続けているのが現実である(二〇〇七年までのポーランドのカチンスキ政権、チェコのクラウス政権など)。

ロシア・CIS・EU――旧ソ連諸国の統合の実情と問題点

渋谷　謙次郎

はじめに

本稿では、ソ連解体前後から現在に至るまでの旧ソ連諸国の統合の動きや、そこでのロシアの位置に関する問題について、他方のEUの動向を念頭に置きつつ、検討する。EUの東方拡大については、すでに論文集なども刊行されており、詳細はそちらに委ねる。(1) また筆者の場合、EUの専門家ではないため、EUを念頭に置くといっても、あくまでもEUの統合理念や歴史的な沿革など、大まかな問題を念頭に置いた。

I　ソ連解体から独立国家共同体へ

一九九一年一二月に、主権国家で国際法の主体であったソ連が消失した。それは、同時に、ゴルバチョフ＝連邦権力のイニシアチブによる、ソ連構成共和国の条約締結を通じた再統合の構想が最終的に挫折したことを意味していた。(2) 幾度にも及ぶ条約起草過程では、来るべき政体（それは条約草案ごとに連邦とも国家連合とも解釈できる）の名称から「ソビエト」という語は脱落していき、すでに共産党の指導的役割は放棄されていたこともあって、社会主義への言及も、もはやなかった。むしろ、統一の経済圏や共通通貨、法の支配や人権の尊重などの理念にシフトしていったところには、EUとの類似点を見いだせなくもない。また、条約が「憲法」の意義をもつべきなのか否かといった論争[3]がみられていた点も、EUの憲法条約の位置づけやEUの政体としての性格に関する論争と通じるところもある。

とはいえ、歴史的に国民国家の伝統が強く、なおかつ、第二次世界大戦以後続いてきた欧州でのEC・EUの生成という文脈との違いは明らかである。ソ連を改組する一連の条約構想は、ばらばらになりかけていたソ連をかろうじてつなぎとめるための、連邦権力による試行錯誤であり、一九九〇年から九一年の短期間に集中的になされたものであり、結果的に、ソ連の改組に危機感を抱いた保守派のクーデタを招いてしまった（一九九一年の八月政変）。しかも、その後のソ連解体は、ハプスブルク帝国やオスマン帝国の崩壊に並ぶ「帝国の崩壊」という言説を加速させ、欧州における「統合」や「求心」、旧ソ連における「分離」や「遠心」といった対比が、それなりのリアリティをもつことになった。

もちろん、「分離」や「遠心」による不安定要因も十分予測できるため、独立に向けて歩みだした諸国も、紛争の防止や経済面での相互協力の必要性を認識していた。そこで「独立国家共同体」（以後、CISと略）[4]が結成された。当初、ロシア・ウクライナ・ベラルーシの首脳によってソ連解体が決意されると同時にCISの構想が出され、旧ソ連諸国からバルト三国を差し引いた十二の「主権国家」がCIS結成条約（一九九一年一二月八日）に加盟した[5]（グルジアは九三年に加盟）。ゴルバチョフ時代の、何らかの形での連邦権力の維持を前提とした再統合の模索と異なって、CISは超国家的（supranational）な機関ではない。CIS憲章というものはあるが、憲法や議会、共通の通貨を有しているわけではない。CISの目的は、集団的安全保障、市場経済を基盤とした共通の経済圏の形成である。

CISは、民族紛争や二重国籍の問題などについて、一定の役割を果たしてきた。また、共通の経済圏の形成という志向の点では、ECの歩みとの類似性も見いだせないわけではないが、今後、CISがより強固な経済および政治統合をなしえていくかどうかについては、否定的に考えざるをえない。

まずCIS内部でのロシアの比重があまりにも大きすぎる(EUにおいて人口面でドイツの存在感が大きいとしても、それはCISにおけるロシアの位置とは、次元がかなり異なる)。そのためロシア主導への反発があったり、CIS自体の求心力が欠如していたりすることもあって、CIS内部の利害が多層化し、「合従連衡」がなされてきた。ロシアとベラルーシの国家連合、ロシア・ベラルーシ・カザフスタン・キルギスタン・タジキスタンによる経済共同体構想、(6)ロシアを牽制するために一九九七年に発足したGUAM(グルジア・ウクライナ・アゼルバイジャン・モルドバからなり、一時期ウズベキスタンも加盟していたが後に離脱)などがそれに当たる。GUAMは、ウクライナでの「オレンジ革命」を経て二〇〇六年に「民主主義と経済発展のための機構」という名称を併記した。

プーチン政権も、とりわけグルジアやウクライナにおける政変を目の当たりにして、CISの求心力の陰りを自覚していた。もっとも、裏返していえば、CISが求心力を確保し続けるためには、周辺諸国が「親ロ政権」でなくてはならず、ロシアが周辺諸国の動向に神経を尖らしているような構図にCISの限界がみえてくる。

II　CISの中のEU志向の潮流

ロシア以外のCIS諸国は戦略的見地からロシアと協力関係を結んだり、テロや内戦に対処するため、場合によってロシアの庇護を求めることはあっても、それは一種の「面従腹背」である。またCIS諸国の一部は、すでにEU志向を打ち出してきた(それが現実的に可能かどうかはともかくとして)。

ウクライナで二〇〇四年に「オレンジ革命」が発生する前のクチマ政権は、親ロともいわれてきたが、将来の目標として、ＥＵ入りを掲げていた。「オレンジ革命」で成立したユーシェンコ政権は、明確にＥＵ志向であるが、ロシアによる天然ガス供給の問題もあり、またロシア語住民を多く抱えており、ロシアとは戦略的に協力せざるをえない。仕方なくロシアと一定の範囲内で協力しているのである。

モルドバでは、二〇〇一年以降、議会で共産党が与党になっており、議会から大統領が選出される仕組みの下で、共産党党首ヴォローニン大統領が誕生し、ヴォローニン政権は親ロともいわれた。しかし、モルドバ政府の実効支配が及んでいない沿ドニエストルのロシア軍駐留をめぐるロシア政府との対立により、モルドバもＥＵ志向にシフトした。二〇〇七年の（モルドバ人と民族的・言語的に近い）ルーマニアのＥＵ加盟は、モルドバの先行きにも一定の影響を及ぼさずにはいられない。もっとも「欧州の最貧国」といわれるモルドバのＥＵ加盟には、多くの障壁が待ち受けることになろう。

社会主義体制の崩壊後、チェコやハンガリー、ポーランドはもとよりバルト三国がＥＵ志向になっていったことは容易に理解できるが、ＣＩＳのウクライナやモルドバも、将来的には、ロシアの影響下に置かれるよりは、ＥＵ入りを望むであろう。

Ⅲ　ＣＩＳ共通法とは

かつて、比較法学において「社会主義法」あるいは「ソヴィエト法」といった類型があった[7]。ツヴァイゲルトとケッツによれば、そうした特別の法圏を可能にするのは、「マルクス・レーニン主義の世界観的基礎」であり、それが「社会主義諸法体系を西欧諸国の法体系から根本的に区別するもの」であった。[8] とはいえ、旧ソ連法は、より上位の区分でいうと大陸法の法典モデルをとっており、ソ連解体後、もはや「マルクス・レーニン主義の世界観的基礎」は失われ、社会主義法やソヴィエト法といった固有の類型の根拠もなくなり、旧ソ連諸国は、大まかには、大陸法に位置するという以上の何かをいうのは難しい。もちろん、ひとくちに大陸法といっても、「ドイツ法圏」、「ロマン法圏」といった下位区分はもとより、法文化論的側面からみれば、法的現象や人々の法意識は、同じ大陸法モデルを受容した国々でも異なる。また封建制の歴史がある西欧と比べた場合、ツァーリズムやソビエト社会主義は、むしろ「東洋的専制」（ウィットフォーゲル）の系譜に位置し、国家と社会との相互関係の歴史が西欧の大陸法諸国とは異なる。

旧ソ連のように、歴史的に同じ法圏内にあった諸国だからといって、統合の力が積極的に働くわけではない。他方、興味深いことに、EUには、歴史的に大陸法モデルを受容してきた諸国の他に、コモンローの伝統を有するイギリスが加わっている。それぞれ、ローマ法の影響力も異なる。となると、EU統合を推進してきた理念は、経済的利害はもとより法圏の違いを超えて共有される法の支配や民主主義、立憲主義、市民社会の伝統といったところであろうか。さらには（議論のあるところだが）キリスト教の伝統であろうか。

ロシア法をも専門とする比較法学者ウィリアム・バトラーは、その大著『ロシア法』（第二版、二〇〇三年）において、「CIS統合の共通法に向けて」という議論をしている。そこでバトラーは、「（形成途上にある）CIS共同体法族（a species of CIS community law）」という枠組に言及していた。[9] CIS共通法の主要なモデルとなるのがロシア法であるというのが、バトラーの位置づけである。

確かに体制転換に際して、例えば中央アジア諸国におけるロシア法の影響は強いといえる。それらの諸国の法律家は、基本的にソ連で法学教育を受けており、媒介言語はロシア語であり、体制転換過程におけるロシアの法典整備などが注視されていた。もっとも、そこで、EU法の生成と比肩しうる意味での「CIS共通法」の形成をいえるであろうか。バトラーは希望的観測としてそのように述べたとも思えるが、現実は必ずしもそうではないであろう。

CIS諸国は、社会主義、マルクス＝レーニン主義から離脱するに当たって、一応、人権の尊重や法の支配、立憲主義を掲げ（新憲法を制定し）、表向きは複数政党制を採用してきたが、実状は問題含みである。ベラルーシやカザフスタン、ウズベキスタン、タジキスタンは、憲法改正や国民投票を通じて同一の大統領の多選を可能にし、大統領が長期政権を築いてきており、野党や市民社会の機能がきわめて限定されている。CISからは距離を置いていた「永世中立国」トルクメニスタンは、ニヤゾフ大統領が二〇〇六年一二月に死去するまで個人崇拝体制が敷かれていた（ただし北朝鮮と異なってトルクメニスタンは天然ガス輸出で潤っていた）。その後、大統領選で当選したベルティムハメドフ大統領が、「開放政策」のために外国語の学習とインターネットの利用を公約したほどである。キルギスタン（クルグズスタン）では、かつてのペレストロイカ時代には改革派として知られてきたアカエフ大統領が、再選を重ねる中で権威主義化し、腐敗や不正選挙疑惑に対する野党勢力の抗議が高まる中で、二〇〇五年四月にカザフスタン経由でロシアに亡命する事態となった（ウクライナのオレンジ革命、グルジアのバラ革命と並んでチューリップ革命などとも称される）。

このようにCIS諸国では大統領の権威主義的統治によって政権を維持しているケースや、積年の腐敗や選挙疑惑に対する野党や市民の不満を発端に「市民革命」、「政変」が起こるケース、さもなければ「終身大統領」の死去を経て、かろうじて政権移譲が行われるケースなどがあり、選挙を通じた合法的な政権交代という民主主義の機能が脆弱である。

ロシアでは、ベラルーシや中央アジア諸国と異なってプーチン大統領が憲法の規定に従って二期目で「勇退」することになっているが、二〇〇七年一二月の連邦下院選挙で、与党の「統一ロシア」の比例名簿の筆頭にプーチン氏が記載されて同党が圧勝し、プーチン大統領の権限終了後は、新大統領による首相提案と議会の承認手続によって、プーチン氏が首相に任命されるといわれている。そして四年後の大統領選でプーチン氏は再び大統領選挙に出馬するともいわれている。もちろん、将来は不確定であり、新政権内部で何らかの内紛や派閥闘争が起きて権力のバランスが崩れることも予想できるが、少なくとも、プーチン政権内部およびその近距離において「プーチン王朝」が続くことを望んでいる人が多数いることになる。もし、そうしたシナリオが現実のものになれば、後世、プーチンの名は、プーチン自身が尊敬するといわれているド・ゴールやナポレオンではなくて、ナポレオンの甥であり、第三共和制の中から出現した——マルクスが痛罵した——選挙皇帝ルイ＝ボナパルトと比較されて歴史に名を残すことになろう。

むろん、こうした実状を自由民主主義的見地から批判することは、いくらでも可能だが、それぞれの内在的論理を念頭に置くならば、ＣＩＳ諸国は、一応資本主義体制をとっているものの、市場交換を通じた財の分配が支配的なのではなく、企業の経営者であれ、官僚であれ、政権に近いことが富や利権へのアクセスの必須条件であり、縁故や賄賂がものをいうことになる。大きなビジネスも、政権内部の有力者の庇護をとりつけておかないと、検察を通じたささいな容疑の取調べなどで、足を引っ張られることになる。法は予見可能性を担保するものではなくて、権力者の裁量が最大限反映されやすいレトリカルなものになっている。

ＥＵの共通スタンダードの一つとして、機能する市場経済という前提条件があるが、ＣＩＳ諸国では、最新の民法典が制定され、私的所有権が規範的に承認されても、例えば土地の私有化が一気に実現するわけではなく、土地の売買が規制されたり、土地を私有化するのにもさまざまな許認可権を握る官僚組織と渡り合わなければならず、取引費用がかかり過ぎる。「諸権利の束」としての所有権が分散することによって起こる「アンチ・コモンズの悲劇」（マイケル・ヘラー）が、ソ連解体後、発生したのである。(10)

共通法の発達には、私法の発達が欠かせないと思われるが、ＣＩＳ諸国では、むしろ強力な官僚制度が私法の発達を拒んでいる側面がある。

Ⅳ　ロシア市民の統合意識

以上のように、旧ソ連諸国における統合の枠組みは、西のEUというファクターを除けば、いろいろと問題点を残しつつも存在してきたCISということになるが、このCISの展望は、未来志向というのみならず、とりわけロシアでは、過去の大国であったソビエト連邦への郷愁によって支えられている側面さえある。

EUに関しても、歴史を遡れば、神聖ローマ帝国との類推も働かないわけではないが、それは、旧ソ連諸国民にとってのソ連解体という直近の過去とはわけが違う。

表1は、二〇〇五年一〇月から一一月にかけて全ロシア世論研究センターによってロシア、ベラルーシ、ウクライナ、カザフスタンの市民を対象に行われたアンケート調査の結果であるが、二〇〇五年時点においても、ソ連解体を「残念」と思っている市民の比率が、カザフスタンを除く三国では半数を超えており、ロシアでは七割近くに達する。(11)

ロシアでは、エリツィン時代に経済が低迷し、庶民の生活が苦しく、貧富の格差が拡大し、大国の座から滑り落ちたという傷ついた意識ゆえに、失われた大国ソ連への郷愁が強まっていった。一九九五年一二月の連邦下院選挙ではソ連復活を掲げるロシア共産党が最大議席を獲得した。プーチン時代には、天然資源輸出に支えられて経済が回復基調になり、現在、再び大国としてのプライドを取り戻しつつあるといわれているが、プーチン大統領が圧倒的な支持率の下で二期目の再選を果たした後の二〇〇五年においても、多くの人がソ連解体を残念に思っていることになる。それは、大国の座や周辺諸国への影響力の点で、ソ連には及ばないということなのだろう。

むろん、ソ連解体を残念に思う人が、実際にソ連再建が可能であるとか、再建すべしと必ずしも考えているわけで

表1

質問： ソビエト連邦が解体したことを、あなたは個人的に残念に思いますか、思いませんか？ (%)				
	ロシア	ベラルーシ	ウクライナ	カザフスタン
大変残念	42	29	33	19
強いていえば残念	25	26	20	22
「残念」小計	**67**	**55**	**53**	**41**
あまり残念ではない	17	19	16	30
全然残念ではない	7	13	20	19
「残念でない」小計	**24**	**32**	**36**	**49**
回答困難	9	12	12	10

出典：ВЦИОМ（全ロシア世論研究センター）Пресс-выпуск No. 345, 2005г.
http://wciom.ru/arkhiv/tematicheskii-arkhiv/item/single/2024.html（2008年1月28日現在）

はないことは、さまざまな調査でも明らかにされてきた。仮にバルト三国を差し引くとしても、ロシア共産党が掲げていたようなソ連再建あるいは復興というのは、常識的に考えれば不可能である。二〇〇六年一二月に「世論基金」によってロシア市民を対象に行われたアンケート調査では、「今日、ソ連復興が可能か？」という質問項目に「可能」と答えた人の比率は一四％で、「不可能」と答えた人が七三％である。「不可能」と考える人の比率は、当然ながら、年々上昇している(12)。

ロシア以外の旧ソ連諸国においても、ロシア語系住民やその他の少数民族もおり、ソ連解体を残念に思う人も少なからずいるが、概して、ロシアとは温度差がある。

そうであるがゆえに、少なくともロシアにとってみれば、周辺諸国との何らかの形態での統合の契機は、単に実益さもなければ人権や民主主義、法の支配といった「西側(13)」の理念や価値の追求というよりも、失われた帝国意識の何らかの代替物であるという側面も否

表2

質問：現在、ある国は統合を志向し、反対に、別の国は自立を志向しています。あなたならば、どの国に住みたいと思いますか、あるいは統合されたいかなる国に住みたいと思いますか？（%）				
	ロシア	ベラルーシ	ウクライナ	カザフスタン
統合された欧州（EU）	13	17	19	9
ロシア・ウクライナ・ベラルーシ・カザフスタンの統合された連邦	15	21	30	23
独立国家共同体（CIS）	7	9	11	15
再統合されたソ連	24	17	10	12
他国との統合や国家連合への加盟ではなく、自分の国	34	25	20	33
回答困難	7	11	10	9

出典：ВЦИОМ（全ロシア世論研究センター）Пресс-выпуск No. 345, 2005г.
http://wciom.ru/arkhiv/tematicheskii-arkhiv/item/single/2024.html（2008年1月28日現在）

定できない。

表2では、人々が望ましいと考える国家統合の形態に関するアンケート調査結果が示されているが、いくつかの統合の選択肢の中で、ロシアにおいては、再統合されたソ連という形態を選んでいる人が比較的多い。とはいえ、表1のようにソ連の消失を「残念」と思う人がロシアでは七割近くいても、実際に再統合されたソ連を好むと答える比率は、それよりもはるかに低い（二四%）。しかし、CISを好む人は、さらに低いのである（七%）。

CISを好む比率が相対的に低いといっても、「世論基金」によって二〇〇五年四月に行われたCISに関するアンケート調査では、調査対象となったロシア市民の六六%が、ロシアはCIS統合を強化すべきと考えており、そうした必要はないと答えた人は一二%にとどまっている。(14) もっとも、この調査によれば、CIS統合を強化すべきと考えるロシア市民の比率は二〇〇三年がピークで八六％であり、その後、CISの役割に対する期待はむしろ低減していることになる。既述のとおり、グルジアやウクライナで政変が起きて親欧米政権が成立したことは、ロシア主導のCISの役割に対する期待の陰りに影響を与えた要因の一つでもある。

とはいえ、同じ調査において、「ロシアはCISにおいて主導的役割を果たすべきか、それとも、いかなる国も主導的役割を果たすべきでなくロシアと他のCIS諸国の関係は対等であるべきか」という質問項目では、前者を選んだ人が五三％で、後者が二九％である。[15] 依然として、CISの存在を前提にした場合、ロシア主導を肯定する考えが根強いといえる。

また、ロシアはCIS統合の強化を目指さなければならないと思う人に対して、その理由を問う質問では、「経済的に有利で生活が改善されるから」（七％）や「CIS諸国は隣人であり協力し合う必要があるから」（一一％）よりも、「過去の歴史やソ連での生活がわれわれを結びつけているから」という理由を選択した人のほうが多かった（一三％）[16]。

このように、ロシア市民からみた場合のCISの意義づけは、旧ソ連の結びつきという歴史的沿革とロシア主導という自負によって支えられている面が強い。

表2をみる限り、ロシアでは、相対的にCISよりも、ロシア・ウクライナ・ベラルーシ・カザフスタンの四国の連邦（原語は「ソユーズ」なので国家連合とも解釈できる）や、EUへの統合を好む人のほうが多い。

ロシア・ウクライナ・ベラルーシ・カザフスタンの四国による統合は、それだけとってみると、作家のソルジェニーツィンの構想に近い。ソルジェニーツィンの構想は、スラブ同盟にあり、基調はロシア・ウクライナ・ベラルーシの「スラブ三国」にあるが、そこにカザフスタンも含まれうるのは、同国北部にロシア人が多く居住しているからでもある。ただし、こうしたスラブ的なものを中心とする統合構想においては、ロシア内部にも多く居住するムスリム系諸民族はお荷物ということにもなりかねず、チェチェンなどは独立させてしまったほうがよいということにもなる。こうした考えを突き詰めていくと、非スラブ系の民族の存在を考慮に入れて組み立てられたロシアの多民族連邦制自体が瓦解しかねず、ロシアの為政者が「スラブ同盟」的なものを正面から掲げることはないであろう。チェチェンをかろうじて制圧した現下のロシアの政権が最も恐れるのは、ロシア連邦という枠が揺らいでしまうことに他ならない。

四国の統合構想は、CIS諸国の中でロシアが重要と考えるパートナー、コア・メンバーに限定したものと解釈することもできる。なぜなら、「CIS諸国の中で今日ロシアが最も緊密に友好的な関係を結ぶべき国はどこであると考えるか」というアンケート調査(三国まで回答可能)では、上位三国がベラルーシ、ウクライナ、カザフスタンだからである。(17)

なお、表2の中で、ロシアとベラルーシに関しては、エリツィン時代から交渉の続いてきた両国の国家連合の項目も含まれるべきと思われるかもしれないが、ロシア国民およびベラルーシ国民の大半は、両国の国家連合を二国で完結すべきものと見なしてはいない。それは、ソ連再統合を期待する人、あるいはロシア・ウクライナ・ベラルーシ・カザフスタンなどの統合を期待する人、もしくは、より強化されたCIS統合を望む人にとって、一過程にすぎないのである。

ロシア内部でも、ウクライナやベラルーシほどではないが、EU志向の人も少数ながらいることを表2は物語っている。予見可能な将来にロシアがEUに加盟することはないであろうが、ピョートルが西欧化を目指し、十九世紀にはスラブ派と西欧派の論争があったように、ロシアでは、一方でヨーロッパ的なアイデンティティも根強いし、自分をヨーロッパ人と考える人もいる。アイデンティティは、いわば引き裂かれてきた。グルジア人のスターリンは、自らをアジア人とも見なしており、ブハーリンはスターリンのことを「マルクスを読むチンギスハン」といっていた。ゴルバチョフは「欧州共通の家」を唱え、彼のいう「全人類的価値」は西欧的なメンタリティによって支えられていた。

ベラルーシのルカシェンコ大統領は、「欧州最後の独裁者」ともいわれ、親ロシアで知られてきたが、ベラルーシ国民のEU志向の比率はむしろウクライナと似通っている。ロシアとの関係がこじれたり、政権交代が起こった場合、ベラルーシはウクライナとともにEU志向にシフトすることもありうる。

注目すべきは、とりわけロシアでは、何らかの統合構想を望むよりも、統合や国家連合によらずに自分の国、すなわち主権国家としてのロシアで自足することを望んでいる人の比率が多いことである（カザフスタンもそうした傾向が強い）。これは、必ずしも孤立主義ということではないが、そもそも、ロシア自体、チェチェンの離反やタタルスタンの遠心化など、エリツィン時代から、分解の要因を抱え、憲法で規定されたような連邦制は機能していなかった。したがって、ロシアでは、大国主義的な意識ゆえの旧ソ連諸国との何らかの統合構想への期待が持続してきた一方で、ロシア自体の主権国民国家としての統合と安定が、切実な課題であり続けてきた。プーチンの支持率が高かった要因の一つも、エリツィン時代のように諸地域に譲歩して支持をとりつけるよりも、むしろ連邦下院におけるプーチン与党の形成を追い風に諸地域ににらみをきかせ、チェチェンに親ロ政権を打ち立てるなど、集権化の方向にロシアを導いていったからである。

まとめ

ロシアは、イヴァン四世の統治以降、帝国としての版図を拡大してきた。現代ロシアは、ソ連を「失った」後でさえも、過去の帝国的版図の重荷を背負っており、大国的意識にとらわれてきた。エリツィン時代に大国としてのプライドが傷つけられ、プーチン時代になってそれを回復しつつあるといっても、本質は異ならず、大国意識から脱することができない。

現在の大国意識の「病」については、欧米諸国にも責任があり、直近の例でいうと、ワルシャワ条約機構亡き後のNATOの東方拡大である。一般に、EUの東方拡大とNATOの東方拡大は、区別されるべき問題で、ロシアにとって、前者が直接脅威と意識されるわけではないが、後者は脅威として意識される。問題は、しばしば中東欧諸国やロシアの近隣諸国においてEU加盟とNATO加盟がセットで説かれてきたことであり、現にチェコやハンガリー、ポーランド、バルト三国、ブルガリア、ルーマニアなどは、念願の両者加盟を果たしてきた。

したがって、EU加盟とNATO加盟とは、連動している場合もある。ただし、EU加盟という目標を掲げたウクライナは、NATO加盟という選択肢がロシアを刺激することを十分承知しているため、世論においてもNATO加盟が支配的であるとはいえない。反対に、ロシアとの関係が悪化してきたグルジアは、EU加盟よりもNATO加盟を前面に出している。

いっそのことロシアもNATOに加盟すればNATOはNATOでなくなる、という冗談のような理屈もロシアでささやかれることもあるが、EUとNATOの東方拡大は、ロシアを硬直させる要因を含んでいる。本稿前半で検討したように、EUスタンダードからみた場合、ロシアの政治的民主主義や市場経済の実情には問題が多いが、同時に、そうした状況に対する西側諸国からの批判が、さらにロシアを大国意識や反西側世論に駆り立てていくという構図がある。

注

(1) 羽場久美子、小森田秋夫、田中素香編『ヨーロッパの東方拡大』（岩波書店、二〇〇六年）。

(2) この問題の詳細は、塩川伸明「ソ連解体の最終局面――ゴルバチョフ・フォンド・アルヒーフの資料から」『国家学会雑誌』一二〇巻七―八号（二〇〇七年）を参照。

(3) 同上、一〇一頁。

(4) CISとは、Commonwealth of Independent States の略である。ロシア語では、Содружество независимых государств で、略称はСНГ（エス・エヌ・ゲー）。

(5) CISの制度と役割については、Е.Г. Моисеев, *Десятилетие Содружества: Международно-правовые аспекты деятельности СНГ*, Москва, 2001.

(6) 二〇〇三年九月一九日には、ベラルーシ、カザフスタン、ロシア、ウクライナの四カ国によって新たに「単一経済圏の形成に関する協定」調印され、二〇〇四年四月にロシア連邦議会でも批准された。「単一経済圏」とは、関税や経済規制原則の統合であり、モノ・サービス・資本・労働力の自由移動であり、統合の発展は段階的に行われるという（Парламентская газета『議会新聞』二〇〇四年五月二二日号、連邦上院CIS委員会議長ワジム・グストフの論評）。

(7) K・ツヴァイゲルト、H・ケッツ（大木雅夫訳）『比較法概論――私法の領域における原論』（上）（下）（東京大学出版会、一九七四年）では、「ロマン法圏」、「ドイツ法圏」、「英米法圏」、「北欧法圏」と並んで「社会主義法圏」が別個に類型化されていた。

(8) 同上、（下）五四一頁。

(9) William E. Butler, *Russian Law*, Second Edition (Oxford, 2003.), pp.682-683.

(10) Michael A. Heller, "The Tragedy of Anticommons: Property in the Transition from Marx to Market," *Harvard Law Review*, Vol. 111, No.3 (1998), pp.621-688.

(11) ソ連消失を嘆く人や論者が、必ずしも社会主義やマルクス＝レーニン主義のイデオロギーにことさら親近感をもっているわけではない。現代ロシアでは、保守派や国権派に類する論者が、しばしば帝政ロシアとソ連のいずれにも親近感をもつという、一見したところ奇妙なスタンスも見受けられる。しかし、彼らの内在的論理に従えば、それはさほど奇妙ではなく、いずれもツァーリやスターリンのような強い指導者によって大国として君臨していたという意味で共通しているのである。

(12) Беловежские соглашения: 15 летспустя. http://bd.fom.ru/report/cat/frontier/blocks/FSU/collapse_FSU/dd064926 二〇〇八年一月二八日現在。

(13) 「西側」、「東側」というのは、冷戦時代のレトリックでもあるが、現在のロシアにおいてもメディアや政治家、識者の言説において、主として欧米諸国を指す「西側（Запад）」という言い方は頻繁になされる。それは単なる総称や地理的区分というよりも、ロシアと欧米と区別するというイデオロギー的なニュアンスもあり、さらにはNATO拡大に対する批判や危機意識ゆえに、欧米諸国に対抗意識、場合によって敵対心をこめる意味で「西側」が用いられることもある。

(14) Содружество независимых государств, Опрос населения. http://bd.fom.ru/report/cat/frontier/blocks/FSU/dd051424 二〇〇八年一月二八日現在。

(15) 同上。

(16) 同上。

(17) 同上。

第二部　国家統治権力の多層的再編成――EU

EU政体規範（constitution）研究の現状と展望

中村民雄

はじめに

一九九〇年以降十年弱の間にEC諸国は、ECを超えた政策形成・執行の体制EUの形成に向かい始めた。マーストリヒト（九二年署名・九三年発効）、アムステルダム（九七年署名・九九年発効）、ニース（二〇〇一年署名・執筆時未発効）と三回のEU条約交渉が行われ、さらに二〇〇四年にも次期会議が予定されている。

この一連の頻繁な条約交渉は、（域内市場完成のための通貨同盟を除けば）対外的には、主として一九八九年以降の東西冷戦構造の崩壊と中東欧諸国の民主化・市場経済移行という政治条件の根本的変化にEUの東方拡大によって対応するためにもたれ、また対内的には広範囲に管轄が及ぶEU統治の、ヨーロッパの人々する正統性を、民主的議会や専門的機関等の役割を明確にして説得的に示すためにもたれている。各論点についてEU諸国間の合意が難しいがゆえに、主題を小分けにして会議が頻繁に行われている。

マーストリヒトでは、EUの制度枠組が素描された。ECを第一の柱、共通外交・安全保障政策（防衛政策にも及びうる）の政府間協力を第二の柱、域外からの移民・難民の共通規制および域内の警察間越境協力に関する司法内務の政府間協力を第三の柱とし、それぞれの柱において統治方式（意思決定方式、意思決定に関与する機関、EC裁判所の裁判管轄権、定立する行為の法的拘束力など）を異にするという構図が示された。[1] 次にアムステルダムでは、第二・第三の柱が実効性を高めるために改正された。特に第三の柱は刑事警察協力に専念することになり、域外からの移民難民の共通規制についてはECの権限に移された。また、過半数の構成国が参加する先行統合が厳格な条件の下で第一・第三の柱で容認された。[2] そしてニースでは東方拡大後の大規模化したEUを念頭において、EU各柱の活動に関与する諸機関の規模、あるいは大所帯化しても効率的な意思決定手続の方式の工夫が合意された。また先行統合は第二の柱も含めてEU三列柱すべてに可能とし、先行統合開始の定足数を（過半数から）八カ国以上に緩和することになった。[3] 予告された二〇〇四年の会議では、EUと構成国の権限配分、EU基本権憲章の法的拘束力付与の是非など、EUの政体規範（constitution）[4]を正面から論じる予定である。すでにニース条約交渉のさなか二〇〇〇年五月には、ドイツ外相が「統合の最終形態」なる政体論を唱え耳目を集めた。[5]

一九九〇年代以降のECからEUへの変化は、EC法の研究者にも、さまざまの次元で多くの問題を投げかけている。例えばマクロの次元でいえば、ECからEUへの推移を単に第二・第三の柱の追加と受け止めるのではなく、より根本的に、共同体形成が経済目的を超え政治的共同体の形成へと拡大したと法的にも認知すべきではないかという問題がある。[6] もし認知するならば、経済共同体の運営機構として設計され発展されてきた「ECの機関」（EUの第二・第三の柱はこれを準用しているという認識）を、「EUの機関」として正面から再構成する必要はないか、再構成するとしてそれを支える理論は何か、という問題を抱えよう。[7] さらに、個々のEC法の解釈や相互の関連づけの仕方、EC裁判所の判例法理の位置づけなども、見直しを迫られる場面が出てこよう。またEUは現段階では国際法人格を明文では認められていないものの、EUという一共同体が対内的にも対外的にも実務上はすでに独自かつ独立に存在していると認識するならば、（一九四九年の国際司法裁判所勧告的意見が、法人格の明文がない国連の、職員公務災害につき、国連に機能的法人格があり賠償請求可能とした例に倣って）ＥＵの機能的法人格の存在も主張されうるであろうし、[8] また機能的法人格を認めるならば、ＥＵを列柱分節的に研究する立場からは見いだせないであろう、ＥＵ全体に共通する統治の基本的規範の特定も課題として立ち現れるであろう（現にＥＵ基本権憲章の政治宣言はその端緒とみることもできよう）。このようにマクロの次元の問題だけをとっても、従来の経済共同体形成を目的にしたＥＣ法をそのようなものとして研究してきた者に対する大小さまざまの問いかけが出てくる。

これらの問いかけへの応答は別稿に譲り、[9] 本稿では、マーストリヒト以後のＥＣからＥＵへの政体変化に関して、ヨーロッパのＥＣ・ＥＵ法研究者が取り上げる政体規範に関する研究主題や視座・方法の展開を追うことにする。ＥＣ法をもっぱら研究していたマーストリヒト以前の時代をまとめ（Ⅰ）、ＥＵへ推移したマーストリヒト以後についての動向を整理する（Ⅱ）。そして今後ＥＵ政体規範研究の課題設定について、日本からの外在的な視座の利用も含めて、若干の提言をしたい（Ⅲ）。なお、動向調査の素材を英語圏の出版物にほぼ絞ったのは、私のこれまでの研究関心がイギリス法とＥＵ法の相互作用的形成にあったからである。[10] 他言語圏の研究成果に照らした補正は、ご教導を仰ぎたいと思う。

Ⅰ　マーストリヒト以前

ＥＣ法研究の出発点は、一九五〇・六〇年代の国際法学者を中心とした、一般国際法との対比による、実定規範中心の研究であった。当時の関心事は、既存の国際組織とＥＣとは制度設計においてどこが異なるか、またＥＣ条約の解釈方法や国内法上の効力が他の国際条約とどこがなぜ異なるかなどの点にあった。特に一九六〇年代初頭にＥＣ裁判所が

EC法は「国際法における新しい法秩序」であるとして、EC条約規定の「直接効」（規定の文言が明確かつ無条件であれば、各構成国の人にその国の裁判所で行使可能な権利が直接に生じるとする法理）を認め、またEC法規と各国法との抵触においてはEC法規が絶対的に優位し優先するという「EC法の優位性」の原則を認める判決を出したことが、当時の研究者の議論を活性化させた。国際法学者モナコ（Riccardo Monaco）[12]やベーブル（Gerhard Bebr）[13]の著作が代表例であろう。また、一九六〇年代から、今日まで定評のあるEC法学雑誌が主要国で創刊されたのもこの頃である。Common Market Law Review（オランダ、一九六三年創刊）、Cahiers de droit européen（ベルギー、一九六五年創刊）、Europarecht（ドイツ、一九六六年創刊）、Revue trimestrielle de droit européen（フランス、一九六五年創刊）などである。イギリス（一九七三年EC加盟）では、十年遅れて一九七五年からEuropean Law Reviewが創刊されている。

一九七〇年代は、EC設立条約の予定したEC設立後十二年間の過渡期間（一九六九年まで）を完全に終了した時期である。ところが農業政策以外の分野では、依然としてECの立法作業は停滞していた。国際通貨体制の変動、石油ショックなど当時の国際的な経済不安定が各国政府を国内経済問題に集中させ、「共同市場」形成に向けた協力精神は薄れた。各国政府はECの枠外で、首脳サミットを散発的に開催したり、外交面の共同歩調を話し合うにとどまった。この時期に共同体の設立精神を維持し、EC法規範の効力を各国に繰り返し知らしめたのはEC裁判所であった。EC裁判所は、共同市場の設立の基本となる原則を示すEC法規の「直接効」を繰り返し強調し、「EC法の優位性」を再確認し、各国の裁判所がEC市民のEC法上の権利を各国法制の下で可能な限り実効的に保護するように促した[14]。このような判例の展開を反映して、EC法上の個人の権利の実効的な保護に研究関心が向けられるようになった。シュヘルメルス（Henry G. Schermers）[15]、ペスカトール（Pierre Pescatore）[16]、ジェイコブス（Francis G. Jacobs）[17]らの著作はその代表例である。他方、イプセン（Hans Peter Ipsen）はEC法秩序の正統性に踏み込んで、EC法を個人の経済的自由権を確保するためにヨーロッパ次元の規制を行う目的機能的共同体（Zweckverband）の規範体系ととらえ、その観点から専門合理性を備えたEC諸機関による支配が正統化できると論じた[18]。

一九八〇年代前半に特筆すべきは、一九七九年に初めて直接選挙で選出されたヨーロッパ議会が、スピネリ（Alturo Spinelli）議員を中心に一九八三年に「ヨーロッパ連合条約草案」を公表し、八四年の総会で採択したことである。もちろんこの草案採択は（EC条約の改正手続から外れた）政治的なアピールにすぎなかったが、共同体政治の停滞を放置していた当時のEC諸国政府に、共同体形成への努力の復活を促し、諸国政府も「ヨーロッパ連合に関する厳粛宣言」（一九八三年）でこれに応じ、八五年以降のドロール（Jacques Delors）委員長の登用へと動き始めた。このヨーロッパ議会の条約草案の起草に参加したEC法研究者らは、その逐条解説書を公刊した[19]。

以上の創生期のEC法研究はおおむね、EC条約やそれに基づき制定されたEC（派生）法規の条文間の整合性・論理体系を重視して分析や主張を行う法実証主義的な手法に彩られていた[20]。

今日でもこの伝統は続くが、他方で、一九八〇年代後半からは、法の果たす役割に注目する別の視座からの研究も登場してくる。代表作は、カペレッティ（Mauro Capelletti）らの共同研究である[21]。これは、イタリアのフィレンツェにある大学院大学European University Instituteの創設期の共同研究の成果である。この共同研究の新機軸は、第一に方法論にあった。EC法の体系的解釈ではなくEC法の統合推進的な役割に着目し、停滞したEC政治の下でもEC裁判所の判例展開が共同体形成を推進する役割を果たしたことをECのさまざまな政策分野について活写した。第二に、アメリカ法との比較の視点も取り入れたことから、ECをアメリカの連邦モデルでどこまで把握できるかを問い、例えばECでの「商品の自由移動」とアメリカでの「州際通商」などの具体的な実定法分野についての法・制度の制約条件の違いをとらえようとした。

なおアメリカ法とEC法の比較という視点を初めてとったのは、サンダロー（Terrance Sandalow）とスタイン（Eric Stein）の共同研究（一九八二年）であり[22]、ここでアメリカ法での連邦と州の間の権限配分を整理する分析概念のうち、EC法においても利用可能な概念（特に専占 preemption）が初めて導入された。[23] これらの共同研究の成果は、後の九〇年代のさまざま研究へと受け継がれていく。

カペレッティらの共同研究がEC裁判所の役割を肯定的に評価したものであったのに対して、ほぼ同時期に、デンマークのEC法学者ラスムッセン（Hjate Rasmussen）はきわめて批判的な研究を発表した。[24] 彼はECを構成国による特定の権限付与により成立したものと限定的にとらえる立場を出発点に、EC裁判所の共同体形成への合目的EC法解釈を、EC裁判所の党派的な政治的EC権限拡大解釈であると批判した。この著作も方法論的にはEC裁判所の役割を分析するものであったが、内容についてはカペレッティの酷評を誘発した。[25]

一九八五年にECではドロール委員会が誕生する。ドロールは一九九二年末までの「域内市場の完成」を目標に、二八〇あまりの立法計画を示した白書を発表し、それがヨーロッパ経済の活性化と日米との経済競争力の回復に必要不可欠と説き、経済学者チェッキーニ（Paolo Cecchini）をして域内市場統合の経済的効果予測を報告させた。[26] ドロールは白書の実現のためにEC条約改正を求め、EC諸国政府は八六年にヨーロッパ単一議定書を締結した。これはEC条約を改正する部分（特に、域内市場立法の採決は理事会の全会一致ではなく特定多数決を原則とする一〇〇a［現九五］条の追加）と、ECの枠外で事実上発生していた外交面でのEC諸国政府間の協力体制を「ヨーロッパ政治協力」（European Policital Cooperation: EPC）として法的に認知し、ECとEPCを架橋する「ヨーロッパ首脳理事会」（European Council）を設置する、というものであった。[27] EUの列柱構造はここに端を発する。

ドロール委員会の当時、域内市場統合政策に直接の利害をもつ企業の法務需要に応えるべく、EC会社法、銀行法、競争法、通商法などの商事法、経済行政法を中心として、変転する実体法の整理と記述をする実務的法学書が大量に出版された。また消費者法や金融法あるいは環境法といった特定分野専門のEC法雑誌も次々と創刊された。[28] EC法学者の著作も、商品、サービス、資本、人の自由移動（いわゆる四つの自由）に関する個人・企業の権利の体系的記述が一つの傾向となった。[29] この時期のEC法研究は、個別分野の実定法を詳しく精密に記述することには邁進した。しかし、ECの膨大な立法を正統化する共同体統治の理論的考察、あるいは、市場統合政策の下でEC法による各国法の調和が進む分野と進まない分野があるが、その差異がなぜ生じるのかについて説明モデルを提示するような基礎的な研究は、ほとんど出なかった。[30] 数少ない例外として、ワイラー（Joseph H. H. Weiler）の論文がある。[31] 彼はEC設立期からドロール委員会の市場統合政策期に至るまでの約四十年間の共同体の発展を、政治と法の相互補完的な展開として描く。すなわち、脱退を禁じられたEC構成国は、その国益発言力を確保するために理事会の意思決定実務を原則として全会一致としたが（「ルクセンブルクの妥協」）、そのために共同体政治は停滞し、EC裁判所に法を使った共同体形成の役割が担わされることになった。しかし法による共同体形成は、共同体の独自の権限領域を累積的に拡大し、各国の自律的権限行使を法的に制約するものとなった。そのため、EC各国は統治権限をECにおいて協調的に行使して、自ら法の作出の先導権を握るほうに多くの利益を見いだすようになり、ヨーロッパ単一議定書により理事会の特定多数決実務を復活させ、再び共同体政治が復調した、というのである。このワイラーの議論は、その後、EC裁判所の政治的役割に政治学者の目を向けさせることにもなった。[32]

II　マーストリヒト以後

マーストリヒト条約は、EC諸国の自作ながら嚥下するには大きく苦い薬であった。ECをEUの三列柱構造に組み込み、EUという新しい共同体の枠組を示した点は、共同体形成目的の根本的変化を示唆しており、EC各国の憲法ないし基本的政治理念との適合性問題を引き起こした。国際機関への国家統治権限の一部委任を憲法の明文で認めたドイツ[33]やデンマーク[34]にあっては、通貨同盟から防衛政策に至る広汎な権限のEUへの委任の正統性が、経済市場については各国の規制者間も競争すべきことを理想とするイギリスにとっては一元的管理の通貨同盟が[35]、国民主権行使の本質的要件を守ろうとするフランスにとってはEU市民権（外国人の地方参政権）と通貨同盟が[36]、胎児の生命権を憲法で認めるアイルランドではECの男女平等法規が妊娠中絶容認へ向かうことの恐れが[37]、激しい議論を政治や司法の場に巻き起こした。マーストリヒト条約が署名されて数カ月後のデンマークの第一回国民投票は批准を否決した（二回目で批准）。当時十二カ国であったEUの半数近くの国でこのように強い反発が生じたのは、EC法の歴史において初めての事態でありEC法研究者にも波紋を投げかけた。研究者の間に、従来の研究方法や視座が見落としてきた部分がないかどうかの疑念が芽生え、新たな方法や視座が模索され始めた。

もっとも、マーストリヒト・ショック以外にも、同時期の他の要因が研究者の熟慮再考を促した面もある。特に一九八九年の東西冷戦構造の解消がそれである。これは、それまでEC法が暗黙の前提としていたEC法＝西ヨーロッパ諸国の市場主義経済法、EU＝資本主義社会の自由主義政治体制という側面を露呈させた。実務的にも一九九〇年代初頭から中東欧諸国のEU加盟準備が始まり、それらの国との「ヨーロッパ協定（European Agreements）」においてEUは「共同体の既存の成果（acquis communautaire）」の受容を中東欧諸国に迫った。この作業においてEUは何が「既存の成果」かを自問することになり、EUの大前提の明文化が緊要となった。ところがEC法およびEUは、この大前提を法としては（人権保護や法の支配を不文法として語るEC裁判所のマーストリヒト以前の判例以外は）ほとんど語ってこなかった。これまでのようにEC法の不文の「一般原則」としておくのも一案であるが、今後、中東欧諸国の加盟により大規模化したEU政治の安定を図るために、また対外的な政策の指導原理を明示するためにも、EUの暗黙の大前提を明示的に確認しておくのが賢明である。このような背景からマーストリヒト条約では、EU政治の基本原則が概括的にではあるが明文化された（当時のEU条約F条［現六条］）。このように外からは冷戦構造の崩壊が、内からはマーストリヒト・ショックが生じ、多くの研究者に方法論に遡った見直しの問題意識が共有され、いくつかの方向に研究手法が分化していった。

一　法の文脈的理解——実証研究

第一の方向は、八〇年代後半に登場していた、法の役割に着目する外在的な視点からの研究手法である。法実証主義的な解釈学を超えて、法の政治・経済・社会的な文脈における役割や効果に視野を広げた実証研究を行うところに特色がある。これは、法学以外の学問領域（国際政治学など）における研究成果と法学との融合の素地となった。

この文脈的研究をEU法研究の方法論として提唱したのは、スナイダー（Francis Snyder）である。彼は一九九〇年の著作で、EC法が暗黙の前提としている基本原理（市場経済体制、民主主義政治体制など）を洗い出し、あるいは、既存の法的概念と現実の事実との乖離が生じている部門（農業政策など）に法学者も敏感であるべきで、その乖離を見つめた上で、既存の法の枠内でより正義にかなう解釈や、あるべき立法論を展開すべきであることを指摘した。(38)彼はその後、従来のEC法研究の最善の成果と彼が目するところのさまざまの研究者の論文を集めた選集二巻を編纂し、(39)EC法の批判的研究の出発点を築いた。その後、スナイダーはイタリアのEuropean University Instituteにおいて、ワイラーらと協力して、そこを法の文脈的考察の方法論（Law in Context）による研究の拠点とし、機関誌に当たるEuropean Law Journalを一九九六年に創刊した。その副題は、Review of European Law in Contextである。

この学派の中で、法の文脈（実像）と法の論理（規範像）の乖離を指摘するだけではなく、そこから新たな法の論理を開拓しようとしている一人に、私法学者イェルゲス（Christian Joerges）がいる。初期の彼は、契約法・消費者保護法の分野についての実証研究をもとに、市民社会の全般にわたり法を定立する国家法体系に、EC法は共同市場形成の観点から局所的に非体系的に介入するため、各国ごとに国家法体系との不調和を起こしながら、各国間で差異をもって受容される、それゆえ各国法の調和を目指すはずのEC法もその目的を十分に達成しえない、と主張していた。(40) その後イェルゲスは、各国法を調和させるためのEC法規の立法過程に研究対象を広げ、マーストリヒト条約を契機に問題提起的な論文を発表した。(41) すなわち、EC法は従来、市場経済活動の自由の保障と自由市場維持のための規律の体系（「経済法」）として発展してきたが、市民社会法の一面にすぎない経済法が何ゆえに市民社会を形成維持する国家法に優越するかの根拠と正統性については七〇年代のイプセンの目的機能的共同体説を超えるものがない。しかし、ECの「経済法」は、その後イプセン説が前提する、EC法の機能目的の限定性を失っていった。なぜなら、八〇年代に環境や食品安全性へのリスクの防止といった非経済的価値もEC裁判所の判例法理や市場統合政策立法の実務に取り込まれ、ECの法は経済目的かつ社会目的と複合化・総合化してきたからである。ゆえに今日ではEC・EU法の国家法に対する優位の根拠を別の視点から再考する必要がある。そこで次の事実が注目に値する、とイェルゲスはいう。①八〇・九〇年代にECの専門行政機関がいつくか設置され、各国行政機関とのネットワークにより管轄する事項の情報収集と各国の政策の協調助言をするようになったこと。②EC条約が規定する公式の立法過程や立法の執行過程の前段階ないし陰にある、各種の利益団体や専門家を取り込んだ諮問的合意形成の過程（「コミトロジー」）があること。③EC共通の安全基準・製品規格の平準化については、利害関係者とEC委員会によるコーポラティズム的意思決定が生じていること。

この論文ではイェルゲスは九〇年代のEC法の正統性まで論じつめていないが、その後の論文で、このように公式・非公式のさまざまな利害調整の場が立法や行政の過程にあるから、現代のEC法はヨーロッパ次元の市民社会法としての参加民主的正統性の少なくとも必要部分は備えつつあるのではないか、と暫定的な主張をしている。(42) また、イェルゲスは先の問題提起論文の後に、コミトロジーについての実証研究を進めていたヴォス（Ellen Vos）(43)と共同してコミトロジー研究の成果を刊行した。[44]

二　法学と政治学の融合——政体規範とガヴァナンス

法の文脈研究は、同じく実証研究を重視する他の学問分野の研究とも結びつく。八〇年代後半から九〇年代にかけて、EC市場統合の進展や地域振興のための構造基金の交付増大、経済・環境等の問題のグローバル化、国家内の地方の独立ないし分権運動などが生じた。そのため、国家単位で国内・国際政治に注目して研究していた政治学者も、国民国家による統治だけでは現代の政治社会空間を説明しきれないことを自覚し、[45]市民に対する統治は、国家次元だけでなく、より上位（supra-national）や下位（sub-national）の次元にもあることを強調するようになった。多次元ガヴァナンス（multi-level governance）論である。EC域内についていえば、国際機関（国連、WTOなど）、EC／EU、国家、地方自治体、私的団体などが政策分野や政策問題ごとに、（階層序列なく）水平的に相互に越境的に関係をとりもつ。このような統治実態（polity）があることを、さまざまの実証研究が明らかにしていった。[46]

一つの代表的な成果が、コーラーコッホ（Kohler-Koch）らのネットワーク・ガヴァナンス論である。[47]この研究は第一に、ECの政策分野ごと、例えば農業政策、研究開発政策、社会政策など政策分野ごとに、政策の形成や執行の過程に公式・非公式に参加する公的・私的なさまざまの主体（アクター）があり、意思決定の次元もさまざまである点を明らかにした。第二に、この研究は進んで、政策分野ごとに統治の実態は異なるけれども、大局的には共通の統治様式も認められるという。すなわち、多様な主体が国家とECの各次元を往復して公式の政策形成を促すうちに、各自の主張する政策案もまた変容して、相互作用的に最終的にヨーロッパ次元の公式の政策とそれを支えるネットワークが出来上がる。これはほぼどの分野にも共通しており、このような統治様式をコーラーコッホらは「ネットワーク・ガヴァナンス」と呼んだ。

このネットワーク・ガヴァナンスの研究は、法学者にも刺激的である。なぜなら、法学者は規範的な制度像を出発点にするため、EUの柱ごとの統治制度の差異には敏感であるが、一つの柱の中の統治実態の差異には気づきにくいからである。また、ネットワーク・ガヴァナンスという実態は、規範的なEC統治制度像と重なる部分もあるが重ならない部分もあり、重ならない部分についてはそれを公式の制度として認知し、より多様な社会的利益を代表させる工夫をする必要はないか、という立法論を暗示するからである。

このようにガヴァナンス研究は、EC・EUの統治作用の及び方を、（法規範としての制度像にとらわれずに）種々の次元・局面から切り込み、それぞれに公式・非公式の、また公的・私的の主体が相互に作用しあって政策の形成や執行が行われる実態があることを示した。

ガヴァナンス研究の今後の課題は、そのような個々の統治実態が、EU全体の統治を正統化するかどうかを検討することであろう。それは非公式の実態のどれをいかに公式化するかという論点も含むであろうし、またEU統治を正統化するための理論をどうたてるかという問題も抱えるであろう。(48) 法学者の間でも、多次元ガヴァナンス論に示唆を得て、それをEU政体規範論に活かそうとした論文が近年出始めた。(49) また前述のイェルゲスやヴォスらのコミトロジー研究(50)も、国家次元、EC次元の両者をつなぐ次元のガヴァナンスに焦点を当てたものであった。今後、EU政体の展開を的確に考察するためには、法学研究者と政治学研究者の相互補完的な共同研究が不可欠となろう。(51) 政治学者がEUガヴァナンスの実態から正統性を論じるのも、法学者が既定の規範像と実態のズレに照らしてEU政体の規範像を再構成するのも、実態の把握とその規範的評価をする点で共通だからである。

三　法と経済学

以上とは異なり、九〇年代の別の研究手法として、純理論的なモデルを設定して、そのモデルの指標から法とその運用に関連する事実を収集し分析するような研究手法が出てきた。典型例は、一九八〇年代アメリカで全盛を迎えていたLaw and Economics（法制度の経済分析）のEUへの応用である。ドイツの経済学者シュミッチェン（Dieter Schmidtchen）とアメリカの法学者クーター（Robert Cooter）らの共同研究（一九九七年）が代表的な研究である(52)。この共同研究は、ECからEUへの変化を意識しており、EUの抱える法政策的課題を「意思決定」「連邦的構造」「機構改革」に大別し、各局面について具体的な問題をたてて分析している。例えば、意思決定面についていえば、八〇年代前半までは、ECの立法過程においては理事会の全会一致の慣行と「諮問手続」（ヨーロッパ議会は法案に意見を表明するだけで理事会はそれに拘束されない）とが続いていたので、ECの意思決定は要するに理事会での意思決定を、そこでの各国の協力ゲームとして分析するだけで大過はなかった。ところが、八六年のヨーロッパ単一議定書や九二年のマーストリヒト条約により、理事会では特定多数決が、そして立法過程全体としても理事会だけでは決定できない方式（ヨーロッパ議会との「共同決定手続」や「承認手続」）が導入された。それゆえECでの意思決定は、むしろ理事会・ヨーロッパ議会・EC委員会の機関間相互の非協力ゲームとして分析すべきであるとして、理事会での各国票数をベースにした影響力分析を批判し、ヨーロッパ議会やEC委員会の立法主題設定力（agenda setting power）を含めた分析をしている。

このようなモデル先行型の研究は、EC・EUの制度の運用実像が生じる理由を説明する場合に最も力を発揮するが、モデルの単純化のためにさまざまの要素が捨象され、かつ前提条件が設定されるため、それらの準備作業の妥当性を慎重に点検する必要がある。

四　EU政体についての研究主題

では、九〇年代以降のEU政体形成をめぐり、具体的にはどのような主題に研究の関心が向けられてきたのであろうか。大別すると、(1)政体の制度・理念に関する研究と、(2)政体の下での市民社会法の生成に注目する研究とに分かれるようである。

(1)制度・理念については、まず、EU政体規範("constitution")の体系的提示をそもそも必要とするかどうか、という点に遡って論じられてきた。必要とする論者の多くは、EUと構成国の権限配分を明確にし、基本権を明示し、市民への透明性と統治の正統性を高めるために、連邦制度の国民国家を理念型として到達目標(「統合の最終形態」)に掲げ、それを規範化しようとする。学界ではマンチーニ(Federico Mancini)[53]、グリム(Dieter Grimm)[54]、政治家ではドイツのフィッシャー外相[55]が代表者である。他方、体系的提示に消極的ないし慎重な論者の代表であるワイラーは、EU法秩序において政体規範はすでに存在し、その特定も十分可能であるうえ、「最終形態」論をとるならばEUの独自の政体を、単一のデモス(demos)を想定する政体に変容させることになり、EC・EU条約にいう「ヨーロッパの人々の連合」という複数形の可能性——多様な市民社会への寛容性——がかえって失われ危険であると主張する。[56] 元EC委員会委員長のドロールも「悪い憲法よりよい条約のほうがまし」という警句で同旨を表現している。[57]

次に、体系的明文化をおいても、何を政体規範として特定するかはいずれにせよ問題である。すでに自由・民主主義・人権保護・法の支配といった大原則はEU・EC条約に明文化されているが、抽象度のより低い次元での論点をめぐり議論が行われている。

①EU政体における民主主義を考える場合、EU社会を形成する政治主体は誰か、「ヨーロッパの人々」とはどの範囲の人をいうかが問題になる。すでにマーストリヒト条約が「EU市民権（Citizenship of the Union）」をもつ市民（これはEU諸国の「国民」に限定される）という一つの範囲を示しているが、EU政体を構成すべき市民はその範囲で十分かという問題である。[58] これは例えば、域内合法定住の第三国人（ドイツのトルコ人・第二世代など）をEUの市民として包摂すべきかどうかなどの局面で先鋭に現れる。[59]

②どのような種類の民主主義を想定するかも問題である。いわゆる「EUの民主主義の欠損（democracy deficit）」問題の前提問題でもある。一九七九年以降のヨーロッパ議会はEU市民の直接選挙による人民代表で構成されているため、立法手続への理事会との対等の参加権を目標にその権限の拡大に努めてきた。しかし、イェルゲスも指摘するように、ECの立法過程にあっても、利害関係者の立法過程への直接参加的な制度運営が自生してきた。[60] このような自生的統治過程は、いかなる種類の民主主義としてEU政体の下で正統と評価できるであろうか。この点は議論が始まったばかりである。[61]

③政体規範の明確化に当たっては、EUと構成国の権限配分をより明確にすべきとの主張もなされる。しかし、八〇年代以来の「専占」をめぐる論稿[62]やマーストリヒト条約直後の「補完性原則」（EC条約三b［現五］条二段）をめぐる膨大な論稿[63]をもってしてもこの点は法的には明確にはならなかった。[64] そればかりか、九〇年代のガヴァナンス研究の成果を考慮すると、構成国の国家主権をECとの関係で部分的に制限あるいは移譲するといった法律構成——ECと構成国の垂直関係において、どちらか一方が権限をもつという二項対立的な法律構成——がなじむ政策分野は少ないことにも気づく。EC権限の「専占」が生じている共通通商政策や共通農業政策にはこのような法律構成がなじむが、「専占」がない、権限の競合する大部分の政策領域（域内市場の規制政策や社会政策、環境政策など）では、むしろNGO—業界団体—地方自治体—構成国政府—コミトロジー—EC機関—ECの専門行政機関—国際機関などが、水平的に相互網

羅的にネットワークを形成しており、政策形成や執行の権限の帰属先も特定しがたい。このような形態の統治の場合、権限の配分を法的にどう規定するかは難問であり、法学者による論究は始まったばかりである。[65]

④人権・基本権の保障のあり方をめぐっても議論があるが、これは一九七〇年代からのEC裁判所の判例と学説の長年の蓄積がある。[66] 九〇年代に特に議論されているのは、アムステルダム条約以前にあっては、シェンゲン協定の下での各国警察の越境的協力等に対する人権保障であり、[67] アムステルダム条約によりシェンゲン協定がEU条約に編入されてからは、EUの第一・第三の柱（刑事警察協力）の領域での人権保障である。[68]

(2) 市民社会法の生成面では、一つには共通法の可能性に関心が集まっている。例えば、デ・ウィッテ（Bruno de Witte）らの「ヨーロッパ・ロースクール」構想を出発点として、[69] 編まれ始めたヨーロッパ共通私法教科書やケースブック（Common Law of Europe casebooks）の実験がある。[70] これは各国法に共通の法原則や法的推論をヨーロッパ共通法として学説が積極的に認知し法学教育を通して普及しようとするものである。もっとも、同じ共通法の可能性を探る研究でも、各国とECの法の相互作用的形成の実務に共通法の生成を委ねようとする立場もある。行政法学者シュヴァルツェ（Jürgen Schwarze）のECおよび構成十二カ国の行政法の比較研究は、（あえて共通の法原則や法的推論があるかのような整理をせずに）特定の法的争点について各国法とEC法がいかに対応するかを並列的に記述するにとどめる。[71] この研究の意図するところは、各国とECの法情報を集積した中からすぐれた法準則を実務家がEC裁判所を説得してEC法準則として認知させ、そのEC法準則が今度は優越的な規範として別の国に転移し普及する、という循環的な法形成を実務家の中に促すことである[72]（なお、共通法の研究と拮抗するかのように、ヨーロッパの法や社会の多様性を強調する研究も一部に出始めている）。[73]

これらとは別に、国家という政体と深く結びついてきた「市民権（citizenship）」を、国家ではないEU政体においても認めるようになってきた政治意識がどのように生じてきたかの経緯を、政治と法の実務において跡づけるウィーナー

(Antje Wiener) の研究がある。[74] これはEUを政体空間として構成国政府が意識する過程に注目したもので、政治学的視点の研究であるが、慣行から法が生じる側面をとらえている点が法学研究者にも参考になる。さらに、EC時代の経済的自由権にEU時代の参政権など一部の政治的自由権が加わって構成されている現在のEU市民権を「断片的市民権慣行 (fragmented citizenship practice)」という名の下に、逆説的ではあるが、統合的にとらえる視点を打ち出している点も、経済法としてのEC法を市民社会法としてのEU法に読み替え (再構成す) る糸口を示唆している。また、「市民権慣行」は、法的権利の多寡だけでなく、人々の帰属意識の消長をも含めて論じうる視座であり、EUの人々の自生的なヨーロッパ社会意識の成長を図る一つの目安となりうる点でも意義が大きい。

以上を要するに、EU政体規範を論じるにも、政体の制度的側面と、政体の下の市民社会法の生成の側面の双方を取り上げているのが、現在のヨーロッパの学界である。そしてこの両者を総合して論じようとする試みも一部には現れてきている。[75]

Ⅲ 展望

これまで概観した、ヨーロッパの英語圏の研究動向を参考に、日本においてEU政体規範の解明を試みる場合、何をどう研究することが有益であろうか。

まず、方法論的に確認しておくべきことは、EUの政体規範について論じる場合、それがまさに生成途上の規範であるため、実定法上の規範を論じることは必要ではあっても十分ではない、という点である。十分に論じるには、自生的な政体慣行を規範的に認知する必要がないかどうかにまで及ばざるをえない。

もっとも、事実たる慣行を法として認知することの正統性について、いま少し論じる必要があろうから、現段階での暫定的な試論を簡潔に示しておこう。

一般に国民国家の憲法は、その下の政体運営が憲法規範から離れる場合、離れた現実をもって法規範にすることを許さない。許されるのは（大部分の国の場合）特別の多数決を要する憲法改正手続を経る場合に限られる。これは憲法による統治が、主権者たる国民を想定し、その制定する憲法により国家権力の行使を規制して国民を恣意的権力行使から護るという戦略をとるからである。ところがEUは、そもそも前代未聞の国家単位を超えた、国民国家と異なる独自の統治制度であり、その統治に服する者の範囲も確定的ではなく、統治の目的も権限範囲も、試行錯誤的に時の要請に応じて作られる。国民国家の憲法とEUの政体規範はそれが成り立つ前提条件が異なる。

なるほどEU政体を作る者は実定法的には構成各国の中央政府とされ（EU条約四八条）、中央政府は各国憲法が許す範囲でしかEC・EUの政体形成を正統化できない、ともいいうる。[76] しかし、実像からいえば、各国憲法がEC・EUの政体形成を制約するのではなく、EC・EUの政体形成があってそれを各国憲法が（必要ならば改正もして）追認するよう迫られてきた。[77] イギリスはEC加盟により伝統的なコモン・ロー上の憲法原則「国会主権の原則」を修正し、[78] フランスはマーストリヒト条約を批准するために憲法の「本質的要件」を改正し、[79] デンマークは批准されるまで国民投票を繰り返した。そして法的な論理としても、EU条約にはacquis communautaireを尊重し積み上げるとの原則（EU条約三条）や「自由、民主主義、人権および基本権の尊重、法の支配など構成国に共通の諸原則」を基礎とすること（同六条一項）、「構成国の国家アイデンティティ」を尊重すること（同六条三項）といった抽象的な大原則を除いては条約改正の限界を示す明文はない。さらにはアムステルダム条約以降、先行統合の規定も追加された（EU条約四三条以下、EC条約一一条）。仮に各国憲法の制約によりEU次元の政体形成をいずれかの構成国が阻もうとしたとしても、先行統合が成り立つ範囲ではその構成国を除いてEU政体形成は進行できる。今や各国憲法のEU政体形成に対する法的制約は、（あるとすれば）それぞれの憲法自体の改正の法的限界と、既存のEU法上の若干の制約の範囲に縮減している。したがって中央政府は、（域外第三国との関係を別にすれば）法的な制約をさほど重視せずにEC・EUなる統治秩序を形成しうる。これが現在のEC・EU政体形成の法的環境である。

このようなEUおよび構成諸国の法と現実の中で「自由、民主主義、人権および基本権の尊重、法の支配の諸原則」（EU条約前文および同六条一項）を信奉し、「人々の歴史、文化、伝統を尊重しながら、人々の連帯を深めることを希求」（EU条約前文）してEUの政体を形成していくとき、過去五十余年間の共同体統治の中で「ヨーロッパの人々」の要請を受けてEUにおいて法定の制度外に自生的に生じてきた統治様式を、上記の諸原則・諸価値に照らして評価し、EUの制度として認知すべきものは認知する作業は、「ヨーロッパの人々の間の絶えず緊密化する連合」での「決定は市民に可能な限り開かれ、かつ近く行なわれる」（EU条約一条）という目的に即した民主的正統性を高めるものといえるのではないか。これが現段階での私の試論である。

そこで私はEU政体規範の特定を行う場合、実定法規範の体系化だけでなく、そのような規範に生成する途上の慣行にも注目する必要があり、その点で社会学、政治学といった隣接する学問領域の研究成果を積極的に活用すべきものと考える。また学説が諸慣行を部分的に法として認知する場合、その選別を根拠づける規範、原則ないし価値基準を明示して、検証および批判可能な形で議論に供することが要請されると考える。

次に、研究の方向であるが、これまでの研究動向の整理からも明らかなように、もはやEU政体を「国家連合」か「連合国家（連邦）」かといった対立軸で分析することは無益である。なぜなら、その対立軸は国民国家モデルを前提にしているが、EUはそもそもそのようなものになるかどうかすら問題だからである。しかも、ECの領域だけをとってみても、政策領域ごとに、ECと構成国の権限配分は異なり、それぞれの領域に水平的な政策形成・執行のネットワークが形成されていて、実務上の権限行使の実像と、法規範上の理事会ないし委員会の権限行使の規範像とは、極端に乖離している。さらに国家連合か連合国家かという対立軸では、いずれにせよ「国家」（中央政府）がEUの主体であるという視座を暗黙のうちに承認することになりかねない。しかしEU政体を構成し、運営するものは、国家のみならず、国家の下位の単位のさまざまな自律的団体（自治体、業界、NGOなど）や越境的に活動する「ヨーロッパの人々」（自然人・法人）なのであり、それらをすべて含めてEU政体の性格づけをすることが現在迫られているのである。あくまでもEUは前代未聞の政体であるという出発点にこだわりつつ、使用する概念の暗黙の前提を払い落としながら、政体規範の特定を進める議論に貢献すべきと私は考える。

最後に研究の主題であるが、これまで概観した法学研究がほとんど扱っていない点として、経済的自由権の体系としてのEC法から市民社会法の体系としてのEU法に変化する過程をECのさまざまの政策分野にわたって具体的に検証する作業がなされていない点が挙げられる。[80] これは、ウィーナーの「断片的市民権慣行」の視点にたって、解釈法学的にも、法の文脈理解的にも進めうる論点である。

また、日本という外在的な視座を活かすならば、一つには、生成途上のEU市民社会法の特徴をグローバルな視点から相対化して観察することが有益であろう。これは例えば、グローバルな単位での問題に対処するための国際法形成にEUが積極的に参加する場合にみられるその法的主張の特徴を（他国との対比で）明らかにするといった作業としても成り立つであろうし[81]、あるいはEUの域内の政策をグローバル単位の経済等の文脈からも評価して、政策の正統性を相対化させるといった作業としても成り立つであろう。[82]

これとは別に、法制度の比較の視点を入れて、EUで成長した（いまだ規範化されていない）コミトロジーやネットワーク・ガヴァナンスが、例えば（法的拘束力をもたない確約を基礎とする）アジア・太平洋の経済協力枠組においても応用できないか、できないとすると何が成功の必要条件か、といった論題をたてることも可能である。[83]

むすび

ＥＵの政体は常に生成途上であり、その動態と進行方向を把握するには、静態的・安定的な規範像の構築を指向する実定法解釈学の手法だけでは不十分である。ＥＵ政体規範研究は、法学だけでなく政治学等の隣接学問領域との協力が有益かつ不可欠である。そしてＥＵの政体規範を動く実態に立ち入って特定しようとする場合、構成諸国政府が取り決める制度規範だけでなく、コミトロジーに典型的に現れるような、「ヨーロッパの人々」の側からの自生的な制度慣行の生成にもまた注目すべきであろう。そこに注目して初めて、国民国家の枠組を超えた「ヨーロッパの人々の絶えず緊密化する連合」像が鮮明になると思われるからである。また、制度規範・慣行面だけでなく、実体法の脱経済化（市民社会法化）の検証と、市民社会法としての再構成・再体系化もまた、今後の課題となろう。このような人々の日常生活に直結する法の再構成が進んで初めて、ヨーロッパ共通法を論じる根拠と機運が増すのではなかろうか。

注

略記

Colum. J. Eur. L.: The Columbia Journal of European Law

Com. Mkt. L. Rev. : Common Market Law Review

Comp. Pol. Stud. : Comparative Political Studies
Eur. L. J. : European Law Journal
Eur. L. Rev. : European Law Review
Int'l Org. : International Organization
J. Com. Mkt. Stud. : Journal of Common Market Studies
J. Eur. Pub. Pol. : Journal of European Public Policy
L. Q. R. : Law Quaterly Review
Yale L. J. : Yale Law Journal
Ybk. Eur. L. : Yearbook of European Law

（頁数は開始頁を示す）

（1）マーストリヒト条約の内容と交渉経緯について、Richard Corbett, *The Treaty of Maastricht: from conception to ratification* (Harlow: Longman, 1993); Finn Laursen & Sophie Vanhoonacker (eds.), *The Intergovernmental Conference on Political Union* (Maastricht: EIPA, 1992). また主要な法律問題について、David O'Keefe & Patrick Twomey (eds.), *Legal Issues of the Maastricht Treaty* (London: Wiley, 1994).

（2）アムステルダム条約の内容と交渉経緯について、Franklin Dehousse, *Amsterdam: the making of a treaty* (London : Kogan Page, 1999); Stefan Griller et al. (eds.), *The Treaty of Amsterdam: Facts, Analysis, Prospects* (Wien: Springer, 2000). また主要な法律問題について、David O'Keefe & Patrick Twomey (eds.), *Legal Issues of the Amsterdam Treaty* (Oxford: Hart Publishing, 1999). 邦文では、日本EU学会「IGCの成果と課題」『日本EU学会年報』一七号（有斐閣、一九九八年）。

（3）ニース条約の内容と交渉経緯について、David Galloway, *The Treaty of Nice and Beyond: Realities and Illusions of Power in the EU* (Sheffield: Sheffield Academic Press, 2001). 拙稿「ニース条約によるECの機構改革」『貿易と関税』四九巻八号（二〇〇一年）七七頁。

（4）私は意図的にconstitutionを「憲法」といわず「政体規範」と本稿ではいう。「憲法」という言葉は、日本語では国民国家モデルの政体規範という意味を通常伴う。しかしEUは前代未聞の政体であり、その政体の現在の状態を論じる場合、使用する概念も白地に最大限近い概念を用いて論じるのが批判的検証に最も耐える方法である。また、ある「べき」EUの政体（理念）を論じる場合も、私は当面、前代未聞の政体を前代未聞のまま形成すべきとの立場をとるので、理念に関する自説の展開に関わる場合も、あえて日本語では政体規範といい、憲法とはいわない。なお、英語のconstitutionやstateという概念を用いながらも、国民国家（nation state）モデルに引き寄せられる引力に抗して、まさに国民国家モデルの憲法理解ではEU政体規範がとらえきれないことを明解に指摘している論稿として、Gunner Folke Schuppert, "On the Evolution of a European State: Reflections on the Conditions of and the Prospects for a European Constitution," in Joachim Jens Hesse & Nevil Johnson (eds.), *Constitutional Policy and Change in Europe* (Oxford: Clarendon Press, 1995), p.329.

（5）Joschka Fischer, „Vom Staatenverbund zur Föderation: Gedanken über die Finalität der europäischen Integration“ (12 May 2000)［ベルリン・フンボルト大学での講演］Cf. Christian Joerges, Yves Meny, Joseph H.H. Weiler (eds.), *What Kind of Constitution for What Kind of Polity? Responses to Joschka Fischer* (Florence: Robert Schuman Centre for Advanced Studies, 2000).

（6）Bruno de Witte, "The Pillar Structure and the Nature of the European Union: Greek Temple or French Gothic Cathedral?," in Ton Heukels et al. (eds.), *The European Union after Amsterdam* (The Hague: Kluwer, 1998) p.51; Dierdre M. Curtin & Ige F. Dekker, "The EU as a 'Layered' International Organization: Institutional Unity in Disguise," in Paul Craig & Grainne de Burca (eds.), *The Evolution of EU Law* (Oxford University Press, 1999) Chap. 3［p.83］.

（7）Armin von Bogdandy, "The Legal Case for Unity: The European Union as a Single Organization with a Single Legal System," *Com. Mkt. L. Rev.* 36 (1999), p.887.

（8）現にニース条約交渉の過程で、理事会の法律顧問（Legal Adviser）からEUの機能的法人格を十分認めうるので、法人格を明文化しても問題ないとの意見書が出されていた。SN5332/1/00 "Comments on the draft amendments to Article 24 TEU" (24 Nov. 2000).

（9）文字どおり端緒にすぎないが、拙稿「EUとはいかなる法秩序か――主権概念を離れた分析視座を求めて――」『成蹊法学』四七号（一九九八年）三九八頁、「アムステルダム条約の第二・第三の柱の法的断面図：深化?·進化?するEU」『日本EU学会年報』一七号（一九九八年）二四頁、「EU法秩序の理念と現実――アムステルダム条約以後の統治をどう捉えるべきか」井上達夫ほか編『法の臨界［Ⅱ］秩序像の転換』（東京大学出版会、一九九九年）二三頁。

(10) 拙著『イギリス憲法とＥＣ法——「国会主権の原則」の凋落』（東京大学出版会、一九九三年）、「マーストリヒト条約以後のＥＣ法とイギリス憲法体制」『日本ＥＣ学会年報』一五号（一九九五年）八四頁、「ヨーロッパ人権条約の摂取によるコモン・ロー人権法理の再生と創造：一九九〇年代イギリス公法の一角」『成蹊法学』四五号（一九九七年）、四〇六頁

(11) Case 26/62, Van Gend en Loos [1963] ECR 1; Case 6/64, Costa v. ENEL [1964] ECR 585.

(12) Riccardo Monaco, *Diritto delle istituzioni internazionali* (Torino: G. Giappichelli, 1965); *ditto, Diritto delle Comunita europee e diritto interno* (Milano: Giuffre, 1967); *ditto, Diritto dell'integrazione europea* (Torino: G. Giappichelli, 1968). Rolando Quadri, Riccardo Monaco e Alberto Trabucchi, *Commentario diretto da Trattato istitutivo della Comunita economica europea*, 4 volumi (Milano: Giuffre, 1965).

(13) Gerhard Bebr, *Judicial control of the European Communities* (London: Steven & Sons, 1962).

(14) 例えば、Case 9/70 Grad [1970] ECR 825（決定の直接効）; Case 41/71, Van Duyn [1974] ECR 1337（指令の垂直直接効）; Case 2/74, Reyners [1974] ECR 631（ＥＣ条約五二［現四三］条の直接効）; Case 33/74, Van Binsbergen [1974] ECR 1299（ＥＣ条約五九［現四九］条の直接効）; Case 8/74, Dassonville [1974] ECR 837（ＥＣ条約三〇［現二八］条の垂直直接効）; Case 43/75, Defrenne [1976] ECR 445（ＥＣ条約一一九［現一四一］条の水平・垂直直接効）; Case 92/78, Simmenthal [1979] ECR 777（ＥＣ法の優位性の原則、各国裁判所による実効的救済の保障義務の確認）; Case 33/76 Rewe v. Landwirtschaftskammer Saarland [1976] ECR 1989, Case 45/76 Comet v. Produktschap voor Siergewassen [1976] ECR 2043（実効的救済の保障とは、少なくとも国内法上の同等の権利に与えられるもの以上の救済の付与を意味し、いかなる場合も無救済とすることは許されない）など。

(15) Henry G. Schermers, *Judicial protection in the European Communities* (The Hague: Kluwer, 1976).

(16) Pierre Pescatore, *Le droit de l'integration: émergence d'un phénomène nouveau dans les relations internationales selon l'expérience des Communautés européennes* (Leiden: A.W. Sijthoff, 1972).［ペスカトール（大谷良雄・最上敏樹訳）『ＥＣ法——ヨーロッパ統合の法構造——』（有斐閣、一九七九年）］

(17) Francis G. Jacobs (ed.), *European law and the Individual* (Amsterdam: North-Holland, 1976).

(18) Hans Peter Ipsen, *Europäisches Gemeinschaftsrecht* (Tubingen: J.C.B. Mohr, 1972).

(19) Francesco Capotorti, Meinhard Hilf, Francis G. Jacobs, Jean-Paul Jacqué, *The European Union Treaty* (Oxford: Clarendon Press, 1986) [ドイツ語版、*ditto, Der Vertrag zur Grundung der Europäischen Union* (Baden-Baden: Nomos, 1986)] Cf. Roland Bieber, Jean-Paul Jacqué, Joseph H.H. Weiler, *An ever closer Union: a critical analysis of the Draft Treaty establishing the European Union* (Commission of the European Communities, 1985).

(20) 当時のEC法研究の関心事と手法を示す典型例として、EC Commission, *Thirty Years of Community Law* (Luxemburg: Office for Official Publications of the European Communities, 1983).

(21) Mauro Cappelletti, Monica Seccombe, Joseph H.H. Weiler (eds.), *Integration through Law: Europe and the American federal experience*, 7 vols. (de Gruyter, 1986-88).

(22) Terrance Sandalow & Eric Stein (eds.), *Courts and Free Markets: Perspectives from the United States and Europe*, 2 vols. (Oxford: Clarendon Press, 1982).

(23) Michael Waelbroeck, "The Emergent Doctrine of Community Pre-Emption — Consent and Re-delegation," in T. Sandalow & E. Stein, *supra* note 22, vol.2., p.548.

EC法上の専占につき、その後の研究として、Roland Bieber, "On the Mutual Completion of Overlapping Legal Systems," *Eur. L. Rev.* 13 (1988), p.147; Eugene Daniel Cross, "Pre-emption of Member State Law in the European Economic Community: A Framework for Analysis," *Com. Mkt. L. Rev.* 29 (1992), p.447; Steven Weatherill, "Beyond Preemption? Shared Competence and Constitutional Change in the European Community," in David O'Keefe & Patrick Twomey (eds.), *Legal Issues of the Maastricht Treaty* (London: Wiley, 1994) p.13; Antonio Goucha Soares, "Pre-emption, Conflicts of Powers and Subsidiarity," *Eur. L. Rev.* 23 (1998), p.132. 邦文では、拙著『イギリス憲法とEC法』(東京大学出版会、一九九三年) 第三章。

(24) Hjate Rasmussen, *On Law and Policy in the European Court of Justice* (Dortrecht: Nijhoff, 1986). Cf., Renaud Dehousse, *The European Court of Justice: the politics of judicial integration* (St. Martin's Press, 1998).

(25) Mauro Capelletti, "Is the European Court of Justice 'Running Wild'?," *Eur. L. Rev.* 12 (1987), p.3.

(26) Paolo Cecchini, *The European challenge, 1992: the benefits of a single market* (Gower, 1988) [チェッキーニ (田中素香訳)『E

C市場統合・1992年：域内市場完成の利益』（東洋経済新報社、一九八八年）]

(27) ヨーロッパ単一議定書の内容と成立経緯について、Jean de Ruyt, *L'acte unique européen*, 2e éd., (Bruxelles: Édition de l'Université de Bruxelles, 1989).

(28) 典型例として、Baker & McKenzie, *Single European Market Reporter: Guide to Community rules and their implementation in national law* (Deventer ; Boston: Kluwer Law and Taxation, 1989) や、雑誌 Butterworths European law service など。ドロール時代から九〇年代前半に創刊された専門分野別のEC法雑誌としては例えば、Revue européenne de droit public (1989~); European Business Law Review (1990~); Revue européenne de droit de la consommation (1991~); European Environmental Law Review (1991~); European Financial Services Law (1994~) など。

(29) Nicholas Green, Trevor C. Hartley, and John A. Usher, *The Legal Foundations of the Single European Market* (Oxford University Press, 1991); Steven Weatherill & Paul Beaumont, *EC Law* (Penguin, 1993; 2nd ed., 1995); Steven Weatherill, *Law and Integration in the European Union* (Clarendon Press, 1995).

(30) まれな例外として、次注のワイラーのほか、Roland Bieber et al. (eds.), *1992: One European Market? A Critical Analysis of the Commission's Single Market Policy* (Baden-Baden: Nomos, 1988).

(31) Joseph H.H. Weiler, "The Transformation of Europe," *Yale L. J.* 100 (1991), p.2403 [ワイラー（南義清ほか訳）『ヨーロッパの変容』（北樹出版、一九九八年）], See also, J. H.H. Weiler, "The Community System: the Dual Character of Supranationalism," *Ybk. Eur. L.* 1 (1981), p.268.

(32) E.g., Anna-Marie Burley & Walter Mattli, "Europe Before the Court: A Political Theory of Legal Integration," *Int'l Org.* 47 (1993), p.41; Anna-Marie Slaughter & Walter Mattli, "Revisiting the European Court of Justice," *Int'l Org.* 52 (1998), p.177.

(33) BVerfGE vol. 89, p.155 (12 Oct 1993) (German Constitional Court), [1994] 2 CMLR 57 (English translation). Noted by Ulrich Everling, "The *Maastricht* Judgment of the German Federal Constitutional Court and its Significance for the Development of the European Union," *Ybk Eur. L.* 14 (1994), p.1. See also, J.H.H. Weiler, "Does European Need a Constitution? Reflections on Demos, Telos and the German Maastricht Decision," *Eur. L. J.* 1 (1995), p.219; Manfred Zuleeg, "The European Constitution under Constitutional Constraints: The German Scenario," *Eur. L. Rev.* 22 (1997), p.19.

(34) Judgment on 6 April 1998, (1998) UfR p.800. (Danish Supreme Court). Noted by Katja Høegh, "The Danish Maastricht Judgment," *Eur. L. Rev.* 24 (1999), p.80.

(35) R v Secretary of State for Foreign and Commonwealth Affairs, ex p. Rees-Mogg [1993] QB 552, [1994] 1 All ER 457 (QBD).

(36) ジェラール・コナック（辻村みよ子訳）「マーストリヒト条約とフランス憲法（上・下）」『ジュリスト』一〇四五号（一九九四年）九三頁、一〇四七号（一九九四年）五九頁。

(37) アイルランドでは、すでにヨーロッパ単一議定書（一九八六年）の批准時に、外交政策権限をＥＰＣ［現在のＥＵの第二・第三の柱の前身］に認めることの違憲訴訟が起きていた（Crotty v An Taoiseach [1987] IR 713 (Irish Supreme Court)）。マーストリヒト条約の批准をめぐっては妊娠中絶の容認可能性が政治的争点となった（Slattery v An Taoiseach [1993] IR 286 (Irish Supreme Court)）。

(38) Francis Snyder, *New Directions in European Community Law* (London: Weidenfeld & Nicolson, 1990). 書評として、拙稿「F. Snyder, *New Directions in European Community Law*」『国家学会雑誌』一〇六巻九・一〇号（一九九三年）一三三頁。

(39) Francis Snyder (ed.), *European Community Law*, 2 vols. (Aldershot: Dartmouth, 1993).

(40) Christian Joerges, "Contract and Status in Franchising Law," in C. Joerges (ed.), *Franchising and the Law* (Baden-Baden: Nomos, 1991), p.11.

(41) Christian Joerges, "European Economic Law, the Nation-State and the Maastricht Treaty," in Renaud Dehousse (ed.) *Europe After Maastricht: An Ever Closer Union?* (München: Law Books in Europe, 1994), Chap. 3 [p.29].

(42) Christian Joerges & Jürgen Neyer, "From Intergovernmental Bargaining to Deliberative Political Processes: The Constitutionalisation of Comitology," *Eur. L. J.* 3 (1997), p.273; Christian Joerges, "Deliberative Supranationalism"—A Defence" 5 Eur. Integ. Online Pa. 〈http://eiop.or.at/eiop/texte/2001-008a.htm〉 (2001).

(43) Ellen Vos, "The Rise of Committees," *Eur. L. J.* 3 (1997), p.210.

(44) Christian Joerges & Ellen Vos (eds.), *EU Committees: Social Regulation, Law and Politics* (Oxford: Hart Publishing, 1999).

(45) E.g., James A. Caporaso, "The European Union and Forms of State: Westphalian, Regulatory or Post-Modern?," *J. Com. Mkt. Stud.* 34 (1996), p.29.

(46) E.g., Kenneth A. Armstrong & Simon Bulmer, *The Governance of the Single European Market* (Manchester: Manchester Univ. Press, 1998); Inger-Johanne Sand, "Understanding the New Forms of Governance: Mutually Interdependent, Reflexive, Destabilised and Competing Institutions," *Eur. L. J.* 4 (1998), p.271.

(47) Beate Kohler-Koch & Rainer Eising (eds.), *The Transformation of Governance in the European Union* (London: Routledge, 1999). 書評として、八谷まち子「B. Kohler-Koch & R. Eising (eds.), *The Transformation of Governance in the European Union*」『(九州大学)政治研究』四八号(二〇〇一年)一一九頁。

(48) E.g., Caitriona Carter & Andrew Scott, "Legitimacy and Governance Beyond the European Nation State: Conceptualising Governance in the European Union," *Eur. L. J.* 4 (1998), p.429.

(49) E.g., Ingolf Pernice, "Multilevel Constitutionalism and the Treaty of Amsterdam: European Constitutuion-Making Revisited?," *Com. Mkt. L. Rev.* 36 (1999), p.703; Jo Shaw, "Postnational constitutionalism in the European Union," *J. Eur. Pub. Pol.* 6 (1999), p.579.

(50) *Supra*, notes 42 and 43.

(51) Daniel Wincott, "Political Theory, Law, and European Union," in Jo Shaw & Gillian More (eds.), *New Legal Dynamics of European Union* (Oxford: Oxford University Press, 1995) p. 293.

(52) Dieter Schmidtchen and Robert Cooter (eds.), *Constitutional Law and Economics of the European Union* (Cheltenham: Edward Elgar, 1997)

(53) G. Federico Mancini, "Europe: A Case for Statehood," *Eur. L. J.* 4 (1998), p.29.

(54) Dieter Grimm, "Does Europe Need a Constitution?," *Eur. L. J.* 1 (1995), p. 282.

(55) *Supra* note 5.

(56) Joseph H.H. Weiler, "Europe: The Case against the Case for Statehood," *Eur. L. J.* 4 (1998), p.43; *ditto*, *The Constitution of Europe* (Cambridge University Press, 1999); *ditto*, "Federalism and Constitutionalism: Eurpe's Sonderweg" (Harvard Jean Monnet Working Paper 10/00) 〈http://www.jeanmonnetprogram.org/papers/00/001001.html〉. Cf., Jean-Claude Piris, "Does the European Union have a Constitution? Does it need one?," *Eur. L. Rev.* 24 (1999), p.557.

(57) «Le Grande Europe vue par Jacques Delors et Vaclav Havel,» *Le Monde*, 31. Jan. 2001 〈http://www.lemonde.fr/rech_art/0,5987,143154,00.html〉.

(58) E.g., Allan Rosas & Esko Antola (eds.), *A Citizens' Europe* (London: Sage, 1995); Siofra O'Leary, *The Evolving Concept of Community Citizenship* (The Hague: Kluwer, 1996); Massimo La Torre, *European Citizenship* (The Hague: Kluwer, 1998); Antje Weiner, *'European Citizenship' Practice* (Boulder: Westview Press, 1998); Jo Shaw, "Citizenship of the Union: Towards Postnational Membership" (Harvard Jean Monnet Working Paper 6/97) 〈http://www.jeanmonnetprogram.org/papers/97/97-06-.html〉; *ditto*, "Constitutional Settlements and the Citizen after the Treaty of Amsterdam," in K. Neunreither & A. Wiener (eds.), *European Integration After Amsterdam* (Oxford: Oxford University Press, 2000), p. 290.

(59) Hans Ulrich Jessurun d'Oliveira, "Union Citizenship: Pie in the Sky?," in Allan Rosas & Esko Antola (eds.), *A Citizens' Europe* (London: Sage, 1995), p.58.

(60) *Supra* notes 41 and 42 and the corresponding text.

(61) Christian Joerges & Jürgen Neyer, "From Intergovernmental Bargaining to Deliberative Political Processes: The Constitutionalisation of Comitology," *Eur. L. J.* 3 (1997), p.273; Jürgen Neyer, "Justifying Comitology: The Promise of Deliberation," in Karlheinz Neunreither & Antje Wiener (eds.), *European Integration After Amsterdam* (Oxford: Oxford University Press, 2000), p.112; Christian Joerges, "Deliberative Supranationalism"—A Defence," (2001) 5 Eur. Integ. Online Pa. 〈http://eiop.or.at/eiop/texte/2001-008a.htm〉.

(62) *Supra* note 23.

(63) E.g., Vlad Constantinesco, "Who's afraid of subsidiarity?," *Ybk. Eur. L.* 11 (1991), p.33; Nicholas Emiliou, "Subsidiarity: an effective barrier against 'the enterprises of ambition'?," *Eur. L. Rev.* 17 (1992), p.383; A.G. Toth, "The principle of subsidiarity in the Maastricht Treaty," *Com. Mkt. L. Rev.* 29 (1992), p.1079; *ditto*, "A Legal Analysis of Subsidiarity," in David O'Keefe & Patrick Twomey (eds.), *Legal Issues of the Maastricht Treaty* (London: Wiley, 1994), p.37; Nicholas Emiliou, "Subsidiarity: Panacea or Fig Leaf?," in David O'Keefe & Patrick Twomey, *op. cit.*, p.65; Steven Weatherill, "Beyond Preemption? Shared Competence and Constitutional Change in the European Community," in David O'Keefe & Patrick Twomey, *op. cit.*, p.13. See

also, Grainne de Burca, "Reappraising Subsidiarity's Significance after Amsterdam" (Harvard Jean Monnet Working Paper 7/99) 〈http://www. jeanmonnetprogram.org/papers/99/990701.html〉.

(64) K. van Kersbergen & B. Verbeek, "The Politics of Subsidiarity in the European Union," *J. Com. Mkt. Stud.* 32 (1994), p.215.

(65) E.g., Ingolf Pernice, "Multilevel Constitutionalism and the Treaty of Amsterdam: European Constitutuion-Making Revisited ?," *Com. Mkt. L. Rev.* 36 (1999), p.703; Neil Walker, "Sovereignty and Differentiated Integration in the European Union," *Eur. L . J.* 4 (1998), p.355.

(66) E.g., Philip Alston (ed.), *The EU and Human Rights* (Oxford: Oxford University Press, 1999).

(67) E.g., Henry G. Schermers et al. (eds.), *Free movement of persons in Europe* (Dordrecht: Nijhoff, 1993); H. Meijers et al. (eds.), *Schengen*, 2nd rev. ed. (Leiden: Stichting NJCM-Boekerij, 1992); Chantal Joubert and Hans Bevers, *Schengen investigated: a comparative interpretation of the Schengen Provisions on international police cooperation in the light of the European Convention on Human Rights* (The Hague: Kluwer Law International, 1996).

(68) Bernd Meyring, "Intergovernmentalism and Supranationality: Two Stereotypes for a Complex Reality," *Eur. L. Rev.* 22 (1997), p.221; Monica den Boer (ed.), *Schengen's final days?: the incorporation of Schengen into the new TEU, external borders and information systems* (Maastricht : European Institute of Public Administration, 1998); Steve Peers, "Human Rigths in the Third Pillar," in Alston (ed.), *supra* note 66, p.167; Neil Walker, *Policing in a Changing Constitutional Order* (London: Sweet & Maxwell, 2000).

(69) Bruno de Witte & Caroline Forder (eds.), *The Common Law of Europe and the Future of Legal Education* (The Hague: Kluwer, 1992).

(70) E.g., Walter van Gerven et al. (eds.), *Torts: scope of protection* (Oxford: Hart, 1998); Hein Kötz & Axel Flessner, *European Contract Law* vol. 1: *Formation, Validity, and Content of Contracts: Contract and Third Parties* (Oxford: Clarendon Press, 1998). See also, Ole Lando & Hugh Beale, *Principles of European Contract Law, Part I* (1995); Jürgen Basedow, "A common contract law for the common market," *Com. Mkt. L. Rev.* 33 (1996), p.1169; Mauro Bussani & Ugo Mattei, "The Common Core Approach to European Private Law," *Colum. J. Eur. L.* (1997), p.339; EP Resolution of 26 May 1989, OJ 1989 C 158, 400, EP

Resolution of 6 May 1994, OJ 1994 C 205, 518（ヨーロッパ議会の「ヨーロッパ民法典 European Civil Code」決議）; Arthur S. Hartkamp, Martijn W. Hesselink, Ewoud H. Hondius, Carla Joustra & Edgar du Perron (eds.), *Towards a European Civil Code*, 2nd ed., (Dordrecht: Nijhoff, 1998)（「ヨーロッパ共通民法典」が各国法に代替することは急速には進まないので、さしあたりは、モデル法程度のものになるだろう。」）.

(71) Jürgen Schwarze, *European Administrative Law* (London: Sweet & Maxwell, 1992)〔*Europäisches Verwaltungsrecht* 2 Bds. (Baden-Baden; Nomos, 1988)〕.

(72) 同様に構成国法とEC法の円環的な相互形成過程を論じるものとして、Francis Snyder (ed.), *The Europeanisation of Law: the Legal Effects of European Integration* (Oxford: Hart, 2000).

(73) Massimo La Torre, "Legal Pluralism as an Evolutionary Achievement of European Community Law," in Snyder, *supra* note 72, p.125; Carol Harlow, "Voices of Difference in a Plural Community" (Harvard Jean Monnet Working Paper 3/00)〈http://www.jeanmonnetprogram.org/papers/00/000301.html〉. See also, Hugh Seton-Watson, "What is Europe, Where is Europe?," *Encounter* 65 (No.2) (1985), p.9（東欧・ロシア史家シートン・ワトソンは、ヨーロッパ二千年来の多様性の歴史を継承すべき遺産として強調）.

(74) Antje Wiener, *'European' Citizenship Practice: Building Institutions of a Non-State* (Boulder: Westview Press, 1998).

(75) Jo Shaw and Antje Wiener, "The Paradox of the 'European Polity,'" in Maria Green Cowles & Mike Smith (eds.), *State of the European Union 5: Risks, Reform, Resistance, and Revival* (Oxford: Oxford University Press, 2000), p.64. Cf. Philip Allot, "The Crisis of European Constitutionalism: Reflections on the Revolution in Europe," *Com. Mkt. L. Rev.* 34 (1997), p.439（ヨーロッパの人々に共通の歴史の自覚こそEU政体規範を支えるものと強調）.

(76) Trevor C. Hartley, "The Constitutional Foundations of the European Union," *L. Q. R.* 117 (2001), p.225.

(77) Paul Pierson, "The Path to European Integration: A Historical Institutionalist Analysis," *Comp. Pol. Stud.* 29 (1996), p.123, at 158（「構成諸国はEUの政策展開に中心的な役割を果たすけれども、自分たちですら（集団的にも）完全に統制できない環境の中でそうするのである。」）.

(78) 拙著『イギリス憲法とEC法――「国会主権の原則」の凋落』（東京大学出版会、一九九三年）。

(79) コナック、前掲、注(36)。

(80) 断片的な試みとして、拙稿「EU法の最前線　第一回　狂牛病事件」『貿易と関税』四七巻九号（一九九九年）九五頁、「EU法の最前線　第六回　少数言語使用の国籍差別事件」『貿易と関税』四八巻三号（二〇〇〇年）七五頁、「EU法の最前線　第一五回　EUの遺伝子組み換え体（GMO）規制の動向」『貿易と関税』四九巻三号（二〇〇一年）九九頁、「消費者契約法とヨーロッパ法」『ジュリスト』一二〇〇号（二〇〇一年）一四一頁。

(81) 例えば、拙稿「遺伝子組み換え作物規制における『予防原則』の形成——国際法と国内法の相互形成の一事例研究——」『社会科学研究』五二巻三号（二〇〇一年）八五頁。

(82) E.g., Ian Ward, *A Critical Introduction to EU Law* (London: Butterworths, 1996). 書評として拙稿「I. Ward, *A Critical Introduction to EU Law*」国家学会雑誌一一〇巻七・八号（一九九七年）一七九頁。

(83) 本格的な検討以前の準備段階の論稿であるが、拙稿「アジア太平洋の地域経済協力の構築——EC法との比較による分析の試み」（石井紫郎・樋口範雄編）『外からみた日本法』（東京大学出版会、一九九五年）二九五頁；Tamio Nakamura, "Constitutional Features of the APEC Process: A Voluntary Approach to Regional Integration," ISS Joint Research Project Discussion Paper No.2 (1999); *ditto*, "Can APEC Operate as a Preventative Framework for Trade Disputes?," in K. Hamada, M. Matsushita, C. Komura (eds.), *Dreams and Dilemmas: Economic Friction and Dispute Resolution in the Asia-Pacific Region* (Singapore: Institute of Southeast Asian Studies, 2000), p.287.

(84) 大木雅夫「ヨーロッパ共同体における法の統一」『立教法学』四号（一九六二年）四三頁。なお、この論文に対する国際法学者の的外れな匿名論評『ジュリスト』二五六号（一九六二年）九六頁と大木雅夫の反論『ジュリスト』二五八号（一九六二年）五三頁も参照。

多元的憲法秩序としてのEU

――欧州憲法条約への視座――

中村民雄

はじめに

EUを法的にいかなる統治体として認知するかをめぐっては、いまだに確答がない。ゆくゆくは自律的に法秩序を形成する権力を自ら備える「国家」となるのか、それともEUの構成国が国家であり続けるためEUは諸国家から目的を限定して権限を委任された「国際組織」にとどまるのか。この両極を軸にしてEUの現状分析がしばしばなされてきた。しかし、EUはいずれの極にもみられる法的特徴をもつため、「独自の種類（sui generis）」の統治体であるという点で大方の意見の一致がある。これはこれまで進んできた議論の一時的な停滞である。これを突破する新たな分析視座が、今求められている。

二〇〇四年にはEUの新たな条約である「欧州のための憲法を定立する条約」（以下、憲法条約）がEU諸国間で締結され、二〇〇五年二月の現在、各国で批准が進んでいる。この憲法条約は、これまでのEC・EU法の既存の成果（acquis communautaire）の大部分を継承して体系化しつつ、一定の新機軸を加えて、構成国二十五（以上）の大規模E

Uの法的な統治制度と統治原理を示すものである。(1)

ではこの憲法条約は、「独自の種類の」統治体の性質を少しでもさらに明確化したのであろうか。これまでの視座で、憲法条約として実定規範化された範囲でのEU政体のどのような法的特徴がどれほどの範囲でどれほど明確に把握できるのであろうか。EU政体のこれまでみえていなかった法的な特徴を把握できる、新たな視座はないのであろうか。これらの問いを、憲法条約と既存の成果を素材に検討する作業は重要である。

そこで本稿では、これまでの先行研究が示してきた視座を使いながら、それぞれの視座が、憲法条約の下でのEUの法的局面を、またどれほどの範囲において、明晰かつ一貫して把握できるかを検証してみよう。そして、その作業を通して、より妥当な視座はどれであるのかを考えることにしたい。(2)

本稿では憲法条約の実定的な規定にもっぱら注目した分析を展開する。(3) しかし、この作業において留意しておくべきは、EU政体が必ずしもすべて憲法条約に実定法化されているとは限らないという点である。EU諸国が国際法上の主権的国家として存続する局面があるならば（現に本稿はそう考えるが）、各国に独自の自律的な統治権が部分的には残存していることになる。その残存した範囲において、例えば諸国が憲法条約によるEUを補完するような、新たな制度を追加する可能性もある。EUからみれば、これは不文の統治規範の生成可能性が残るということである。このような重要な局面が残りうることに留意しつつ、憲法条約と既存の成果が示そうとしているEUなる政体がいかなるものかを確認し、既存の視座からみえるEU政体の特徴と既存の視座の分析力の限界を検討しつつ、EUという独自の種類の政体の規範像をとらえる新たな視座を探る。これらが本稿の目的である。

さて、EC・EU政体の規範像をめぐっては、大別して四種類の分析視座（理念的モデル）が提示されてきた（表1）。現在の（憲法条約以前の）EC・EUについて、構成国に究極の国家主権が残存する点を強調して、EC・EUを本質的には国際組織と分類すべきであるが、ただし統治の実効性が他の国際組織よりも著しく高いのがEC・EUである、

表1　EU政体分析モデルの分類

主要分析概念 ＼ 統治体の形態	古典的な「国家主権」概念によるEU分析	古典的「国家主権」概念をEU分析に用いることへの留保
国民国家	国家主権モデル (EUを一般の国際組織と同視する)	
欧州次元の国家	欧州国民国家モデル (EUを国民国家の萌芽形態とみる)	国家機能体モデル (EUは機能的には国家類似だがEU国民を創出しない統治体)
非国家の統治体		非国家政体モデル (EUを国際組織を超えた統治体であり，しかし国家ではない，前例のない統治体ととらえる)

と論じるものもいる。(4)　この論者たちが特に強調するのは、構成国が条約を締結することによりECやEUを設立し、変更し、また廃止しうる権力をもっている点である。この立場からすれば、現在のEC・EUの法的な権限は、構成国がEC・EUなる団体に国家の統治権の一部を委任したことに由来するのであって、構成国がEC・EU体制の下にあっても主権を保持する点は変わりがなく、ゆえにEC・EUの活動を阻害しないように各国は主権の行使を抑制していると考えることになる。この見方からすれば、EC・EU法秩序の究極的な統治権力と法的正統性は、各構成国の統治権力と国家憲法の正統性から派生するものとなり、EC・EU法秩序は、究極的には各国憲法秩序に依存した、(独立ではない)法秩序ということになる。このようなEC・EU政体の規範像の構成の仕方を、「国家主権モデル(State Sovereignty Model)」と呼ぶことにしよう。

他方で、別の論者も存在する。すなわち、ＥＣ・ＥＵ（とりわけＥＣ）は、自律的で独立の法秩序を各国の法秩序とは別個に樹立している。そのＥＣ・ＥＵ法が扱う事項の範囲は次第に拡大している。もちろんＥＣ・ＥＵは、法を強制する力や公的財政に支えられた給付の能力は小さく、その点では各国民国家の規模にも能力にも匹敵しない。しかし規制的な統治事項に関していえば、現在では構成国たる各国民国家の統治事項の多くにＥＣ・ＥＵ法の統治も及んでいる。このように論じる者もいる。欧州司法裁判所も、この立場の判例を繰り返している。このようにＥＣ・ＥＵの自律的で独立の法秩序の存在と、その法秩序を通した統治の（とりわけ規制的側面での）実効性を強調する立場があるわけである。ただし、この立場に属する論者は、さらに二つに分かれている。一つは、ＥＣ・ＥＵを、ヨーロッパ次元の連邦国家の萌芽形態とみるべきだとの論者である[5]、二つは、まったく前例のない独自の種類（sui generis）の非国家的な越境的統治体とみるべきだとの論者である[6]。

さらに細かくいえば、ヨーロッパ次元の連邦国家の萌芽形態とみる論者にも、二種類がある。一つは、ヨーロッパ次元に国民国家ができるというモデルで考えるものである。これを「欧州国民国家モデル（Super-State Model）」と呼ぶことにしよう。二つは、国家という統治形態をとることと被治者として「国民」が規範的に存在することとを切り離して考え、ヨーロッパ次元に出現するものは統治形態としての「国家」ではあるが、それが「ヨーロッパ国民」という市民社会と組み合わせになって成立するわけではない、と考えるものである[7]。これを「国家機能体モデル（Functional State Model）」と呼ぶことにしよう。

ＥＣ・ＥＵを国家以外の政体（非国家政体）としてとらえる視座にたつ論者は、ＥＵが歴史的に知られてきた統治体のどれにも当てはまらない政体であるうえ、将来的にもそのいずれにも成長していくものではない、と考える。ＥＵはまさに前例のない、名もなき新奇の政体と考える。この考えにたつとき、必要に応じては、伝統的な法概念に訴えてもつかめない政体を論じることになるので、そのような伝統的法概念を離れて、新規の概念をたてるなどしてＥＵという新奇の政体を分析し説明しなければならないことにもなる。そのため、この視座にたつと、往々にして国家という統治形態を念頭において論じられてきた「主権」や「憲法」といった基本的な法概念が、どれほど非国家政体であるEUの分析に有意味で効力を発揮するのかを問いただすことにもなる。このような考えにたつ分析の視座を、「非国家政体モデル(Non-State Polity Model)」と呼ぶことにしよう。結論からいえば、本稿はこの最後の立場が現時点では最もEU政体への分析力を発揮する立場と考えるものである。

以上の分類を、用いる基本概念から再分類すれば、国家主権モデルと欧州国民国家モデルはともに、国民国家内のまたは国民国家間の法秩序に従来使われてきた伝統的な法概念を用いる。これに対して、国家機能体モデルと非国家政体モデルは、国民国家という政体を分析し説明するために用いられてきた法概念(例えば「主権」といった概念)をEUにそのまま適用してEUを分析し説明する方法そのものに疑いをもつ。そこで、これら二つのモデルをとる論者たちは、例えば「主権」という用語を可能な限り用いずにEUの分析を進めるか、[8] または多くの留保や修正をつけて用いる。[9]

このようにEC・EU政体については、いくつかのモデルを提示して、また分析の方法や道具概念への懐疑をもはらみながら、法的な分析が進められている。果たして二〇〇四年の憲法条約は、これらのモデルのそれぞれから、どの局面がどれほど分析されるのであろうか。すでに私は別稿で憲法条約が、いくつかの新機軸を加えつつも、既存のEC・EU法の成果を大部分継承するものであることを確認した。[10] そこで本稿ではこの点を前提にし、EU政体の規範像を分析する上で重要な憲法条約の諸規定に焦点をしぼって、検討を進める。

なお四モデルのうち、欧州国民国家モデルと国家機能体モデルはいずれも欧州次元の国家を(欧州国民を最終的に想定するかどうかで異なるが)予定する点で共通であり、それゆえ共通の難点を抱える。そこで両者の差異を指摘しつつも、同時に取り上げることにする。

I　国家主権モデルの視座――EU政体の形成権力主体

一　国家主権モデルによる分析

憲法条約の下でEUの制度を形成し変更する法的権力を誰がもっているのか。ここから分析を始めてみよう。憲法条約は、それが「共通の未来を建設する欧州の諸市民および諸国家の意思を反映して、欧州連合を設立」する（I―一条一項）と劈頭に宣言する。この条文からは、諸国家と諸市民がEUの形成権力をもつかのようにみえる。

しかし、憲法条約の全体を通してみると、諸国家のEU形成権力がより確実に保障されていることがわかる。まず、憲法条約は諸国家のみが合意できる国際「条約」の法形式をとっている。この法形式を意図的に採用し続ける構成諸国は、EU政体形成の主体が国家であるとの立場を持続する意思を明示していると解される。憲法条約はまた、EUの所定の目的のために諸国家がEUに権限を付与する旨、およびEUに付与されていない権限は諸国に残留する旨を明文で確認している（I―一条一項、I―一一条一項・二項）。このような規定をもあわせ読むならば、EUを設立しても各構成国は国際法上の国家であることを失わず、EUの形成主体として存続し続けると各国憲法上もEU法上も解釈しうる。かくしてEUは構成諸国が合意して常設の共同組織を、一定の特定された目的のために設立し、当該目的のためにのみ構成国が権限を付与している法律状態と構成される。これがまさに国際組織である。憲法条約もEUの構成国が国家として存続することを認めている。例えば、I―五条一項でEUが「構成国の国家同一性」（すなわち「構成国に内在する政治的および憲法的な基本構造であって、地域および地方の自治政府に関するものを含む」）および「構成国の必須の国家機能、とりわけ領土の一体性の確保、公序の維持、国家安全保障の機能」を尊重すると定めている。このほかにもEUに加盟できるのは、ヨーロッパの一定条件を満たした「国家」であるとする規定（I―一条二項、I―五八条一項）、いずれの構成国もEUから各国の憲法上の要件に従って脱退できるとする規定（I―六〇条一項）などもある。これらの規定を総合すると、少なくとも形式的には、構成諸国がEUを設立し、変更し、廃止する究極の形成権力をもっているともいえそうである。このような規範像は、まさに国家主権モデルが考えるEUの政体像である。

では、憲法条約が、諸市民にEU政体の法的な形成権力を認めていないかといえば、部分的には認めている。現行のEC・EU条約体制でも憲法条約においても、諸市民は各国国民であると同時にEU市民でもあるとされ、各国国民は各国議会において（I―四六条三項）、EU市民としては欧州議会において代表される（I―四六条二項）。この各国国民にしてEU市民であるとされる諸市民の意思は、憲法条約の改正手続において一定程度尊重されるものとされている。まず、欧州議会も改正手続を開始できると認められている。憲法条約によれば、任意の構成国、欧州委員会、欧州議会のいずれかが改正提案を欧州首脳理事会に提出できる（IV―四四三条一項）。欧州首脳理事会が単純多数決により、改正手続を進めることを議決するならば、原則として「諮問会議（Convention）」が招集される。次に、この「諮問会議」は、各国議会、欧州議会、各国政府、欧州委員会のそれぞれの代表から構成する合議体である（IV―四四三条二項）。ここに市民代表による条約改正の草案討議の場と機会が認められている。

この諮問会議を経る方式は、今回の憲法条約の起草段階で試験的に採用された。EU各国が二〇〇一年末のラーケンにおける欧州首脳理事会において招集を決定し、諮問会議は二〇〇二年から二〇〇三年にかけて「欧州憲法条約」の「草案」を集中審議の末、採択した。その後、政府間での公式の条約交渉が行われ、二〇〇三年末にいったん決裂しつつ、二〇〇四年前半に合意に達し、今回の「欧州憲法条約」の締結となった。二〇〇三年「草案」の多くの部分は、最終的に合意された二〇〇四年の憲法条約に採用されている。この実例からしても、また将来憲法条約が発効した暁には、少なくとも諸市民（代表）は、「諮問会議」を通して条約改正手続に参加する手続上の法的利益を認められたことになる。

しかし、この市民（およびその代表）のもつ条約改正手続上の法的利益（改正手続開始の発議権と改正案の諮問会議参加権）は、法的権利としては、諸国家のもつ権利と同等に強度に保障されるわけではない。第一に、欧州議会の条約改正の発議権は、欧州首脳理事会の改正手続の公式開始決定権に服している。第二に、「諮問会議」は条約改正手続の必須の手続ではない。それが招集されないで改正される場合もある。憲法条約によれば、欧州首脳理事会（諸国家の代表機関）が「諮問会議」を招集しない議決をし、欧州議会がその不招集議決を承認する場合、招集されないまま条約改正手続が進められる（Ⅳ—四四三条二項）。逆に、市民（またはその代表機関）が、「諮問会議」後に開かれる政府間条約交渉会議を不招集にする議決はできない。第三に、より重要な点は、仮に「諮問会議」が招集されたとしても、それが採択した改正提案が、その後の政府間条約交渉会議を法的には拘束せず、政府間会議において最終的に別の条約を締結することもできる点である（Ⅳ—四四三条二項・三項、Ⅰ—三三条一項）。

これらのうち、第二・第三点には反論もありうる。憲法条約の定めは、「諮問会議」を開催した改正手続を原則としたので、従来のEC・EU条約体制よりもはるかにEUの諸市民（代表）の意思によるEU政体形成が手続的に保障されている。しかも、「諮問会議」の不招集には欧州議会（諸市民代表）の承認が必要であるから、構成諸国の意のままに改正手続が進められるわけではない。さらには、締結された条約は全構成国における批准を要するから（Ⅳ—四四三条三項）、最終的にも各国国民としての市民の意思は尊重されている、と。

しかし、究極のEU政体形成の権利主体が誰かという観点からは、これら市民（代表）のもつ、主として手続的な法的権利が国家のもつ権利に拮抗するほどに強くはない点が重要である。「諮問会議」についていえば、決定的な点は、構成諸国の側がそもそも「諮問会議」を招集するかどうかを決定するイニシアティブをもつ点である。市民代表の欧州議会は、その不招集の提案を否決できるにすぎない。欧州議会は「諮問会議」の招集を請求する権利をもっていない。また諸国側の「諮問会議」不招集に対抗して、政府間条約交渉会議を不招集にする権利ももっていない。次に、条約の「批准」の段階についても、この段階での各国民（やその代表たる各国議会）のもつ権利は、条約を批准するか否決するかの権利にすぎない。条約の具体的な内容を最終的に決定しうるのは、いまだに諸国家である。[11]

以上を要するに、憲法条約においては、ＥＵ政体の形成・変更について、具体的な政体形成のタイミングと内容を決定できるのは諸国家である。その準備段階や最終批准段階には市民の同意は必要とされている。しかし市民は具体的な内容についてその意思を国家の意思と同等に貫徹することは許されていない。総合的にみれば、法的には諸国家の意思が諸市民の意思に優位するものとなっている。ゆえに、ＥＵ政体形成の究極の主体はいまだに諸国家である。この究極の点において、国家主権モデルは現行の、また憲法条約の下でのＥＵ政体の一側面を、いまだにとらえているといえる。

二　国家主権モデルの限界

それでは、国家主権モデル論者が主張するように、ＥＵを一般の国際組織（例えば国連やＷＴＯ）の一つにすぎないと法的に評価することは妥当であろうか。例えばこのモデルの一論者であるデンザ（Denza）は、ＥＵは他の国際組織と本質的には同様であり、ただし当該組織の形成する法規範の実施において一般の国際法よりも各国内における実効性が非常に高いという違いがある、というＥＵ法秩序の描き方をする。[12]

なるほどＥＵが国際組織の特徴をもつことは否めない。それは国家主権モデルで分析したところから明らかである。しかし、国家主権モデルはＥＵ分析において限界も抱える。ＥＵはこれまで、公式の条約改正手続を経ないで恒常的に累積的に徐々に政体および組織を（事実上または法律上）生成してきた。この動的な側面をこのモデルは法的に認識しない。またこのEU次元の政体形成に対応して各国の法制度・法秩序においても徐々に憲法上の変化が生じていることも認識しない。しかしまさにこの動態的な相互作用的な、自律的で自生的な、政体・統治制度の形成こそ、他の一般の国際組織にはない、EUの最大の特徴であった。各国法秩序もまた、自律的に生成するEU法秩序の存在と直接国内に及んでくるEC法を否定できず、EU法秩序の随時の展開を追認し続けてきた。これもEU法秩序に服する国にしかみられない法変化の特徴である。EU諸国において、これまで一国としてEU法秩序の一部についてでも、その受容を拒否し、果然と同一の法的争点についてEU法と異なる法的結果を国内法またはEU法以外の国際法に依拠して導いた構成国は、ない。過去五十年にわたるEC・EUと構成国の法の相互作用状態の下で、各国憲法秩序も、それ自体で自律的に法秩序を完結的に形成できないようになっている。それゆえ公式の憲法改正手続（およびそれと同視しうるコモン・ロー上の憲法原則の変更）を経る以前から、EUの政体形成に対応して各国憲法秩序を変容させている。国家主権モデルは、本質的に形式的かつ静態的な法的分析にすぎず、動態的に展開するEU政体を機能的にとらえる視点をもたない。そのため、EU法秩序の自律的で自生的な成長や、それに対応した各国憲法秩序の恒常的な漸進的・恒常的な変容を認知し、分析する視点をもちえない。

EU次元の自生的な制度や法形成の典型例は、欧州首脳理事会という機関の形成、共通外交安全保障政策の制度および警察・刑事司法協力の制度の形成、EC法の一般原則の判例による認知などである。この点は、これまでのEC・EU条約の改正のたびに、国家間の実務が条約上公式に認知され、実定法化されてきたので多言を要さない。(13)

ここでは、各国憲法秩序のEU政体形成に対応した変容をこのモデルが十分に認識も分析もしない例をむしろ挙げよう。例えば一九九七年にアムステルダムで締結されたEU条約である。フランス政府はこのEU条約を締結したが、この条約が「国家主権の行使に当たっての必須の条件をないがしろにする」諸規定を含んでいると憲法院に判断されたので、(14)フランス憲法を改正してでなければこれを批准することができなかった。つまり、EUの政体形成のために国家主権の本質的部分を変更しかねない事項を憲法改正以前に政府間で交渉して合意し、それを事後的に承認するという事態がここに生じている。フランス憲法上の国家主権概念がＥＵ政体の形成を統制したのではなく、その逆が生じている。国家主権モデルからすれば、このような事態は論理的に逆転したものである。そもそも「国家主権の行使」の「必須の条件」に当たるほど根幹的な憲法内容の変更となるからには、憲法改正そのものも法的に有効にできるかどうかが問われるはずである。国内憲法を解釈する立場によっては、国家にはそのような条約規定を交渉する権限が存在しないので、条約交渉自体が無効だとの議論もありえよう。しかし、現実には憲法が改正された。

もちろん、憲法改正が成功しなければ、ＥＵ条約の批准もならず、当時のＥＵ政体形成は起こりえなかったから、国家主権モデルはまだ有効であるという反論もあろう。しかし、それならばデンマーク（一九九二―九三年）やアイルランド（二〇〇一―〇二年）でのＥＵ条約批准のための国民投票はどう解釈すればよいのであろうか。両国の国民投票でいったん批准が否決されたはずのＥＵ条約は、何ら修正も経ず二度目の国民投票にかけられた。国民が肯定するまで国民投票が繰り返されたと読むこともできる。これは政治的事実にすぎず法的主権の分析には関係がないと考えるのも一手ではある。しかしその立場は、言い換えれば、ＥＵ政体の形成が国家主権の根幹部分を少なくとも事実上は制約し、各国法秩序の側で結局は受け入れざるをえないほどの事実上の利害になっていることを法的には、まったく評価する必要がないということになる。

すると、なぜにＥＵ次元で「憲法」の名を冠した条約を締結することが、諸国だけでなく、とりわけ一九九〇年代以降は諸市民からも求められているのか、また起草の準備過程で「諮問会議」を通して現実に諸国の市民代表を参加させることが妥当だと諸国政府にも認識されているのかも法的には評価をする必要がないということになる。これらの問いは、すべて法的な問いではなく、単に政治的な政策の理由を問うものであると扱うことになろう。国家主権モデルでは、法的には構成国の憲法秩序と各国間の国際法が、国際的な秩序形成の根拠でありまた統御規範であり、究極の政体形成権力が各国憲法に統御される国法秩序内に宿る限り、いかなる名前を冠そうとも国家間の合意は条約である、という議論に終始する。ゆえにＩＬＯの設立憲章（Constitution）もユネスコの設立憲章（Constitution）も、ＥＵにおける「欧州のための憲法（Constitution）を定立する条約」も法的には同列であるということになろう。

これは一貫した立場ではあるが、現在のＥＵ政体に宿る現実の統治権力を法的に認識し、統御する必要を考える、本来の立憲的な法的発想からすれば、妥当な視座とは評価できない。ＩＬＯやユネスコの「憲章」が支える統治体と、ＥＵの「憲法条約」が支える統治体は、機能的には類比できない統治権力の広がりと実効性の違いがある。各国の市民に直接の権利義務を課すＥＵ法の事項的範囲は、時代とともに拡大し、農業や経済活動一般に始まり、現在では各国の軍事や安保や警察活動の一部にまで拡大している。ＥＵの法は直接に各国の市民に各国の裁判所で行使可能であるものも多い。各国の市民はＥＵという政体に直接の法的な利害と期待をもっている。

この統治権力体としてのＥＵの機能を直視し、かつ（欧州司法裁判所が主張するような）ＥＵ内在的な法秩序にも注目するならば、どのような統治体としての認識が可能なのであろうか、と問う姿勢は、純粋の認識論としてだけでなく、立憲的な関心からしても、必要である。

現に、一国家と同様の統治機能の多くを備えているという事実から、すでに多くの先行研究がＥＵを国家類似の機能体としてそれに類比しながら分析を進めてきている。一九五〇年代にＥＣが設立された当初から、経済的な共同体建設の向かう先は、欧州次元の連邦国家建設であると考えていた運動家（スピネッリ（Spinelli）ら）もあった。二〇〇〇年代に入っても、ＥＵの「最終形態」が連邦国家であることを示唆した、ドイツ外相フィッシャー（Fischer）演説[15]は記憶に新しい。そのため、憲法条約が使う「憲法」という概念を手がかりにして、その「憲法」という概念が十七世紀以降「国家」という統治体の基本的規範を指し示すものとして使われてきた[16]がゆえに、ＥＵが意図的にその語を採用したからには、欧州次元の「国民国家」または「国家」を建設する意図がいっそう明確化されたと考える論者が出てきても不思議ではない。そのような現実の運動家の立場に親和的であるのが「欧州国民国家モデル」論者であり、また「国家機能体モデル」論者である。両モデルは、最終的にEU「国民」を想定するかどうかに違いはあるが、いずれもEUという統治体を「国家」形態の統治体と類比しながら分析を進め説明するという点で共通である。では、EU政体を国家に類比するモデルの視座からは、憲法条約の示すEUについて、統治体としてのどのような規範像が浮かび上がるであろうか。

II 欧州次元の国家モデルの視座——独立の統治権力体EU

一 国家モデルによる分析

確かに憲法条約は、EU政体を国家に類比しうる諸規定をおいている。これらの多くは、既存のEC・EU条約体制の再確認である。現行のEUからして連邦方式の国家に機能的には類似した特徴を備えているともすでにいわれている。(17) 以下では、憲法条約が現行のEUをさらに強化する点や、追加する新機軸を追ってみよう。

1 制度の統合・一体化

第一に、憲法条約はEUの制度的な統合性と団体としての一体性を高める新規定を随所においた。対外的側面でいえば、憲法条約はEUの列柱構造（ECとEUの法的区別）を廃止し（Ⅳ—四三七、四三八条）、EUに単一の法人格を付与し（Ⅰ—八条）、農業から越境的警察協力に至るまでの全政策領域について行為する国際的行為能力をEUに認めた

(Ⅲ—三〇三、三三三条)。また新たに連合外務大臣職を設けて、これまでのEC・EUではEC権限の共通通商政策についてはは欧州委員会の委員が、EU権限の共通外交安保政策についてはEU高等代表が対外的に行動し発言していたところを一つにまとめ、この連合外務大臣がEUの対外活動面において、EUの権限事項についてのEUの統一的な立場を公式に発言する者とした(Ⅰ—二八条)[18]。対内的側面についていえば、憲法条約はEUの全政策領域に共通の統治制度を設け(Ⅰ—九、一九条)、これまでEC事項にはECの統治制度を、EUの共通外交安全保障政策にはそれ独自の、刑事・警察協力には別の独自の統治制度を設けていた体制を廃止した。また予算もEUの全政策領域を扱う一つの予算制度とした(Ⅰ—五三条)。さらに、EUの全政策領域に共通の政策手段(法的措置を含む)を想定し(Ⅰ—三三条)、全政策領域に原則として共通のEU司法制度(欧州司法裁判所および欧州第一審裁判所)がEU機関の採択するすべての法的措置について司法的な統制を及ぼすものとした(ただし、共通外交安全保障政策の事項については、EU司法制度の管轄権が大部分排除されているという例外は残る)。

EUの全政策領域に共通の政策実施手段(法的措置を含む)を想定した点について敷衍すれば、特に現行のEC・EU条約体制での「刑事・警察協力」(「第三の柱」)と「共通外交安全保障政策」(「第二の柱」)が大きく変更された。現行の制度では、EC(「第一の柱」)分野ではそこでの決定事項が構成国に対して(また一定条件のもと市民に対しても)法的拘束力をもった措置を通して実施されるが、第二・第三の柱の分野では、決定事項を実施する際に、構成国や市民を法的に拘束するEU法上の措置はまったく(第二の柱)または部分的に(第三の柱)しか用いられない。憲法条約により、この区別が第三の柱とECとの間にはなくなり、第二の柱の分野についても、構成国を法的に拘束する措置(「欧州決定」)を通して決定事項が実施されるようになった。こうしてEUの全政策領域について、共通の政策実施手段が用いられるという統合性が高まった。

2 ＥＵ固有の立法権の提示と強化

第二に、憲法条約は、現行制度以上に、ＥＵの自律的な立法権力を伸長させるような法規範を備えた。いくつかの側面に分けて説明しよう。

① 憲法条約はＥＵの設立目的を一般化した。ＥＵは平和、ＥＵの諸価値、ＥＵの人々の幸福を伸張することを目的とする（Ｉ―三条）。現行のＥＣ・ＥＵ体制では、その活動目的が、域内市場の統合など具体的に限定列挙されていた（現ＥＵ条約二条、ＥＣ条約二、三条）。これが憲法条約では抽象化され、一般化された。これに呼応して、ＥＵの立法活動も、具体的な立法根拠規定がある範囲での立法権ではあるが、個々の政策分野の立法において、以前よりは広い目的（特に分野横断的な複数の立法目的）を追求することが可能になるものと予想できる。国際組織は、目的限定的な国家間の共同組織であることを特徴の一つとするが、この面ですでにＥＵは国際組織よりもむしろ「国家」の存在目的や立法活動の実態に近いといえよう。

② 憲法条約は、既存の範囲に加えて、さらに広範囲の立法権をＥＵに付与した。既存のＥＣ・ＥＵ体制に付与されていた立法権に加えて、新たな独立の立法根拠規定を憲法条約は置いた。例えば、宇宙政策（Ⅲ―二五四条）、エネルギー政策（Ⅲ―二五六条）、観光政策（Ⅲ―二八一条）、スポーツ政策（Ⅲ―二八二条）、災害援助（Ⅲ―二八四条）、各国行政機関相互協力（Ⅲ―二八五条）などである。これらは既存の体制においても、一般的な立法規定（ＥＣ条約三〇八条）に基づき個別具体的に立法可能な事項ではあったが、それらの活動に密接に関連する共同体の具体的活動目的に関連づけられて立法されるという制約があった。今のＥＵの目的が一般化され、しかも独立の立法根拠規定とされるならば、より広範囲の安定した立法権が認められることになる点で、従来と大きな違いとなる。

③ 憲法条約は、ＥＵの立法権と各国立法権との二元的な分有関係を明文化した。ＥＵの立法権は事項的には②で述

表2　EU立法権の性質分類（各国立法権の制約度の違い）と政策分野

EUの権限			構成国の権限
排他権限 **（I－13）**	**共有権限** **（I－14）**	**支援・調整・補完権限** **（I－17）**	
EUのみ立法可能。	EUの立法権行使がない間，またはEUが立法権行使を終止した事項は，構成国が立法権限行使可能。	EUは，構成国の行動の支援・調整・補完の措置のみ採択可能。	構成国のみ立法可能。
EU機関から構成国に授権があるか，または各国実施を規定するEU立法がない限り，構成国の立法権は排除される。	一旦EUの立法があれば，その範囲で構成国の法が排除され，EC/EUの法が優先。（ただし，研究技術・宇宙開発，開発援助を除く）	EUは構成国の法規を調和する立法権行使ができない。	EU条約に明文のない事項は構成国の権限（「権限付与の原則」）
域内競争法 通貨政策（Euro圏） 共通通商政策 関税同盟 漁業資源保護	域内市場 自由安全正義の地域 農漁業（漁業資源保護を除く） 運輸 欧州横断網 エネルギー 社会政策 経済・社会・辺地格差是正 環境 消費者保護 公衆衛生（安全性）	産業 人の健康向上 教育・職業訓練・若年層・スポーツ 文化 市民災害保護	EU条約の明文で構成国に権限が留保されている事項 ・公序，公安維持 ・刑事法，刑事裁判 ・賃金交渉，団結権，ストライキ権，ロックアウト権 ・健康・医療サービスの制度編成 ・財産所有制度規範 その他，構成国に権限が留保された事項 ・課税・徴税権 ・徴兵権 ・警察権 ・防衛権 など
	研究技術・宇宙開発の実施（I－14(3)） （ただし，各国独自の実施権を妨げない） 開発援助の実施（I－14(4)） （ただし，各国独自の実施権を妨げない）		
		経済・雇用政策（I－15） 共通外交・安保・防衛（I－16）	

べたように広範囲に及ぶが、構成国の立法権との関係で、すべて同じ性質というわけではない。EUの立法権からみて、「排他的」、「共有的」、「支援・調整・補完的」という三種類に憲法条約は大別し、またこれ以外に、中間的なあいまいな性質の立法権を一部の政策分野の立法権限に認めた(I―一二条〜I―一八条)(表2)。

憲法条約が、「排他的」「共有的」といった類型ごとに配分した政策分野については、その配分が既存のEC・EU法を正確に反映したものとは思われない部分もあるが[19]、大部分は対応している。何よりこの立法権の性質分類は、EUと構成国との間で、統治のための立法権限が二元的に配分され分有や共有されている法的構成を明確に示している点で重要である。憲法条約は多元的に統治権限が分有される統治方式のことを「共同体方式で(on a Community basis)」の権限行使と表現している(I―一条一項)が、ドイツやアメリカ合衆国にみられる「連邦方式」の統治体制での法律構成に非常に近い。

この立法権限の二元的配分という分有状態が、各国憲法の統治権限の配分に関する規定とはまったく無関係に、独立に、EUの独自の内在的な論理により自律的に定められている点にも着目すべきである。憲法条約によれば、「共有的」権限に配置された立法権は構成国に将来的に復帰しうる。しかし「排他的」権限は、この憲法条約が改正ないし廃止されるか、あるいは構成国がEUから脱退するかしない限りは、構成国に復帰しない。とすると「排他的」権限に配置された立法権については、憲法条約の内在的な論理としては、構成国はEUに当該立法権を「無期限に」(IV―四四六条)、つまり恒久的に委譲したものと解釈すべきものとなる。これは各国にとっては、自国の立法権の恒久的な法的制限である。すると、各国憲法において立法権の一部を多元的に配分する(連邦)方式の統治体制をまったく予定していないような場合は、憲法条約の批准に当たって、憲法改正を余儀なくされるであろう。この点は、EU政体形成が先にあり、それが各国憲法を、外在的に根本的に変化させるということでもあり、すでに述べた国家主権モデルでは分析も説明もできない、EU政体に独特の特徴である。

④　憲法条約は、EU法の各国法に対する優位性の原則を明示した（I―六条）。これまで欧州司法裁判所の判例法であったEC法の優位性[20]を継承して明文化したものであるが、憲法条約の規定は（その文面を読む限りは）EC事項よりも広く、EUの全政策領域についての原則であるかのように定める。そこで、例えば共通外交安保政策の事項についても、EU法の優位性が成り立つかのようにも読める。もっとも、憲法条約に解釈宣言が付けられており、構成諸国は、EU法の優位性原則の規定については、既存の欧州司法裁判所の判例法（EC法の優位性）を反映したものであると理解するものと述べている。しかし、欧州司法裁判所が将来、そのように狭く解釈せず、EU全政策領域の一般原則であると解釈する可能性もある。すると共通外交安保政策事項の「欧州決定」は、各国法に優位することになり、EU法が外交や安全保障や防衛の事項についても各国法（特に憲法）を制約する法規範となりうることになる。

⑤　憲法条約が導入した新機軸として、市民によるEU立法請求制度（I―四七条）がある。百万人以上の、相当の数の構成国にまたがるEU市民は、欧州委員会に対して立法を提案するように求めることができるという制度である（ただし、詳細は憲法条約発効後の立法に委ねられる）。この立法提案請求は、欧州委員会を拘束しない。しかしEU市民が国民国家の枠をはずれて越境的に協力し、かつ、直接にEU機関に対して立法を促すという制度そのものが、EUと市民の新たな直接の法的関係を提示している。

以上にかかげた①から⑤まではすべて、EUの自律的な立法権力を伸長させるような法規範の例であった。これらはEUを国家類似の統治体として分析するときにみえてくる特徴である。

3　EU司法権と法の支配の強化

EUを国家に類比する視座からみえる第三点は、EUの司法の自律性もまた強化されていることである。EUの裁判所（特に欧州司法裁判所）を通して、EUにおける法の支配の妥当する範囲と実効性が従来よりも拡大強化されている。

① EU法の優位性原則（I—六条）が明文化されたことがまずそれである。

② EUの「基本権」憲章が憲法条約第二部に編入され法的拘束力を与えられたことが次にそれである。EUの基本権憲章は、EU市民の基本権を確認する。この憲章は、EUの機関ばかりでなく構成国が EU法を実施する際に構成国も拘束する（II—一一一条一項）。EUの政策は法的措置により各国を通して実施されることが多い。ゆえに、EU基本権憲章は、各国政府をEU法の実施局面で拘束することを通して、各国法そのものに深く影響する可能性を秘めている。

③ 共通外交安保政策の領域においても、欧州首脳理事会は「欧州決定」という法的拘束力をもった自律的なEU法上の措置により政策を実施する（I—四〇条三項、I—三三条一項）。ゆえに、その措置は憲法条約に、とりわけ基本権憲章に即した措置であることが求められる。この点は、欧州議会などによるEU次元の政治的な監視において憲法条約に合致したEU機関の行動を確保するための有力な根拠となり、政治過程を通した法の支配にむけた圧力が生じうる。他方、欧州司法裁判所を通した司法的な統制は、共通外交安保政策事項に対する欧州司法裁判所の管轄権が原則的に排除されていることから、制約されている。しかし、欧州司法裁判所は少なくとも自然人または法人に対する制約を課す内容の欧州首脳理事会の欧州決定については、その合法性を審査する管轄権をもつ（III—三七六条）。この点は、現行のEC・EU体制よりも法の支配が明白に拡大強化されたものと評価できる。

4　EU法の強制力の強化

EUを国家に類比する視座からみえる第四点は、憲法条約がEU法の強制力もまた強化している点である。一九九〇年代を通して、EU法（欧州司法裁判所の判例法を含む）は、その強制的要素を増してきていた。[21] 例えば、一九九二年の条約改正で、EC条約二二八条に第二項が追加され、条約義務の履行懈怠国にECが制裁金を課すことができるようになった。一九九七年の条約改正でEU条約に新規定の第七条が加えられ、民主主義、人権および基本権の尊重など

EUの諸原則に重大かつ継続的に違反する構成国については、EU法上の当該国家の権利（議決権など）を停止することができるものとされた。欧州司法裁判所は、一九九一年や一九九六年の先決裁定などにおいて、構成国の機関がEC法に違反する行為をした場合のEU市民に対する損害賠償責任がEC法上存在することを判示した。[22] 憲法条約は、この強制力の強化という「既存の成果」を継受し（Ⅳ—四三八条）、さらに例えば、条約義務の履行懈怠国への制裁金賦課訴訟を迅速化するべく規定を改正している（Ⅲ—三六〇条、三六二条三項）。またEUの財政利益を侵害する犯罪への対策のために、欧州検察機構（Eurojust）[23]にEU検察官職を置く欧州法律の制定を予定している（Ⅲ—二七四条）。

二　国家モデル分析の法的限界

このようにEUを「国家」類似の統治権力体として機能的にとらえることは可能である。しかし、現段階ではそれでもなお、EUを国際法上の「国家」の要件を満たすものとまでは認められないであろう。

国際法上の「国家」は、少なくとも「永続的住民」、「確定した領域」、「政府」、「他の国と関係を取り結ぶ能力」を備えなければならない（国の権利義務に関する〔モンテビデオ〕条約一条）。EUはこの最小限の要件もいまだに満たさない。いま議論を単純化するために、永続的住民、確定した領域、政府の三要件はEUに存在すると仮定し、他の国と関係を取り結ぶ能力がEUにあるかについてだけ考察してみよう。憲法条約は、他の国と関係を取り結ぶ能力があると規定する（Ⅲ—三二三条一項）。しかしその能力は全面的ではなく、憲法条約がEUの権限として定める範囲の事項に限られる（Ⅲ—三二三条一項、Ⅰ—一三条）。しかも、EUの権限（特に立法権）は、憲法条約によればEUに排他的なもの（関税同盟や共通通商政策など）ばかりではなく（Ⅰ—一三条）、構成国と「共有的」とされるものや（Ⅰ—一四条）、構成国に原則的に立法権がとどまり、EUが「支援・調整・補完的」にしか行使できない立法権（Ⅰ—一七条）のようなものもある。ゆえに、ＥＵ権限とされる事項でもＥＵの対外権限は全面的ではない。さらには、ＥＵが他の国と取り結ぶ協定のうち、共通外交安保政策事項ではない事項については、当該協定がＥＵと構成国を拘束すると憲法条約は明文で定めるが（Ⅲ―三二三条二項）、共通外交安保政策事項については、同様の明文がない（Ⅲ―三〇三条）ので、共通外交安保政策事項についての対外的協定は、ＥＵが主体となって締結したものか、各構成国が集団的に締結した個々の協定の束であるのか、それともＥＵと構成国の両者が主体となって混合して協定したものなのか、この法的な区別が不明のままである。これらからしても、ＥＵを「国家」と認定するにはいまだに不十分であるといえるであろう。

いわんや「国家」の成立要件をいっそう実質化して考えるならば、例えば、政府が単に形式的に存在するというだけではなく、自律的な政府であるという実質的な要件を加味して考えるならば、現在のＥＵも憲法条約のＥＵもそのような要件を満たさない。すでに指摘したとおり、ＥＵは確かに立法権限を拡充してはいるものの、いまだに諸国からの権限付与により設立された団体であり（Ⅰ―一一条二項）、ＥＵの権限は一国家が扱うすべての事項に及ぶものでもない。国家には、自らがもつ権限が何であるかを決定する自律的な権力（Kompetenz-Kompetenz）があるといわれるが、ＥＵにはそれはない。この点で構成国はいまだに国際法上の「国家」として存続している。

各国憲法との関係で検討しても結論は同様である。いくつかの構成国の憲法は、ＥＵを一「国家」としてではなく、諸国家の連合体として認知している（例えば、ドイツやフランスの憲法[24]）。憲法条約の側でも、構成国が国際法に従って自国の地理的境界を画定する能力を保有し続けることを明文で認めている（Ⅲ―二六五条三項）。また構成国が自国の国民の要件について確定する能力をもつことも明文で認めている（Ⅰ―一〇条一項）。構成国の国家としての同一性や、防衛を含めた必須の国家機能を尊重するとの明文もある（Ⅰ―五条一項）。国家としての実質的な機能の中心には、伝統的にその領土と領民の保全があったのであり、これは軍事権や警察権として法的には表現されるが、これはいまだに構成国にあり、ＥＵは固有のそれらの権利をほとんどもっていない。[25] 将来、ＥＵの財政的利益を擁護するためにＥＵ

次元の欧州検察官が設置されることになれば、若干の例外が生じることにはなるが。

以上を要するに、憲法条約の示すEUにあっても（いわんや現行のEC・EUにあっても）、構成国は国際法上の国家であり続けており、また構成国はその国家性を放棄する意思をまったく表明していない。そうである限りは、EUを「国家」として評価することはできない。連邦方式の国家は国際法上は一つの国家として評価されるが（モンテビデオ条約二条）、EUにおいて統治権が二元的に配分されてはいるものの、構成国が依然として「国家」であり続けているため、EUの側を連邦方式の「国家」として法的に構成することは論理的に不可能である。

三　国家モデル分析の機能的限界

さらに機能的な視座からみても、EUを国家類似の機能的統治体として認識することが困難な局面がある。憲法条約の示すEUにおいて法形式からした「列柱」構造は解消され一本化されたものの、いまだに、機能の根本的に異なる二種類の統治様式が存続しているからである。これらは現行のEC・EU体制においては列柱の法形式で表現されていた二種類の統治制度を、一部改変を加えつつも機能的に継承したものである。

憲法条約が示す第一種の統治様式は、現行のECの統治様式である（共同体様式）。この様式での意思決定手続の基本形は、欧州委員会が政策や法案を提案し、欧州議会と閣僚理事会が共同で、原則として多数決方式（閣僚理事会は二重多数決、欧州議会は絶対多数決）で採択するものである（I—三四条、III—三九六条）。これは現行の「共同決定手続」（EC条約二五一条）をさらに簡素化したものであり、憲法条約では「通常立法手続」と改称されている。

第二種の統治様式は、現行の共通外交安保政策分野に用いられている統治様式を継承したものである（政府間協力様式）。ここでの意思決定は、連合外務大臣（欧州委員会の支持を得て、または得ずに独自に）または任意の構成国が提案や発案を行い、欧州首脳理事会または閣僚理事会が当該案を全会一致により採択するというものである（I—四〇条六項）[26]。この統治様式においては、欧州議会や欧州委員会というEU次元固有の機関は、意思決定において主要な役割を果たさない。主要な役割は、各国政府代表機関である欧州首脳理事会や閣僚理事会である。この統治様式は、本質的には政府間協力による統治様式であり、現行のEC・EU条約体制でも共通外交安保政策に用いられており、憲法条約においても引き続き用いられるわけである。

このように憲法条約のEUにおいても、共同体様式と政府間協力様式の二種類が機能的には存続する。この様式の違いは、各国主権の法的制限の違いであり、EUとしての意思決定に最終的に誰が主体として権利と責任をもつかの違いである。共同体様式においては、諸国と諸市民の代表が主体となるが、政府間協力様式では諸国のみである。ゆえに外交安保および安保防衛の政策領域については、各国が法的にも機能的にも国家としていまだにEUの所轄事項においても存続していることになる。この政策分野は領土と領民の保全においても最も強力な強制力を必要とし、現実に発揮する分野であるだけに、機能的な国家モデル論者にとっても（いわんや欧州次元の国民国家モデル論者にとってはなおさら）EUにそれがないことはモデルの分析力を弱めるものとなろう。

欧州国民国家モデルの限界は、法的にも社会事実的にも、主権者としての「EU国民」を欧州次元に予定する点である。しかしこの前提は、現行法にも現実にも合致していない。EU市民権は、各国の国籍があって初めてそれに追加的に付与される（I—一〇条）。EU市民権だけが独立に存在することはない。EU市民権は各国の領土に限定されない、越境的な市民社会の広がりを予定するものではあるが、法的には各国法にその発生と消滅が支配され続けている。EUの各国が国家として存続し、国籍を自律的に決定し続ける限りは、欧州次元の、独立の単一の欧州国民にEU政体の形成権力（le pourvoir constitutant européen）が宿ると法的に構成することは、既存のEC・EU法の成果に照らしても、現実離れした想定にすぎない[27]。欧州国民国家モデルは、EUに対する分析力を発揮しないばかりか、方法論的にも疑わしい。なぜなら、EC・EUの発展の歴史を振り返っても[28]、また憲法条約をみても、果たして欧州諸国や諸市民が欧州次元の単一の国民による国家の形成を意図し希望しているかどうかは不明だからである。最終形態（結論）を先取りし、それに合わせて現状がいかにそれに満たないかの分析をするのがこのモデルであり、これは出発点の想定の証明を省いた欠陥がある。EUは国民国家とは別個の政体になる可能性もあるのであり、その可能性を排除する理由をこのモデルは立証せずに、一定の政治的希望を主張することになる。

他方で、国家機能体モデルは、EUの権限の増大および拡大、そして機能的にみたときの統治権のEU機関間での配分やEUと構成国の間の多元的配分などを認知する点ですぐれた分析力を発揮する。しかし問題点も抱える。方法論的な問題点は、やはり欧州次元の「国家」類似の統治体を想定する点である。その想定を続ける限り、なぜ二種類の機能的に異なる統治様式が存続するのか、それがこのモデルの想定するようにやがては解消して一つになると果たしていえるのか、という点の分析ができない。最終的に「国家」らしきものになるかどうかも不明のまま、そうなるであろうことを予定して分析をする限りは、先の欧州国民国家モデルと同様の批判が妥当する。

ただし、国家機能体モデルがもつ機能的な視点は、公式の国家法および国家間法（国際法）による静態的な分析を超えて、EU法秩序が各国法秩序からは独立に形成され、それに呼応して各国法秩序が恒常的に変容させられる現実像をよくとらえる。こうして形成されつつあるEUは、各国法秩序が事後的にであれ追認せざるをえない権力を、分野によってはEUの「排他的権限」であるとまで称するほどにもつに至っている。構成各国は一カ国ではもはやこの権力体の存在を否定することはできず、それに認められているのは「脱退」の自由にすぎない。EUという新たな形態の権力体を法的に統制することを目的とするのであれば、公式の国家法と国家間法による法の視座に加えて、EUを独自の自律的な法秩序としてみる法的な視座も必要であり、その構築のためには、作業仮説ないし認識の手段として機能的な視点も有効であろう。

ゆえに、一方では国家を最終形態として想定せずに、しかし機能的にＥＵの政体形成をとらえるような視座をとることは暫定的ながら妥当と思われる。他方では、構成国が依然として国際法上の国家として存続しているため、各国憲法および国際法に基づく法体系にもＥＵ次元の法秩序を可能な限り多く連結させながら説明し分析できるような視座が必要である。そのような視座として、少なくとも、ＥＵの最終形態が「国家」になるという想定を捨てることは賢明であろう。こうして国家にＥＵを類比することなくその権力体系を解析しようとする機能的な視座、非国家政体モデルにたどり着くことになる。

Ⅲ　非国家政体モデルの視座――多元的法秩序からなる統治権力体ＥＵ

一　非国家政体モデルによる分析

そこでＥＵは、憲法条約（現行ではＥＣ・ＥＵ条約）が認める範囲で、各国法秩序とは別個の法秩序であって、独立の機関と特定の固有の権限を備えた、自生的に法と制度を（憲法条約などの設立条約の明文に反しない範囲で）展開しうる法制度であるという前提にたつことにしよう。他方で、構成国は国際法上の国家として存続し、各国憲法もまた同じ前提にたつものとしよう。ＥＵ政体は、ＥＵ次元の固有の統治組織と構成国次元の統治組織の二元からなり、それぞれの次元で異質の法秩序が存在する、多元的な法秩序で構成される、非国家政体（独自の種類（sui generis）の統治体）と仮定されることになる。

この非国家政体モデルの視座からすれば、国家機能体モデルが機能的に認知したＥＵ権力の特徴は、それらの特徴があるからといって国家建設に将来的に論理的に結びつくわけではないという条件を付すならば、そのまま受容することができる。ただしそれだけでは十分ではない。国家ではない、異質の多元的法秩序の存在という視座をとって初めてみえてくる追加的なEU政体の特徴をさらに分析し認知することができるかどうかが重要な論点となる。そこで以下に、憲法条約の定立するEU政体において、非国家政体として固有のどのような特徴が認められるかを検討しよう。現にいくつかの特徴を指摘できる。

1　非国家主体の認知

第一に、憲法条約はEUの統治において、非国家主体の直接かつ必須の役割を認めている。典型例は、現行法にすでに存在し憲法条約に継承されている、いわゆる「労使対話（social dialogue）」（EC条約一三八条、憲法条約Ⅲ－二一一、二一二条）の制度である。使用者と労働者双方の多数代表（以下、代表的労使）がEU次元において欧州委員会の政策形成段階で諮問される。EUの社会政策の方向性および具体的な社会政策措置について代表的な労使双方の意見が徴される。この段階で代表的労使双方が望むならば、通常の立法手続によってEU法を定立することに代替して、代表的労使が私的な団体協約を交わし、その内容を閣僚理事会の欧州規則または欧州決定により、代表されていない労使を含めて労使全体に拡張して一般的に公的に実施することができる。(29) 注目すべきは、①代表的労使は越境的主体であり国により分節された主体ではないこと（利害により越境的に集合した主体であること）、②越境的な私的合意形成が直接に公的なEU立法作業に代替していることである。

別の例は、経済社会評議会である。これは労使対話のように公式のEU立法に代替するほどの法的役割はもたされず、単にEUの立法や政策形成における諮問機関にとどまるが、各国の経済活動や社会生活におけるさまざまの利害代表がEU次元に直接に代表される。類例として地域評議会も挙げられる。これは各国の地方自治体次元の代表がEU次元に直接に代表される諮問機関である。

これらの例はみな民間または非中央政府の主体をEU次元に直接代表させる制度であるが、いずれにも共通して、①各自の非国家的利害を明確に代表するものであり、②組織は越境的であり、③憲法条約により彼らの代表性は直接に法的に保障されている、という特徴をもつ。最後（③）の直接の法的保障という点は、代表される権利または諮問される権利が無視されて、EUの立法措置が採択されるならば、その措置は事後的な訴訟において無効とされうることを意味するであろう。かつて欧州議会がEC立法手続において諮問されるだけの地位にあった時代、閣僚理事会が欧州議会の諮問的意見の表明を待たずに立法措置を採択したとき、欧州司法裁判所は欧州議会への諮問手続は、人民が議会における代表者を通じて権力の行使に参加するという民主主義の基本原則をEC次元でも反映したものであるとして、その諮問手続の無視は違法であると判断し、当該措置を無効とした[30]。憲法条約のEUは、多様な利害代表の参加民主主義の原則を明文に規定する（I―四七条）。ゆえに、この先例が同様に当てはまると主張することは十分可能であろう。

2　EU法による各国機能の結合

非国家政体モデルをとることによりEUに見いだすことのできる第二の特徴は、ある「国家」の伝統的に担ってきた統治機能の一部が、今や法的にも現実的にも、各国独立に自律的に運用できるものではなく、EU法によりEU次元の越境的ネットワークと制度の一部として再構成され、それに組み込まれていることである。EU法規範による国家機能の部分的結合と再編成という現象である。この国家機能の一部のEU法を通した越境的な結合・再編成現象は、構成国が独立の主権的国家として法的にも機能的にも完結しなくなっていることを示す。しかしそれがEU次元の国家建設に結びつく必然性もない。この国家機能の部分的規範的結合は、もっぱら目的限定的である。しかも対象分野や主題により、さまざまの制度形態をとる。さらには、それぞれ個別に編成された結合制度の間に一定の論理があるわけでもない。

むしろ必要に応じて対症的に構築されている。一つの分野で編成された結合制度が、同様の制度をとって他の分野に「波及」する、といったものではない。しかしいずれの結合制度も、各国家の部分的機能の越境的ネットワーク運営システムとなっており、EUと各国の両次元において同時に、それぞれの政策や法の形成と実施に貢献するものである。

典型例は、経済通貨同盟（EMU）である。ここでは、各国の中央銀行が欧州中央銀行（ECB）を中心にして欧州中央銀行制度（ESCB）と呼ばれるネットワークが構築されている。ESCBを通して、EUおよび各国の通貨政策が形成され、実施され、監視される（Ⅲ―一八五条〜Ⅲ―二〇二条）。重要な点は、この欧州中央銀行制度がEUおよび各国の意思決定過程から法的に完全な独立を保障されている点である（Ⅰ―三〇条三項、Ⅲ―一八八条）。EUと各国の通貨政策は、各国の政治統制からもEUのそれからも分離されている。そしてこのような制度は、それ自身を存続し保全するために、法的な権利や地位を保障されており（Ⅲ―三六五条三項など）、EU通貨政策措置を実施する独自の権限も付与されている（Ⅰ―三〇条四項・五項、Ⅲ―一九〇条）。このように（EU・各国の両方を含めた）EU政体において、EUの通貨政策という目的・範囲に限定された、規範的に独立の制度が構築されている。古典的な「国家」（の典型的な統治権限、「高権」の一つともかつては分類されたような「通貨」に関する）権限も、特定機能として切離されてEU次元で越境的に結合され、再編成されて新たな制度の一部として組み込まれているが、この結合再編成作業は、EUの将来的な政体規範像を何とするかをまったく語ることなく、それと無関係に行われている。(31)

3　EU法と各国法の交叉的融合

非国家政体モデルからみえる第三の特徴は、憲法条約がEUと各国の法秩序間の規範的な交叉的融合（interface）を創り出している点である。この融合は、各国法がEU法に言及してEU法を各国法の一部に直接編入するような場合やその逆の（EU法が各国法に言及して編入する）場合に特に起こりやすい。こうして両法秩序の交叉ないし連結が生じると、そこにはもはや法秩序間の境界線がなくなり、各国法がEU法として、またEU法が各国法として展開する同時かつ循環的な法の発展が生じうる。EU法と各国法の相互作用による法の融合が、各国およびEU次元において、共通の法概念を新たに作り出し、または既存の法概念を実質的に変容させて共通の概念へと変化させうる。このような概念の変容と共通化を通して次第に統治体をとらえる法的な視座も新たな視座へと変化していく可能性もある。新たな視座においては、国家という統治体を分析し説明するために用いられてきた法概念とは異なる法概念が使われ、または同じ法概念の意味内容が変容されて使われることになろう。

4　融合例一（各国議会のEU化）

融合の具体例の第一は、憲法条約が規定する、各国議会の新たなEU法上の立法手続上の権利規定である。憲法条約に付属する「補完性および比例性原則の適用に関する議定書」（以下、議定書）によれば、EU立法手続において、補完性および比例性の原則が遵守されるための新たな監視手続が導入されることになった。欧州委員会からのEUの立法的行為（「欧州法律」および「欧州枠組法律」）の提案（および修正提案）は、（欧州議会・閣僚理事会だけでなく）各国議会にもすべて送付される（議定書三条）。そこから六週間の間に、各国議会は当該提案が補完性・比例性原則を満たしているかどうかを判断する（同五条）。各国議会は二票（二院制の議会では各院が一票）もち、EU全構成国の議会の総票数の三分の一以上の反対票（原則を遵守していないとの判断）があるときは、当該提案は見直しを義務づけられる（が欧州委員会に撤回が義務づけられるわけではない）（同六条）。この手続はEUによる立法過剰を事前に防ぐ目的であるため、「早期警戒手続（early warning procedure）」とも俗称される。

この手続の法的に重要な含意は、EU法の側から各国議会の任務を指定している点である。これは本来は各国の憲法や法律が指定するところであった。例えばデンマークでは、EU次元の立法に対するデンマーク政府の閣僚理事会における投票行動をデンマーク国会が事前に制約し指定する手続が形成されていた[32]。今回の憲法条約の早期警戒手続は、各国議会にEU立法の補完性・比例性審査を義務づけるものではないが、その手続を用いることによってEU立法の過剰を規制するEU法上の権利を与えるものである。しかもその統制の権利は、EU立法への常時の統制の権利である。これは条約改正に対する批准手続における各国議会の統制権よりもはるかに恒常的で実効的なEU立法権の運用に対する統制権となる。それゆえ、各国議会においてEU法上認められたこの権利を利用する誘引は大きい。こうして憲法条約の批准の後、各国議会がこの権利を利用するようになるならば、各国議会はEU立法過程に手続的に連結され、各国議会の任務がEU立法の統制という任務にまで拡大する。この任務拡大を憲法条約の批准後も各国の憲法等が公式に明文化していない場合、憲法条約の批准行為だけで各国議会の憲法上の位置づけが部分的に変更されることになり、成文憲法をもつ国の場合、憲法改正手続を経ない憲法の実質的変更と解釈される余地もある。

早期警戒手続の採用は、各国の視点からいえば、デンマークなどが開発していた各国議会によるEU立法過程の統制の独自の工夫がEU次元に取り上げられ、他のEU諸国に広められたものともみうる。EUがいわば各国の最良実務(best practice)を採用し、EUの統治に適した新たな制度を形成しているとみることもできる。各国の最良実務のEU化という点で同様の例は、経済社会評議会というEC・EUの機関もそうである。これはEC設立当初から設けられた機関であるが、経済活動や社会生活における多様な利害代表で構成する政策の立案過程や立法案の審議過程での諮問機関である。EC設立当時、フランスやオランダにすでに国内にあった同様の機関がその模範とされた(一九五八年フランス憲法六九条、オランダ憲法七九条)。さらに別の例を挙げるならば、EU機関の犯した行政過誤を統制するEUオンブズマンの制度がやはり各国最良実務のEU化である。これも北欧諸国やイギリスにあった国内の類似制度を模範としてEUに導入された[33]。

このようなEUと各国の法的連結・交叉を通して、新規のEU・各国の共通法概念が登場したり、あるいは既存の各国法上の概念がEU・各国の融合場面で使用されることで意味内容を変化させ、EU・各国に共通の概念に成り代わるようになる。こうして徐々にではあるが、各国の法秩序を分析し説明する法概念も変容し、伝統的な憲法分析の枠組みそのものが変化させられる地点に達しうる。

この大きな分析枠組みの変化を具体的に予測するのは難しいが、一例として、不文憲法国のイギリスにおいても、伝統的な憲法分析の枠組みの変化がありうる点を過去の例から紹介しておこう。

イギリスが一九七三年にECに加盟する前後に、イギリスではコモン・ロー上の憲法原則である「国会主権の原則」がEC加盟の障害となるかどうかをめぐり論争が起きた。「国会主権の原則」とは、国王・貴族院・庶民院の三者から構成する国会だけが、どの会期においても常に、イギリス法上は、法を定立し改廃できるのであり、国会以外のいかなる人も機関（裁判所など）も、国会の制定した法の効力を否定できない、というものである。ところがEC法は、それに反する各国法に優先して適用され、EC法に反する各国法の適用を排除するよう要請するものである。ゆえに、ECに加盟することが「国会主権の原則」の変更をもたらすのではないか、という論争が持ち上がった。その当時、伝統的な論者およびイギリス政府は、EC加盟によっても「国会主権の原則」は変更されないと論じ[34]、当時のECを目的限定的な国際組織ととらえ、それに対する統治権限の一部の委任にすぎないと国内法的には説明した[35]。（これは国家主権モデルでの立論である。）そこでイギリス議会は、議会内の小委員会を再構成し、イギリス政府のEC閣僚理事会における投票行動を議会として監視する体制にした[36]。これはウェストミンスター型の議院内閣制をとる統治体制での、議会が行政権をもつ内閣（政府）を統制する役割を担うという、伝統的な分析枠組みに基づく対応である。この国内憲法上の分析枠組みでは、イギリス議会がEU立法手続に関与する役割はまったく想定されていない。EU立法に関与するのは、（元来は国王の保有していた）条約締結の大権を行使する内閣（行政府）であり、それをイギリス議会が監視するという構図にすぎない。ところが、興味深いことに、この一九七〇年代当時から少数の異説があり、その見解が本稿で指摘した先の国内憲法上の分析枠組みの転換可能性について示唆的である。その異説によれば、イギリスのEC加盟により、イギリス議会は国内立法を行う議会の「手続と構成（manner and form）」を変更したことになるという。すなわち、EC事項が関わる立法は、もはや国王・貴族院・庶民院の三者からなる国会で行われるのではなく、第四者としてブリュッセルの機関（特に閣僚理事会）を加えた国会によってのみなされる「手続と構成」に変更されたのだ、というのである[37]。この見解からすれば、イギリス議会もまたEU立法手続に関与すべきものとなる。そしてこの見解をとれば、憲法条約が提供している各国議会のEU立法手続への限定的な関与も、イギリス憲法的に内在的に説明ができることになるのである。伝統的な国家主権モデル的な分析枠組みでは、本来権限を委任されたEUの側が本人たるイギリス議会の立法評議の方式や手続を組織するという逆転現象の説明に窮するが、異説からは容易に説明可能である。この例からもわかるように、各国憲法の側で、EU政体の形成とともに、伝統的な法概念を変形させ、EU法秩序における各国憲法秩序を再構成して、各国憲法の内在的な論理としてEU政体との連結・再編成を説明する可能性はある。

5　融合例二（各国行政機関のEU化）

融合の第二の例は、各国とEUの行政機関間の相互協力ネットワークの成長である。これは特定のEU政策・措置の実施の局面で顕著にみられる（Ⅲ—二八五条、Ⅲ—二六三条、Ⅰ—四二条など）。憲法条約は例えば、人の自由移動や刑事犯の越境的警察に関する「自由、安全、司法の地域」政策の分野で、欧州委員会と各国所轄官庁の間の協力だけでなく、各国所轄庁間相互の協力を確保するための欧州規則を閣僚理事会が採択するものとしている（Ⅲ—二六三条）。同じ分野でさらに任務特定的なネットワークとしては、欧州検察機構（Eurojust）の下に各国の検察局がネットワーク化される例（Ⅲ—二七三条）や、欧州警察機構（Europol）の下に各国の警察制度がネットワーク化される例（Ⅲ—二七六条）が挙げられる。

このような任務特定的なネットワークが設置されると、各国の所轄官庁の官僚はEU次元で各国相互間に協力して運営する新たな任務をより効率的かつ実効的に遂行するように各国の行政組織を再編成するようになる[38]。関連する各国の実体法や手続法も相互に情報として共有されるようになる。こうして相互学習が進み、相互に受容可能な共通の法原則やより具体的な法準則が共有されるようになり、それがやがてEU法として実定法化される。EU次元でこのように各国とEU、各国と各国の相互間にネットワークを形成して、法と制度が次第に融合することは、EUと各国の法秩序の融合をさらに促進する[39]。

以上を逆に各国法の視点からみても、いくつかの構成国の憲法は、ECまたはEUまたはその両方の法と制度に明確に言及してそれを承認する規定を置いているので、各国の機関は、日々展開するEC・EU法を、必要に応じて、国内法上も法・制度として公式に認知することができる。例えば、ドイツ連邦憲法（二三条）、フランス憲法（八八条の一ないし八八条の四）、アイルランド憲法（二九条四項）、フィンランド憲法（九三条、九六条、九七条）、スウェーデン憲法（のひとつをなす統治章典（Instrument of Government）十章五条）、イギリスの憲法的性質をもつ法律（一九七二年EC加盟法二条および三条）などである。

確かにこの各国憲法の諸規定は、現時点では、国家主権モデルにたっており、EUに統治権の一部を委任したという法律構成をとる。しかし憲法条約は、これまで以上に広範囲にわたり法の相互作用を制度化し（「自由・安全・司法の地域」政策など）、法の融合を促進する。さらにすでにみたように、憲法条約は統治権の多元的な可分性を前提として、EUと各国との間で二元的に統治権が配分され分有されるEU政体の全体像を規範として示している。そのため憲法条約に基づく法と制度が定着し拡大するにつれて、各国憲法が現在とっている権限の委任という法律構成は、現実に生起している法律問題を解決する際に分析力や説明力を次第に失い、対応して、機能的な視点からの新たな法律構成が各国法においても有力なってくることが予想される。国家法秩序を構成する基本概念である「主権」という概念も、特にそれを不可分かつ不可譲と定義する厳格なモデルを各国法においてとるとき（フランスなど）、もはやそのようなモデルを維持できない時点がEU政体の成長・定着とともに訪れるであろう。

6　政策別の参加国差異化

さて、非国家政体モデルからみえてくるEUの特徴を探るという本筋に戻るならば、そこでみえてくるさらに別の（第四の）特徴は、参加国の差異化である。憲法条約は一定の政策分野や主題については、一部の構成国の不参加を認めている。つまり、全政策分野や統治項目について、EU諸国全域について均一的に統治権をEUが波及させるようには政体が形成されているわけではない（地理的・主題別の差異化（differentiation））。典型例は、共通防衛政策（I―四一条）分野である。一方で、数カ国の構成国は軍事に関する中立政策を採用しており、他方でNATOなどEU以外の国際条約により拘束された構成国も多い。そこで憲法条約は、この政策分野において全構成国に共通の政策を予定せず、政策実施における構成国に応じた随時の差異化（III―三一〇条）や、政策実施のための恒常的な差異化（特に過酷な防衛軍事行動を伴う政策の実施についての一部諸国だけの常設的な協力制度）（III―三一二条）を予定している。他の差異化の例は、すでに触れた経済通貨同盟（EMU）である。ユーロ（Euro）を通貨として採用するユーロ圏諸国と、EMUの最終段階に参加していない非ユーロ圏諸国とに差異化している（III―一八五条～III―二〇二条）。

この一部諸国の参加ないし不参加による差異化も、第二の特徴として指摘した、国家機能の部分的な規範的結合も、EU政体が地理的に、あるいは主題別に、さまざまの制度や参加国集合を伴いながら、不均一に形成されている現実の姿を示している。国家機能体モデルであれば、このような不均一な政体形成を未完の国家形態と解釈するであろう。つまり、将来的な「国家」の段階では、全政策分野にほぼ均等の政策形成と実現の制度がほぼすべての構成国の参加を伴うに至り、完全な姿になると考えることになろう。しかし、非国家政体モデルでは、このような政策分野別の、多様な制度化がまさにEU政体の特徴であり、政策分野や主題別にEU次元の制度化が不均一に推移するのが常態であって、何ら不完全な形態とは考えないことになる。

二　EU政体の規範像の構築

以上の議論を総合して、憲法条約を基礎に、非国家統治体としてのEUの規範像はどのように構成すればよいのであろうか。

第一に、EUを現在の国家法および国際法体系に則して法的に分析したところから明らかなように、国家主権モデルが依拠する「主権」という概念は、国家法および国際法の体系の基礎にあり、それが現在でもEU政体を創始し、公式に変更する法的行為を分析し説明する上で効力を失っていない。憲法条約も「条約」という法形式をとっている。

第二に、しかし、EU法は、憲法条約（および現行のEC・EU条約）が定める範囲では、各国法秩序からは独立の法秩序として存在し一定程度は自律的に発展している。そのEU法秩序においては、国家以外の主体も正統な主体としてEU法により直接にEU統治に参加と関与を認められている。また憲法条約は、国家主権モデルからみれば本来は各国の憲法ないし法律が定めるべき事項までEU法上の権利や原則を提示することを通して現実には指定している。その例は、EU法の各国法に対する優位性の原則（I―六条）であり、各国議会のEU立法手続への関与権である（補完性・比例性議定書）。これは、EU法秩序と各国法秩序の相互連結の場面であり、これを通して法の融合が次第に生じている。この機能的視点からすれば、EU法秩序の一定程度の自律性は過去五十年の実務により確立しており、とりわけEUの「排他的権限」に属する政策事項についてはそうである、ということになる。

第三に、したがって、EU政体の全体としての法秩序は、各国法秩序とEU次元の法秩序の二種類の別個であるが、相互に制度的また法概念的にも連結した法秩序の複合体、という規範像になろう。各国法秩序は、現時点では、古典的な「主権」概念に訴えた法秩序を可能な限り自律的に維持しようとしている。EU次元の法秩序は、各国法・国際法だけでなくEU次元の条約（憲法条約など）や自ら定立した派生法（EC規則など）のすべてを手がかりにした独自の内在的な自律的な法秩序を想定してそれを展開しようとしている。EU次元の法秩序は、成り立ちにおいて各国法秩序による授権を必要としつつも、各国法秩序が単独では提供できない法や制度を提供してそれを通して各国法秩序とEU次元の法秩序を連結し、各国法の概念や制度をEU次元においても借用しつつ、内容を越境的な統治体にふさわしいものに変形し、やがてそれを各国法にEU法を通して実施させて波及させる。この過程がEUと各国の法秩序の融合であり、これを通して各国法秩序の基本概念も重大な変更を次第に受けていく。そしてこの機能的な融合状態がやがてまた各国から、公式の実定法的な認知を受ける。

現在までのところ、このような法融合作用を含む多元的法秩序複合体について、明確な名称は与えられていない。それは目的限定的な常設的政府間組織（国際組織）を実質的にはるかに超えた統治権力体ではあるが、国際法上の国家ではない。これまで、国家でも国際組織でもない「独自の種類の」統治体といわれてきたが、本稿では、これを（ほんの）一歩進めて、EU政体は、多元的な憲法秩序の複合した非国家政体であると規範的に描くことを提唱するものである。そしてこの非国家政体の多元的憲法秩序では、EUと各国の各法秩序相互の連結と融合を通して、特に各国法秩序において用いられてきた基本的な法概念の変容が次第に生じうる。この究極の効果まで考慮したとき、EUを構成する「憲法条約」が「憲法」なのか「条約」なのかということを議論するのは無意味ともいえることになる。なぜなら、いずれも「主権」概念を前提とした法秩序での議論にすぎず、EUはその基本概念たる「主権」概念そのものを変容させせうる法秩序だからである。EUはそれを創始させた概念自体を変容させる法秩序を内在させた政体であるから、まさにこれまでの意味での「憲法」や「条約」には当てはまらない「憲法条約」なる変形概念が法融合により登場しているのである。

図1　EU政体全体の規範像

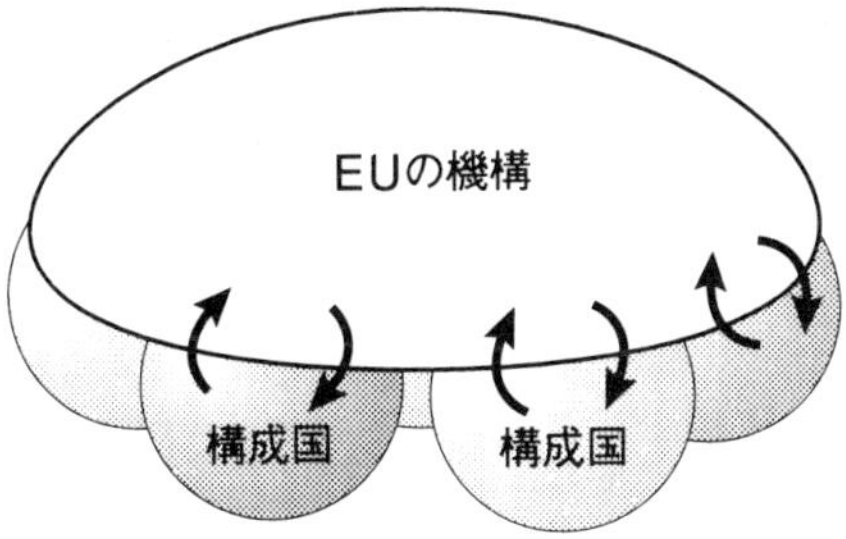

むすび

本稿でのさまざまな視座から得たEU政体に対する分析成果を総合すると、国家ではない新たな類型の統治体EUを次のように規範的にとらえうるように思われる（図1）。すなわち、現行のEUおよび憲法条約のEUは、多元的憲法秩序として把握できる。EU政体は、EU次元の固有の機関とその展開する法秩序を一方、各構成国次元の固有の機関とその展開する法秩序を他方として、その両者から構成され、その両者がEU条約と各国憲法の双方を通して法的に連結され、共同で運営する制度を設立することを通して、法概念や制度の融合が生じることで、不可分一体となる範囲を広げている。EU政体はこのような複合的な法秩序である。

現段階では、各構成国の法秩序は、伝統的な「主権」概念を基礎とした憲法秩序により規範的には構成されている。他方のEU法秩序は、「主権」概念を部分的に使いながらも、独自の内在的な統治体としての一貫性と一体性を求めて、各国法とは独立の自律的な法秩序を自生的に発展させている。その拠って立つ基本概念が何であるかはいまだに明確ではない。このように、二つの必ずしも同質ではないようにみえる法秩序が多元的に並存し、部分的に不可分に連結し融合した規範的法秩序となっている。

憲法条約は、このようなEU政体（EU次元の機関と各構成国の両方に及ぶ）の重要部分の規範像を描いたものであり、各国次元の統治体の規範像は各国憲法が描いている。この両者は、別個独立な性質をもちつつも、規範的に相互に認知し、また共通の制度や法概念によって連結されており、EUという全体として一つの複合的統治体を、これまで以上に明確に形成する方向性を憲法条約において示している。

しかし、構成国の憲法がいまだに主権概念に訴えた法秩序を形成しているので、国際法上の国家の権利に訴えた、構成国政府間の法（国際協定など）の形成も、憲法条約の外で、まだありうる。そしてそれがEUの制度外で行われながら、やがてEU法の一部に編入される可能性もある。この意味で、EU政体の規範像は、憲法条約と各国憲法だけをみて把握し尽くせるものではなく、常時、国際条約等の形態により、さらに追加的に形成されうるものでもある。ただし、このような古典的な国家「主権」概念は、EU政体の展開とともに変容し制約される可能性もある。しかし、現段階ではそこまでは達していないので、EUの制度内では多元的憲法秩序が、EUの制度外では古典的国家「主権」秩序が存在するという折衷的な法的構成で語ることになる。

注

（1）詳細は、衆議院憲法調査会事務局（中村民雄執筆）『欧州憲法条約——解説及び翻訳——』（衆議院憲法調査会事務局、二〇〇四年）、中村民雄「欧州憲法条約（1・2完）」『貿易と関税』五三巻一号（二〇〇五年）六八―七五頁、二号（二〇〇五年）六八—七五頁。

（2）EUをいかなる統治体として認知するかについて、本稿と密接に関連する別稿として、中村民雄「動く多元法秩序としてのEU——EU憲法条約への視座——」同編『EU研究の新地平——前例なき政体への接近——』（ミネルヴァ書房、二〇〇五年）第七章。英文の先行研究は後掲（注4—9）。

（3）以下本稿では、意図的に明文の規定にこだわった検討を進めるが、EU政体に関する不文の法規範が存在し、または生成しうることを否定するものではない。ここで意図的に実定法にこだわった議論を進めるのは、どのモデルにたつ論者も共有しなければならない最小限の証拠（実定法）の世界でのEU政体分析の難しさを明示するためである。本稿では、欧州憲法条約や既存のEC・EU条約という実定法をみるだけでも（いわんや不文の法規範を考慮するとまして）、後述の四モデルのいずれにも部分的に適合し、部分的には反するという内在的な不整合をEU政体が抱えていることを明らかにする。またそれゆえに四モデルいずれも不完全であるが、相対的に妥当なモデルがどれかを特定し、それを仮説的なモデルとして当面EU政体の分析と説明を進めることが妥当なのではないかと問いを投げかけ、今後の研究方向を提案する。これらが本稿での作業意図である。

（4）Trevor C. Hartley, *The Constitutional Problems of the European Union* (Hart Publishing, 1999); *ditto*, "The Constitutional Foundations of the European Union," *Law Quarterly Review* 117 (2001), pp.225-246; Eileen Denza, *The Intergovernmental Pillars of the European Union* (Oxford University Press, 2002).

（5）Federico G. Mancini, *Democracy and constitutionalism in the European Union* (Hart Publishing, 2000).

（6）Joseph. H.H. Weiler, *The Constitution of Europe: "Do the new clothes have an emperor?" and other essays on European integration* (Cambridge University Press, 1999).

（7）Mancini, *supra* note 5.

（8）E.g., Massimo La Torre, "Legal Pluralism as Evolutionary Achievement of Community Law," *Ratio Juris* 12 (1999), pp.182-195; Neil MacCormick, *Questioning Sovereignty: Law, State, and Nation in the European Commonwealth* (Oxford University Press, 1999).

（9）Mancini, *supra* note 5, p.53; Weiler, *supra* note 6, p. 312; Neil Walker, "Late Sovereignty in the European Union," in N. Walker (ed.), *Sovereignty in Transition* (Hart Publishing, 2003), pp. 3-32; Rene Barents, *The Autonomy of Community Law* (Kluwer Law International, 2004).

(10) 前掲拙稿、注（1）。

(11) 付言すれば、憲法条約は本文で検討した公式の改正手続のほかに、簡略改正手続も別途規定している（IV―四四四条）。こちらは主にEUの政策規定部分の立法の意思決定を閣僚理事会の全会一致から特定多数決に変更するなどの改正に用いられる。この手続では、欧州首脳理事会が全会一致で改正を発議し、各国議会が六カ月以内に異議を唱えない場合は、欧州議会の承認を得て、欧州首脳理事会が全会一致で議決すれば、改正が発効する。ここでも国家代表と市民代表の双方の同意が必要な構成になっているが、改正のイニシアティブが国家側に握られた構造である。

(12) Denza, *supra* note 4, Chap.1. See also, Hartley, *supra* note 4.

(13) この点については、中村民雄「EU憲法への視座――動く法秩序の捉え方・試論――」『社会科学研究』五四巻一号（二〇〇三年）三―三二頁を参照。

(14) CC 97-394 DC, 31 Dec. 1997, para. 7.

(15) J. Fischer, „Vom Staatenverbund zur Föderation: Gedanken über die Finalität der europäischen Integration“ (Speech at the Humboldt University in Berlin on 12 May 2000). Cf. C. Joerges et al., *What Kind of Constitution for What Kind of Polity* (European University Institute, 2000).

(16) R.C. Van Caenegem, *A Historical Introduction to Western Constitutional Law* (Cambridge University Press, 1995).

(17) Weiler, *supra* note 6.

(18) なお憲法条約は、新たに欧州首脳理事会の常任議長職も設けた。この常任議長も共通外交安保政策の分野についてのみ、首相級の対外代表となりうるが、連合外務大臣の職責を害さない範囲でという制約がある（I―二二条二項）。

(19) 農業政策や競争政策の分野の立法権がそうである。憲法条約は農業政策権限を共有的権限とするが、EC判例では、共通農業政策における市場調整制度が十分包括的に成立した農産物品目についての立法権は、ECに排他的になるとされていた（詳細は、中村民雄『イギリス憲法とEC法』（東京大学出版会、一九九三年）一七三―一八六頁）。また競争政策については、逆に憲法条約は排他的権限とするが、EC判例では共有的権限とされていたうえ（Case 14/68 Walt Wilhelm v.

Bundeskartellamt [1969] ECR 1)、現行のEC競争法実施規則（1/2003号）も憲法条約Ⅲ—一六三条e号も、各国とEUの権限が並存し競合することを前提にしている。

(20) E.g., Case 26/62 Van Gend en Loos [1963] ECR 1; Case 6/64 Costa v. ENEL [1964] ECR 585.

(21) Nick Haekkerup, *Controls & Sanctions in the EU Law*（DJØF Publishing, 2001).

(22) Cases C-6/90 and C-9/90, Francovich [1991] ECR I-5357; Cases C-46/93 and C-48/93, Brasserie du Pêcheur [1996] ECR I-1029; Case C-224/01, Köbler [2003] ECR I-10239.

(23) 欧州検察機構（Eurojust）は、重大犯罪であって、二カ国もしくはそれ以上の構成国に影響しまたは共同して訴追することを要するものに関して、構成国の機関および欧州警察機関（Europol）の実践する行動ならびにそれらの提供する情報に基づいて、各国の捜査および訴追機関間の調整および協力を支援し強化することをその使命とする（Ⅲ—二七三条一項）。

(24) FIDE XX Congress London 30 October—2 November 2002. vol. II（British Institute of International and Comparative Law, 2002), p.207.

(25) 憲法条約は、共通安保防衛政策に関する現行の構成国間の協力体制（政府間協力型の体制）を強化している。憲法条約は、構成国に対して、共通安保防衛政策の実施のために民間および軍事の諸力を提供することを義務づけるが（Ⅰ—四一条三項）、当該実施決定は、閣僚理事会の全会一致表決を経なければならないから、各国は拒否権を依然としてもつ。

(26) 共通安保防衛政策に関する欧州決定の採択に関しては、憲法条約は、共通外交安保政策の欧州決定に比べて、政府間協力の特徴をさらに強めている。連合外務大臣または任意の構成国のみが提案・発案権をもつものとされる（Ⅰ—四一条四項）。言い換えれば、防衛問題に関しては、欧州委員会は連合外務大臣を支持することを通して提案することができない。

(27) Weiler, *supra* note 6, pp. 7-11.

(28) Howard Bliss (ed.), *The Political Development of the European Community: A Documentary Collection* (Blaisdell Publishing Co., 1970); Brent F. Nelsen and Alexander C-G. Stubb (eds.), *The European Union*, 2nd ed., (Lynne Rienner, 1998); Anjo G. Harryvan, and Jan van der Harst (eds.), ***Documents on European Union*** (Macmillan, 1997).

(29) ベルギー、フランス、ドイツ、オランダには、これ類似の代表的労使間の協約の効力を立法により、当該協約の交渉当事者ではなかった一般労使にまで拡張する制度がある（拡張労働協約方式）。See, Roger Blanpin, ***Involvement of Employees in***

the European Union (Kluwer Law International, 2002), p.25. ただし、デンマーク、イタリア、イギリスにおいてはこのような拡張は法的に認められない。 See, Jeff Kenner, *EU Employment Law* (Hart Publishing, 2003), p.264.

(30) Case 138/79, Roquette Frères SA v. Council, [1980] ECR 3333.

(31) この点に関連して、経済財政政策の各国間協調の側面は、ＥＵ次元での再編成の対象となっていないことも指摘できよう。経済財政政策の面では、構成国は、一定の共通基準に従って国ごとに政策を運営し、ＥＵは構成国の財政赤字が過剰にならないように監視することを主たる任務とする（ＥＣ条約一〇四条）。ただし、法的に監視の手続が定められている範囲で、ＥＵ法の制約は受けており、過剰財政赤字手続に違反したドイツやフランスの行為を欧州司法裁判所は違法・無効とした (Case C-27/04 Commission v. Council [2004] ECR I- (not yet reported) (13 Jul. 2004, ECJ)。

(32) Karsten Hagel-Sørensen and Hjalte Rasmussen, "The Danish Administration and its Interaction with the Community Administration," *Common Market Law Review* 22 (1985), pp.273-300.

(33) Katja Heede, *European Ombudsman: redress and control at Union level* (Kluwer Law International, 2000).

(34) 詳細は、中村民雄『イギリス憲法とＥＣ法』（東京大学出版会、一九九三年）第一章。

(35) *Legal and Constitutional Implications of United Kingdom Membership of the European Communities* Cmnd. No. 3301 (1967); *Membership of the European Community: Report on Renegotiation* Cmnd. No. 6003 (1975).

(36) Adam Jan Cygan, *The United Kingdom Parliament and European Union Legislation* (Kluwer Law International, 1998).

(37) George Winterton, "The British Grundnorm: Parliamentary Supremacy Re-examined," *Law Quarterly Review* 92 (1976), pp.591-617. なお、本文で簡潔に述べた、イギリス憲法上の論争について、詳細は、中村、前掲書、注(34)第一章を参照。

(38) Christoph Knill, *The Europeanisation of National Administrations* (Cambridge University Press, 2001).

(39) 環境政策の分野についての具体例を論じるものとして、Yoichiro Usui, "Evolving Environmental Norms in the European Union," *European Law Journal* 9 (2003), pp.69-87. がある。

EUの発展と法的性格の変容
――「EC・EUへの権限移譲」と「補完性の原則」――

須網隆夫

I　はじめに

「欧州石炭鉄鋼共同体（ECSC）」の設立を出発点に、一九五〇年代に始まった「欧州統合」は、一九八〇年代後半以降、顕著な進展を達成した。三共同体によって構成されていた当初の「欧州共同体（European Communities）（EC）」は、一九八六年の「単一欧州議定書（Single European Act）」の調印を契機に、継続的な基本条約の改正過程に突入し、その後二〇〇一年までに、さらに三度にわたる基本条約の改正が実現した[1]。その結果、三共同体を中心とした一九八〇年代の欧州統合の存在形態は、その姿を大きく変貌させた。一九九三年のマーストリヒト条約の発効による「欧州連合（EU）」の創設は、そのような変化を象徴する出来事であるし、一九九九年の「経済通貨同盟（EMU）」第三段階の開始による共通通貨「ユーロ」の導入も、EUが新たな段階に入ったことを示している。基本条約の改正はその後も継続し、二〇〇四年に調印された「憲法条約（Treaty establishing a Constitution for Europe）」は、フランス・オランダにおける国民投票による批准拒否を経て、その発効が断念されたが、法的にみる限り、憲法条約を基本的に継承したと評価できる「リスボン条約（Treaty of Lisbon amending the Treaty on European Union and the Treaty establishing the European Community）」が、二〇〇七年一二月に調印され、批准手続が各加盟国において進行しつつある。同条約が発効に成功すれば、「欧州共同体（European Community）（EC）」はEUに吸収され、EUの姿は、また著しく変化することになる。

　リスボン条約を除き、現在までに発効した基本条約改正によっても、設立当初の段階では経済領域に限定されていた欧州統合の対象は、EUでは非経済領域にまで拡大し、現在のEUは、通常の国民国家の担当する政策領域を、その程度は領域により異なるとはいえ、おおむね包摂するに至っている。[2] このような枠組みの変化は一般に「脱経済化」と呼ばれ、[3] ECの有する権限も必然的に非経済的な領域に拡大している。ECを構成する三共同体の中核であった「欧州経済共同体（European Economic Community）（EEC）」が、マーストリヒト条約によって、「欧州共同体（EC）」とその名称を変更したことは、この変化を端的に示す事実である。[4]

　それでは、単一議定書以降の変化は、現在もEUの中心的地位を占めるEC自体の法的性質、特に、ECと加盟国の法的関係にどのような変化をもたらし、それによりEU全体は、どのような影響を受けたのであろうか。本稿は、これらの問いに対する回答を、ECに移譲された政策実施権限の検討を通じて、試みるものである。[5] そのためには、まず考察の前提として、加盟国がECに移譲した政策実施権限の範囲の拡大とその権限行使を決定する意思決定手続の変化を確認する。その後、二つの視点から検討を行う。第一は、基本条約改正によるEC権限の拡大が、加盟国よりECへの一方的な権限移譲を意味するものであるのかを、移譲された権限の性質の観点から検討する。そして第二に、マーストリヒト条約によって、EUの基本原則と位置づけられる「補完性の原則」が導入され、EC権限の行使を規制することの意味を検討する。

　近年、フランスの公法学者の中には、EUが、国家権力に類似する一方的な決定権力を備えるに至ったと認識し、E

Uの発展過程において、「加盟国の非国家化」と並行して「EUの国家化」が進行しているという見解が存在すると報告されている。[6] EUの中核であるECは、伝統的定義による限り、「国家連合」にも「連邦国家」にも属さない独自の中間形態であるが[7]、彼らは、ECは、より国家的な方向にその性質を変化させていると理解するのであろう。果たして、そのような見解は的確にEU・ECの現状を分析しているといえるだろうか。本稿では、この見解の妥当性をも合わせて検証したい。これらの検討は、前述のリスボン条約の位置づけを確定する前提作業としての意味ももつだろう。なお本稿は、拙稿「EUの発展と法的性格の変容――「ECへの権限移譲」と「補完性の原則」――」(聖学院大学総合研究所紀要二六号(二〇〇三年)一五九―二二四頁)に、憲法条約・リスボン条約の調印等、その後の進展を考慮して、一定の加筆修正を行ったものである。

II ECへの政策実施権限の移譲

一 ECの有する権限の拡大――新しい政策領域についての権限移譲――

単一欧州議定書(一九八七年発効)から始まり、マーストリヒト条約(一九九三年発効)・アムステルダム条約(一九九九年発効)[8]、そしてニース条約(二〇〇三年発効)[9]と続いた一連の基本条約改正は、さまざまな政策領域において多くの実施権限を加盟国よりECに移譲している。

まず単一欧州議定書は、第一に、議定書の中心的な目的である「域内市場(internal market)」完成のための権限を(旧八b条、旧一〇〇a条、旧一〇〇b条)[10]、第二に、既存のEC権限の補充として、「社会政策(特に労働者保護)」(旧一一八a、旧一一八b条）および「経済・通貨政策の協力」（旧一〇二a条）の権限を、そして第三に、三つの新領域である「経済・社会的結束（旧一三〇a—一三〇e条）」、「研究・技術開発（旧一三〇f—一三〇q条）」、「環境（旧一三〇r—一三〇t条）」に関する権限を新たにECに移譲した。新領域の中には、「環境」のように、単一議定書以前にもEEC条約中の一般条項（旧一〇〇条、旧二三五条）を根拠にある程度実施されていた分野もあるが、各領域に明確な根拠条文が挿入されたことの意義は小さくない[11]。

単一欧州議定書によって口火を切られたEC権限の拡大は、程度の差こそあれ、一九九〇年代以降の基本条約改正の際にも、一貫して追及されることになる。

ECの政策実施権限の範囲を著しく拡大し、現在のEC権限の枠組みを形作ったのは、マーストリヒト条約である[12]。同条約は、ECの目的達成のためにECが行うと規定された活動の範囲を大幅に拡充し（旧三条[13]）、それに伴って多くの権限が新たにECに移譲された。具体的には、第一に、さまざまな非経済的分野において、新しい権限がECに移譲され、「教育（旧一二六—一二七条）」・「文化（旧一二八条）」・「公衆衛生（旧一二九a条）」・「消費者保護（旧一二九a条）」・「開発協力（旧一三〇u—一三〇y条）」について、それぞれ独立した章が新設された。第二に、伝統的な経済的分野でも、「欧州横断ネットワーク（旧一二九b—一二九d条）」・「産業（旧一三〇条）」に関する権限が新たにECに移譲されたが、経済的権限の強化の中心は、何といっても「経済通貨同盟（EMU）」創設のための権限であり（旧一〇二a—一〇九m条）、遅くとも一九九九年一月からの単一通貨導入が決定されたことに伴い、そのための権限がECに移譲された（旧一〇九j条四項）。

続くアムステルダム条約でも、EC権限は拡大する[14]。同条約では、社会政策分野における進展が顕著であり、「雇用」に関する章（一二五—一二九条）が新設されるとともに、マーストリヒト条約・社会政策議定書（第一四議定書）附属の「社会政策協定（Agreement on Social Policy）」の内容が、ほぼそのままEC条約に取り込まれた（一三六—一四三条)。加えて、第三の柱である「司法・内務協力」が見直され、「査証(ビザ)」・「難民庇護・移民」・人の移動に関するその他の政策が、EC条約中に移動し(六一—六九条)、「共同体化」され、「税関協力」(一三五条)の権限も付与されている。

これに対してニース条約は、予定された中・東欧諸国の新規加盟によるEU拡大に対応する機構改革を主目的としたために、ECの政策実施権限に顕著な動きはなかったが、それでも「第三国との経済・財政・技術協力」に関する権限が新たに付与されている(一八一a条)[15]。

このように単一欧州議定書発効から十数年の間に、政策実施権限の範囲に着目する限り、ECは、設立当初の「経済共同体」から脱皮して、活動分野を経済分野に限定されない、文字通りの一般的な「共同体」として成長を遂げたのである。

二 意思決定手続の変化

加盟国との関係において、ECの権限がどのように変化しているのかを考察するためには、単にECの保有する政策実施権限の範囲の拡大に着目するだけでは十分ではない。その権限行使を決定する意思決定手続(二次立法の制定手続を中心とする)にも同時に注目する必要がある。

その意味で、検討すべきことは、第一に、基本条約改正により、閣僚理事会(以下、理事会という)における「特定多数決による決定」の適用範囲が拡大したことであり、第二に、意思決定手続に対する欧州議会(以下、議会という)の影響力の強化、特に議会に拒否権を保障した「共同決定手続き」の導入とその適用範囲の拡大である[16]。前者より順次検討する。

1 「特定多数決による決定」の適用拡大

現在においてもECの中心的な意思決定機関は、加盟国政府の閣僚によって構成される理事会であるが、理事会の決定に際して、加盟国の「全会一致（unanimity）」が必要とされる場合には、[17]理事会の構成員である各加盟国は、自己の望まない決定に積極的に反対することにより、決定の採択を阻止できる。このように、加盟国が、ECレベルでの決定に対して拒否権を行使できる場合には、加盟国からECに権限が移譲されても、その権限移譲の意味は、実際にはそれほど大きくないとも評価しうる。これに対して、理事会において「特定多数決（qualified majority）」による決定がなされる場合には、[18]多数決の成立を阻止できない少数派に属した加盟国は、自己の意思に反する理事会決定に服従することを余儀なくされる。したがって、「特定多数決」による意思決定が使用される場合には、ECへの権限移譲により、加盟国の国家主権が侵害される程度は相対的に高いと考えられる。

EC条約は、加盟国の過半数の賛成という「単純多数決（simple majority）」による決定を、原則的な決定方法と条約上位置づけている（二〇五条一項）。しかし、個々の条文において「単純多数決」以外の決定方法を使用することが規定されている場合が多く、実際には原則と例外が逆転している。[19]もちろん、当初のEC条約中にも、特定多数決による決定を定める規定が各分野に存在していた。[20]しかし、全体的にはその範囲は限定され、しかも内容的にも加盟国の利益に深く関わる事項は少なかった。ところが、一連の基本条約改正に伴い、条約改正によって新たに権限の移譲された新領域と当初から権限を与えられていた既存領域の双方において、「全会一致」による決定から「特定多数決」による決定に、決定方法の重点が移動していくのである。

まず単一欧州議定書は、「特定多数決」による決定を原則とする「協力手続（cooperation procedure）」という新しい決定方法を意思決定手続に導入した。[21]このため、「国籍に基づく差別の禁止」（旧七条二項）、「労働者の自由移動」（旧四九条）など「協力手続」の適用対象となった既存の諸領域において「特定多数決」による決定の適用が拡大した。(22)「域内市場の完成」のための立法（旧一〇〇a条、旧一〇〇b条）をはじめとする新領域にも「協力手続」が適用され(23)、加えて「協力手続」の対象外でも、決定方法が「全会一致」より「特定多数決」に変更された事項がある。(24)一九九二年末と期限を切られた時間内に「域内市場の完成」を実現するためには、理事会における決定を多数決によって行うことは不可避であり、単一欧州議定書の発効後、「特定多数決」は現実にも使用されるようになる。(25)

マーストリヒト条約でも、「特定多数決」の適用範囲拡大の傾向は継続する。新しい領域である「第三国国民の査証」（旧一〇〇c条三項）、「経済通貨同盟」を構成する「経済政策」（旧一〇三条二項、旧一〇四a条二項、旧一〇四b条二項、旧一〇四c条六・一三項）・「通貨政策」（旧一〇五a条二項、旧一〇六条六項、旧一〇九条四項、旧一〇九c条三項、旧一〇九h条二項、旧一〇九i条三項、旧一〇九j条二項、旧一〇九k条一項）などに、「特定多数決」による決定が適用されるだけではなく(26)、既存の領域である「欧州社会基金」（旧一二五条）、「環境」（旧一三〇s条一項）などの諸分野でも、「特定多数決」による決定の範囲が拡大した。(27)かくして、マーストリヒト条約の結果、「特定多数決」は、数の上では「全会一致」を凌ぐ一般的な議決方法となった。(28)なお、「特定多数決」による決定の多くは、「協力手続（旧一八九c条）」と新たに導入された「共同決定手続（codecision procedure）（旧一八九b条）」の適用によるものである。「共同決定手続」も、やはり「特定多数決」による決定を原則としていた。(29)

この傾向は、その後の基本条約改正でも継続する。アムステルダム条約では、第一に、「雇用」（一二九条）・「税関協力」（一三五条）という新領域、さらに「男女平等」（一四一条・旧一一九条三項）の領域で、新たに移譲された権限の行使に「共同決定手続」が適用された。加えて、新領域には、「共同決定手続」とは無関係に「特定多数決」が適用される事項が存在する。(30)第二に、既存領域においても、決定方法が「全会一致」から「特定多数決」に変更された事項が数箇所ある。(31)しかし、アムステルダム条約発効によっても、なお「全会一致」による決定事項は相当数残存していた。

「特定多数決」の対象拡大という観点からは、アムステルダム条約による成果はなお限定的であったのである。[32] そのため、EU拡大を控えたニース条約において、「特定多数決」の適用拡大がさらに追求され、その範囲を著しく拡大させることに成功した。[33] すなわち第一に、「第三国との経済・財政・技術協力」(一八一a条二項)という新領域に、「特定多数決」による決定が適用される。第二に、「反差別促進措置」(一三条二項)[34]をはじめとする既存領域における「共同決定手続」の適用範囲が大幅に拡大するとともに、[35] アムステルダム条約で改正されなかった「経済通貨同盟」、さらに「共通通商政策」の領域でも、「全会一致」から「特定多数決」による決定に変更された事項がある。[36] なお、ニース条約発効時点では「特定多数決」による決定の対象ではないが、一定の要件が満たされることを条件に、「特定多数決」への移行が予定されている事項が、EC条約第四編(六一条以下。いわゆる「移民編」)に相当数存在していることにも留意する必要がある。[37]

アムステルダム条約以降の基本条約改正は、中・東欧諸国の加盟という過去に例をみない大規模なEU拡大に対応するために、意思決定手続の効率性を改善することを目的としていた。[38] 拡大による加盟国数の著しい増加により、理事会における「全会一致」の成立は著しく困難となり、「全会一致」による決定を維持する限り、ECの意思決定過程が機能不全に陥ることが容易に推測されたからである。そのため、これらの改正に際しては、EU・EC両条約において、「特定多数決」の適用範囲を可能な限り拡大することが追求されたのである。[39] その結果、アムステルダム条約発効後五年間の移行期間中の特別扱い(六七条)が残る第四編「移民編」以外にも、なお「全会一致」による決定事項がEC条約の各所に散在しているとはいえ、[40] その数は著しく減少し、全体としては「特定多数決」が量的にも質的にも中心的な決定方法となっている。

ただし、このような結論には、以下の二点に留保を付す必要がある。第一は、「特定多数決」の適用拡大の限界であり、各加盟国の利益に重大な影響を及ぼす「税制の調和」(九三条、九五条二項、一七五条二項)と「社会保障・社会政策」（一三七条二項）については、一部加盟国の頑強な反対により、なお「全会一致」による決定が維持されている。これらは、ニース条約を準備した政府間会議において「特定多数決」への部分的移行が議論されながら、その実現に合意できなかった事項である。(41) 第二は、「特定多数決」による決定の効果である。「特定多数決」による決定は、もちろん二次立法の制定に使用されているが、それ以外にも法的拘束力をもたない「計画」・「ガイドライン」・「勧告」が「特定多数決」によって決定される場合も少なくない。例えば、アムステルダム条約により権限が移譲された「雇用」（一二八条・旧一〇九q条四項）にも「特定多数決」による決定が規定されているが、そこで決定されるものは「勧告」にすぎない。(42) これらは法的拘束力を生じない以上、「特定多数決」による決定にもかかわらず、加盟国の国家主権に対する影響は一般にはそれほど大きくはないのである。

2 欧州議会の影響力の強化

加盟国の国家主権は、理事会における「特定多数決」による決定によって制約されるだけではない。それはまた、意思決定過程における欧州議会の影響力が増加することによっても制約される。一九七九年以降、各加盟国における直接選挙によって選出された議員が構成する欧州議会は、ＥＣ諸機関の中で最も強い「民主的正統性」を備えた機関である。欧州議会は、加盟国主権を代表する加盟国政府の統制外にある機関であり、ＥＣ立法の制定過程における欧州議会の権限が強化されることは、それだけ加盟国政府の主権行使が制約されることを意味する。そして、一連の基本条約改正は、「特定多数決」の適用を拡大しただけではなく、他方で欧州議会の立法手続における権限をも一貫して強化してきた。このことは、欧州議会が拒否権を有する「共同決定手続」の導入に典型的に現れている。

すでに単一欧州議定書において、ＥＣ立法の制定権が理事会にあることを前提としながら、欧州議会の意思決定手続への関与を強化することを目的とした「協力手続」が新たに設けられ、「域内市場完成」のための立法（旧一〇〇a条、旧一〇〇b条）など、十カ所の条文に導入された。[43]「協力手続」は、要約すれば、委員会の提出した法案に対して、議会の意見を二回聞き、その後理事会が、原則として「特定多数決」によって決定するという意思決定手続である（二五二条）[44]。そして議会が、理事会の判断を構成員の絶対多数の意思により否定することは、理事会における議決要件を「特定多数決」より「全会一致」に引き上げる効果を生じる。このことは、議会は一加盟国と協力すれば、法案成立を阻止できるが、理事会が一致して行動する時には、議会にそれを妨げる力はないことを意味する。ところで「協力手続」は、加盟国主権を常に制約する方向で機能するわけではないことに注意する必要がある。すなわちこの手続は、加盟国政府の利益を代表する「理事会」対EU市民を代表する「議会」という関係に着目する限りは、議会の地位を相対的に強化する役割を果たすので、理事会の行動を制約する手続であると把握できる。しかし、個々の加盟国主権に着目すると、「協力手続」は、必ずしもそれを制約するだけではない。それは、「特定多数決」による理事会決定（第一読会において採択された「共通の立場（common position）」）を議会が否決することによって、「共通の立場」を最終的に採択するためには、理事会の「全会一致」が必要となる結果（二五二条（c））、理事会において少数派に属した加盟国の拒否権が復活するからである。「協力手続」の導入により、欧州議会の修正要求に沿った法案修正が行われる割合が相当程度に達するなど、議会は立法過程に現実的な影響力を行使できるようになった。[45]しかし、議会が単一欧州議定書の内容に不満であったことが示すように、[46]この段階では、なお議会の影響力は事実上のものにとどまり、限定的であったといわざるをえない。

しかし、続くマーストリヒト条約による意思決定手続の修正は、「協力手続」の適用範囲を拡大するとともに、[47]欧州議会の権限を明確に強化した新しい意思決定手続を導入した。すなわち、マーストリヒト条約は、ECの権限拡大に対応した民主主義の強化を、EC諸機関の中で最も強い「民主的正統性」を有する欧州議会の権限強化により実現することを意図し、そのために議会が拒否権を有する「共同決定手続」を新たに導入したのである。「共同決定手続」の適用により、議会は、初めて理事会と対等の立法機関として意思決定手続に参加することとなった。そして、議会に付与された理事会決定に対する「拒否権」により、議会が構成員の絶対多数によって理事会の判断を否定した場合には、理事会は、もはや議会の決定を無視して法案を採択することはできない（旧一八九b条）[48]。議会の「拒否権」は、加盟国政府が一致して賛成した法案であっても、議会の判断によって廃案とされることを意味し、加盟国の主権が制約される程度は大きい[49]。もっとも、マーストリヒト条約の時点では、「共同決定手続」の適用対象とされた事項はそれほど多くはなく、同手続は、「域内市場の完成」のための立法（旧一〇〇a、旧一〇〇b条）・「労働者の自由移動」（旧四九条）など、十五ヶ所に導入されたにとどまっていた[50]。この段階では、議会の影響力の乏しい伝統的な「諮問手続」が[51]、数の上ではなお中心的な意思決定手続であり、それを前述の「協力手続」と「共同決定手続」が補充するという関係にあった。

しかし、その状況は、アムステルダム条約によって大きく変貌する。すなわち同条約は、それ以前の基本条約改正によって複雑化したECの意思決定手続の改革を目的として、「諮問手続」・「協力手続」・「共同決定手続」という既存の主要な三つの決定手続の整理を企図し、「協力手続」を原則として廃止し、意思決定手続を残りの二つの手続に集約するという立場を採用した[52]。そのために、アムステルダム条約の改正対象から除外された「経済通貨同盟」に関する規定を除いて、従来の「協力手続」の対象事項は、すべて「共同決定手続」の対象に移行し、加えて、新領域においても「共同決定手続」の対象とされた事項が存在する[53]。「共同決定手続」の対象範囲は、続くニース条約によっても拡大し、前項で言及した「反差別促進措置」（一三条二項）、「民事司法協力」（六七条五項）などの事項にも同手続が適用されることになり、ECの中心的な意思決定手続としてその地位を確立するに至っている[54]。なお、アムステルダム条約以降、「共同決定手続」と「特定多数決」との関係が切り離され、「共同決定手続」の拡大が「特定多数決」の拡大を常に意味するわけではないことには注意が必要である[55]。

加盟国主権との関係では、「共同決定手続」の適用範囲拡大に加えて、アムステルダム条約によって「共同決定手続」の内容が簡素化されたことも重要である。マーストリヒト条約によって導入された当初の同手続は、最終的には議会の「拒否権」を認めてはいるものの、議会の「拒否権」行使をなるべく回避・抑制するように制度が設計されていた。議会が、第二読会において、構成員の絶対多数により、理事会の採択した「共通の立場」を拒否する意思を示した場合にも、法案は直ちに廃案とはならず、理事会が調停委員会を開催し、自己の立場を議会に説明する余地があったことは、その一例である。法案を廃案とするためには、議会は、調停委員会開催後に、構成員の絶対多数により再度、「共通の立場」の拒否を確認する必要があったのである（旧一八九b条二項（c））。このような配慮は、手続の構造を複雑化させ、わかりにくいものとしていた。そのためアムステルダム条約で改正された現行手続では、議会の「拒否権」行使はより容易になっており、例えば、議会が「共通の立場」を拒否する場合には、調停委員会開催などの手続を経ることなく、法案は直ちに採択されなかったものと見なされる（二五一条二項）[56]。議会の意思を、より直接的に立法手続に反映することが可能になったのである。

意思決定手続については、この他に、欧州議会の同意を必要とする「同意手続」の適用対象が増加していることも無視できない[57]。意思決定に当たって、理事会の決定とともに欧州議会の同意が必要である場合は、「共同決定手続」が適用される場合と同様に、加盟国政府代表によって構成される理事会の意思が立法過程において貫徹せず、やはり加盟国の主権は制限されるからである。具体的には、単一欧州議定書によって、「連合協定の締結」と「新加盟国の承認」に議会の同意が必要とされたが、マーストリヒト条約では、「欧州中央銀行制度定款の修正」（旧一〇六条五項）などに、その適用範囲は拡大した[58]。その後アムステルダム条約では、「同意手続」の適用は、EC条約について一部削減されたが（一八条・旧八a条二項）、大きな変化はなく、ニース条約でもその状態が維持されている[59]。

三　小括

以上の検討を要約すると、一連の基本条約改正により、多くの政策領域において、加盟国主権のECへの移譲が進み、それらの分野において、ECの行動が可能となった。EUの第二・第三の柱である「共通外交政策」・「警察・司法協力」の対象事項を除いて比較すれば、EC権限の対象範囲の広がりは、主権国家の権限範囲にほぼ匹敵すると考えられるであろう。特に連邦国家の場合には、連邦政府の権限範囲が、EC権限の範囲より一見すると狭い場合すら存在するように思われる。(60) しかも移譲によって拡大したEC権限の行使に対する個々の加盟国の統制力は、規範的にみる限りは、「理事会における特定多数決による決定の一般化」と「欧州議会の権限強化」という二つの大きな変化により、相当程度低下している。換言すれば、現在の加盟国は、個々の政策領域におけるEC権限の行使に当たって、積極的に自己の望む方向性を具体化できるという意味だけではなく、消極的に自己の望まない結果を阻止できるという意味においても、大きな制約を被るに至っているのである。そして実際にも、「共同決定手続」による立法手続において、欧州議会が「拒否権」を行使して、理事会の意向に反して、法案を廃案に追い込んだ例が出現している。(61) このような事実は、一方に加盟国の「非国家化」を、他方にECの「国家化」を示す事実として受け取られるかもしれない。「通貨政策」に象徴されるような加盟国からECへの権限集中は、確かに一面の真理ではある。しかし、ECと加盟国の関係について判断を下すためには、一連の基本条約改正の時期に出現したそれ以外の諸側面をも同様に考慮する必要がある。それらが、次章以下に検討する各論点である。

Ⅲ　EC権限拡大の実質

一　ECの有する権限の種類

ECの有する政策実施権限の領域的範囲は、一連の基本条約改正の結果、確かに拡大しており、その意味では、ECへの集権的傾向を認識することができる。しかし、それらの権限移譲による加盟国とEC間の関係への影響を考える場合には、単に移譲された権限の領域的範囲だけではなく、それら移譲された権限の性質にも注目する必要がある。元来、ECの有する権限の性質は一様ではなく、その結果、ECへの権限移譲が、必ずしも加盟国の権限の喪失・縮減を直ちに意味するとは限らないからである。

ECの権限は、伝統的に、「排他的権限（exclusive power）」と「非排他的権限（non-exclusive power）」の二種類に大別されると考えられてきた。そして、EC条約自体が、これらの権限の性質を明確に定義していないために、特に「非排他的権限」の内容をどのように理解すべきであるのかは必ずしも確定していない。これまでは、「非排他的権限」を、後述する「競合的権限（concurrent power）」と同視する見解が有力であった。[62] しかし最近では、一連の基本条約改正によって、新たにECに移譲された権限の内容に着目して、「非排他的権限」をさらに細分化して理解する見解が現れている。[63] 従来の「競合的権限」の概念では、把握が困難である種類の権限が移譲されているからである。そして、二〇〇四年一〇月に調印された憲法条約、二〇〇七年一二月に調印されたリスボン条約はいずれも、三本柱の列柱構造を統合したEUの権限を「排他的権限（exclusive competence）」・「共有権限（shared competence）」・「支援措置（supporting measures)」の三種類に大別し、さらに「経済政策」と「共通外交安全政策」の領域に特殊な権限を認めている（憲法条約I—一二条、EU機能条約二A条）[64]。憲法条約・リスボン条約によるEU権限に関する規定は、ごく一部を除き同一であるが、これらの規定は、現在は必ずしも明確ではない、「ECと加盟国の権限配分」と「EC権限の性質」の明確化を目的としており[65]、リスボン条約が発効すれば、EC（同条約発効後はEU）の権限をめぐる不透明さは立法的に解決されることとなる。そのため本稿では、憲法条約・リスボン条約による区分に暫定的に依拠して、検討を進めることにする。

二　EC権限の法的性質

まず考察の前提として、憲法条約・リスボン条約の予定する三種類の権限の性質を概観する。なお、以下の記述の詳細は、これまでの欧州司法裁判所（以下、欧州裁判所という）の判例及び学説に依拠している。憲法条約・リスボン条約とも、その権限に関する規定の態様から、それらの判例・学説を前提に起草されていると推測できるからである。

1「排他的権限」の性質

ECが「排他的権限」を有することは、EC条約自体が明示している（五条、一一条一項）。EC権限が「排他的権限」であるとは、ECへの権限移譲が発効すると同時に、加盟国は、その権限の対象領域に関するすべての権限を喪失し、ECが移譲を受けた権限を行使したと否とに関わらず、その後当該領域については何も行動できないことを意味する[66]。そのため、EC権限が排他的である場合に、加盟国が当該領域に属する事項について行動できるのは、ECによる特別の認可を受けた場合または加盟国が「共通利益の受託者（trustees of the common interest）」としてのみ行動する場合だけである。[67] そして、憲法条約・リスボン条約による「排他的権限」の定義も、このような考え方を継承している（憲法条約I―一二条一項・EU機能条約二A条一項）。したがって、移譲された権限が「排他的権限」である場合には、EC（EU）への権限移譲により、確かにEC（EU）への権限集中を認識することができる。[68] そして、欧州裁判所の判例は、「共通通商政策（一三三条）」・「漁業資源の保護（イギリス・アイルランド・デンマーク加入条約一〇二条）」の権限が、「排他的権限」に属することを認定している。[69]「排他的権限」の範囲について、通説的見解は、EC条約上の権限のうち「排他的権限」に属する権限は、これら欧州裁判所が確認した「排他的権限」を中心に、一部の権限にとどまると考えているが、他方に「排他的権限」の範囲を広く認める見解も主張されており、対立している。[70]

2 「競合的権限（共有権限）」の性質

これに対して、ECの権限が「競合的権限」である場合には、加盟国よりECへの権限移譲が生じても、加盟国は、当該領域に関する権限を当然には失わず、その後は同一領域についてECと加盟国双方が権限を有することになる。[71] そして加盟国は、ECが権限を行使するまでは、EC条約に基づく義務を遵守する限り、自己の権限を独自に行使することができるが、ECが当該領域内の特定の事項について権限をいったん行使すると、当該事項に関する加盟国の権限は消滅し、その限りでECの権限は「排他的」な性質に変化する。[72] 要するに、ECへの権限移譲後も、特定のEC立法が制定されるまでの間は、加盟国は、独自に自己の保持する権限を行使でき、EC立法が制定された後も、当該立法の対象外の事項については、なお自己の権限を行使できる。もっとも、ECがある領域において二次立法を制定した場合に、その領域のEC権限がどの範囲で排他性を取得したか、換言すればEC権限が排他的である部分と加盟国が権限を行使できる部分との境界の画定は実際には容易ではなく、しばしば争いになり、最終的には欧州裁判所によって決定されている。[73] ECによる権限行使の結果、「競合的権限」の領域に属する事項についてもEC権限が「排他的」に変化することは前述のとおりである。しかし、既述の「排他的権限」は、基本条約の個々の条文によって与えられた権限の性質に着目しており、両者の相違に注意する必要がある。[74] そして、「排他的権限」に属しない多くのEC権限は、「競合的権限」であると一般に理解されてきた。なお憲法条約・リスボン条約は、「競合的権限」という用語に代えて、「共有権限（shared competence）」という用語を使用しているが、[75] EUが「共有権限」に属する権限を行使しない場合には、加盟国は、その権限を行使しなければならないと規定しており（憲法条約I―一二条二項・EU機能条約二A条二項）、その実質は、従来の「競合的権限」と同じであると考えられる。[76] そのため本稿では、引き続き「競合的権限」という用語を使用している。

3 「補完的権限」の性質

「補完的権限（complementary power）」という概念は、前述のように、比較的最近生成した概念であると考えられる。一連の基本条約改正の中で移譲された現在のEC権限の中には、「非排他的権限」ではありながらも、伝統的な「競合的権限」とは異なる、加盟国法の調和を伴わない、加盟国主権に対する影響が相対的に弱い権限が含まれている。「補完的権限」とは、その種の権限を把握するために使用される概念であり、ECへの権限移譲にもかかわらず、加盟国は、なお国内における当該領域の規制権限を失わず、ECの権限行使も、加盟国の権限を排除する効果を生じない。換言すれば、EC権限は、加盟国の政策を援助・補完するために行使され、したがって、採択されたEC法と加盟国法は、原則として抵触しない。[77] 加えて、EC権限の行使によって採択される措置も、「競合的権限」の場合とは異なり、法的拘束力のない措置である場合が多い。これらの特徴によって、「補完的権限」は、同じ「非排他的権限」に属する「競合的権限」から区別される。なお憲法条約・リスボン条約は、「補完的権限」という用語を避け、これを「支援・調整・補完措置（supporting, coordinating or complementary action）」と呼び、EUは、加盟国の行動を支援・調整・補完する行動を実行する権限を有すると規定した上で（憲法条約I―一二条五項・EU機能条約二A条五項）、「人の健康保護」、「産業」などの諸領域における権限が、これに該当するとしている（憲法条約I―一七条・EU機能条約二E条）[78]。「支援・調整・補完措置」は、「加盟国法の調和」を予定しておらず（憲法条約I―一二条五項・EU機能条約二A条五項）、学説による「補完的権限」の定義と実質的な差はないものと思われるが、「補完的権限」の概念、「競合的権限」と「補完的権限」の区分については、いまだ不明確な部分が存在することに注意が必要である[79]。

三　ECへの権限移譲の内容

1「排他的権限」の移譲

一連の基本条約改正によるEC権限拡大の意味を明らかにするためには、移譲された権限が、どのような性質をもっているのかを考察する必要がある。

もしECに移譲された権限の多くが「排他的権限」であれば、もはやそれらの対象領域で加盟国は行動できないのであるから、確かにECへの集権的傾向を看取することができよう。しかし現実には、新たに移譲された権限のうち「排他的権限」に該当するものは少ない。移譲された「排他的権限」の代表は、「通貨政策」に関する権限である。マーストリヒト条約によって規定された「経済通貨同盟（EMU）」の中でも、「経済政策」と異なり、「通貨政策」に関する加盟国の主権は、一九九九年一月の単一通貨導入によって、EMUに参加した国に関する限り、ECに完全に移譲された。それ以後、ユーロ圏内の通貨政策を実施するのは、「欧州中央銀行」と既存の加盟国中央銀行によって構成される「欧州中央銀行制度」であり（一〇五条）、通貨の発行権限は「欧州中央銀行」に専属し、加盟国の通貨政策が独自に存在する余地はなくなった（一〇六条一項）[80]。このことは、通貨発行権限がECに排他的に移譲されたことを意味し、これにより参加加盟国は、通貨発行に関する主権を失い、「欧州中央銀行」が通常の国家における中央銀行としての役割を果たすことになった。そして、「欧州中央銀行」の主要な意思決定機関である「運営理事会」の意思決定が、構成員の多数決によって行われるために、個々の加盟国が通貨政策の決定に際して拒否権を行使することもまたできないのである。(81)

「通貨政策」に加えて、「域内市場」における四つの自由移動に関する権限も、欧州裁判所の明確な判例がないとはいうものの、「排他的権限」に該当する可能性があった。委員会は、これら自由移動に関する権限は「排他的権限」であるとの立場をとり、(82)憲法条約案を準備した諮問会議の中でも、同様の案が提出されたことがあったからである。(83)しかし、諮問会議が最終的に採択した「憲法条約案」は、自由移動に関する権限を「排他的権限」とは規定せず（憲法条約案一二条）、憲法条約・リスボン条約も同様にこれを排他的権限とは認めなかった（憲法条約I―一三条・EU機能条約二B条）。「域内市場（internal market）」は、単一欧州議定書によって導入された新しい概念ではあるが、その実質は、EC条約が当初より規定している「共同市場（common market）」とほぼ重なり合っており、(84)その意味では、たとえ自由移動に関する権限が「排他的権限」であるとしても、単一欧州議定書によって新たに移譲された権限の範囲はそれほど大きくはないと考えられる。加えて、一九九〇年代の欧州裁判所が、「排他的権限」の範囲を広く解釈することに消極的であったと評価されていることも合わせて留意しておく必要がある。(85)

2 「競合的権限」の移譲

前述のように、移譲されたEC権限のうち「排他的権限」に属するものは一部でしかないので、大半の権限は、「非排他的権限」に属すると考えられる。そして、EC権限が「非排他的権限」である場合には、前述のように、当該領域における権限の移譲にもかかわらず、その領域における加盟国の権限は、自動的に影響を受けるわけではない。基本条約改正によって移譲された権限について、さらに詳細に検討する。

まず検討すべきは、「競合的権限」の移譲である。単一欧州議定書によって移譲された「環境」・「経済・社会的結束」、マーストリヒト条約によって移譲された「欧州横断ネットワーク」・「公衆衛生」・「消費者保護」・「開発協力」、さらにアムステルダム条約によって移譲された「社会政策」に関する権限など、移譲された権限の相当な範囲は、「競合的権限」に属すると考えられる。「競合的権限」の場合には、権限の移譲を実質化するためには、EC権限が行使されることが不可欠である。そのため、理事会におけるEC立法制定が、「全会一致」を要件とする場合には、自己の規制権限の維持を望む加盟国は、提案されたEC立法案に積極的に反対することによって理事会の決定を阻止し、表面的なECへの権限移譲にもかかわらず、実質的には従来どおりの権限を維持することが可能であった。ECについて、その超国家的性質を疑問視し、理事会が最終決定を行う構造を重視して、加盟国から「プールされた主権」が共同して行使されていると理解する見解が日本でも主張されているが、理事会の「全会一致」による決定事項が多く存在していたマーストリヒト条約時点では、その種の見解にも一定の説得力を認めることができた。[86] しかし、理事会の決定方法の多くが「特定多数決」に移行したことは、そのような加盟国による拒否権行使を困難とした。したがって現時点では、これらの「競合的権限」が行使されることを通じて、EC権限が排他的である部分が拡大し、ECへの権限集中が進む可能性が開かれているはずである。

しかし、移譲された「競合的権限」については、加盟国の国家主権との関係において、さらに考慮すべき四つの要素を指摘することができる。

第一は、ECへの権限移譲とともに、次章で考察する「補完性の原則（principle of subsidiarity）」が新たに導入されたことである。「競合的権限」の場合には、ECと加盟国双方が権限を有するために、ECが権限を行使するためには、その前提として、EC・加盟国のどちらが権限を行使すべきであるかを確定する必要が生じる。そして、それを決定する任務を負っているのが「補完性の原則」である。換言すれば、あらゆる「競合的権限」の行使は、「補完性の原則」によって統制されることになる。

第二は、「補完的権限」ではなく「競合的権限」であっても、その権限を行使してECが採択する措置が、加盟国の採用した政策の支援・補完を目的とすることを予定している場合が少なくない。例えば、マーストリヒト条約によって移譲された「消費者保護」の領域では、ECの行動は、加盟国の政策を支援・補完・監視する行動に限定されている（一五三条・旧一二九a条三項）。条文の規定ぶりは異なるが、「公衆衛生」の場合にも、ECの行動は、加盟国の政策を補完するものでなければならない（一五二条・旧一二九条一項[87]）。また、単一欧州議定書によって移譲された「研究・技術開発」についても、ECの活動は加盟国において実行されている活動を補完することが明示されている（一六四条・旧一三〇g条）。「支援・補完」の意味は、必ずしも明確ではなく、「競合的権限」である以上、これらの権限に基づいて制定されたEC法と加盟国法が抵触する可能性は否定できない。しかし、EC権限を加盟国権限の「支援・補完」と位置づけることは、従来の「競合的権限」にはみられなかった特徴であり、両者の間には一定の性質上の差異が認められる。

第三に、伝統的な「競合的権限」との差異は、それらの権限が行使された場合の加盟国権限との関係を考察することにより、さらに明確となる。「競合的権限」の場合には、ECが権限を行使すると、その事項についてEC権限は排他的となり、加盟国が独自に権限行使をする余地は消滅するはずである。ところが、新たに移譲された領域には、ECによる権限行使後も、加盟国の権限行使を認める規定が特別に挿入されている場合がまま存在する。これらの規定は、「競合的権限」の概念にとっての例外を構成するだろう。例えば、単一欧州議定書によって移譲された「環境」に関する権限は、「競合的権限」であると一般に理解されている（憲法条約I―一四条二項（e）・EU機能条約二C条二項（e））。しかし、EC権限が行使され、二次立法による環境保護措置が採択されても、加盟国は、その内容よりも厳しい既存の保護措置を維持し、またはより厳しい新たな措置を導入することができる(一七六条・旧一三〇t条[88])。このことは、EC権限の行使は、当該事項に関する加盟国権限を全面的に喪失させるものではなく、加盟国から、EC基準より緩やかな基準を設定する自由を奪うだけであることを示している。ただし、加盟国の権限行使には、手続的要件が課されている。すなわち、加盟国はそれらの保護措置を委員会に通知しなければならず、委員会はその内容の適法性を審査する(同)。同様に、域内市場立法の根拠条文となる九五条(旧一〇〇a条)も、ECレベルでの調和措置が制定された後でも、加盟国が、環境保護に関する国内法を適用する必要があると判断した場合には、委員会への通知と委員会の承認を条件に、当該国内法を維持できることを認めている(九五条・旧一〇〇a条四項・五項・六項)。同種の規定は、「消費者保護(一五三条・旧一二九a条五項[89])」、「公衆衛生(一五二条・旧一二九条四項(a)[90])」にもみられ、加盟国にはEC基準より厳格な措置を維持する自由が認められている[91]。このように「競合的権限」ではありながら、これらのEC権限が獲得する排他性の範囲は、あらかじめ限定されているのである。

第四は、EC権限の行使に、EC立法の制定に加えて、法的拘束力のない手段が予定されている場合が少なくないことである。例えば、「開発協力」の分野では、ECのとる措置は、「多年次計画(multinational programme)」の形態をとると規定されており(一七九条・旧一三〇w条一項[92])、ECが目的達成のために、規則・指令など通常の二次立法を制定することはできない。しかし、ECの措置が法的拘束力を有しない場合には、当然のことながら、ECの権限が行使されても、加盟国の国家主権は、直接的には制約されない。EC法は加盟国法に優位するために、EC法が制定されると、EC法と矛盾した国内法を適用することはできない[93]。しかし、ECの措置が法的拘束力を有しない場合には、EC法と加盟国法の抵触自体が生じえないからである。

「競合的権限」の移譲は、最終的には、当該領域における加盟国権限の完全な喪失を導くはずである。しかし、これらの事実は、新たに権限が移譲された領域においては、EC権限が行使されても、加盟国権限が完全に消滅するとは限らないことを示している。

3 「補完的権限」の移譲

さらに、一連の基本条約改正によって移譲された「非排他的権限」には、「競合的権限」に属しない「補完的権限」が含まれている。むしろ、マーストリヒト条約以降に付加されたECの新しい政策領域に関する権限は、「補完的権限」に属するものが多い。すなわち、単一欧州議定書によって移譲された権限の中には、「補完的権限」に該当するものは存在しなかった。しかし、マーストリヒト条約によって移譲された「教育」・「文化」・「産業」、アムステルダム条約によって移譲された「雇用」などに関する権限は、一般に「補完的権限」に該当すると考えられている。[94] そして、前述のように「補完的権限」の移譲は、当該領域における加盟国主権の喪失を惹起しない。

これらの権限の具体的内容を考察すると、第一の特徴は、法的拘束力のない手段によって政策を実現することが主に予定されていることである。[95] 中心的に使用されるのは、加盟国の行動を一定の方向に誘導するために策定されるガイドラインである。例えば、「雇用」では、ECが使用できる主要な政策実施手段は、ガイドラインの作成である（一二八条・旧一〇九q条二項[96]）。一般的なガイドラインの策定に加えて、個別的に出される「勧告（recommendation）」も重要な役割を果たす。「雇用」では、ガイドラインに照らして、各国の雇用政策が審査され、必要があれば、個々の加盟国に対して勧告が出される（一二八条四項[97]）。

第二の特徴は、法的拘束力のある手段の使用が予定されている場合にも、「加盟国法の調和（harmonization）」はその対象から除外されていることである。[98] このことは、制定されたEC法は、加盟国法の対象分野とは異なる分野を法的に規制し、加盟国法の内容には干渉しないことを意味する。例えば、前述の「雇用」における「インセンティブ措置（incentive measures）」には、「加盟国法の調和」が含まれないことが明示されている（一二九条・旧一〇九r条[99]）。

結局のところ、これら「補完的権限」の行使は、「競合的権限」の場合とは異なり、原則として加盟国の有する権限とは抵触しない。もちろん、これらの権限のECへの移譲は、その領域でECが行動する法的根拠を提供するものであり、その意義を軽視することはできない。しかし、これらの権限には、既存の加盟国権限の存在を前提にした上で、それと矛盾しない、いわば「プラスアルファ」の権限をECに付与する性質がある。例えば、ECの「雇用」領域における政策は、加盟国とECが、「調整された雇用戦略（coordinated strategy for employment）」を発展させるために協働することによって具体化されるものであり（一二五条）、そこにおいてECの果たすべき役割は、「加盟国間の協力促進」と「加盟国による行為の支援・補完」に限定されている（一二七条一項）。そのためにECは、自己の権限を行使して、法的な「インセンティブ措置」を採択できるが、その措置の目的も「加盟国間の協力促進」と「加盟国による行為の支援」にやはり限定されている（一二九条）。これらの場合に、EC権限をめぐる状況を、加盟国主権の一部が切り離されてECに移譲され、その部分だけ加盟国の権限が縮減していると単純に考えることは適当ではなかろう。確かに、ECが主権国家ではない以上、EC固有の権限なるものは存在しないのであり、EC権限の源泉は加盟国の国家主権に求めざるをえない（「権限付与の原則」）（五条第一文）[100]。また、個々の加盟国はそれぞれ、他の加盟国との協力関係を調整する権限を有しているはずである。しかし、ここでECが行使するのは、個々の加盟国の立場からは離れた、第三者として複数の加盟国間の行動を調整する権限であり、第三者になりえない加盟国が有する権限とは性質が異なる。この種のEC権限は、加盟国が、ECが第三者として行動することを積極的に容認したことから生じた。換言すれば、EC全体にとって必要な新たな権限の創出を加盟国が容認した結果、ECに権限が生じたのであり、そのようなEC権限と従来の加盟国権限は、そもそも同一次元において対立する関係には立たないのである。ただし、このような分析には、一定の留保が必要である。「EC法の加盟国法に対する優位」が保障されている限り、欧州裁判所の解釈次第では、「加盟国法の調和」が権限から除外されていても、これらのEC権限の行使が加盟国法と軋轢を生む可能性は皆無ではないからである。[101]

四　小括

以上、単一欧州議定書からニース条約までの一連の基本条約改正によって、ECに移譲された権限の性質を検討してきた。移譲された代表的な「排他的権限」は、「通貨政策」に関する権限であり、この領域については、ECへの権限集中を容易に認識することができる。通貨の発行は、主権国家の中心的権限であり、加盟国の通貨発行権限を喪失させる「単一通貨の導入」は、ECと加盟国の関係に影響を及ぼさずにはおかないはずである。しかし「通貨政策」の領域を除くと、「排他的権限」の移譲にみるべき前進はない。そして、憲法条約・リスボン条約においても、これまでの判例の立場を大きく変更する内容は合意されていない。両条約において、関税同盟・域内市場レベルの競争法に関するEU権限が「排他的権限」であることが明確にされたが、これらの権限は、欧州司法裁判所の判例こそなかったものの、その権限の排他性に異論の少ない権限であり、両条約は、新たに権限の排他性を認めたというよりも、これまでの実務を明文化したにすぎないと評価すべきであろう。その意味で、リスボン条約の発効によっても、「排他的権限」の分野において、EUに対する集権的傾向は生じないと考えられる。

他方、移譲された権限のほとんどは、「非排他的権限」に属する。そして、「非排他的権限」の増加は、必ずしもECへの集権を無条件に意味するものではない。特に、マーストリヒト条約以降に移譲されたさまざまな「補完的権限」は、加盟国の国家主権にとって大きな脅威ではない。「補完的権限」の場合には、EC権限は既存の加盟国権限と両立しえないものではなく、両者は矛盾せずに、併存することがむしろ予定されているからである。

新たに移譲された「競合的権限」についても、その権限移譲の態様は、伝統的な「競合的権限」によるそれとは異なる場合が少なくない。もちろん、移譲された権限の中には、「経済・社会的結束」・「欧州横断ネットワーク」のように、基本的には従来型の「競合的権限」が移譲されたと見なしうる場合も存在する。これらの領域では、EC権限が行使されることにより、EC権限が排他性を獲得する部分は増大し、ECへの集権的傾向が生じるだろう。しかし、「域内市場」・「環境」・「消費者保護」など、EC権限行使によってもECが当該事項について全面的な排他性を獲得しない新しい種類の「競合的権限」の場合には、集権化の進展にはあらかじめ限界があり、加盟国主権への影響は相対的に少ない。そこでは、最低限の要件だけが調和させられ、加盟国は、それ以上の規制を行う権限を失わないからである[102]。

このように考察すると、欧州裁判所の態度について留保を付す必要はあるが、基本条約の改正によって、表面的には、多くの権限が加盟国からECに移譲されたようにみえながらも、「通貨政策」の領域を除けば、加盟国の国家主権に対する影響は、少なくともその見かけほどは大きくはなく、したがって、ECへの権限集中を一面的に肯定することは必ずしもできないように思われる。そして、そのような理解は、「非排他的権限」の行使に「補完性の原則」が適用されることによって、さらに支持される。

Ⅳ 「補完性の原則」の導入

一 総論

ECに移譲された権限の性質に加えて、マーストリヒト条約によって「補完性の原則」がEUの一般原則として導入され、「非排他的」であるEC権限の行使に適用されるようになったことも一九九〇年代の著しい変化である。「補完性の原則」の導入以前には、ECが権限を行使する際に、加盟国の権限に配慮する必要は少なくとも規範的にはなかった。このことは、「排他的権限」の場合は当然であるが、「非排他的権限」の場合にも同様であり、ECの目的を達成するために必要であれば、ECの権限行使は自動的に正当なものと考えることができた。しかし、「補完性の原則」導入以後は、この原則に照らして、ECの「非排他的権限」の行使の正当性が確認される必要が生じたのである。

「補完性の原則」という概念は、すでに一九七〇年代半ばにECの公式文書に現れ、その後もさまざまな場面で議論されてきた。[103] しかしこの原則が、実定法上の概念として基本条約中に導入されたのは、単一欧州議定書による改正によってであり、新たに移譲された「環境」の領域に初めて適用された(EEC条約一三〇r条四項)。[104] そして、マーストリヒト条約は、「補完性の原則」を同条約によって新たに創設されたEU全体を規律する一般原則に高め、その結果、ECにおいても、従前の「環境」だけではなく、「排他的権限」の領域を除くすべての政策領域に一般的に適用されるようになった。「補完性の原則」の導入は、単一欧州議定書・マーストリヒト条約によるECの権限拡大に対応して、ECと加盟国の間に、従来とは異なる協力関係を構築することが必要となったことを示すものであり、「補完性の原則の導入」と「ECへの権限移譲」が分離できないことは広く認識されている。[105] 以下では、「補完性の原則」の内容から、順次検討する。

二 「補完性の原則」の内容

1 基本条約の規定

「補完性の原則」は、EU条約・EC条約それぞれにおいて言及されている。すなわち、EU条約は、その冒頭において、EUの創設が欧州諸国民間のより緊密な連合を創設する過程に新段階を画することとともに、そこでは「決定は、可能な限り市民に開放され、かつ可能な限り市民に接近して行われる」と規定する（EU条約一条[106]）。そして、続く第二条は、EUの目的が、「補完性の原則」を尊重しながら達成されることを明示する。EU条約は、このように「補完性の原則」という概念を使用しながらも、その内容にはまったく触れず、「補完性の原則」の定義は、EU条約も言及するEC条約五条（旧三b条）に一任されている。

EC条約五条は、その第一文において「ECは、EC条約によって移譲された権限と託された目的の範囲内において行動しなければならない」と規定した後に、第二文において、「ECは、排他的権限に該当しない領域において、「補完性の原則」に従って、提案された行動の目的が、加盟国によっては十分に達成されず、提案された行動の規模ないし効果のために、ECによってより良く達成できる場合に、その限りにおいて、行動しなければならない」と「補完性の原則」の内容を定義している[107]。

この定義の内容は、以下のように整理することができる。第一に、「補完性の原則」が適用されるのは、「非排他的権限」の行使だけであり、「排他的権限」の行使はその適用対象外である。そして「非排他的権限」に関しては、新たに移譲された権限だけではなく、EC設立当初からの権限の行使も適用対象であることに注意しなければならない。しかし、「補完性の原則」の適用を受けない「排他的権限」の行使も、従前どおりではない。それは、「補完性の原則」とともに「ECの行為は、その目的を達成するために必要な限度を越えてはならない」という「比例性（均衡性）の原則」（五条第三文）が、EC権限の行使に対する一般原則として導入され、権限の性質を問わず、「排他的権限」を含むすべてのEC権限の行使に適用されるからである。「比例性の原則」は、当初四つの自由移動など個々の政策領域において、加盟国の行動を規制する原則として、欧州裁判所の判例によって確立したが[108]、同原則は、加盟国の権限行使だけでなく、ECの権限行使にも適用され、「法の一般原則」の内容を構成することが承認されていた[109]。そして、それがマーストリヒト条約によって基本条約中に明示されるに至ったのである。ただし、「比例性の原則」に基づく司法審査に際して、欧州裁判所は、ＥＣ諸機関の裁量権を広く認めていることに注意が必要である。[110] また、「比例性の原則」の適用は、ＥＣによる権限行使を前提とするものであり、その意味で「補完性の原則」とは適用次元を異にしている。[111]

第二に、「補完性の原則」は、ＥＣの権限行使に関する基準である。「補完性の原則」は、本来は権限の所在に関する原則であると指摘され、[112] 欧州理事会も、多くの領域で「競合的権限」ではなく「補完的権限」が移譲されたことを「補完性の原則」の反映と理解している。[113] しかし、現行条約が規定する「補完性の原則」は、ＥＣ・加盟国間における権限配分を決定する原則ではなく、ＥＣ・加盟国双方が権限を有する場合に、権限を行使する主体を決定する原則である。[114] そしてＥＣ条約五条は、加盟国側とＥＣ側の双方から、ＥＣが権限行使する場合を限定している。すなわち、ＥＣによる権限行使が認められるためには、加盟国側からは、加盟国の行動によっては目的を十分に達成することができないという「加盟国による行動の不十分性」の要件を、ＥＣ側からは、ＥＣによって同じ目的がより良く達成できるという「ＥＣによる行動の優位性」の要件をそれぞれ満たす必要がある。[115] 条文の文言を素直に解釈する限り、ＥＣが行動するためには、双方の要件が満たされる必要があり、個々の加盟国の行動によって目的が十分達成される場合には、仮にＥＣの行動によって目的がより良く達成できる場合であっても、ＥＣが行動する余地はないと考えられる。[116]

このように「補完性の原則」は、ＥＣが、どのような場合に行動すべきであるのかについて、一定の基準を示しており、基準に合致していることの立証責任は、ＥＣが負っている。[117] しかし、個々の具体的な事案において、ＥＣ条約五条の示す基準によって、適切な判断が可能であるかには疑問があった。五条の提示する基準は、抽象的かつ漠然としたものであり、法的概念としては成熟していないと考えられたからである。[118] 例えば、環境政策について、同じ「補完性の原則」を適用しながら、ＥＣの介入を規制する議論と介入を積極的に肯定する議論の双方が主張されたことは、この概念のあいまいさを示していた。[119]

2 「補完性と比例性の原則の適用に関する議定書」

このため「補完性の原則」の概念を明確化する努力が、マーストリヒト条約調印直後より始まった(120)。それらの努力のうち中心的なものは、一九九二年一〇月の「エジンバラ欧州理事会」において合意された「補完性原則の適用に関する包括的アプローチ」であり(121)、さらに一九九三年一〇月の委員会・理事会・議会による機関間合意であった(122)。

そして、それらの集大成が、アムステルダム条約に附属する「補完性と比例性の原則の適用に関する議定書(第三〇議定書)」(以下、補完性議定書という)である(123)。議定書以前の各文書についても、その意義を軽視することはできないが、それらの文書の法的拘束力は、明確には認められていない。これに対して同議定書は、「議定書(protocol)」という形式で採択されたために、基本条約と同等の効果を有する法的文書である(三一一条・旧二三九条)。「補完性の原則」および「比例性の原則」の法的意義を強化するために「議定書」として採択されたと考えるべきであろう。

同議定書はさまざまな内容を規定しているが、その主要な内容を以下に整理する。第一に、議定書は、EC権限行使を承認する判断基準をより明確化している。すなわち議定書は、EC条約五条が規定する二要件、目的に照らした「加盟国による行動の不十分性」と「ECによる行動の優位性」の双方が充足されているか否かを判断するために使用されるガイドラインを示している(同(五))。ガイドラインの内容は、(1)対象事項が、加盟国の行動によっては十分に規制されえない「国境を越える側面(transnational aspects)」を有していること、(2)「加盟国だけの行動」ないし「ECによる行動の欠如」が、本条約の必要条件(競争の歪曲を矯正する必要、偽装された制約を回避する必要、「経済・社会的結束」を強化する必要など)と矛盾するか、加盟国の利益に重大な損失を与えること、(3)ECレベルでの行動が、加盟国レベルでの行動と比べて、規模ないし効果のために、明白な利益を生じることの三つであり、これらに該当する場合には、ECの権限行使が肯定される。特に、ECの行動によってより良く目的が達成できるという結論は、

「質的指標（qualitative indicator）」または、可能な場合には、「量的指標（quantitative indicator）」によって実証されなければならないとされている（同（四）項）。

第二に、議定書は、EC権限の行使が正当化される場合にも、その行使の態様を規定しており、使用する立法形態としては、他の条件が同等である限り、二次立法の「規則（regulation）」よりも、「指令（directive）」が優先的に使用されなければならない。また同じ指令でも、通常の指令よりも、「枠組み指令（framework directive）」の使用が優先される（同（六））。直接適用性を有する規則と異なり、指令の場合には、その実施に当たって加盟国に裁量の余地が認められるからであり、ECの権限行使に当たっては、加盟国による判断の余地をなるべく多く残すことが求められる（同（七））。

第三に、議定書は、EC権限を行使する際に、EC諸機関が遵守すべき手続きルールを明らかにしている。例えば、委員会は、緊急を要する場合を除いて、法案提出前に広く意見を求めるとともに、提案が「補完性の原則」に照らして妥当なものであることを法案説明文書において説明する。[124] また毎年「補完性の原則」の適用に関する報告書を他の諸機関に提出する（同（九））。そして議会・理事会も、法案審査に際して、「補完性の原則」への適合を検討しなければならない（同（一〇））。

EC条約の規定する「補完性の原則」は、加盟国とEC両者の間で、ある事項を規制する主体はどちらであるのかを決定する原則である。しかし、議定書の内容は、第二において指摘したように、権限行使主体の決定を越えて、EC権限の行使による加盟国の国家主権に対する干渉をなるべく抑制することまでを含むに至っている。もっとも、議定書の対象は、「補完性の原則」と「比例性の原則」の双方であるので、第二の内容は、「補完性の原則」ではなく、「比例性の原則」の適用について言及した部分であると解釈することも可能である。そうであれば、権限行使の態様が規定されていることは不自然ではない。

3　基準の明確性

それでは、ECによる権限行使の判断基準という観点からみて、EC条約五条の不明確さは、議定書の規定によってどこまで明確にされたのであろうか。この課題に対する判断材料を提供しているのは、議定書の(五)項である。前記のように、(五)項はいくつかの指標を定めている。それらの内容は、すでにエジンバラ欧州理事会によって明らかにされていた内容と同一であり、[125]特に新しさはない。しかしそれらが、議定書の内容に取り込まれたことによって、法的概念として確立されたことは、欧州裁判所によって解釈が与えられる可能性を開き、今後の基準明確化に資するだろう。そして、示された指標のうち、対象事項の「国境を越える側面」という指標は、具体的な判断基準として有効であろう。例えば、その基準に拠れば、複数加盟国に影響するような環境汚染への対応は、ECの行動すべき事項であると判断されよう。[126]しかし、その他加盟国利益の重大な損失・ECの行動による明白な利益などの指標を具体的事案に適用して権限行使に関する判断を導くことは、なお容易ではないように思われる。それらの指標に含まれる重大性・明白性の解釈は、一義的には決定できないからである。また、「ECによる行動の優位性」は、「質的指標」ないし「量的指標」によって実証されねばならないという規定は、一般に基準の明確化に資すると評価されているが、「量的指標」による測定が困難な場合が多いと考えられるだけでなく、「質的指標」による場合は、引き続き解釈の余地が大きく残るであろう。[127]議定書自体も認めるように、「補完性の原則」は柔軟な概念である。議定書は、「補完性の原則」は、ダイナミックな概念であり、当該条約の目的に照らして適用されるべきであり、EC権限の範囲内において、状況が必要とする場合には、ECの行動が拡大することを、逆に正当化されない場合には、ECの行動が、制限ないし中止されるべきことを意味すると述べているが(同(三))、ここには、解釈いかんによって、異なる方向に機能する「補完性の原則」の性格とともに、解釈を行うEC機関に相当程度の裁量権が認められることが示されている。[128]その意味では、「補完性の原則」の内容を立法的に明らかにする努力は、部分的な成果を上げながらも、なお道半ばであると評価すべきであろう。

なお、憲法条約は、全九条より成る、新しい「補完性と比例性の原則の適用に関する議定書」を定め、リスボン条約も部分的修正を施した上で、同議定書を受け継いでいる。新しい補完性議定書の内容は、現行の補完性議定書とは異なり、権限行使の要件の判断に関するガイドラインを著しく簡略化するとともに（憲法条約附属議定書五条、リスボン条約附属議定書五条）、他方で、立法案に対する、加盟国議会による、「補完性の原則」に基づく政治的な事前審査制度（早期警戒手続）を導入している（同六条・七条、同六条・七条）[129]。したがって、リスボン条約の発効によっても、基準の不明確性自体が改善されるわけではない。

三 「補完性の原則」の意義——「集権」か「分権」か——

1 学説上の見解の対立

このような「補完性の原則」の導入は、加盟国・EC間の関係に、どのような影響を及ぼすのであろうか。中心的な争点は、「補完性の原則」は、加盟国主権へのECの干渉を抑制する「分権主義的な原理」であるのか、それともECへの加盟国主権の移譲を促進する「集権主義的な原理」であるのかである。前述のようにEC条約五条の「補完性の原則」の規定は、必ずしも明確な内容を備えず、さまざまに解釈しうる余地があったために、すでにマーストリヒト条約調印時から、多様な見解が公表されてきた。多くは政治学の観点からの見解であったが[130]、法律学の観点からの見解も少なくなく、活発な議論が交わされてきた。

（1）ECの発展を阻害するという見解

いくつかの主要な見解を紹介すると、一方には、「補完性の原則」を、これまでの欧州統合の進展を阻害するものであると認識し、この原則の導入を批判する見解がある。例えばトス（Toth）は、すでに一九九二年に「補完性の原則」がマーストリヒト条約以前のEC法とは相容れないこと・その解釈いかんによっては統合の過程を大幅に逆行させるものであることを各指摘し、その導入を批判した。(131) また二〇〇〇年以降でも、エステラ（Estella）は、「補完性の原則」は、加盟国からECへの主権移譲に対する障害であり、従来の統合過程と矛盾するものであるとの明確な認識を示している。(132) エステラは、「補完性の原則」を、政治学と法学を結合した「文脈としての法（contextual law）」という方法論を採用して分析しているが、現時点では、統合と多様性の両者が、優劣なくECの重要な価値であると認識した上で、「補完性の原則」の導入と理事会における「多数決原則による正統性の危機」との間には直接的な関係があるとその導入の理由を説明した上で、(133) そのような「補完性の原則」は、統合に対して非中立的であるだけではなく、「加盟国による行為」か「ECによる行為」かという伝統的な垂直的権限配分の論理を内包していると批判する。(134) これらの見解は、「補完性の原則」を、基本的に「分権主義的な原理」ととらえていると理解できよう。

（2）ECの発展を妨げないとする見解

これに対して、「補完性の原則」がECへの集権化を促進するとまでは考えなくても、同原則の適用によって、ECの権限行使は影響を受けないという見解がある。例えば、「補完性の原則」の適用によって、ECが採用する立法形態の種類には影響があろうが、効率性のゆえにECの行動を必要とする多くの領域が存在するために、ECの行動が求められる領域は縮減しないと主張される。(135) また「補完性の原則」の法的概念としての未成熟さに着目して、同原則がECの権限行使を妨げるように機能することは実際には困難であるという意見もある。後者の意見は、「補完性の原則」は、EC機関が、加盟国・地域の意向により敏感でなければならないという政治的文化を創出する機能を果たすが、法的には、「共通政策」の実質形成よりも、「共通政策」を実施する手段・方法に重点が置かれており、ECの介入から加盟国の価値を守る防波堤としては機能できないと指摘する。(136)

(3) 両方向に機能しうるとの見解

そして第三に、「補完性の原則」それ自体は、「集権化」と「分権化」という二つの相異なる方向性の一方に自動的に傾斜する原理ではなく、与えられる解釈いかんによって、どちらの方向へも機能しうる柔軟な概念であるという考え方がある。例えば、カス(Cass)は、原則が適用される領域によっても異なるが、「補完性の原則」は、その解釈によって異なる結果を生じ、場合によっては加盟国の権限行使よりも、ECの権限行使を促進する原則として機能する可能性があると認識している。(137)「集権化」と「分権化」の間の緊張は、同原則に固有のものであるというカスの指摘は興味深い。(138)

2 「補完性の原則」の意義に関する考察

「補完性の原則」が、ECと加盟国の関係を規律する重要な概念であることは異論のないところであろう。しかし、その概念が十分に明確でないことは、前記のようにその解釈が分かれることによって端的に示されている。そもそも「補完性の原則」は、ヨーロッパにおいて歴史的に存在した概念であり、その存在は、マーストリヒト条約以前から広く認識されていた。そして、EC法の原則としてEC条約に規定された内容とそれ以前の伝統的理解との間には齟齬があり、そのことが同原則の解釈をより複雑にしている側面がある。すなわち、本来の「補完性の原則」は、ECと加盟国との間において権限の所在・行使を問題にするだけではなく、EC域内に存在する加盟国をはじめとする各種の社会組織全体の関係の在り方を規律する包括的な概念である。(139) そのため、同原則には、EC・加盟国間の関係に注目した「集権」・「分権」という二者択一的議論によっては把握しきれない部分が存在することは否定できない。

しかし、EC条約五条が規定する「補完性の原則」は、EC・加盟国間における権限行使主体の決定を目的とする実定法上の概念であり、本来の「補完性の原則」とは区別する必要がある。そして、そのようなEC条約上の「補完性の原則」は、本質的には、ECへの「集権化」を抑制する原理であると理解すべきである。[140] このような判断は、同原則導入以前の状態との比較から導き出される。すなわち、導入以前の段階では、それがECの目的達成に有用である限り、ECの有する権限行使に制約はなかった。[141] しかるに導入後は、「非排他的権限」に関する限り、この原則を満たさなければ、EC権限の行使は正当化されない。その意味で、ECの権限行使に当たって乗り越えなければならない障害が新たに加わったことは間違いなく、「補完性の原則」は、本質的に制約原理として機能すると考えざるをえないのである。同原則が、その解釈いかんによっては、「集権化」原理として機能するという(3)の見解は、同原則がECの権限行使に対する構造的な障害であることと、同原則が現実の政治過程において果たす作用をいささか混同しているように思われる。すなわち、「補完性の原則」を適用した結果、ECの権限行使が積極的に肯定される場合は、もちろん少なからず存在するであろう。その中には、それまでEC権限の行使に必要な政治的合意の調達が理事会において困難であった事案もあるかもしれない。「補完性の原則」に照らした判断が、EC権限の行使に反対していた加盟国を翻意させることに有用であれば、同原則は、ECへの「集権」を促進する機能を果たしたことになる。しかし、それは「補完性の原則」の政治的効果にすぎず、法的には新たな要件の賦課であることの意味を無視できない。法的に「補完性の原則」が「集権化」原理であると言いうるためには、この原則が、EC権限の行使を是認するだけではなく、加盟国からECへの新たな権限移譲の根拠となる必要があろう。しかし、「補完性の原則」は、あらかじめ基本条約によって定められたEC権限の範囲に影響するものではないことが補完性議定書によって確認されているのである。[142]

ただし、ECの権限行使を制約する原理としての「補完性の原則」の実効性に疑問があることは、当初から多くの論者によって指摘されていた。「補完性の原則」は、法概念としてなお明確な実質を欠いており、ECの権限行使を認める判断基準は明確ではない。そのため実際の適用には困難があると考えられたのである。[143] 確かに委員会は、「補完性の原則」に従って、立法提案を見直し、またEU創設前後より、制定されるEC立法の数は減少していると報告されている。[144] このように、「補完性の原則」の導入により、一定の効果があったことは事実であろう。しかし、憲法条約・リスボン条約による議定書が、加盟国議会によるEC立法案の事前審査制度を新たに導入したことが示唆するように、「補完性の原則」の適用には限界があり、その限界は、欧州裁判所の「補完性の原則」に対する態度をみても理解することができる。

四 「補完性の原則」に基づく司法審査

1 司法審査の可能性

「補完性の原則」が、EU条約・EC条約中に規定された概念である以上、その解釈の明確化は、最終的には、欧州裁判所の司法判断に拠らざるをえない。[145] そして、特定のEC立法が制定された場合に、その権限行使が「補完性の原則」に適合しているか否かが、欧州裁判所による司法審査の対象となりうることは、一般に承認されている。[146]

司法審査は、複数の訴訟形態において生じうる。「補完性の原則」の「直接効果」の有無に対する欧州裁判所の判断はいまだ示されていないが、欧州理事会が、同原則の「直接効果」を否定する立場を明らかにしたことが示唆するように、[147] その「直接効果」には疑問がある。しかし私人が、EC立法の加盟国による国内実施措置に対して、その基礎となるEC立法の「補完性の原則」違反を理由に、加盟国国内裁判所に訴訟を提起した場合には、先決裁定手続（二三四条）を通じて欧州裁判所において、またより一般的には、加盟国ないし他のEC機関が欧州裁判所に提起する直接訴訟、特に無効（取消）訴訟（二三〇条）において、「補完性の原則」への適合を争点とすることが可能である。[148] 特に加盟国は、理事会における多数決によって採択されたEC立法の無効を、補完性原則を援用して主張できるために、多くの訴訟を提起するのではないかと予想されていた。[149] さらに、加盟国のEC法上の義務違反に対して提起される義務違反訴訟（二二六条）の中で、加盟国が義務の根拠となるEC立法の「補完性の原則」違反を主張することも可能である。

2 司法審査に対する消極論

しかし、「補完性の原則」に基づく司法審査には、深刻な限界が内在していることが初期から認識されていた。そのような認識のために、そもそも「補完性の原則」に基づく司法審査の是非自体にも争いがあったのである。すなわち、マーストリヒト条約の起草過程において、欧州議会は司法審査を構想していたが[150]、「補完性の原則」を欧州裁判所による司法審査の対象とすることには反対意見が多かった。[151]

そのため、そのような経緯を反映して、「補完性の原則」への適合が司法審査の対象となったことの意義は評価されながらも、全面的な司法審査の展開には疑問を投げかける見解が少なくなく、マーストリヒト条約発効直後において、すでに「補完性の原則」に基づく主張が機能する範囲は狭いと予想されていた。その理由は、第一に、「補完性の原則」に照らした判断には主観的要素が介在せざるをえないために客観的判断は困難であり、ECが常に状況に応じて変化していく存在であることを考慮すると、あいまいな「補完性の原則」を裁判規範として使用することは適当ではないことであり、第二に、EC・加盟国のどちらが権限を行使すべきであるかの決定は、民主的な責任を負う政治的機関によって下されるべき政治課題であり、司法機関である欧州裁判所が判断することは妥当ではないことである。[152] そして、欧州裁判所は、一般にこの種の政治的問題に対する判断を回避してきており[153]、学説にも、裁判所の能力からして、司法審査は、EC機関による権限行使の明白な誤り・権限誤用という裁量権の明白な逸脱の有無、または理由不備などの手続要件の違反に限定されるべきであるという消極的な主張が少なくなかった。[154]

3　欧州裁判所の判断

そして実際にも、これまでのところ欧州裁判所が、「補完性の原則」に照らして、ＥＣの権限行使を審査した事例は少ない。そもそも、「補完性の原則」違反が中心的な争点として主張された事案自体が少ないためである。そして、「補完性の原則」が争点となった場合にも、欧州裁判所は、「補完性の原則」に基づく司法審査に消極的であり、ＥＣ立法が「補完性の原則」違反を理由に無効と判断された例はいまだ存在しない。以下には、これまで欧州裁判所が、「補完性の原則」について判断を示した判決を順次検討する。[155]

(1)　無効訴訟における欧州裁判所の判断

(i)　United Kingdom v. Council（イギリス対理事会）事件判決

欧州裁判所が、「補完性の原則」に関連して下した最初の判決は、一九九六年のUnited Kingdom v. Council事件判決である(C-84/94, [1996]ECR I-5755)。同事件で争われたＥＣ立法は、健康・安全上の考慮から労働者の労働時間を規制する理事会指令九三／一〇四号であった。[156] 同指令は、ＥＣ条約一一八a条（現一三八条）を根拠条文にして、「協力手続」に基づき、理事会における「特定多数決」による決定によって採択されていた。原告イギリスは、当初から指令の採択に反対であったが、「特定多数決」による決定が可能であるために、その採択を阻止できず、理事会における採決を棄権し、その後指令採択を違法と主張して、ＥＣ条約一七三条（現二三〇条）に基づく無効（取消）訴訟を欧州裁判所に提起した(AG Opinion, paras.1-2)。もっとも、原告であるイギリスは、同訴訟において「補完性の原則」に言及はしたものの、指令を無効とする独立した理由としてではなく、他の無効理由の補充として同原則を援用した。[157] すなわち、原告の第一の主張は、根拠条文選択の誤りである。原告は、一一八a条（現一三八条）ではなく、「全会一致」を議決要件とする一〇〇条（現九四条）ないし二三五条（現三〇八条）が選択されるべきであったと主張し（para.10）、その主張に関連して、立法者は「エジンバラ欧州理事会」が明確にしたEC権限の行使に関するガイドラインを考慮していないと指摘し[158]、さらに「一一八a条（現一三八条）は、「補完性の原則」に照らして解釈されねばならず、「補完性の原則」は、本件指令のように広範かつ規範的な指令の採択を許容しない」と主張した（para.46）。しかし判決は、理事会は、労働者の健康・安全保護の水準向上という目的を達成するために「最低基準（minimum requirements）」を制定する責任を負っており、その理事会が、既存の保護水準の改善と条件の調和が必要であると判断する以上、「最低基準の賦課による目的の達成は、EC全域に適用される行動を必然的に前提とする」と判示して、原告の主張を斥けた（para.47）。原告は第二に、指令の課す条件が、一一八a条（現一三八条）にいう「最低基準」に該当するか否かを、「比例性の原則」の観点から争い、その文脈で、「ECの措置は、「補完性の原則」と矛盾しない場合にのみ目的に比例している。EC機関は、指令の目的が加盟国の行動よりも、ECレベルでより良く達成されることを証明しなければならないが、そのような立証が本件ではない」と主張した（para.54）。しかし判決は、この主張に対しても、ECによる行動の必要性は、理事会が、保護水準の改善と条件の調和の必要性を認めたこと（para.47）によってすでに示されていると判示するとともに、立法者である理事会の裁量に対する審査は、明らかな誤り・権限の誤用・裁量権の明白な逸脱に限定されるという立場にたち（para.58）、理事会はそのような明白な誤りは犯していないと認定した（para.66）[159]。

(ii) Germany v. Parliament and Council（ドイツ対議会・理事会）事件判決

United Kingdom v. Council 事件判決では、EC立法の「補完性の原則」違反が正面から問われたわけではなかったが、第二の判決である一九九七年の Germany v. Parliament and Council 事件判決の場合も、その点は同様であった（Case C-233/94, [1997]ECR I-2405）。

同事件では、銀行預金保証制度に関する理事会指令九四／一九号が争点であった。[160]（i）事件と同様に、原告ドイツは、指令の無効を求めて直接訴訟を欧州裁判所に提起した。指令の根拠条文は、EC条約五七条（現四七条）二項であり、「特定多数決」を議決要件とする「共同決定手続」による立法制定を規定しており、ドイツは、指令を採択した理事会で反対票を投じていた（para.2）。

本訴訟において原告ドイツは、根拠条文選択の誤りと指令制定理由記載義務の違反を無効理由として主張した（para.9）[161]。「補完性の原則」が援用されたのは、後者の理由記載義務違反についてである。すなわち原告ドイツは、指令は、指令が、EC条約三b条（現五条）第二文に規定された「補完性の原則」にどのように適合しているかを説明しておらず、それゆえEC条約一九〇条（現二五三条）が定める制定理由の記載義務に違反し、無効であると主張したのである（para.22）。原告ドイツは、EC機関は、加盟国を排除して、なぜECだけが行動する権限を与えられているのかを説明する詳細な理由を提示しなければならないところ、本件指令は、その目的のどの部分が加盟国レベルの行動によっては十分に達成できないのかを示していないと強調している（para.23）。しかし判決は、議会・理事会が、本件指令の前文において、指令の目的はECレベルの行動によって最も良く達成されるという見解を示していることに着目し（paras.26-27）、これにより議会・理事会は、本指令の制定が「補完性の原則」に適合していると考えた理由を説明しており、したがって一九〇条（現二五三条）の義務には違反しないと判示して、原告の主張を排斥した（para.28）。加えて判決は、指令が「補完性の原則」に明示的に言及する必要はないとまで判示している（para.28）[162]。ドイツの主張は、指令の内容が「補完性の原則」に実質的に違反しているという主張ではなく、手続的な違反を主張している点に特徴がある。

（iii）Netherlands v. Parliament and Council（オランダ対議会・理事会）事件

前記の二判決は、いずれも前述の第三〇議定書が採択される以前の事件であった。同議定書を附属させたアムステルダム条約は、二〇〇一年五月に発効し、補完性議定書もその時点から法的に有効となった。そして同条約発効後に、欧州裁判所が下した判決としては、二〇〇一年のNetherlands v. Parliament and Council事件判決がある（Case C-377/98, [2001]ECR I-7079）。同議定書の影響であるか否かは不明であるが、同事件はまた、「補完性の原則」違反が初めて独立した無効理由として主張された事件でもある。

本件の争点は、バイオ発明特許に関する理事会指令九八／四四号であった[163]。同指令は、加盟国間において、バイオ発明に対する法的保護の相違が存在することにより、域内市場の適切な機能が阻害されるという認識を前提に、国内特許法によるバイオ発明の保護とその内容の調和を加盟国に求めるものであった（指令一条）。指令の根拠条文はEC条約一〇〇a条（現九五条）であり、立法制定には「共同決定手続」が適用されていた。そして、理事会において指令採択に反対した原告オランダは、オランダ議会の要請に基づき（para.4）、指令の無効を求めて、欧州裁判所に無効（取消）訴訟を提起した。原告オランダの無効理由は多岐にわたり、「根拠条文選択の誤り」・「法的安定性の原則違反」・「国際法上の義務違反」など六つの理由が主張されたが（para.12）、その一つとして「補完性の原則違反」が主張されていた。すなわち原告オランダは、加盟国の特許法は、欧州特許条約によっておおむね調和させられているので、バイオ発明特許についても、同条約を修正することによって、指令の目的が達成できることを理由に（AG Opinion, para.79）、指令の「補完性の原則」違反を主張し、合わせて、指令は「補完性の原則」を考慮したことを示す十分な理由を述べていないと、（ii）事件と同様に一九〇条（現二五三条）違反を主張した（para.30）。

これに対して判決は、「指令の追求する目的は、バイオ発明保護の分野において、各加盟国における立法・実務間の相違を防止ないし除去することによって、域内市場の円滑な運営を保障することにあり、その目的は、加盟国単独の行為によっては達成されえない。バイオ発明に対する保護範囲は、通商に、それゆえ域内通商に直ちに影響を及ぼすので、当該行動の規模と効果を考慮しても、本件目的がECによってより良く達成できることは明白である」と判示して、オランダの主張を斥けた（para.32）。判決は、理由記載義務の点についても、「補完性の原則」への適合は、指令の前文

（五項ないし七項）に黙示的に示されていると判示した（para.33）。前文は、ECレベルの行動がなければ、さまざまな加盟国の法・実務の発展は、域内市場の適切な機能を妨げると述べており、判決はその記述で十分と考えたのである。

判決は、「補完性の原則」違反の主張に対する初めての実質判断であり、その意義は大きい。しかし判示は、一段落のみと短く、きわめて簡潔であり、言わば結論を示しただけで、「補完性の原則」の適用を十分に説明したとはいいがたい。なお、同事件の法務官ジェイコブス（Jacobs）は、第一に、バイオ発明特許保護に関する加盟国法の調和は、欧州特許条約の修正によっては実効的に達成されず、ECによってのみ成し遂げられること、第二に、ECは域内市場の創設・機能に関する「加盟国法の接近」について排他的権限を有するので、本件には「補完性の原則」の違反はありえないとの意見を述べたが（AG Opinion, paras.81 and 83）、特に後者は、裁判所の採用するところとはならなかった。

（2）先決裁定手続における欧州裁判所の判断
——British American Tobacco and Imperial Tobacco（英米タバコ・帝国タバコ）事件先決裁定——

無効（取消）訴訟に続き、欧州裁判所が、先決裁定手続（二三四条）において、「補完性の原則」への適合性について判断する事例も現れた。これが、二〇〇二年のBritish American Tobacco and Imperial Tobacco事件先決裁定である（Case C-491/01, [2002] ECR I-11453）。すなわち、イギリスのタバコ会社である原告は、国内裁判所に訴訟を提起し、タバコ製品の製造・外形・販売に関する加盟国法の接近に関する指令（指令二〇〇一／三七号）[164]の無効を理由に、同指令に基づいてイギリス政府が国内実施措置を取ることを争った。同訴訟を審理する国内裁判所は、複数の無効理由を列挙し、それらの理由によって指令は無効であるのか否かを欧州裁判所に尋ねたが、無効理由には、法的根拠の誤り・「比例性の原則」違反等と並んで、「補完性の原則」違反が含まれていた（para.25）。このため本事件では、欧州裁判所は、指令が補完性原則に反して採択されたか否かに正面から答えることを余儀なくされた。国内訴訟の原告は、指令は「補完性の原則」に配慮せずに採択されており、同原則を適切に考慮していれば、指令採択の必要はなかったと主張していた（para.174）。これに対して裁定は、まず同指令の根拠条文であるEC条約九五条が、域内市場における経済活動を規制する「排他的権限」を付与していないことを確認して、補完性原則の適用を肯定する（para.179）。その後裁定は、同原則に照らして、第一に、当該指令の目的が共同体レベルでより良く達成されるか否かを検討し、加盟国間に存在する規制の相違より生じる通商障壁の除去という指令の目的は、個々の加盟国によっては十分に達成できず、共同体レベルの行動が要求されると判示した（paras.181-182）。さらに裁定は、第二に、比例性原則違反に対する同裁定の判断に言及した上で、指令は目的達成に必要な範囲を超えていないので、指令の強度（intensity）も補完性原則の要件に適合すると判示し（para.184）、結論として指令は「補完性の原則」に違反しないと判断した（para.185）。裁定は、他の無効理由の存在もすべて否定し、指令の有効性を承認している（para.193）。

同裁定は、Netherlands v. Parliament and Council事件判決に類似した簡潔な判示であり、[165]「補完性の原則」の内容が十分明確にされたとはやはりいえない。特に、「共同体による行動の強度」と補完性原則の関連は、これまで議論されたことはないと思われ、その趣旨は十分明らかにはされていない。

（3）義務違反訴訟における欧州裁判所の判断
——Commission v. Germany（委員会対ドイツ）事件判決——

そして、委員会が加盟国に対して提起した義務違反訴訟（二二六条）において、加盟国が、EC法上の義務違反に問われた国内規制を正当化するために、「補完性の原則」を援用した事例も生じている。それは、二〇〇三年のCommission v. Germany事件判決（Case C-103/01, [2003] ECR I-5369）である。[166]同事件において、個人保護具に関する加盟国法の接近に関する理事会指令八九／六八六号の違反に問われたドイツは、当該指令の解釈は、補完性原則・比例性原則に従って行われなければならないと主張したが（para.19）、判決は、前述のBritish American Tobacco and Imperial Tobacco事件先決裁定を引用し、加盟国国内法の顕著な相違は、共同市場の創出に直接影響する通商障壁となりうるところ、そのようなさまざまな国内法の調和は、範囲と効果の理由で、共同体立法によってのみ可能であると判示し（para.47）、補完性原則に照らして、EC立法の制定を肯定している。[167]

4　欧州裁判所・加盟国の消極的対応

前述の三件の無効（取消）訴訟はいずれも、「特定多数決」に基づく理事会の意思決定のために、EC立法の採択に反対であったにもかかわらず、その成立を阻止できなかった加盟国が、「補完性の原則」を根拠に当該立法の司法審査を求めた事案であり、本来予想された「補完性の原則」の援用場面であった。最後の義務違反訴訟も、無効（取消）訴訟と同様な加盟国とECが対立する場面であり、これらの訴訟において実効的な司法審査が行われれば、「補完性の原則」は、ECによる権限行使を制約する原理として期待された役割を果たしたことになる。しかし、訴訟の実態はそのような期待に反しており、補完性議定書の発効も全体的な状況に大きな影響は与えていないように思われる。

まず、「補完性の原則」に対する加盟国の消極的な態度が顕著である。「補完性の原則」が導入されてから、十五年近い期間が経過しているにもかかわらず、当初の予測に反して、「補完性の原則」を理由に無効（取消）訴訟を提起する加盟国はきわめて少ない。先決裁定手続・義務違反訴訟を含めても事件数自体が少ないために、同原則について判断を示した判例数は依然として少ない。さらに、「補完性の原則」を援用する加盟国政府の主張も甚だ及び腰であり、加盟国が実体的な「補完性原則」違反を正面から争ったのは、上記無効訴訟三件のうち最後の一件だけであり、前述の義務違反訴訟でも、「補完性の原則」違反は付随的な理由として主張されたにとどまる。加盟国に加えて、欧州裁判所も「補完性の原則」の適用には慎重である。事件数自体が少ないために、裁判所の態度を正確に判断することはいまだ困難であるが、裁判所からは、特に「補完性の原則」の実体的側面だけではなく、手続的側面の審査についても積極的な態度はうかがえない。そのような状況を背景に、最近も多くの論者が、初期の段階と同様に、欧州裁判所は、立法者が明白な誤りを犯さない限り、「補完性の原則」を理由にして、EC立法を無効と判断することはないだろうと予測している。[168] そして、以上の諸判例の検討からは、そのような予測には十分な根拠があるように思われる。

5　司法審査が有効に機能していない理由

それでは、なぜ加盟国および欧州裁判所は、「補完性の原則」の利用に消極的であるのだろうか。エステラは、二〇〇二年に公刊された著作において、欧州裁判所の消極的態度の原因を以下のように分析している。それらは、加盟国が「補完性の原則」の援用を躊躇する理由としても援用できるであろう。エステラが指摘する第一の理由は、「機関の正統性」に関わる問題であり、「民主的正統性」が十分に保障されていない司法機関である裁判所の性格に求められる。[169]「民主的正統性」の不足する裁判所は、自己の正統性を、説得力と整合性のある理由づけを備えた判例の展開に求めねばならない。しかし、「補完性の原則」については、主にその明確性の欠如ゆえに、これまで裁判所が他の原則・理論について行ってきたような十分な理由づけを展開することが困難である。換言すれば、「補完性の原則」は、裁判所が通常用いる解釈方法に適合しない、法的には扱いの難しい原則であり、そのような不明確な原則の適用により、自己の正統性を危険にさらしたくないと裁判所は判断したのである。[170] 第二の理由は、欧州裁判所の負っている「政治的任務」である。欧州裁判所は、欧州統合の推進を自らの政治的任務とする組織であり、「補完性の原則」は、そのような裁判所の任務に脅威を与えかねない。[171] すなわち、これまでEC権限の範囲を広く解釈して、EC条約の憲法化を推進してきた欧州裁判所は、その立場から、「補完性の原則」は欧州統合、特にEC権限の発展に逆行するものであると認識し、それゆえにその適用に消極的な態度を示したと考えられる。エステラは、その間接的な証拠として、裁判官・法務官という欧州裁判所構成員が公表した論文が、「補完性の原則」の統合への否定的影響を認識していることを指摘する。[172]

しかし、これらの理由を全面的に受け入れるわけにはいかないように思われる。第一の理由において指摘された、欧州裁判所の司法機関としての本質的限界は、それ自体としては正しい認識であろう。政治的判断が要求される事項に対して、司法機関が判断を回避・抑制することは、程度の差はあれ、各国においても等しくみられる現象だからである。また、前述のように憲法条約・リスボン条約附属の新しい補完性議定書が、加盟国議会による政治的統制制度を導入したことも、補完性原則の適用が本質的に政治的判断であることを示唆している。しかし、少なくとも現時点では、欧州裁判所の「民主的正統性」の不足が、「補完性の原則」の消極的な適用を惹起しているとは考えられない。例えば、「補完性の原則」違反を主張して加盟国が提起した多くの訴訟に対して、欧州裁判所が消極的に対応している場合には、裁判所が自己の正統性の不足に配慮して、「補完性の原則」に基づく審査に自制的態度をとったと考えることができよう。しかし、現状はそうではない。加えて、上記無効訴訟三事件の争点となった指令は、いずれもECレベルの行為が当然に肯定されるべき事案であったと考えられる。例えば、Netherlands v. Parliament and Council 事件において、原告オランダは、バイオ発明特許に対する各国法の調和という目的は、欧州特許条約の修正とそれに伴う加盟国特許法の改正によって実現できると主張した（AG Opinion, para.79）。しかし国際条約と比べて、EC指令には、加盟国国内法に対するより高い規制力が保障されている以上、両者を同一視することは妥当ではない。(173) 加盟国法の相違に基づく通商障壁の除去が、ECの中心課題であったことを考えれば、ECレベルの行為を否定する結論が導き出される余地はなかったのである。他の事件において争点となったEC立法もおおむね域内市場完成のための立法であり、(174) したがって、欧州裁判所は、「補完性の原則」を適用して、EC立法を無効と判断すべき場面にはいまだ直面しておらず、そのため裁判所の同原則に対する真の態度もいまだ明らかではないとも評価できる。

第二の理由についても、確かに欧州裁判所は、EC設立以来、欧州統合を進めるために積極的な役割を果たしてきた。欧州裁判所が、「EC法の加盟国法に対する優位」、「EC法の直接効果・間接効果（適合解釈義務）」、「EC法の実効性（有効性）」、「EC法上の義務に違反した加盟国の損害賠償責任」などの判例理論を産み出していなければ、(175) 欧州統合の現状は著しく異なるものとなっていたであろう。しかし注意すべきことは、それらの判例理論が形成された時点では、統合の推進がECの唯一の価値であったことである。これに対して、マーストリヒト条約発効後は、統合の重要性自体は失われないものの、それとは異なる新しい価値が基本条約に組み込まれている。それらは「補完性の原則」であり、「加盟国の国家としてのアイデンティティー（national identity）の尊重」（EU条約F条一項・現六条三項）である。[176] そのため、同条約発効後の欧州裁判所は、加盟国との関係において、さまざまな場面においてそれ以前とは態度を変化させている。例えば、「加盟国手続法の自律性」に関しては、一九九〇年代初頭の判例にみられた、「EC法の実効性（有効性）（effectiveness of Community law）」を損なうことを理由に、積極的に加盟国法制度に介入しようとする姿勢は、一九九三年頃からより謙抑的な方向に変化した。[177] また、「物の自由移動」の領域において域内通商を妨げる非関税障壁を除去するために使用される「同等の効果を有する措置」（二八条）という概念の解釈についても、それ以前の緩やかな解釈を変更して、一九九三年以降は、限定的な解釈を維持している。[178] これらをみれば、現在では欧州裁判所が統合のためにのみ活動していると断定することは必ずしも適当ではないのである。

それでは、司法審査が十分に機能せず、「補完性の原則」がEC権限の行使に対する制約原理として機能しているとは必ずしも断定できない現状は、どのように説明されるべきであろうか。いくつかの可能性を検討してみると、第一に、エステラが第一の理由の中で言及した「補完性の原則」の概念の不明確さが、その利用に対する障害となっている可能性は否定できない。「補完性の原則」の判断基準が明確でないことは、適用の結果に対する予測を困難にし、加盟国にその援用を自制することを余儀なくさせたのかもしれない。第二に、そもそも「補完性の原則」に違反するような立法が制定されなかった可能性もある。[179] 司法審査が十分に機能しないからといって、「補完性の原則」に意味がないわけではない。[180]「補完性の原則」は、すべてのEC機関が遵守しなければならない原則である。すなわち、委員会は法案の提案に際して、「補完性の原則」との整合性を十分に吟味して法案を提出しなければならず、さらに理事会・議会も審議に当たって同様の義務を負っている。[181] 一九九〇年代には、提案される法案数が減少する傾向にあり、二〇〇二年度の法案数は一九九〇年度の四割以下にすぎないことは、そのような義務が履行された結果であるかもしれない。[182] そうであれば、逆説的ではあるが、司法審査が機能していないことは、「補完性の原則」が十分機能していることを示唆することになる。もっとも、このような結論を下すためには、さらなる証明が必要であろう。

6 諮問会議作業部会から憲法条約・リスボン条約——司法審査の強化——

しかし、「補完性の原則」に基づく司法審査を充実させる方向性が放棄されたわけではない。「将来像に関する諮問会議」の「補完性の原則」に関する第一作業部会は、二〇〇二年九月二三日、「補完性の原則の適用と監視」という課題に関する報告を提出している。そして同報告は、補完性原則への適合監視は、本質的には政治的性質を有する事項であり、立法過程における事前監視が重要であることを認めながらも、事前監視とともに司法審査によって事後にも監視されるべきであり、司法審査を強化するために、「加盟国議会」および「地域委員会（地域評議会ともいう）」に、「補完性の原則」違反を理由に、ECの権限行使に対して欧州裁判所の審査を求める権利を認めるよう提案していた。[183]

政治的な事前監視によって目的の大半が達成されるとしても、なお最後の砦として、司法審査が機能する必要性は少なくない。その意味で、司法審査の強化を指向する議論が出てくることは不自然ではない。報告は、他方で、司法審査は限定的に、例外的場合にのみ可能であろうとの予測を示しており、[184] 司法審査に過剰な期待はかけてはいない。そして、その後の憲法条約およびリスボン条約による新しい補完性議定書はいずれも、報告の提案に沿って、EU司法裁判所が、「補完性の原則」違反を理由とする無効（取消）訴訟の管轄権を有することと、加盟国に加えて、加盟国議会および地域委員会に原告適格があることを規定するに至っている（両補完性議定書八条）。[185]

しかし、限定的であれ「補完性の原則」に基づく司法審査を機能させるためには、現状の問題点を改善する必要があろう。すなわち第一に、司法審査を機能させる前提条件として、「排他的権限」の範囲を明確にする必要がある。前述したように「排他的権限」の範囲には争いがあり、「非排他的権限」との境界画定は決着していない。[186] しかし、この課題は、リスボン条約の発効によって基本的には解決されよう。憲法条約は、各領域の権限の性質を明確にする規定を含んでいたが（憲法条約I―一二条からI―一七条）、リスボン条約も、それらの規定を引き継いでいるからである（EU機能条約二A条―二E条）。第二に、「補完性の原則」を法的概念としてより成熟させ、明確化する必要がある。「補完性の原則」は、不明確さを伴った概念である。確かに欧州裁判所は、これまでも不明確な概念を積極的に解釈して、統合を推進する役割を果たしてきた。[187] 統合という目的が明確である限りは、概念の不明確さは必ずしも司法審査の障害とはならなかったのである。しかし、一九九〇年代には、統合が唯一の目標ではなくなったために、欧州裁判所が、「補完性の原則」に対して、従来のような積極的な解釈を試みることには困難が生じている。このような状況下で、この概念を有効に機能させようと思えば、より明確な基準が必要とされざるをえない。現に、作業部会報告はそれに回答しなかったとはいえ、作業部会には、補完性議定書の定めた基準を見直すという課題が与えられていたのである。[188] そして第三に、「補完性の原則」の内容の中で、どの部分が司法審査に適合するかをさらに検討する必要がある。例えば、ECの目的達成に必要な権限がEC条約上規定されていない場合に、ECによる行動の法的根拠を提供するEC条約三〇八条（旧二三五条）については、一般に、他の条文が必要な権限を付与しているか否かは司法審査の対象となるが、必要性の判断は、理事会の裁量に任され、司法審査の対象外であると考えられてきた。[189]「補完性の原則」の場合も、司法審査の対象となる部分と政治的裁量に任される部分の区別という観点からの概念の再編成が必要であるかもしれない。

V　最後に——EUは、どこへ向かっているのか——

EC、さらにEUの将来像については、これまで「国家連合」か「連邦国家」かという対立軸で議論されることが少なくなかった。考察の前提として、EUの発展に、超国家的な統治をより強化する部分がみられることは一般に肯定してよいであろう。「通貨政策」における共通通貨の導入もその一例であるが、国境を越える活動がより一般的となれば、さまざまな分野において、政府間国際機構の枠組みを越えた超国家的な機関による、より効率的な統治への要請が高まるからである。(190) しかしその上で、さらにどのような方向性が指向されるべきであるかについては、必ずしも意見の一致をみていない。意見の分岐点は、EUがある種の国家化の方向に進むのか否かにある。そして、本稿の検討を前提にする限り、マーストリヒト条約発効以後の一九九〇年代以降におけるECの変化の方向性が、単一通貨の導入を実現した「通貨政策」の部分を除くと、その両者の一方、とりわけ「連邦国家」化の側に傾斜していると認識することはできない。「通貨政策」の統合に加えて、「通貨政策」以外の領域でもECへの権限移譲が進み、さらに意思決定手続について「特定多数決」による決定の一般化と、「共同決定手続」の導入・その適用範囲の拡大が生じたことに着目すれば、ECへの権限集中が進み、「連邦国家」への傾斜が認識されるかもしれない。しかし、ECの行使しうる権限の範囲が拡大したとはいえ、そこにおけるEC権限の性質は、単純なECへの「集権」を実現するものではなく、むしろ「補完的権限」にみられるように、ECか加盟国かという二分法では把握できない権限が増加している。加えて、ECへの「集権」につながりうる「競合的権限」の領域も、その範囲は拡大しているが、「補完的権限」とともに「競合的権限」の領域全体が、新たに導入された「補完性の原則」の適用対象となることによって、その権限行使が規制されるに至っている。

その結果、「補完性の原則」に基づく司法審査が十分には機能していない現状を考慮しても、ECは、自己の権限を以前のように制約なく自由に行使することはできなくなっている。これらの要素を総合的に検討すれば、「国家連合」から「連邦国家」という水平的座標軸に占めるECの位置は、全体的には、一九九〇年代以降の基本条約改正によって、それほど移動していないとも考えられる。ECの位置を標定するために利用できる正確な照尺が存在しない以上、厳密な位置の特定は不可能であるが、「集権」的要素の相当部分を相殺すると考えられる「分権」的要素が、同時に基本条約に埋め込まれているからである。[191]

ECは、伝統的な政府間国際組織とは異なる「超国家機関」としての性格を備えているが、[192] それは「連邦国家」への移行過程にある過渡的な存在であると理解されることが少なくなかったように思う。[193] ECを含むEUが「連邦国家」に発展する可能性自体は否定できず、その移行は、最終的にはEU加盟国諸国民の意思次第である。しかし、一九九〇年代以降の状況は、ECを含むEUが、伝統的な国際機構とも国民国家とも異なる、独自の存在として成長し続ける可能性を示しているのではないだろうか。近時、EUに含まれる連邦的要素を肯定しながらも、EUの変化が国家化の方向にあるとは必ずしも認識せず、むしろ「国家」とは異なる新しい統治のシステムが創出されつつあると考える見解が有力に主張されている。[194] このような立場からは、「補完的権限」の移譲・「補完性の原則」の導入などの変化は、新しい統治システムに向けたEUの進化として理解することができる。今日のわれわれは、「連邦国家」という国家形態の存在を当然のこととして受け入れている。しかし、十八世紀末には、「連邦国家」は、人々にとってまったく新しい概念であった。[195] このような歴史の経験に学べば、EUは、「連邦国家」を含む主権国家と「国家連合」の中間に、また新たな形態の国際法主体を創出する実験であるのかもしれない。EUを理解するためには、既成概念に捕らわれることなく、しかし既成概念の射程を厳密に確認しながら、日々生起する複雑な事象に対応し続けることを覚悟する必要があるのである。[196]

注

（1）発効した最新の改正条約である「ニース条約」は、二〇〇三年二月に発効している。本稿では、各共同体設立条約およびそれを改正する一連の条約を総称して「基本条約」と呼んでいる。
（2）Jose Palacio Gonzalez, "The Principle of Subsidiarity (A Guide for lawyers with a particular community orientation)," *European Law Review* 20 (1995), p.355, 357.
（3）中村民雄「EC法からEU法へ——体制変化の含意と展望」『法律時報』七四巻四号（二〇〇二年）九頁。
（4）「EC」という用語は、複数の共同体（現在は「欧州共同体（EC）」と「欧州原子力共同体（EAEC）」）の総称として使用される場合と「欧州共同体（旧・欧州経済共同体）」単独を指して使用される場合とがある。本稿では、以後、原則として後者の意味で用いている。
（5）ECの機構・EC予算の諸側面についても、加盟国よりECへの権限移譲を考えることができるが、紙幅の制約により、本稿の検討対象からは除外している。
（6）樋口陽一『憲法・近代知の復権へ』（東京大学出版会、二〇〇二年）一八七頁。
（7）Neil MacCormick, *Questioning Sovereignty: Law, State, and Nation in the European Commonwealth*, (Oxford Univ. Press, 1999), pp.131-133, 141-142 and 156.
（8）国際政治統合研究会「資料・アムステルダム条約（仮訳）」『同志社法學』五一巻五号（二〇〇〇年）一二四（八七四）頁以下。
（9）久門宏子、山内麻貴子、山本直（訳）、鷲江義勝（監訳）「ニース条約（翻訳）」（一）・（二）」『同志社法學』五三巻二号（二〇〇一年）二六八（六八八）頁以下・同三号（二〇〇一年）四二二（一一九四）頁以下。
（10）EC条約の条文番号は、アムステルダム条約によってほぼ全面的に変更されている。本稿では、同条約発効以前の条文番号を使用する場合には、「旧」を付すか、続く括弧内に「現」を付して現行の条文番号を付している。また、リスボン条約は、現在のEU・EC両条約を改正する形態をとっており、現在のEC条約は、「EU機能条約（Treaty on the Functioning of the European Union）」と改称される（リスボン条約二条）。このため、リスボン条約発効後の新しいEU条約の条文には、「新」を付して表示し、改正されるEC条約については、「EU機能条約」と表示している。なお、括弧内の条文番号は、特に条約名の記載がない限り、いずれもEC条約の条文番号である。

（11）David Edward, "The Impact of the Single Act on the Institutions," *Common Market Law Review* 24 (1987), p.19, 27-28.

（12）Robert Lane, "New Community Competences under the Maastricht Treaty," *Common Market Law Review* 30 (1993), p.939, 946-975; Renaud Dehousse, "Community Competences: Are there Limits to Growth?" (Chapter 5), in Renaud Dehousse (ed.), *Europe After Maastricht, An Ever Closer Union*, (Beck, 1994), p.103, 104-105.

（13）EC条約三条は、ECの活動領域を規定しているが、単一欧州議定書時に一一項目であった活動領域は、マーストリヒト条約により二〇項目に拡大し、さらに新たに挿入された三a条も新しい活動領域を追加していた。その後、アムステルダム条約では、三条の活動領域はさらに増加し、現在二一項目となっている。

（14）庄司克宏「アムステルダム条約の概要と評価」『日本EU学会年報』一八号（一九九八年）六—八頁。

（15）庄司克宏「ニース条約（EU）の概要と評価」『横浜国際経済法学』一〇巻一号（二〇〇一年）三五—三六頁。

（16）Dehousse, *supra* note 12, p.103.

（17）「全会一致」とは、その決定に積極的に反対する加盟国が存在しないことを意味し、投票を棄権する加盟国があっても、「全会一致」の成立は妨げられない（二〇五条三項）。

（18）「特定多数決」による決定の場合には、各加盟国は、一票ではなく、国の規模によって加重された異なる票数を割り当てられている。二〇〇七年一月にブルガリア・ルーマニアが加盟した後、加盟国に配分された票数の合計は三四五票であり、委員会提案を採択する場合には、加盟国の過半数の賛成と二五五票以上の賛成票、それ以外の場合には、加盟国の三分の二以上の賛成と二五五票以上の賛成票が必要となる（二〇五条二項）。さらに、加盟国の要請により、賛成した加盟国の人口合計が、EU総人口の六二％以上であることが要件となる（EUの拡大に関する議定書三条一項）（中村民雄「ニース条約によるECの機構改革」『貿易と関税』四九巻八号（二〇〇一年）七四（四）頁）。なお、リスボン条約では、「特定多数決」の要件は、賛成する加盟国の全加盟国数に対する割合（原則として五五％）と賛成した加盟国人口の総人口に対する割合

（六五％）に変更されている（EU機能条約二〇五条三項）。

(19) 島野卓爾、岡村尭、田中俊郎編著『EU入門』（有斐閣、一九九九年）一八―一九頁。EC条約の規定とは別に、一九六五年以来、いわゆる「ルクセンブルク合意」により、特定多数決の使用が政治的に著しく制限されていたことは周知のとおりである（Ralph H. Folsom, *European Union Law*, 2nd ed. (West Publishing Co., 1995), pp.56-57)。

(20) 「域内関税の廃止」（旧一四条五項）、「対外共通関税」（旧二〇条、旧二一条一・二項）、「数量制限の廃止」（旧三三条八項）、「農業政策」（旧三八条三項、旧四二条二・三項、旧四四条四・五項）、「開業の権利」（旧五五条）、「サービス供給の自由」（旧六三条二項）、「資本移動の自由」（旧七三条一項）、「輸送政策」（旧七五条一項、旧七九条三項）、「競争政策」（旧八七条一項）、「国家援助」（旧九二条三項、旧九四条）、「加盟国法の接近」（旧一〇一条）、「共通通商政策」（旧一一二条一項、旧一一三条四項、旧一一四条、旧一一六条）などは、単一欧州議定書以前の段階においても、「特定多数決」による決定の対象となる事項であったが、それらは、実施規則の制定など技術的な事項が主であった。

(21) 小久保康之「単一欧州議定書と欧州議会」『日本EC学会年報』七号（一九八七年）七一―七四頁、R. Bieber, J. Pantalis and J. Schoo, "Implications of the Single Act for the European Parliament," *Common Market Law Review* 23 (1986), p.767, 779-786.

(22) 「協力手続」は、加えて、「開業の権利」（旧五四条二項、旧五六条二項、旧五七条二項）、「労働者保護」（旧一一八a条）という既存領域にも導入された（単一欧州議定書六条一項）。

(23) 「経済・社会的結束」（旧一三〇e条）、「研究・技術開発」（旧一三〇q条）も、「協力手続」の対象であった（単一欧州議定書六条一項）。

(24) 単一欧州議定書一六条により、「共通関税の変更・停止」（旧二八条）、「サービスの自由移動」（旧五九条）、「資本の移動」（旧七〇条一項）、「輸送政策」（旧八四条二項）について「特定多数決」に変更されている。

(25) 「特定多数決」で決定可能な場合にも、実際には「全会一致」で決定される場合は少なくなかったが、そのことは「特定多数決」によって決定できる意義を損なうものではない。最終的には「特定多数決」による決定が可能であることが、理事会内における「全会一致」の形成を促した面があるからである（David Galloway, *The Treaty of Nice and Beyond: Realities and Illusions of Power in the EU*, (Sheffield Academic Press, 2001), p.95)。

(26) 「教育」（旧一二六条四項）、「職業訓練」（旧一二七条四項）、「公衆衛生」（旧一二九条四項）、「消費者保護」（旧一二九a条）、

「欧州横断ネットワーク」(旧一二九d条)、「開発協力」(旧一三〇w条)も、「特定多数決」によって決定される。

(27) その他、「国際条約の締結」(旧二二八条)、「禁輸措置」(旧二二八a条)も「特定多数決」により決定される。「環境」は、単一欧州議定書で新たに付加された新領域であり、当初の段階では決定は「全会一致」によってなされていたが、マーストリヒト条約により、一部の事項を除いて、「特定多数決」による決定に移行した(旧一三〇s条)。

(28) Folsom, *supra* note 19, pp.58-61.

(29) 島野ほか、前掲、注(19)二九—三二頁、小久保康之「マーストリヒト条約と欧州議会——新手続の導入とその政治的意義」『日本EC学会年報』一三号(一九九三年)三二—三六頁。

(30) 例えば、「社会政策」の一部である労使間合意の実施に関する決定である(一三九条二項)。

(31) 「研究・技術開発」(一六六条・旧一三〇i条一・二項、一七二条・旧一三〇o条第一文)について、「全会一致」から「特定多数決」に決定方法が変更されている(小久保康之「アムステルダム条約とEUの機構改革」『日本EU学会年報』一八号(一九九八年)六〇—六一頁)。

(32) Niel M. Blokker and Ton Heukels, "The European Union: Historical Origins and Institutional Challenges" (Chapter 2), in Ton Heukels, Niels Blokker and Marcel Brus (eds.), *The European Union after Amsterdam: A Legal Analysis*, (Kluwer Law International, 1998), p.9, 44-46.

(33) アムステルダム条約発効時に残存していた約七〇の「全会一致」による決定事項のうち、約半数がニース条約によって、「特定多数決」による決定の対象に移行したと説明されている(Kieran St. C. Bradley, "Institutional Design in the Treaty of Nice," *Common Market Law Review* 38 (2001), p.1095, 1112-1113); Galloway, *supra* note 25, p.112; 鷲江義勝「ニース条約によるEU主要機関及び政策決定の改革」『日本EU学会年報』二二号(二〇〇二年)四七頁、庄司、前掲、注(15)三六—三七頁。

(34) なお、インセンティブ措置の採択は「共同決定手続」の対象事項であるが、加盟国法の接近に関する措置は、その対象から除外され、従来どおり「全会一致」の対象事項である(一三条二項)。

(35) 「欧州市民の自由移動」(一八条二項)、「査証・難民・移民・その他、人の自由移動に関する政策」(いわゆる「移民編」)の相当部分(六七条五項)、「産業」(一五七条三項)、「経済・社会的結束」(一五九条)にも「共同決定手続」が適用されるようになった。また、「欧州市民権」（一八条二項）は、これまで「共同決定手続」を適用しながらも、理事会の決定は「全会一致」によって行われていたが、ニース条約により、通常の「共同決定手続」が適用されるようになった。ただし、パスポート・身分証明書・社会保障などに関する事項は、その限りではない（一八条三項）。

(36) 「経済政策」（一〇〇条一・二項）、「通貨政策」（一一一条四項）、「ユーロ導入促進措置」（一二三条四項）、「共通通商政策」に関する規定のサービス・知的財産権に関する事項への適用拡大（一三三条五項）が、「特定多数決」によって決定されるようになった（鷲江、前掲、注（33）五〇頁）。

(37) 例えば、「移民編」では、すでに「共同決定手続」の対象となっている事項を除いて、五年の移行期間経過後に理事会が、「特定多数決」による「共同決定手続」の対象に移行させる部分を決定することになっている。ただし、その決定には「全会一致」が必要である（六七条二項）。

(38) D.J. van den Berg, "The European Union on the Way to the Third Millenium" (Chapter 1), in Heukels, Blokker and Brus (eds.), *op. cit.*, p.1, 2-3.

(39) Blokker and Heukels, *supra* note 32, pp.44-46; Galloway, *supra* note 25, p.94.

(40) ニース条約発効後の現在でも、EC条約一三条一項、一九条、二二条、四二条、四七条二項、五五条、五七条二項、六一条、六三条（二）（b）・（三）・（四）、六五条（家族法に関する部分）、七一条二項、七二条、八八条二項、九三条、九四条、一〇四条一四項、一〇五条六項、一〇七条五項、一一一条一項、一一七条七項、一二三条四・五項、一三三条五・七項、一三七条二項、一五一条五項、一七五条二項、一八一a条二項、一八七条に、「全会一致」による決定が残存している（Galloway, *supra* note 25, pp.202-206）。ただし、一一七条七項、一二三条四・五項は、「経済通貨同盟」の第三段階開始によりその実質的意義を失っている。

(41) 庄司、前掲、注（15）三八頁、Galloway, *supra* note 25, pp.99-105 and 112.

(42) 「研究・技術開発」の場合も、「特定多数決」による決定の対象は、「年次枠組み計画」を具体化するための「特定計画」であり（一三〇i条四項）、「開発協力」の場合も「多年次計画」である（一三〇w条一項）。

(43) 単一欧州議定書六条一項。

(44) 小久保、前掲、注（21）七一—七四頁、島野ほか、前掲、注（19）二八—二九頁。

(45) 小久保、前掲、注(29)三八―三九頁、Commission of the European Communities, *XXVth General Report on the Activities of the European Communities,* (General Report on the Activities of the European Union, 1991), p.364.

(46) 小久保、前掲、注(21)六八―七〇頁。

(47) 小久保、前掲、注(29)二八・三〇頁。

(48) 島野ほか、前掲、注(19)二九―三二頁、小久保、前掲、注(29)三一―三六頁。

(49) 欧州議会に「拒否権」が認められたことについて、実態面では大きな変化を生じるものではないとの意見もあるが（小久保、前掲、注(29)四三頁）、政治的な議論は別として、法的には「拒否権」の有無によって、手続の意義が本質的に異なることを軽視すべきではなかろう。

(50) 「共同決定手続」が導入された条文は、旧条文番号で、四九条、五四条二項、五六条二項、五七条一・二項、六六条一項（五五―五八条の「サービス供給の自由」への適用）、一〇〇a条一項、一〇〇b条一項、一二六条四項、一二八条五項、一二九条四項、一二九a条二項、一二九d条、一三〇i条一項、一三〇s条三項であった（小久保、前掲、注(29)三〇頁、Folsom, *supra* note 19, pp.45-46.）。ただし、一三〇i条の場合は、理事会は「全会一致」で決定する。

(51) 「諮問手続」は、欧州議会の意見を聞いた後に理事会が決定を下すという手続であるが、理事会は、議会の意見に拘束されず、理事会に対する議会の影響力は弱い（島野ほか、前掲、注(19)二七―二八頁）。

(52) 小久保、前掲、注(31)五四―五五頁。

(53) それらは「雇用」（一二九条）・「税関協力」（一三五条）であり、加えて前述の第四編「移民編」の規定が、五年間の移行期間経過後に、理事会が、「共同決定手続」の適用対象範囲を決定すると定めている（六七条二項）。なお「共同決定手続」は、政策実施権限の行使以外の決定にも適用されている（小久保、前掲、注(31)五四―五五頁を参照されたい）。

(54) Bradley, *supra* note 33, p.1113; 鷲江、前掲、注(33)四七頁。

(55) Galloway, *supra* note 25, p.112; 小久保、前掲、注(31)六〇頁、庄司、前掲、注(15)三七頁。

(56) 小久保、前掲、注(31)五四―五八頁。

(57) 島野ほか、前掲、注(19)三二頁。

(58) 小久保、前掲、注(29)三一頁。

(59) 現行条約における「同意手続」の対象は、一〇五条六項、一〇七条五項、一六一条、一九〇条四項、三〇〇条三項である。
(60) 岩崎美紀子『分権と連邦制』（ぎょうせい、一九九八年）三九〇—三九二頁。
(61) OJ 1994, C 261/113; OJ 1995, C 68/26; Koen Lenaerts and Piet Van Nuffel, *Constitutional Law of the European Union*, Robert Bray (ed.) (1999), p.451; 中村民雄「バイオ発明特許と倫理的規制——ＥＣ法の脱経済法化——」『貿易と関税』五〇巻二号（二〇〇二年）七六（二）—七五（三）頁。
(62) Lenaerts and Van Nuffel, *supra* note 61, at 95-98; Paolo Mengozzi, *European Community Law*, Patrick Del Duca trans., (Graham & Trotman, M. Nijhoff, 1992), pp.52-53; Jean-Victor Louis, *The Community Legal Order*, 3rd ed., (Office for Official Publications of the European Communities, 1993), pp.18-24; Margot Horspool, *European Union Law*, 2nd ed., (Butterworths, 2000), pp.99-100; Nicholas Emiliou, "Subsidiarity: An Effective Barrier Against "the Enterprises of Ambition"?," *European Law Review* 17 (1992), p.383, 392.
(63) ある論者は、「非排他的権限」を「競合的権限（concurrent power）」・「並行権限（parallel power）」に細分化し、「並行権限」の中に、さらに「非規制的権限（non-regulatory power）」という種類を認識する。この論者による「競合的権限」の理解は、伝統的な見解のそれと大差ないと思われるが、それに加えて、ＥＣの権限行使が加盟国の行動を禁止しない「並行権限」という新しい種類の権限を認識し、単一欧州議定書以後に移譲された多くの権限が、これに該当すると説明するのである (Armin Von Bogdandy and Jurgen Bast, "The European Union's Vertical Order of Competences: The Current Law and Proposals for its Reform," *Common Market Law Review* 39 (2002), p.227, 242-250)。
(64) 憲法条約は、二〇〇三年七月に採択された「欧州の将来像に関する諮問会議（The European Convention）」による「憲法条約案 (The European Convention, Draft Treaty establishing a Constitution for Europe, CONV 850/03, 18 July 2003)」を基礎にしている。諮問会議の審議の過程で、二〇〇二年一〇月に公表された「憲法条約予備草案 (Praesidium of the European Convention, Preliminary draft Constitutional Treaty, CONV 369/02, 28 October 2002)」は、ＥＵの権限を「排他的権限（一〇条）」、「ＥＵと加盟国が共有する権限（一一条）」、「ＥＵが加盟国の行為を支援・調整する権限（一二条）」に区別しており、「憲法条約案」および調印された憲法条約も基本的にこの区分に従っている。なお、憲法条約は、現行の列柱構造を廃棄して、ＥＵに一般的な法人格を付与することを予定している（憲法条約Ｉ—七条）。このため、現行の「ＥＣ権限」は、「ＥＵ

権限」と読み替えられることになる。リスボン条約においても同様である（EU条約新四六A条）。

(65) European Council, Laeken Declaration on the future of the European Union, Annexes to the Presidency conclusions— Laeken, 14 and 15 December 2001.

(66) Lenaerts and Van Nuffel, *supra* note 61, pp.95-96; Von Bogdandy and Bast, *supra* note 63, pp.241-242; 須網隆夫「EU対外関係の法的基礎（第二章）」長部重康・田中友義編著『ヨーロッパ対外政策の焦点――EU通商戦略の新展開』（ジェトロ、二〇〇〇年）四一頁。

(67) Case 41/76 Donckerwolcke v. Procureur de la Republique, [1976]ECR1921, para.32; Case 804/79 Commission v. United Kingdom, [1981]ECR1045, para.30.

(68) もっともECは、一部の限定された領域を除き、EC法の執行権限を有しておらず、制定されたEC法のEC域内における執行・実施を、実際に担当するのは各加盟国である。もちろん、加盟国は、EC法を正しく執行しなければならない義務を負い、その違反は司法機関である欧州裁判所によって審査される。そのため、加盟国の執行裁量を強調し過ぎることは妥当ではない。しかし、EC自体が執行権限を有する場合と主権移譲の意味が異なることもまた事実である。

(69) Opinion 1/75, [1975]ECR1355, at 1363-1364; Joined Cases 3, 4 and 6/76 Kramer and Others, [1976]ECR1279, paras.39-41.

(70) Josephine Steiner, "Subsidiarity under the Maastricht Treaty," in David O'Keeffe and Patrick M. Twomey (eds.), *Legal Issues of the Maastricht Treaty*, (Chancery Law Publishing, 1994), p.49, 57-58; Lenaerts and Van Nuffel, *supra* note 61, pp.97-98;「排他的権限」の範囲には争いがあり、特に欧州委員会はその範囲を広く解釈してきた（Commission, Communication from the Commission to the Council and the Parliament, Bull. EC 10-1992, (1992), pp.120-121）。そして学説の中にも、これを広く解釈する者がいる（A.G. Toth, "The Principle of Subsidiarity in the Maastricht Treaty," *Common Market Law Review* 29 (1992) p.1079, 1083-85, A.G. Toth, "A Legal Analysis of Subsidiarity" (Chapter 3), in David O'Keeffe and Patrick M. Twomey (eds.), *op. cit.*, p.37, 39-41; Anthony Arnull, Alan Dashwood, Malcolm Ross and Derrick Wyatt, *Wyatt and Dashwood's European Union Law*, 4th ed., (Sweet & Maxwell, 2000), pp.158-159）；憲法条約は、「関税同盟」・「域内市場の機能に必要な競争法の確立」・「ユーロ圏の通貨政策」・「漁業資源の保護」・「共通通商政策」・「国際条約の締結」に関わる権限が「排他的権限」であると規定している（I―一三条一・二項）。「共通通商政策」全体を「排他的権限」としている点で、若干範囲が拡大しているが、

基本的に通説的見解を採用しているが、「憲法条約案」からは、域内市場における「人・物・サービス・資本の自由移動」の保障が削られている（Paesidium, Draft of Articles 1 to 16, *supra* note 64, p.17）。そしてリスボン条約は、憲法条約の規定をそのまま受け継いでいる（EU機能条約二B条）。

(71) Lenaets and Van Nuffel, *supra* note 61, pp.96-97; 須網、前掲、注（66）四一―四二頁。

(72) Lenaerts and Van Nuffel, *supra* note 61, p.96; Stephen Weatherill, *Law and Integration in the European Union*, (Clarendon Press, Oxford Univ. Press, 1995), pp.137-141.

(73) Case 50/76 Amsterdam Bulb v. Produktschap voor Siergewassen, [1977]ECR137; Case 111/76 Van den Hazel, [1977]ECR901; Case 255/86 Commission v. Belgium, [1988]ECR693; Weatherill, *supra* note 72, pp.141-142.

(74) Nicolas Bernard, "The Future of European Economic Law in the Light of the Principle of Subsidiarity," *Common Market Law Review* 33 (1996), pp.633, 655; 前述の「排他的権限」の範囲を広く解釈する者には、両者を区別せず、混同する傾向がある（Toth, "The Principle of Subsidiarity in the Maastricht Treaty," *supra* note 70, pp.1091-1093）。

(75) 従来より、「競合的権限」は、「shared competence」とも呼ばれていた（A.G. Toth, "Is Subsidiarity Justiciable?," *European Law Review* 19 (1994), p.268, 269）。

(76) 「憲法条約」は、排他的権限・補完的権限以外の事項を「共有権限」である領域と規定し（I―一四条一項）、「域内市場」、「社会政策」、「経済・社会・領域的結束」、「農業・漁業」、「環境」、「消費者保護」、「輸送」、「欧州横断ネットワーク」、「エネルギー」、「自由・安全・司法の領域」、「公衆衛生」という諸領域を主たる権限領域として列挙している（I―一四条二項）。「研究・技術開発・宇宙」、「開発協力・人道援助」も「共有権限」に分類されているが、加盟国の権限行使を妨げないと規定され、通常の「共有権限」とは異なる扱いがされている（I―一四条三・四項）。なお、「エネルギー」に関する根拠条文は、現行EC条約には含まれていない。リスボン条約は、以上の憲法条約の規定をそのまま受け継いでいる（EU機能条約二C条）。

(77) 二〇〇二年一一月に公表された「補完的権限に関する作業グループ報告」は、「補完的権限」を、（一）加盟国が引き続き責任を負い、立法権限をEUに移譲しない特定の政策事項に関して、EUに「低い強度」の措置を採択する権限を与え、（二）加盟国・EUの共通利益が存在する場合に、EUが加盟国の政策を支援・補完することを可能にするものであり、（三）

財政援助、行政上の協力、パイロット・プロジェクト、ガイドラインなどの措置を採り得る権限であると定義している(Working Group V, “Complementary Competencies,” Final Report of Working Group V, Conv 375/1/02, 4 November 2002, pp.3-4); 注(63)で言及した論者が、「並行権限」と説明していた権限は、この「補完的権限」と相当の範囲で重なり合うと考えられる(Von Bogdandy and Bast, *supra* note 63, pp.248-250)。

(78) 「文化」・「観光」・「教育・職業訓練・青少年・スポーツ」・「災害保護(civil protection)」・「行政協力」に関する権限も、同様に支援・調整・補完措置に分類されている(憲法条約I―一七条・EU機能条約二E条)。二〇〇二年一一月の作業グループ報告は、「公衆衛生」(一五二条)・「欧州横断ネットワーク」(一五四―一五六条)・「研究・技術開発」(一六三―一七三条)も「補完的権限」に分類していたが(Working Group V, *supra* note 77, pp.9-10)、憲法条約は、それらを「共有権限」に変更している(憲法条約I―一四条二項、EU機能条約二C条)。なお、「スポーツ」・「災害保護」については、現行EC条約に明示の根拠条文はない。

(79) 憲法条約は、現在の加盟国とEUとの権限配分を変更せずに、両者の区分を明確にするという立場を採っている(I―一四条、I―一七条)(Working Group V, *supra* note 77, p.2)。しかし、現在の権限配分について、憲法条約、それを引き継いだリスボン条約の区分とは異なる見解もみられる。例えば、憲法条約・リスボン条約は、通常の「共有権限」とは異なるとしながらも、「研究・技術開発・宇宙」・「開発協力・人道援助」をなお「共有権限」に分類しているが(憲法条約I―一四条三・四項・EU機能条約二C条)、「研究・技術開発」・「開発協力」を「補完的権限」に分類する見解がある(Von Bogdandy and Bast, *supra* note 63, p.247)。同様に「経済・社会的結束」も、憲法条約・リスボン条約は通常の「共有権限」と考えているが、同じ論者は「補完的権限」に分類している(*Id.*)。本稿は、本文で述べたように、憲法条約・リスボン条約による区分を尊重しているが、両条約の区分に疑問がないわけではない。例えば、マーストリヒト条約によって導入された「公衆衛生」は、当初は加盟国法の調和を排除しており、純粋な「補完的権限」であったと考えられるが、アムステルダム条約による改正により、「補完的権限」としての基本的性格は維持しながらも強化され、部分的に「競合的権限」が付与されていると考えられる。血液製剤の品質・安全基準を定める権限がECに移譲されたからである(EC条約一五二条四項)。個々の領域権限の中に性格の異なる複数の権限が含まれていると考えることもでき、その意味で、個々の領域を単純にいずれかに分類することの妥当性には疑問が残る。「産業」についても、憲法条約・リスボン条約は、これを「補完的権限」に分類し（憲法条約I―一七条・ＥＵ機能条約二Ｅ条）、前述の論者の意見も同じである（Von Bogdandy and Bast, *supra* note 63, p.55)。しかし現行規定をみる限り、加盟国法の調和に通じる措置は明確には排除されておらず、むしろ「競合的権限」に分類される可能性もあるように思う。その意味で、憲法条約・リスボン条約は、現在の権限配分を、部分的に変更しているとも評価できよう。

(80) 須網隆夫「欧州経済通貨同盟の法的側面」『早稲田法学』七四巻四号（一九九九年）一三六―一三七、一四〇―一四一頁、Emiliou, *supra* note 62, p.397.

(81) 須網、前掲注（80）一四八―一五〇頁。

(82) Commission, *supra* note 70, p.121; Lenaerts and Van Nuffel, *supra* note 61, p.97.

(83) Praesidium of the European Convention, Draft of Articles 1 to 16 of the Constitutional Treaty, CONV 528/03, 6 February 2003; 二〇〇三年二月に公表された条約案は、そのように規定していた（案一一条一項）。ただし、同条約案一二条四項は、「域内市場」に関する権限を「共有権限」にも分類しており、「排他的権限」と「共有権限」の境界をどこに設定するかには不明確さが残っていた。

(84) 須網隆夫『ヨーロッパ経済法』（新世社・一九九七年）七三―七五頁。

(85) Weatherill, *supra* note 72, p.136 and 143; Bernard, *supra* note 74, p.634 and 638.

(86) 鈴木真澄「ＥＣ統合と立憲主義――主権のプール概念を素材として――」『早稲田大学大学院法研論集』六四号（一九九二年）一二三―一二四頁。ダッシュウッドも、同様の「主権のプール」という概念を使用している (Alan Dashwood, "Position Paper for EC powers and Member States powers," in Alan Dashwood (ed.), *Reviewing Maastricht: Issues for the 1996 IGC*, 6 (Sweet & Maxwell, 1996), p.6)。しかしこれらの見解は、現状ではもはや妥当な見解とは思われない。「主権のプール」概念の不明確さとともに、この概念の使用が、ＥＣ加盟国の主権自体の変容を的確に把握することを妨げる可能性があるからである (Paul Pierson, "The Path to European Integration: A Historical-Institutionalist Analysis" (Chapter 2), in Wayne Sandholtz and Alec Stone Sweet (eds.), *European Integration and Supranational Governance*, (Oxford Univ. Press, 1998), p.26, 57-58)。

(87) 同様に「開発協力」についても、ＥＣの政策は、加盟国による政策を補完しなければならないと規定されている（一七七条・旧一三〇u条一項）。

(88) 同様に「環境」の場合、環境保護基準を調和するための措置は、加盟国が、非経済的な環境保護上の理由により、暫定措置をとることを認める「セーフガード条項」を含んでいなければならない（一七四条・旧一三〇r条二項）。

(89) マーストリヒト条約によって導入された一二九a条三項は、アムステルダム条約により一二九a条五項に改められたが、内容は変化していない。

(90) マーストリヒト条約によって導入された一二九条には、この種の規定は含まれていなかったが、アムステルダム条約により、血液製剤に関する基準について導入されている（一二九条四項（a））。

(91) なお、ECレベルで最低限の規準を設定し、加盟国がより厳格な規準を設定することを認める「移民（六三条）」・「社会政策（一三七条）」・「環境（一七五条）」を、「補完的権限」に分類する意見もある。そこではEC法と加盟国法の対立が生じないからである（Von Bogdandy and Bast, *supra* note 63, p.248）。しかし、加盟国法の調和が目的から明確に除外されておらず、また最低基準を下回ることができない限りで調和が進むので、なお「競合的権限」の枠組み内で理解すべきであろう。

(92) 憲法条約・リスボン条約は、「開発協力」を「共有権限」の一類型と位置づけている（憲法条約I—一四条四項・EU機能条約二C条四項）。両条約で同様に「共有権限」に位置づけられている「研究・技術開発」の場合も（憲法条約I—一四条三項・EU機能条約二C条三項）、ECのとる手段は、「多年度枠組み計画（multiannual framework programme）」・同「枠組み計画」を具体化するための「特定計画（specific programme）」などの法的拘束力のない手段が中心である（一六六条）。この他、「欧州横断ネットワーク」の場合にも、ECが使用する手段として、ガイドラインの設定が含まれている（一五五条一項）。

(93) 須網、前掲、注（84）二〇—二二頁。

(94) 憲法条約I—一七条・EU機能条約二E条、Von Bogdandy and Bast, *supra* note 63, pp.248-250.

(95) Working Group V, *supra* note 77, p.4.

(96) 理事会は、欧州理事会の結論を基礎に、加盟国が雇用政策の策定に当たって考慮すべきガイドラインを決定する（一二八条・旧一〇九q条二項）。

(97) 「雇用」の他、「教育（一四九条四項）」、「文化（一五一条五項）」についても、理事会に勧告権限が付与されている。

(98) 諮問会議における作業グループ報告は、典型的な「補完的権限」に属する規定は、理事会が加盟国法の調和を行わないことを明示しており、このことは、加盟国が当該領域における立法権限を完全に保持していることを意味すると説明している (Working Group V, *supra* note 77, p.4)。

(99) 同様に、「教育（一四九条四項）」・「文化（一五一条五項）」について「インセンティブ措置」が、「職業訓練（一五〇条四項）」についても一般的な措置の採択が予定されているが、いずれも「加盟国法の調和」のための措置をとることは、明確にECの権限から排除されている。

(100) Lenaerts and Van Nuffel, *supra* note 61, pp.88-89; Von Bogdandy and Bast, *supra* note 63, p.232.

(101) 例えば、先決裁定手続（先行判決訴訟）（二三四条）における欧州裁判所と加盟国裁判所の関係は協力関係であり、両者の関係は上級審・下級審という垂直的関係ではなく、加盟国裁判所は欧州裁判所の設立によって従来保有していた権限を何も失わないと説明される (Koen Lenaerts and Dirk Arts, *Procedural Law of the European Union*, Robert Bray (ed.) (Sweet & Maxwell, 1999), p.19)。しかし、その後欧州裁判所は、「EC法の優位」と「EC法の直接効果」を判例理論として確立させて、加盟国内の法秩序に大きな影響を及ぼし、実質的には加盟国裁判所の権限を侵害しているとも考えられる（須網、前掲、注(84)二〇—六六頁)。

(102) Westherill, *supra* note 72, pp.144-146.

(103) Commission, Report on European Union, Bull. EC, Supplement 5/75, (1975), p.10; Toth, The Principle of Subsidiarity in the Maastricht Treaty, *supra* note 70, pp.1088-1090; Antonio Estella, *The EU Principle of Subsidiarity and Its Critique* (Oxford Univ. Press, 2002), p.85; Emiliou, *supra* note 62, p.391-393; 澤田昭夫「補完性原理 The Principle of Subsidiarity: 分権主義的原理か集権主義的原理か?」『日本EC学会年報』一二号（一九九二年）三一頁、鈴木真澄「欧州連合の「憲法的」構造（二）——「補完性原理」と「欧州連合市民」をとおして——」『早稲田大学大学院法研論集』七〇号（一九九四年）二九七—三〇八頁、福田耕治「欧州連邦主義と補完性原理（二）——EUと加盟国の中央・地域・地方政府間をめぐる諸問題——」『駒沢大学法学部政治学論集』四五号（一九九七年）六〇—六四頁。

(104) 同項は、「環境保護」の目的が、個々の加盟国レベルよりも共同体レベルにおいてより良く達成できる限りにおいて、ECが行動すると規定している。「補完性の原則」という用語こそ用いていないが、同項の内容は同原則そのものである。

(105) 例えば、エステラは、理事会における決定が多数決制に移行することにより、加盟国は、「全会一致」という手続き的セーフガードによって国益を守ることができなくなり、決定の正統性に関わる問題が生じた。「補完性の原則」の導入は、そのような正統性に関わる問題が直ちに解決されるべきであるという、加盟国からの政治的メッセージであると解釈できると指摘している（Estella, *supra* note 103, pp.38-74); Palacio Gonzalez, *supra* note 2, p.358; Lenaerts and Van Nuffel, *supra* note 61, p.99.

(106) マーストリヒト条約では、決定過程の市民への開放は言及されていなかったが、アムステルダム条約によって修正された（Emiliou, *supra* note 62, pp.399-400）。

(107) この定義は、単一欧州議定書によって「環境」に導入されたものと同じであり、その後、アムステルダム条約・ニース条約によっても修正されていない。なお、憲法条約・リスボン条約では、定義は一部修正され、加盟国が、中央・地域・地方のあらゆるレベルを含むこと、EU機関・加盟国議会が、後述する議定書に従って「補完性の原則」を適用することが、条約上明示されている（憲法条約Ｉ－一一条三項・EU条約新三b条三項）。

(108) 例えば、「物の自由移動」・「労働者の自由移動」・「サービス供給の自由」などの分野で、加盟国の措置の正当性を審査するために、「比例性の原則」が用いられている（須網、前掲、注（84）一二八、一三六、一四一－一四二、二五七－二五八頁）。

(109) Case C-331/88 Fedesa, [1990]ECR4023, para.13; Horspool, *supra* note 62, p.139; Lenaerts and Van Nuffel, *supra* note 61, pp.106-107.

(110) Case C-331/88 Fedesa, [1990]ECR4023, para.14; Case C-84/94 United Kingdom v. Council, [1996]ECR I-5755, paras.57-58; Case C-233/94 Germany and Parliament and Council, [1996]ECR I-2405, paras.55-57; George A. Bermann, "Proportionality and Subsidiarity" (Chapter 3), in Catherine Barnard and Joanne Scott (eds.), *The Law of the Single European Market: Unpacking the Premises*, (Hart Publishing, 2002), pp.82-83.

(111) Palacio Gonzalez, *supra* note 2, pp.368-369; AG Opinion, Case C-84/94 United Kingdom v. Council, [1996]ECR I-5758, paras. 125-126; ただし委員会は、一九九二年一〇月の「補完性の原則に関するコミュニケーション」において、「比例性の原則」を「補完性の原則」の一側面であると位置づけている（Commission, *supra* note 70, p.118）。EC権限の行使を制約する原則として、両原則の間に共通する要素があることは事実であり、「補完性の原則」をより基底的な原則と理解する趣旨と思われる。

(112) European Parliament, The Resolution on the principle of subsidiarity of July 12, 1990, OJ 1990, C 231/163; 鈴木、前掲注（103）

三〇五―三〇八、三一四頁。

(113) European Council, Overall approach to the application by the Council of the subsidiarity principle and Article 3b of the Treaty on European Union, Annex 1 to Part A, in Conclusions of the Presidency at Edinburgh European Council, Bull. EC 12-1992, (1992), p.13.

(114) Toth, *supra* note 75, p.269; Bernard, *supra* note 74, p.651; 後述する「補完性の原則と比例性の原則の適用に関する議定書」も、「補完性の原則」が、ECに付与された権限自体を問題にしているわけではないことを明確にしている（議定書（三））。なお、EC条約の規定する「狭義の補完性原理」と「実体的原理」としての「補完性原理」を区別し、後者をEUの「政治的原理」ととらえる見解がある（鈴木真澄「欧州連合の「憲法的」構造（三）」『早稲田大学大学院法研論集』七二号（一九九五年）一七三―一七六頁）。しかし、前述の「エジンバラ欧州理事会」の結論も、権限配分を「補完性の原則」の直接の対象とはしていない（European Council, *supra* note 113, p.13）。

(115) EC条約五条の定める基準をどのように整理するかは、論者によって異なる。本稿のような整理が一般的であるが（Emiliou, *supra* note 62, p.401; Horspool, *supra* note 62, pp.102-103; Arnull, Dashwood, Ross and Wyatt, *supra* note 70, p.159）、両者の要件を「効率性の比較テスト」とまとめて理解する者もいる（Paul Craig and Gráinne de Búrca, *EU LAW: Text, Cases, and Materials*, 3rd ed., (Oxford Univ. Press, 2002), p.135）。また加盟国の行動の不十分性を中心に据えて、他の要件（「提案された行為の規模ないし効果」と「ECによる行動の優位性」）は、不十分性の特定のために使用されるという解釈もある（Bernard, *supra* note 74, pp.653-654）。

(116) もっとも、この解釈には異論もあり、ECによる行動の方が加盟国の行動より明確に優れていれば、加盟国は行動できないと解釈する論者もいる（Estella, *supra* note 103, pp.93-94）。

(117) Toth, The Principle of Subsidiarity in the Maastricht Treaty, *supra* note 70, p.1100.

(118) 規模と効果という指標は、あまりに漠然としていて一般的であり、ECと加盟国両者の行動の比較には困難が伴う。そのため「補完性の原則」は、法概念としては運用が困難であり、法的には明確な実質を欠いている等と批判されてきた（Estella, *supra* note 103, pp.74-75 and 95）。

(119) Ludwig Kramer, *EC Environmental Law* 11-14 (4th ed. 2000); Ludwig Kramer, *E.C. Treaty and Environmental Law* 59-63 (2nd

ed. 1995).

(120) 長尾悟「補完性原理とEUの政策決定」『日本EC学会年報』一四号（一九九四年）二三一二五頁。

(121) European Council, *supra* note 113; 同、二五―三〇頁、鈴木、前掲、注(103)三一〇―三一一頁。

(122) The Interinstitutional agreement of 25 October 1993 between the Parliament, the Council and the Commission on Procedures for Implementing the Principle of Subsidiarity, Bull. EC 10-1993, (1993), pp.119-120; Commission, XXVIIth General Report on the Activities of the European Communities 1993, (1994), p.12; 鈴木、前掲、注(103)三一一―三一三頁。

(123) Estella, *supra* note 103, pp.100-131; Stephen Weatherill and Paul Beaumont, *EU LAW*, 3rd ed., (Oxford Univ. Press, 1999), pp.27-32

(124) 議定書は、同様に、提案されたEC立法案には、「補完性の原則」と「比例性の原則」に適合していることを示すために、制定理由が記載されなければならないと規定している（同（四））。

(125) European Council, *supra* note 113, pp.14-15; 長尾、前掲、注(120)二六―三〇頁、福田耕治「欧州連邦主義と補完性原理（三・完）――EUと加盟国の中央・地域・地方政府間関係をめぐる諸問題――」『法学論集（駒澤大学法学部）』五五号（一九九七年）三四―三八頁。

(126) P.J.G. Kapteyn and P. VerLoreen van Themaat, *Introduction to the Law of the European Communities: From Maastricht to Amsterdam*, Laurence W. Gormley et al. (ed.), 3rd ed., (Kluwer Law International, 1998), pp.140-141.

(127) Estella, *supra* note 103, pp.125-126.

(128) *Id.*, pp.112-114; Kapteyn and VerLoreen van Themaat, *supra* note 126, pp.141-142.

(129) リスボン条約附属議定書は、憲法条約附属議定書よりも、EU立法案を補完性原則違反と判断する加盟国議会の意見により配慮する方向で、同議定書六条・七条を修正している。すなわち、憲法条約附属の議定書は、加盟国議会によるEU立法案に対する事前審査制度を規定している（Alan Dashwood, "The Relationship Between The Member States and The European Union/European Community," *Common Market Law Review* 41 (2004), p.355, 368-69）。この制度によれば、委員会をはじめとするEU各機関は、立法案を加盟国議会に送付しなければならず（議定書四条）、加盟国議会（加盟国議会全体ではなく、例えば両院制の場合には、何れかの議院でも良い）は、立法案を受け取ってから六週間以内に「補完性の原則」への適合性を審査して、欧州議会・理事会・委員会に対して、同原則との不適合を内容とする理由付き意見を述べることができる（同六条）。一院制の加盟国議会は二票、二院制の加盟国の議会は各一票を有し、もし、補完性原則違反との意見が、加盟国議会に割り当てられた総票数の三分の一を越える場合には、立法案は再検討されなければならない（同七条）。ただし、再検討は、提案の修正が義務づけられることを意味するわけではない（同）。加盟国議会の拒否権を認めることは、委員会の独立性など、既存の機関間の均衡を損なうことになるからである。そしてリスボン条約附属の議定書は、法案段階における加盟国議会による統制をさらに強化している。第一に、国内議会の審査期間は、六週間ではなく八週間に延長された（議定書六条）。第二に、事前審査制度の内容も修正され、通常立法手続（共同決定手続）において、補完性原則違反との意見が、加盟国議会に割り当てられた票数の単純過半数に達する場合には、提案は見直されなければならず、見直し後、立法提案者である委員会は、法案の維持を決定できるが、加盟国議会の意見は、立法機関である理事会・欧州議会に送られ、立法機関は、立法案の補完性原則について判断しなければならず、さらに理事会構成員の五五％または欧州議会の投票総数の過半数によって法案の補完性原則違反が認められれば、法案は廃案となる（同七条三項）。なお、議定書による事前審査制度は、EC条約三〇八条を引き継ぎ、基本条約が必要な権限を明示していない場合の権限行使を定める「柔軟性条項」（憲法条約I—一八条二項・EU機能条約三〇八条二項）において、特に言及されている。

(130) 澤田、前掲、注(103)三二頁、福田、前掲、注(103)六九—七二頁。

(131) Toth, "The Principle of Subsidiarity in the Maastricht Treaty," *supra* note 70, pp.1085-86, 1099 and 1105; なお、トスは、「排他的権限」の範囲をきわめて広く認めており（*Id.* p.1091）、それが立論の前提となっていることに注意する必要がある。

(132) Estella, *supra* note 103, pp.2-3.

(133) *Id.*, p.4, 6 and 82.

(134) *Id.*, pp.177-179.

(135) Paul Craig and Gráinne de Búrca, *EU LAW: Text, Cases, and Materials*, 2nd ed., (Oxford Univ. Press, 1998), p.128.

(136) Bernard, *supra* note 74, p.654.

(137) Deborah Z. Cass, "The Word the saves Maastricht? The Principle of Subsidiarity and the Division of Powers within the European Community," *Common Market Law Review* 29 (1992), p.1107, 1124-1128; なおエステラは、このような見解は、「補

完性の原則」の本質を見失うものであると批判している (Estella, *supra* note 103, p.3)。
(138) Cass, *supra* note 137, p.1115.
(139) 澤田、前掲、注(103) 四四―四七頁、福田耕治「欧州連邦主義と補完性原理（一）――ＥＵと加盟国の中央・地域・地方政府間をめぐる諸問題――」『駒沢大学法学部研究紀要』五五号（一九九七年）七―一二頁。
(140) Dehousse, *supra* note 12, pp.109-110; Goucha Saoares, "Pre-emption, Conflicts of Powers and Subsidiarity," *European Law Review* 23 (1998), p.132, 139; Koen Lenaerts and Piet Van Nuffel, Constitutional Law of the European Union 100-101, Robert Bray (ed.), 2nd ed., (Sweet & Maxwell, 2005).
(141) Toth, "The Principle of Subsidiarity in the Maastricht Treaty," *supra* note 70, p.1082.
(142) アムステルダム条約附属第三〇議定書（三）項。
(143) Estella, *supra* note 103, pp.131-136; Steiner, *supra* note 70, p.49.
(144) Commission, Report to the European Council on the Application of the Subsidiarity Principle 1994, COM(94) 533final; Commission, Commission Report to the European Council—Better Law making 2001, COM(2001) 728final.
(145) ただし、六条二項を除く、ＥＵ条約第一部には欧州裁判所の管轄は及んでいない (ＥＵ条約四六条)。
(146) アムステルダム条約附属第三〇議定書（一三）項は、「補完性の原則への適合は、本条約によって定められた規則に従って、審査されなければならない」と規定している。European Council, *supra* note 72, p.14; Bermann, *supra* note 110, p.85; Weatherill and Beaumont, *supra* note 123, p.159; さらに、憲法条約・リスボン条約附属の補完性議定書は、ＥＵ司法裁判所が、補完性原則違反を理由とする無効訴訟の管轄権を有することを明示している (両議定書七条)。
(147) European Council, *supra* note 113, p.14; Dehousse, *supra* note 12, pp.112-113.
(148) Cass, *supra* note 137, p.1133; Toth, *supra* note 75, pp.273-280; Toth, "A Legal Analysis of Subsidiarity," *supra* note 70, pp.47-48; Steiner, *supra* note 70, p.62; Palacio Gonzalez, *supra* note 2, p.365; Folsom, *supra* note 19, p.37; Dehousse, *supra* note 12, p.112; 鈴木、前掲、注(114) 一八二―一八三頁。
(149) Toth, "The Principle of Subsidiarity in the Maastricht Treaty," *supra* note 70, p.1101; Cass, *supra* note 137, p.1132.
(150) European Parliament, *supra* note 112.

(151) Toth, *supra* note 75, pp.270-271; Toth, "The Principle of Subsidiarity in the Maastricht Treaty," *supra* note 70, pp.1100-1101; Cass, *supra* note 137, pp.1133-1134; 鈴木・前掲、注(114)一八五頁。

(152) トスは、目的が、ECレベルでより良く達成できるか否かは政治的判断であり、他のEC機関の裁量下にあり、限定的な審査の対象にしかならない。そうでなければ、裁判所が、立法過程に代替してしまうことになると指摘する(Toth, "A Legal Analysis of Subsidiarity," *supra* note 70, p.48)。同様の指摘をする論者は少なくない(Nicholas Emiliou, "Subsidiarity: Panacea or Fig Leaf?" (Chapter 5), in David O'Keefe and Patrick M. Twomey (eds.), *Legal Issues of the Maastricht Treaty*, (Chancery Law Publishing, 1994), p.65, 77-78; Palacio Gonzalez, *supra* note 2, pp.366-368; Kapteyn and VerLoreen van Themaat, *supra* note 126, p.142; Weatherill and Beaumont, *supra* note 123, p.30)。

(153) Toth, "A Legal Analysis of Subsidiarity," *supra* note 70, p.48; Bermann, *supra* note 110, pp.86-88.

(154) Emiliou, *supra* note 152, pp.80-81; Emiliou, *supra* note 62, p.403; Dehousse, *supra* note 12, p.122 and 124; Toth, *supra* note 75, pp.283-284; 鈴木、前掲、注(114)一八六頁。

(155) Estella, *supra* note 103, pp.137-158; Bermann, *supra* note 110, pp.86-88; 以上の二文献は、過去の判例を概観している。

(156) Council Directive 93/104/EC of 23 November 1993 concerning certain aspects of the organization of working time, OJ 1993, L 307/18.

(157) 判決・法務官意見に拠れば、原告は、本訴訟において、独立した主張として「補完性の原則」違反を主張するものではないと説明している(para.46; AG Opinion, para.124)。

(158) 原告は、「EC立法者は、加盟国の措置によっては十分に規制され得ない国境を越える側面が存在するか否か、加盟国による措置がEC条約の必要条件と矛盾するか、加盟国の利益を著しく損なうか否か、また最後に、ECレベルの行動が、加盟国レベルの行動に比べて、明白な利益を生じるか否かを十分に検討せず、適切に論証してもいない」と主張した(para.46)。これらの主張は、前述のエジンバラ欧州理事会の「補完性原則の適用に関する包括的アプローチ」のガイドラインに沿ったものである(European Council, *supra* note 113, pp.14-15)。

(159) なお、指令前文が、ECによる行動の必要性を説明していないとする原告の主張も、判決は排斥している(para.81)。また法務官レジェ(Léger)も、「補完性の原則」と「比例性の原則」を区別する観点から、原告の主張が両者を同一視することを批判し、その主張を排斥した（AG Opinion, paras.124-132）。

(160) Directive 94/19/EC of the European Parliament and of the Council of 30 May 1994 on deposit-guarantee schemes, OJ 1994, L 135/5.

(161) 前者は、五七条（現四七条）二項によって指令の内容全体を覆うことはできず、同項に加えて、二三五条（現三〇八条）も根拠条文として使用されるべきであるという主張である（para.10）。なお、この主張に関して、「補完性の原則」は援用されていない。

(162) この部分については、アムステルダム条約附属第三〇議定書の発効による変化を指摘する見解がある。同議定書（四）項により、「補完性の原則」に明示的に言及する必要はないにせよ、何らかの理由づけが存在しなければならないからである（Weatherill and Beaumont, *supra* note 123, pp.160-161）。

(163) Directive 98/44/EC of the European Parliament and of the Council of 6 July 1998 on the legal protection of biotechnological inventions, OJ 1998, L 213/13; 同指令は、動植物・人体に関する発明について特許権の対象となる範囲を決定しており、そのため指令の制定により、人間の尊厳が侵されるのではないかという反対論が巻き起こり、オランダだけではなく、欧州議会も当初の指令案には反対していた（中村民雄「バイオ発明特許と倫理的規制――EC法の脱経済法化――」『貿易と関税』五〇巻二号（二〇〇二年）七七（一）頁以下）。

(164) Directive 2001/37/EC of the European Parliament and of the Council of 5 June 2001 on the approximation of the laws, regulations and administrative provisions of the Member States concerning the manufacture, presentation and sale of tobacco products, OJ 2001, L 194/26.

(165) ギールホード（Geelhoed）法務官意見も、「補完性の原則」に関する直接の記述は一パラグラフのみと非常に短く、「指令の必要性」と「加盟国による行動が実効的でなく、可能でもないこと」を強調して、同原則の違反を否定している（AG Opinion, para.285）。

(166) Council Directive 89/686/EEC of 21 December 1989 on the approximation of the laws of the Member States relating to personal protective equipment, OJ 1989, L 399/18.

(167) なお、コロメー（Colomer）法務官も、原告である委員会による指令の解釈は、補完性・比例性原則に違反しないとほぼ結論のみ示している（AG Opinion, para.40)。

(168) Estella, *supra* note 103, p.156; Leanerts and Van Nuffel, *supra* note 61, p.105. Arnull, Dashwood, Ross and Wyatt, *supra* note 70, p.162; Bermann, *supra* note 110, pp.87-88; Weatherill and Beaumont, *supra* note 123, p.30.

(169) Estella, *supra* note 103, pp.159-167.

(170) Estella, *supra* note 103, p.160 and 178; 司法機関である裁判所の性格に由来する困難については、以前より指摘されていた。例えば、デホースは、「『補完性の原則』の適用に際して、欧州裁判所は、目的達成のために使用される手段の適切さを判断しなければならない。しかし、その判断基準は明確ではなく、伝統的に司法機関に任された任務を越える微妙な政策判断を求められることになる。そのため裁判所は、他のEC機関に裁量権が与えられている時には、それをなるべく尊重せざるをえない」との趣旨を述べていた。デホースは、司法的解決は、正統性に関わる問題を創出するとも指摘している (Dehousse, *supra* note 12, pp.113-117)。

(171) エステラは、第二の理由を、特に「手続き的補完性」の審査に関連して述べている。すなわち、「手続き的補完性」の審査は、伝統的な司法審査になじむものであり、第一の理由によっては、その審査にも欧州裁判所が消極的であることを説明できず、その種の消極性は、別の理由から説明される必要があるのである (Estella, *supra* note 103, pp.167-175)。

(172) Estella, *supra* note 103, p.170.

(173) 同事件のジェイコブス法務官が、「加盟国法の調和のためには、指令が必要である」と述べたのは (AG Opinion, para.81)、このような趣旨であると思われる。

(174) 他の事件の争点となった指令についても、Netherlands v. Parliament and Council 事件の場合と同様に考えられる。すなわち、Germany v. Parliament and Council 事件の争点であった指令九四／一九号は、金融機関にとって、「開業の権利」・「サービス供給の自由」が保障される、「域内市場」の一環である「単一銀行市場」を実現するために不可欠の立法であり、ECレベルの行為の必要性は否定できない。特に、一九八六年の委員会勧告によって十分に目的が達成されなかったことは、本件指令の必要性を裏づけている（指令前文）。United Kingdom v. Council 事件の争点であった指令九三／一〇四号も、一一八a条（現一三八条）を根拠とする最低基準が、労働条件の各側面について制定されていることを考慮すると、これを加盟国レベルの行為で代替することは困難であろう（須網隆夫「変貌するEC労働法——社会的基本権に関する共同体社会憲章のEC労働立法への影響」『季刊労働法』一六一号（一九九一年）一八三頁以下）。その後のBritish American Tobacco and Imperial Tobacco事件先決裁定およびCommission v. Germany事件判決で争われた指令も、いずれも域内市場を実現するための立法であった。

(175) 須網、前掲、注(84)二〇—五七頁。

(176) 加えて、加盟国および地域の多様性を尊重しながら、加盟国の文化の発展に寄与しなければならないというEC条約一五一条一項にも注意する必要がある。そして「補完性の原則」導入以前は、統合が、共同体規範の頂点に位置していたが、「補完性の原則」導入後は、そのような構造は崩れていると指摘されている（Estella, *supra* note 103, p.5）。

(177) 伊藤洋一「EC法における「国内手続法の自律性」の限界について」北村一郎編『現代ヨーロッパ法の展望』（東京大学出版会、一九九八年）五七頁以下、須網隆夫「加盟国権利救済制度の自律性」『貿易と関税』四七巻一一号（一九九九年）八三（一）頁以下、Case C-66/95 Sutton, [1997]ECR I-2165.

(178) Joined Cases C-267/91 and C-268/91 Keck and Mithouard, [1993]ECR I-6097; 須網、前掲、注(84)一一六—一一九頁、Case C-254/98 Schutzverband gegen unlauteren Wettbewerb, [2000]ECR I-151; 須網隆夫「数量制限と「同等の効果を有する措置」の範囲」『貿易と関税』四九巻一〇号（二〇〇一年）八一（一）頁以下。この他、欧州裁判所は、「共通通商政策」の範囲についても限定的な解釈を採用した（Opinion 1/94, [1994]ECR I-5267; Nicholas Emiliou, "The Death of Exclusive Competence?," *European Law Review* 21 (1996), pp.294, 305; 須網隆夫・坂田道孝「判例研究・共通通商政策の範囲」『横浜国際経済法学』三巻二号（一九九五年）二九九頁以下）。

(179) もちろん他方には、政策上ないし緊急性の考慮により、EC立法を「補完性の原則」に適合させることが無視されているとの批判がある（Inigo Mendez de Vigo, Mandate of the Working Group on the principle of Subsidiarity, CONV 71/02, 30 May 2002）。

(180) Dehousse, *supra* note 12, pp.119-120.

(181) アムステルダム条約附属第三〇議定書（九）・（一一）項。

(182) Commission, COM (94) 533final, *supra* note 144; Commission, COM (2001) 728final, *supra* note 144; Commission, Report from the Commission—"Better lawmaking 2002," COM (2002) 715final.

(183) Working Group I on the Principle of Subsidiarity, Conclusions of Working Group I on the Principle of Subsidiarity, CONV286/02, 23 September 2002, pp.2-3 and 7; 同報告は、加盟国議会がEC立法案と「補完性の原則」との適合性について意見を述べることを可能にすることも提案していた。そして、二〇〇三年二月に公表された「補完性と比例性の原則の適用に関する議定書案」も同趣旨の内容を含み（Praesidium of the European Convention, Draft Protocols on: —the application of the principles of subsidiarity and proportionality, —the role of national parliaments in the European Union, CONV579/03, 27 February 2003）、これが最終的に合意された憲法条約附属議定書につながっていく。

(184) Working Group I, *supra* note 183, p.7.

(185) なお両議定書八条は、加盟国議会による訴訟について、「加盟国議会ないしその一院を代理して、加盟国法秩序に従って、加盟国により通知された訴訟」と規定している。

(186) Galloway, *supra* note 25, pp.169-174.

(187) 例えば、「同等の効果を有する措置（二八・旧三〇条）」の解釈は、そのような積極的解釈の例であると考えられる（須網、前掲、注(84)一〇二―一一四頁）。

(188) Mendez de Vigo, *supra* note 179, p.3.

(189) Lenaerts and Van Nuffel, *supra* note 61, p.94; もっとも最近は、理事会の裁量にも限界があることを示す判決が下されている（Opinion 2/94, [1996]ECR I-1759, para.30)。

(190) Alec Stone Sweet and Wayne Sandholz, "Integration, Supranational Governance, and the Institutionalization of the European Polity" (Chapter 1), in Wayne Sandholtz and Alec Stone Sweet (eds.), *European Integration and Supranational Governance*, (Oxford Univ. Press, 1998), p.1, 16-20.

(191) 国際政治学の観点からも、マーストリヒト条約以降、EC加盟国には、「統合と分化が同時に進行する一見パラドキシカルな関係」が存在すると認識され、多層共存の複合統治モデルの有用性が評価されている（森井裕一「欧州共同体と国民国家体系――マーストリヒト条約と複合統治モデル――」日本国際政治学会編『国際政治』一〇一号（一九九二年）三九―四二・四六―四七頁）。

(192) ECに「超国家機関」としての性格を認めることには異論もある。例えば、最上は、超国家性を意思決定権能をめぐる概念であると理解した上で、EC法が市民に対して「直接性」を有する点では、ECの超国家性を肯定しながらも、制度構造的にみた場合は、その超国家性は十分に充足されていないと判断する（最上敏樹『国際機構論』（東京大学出版会、一九九六年）二〇六—二二二頁）。このような見解は、ヨーロッパにおいてもみられるが、筆者は、ECは「超国家機関」であると考えている。その詳細は、別稿により論じることとさせていただきたいが、これまでに筆者の見解を示したものとしては、「ECにおける国際条約の直接効果——「条約の自動執行性」と「EC法の直接効果」——」『早稲田法学』七六巻三号（二〇〇一年）五三頁以下を参照されたい。

(193) 日本でも、そのような見方は少なくない。最近の論稿としては、樋口陽一『憲法Ⅰ』（青林書院、一九九八年）八四—八六頁、児玉昌巳「アイルランド国民投票におけるニース条約の否決とEU政治——欧州連邦に向かう過渡期的EUにおける加盟国の「民意」と「欧州の公益」の問題——」『同志社法學』五三巻六号（二〇〇二年）二六六頁以下などがある。

(194) Nick Bernard, *Multilevel Governance in the European Union*, (Kluwer Law International, 2002), p.2-3 and 229; ドイツ外相（当時）フィッシャーによる「欧州連邦」構想も、国民国家としての加盟国の存続を強調する点で、同じ文脈で理解できるかもしれない（宮本光雄「フィッシャーの「欧州連邦」構想とEU・国民国家関係の将来」『日本EU学会年報』二二号（二〇〇二年）一五八頁以下）。

(195) A・ハミルトン、J・ジェイ、J・マディソン（斎藤眞・中野勝郎訳）『ザ・フェデラリスト』（岩波文庫、一九九九年）。

(196) 中村民雄も、EUを「国家連合」か「連合国家（連邦）」という対立軸で分析することは、国民国家モデルを前提にしており適当ではないと述べている（本書二一七—二一八頁）。

構造改革とＥＵの統治機構

大木雅夫

Ⅰ　序論　構造改革と哲学

改革には哲学がなければならない。デカルトは、「改革、改革といつも騒々しい声を上げている人を、私はどうしても好きになれない」と語った[1]。しかし彼は歴史上の大改革を成し遂げた。哲学や思想の分野においてである。しかも彼は、象牙の塔にこもって、あるいは炉辺にうずくまって思想的大改革を果たしたわけではない。放浪の哲学者デカルトは、三十年戦争にすら加わって、人間の悲惨を見た。欺瞞を目撃し、疑惑に包まれながら、思想と哲学における大改革を果たした。現実を凝視していなければ、彼は《Je pense, donc je suis.》の科白を語らなかったであろう。この語はその後《Cogito, ergo sum》と訳され、わが国では「われ思う。故にわれあり」との訳が一般化しているが、これは誤訳に近い。パンセとは感情にまかせた単なる思いではなく、再思三考（réfléchir）とか吟味する（peser）というほどの意味である[2]。デカルトは再思三考なき改革を拒否したのであり、彼に従って私もまた、改革に哲学を求めるのである。近時わが国においては、かまびすしい構造改革の声があり、身辺にも法科大学院創設を競う状況があり、驚きの声はむしろ国外から上がっていた。「ゆとり教育」の見直しやら教育基本法改正の大問題があった。しかし構造改革において必要なものは、改革を要求する外圧（submission：要求的提言）とかそれを断行する騎虎の勢ではなくて、何にもまして歴史を凝視する女神クリオの眼である。

本稿は当初、構造改革をめぐる共同研究の一環として書かれた。(3) しかし本稿の主題は、ＥＵにおける統治構造である。いくつものことを同時にやる習慣のない私としては、今従事しているＥＵ法研究の中からこの題を選んだ。ここでは従来の国家の統治構造とは異なる独特な統治形態が生み出されているからである。これを国内的に行われている構造改革一般の論議に組み入れることは容易な業ではないが、私としては視野を国内に限定せず、新たな統治構造を国際的視野——ここではＥＵのそれ——においてみることは、この共同研究の補論ではなくて本論の重要な一部であると考えるものである。ここではまず、モンテスキューの権力分立原則の誤解を解明し、次に「形成途上にあるＥＵ統治構造」を概観し、最後に「統治構造における特殊＝ＥＵ的新方向」の考察に進みたい。

II　権力分立原則の再検討

構造改革に哲学が必要であるとすれば、本稿の主題をなすＥＵの統治機構を考える場合に、法哲学にまで進まなければならない。ここではとりわけモンテスキューの権力分立原則を再検討する必要があろう。実際、モンテスキューが今よみがえってＥＵを見たならば戸惑うだろうとはしばしばいわれることながら、戸惑うとすればモンテスキュー自身ではなくて、その学説に対する無批判的追随者たちであり、圧倒的多数の通説信奉者たちであると思う。というのは、通説がモンテスキューの三権分立原則に対する誤解から生まれたものだからである。ＥＣとかＥＵの統治機構は、誤解の上に硬化した権力分立原則を出発点としてはいない。そもそもモンテスキューを三権分立原則の祖とみることが間違いである。本稿全体のバランスを失しても、ここでいささか立ち入っておこう。

モンテスキューは名門貴族中の名門出身であり、貴族には義務がある（Noblesse oblige.）。彼はブルボン王朝を支えるべき立場にあり、危機を迎えるルイ一四世治世（在位一六四三―一七一五）の末期を目撃していた。この王は、「朕は国家なり」（L'État, c'est moi.）といったというが、これは俗論であり、家来にこの科白を作らせただけである。他方この王には反省の心があった。六十二年という世界最長の国王在位期間の終わりに「余は戦争と血を好みすぎた」といったほど戦争に明け暮れ、戦費調達に苦労した。搾取された民衆に担税能力はない。金持ちからも搾り取るために、従来からあった官職売買制（vénalité des offices）をフル回転させた。金で裁判官職を買い取った裁判官は、法廷で「魚のように黙っていた」し、教授職を買い取った者に講義をする能力など期待できない。フランスの大学はドイツに後れをとった。およそ小金を蓄えた者は、次に名誉を欲しがるから、ルイ一四世は官職を乱造して売りまくった。馬鈴薯仲買官とかクリーニング官まで登場した。そして戦争と財政危機の下で死んだこの国王の葬列の後には、民衆の乱舞がみられたという。

この危機を目撃したモンテスキューは、専制権力を分断し、立法権と執行権と司法権の三権分立を説いたといわれるが、これは必ずしも正確な理解ではない。確かにモンテスキューは、「同一人または同一の官憲団体の掌中に立法権が執行権と結び付けられているならば、自由はない。……更に司法権が立法権及び執行権から切り離されていないならば、自由はない。それが立法権と結びついているならば、裁判官が立法者でもあろうから、市民の生命と自由を支配する権力は恣意的なものとなろう。それが執行権と結びつこうものなら、裁判官は抑圧者の権力をもつこととなろう」[(4)]といった。一見それは、かつてジョン・ロックが立法権と執行権（行政権と司法権）との二権分立を説いたように、モンテスキューは、立法は議会に、行政は内閣に、司法は裁判所に配分したかのようにみえる。しかし三権を三種の国家機関に分担させるという考え方が明確に樹立されるのは、モンテスキューの没後一世紀以上も後のことであり、ドイツのイェリネック（Georg Jellinek, 1851-1911）やラーバント（Paul Laband, 1838-1918）が、そしてフランスではアデマール・エスマン（Adhémar Esmein, 1848-1913）やレオン・デュギー（Léon Duguit, 1859-1928）らが構築した原則である。[5]元来、日本語でいう政府とは、ドイツ語では„Regierung"であり、フランス語では«gouvernement»というが、いずれも内閣を中心とする行政府のことを指している。モンテスキューの眼前にあったのは、ルイ一四世を頂点とする政府である。この政府の専制を抑制するには、立法権[6]と司法権を別立てとして権力分立原則を構築せざるをえなかったはずであるが、彼の思想はその確立までには至らず、没後百年を待たなければならなかった。

このような状況の下に、モンテスキューの権力分立論は、すでに一九三三年エザンマンの「法の精神と権力分立」[7]によって正確に分析されていた。彼はモンテスキューの権力分立論が三権の三機関への組織的分立、すなわち肺に呼吸、胃に消化、腸には吸収というような有機体的分担を意味しないことを洞察した。モンテスキューの基本的主張は「権力が権力を抑える」（Le pouvoir arête le pouvoir.）というだけのことで、権力は腐敗するから抑制均衡（checks and balances）が必要だとしただけのことだという。その核心は三機関への三権配分というよりも、抑制均衡の側にある。[8]この原点への復帰こそ、EU統治構造の出発点になっている。

それにしても七十年あまり自己の学説がほとんど無視されてきたエザンマンのために、いささか付け加えなければならない。ドグマや原則は、それが検証に耐えてこそ価値がある。そのために検証は研究者の義務である。それを通じてこそわれわれは「もう一つの隠れた真実を垣間見うる」[9]のである。

もう一つの真実――それは、『法の精神』第一一編において、政治的自由を憲法の観点からみれば、同一機関に立法、行政、司法の三権を掌握させてはならないと述べた直後に、わざわざ第一二編の冒頭において、政治的自由は、憲法的観点からだけではなく、市民との関係でも明らかにすべきものと付け加えていることである。[10]この観点は、きわめて重要なものでありながら、メストメッカーも鋭く指摘するように「国法学の文献上ほとんど顧みられてこなかった」のであり、ましてわが国ではそれをまったく無視する実例もある。[11] それにしてもモンテスキューは、債権関係における債権者と債務者間の支配隷従関係を国の法律が助長するようなところに市民的自由はないというような趣旨を語っているようであり、全体の論旨も必ずしも明快でない上に、メストメッカーに至っては、社会主義的計画経済のもとにおける私法や私法上の権利の衰弱を取り上げた説明に及んでいるので、これ以上ここで立ち入ることはできない。ただ権力分立論はなお現代的問題でもあること、そして少なくともEUは、通説的理解による権力分立原則に立つものでないことを指摘しておくにとどめよう。

この基本的視線をEUに向ければ、そこには新たな統治機構構築の営みをみる。EUは単一国家（Einheitsstaat）でも連邦（Bundesstaat）でもなく、少なくとも現時点においては国家連合（Staatenbund）である。しかしそれは文化的ローマ理念（kulturelle Romidee）、シャルルマーニュの帝国、中世キリスト教共同体（corpus christianum）等の先蹤を負い、カントの永久平和論、ヴィクトル・ユゴー（Victor Hugo, 1802-1885）のいう「ヨーロッパ合衆国」（les États unies d'Europe）、クーデンホーフ・カレルギー（Coudenhove-Kalergi, 1894-1972）の「汎ヨーロッパ」Paneuropa, 1922）ないし「ヨーロッパ合衆国」（Vereinigte Staaten von Europa）等の近い過去を担うものであり、EUが確かに連邦への途上にあることは否定しえないであろう。もちろんはるかなる過去の栄光は、「ヨーロッパに向かってもっと勇気を」（Mehr Mut zu Europa!）の声を響かせている。[12] しかし遠い過去もさることながら、現在のEUに近い過去を事実に即して忠実に跡づける必要があろう。[13] 中世末以後の近世ヨーロッパ史ないし十九世紀以降の事件や思想の歴史がEU理解にとって重要だということは多言を要しない。[14] そこに分裂があったからこそ、統合の願望は芽生えたのである。

この当然の歴史観をヴォルフガング・ヴェッセルス（Wolfgang Wessels）に語らせよう。憲法条約は、「最後の五世紀間における国家的発展の長い歴史的基礎に対しても、また同様に最近五十年におけるEUの憲法的発展にもサーチライトを向けるようにとわれわれを誘う」。[15] すなわちそれは第二次世界大戦終結後のヨーロッパ統合への歩みを跡づけることが必要だというのであり、その労を厭わなければ、ＥＵが現時点ではいまだ国家連合の域を脱していないとしても、連邦を目指して動いているそれであること、しかし同時に、憲法条約に対するフランスやオランダの批准拒否の根底に伝統的なデモクラシーからの乖離（Demokratiedefizit：民主主義不足）[16]があった事実が示すように、その行く手はいまだ定かではない。まして連邦への道が苦難の道であることは、いまさらながらに思わせられるであろう。

Ⅲ　統治構造の変革

有史以来統治構造は変革を繰り返した。そしてようやくロック（一六三二―一七〇六）やモンテスキュー（一六八九―一七五五）の権力分立論をもって近代的統治構造が形成され、そこに民主主義国家が実現したことはいうまでもない。かつてわれわれが目撃した権力集中論も旧ソ連の崩壊後は影を潜め、伝統的権力分立原則は保持されている。しかしその権力分立論にしても、ロックは立法権と執行権の二権分立であり、モンテスキューが立法、行政および司法の三権分立を考えたのだから、権力分立を自然法的原則とみるにしても、それは後世シュタムラー（Stammler）のいう「内容の変化する自然法」（Naturrecht mit wechselndem Inhalt）以上のものではありえない。しかもすでに述べたように、久しく自明のことと考えられてきた三権の担い手を国会、内閣、裁判所とみる区分は、今激しく動揺しており、それは、とりわけＥＵの統治構造に現れている。ここにおいてようやくＥＵの諸機関について逐次検討を加えることにしよう。

一　ＥＵの統治構造――制度設計における変化

憲法条約は、従来の制度上の原則的枠組みを追認し、補充し、新規に形成してきたことの結果として、ＥＵの統治構造はかなり複雑化し、透明性に欠けるものとなった。ＥＵにおける基本的な機関としては、欧州議会（Europäisches Parlament, parlement européen）、欧州理事会（Europäischer Rat, Conseil européen）、閣僚理事会（Ministerrat, Conseil des ministres—Conseil de l'Union européenne ともいう）、欧州委員会（Europäische Kommission, Commission européenne）、連合外務大臣（Aussenminister der Union, le Ministre des Affaires étrangères de l'Union）および欧州司法裁判所（Europäischer Gerichtshof, Cour de l'Union européenne）が挙げられる。

しかしこれらがある一都市にまとまっているわけではなく、ＥＵに首都はない。その諸機関は、何よりも北から一五〇キロメートルあまりの間隔をおいて、ブリュッセルとルクセンブルクとストラスブールが共同体活動の伝統的な重点都市となっている。最近はまた、欧州中央銀行がフランクフルト・アム・マインをその所在地とした。ＥＵの基本的考え方は、その諸機関の所在地をできるだけ加盟諸国にバランスよく配分しようということである(17)。この種の配慮は、例えばスイス民法典がドイツ語とフランス語とイタリア語の三カ国語で書かれ、それぞれが正文と認められているように、古くからヨーロッパの多民族・多言語国家において行き届いたものとならざるをえないのである。

二　欧州議会

ＥＵに首都はないが、そこには一つの欧州議会がある。これは霞が関にある国会とはまるで異なっている。欧州議会の所在地は、理事会や委員会のようなEUの重要機関のあるブリュッセルではなくて、ストラスブールである。そこで年に一二回の定例会議が開催されるが、その他臨時議会が開かれる場合には、ブリュッセルかあるいは――奇妙ともみえようが、欧州議会の事務総局のある――ルクセンブルクにおいてである。議席数は七三二（最大限度七五〇）であり、わが国の衆参両議院の定員総数とほぼ同数であるが、EUの総人口は約四億五〇〇〇万であるから、議員数が過大だというわけではない。無論、無能な議員は無駄である。それゆえにか、今EUは、議会の活動能力を考慮して、定数の削減すら考慮している。それにしても欧州議会の大勢の議員や事務職員たちは、上記三都市を駆け回る「巡業サーカス団」（Wanderzirkus）と揶揄されるほど頻繁な大移動を余儀なくされている。また議事堂が三都市に設けられており、それは無駄とはみえるにもせよ、ヨーロッパ統合のためにEUが甘受する犠牲とでもいうほかはないであろう。(18)

議員は直接選挙で選ばれ、任期は五年である。問題は国別選出議員数の割り当てであり、加盟国平等という国際法的原則と人口比例（逓減的比例性）という連邦的・民主主義的原則にのっとって配分されるが、ドイツが最多で九九、ついで英仏伊三国が各七八、ルクセンブルク大公国が六、マルタの五が最少であり、総じて弱小国に有利な配分がなされている。もちろん人口比だけからいえば、ドイツは九九議席ではなく、約一三〇議席が割り当てられてもよく、ルクセンブルクやマルタはゼロでも仕方がないはずなのである。また別の統計によれば、ルクセンブルクが七万一五〇〇人の住民につき一名の議員を出せるのに対して、ドイツでは八二万八六〇〇人につき一名という割合であるから、ドイツ人一票の重さは一〇分の一以下となる。すなわちドイツは議席割当数の三分の一削減に同意した。(19)これが政治的に成熟したヨーロッパ市民の考え方であり、ここで考えるべきことは、人口過密地域の一票の重みを過疎地域のそれと機械的に比較し、議員定数の平等配分を求め、結局は数にものをいわせようとする浅薄な思考しか知らない国民のことであろう。

ともあれ議員は直接選挙で選ばれ、欧州議会は、ストラスブールとブリュッセルとルクセンブルクに三つの会議場をもたざるをえない。これはヨーロッパ統合の困難性を示す一事例にすぎないし、それがEUの価値を高めるゆえんではないが、確かにEUの統合は、しばしば浪費をも克服すべき難路を歩まざるをえないのである。[20]

ともあれ「欧州議会」の名が現実に意味をもったのは、ようやく一九八六年の欧州単一議定書(l'Acte unique européen)以後のことである。議会というからには、三権分立の原則からして立法権の排他的保持者と思うのが当然ながら、欧州議会の前身は、EC三共同体の単なる諮問機関であり、単に„Versammlung"とか«assemblée»(いずれも「総会」)と呼ばれていたものである。それどころか選出された議員にしても無能な者や政党ゴロツキなども混じっていて、「権力のない浪費的おしゃべり寄合」(powerless, money wasting "talking shop")[21]などと悪評の的であった。当然加盟諸国民の目は、この種の「会議」よりも理事会や委員会に向けられており、過去二十五年間の欧州議会総選挙の投票率は、大体のところ五〇%以下であった。日本の衆議院選挙投票率がほぼ六五%以上であることに照らしても、欧州議会が久しく冷眼視されていたかは明らかであろう。これがようやく「議会」(Parlament, parlement)の名を掲げることによって、その権力を拡大した。しかしそれは、立法権を独占せず、EU統治機構の一角を担う閣僚理事会とともに立法と予算の諸権能の共同保持者(co-détenteur)になったということである。それにしても一定の事項については理事会決定に対する拒否権が与えられ、さらに統治機構の重要な一角を担う欧州委員会の委員長を任命する権能も与えられたことは、たとえその候補者が欧州理事会からの提案を待つという制限下にあろうとも、欧州議会が新たに締結された憲法条約の下において、その「憲法の偉大なる勝者」(le grand gagnant de la Constitution)と呼ばれることを正当化するであろう。[22]

何はともあれ欧州議会が議会本来の立法権を半ば勝ち取った意味は、きわめて重大である。欧州議会は、加盟諸国の閣僚から成る閣僚理事会と決定権を分かち合っている。しかし欧州議会は、閣僚理事会の決定に対する拒否権をもつけれども、理事会の意思に反して自ら単独で立法することはできないので、両院制への独特な一過程ともみられている。

しかし少なくとも加盟諸国の政府や議会からは自由で独立した組織であり、この共同決定権は、かつて単なる諮問機関の域を出なかった「会議」からの脱皮という意味があり、しかもEU発足当時の一九九三年に可決された法令の一六％はこの共同決定権の行使であり、それが世紀の変わり目には四〇％前後に達し、憲法条約制定後にはその完全実施を目指している。[23] これは、共同決定が欧州議会の正規の決議方法になったことを意味している。

欧州議会の権能の強化は、EUの統治機構の一角において「ヨーロッパ的・共通的性格」が宣揚されたという意味をもつだけに、なお立ち入った具体的観察を試みる必要がある。それは、欧州議会の内部における党派の問題である。その議員たちは所属する国家の国益代表ではなくて、ヨーロッパ全体の共通利益を追求しているのであり、ヨーロッパとかその共通利益をどのように考えるかによって、その内部には政治的主義信条の異なる複数の党派が成立する。「超国家的政党同盟」(übernationale Parteibünde) から派生する「国境を越えた政党政治的議員団」(transnationale parteipolitische Fraktion) がそれである。具体的にそれを挙げよう。欧州人民党・欧州民主主義議員団 (EVP-ED: Europäische Volkspartei und europäische Demokraten)、欧州社会党 (SPE: Sozialistische Partei Europas)、欧州自由民主党 (LIBE: Liberale und Demokratische Partei Europas)、欧州議会/自由欧州連盟緑の党 (Grüne / EFA: Die Grünen im Europäischen Parlament / Freie europäische Allianz)、欧州左翼連盟/北欧緑の党 (Vereinigte Europäische Linken / Nordische Grüne)、欧州諸国民連合 (UEN: Union der europäischen Nationen)、諸種民主主義と相違の欧州 (EDU: Europa der Demokratien und Unterschiede)、その他多数の政党や派閥 (右翼政党、欧州懐疑者党、「潔癖家党」〈Saubermänner〉) 等がある。[24]

国境を越えた政党政治的議会において、しかも決議方法としては原則として多数決制をとるほど議会の権力を強化している限り、連邦への歩みに加速度がついたかのようにみえるかもしれない。しかしそれは、いささか速断である。議員がEU加盟諸国民の直接選挙によって選出されるとはいえ、すでに一言したように投票率は低く、実際、一九七九年から二〇〇四年までは六五%に達したこともあったが、通常は五〇%にも満たない状況であり、いまだ確固たる政党政治は樹立されていない。市民派か左翼派が交互に多数派となっている。そしてただ理事会や委員会に欧州議会の声を聴かせるだけのためには、欧州人民党と欧州社会党の二大政党が頻繁に連携しているようである。(25) それにもましてEUは国家的主権をもたず、権限裁判権(Kompetenz-Konpetenz)をもっていないので、民主的議会主権の思想すなわち「男を女とする以外のいかなることもできる」というようなイギリス的議会思想や、国会を国権の最高機関とみるわが国の憲法観のようなものは、直ちに欧州議会に当てはまるものではない。したがって議会とはいえ、EU関係諸条約の認める権限しか保持できないのだから、連邦とか合衆国が目前で完成するかのように考えることは、理論的にも現実的にも誤りである。(26)

これらの事実的状況からすれば、EUの最高権力機関がいまだ欧州議会ではなく、委員会や理事会にあることは否定できない。この状況を前提として、次にこれらの機関の権能をみることにしよう。

三　欧州理事会と閣僚理事会

1　欧州理事会

EUの最高権力機関は、現時点において理事会や委員会にあり、欧州議会にあるわけではない。日本国憲法は、国会が国権の最高機関であり、国の唯一の立法機関である(第四一条)と定めているが、EUは、機関相互間の独立というような古典的権力分立原則を墨守していない。そこに「改革」はなされたが、後に憲法条約批准の段階で躓きのもとになる民主主義的観点の欠落について、EUにおける制度設計の段階では知る由もなかったのであろうか。すでに一言したように、欧州議会は、EC発足当時から久しきにわたって単に会議(Versammlung)と称せられていたにすぎず、これが欧州議会と改名して徐々に立法権の担い手として成長してきても、その過渡期においては、これを牽制するかのように「欧州理事会」が創設されなければならなかった。しかもそれは後述する「閣僚理事会」とは別個の機関である。

元来、この欧州理事会の構想は早くからドゴール大統領によって抱かれていたようであるが[27]、一九七四年に当時のフランス大統領ジスカール・デスタンとドイツ連邦共和国首相ヘルムート・シュミットが八カ国から成る累次のサミットの成功にかんがみて、その創設を提案したものである[28]。この機関は、一九八六年まではEU関係の諸条約に現れることがなかったが、「欧州単一議定書」で初めて言及され、そしてようやく現行の憲法条約第四条第一項において欧州理事会は、「この連合に対して、その発展に必要な衝撃を与え、その政策全般にわたる方向付けを明示する」任務が与えられた[29]。しかもそれは、加盟国の元首または政府首班、欧州理事会議長、それに欧州委員会委員長から構成され、連合外務大臣が議事に参画する（憲法条約第四条第二項）。すなわち権威と政治的権力を併せもつ加盟国第一級の人物から構成される機関であるから、それはEUの最も重要な機関（das wichtigste EU-Organ）であり、「最高機関」（Superorgan）といわれ、あるいは「集団制国家元首」（chef d'État collectif）ないし「ヨーロッパ統合の真の原動力」（le véritable moteur de l'intégration européenne）とすらいわれているのである[30]。

いささか過大評価とも思えるこの名誉ある権力的地位にあって、欧州理事会は定例の首脳会議の終わりに「要求的提言」（conclusion）を発表するが、これはEUの諸政策の基本的路線を呈示し、欧州委員会や閣僚理事会および欧州議会の活動についての目標を設定し、加盟諸国に対してそれに同調することを求めて作成されるものである。さらにまた欧州理事会の所轄事項として、条約改正手続、各種財源問題、外交、集団的安全保障、防衛等の問題にまで及んでいる[31]。要するにそれは、EU諸機関の司令塔的役割を果たし、究極的にはヨーロッパ協調に奉仕する枢要な地位にあるのであり[32]、その高い地位を汲み取って中村民雄がこれを「欧州首脳理事会」と訳しているのも決して無意味ではないであろう[33]。

現在その議長は、六カ月交代制をとっている。それは、できるだけ多くの国から議長を選び、その議長がその出身国の指導層を通じて、その国民のヨーロッパ帰属意識を高める効果をもたせようとの配慮に由来する。しかしその趣旨にもかかわらず、EUの活動の一貫性を阻害する恐れも絶無とはいえない。一九五七年におけるEC加盟国六カ国から二〇〇四年のEU加盟国は二十五カ国に及び、二〇〇七年にはさらに二カ国が加入したのであるから、それだけ加盟国間の紐帯が弛緩するのは避けがたく、ヨーロッパ的考慮よりもナショナルな観点が優越しやすいのもやむをえない。その関連においては、議長の任期をめぐって多くの議論がなされ、種々の提案がなされてきたが、結局憲法条約は任期二年半とするに至った。それにしても任期が比較的短いとすれば、その分だけ議長のリーダーシップが期待されることにならざるをえないのである(34)。

欧州理事会が強大な権威と指導性を保持するとはいいながら、それが立法機関と見なされることがないということは、最も注意すべきことである。立法権の担い手は、次に述べる閣僚理事会であり、これが欧州委員会の発議を受けて欧州議会とともに立法権を担っているのである。それ故欧州理事会は、伝統的な意味の立法権を掌握しようなどとは最初から考えていない。すでに触れたように、自らの使命はEUに喝を加え政策的衝撃 (impulsion politique) を与えて、その一般的政策を方向づけ、その優先順位をつけることにあると心得ているからである。しかも欧州理事会は加盟国の元首、首相、それに欧州理事会議長と欧州委員会議長が加わるという文字どおり巨頭たちによって構成されている。それでもなお彼らは、単に高遠な理想を追い求めるだけではなく、あくまでも加盟諸国間のコンセンサス、すなわち統一見解に達するための懸命な努力をしている。ようやく獲得したコンセンサスは、厳粛な方式で宣言されることがあるにしても、法形式としては欧州理事会の要求的意味合いをもった提案書 (conclusion, Schlussantrag, submission) として公にされるのみであり、「法律」ではない。権威は権力によって守られるという考えを基礎とはしていないようであり、また立法権の担い手としての国会をもって国権の最高機関とみているような近代憲法の権力分立論が、ようやく変質しようとしていることに注目すべきでもあろう。

2　閣僚理事会

今や欧州理事会が権威ある最高機関であるにしても、それだけでEUは動かない。そもそもそれは立法権をもたない。その立法権は、一個の独立国家ならば議会に独占させ、これに国権の最高機関たる地位を与えれば足りるが、EUはその背後に二十七の主権国家があり、総選挙によってそこから選ばれた議員たちから構成される欧州議会は、常に爆弾を抱えているようなものである。いかにそれが「憲法による勝者」といわれようとも、EU自体が揺るぎない連邦に達したわけではないから、この議会はいまだ強固な地盤の上の堅固な構築物ではない。それゆえこれに立法の全権力を付与することは尚早である。他方において上述した欧州理事会は元首級大立者からなる最高機関とはいえ、加盟諸国間の意見調整のために寧日なくそれに没頭している。立法に立ち入る余裕はなく、そもそも立法権を有していない。それゆえEUは、それとは別個の閣僚理事会（通常は単に理事会といわれる）に対して、欧州議会とともに共同立法権を与えたのである。

EUの立法権配分方式が将来二院制に向けて発展するか否かは定かではない。しかしその萌芽とみてよいかもしれない。それにしても二〇〇二年の時点では、閣僚理事会と欧州議会との共同決定による立法は、EU立法の約四五%にとどまっており、それが九〇%台に達するには二〇〇七年から二〇〇九年に期待されている[35]。したがってここに示される数字は、閣僚理事会と欧州議会との共同決定とは別個に、欧州議会の直接的関与を欠く同意手続もあることを示しており、その帰趨は今後注目に値するであろう[36]。

立法権を欧州議会と四つに組んで共有するとなれば、ここで閣僚理事会の規模を一瞥しておく必要があろう。元来EUの諸機関は、単に理事会とか委員会とする命名の不適切さのゆえに、しばしば軽小な組織とみられがちであるが、閣僚理事会にその補佐機関を加えれば、絶大な権力を行使する巨大組織である。その構成員は原則として加盟国から各一名、閣僚級の大物で、自国政府を拘束するだけの力があり、理事会で表決権を行使する権能をもつ者であるが（EC条約第二〇三条――憲法条約第四一条第一項による準用）、例えばドイツのラントのような連邦構成国、ベルギーの地域圏（**région**）、あるいはスペインの自治州のように強度に分権化した国では、それぞれ理事を送り込むことが認められている。(37)

その議長の地位は、閣僚の任免権を握る日本の首相ほどの地位ではない。この議長は、EC条約当時から理事会構成国理事の中から輪番で出ることになっており、任期は六カ月で、二〇二〇年上半期までの割り当てが決まっている。(38)そもそもこの理事会は、EUと構成国に向けられたヤーヌスの頭のような双頭性を有している。EUの機関でありながら、基本的には各加盟国の代表である限りそれぞれの国益を代表し、したがって自国政府の訓令には拘束されるのであるが、EUの機関である限り自国の訓令に違反しても許されるという双頭性の持主たちから成る政府間機関ともみられている。(39)そしてその議長は、著しく短い任期の、しかも戦前の日本の首相と同様に閣僚の任免権すらもたない「同輩中の第一人者」（**primus inter pares**）という程度の権力しか有していない。それどころか原則としては厳しい特別多数決制(40)がとられているので、厳しい数の壁を乗り越えなければ、決議ひとつ勝ち取ることができないのである。その上さらにこの理事会は、常に全体会議ではなく、分野別に種々の構成をもって開催される（憲法条約第一―二四条）。すなわち閣僚理事会は一つであるが、それが九つの部門に分かれており、1：総務・外務、2：経済・財政、3：司法・内務、4：雇用・社会政策・保健・消費者、5：競業、6：運輸・エネルギー、7：農業・漁業、8：環境、9：教育・青少年・文化という編成をとっているのである。(41)この編成の第一に挙げられる総務理事会（Conseil des Affaires générales）は全体のまとめ役であり、なお外交問題に関してはEUの団結が不可欠の前提になるから、欧州理事会の定める戦略に基づいてこの外務理事会の所管となる。閣僚理事会が年間三カ月の会期に多数の案件を抱えこんでいる限り、おそらくこのような分科会的構成は、合理的な組織形態であり、適切な運営方法ではないかと思われる。このような組織によって今や閣僚理事会は、一国の政府にも等しい多岐にわたる政策を遂行する場となっている。

このようなきびしい状況の下で閣僚理事会の的確な職務遂行と円滑な運営を全うさせるためには、予想以上に強力で優秀な補佐体制が必要であり、二〇〇二年の時点で約二五〇にも上る「理事会作業グループ」(groupes de travail du Conseil ——次に述べる欧州委員会もある意味ではその一つとみられている) が組織され、各国の専門家たちが技術的科学的情報を提供してきた。[42]

これら多数の作業グループの中でも、とりわけ憲法条約にも定められる加盟諸国の「常駐代表委員会」(le comité des représentants permanents: CORPER, der Ausschuss der Ständigen Vertreter: AstV) の役割は絶大であり、実質的には「小閣僚理事会」(kleiner Ministerrat) と称せられるものである。[43] この委員会は固有の権能をもたず、理事会側から何らかの管轄権を委譲されることはない。その職務は二つ。まず最初に、ここで閣僚理事会における審議の一切が準備され、その際に理事会に提出される種々の文書がすべて検討される。そして最後には、理事会から委任を受けてそれを実行する運びとなるのであるが、現在では理事会決定の七〇ないし八〇%がここで起草されている。[44] 注目すべきことは、この委員会も閣僚理事会に所属しながら、各代表委員はそれぞれ母国の訓令にも服しており、彼らは確かに「自国政府の奉仕者であり、その目であり、耳である」(Gehilfe, Auge und Ohr der Regierungen: Emile Noël)。[45] その意味では自国の利益を求めるあまり、EUと加盟国間の利害調整に努める後述の欧州委員会の役割を蝕み、他方では自己の技術的科学的知識を最大限に発揮してテクノクラシーを主張するあまり、閣僚理事会の役割をも蝕んでいるとの厳しい批判にさらされている。[46] 常駐代表に向けるドイツ人たちの批判は、もっと辛辣である。彼ら „ständiger Vertreter" (常駐代表) は „ständiger Verräter" (常駐反逆者) であると揶揄する始末である。[47] それが皮肉であるか罵倒であるかは、確かめるすべがない。そのいずれにもせよ、人口だけをみてもヨーロッパ随一の大国ドイツの常駐代表がEUと母国の間に挟まり、苦しい立場に立って働くコルペルの姿を如実に示すものといえるであろう。至る所で人間の気品が失われている今日、ヨーロッパ統合という世紀の大理想を掲げる限り、気品のない罵倒にも耐える覚悟が必要であると語ることは、決して贅言ではないであろう。その種の誹謗の中にあって、ドイツはすでに一九九二年の時点で約五〇名の要員をブリュッセルに常駐させていた。そしてその当時、十一の加盟諸国からは総数約五〇〇名が派遣されていた。(48) 現在ならば大使級の高官をはじめとする有能な人材がおそらくは千人以上もそこに属して活動しているのではなかろうか。彼らは悪声に耐える覚悟をもって閣僚理事会を補佐し、ヨーロッパの多様性に対する利害調整のために努力をしているとはみられないものであろうか。

閣僚理事会を補佐しているのはコルペルをはじめとするきわめて多数の作業グループだけではなく、巨大組織をなす理事会事務総局 (Generalsekretariat des Rates, Secrétariat général du Conseil) でもある。事務総局の職員は、会議の準備、議事録の作成、通訳の手配、理事会に対する法律的助言、欧州議会に対する理事会報告書の起草、理事会予算の編成や運用等、広範な業務に従事している。総務部と法務部から構成され、事務総長を筆頭にして二〇〇七年の段階で約二八〇〇名の職員 (その内二五〇〇人はAクラスの外交官) を抱えていた。職員たちは、型どおりの日常的業務にだけ携わっているのではない。ある組織を実質的に動かしている部局はどれかとの一般的な問い方をすれば、閣僚理事会については、常駐代表委員会と事務総局を挙げるべきであろう。特に後者の周到な補佐は決して無視されるべきではない。EUにおける意思決定過程において、理事会の事務総局は、次に述べる欧州委員会の対抗官署 (Gegenbürokratie) となっている。多くの意見の相違、それどころか敵対的抗争すら起こる中にあって、事務総局は欧州委員会のみならずEU内の関係官署との意見調整のため渡り合っているのである。そしてこの部局は閣僚理事会に所属しながら、これもまたヨーロッパの官署でもあるのだから、閣僚理事会の中ですでに表面化する各加盟国の国益間における対立を共同体の枠内に取り込む (vergemeinschaften) という重任を果たしてきた。ここには理事会側と事務総局側との間にトップ・ダウンとボトム・アップの精神があることは当然ながら、とりわけ事務総局に予備交渉の重い任務を課し、そしてそれをも補佐する裏方を表舞台にも登場させてきたという意味では、新たな統治構造形成の努力がなされているといえるであろう。[49]

四　欧州委員会

これまでに概観したEUの統治構造は、それ自体長期にわたる我慢強い改革の成果である。すでに述べたように、とりわけ欧州議会は憲法の偉大な勝者といわれ、また、今や欧州理事会はヨーロッパ統合の真の原動力とかスーパーオルガン、すなわちEU諸機関の中にあって独立性の強い超然的機関[50]といわれている。しかし議会は未成熟であり、欧州理事会には肝腎の立法権がない。立法権を担うのは閣僚理事会であるが、欧州議会とこの権利を分かち有するだけであり、しかもそれを構成する理事たちは右に母国を顧み、左にEUを見上げるヤーヌス頭の持主である。残る欧州委員会こそ統治構造におけるEUの独自性を具現しているのではないか。

欧州委員会は、その制度設計において連邦国家にも国際組織にも類例のない独創的な統治機関である。この機関に「委員会」などという平凡な名を与えたのがそもそもの誤りだったともいわれるが、その実体はその名に背く巨大組織であり、しかもそれはEC以来の「諸条約の守護神」(Hüterin der Verträge) としてもっぱら共同体の利益に奉仕する機関である。[51]今でこそ欧州理事会がEUを動かすモーターなどといわれるが、五十年前には最も名声高いハルシュタイン委員長がこの委員会を共同体の独立した「原動力、番人にして誠実な周旋屋」(Motor, Wächter und ehrlicher Makler) と呼び、そしてこれを将来ヨーロッパ政府にまで成長するものとみていた。[52]„ehrlicher Makler“とは、一世紀ほど前にビスマルクが自ら謙虚に、しかし誇り高く自分を指して述べた言葉である。この転用を通じてわれわれは、ECきっての名委員長ハルシュタインの矜持を知るべきであろう。

それにもかかわらず、今やEUのモーターは欧州理事会であって、欧州委員会であるとはいわれない。前者が加盟国代表的性格を維持しているのに対して、後者にはその性格が無縁である。また、前者が国家元首に代表されるように権威と権力をあわせ有するのに対して、欧州委員会の委員は、全般的・実務的能力の具備とヨーロッパへの献身の心情を基礎として、自己の独立性を完全に保証できる者の中から選ばれる（EC条約第二一三条第一項）。したがって委員は、どの加盟国の出身であるかに関わりなく、すべての加盟国との関係において完全な透明性を持すべきであり、したがって委員会そのものがどの加盟国に対しても公明正大、かつ、密接な関係を維持すべきだという積極的意味をもつことになるのである。[53] というのは、そもそも欧州委員会の構成員たる者に要求されるものが加盟諸国民のいわゆる国民性とか、最近流行の愛国心などではなく、ヨーロッパ人魂だからである。[54] もちろんその委員たちは六名の補佐人を抱え、その一部は自国側から起用しているが、委員たち自身は、それぞれ各加盟国において閣僚とか議員等を経験した大物政治家たちであり、あるいは高級官僚の経歴ある人物から選ばれている。[55] しかもその資質と信念にふさわしい待遇を与えられており、二〇〇四年における委員の基本給は月額一八、一〇六ユーロであった。[56] 任期は五年、これは権威ある欧州理事会の議長ですら二年半であることを思いみるべきであろう。このような建前によって構成される欧州委員会が理事会の構成とは正反対の基礎に立っていることは、決して看過されるべきものではない。これを最も明瞭に示すものは、憲法条約発効後にあらためて構成される委員会の委員数がEU加盟国数よりも少なく予定されていたことである。それぞれの国から各一名出すという形式的平等はとられていない。ヨーロッパ統合の理想を高く掲げる限り、委員たちにそれぞれ出身国代表という性格を与えてはならないのである。これに反して、欧州理事会にしても閣僚理事会にしても、原則としては各国からそれぞれ一名がその構成員になる。すなわちEUの究極的な目標がヨーロッパ合衆国であろうと連邦であろうと、少なくとも現段階において理事会は、基本的には国益代表の性格を拭いきれない元首、首相、閣僚級の国家指導の首脳たちによって構成されている。[57] これに対して、連邦とか合衆国を究極の目標とする限り、欧州委員会は、理事会とは真っ向から対立する新たな構成原理の上に立たざるをえなかったのである。

それにしてもこの新たな構成原理に立つ欧州委員会は、EC発足以来の大スターとみられるハルシュタイン委員長や中興の祖ドロール委員長の指導下にヨーロッパ統合の動力源たる役割を果たし、またそれだけに連邦主義者たちに対しては、統合の未来についての楽天的観測を与えていたことは確かである。しかしヨーロッパ魂とかヨーロッパ哲学が一挙にしてヨーロッパ統合の不動の支柱になれるわけではない。ドゴールはすでに一九六〇年九月五日の記者会見の折に、楽天的連邦主義者たちに対して夢ばかり追わずに現実をみるべしと警告し、現実に存在するものは国家群であり、「それぞれの祖国から成るヨーロッパ」(Europa der Vaterländer) だと強調したのである。[58] そしてその後少なくとも憲法条約の建前においては、委員会は、明らかに理事会の下位に立たされているのである。

現時点における欧州委員会の地位を具体的に証明するために、その委員選任の方法から検討を加えよう。委員会の構成員についていえば、その委員数を決定するのは理事会であり（EC条約第二一三条第一項）、その委員長は、欧州理事会の特別多数決によって指名され、欧州議会の同意を得て任命される（EC条約第二一四条第二項）。その他一般の委員は、閣僚理事会が任命する。すなわち、就任予定の委員長から同意を得て、加盟諸国から提出されたリストに基づき、閣僚理事会が特別多数決により一般の委員を指名し、任命するのである（同条第二項）。要するに欧州委員会の委員長や委員についての選任権は、部外の理事会が握っているのであり、その限りで委員会は、理事会との関係では、明らかに従属的地位に置かれている。

しかしこれだけでは、委員会の地位は誤認される恐れがある。委員会の所在地はブリュッセルであるが、これに所属してそこに居住する職員総数は約二万七〇〇〇人、そしてその四分の一が通訳や翻訳という言語関係の職についている。これだけの巨大組織であるから、良かれ悪しかれ一般にはユーロクラシー (Eurokratie) とか肥大性ブリュッセル水頭症（aufgeblähter Brüsseler Wasserkopf）などと評されているのである。もちろんこの批評は一面的であろう。四億五〇〇〇万に及ぶ欧州市民を支配する機関として、安易に水頭症として片づけることの当否は問題であろう。[59] わが国における司法改革が、小さな政府というスローガンの足枷により、裁判所や裁判官数は百年前とほとんど違わない小さな司法部に抑えながら、司法試験合格者数だけがいつしか六倍になり、その大部分が弁護士界に投入されて司法制度全体のバランス喪失状態を生み出そうとしている事実を知る者ならば、欧州統治機構の制度設計における平衡喪失を論い、欧州委員会を脳肥大症などと安易に批判することは必ずしも正しいとは思われない。

ともあれ、理事会と比べてＥＵ内部における欧州委員会の重みは下落した。かつてＥＵの躍進時代にその代表的指導者は、ハルシュタインやドロールのような傑出した委員長であった。そしてＥＵといえばこれらの委員長名が常に挙げられていた。しかし急激な加盟国数の増加は、それだけＥＵ内部における多様性が顕在化することでもあり、それぞれの祖国から成るヨーロッパという意識が高まり、ＥＵ全体が多様性への習熟に向けて一層の努力が求められるままに、各加盟国の象徴的存在から成る理事会の比重が高まり、ＥＵ諸機関の間における力関係も、相対的にみて委員会優位から理事会優位に移行したかにみえるのである。[60]

それにもかかわらず、ここには看過しえない仕組みが設けられている。まず委員長選任は欧州理事会議長に完全に委ねられているわけではなく、欧州議会との連携が求められ、最後に行われた欧州議会選挙の結果をも顧慮すべきことが求められていることである（ＥＣ条約第二一四条第二項）。[61] また委員長は、委員会の基本的活動方針を定め、分科会によって活動する委員会のまとめ役として、その集団指導原理（Kollegialitätsprinzip）を確保する（同条）。元来委員や連合外務大臣の任命権は欧州理事会にあるにもかかわらず、委員長は、大物政治家なり高級官僚としての実績あるこれらの者を解任することができるのであり、これは、一見奇妙にもみえようが、委員会の権力の不当な下落を防止しようとするのでもあろうか。あるいはまた委員会の有する重大な任務をみれば、当然のこととみるべきものかもしれないのである。

これらの事情にもかかわらず、欧州委員会の重々しい存在理由は、その職務権限にある。確かに委員会は立法機関ではなく、その権能は閣僚理事会と欧州議会に与えられている。しかし注目すべきことは、理事会も議会も立法に関する発議権を有しないということである。その発議権は、欧州委員会が独占している。すると理事会や議会の立法権は、著しく制約されたものとなってしまうのであるが、それはもっぱら、共同体としてのEUの利益がほぐれた麻糸のようになる状態を回避しようとして、ヨーロッパ魂において結集した委員会に提案権を与えたのである。[62] ハルシュタインが委員会を共同体条約の「原動力」(Motor)と称したのは、直接にはこのことを指すのであるが、この建前については、近時いくらか修正が加えられている。委員会に対して、理事会側から望ましい提案を促したり、議会側からは、「提案的報告書」(Initiativberichte)を提出することがあるようであり、委員会が提案する前に、職務上当然に自ら加盟諸国の専門家たちと専門的に立ち入った協議をしているようである。[63] これらのことによって知るべきことは、EUという統治機構の設計者たちが、どれほど脳漿を絞り尽くして権力分立という三百年来のドグマと闘い、素朴で実り少ないともみられがちな「抑制均衡」の手法にまで後退し、しかもそれを越えて一層緻密な設計変更の上に多様性から調和への努力をしているかということである。

Ⅳ　抑制均衡から多様性への習熟――コミトロジー

EUが今や古典的な三権分立の原則に立たないことは、明らかとなった。立法権は議会と理事会とで分有し、しかもこれらの立法の発議権は委員会が掌握するという絡み合いの関係にある。名称上委員会は、理事会の下位に立つ第二次的機関とみられやすいが、これは独立の機関であり、立法の発議権によって理事会を拘束するだけではなく、EU法の執行やその適法性審査の権能すら行使する。(64) 委員会の上位にありそうな閣僚理事会の編成はほとんど政府のそれと等しいとみられながら、現時点では執行の全権を掌握しているわけではなく、これが政府にまで成長する日は遠い。要するにEUの統治機構は、権力分立に関する古典的理論では説明できないのであり、一見それは膨大な数に上るテクノクラートたちの諸力間における抑制均衡状態ともみえるであろう。しかしそれが蝮の絡み合い状態というのではなくて、それぞれ自己の祖国をもちながらEUへの「誠実な参加」(participation loyale)(65) に努め、ヨーロッパ統合の理想を目指して多様性への習熟の営みがなされているのである。この観点からみれば、もはやEUの構造的分析は他の専門家に委ねて、ここでは無限に多様なヨーロッパ法文化の理解に立ち向かう手法の面を拓かなければならない。「コミトロジー」(comitologie) がその手法の一つである。

コミトロジーとは何か。それは欧州司法裁判所がいわば「発掘」して用いだした語といわれるが、「バルバール」で洗練されていない語であり、英独仏露の主要な国語辞典には挙げられていない。ようやくEUの専門語辞典であるティエリ・デバール他編著の『EU法事典』にかろうじて「共同体の隠語」(jargon communautaire) として取り上げられ(66)、「理事会が委員会に対して執行上の諸管轄権の委譲を行う手続的仕組みの総体」とされていたが(67)、他方ソーロンによれば、コミトロジーとは、「欧州委員会が加盟諸国の専門委員会などの助力を得て、法令の執行方法を採用するプロセス」と定義されている。(68) いずれの定義も執行権委譲の主体と客体を限定しており、これは最近わが国で刊行された『拡大EU辞典』において、「政策実施助言委員会方式」と訳され、「閣僚理事会で政策の実施権限を欧州委員会に委任した事項を、各国政府が監視し統制する方法で、この委員会で承認されないと欧州委員会で採択されないようにしようとするもの」と説明されていることにも通じている。(69) しかしいずれもわかりやすいが、正確ではない。ここにいう委員会は、欧州委員会 (Commission européenne) ではなくて、その内部に各加盟国から選ばれて構成される大小さまざまな専門的委員会（comité）であり、「政策」の実施を助言するよりもむしろEUの「法令」の執行に関わる助言機関としての委員会である。しかもコミトロジーは、委員会や理事会だけに関わるものではなく、今日では、「分野を限定することなくヨーロッパ・レベルの重要な共同体法規の執行」に関するものだからである。[70] なおコミトロジーの語はEU内部の隠語であるという限り、不本意ながら訳語を案出する代わりに、しばらくここでは「コミトロジー」の語をそのまま用いるのが適当であろう。

ここでコミトロジーという新機軸は、そもそもヨーロッパ統合に関わる諸条約が、いずれも執行権能の分配に関して妥協と躊躇があったことに由来する。その結果としてソーロンもまた、先に掲げた定義に続けて、「この語は、共同体の制度的構造が『モンテスキューの考えていたような権力分立には断固背を向けている』という意味の三権間の混乱から大いに由来している」と述べている。[71] 実際EU諸機関間の関係は、常識的権力分立論では説明できない。むしろ諸権能の再分配と調和化、すなわち新たな抑制均衡の手法が必要となり、これがコミトロジーなのである。[72] 実際、欧州議会ですらコミトロジーと無縁ではない。それは立法権を独占する機関ではなく、これを閣僚理事会と分かち有している限り、必然的にコミトロジーと関わり合わざるをえない。しかし伝統的な観念からすれば、議会が執行部に直接的干渉を加えることは許されないことであるから、一九九九年のいわゆるコミトロジー判決では、この点についての妥協が試みられた。憲法的伝統に従い、議会がコミトロジー手続に関わり合うことは形式的には排除されるとしながら、執行部がその権限を逸脱していると判断される場合には、議会がそれに干渉する権限を認めたのである。[73]

閣僚理事会についてはなお、立法権のみならず予算編成権をも有しており、さらにEU内部で法令の統一的適用が必要な場合、ある範囲では執行権をも与えられている（憲法条約第一―二三条第二項、第一―三七条第二項）。ここにおいては明らかに、従来の機械的な権力分立原則では説明し難い権力競合があるといわざるをえない。[74] あえて繰り返すが、競合の意味は、重複とか競争ではなくて協力、すなわち多様性の調和のための努力である。そして調和化は権力的あるいは権威的な統一ではない。実際、「男を女にすること以外は何事でもできる」というイギリス議会のあり方は、過去の理想だったかもしれない。しかしいまだ基礎の固まらない欧州議会にその理想を当てはめる理由はない。そもそも議会制民主主義に対する過大評価は危険である。ことに権力者たちが腐敗すれば、国家存亡の危機に見舞われることを議員たち自身が知るべきことである。かつてはECのモーターとされた欧州委員会の権力失墜が委員の汚職に起因したことは、ここに多言を要しないであろう。それを承知の上で、いまだEUの政治形態が確立していない現段階で、本来は政策決定における調整を目指している議会的統制を導入することは、単に不適当であるのみならず、甚だしい勘違い (**wrong-headed**) とすらいえるのである。しかもEU自体は、現在その「民主主義の欠落」(**democratic deficit**) が一般的に批判され自覚されている。そこに導入されたのが、コミトロジーの方式なのである。(75)

コミトロジーの導入によって、とりわけ法令の執行段階における作業はきわめて複雑なものとなる。さまざまな専門委員会があり、それらの変形や変種があり、それぞれの場で用いられる手続も多種多様だからである。それらの委員会活動に対する欧州議会の監督も決して行き届いてはいない。それゆえに重大な政策的決定が民主主義的監視の外に置かれることは決してまれではない。(76) それにもかかわらず、EUの法令が執行される場は、何よりもまず加盟国側にあるのだから、それぞれの加盟国から選ばれる専門委員たちの声によって各国内の具体的状況を把握しなければ、欧州委員会をはじめEUの諸機関は、EU所期の目的の達成を期待されえないのである。

V　短い結びのことば

これまでEUの統治機構を慌ただしく概観してきたが、本稿における主張は、二世紀前に国王専制の体制を打破した権力分立の原則が現在のヨーロッパ統合の指導原理にはなりえないということである。確かに誰の耳にも美しく響くものは故郷の鐘の音であろう。それだけに二百年来揺るぎなく基礎づけられた国民国家の対立から新しい全欧的統治構造への脱皮には、新たな原理に基づく統治構造の変革がその前提となる。そこでは諸権力の競合ないし協力、諸権能の有機的な絡み合いを目指す再分配がなされなければ、二十七カ国にも及ぶ加盟諸国間における法的多様性の調和化は望めない。その調和化への道は遠く、しかもその道は哲学のない統治構造いじりの舗装道路ではなく、精神的変革という「茨の道」(doro rosa)である。どこまで続くかは定かでない茨の道――本稿はこの語によって結ばれる。

最後になお一言付け加えておきたい。EUの統治機構は、欧州議会、欧州理事会、閣僚理事会、欧州委員会をもってそのすべてではない。EUの憲法条約で取り上げられている最も重要な機関の一つとしては、何よりも司法裁判所を挙げなければならない。しかしこれについては、一部他に論ずる機会があったので[77]ここでは割愛し、その詳細な研究は他日に期することにしたい。

注

(1) デカルト(野田又夫訳)『方法序説』野田責任編集『デカルト』(中央公論社、中公バックス世界の名著27、一九七八年)一七四頁参照。野田訳は本文に掲げた訳と表現はかなり異なっているが、内容は同じである。

ここでデカルトは、歴史的に長い歳月をかけて出来上がった古い都市と優れた技師が思いのまま大平原に設計した規則正しい都市とを比較した。また彼は、野蛮な時代から犯罪や争いに揉まれ難産の果てに生み出されてきた法と、例えば賢人リュクルゴスの制定したような、一見奇妙で良俗違反ともみえる規定を含む立法でも、スパルタの繁栄をもたらしえた事例その他を挙げた。思索の上に思索を重ねる真に学問的態度をもって『方法序説』を書いた。学問への門をくぐる者、学問の道を歩む者は、必ずこの書を携えるべきものと私は信じている。

(2) «penser» には「思う」という意味もないわけではないが、"think" や „denken" と同様に、思索するとか熟考するほどの強い意味であり、「我思う、ゆえに我あり」などという軽い意味ではない。むしろ「われ思索す［あるいは、われ疑う］。ゆえに我あり」のほうが適訳であろう。ここにあえて注記するのは、誤訳によって深い思想が葬られることを遺憾とするからである。序でながら、パスカルのいう «esprit de finesse» を「繊細の精神」と訳して憚らないのも問題であろう。

(3) 本稿は、二〇〇六年八月四日に聖学院大学大学院で開かれた大学院コロキウムにおける講演の基礎をなしたものである。

(4) モンテスキュー『法の精神』、井上幸治責任編集『モンテスキュー』（中央公論社、中公バックス世界の名著34、一九八〇年）六四頁以下。モンテスキュー（野田良之他訳）『法の精神』（上）、（岩波書店、岩波文庫、一九九〇年）二九一頁以下。本文は、井上訳による。

(5) 井上、前掲、注（4）、六四頁。

(6) 井上、前掲、注（4）、六五頁およびモンテスキューの本文四四二頁以下ならびに四四三頁訳注1を参照せよ。

(7) C. Eisenmann, «L'esprit des lois et la séparation des pouvoirs,» in *Mélanges en l'honneur de R. Carré de Malberg*, (Sirey, 1933), p.165.

(8) Abdelkhaleq Berramdane et Jean Rossetto, *Droit institutionnel de l'Union européenne*, (Montchrestien, 2005), p.4.

(9) Juan Fernando López Aguilar, "The balance of power between European Council, the Council and the Commission," in Herm-Josef Blanke & Stelio Mangiameli, *Governing Europe under a Constitution: the hard road from the European treaties to a European Constitutional Treaty*, (Springer, 2006), p.440.

(10) モンテスキュー（野田他訳）、前掲、三四二頁。

(11) Ernst-Joachim Mestmäcker, *Wirtschaft und Verfassung in der Europäischen Union—Beiträge zu Recht, Theorie und Politik der europäischen Integration*, (Nomos, 2003), S.28. 井上幸治責任編集の前掲書においては、モンテスキューのこの重要な発言部分（第一一編第一章）が無視され、まったく訳出されていない。

(12) Peter Altmaier, „Mehr Mut zu Europa! Der Verfassungsvertrag ist besser als sein Ruf," in Mathias Jopp/Saskia Matl (Hrsg.), *Der Vertrag über eine Verfassung für Europa: Analysen zur Konstitutionalisierung der EU*, (Nomos, 2005), S.547ff.

(13) ヴェッセルスは、さらに憲法条約に対する今後の解釈にも注目すべきことをも要求している。Wolfgang Wessels, „Die institutionelle Architektur des Verfassungsvertrags: Ein Meilstein in der Integrationskonstruktion," in Mathias Jopp/Saskia Matl (Hrsg.), *Der Vertrag über eine Verfassung für Europa*, (Nomos, 2005), S.50.

(14) Wessels, a.a.O., S.48. この関係では、カントの永久平和論の後にもウィーン会議の頃公刊されたクラウゼの『ヨーロッパ国家連合草案』(Karl Christian Friedrich Krause, Entwurf eines europäischen Staatenbundes) とか、サン・シモンとティエリの『ヨーロッパ社会の再組織あるいはヨーロッパ諸国民に国民的独立を保持しつつこれらを糾合する必要と方法について』というような文書、あるいはまた世界郵便同盟（一八九九年）や国際議員連盟（一八八八年）あるいはハーグ平和会議（一八九九年／一九〇七年）、そして国際連盟（一九一九年）のような国際的機構の構築等を顧みるべきであろう（Thomas Oppermann, *Europarecht—ein Studienbuch*, (München: C.H. Beck, 2005), S.4f)。

(15) Wessels, a.a.O., S.46.

(16) Peter Altmaier, Mehr Mut zu Europa! Der Verfassungsvertrag ist besser als ein Ruf, in Mathias Jopp/Saskia Matl (Hrsg.), a.a.O., S.547.

(17) Oppermann, a.a.O., S.79.

(18) Oppermann, a.a.O., S.81.

(19) Jean-Luc Sauron, *Cours d'Institutions européennes—Le puzzle européen*, 2e éd., (Gualino éditeur, 2004), p.270; Oppermann, a.a.O., S.84.

(20) Oppermann, a.a.O., S.83ff.

(21) Sionaidh Douglas-Scott, *Constitutional Law of the European Union*, 1st ed., (Longman, 2002), p.85.

(22) François-Xavier Priollaud et David Siritzky, La Constitution européenne—Texte et Commentaires, (Documentation française, 2005), p.66.

(23) Wessels, *supra* note 3, p.53 に掲げられた図表および後述、本稿三六二頁をみよ。

(24) Oppermann, a.a.O., S.84. なお、〈Saubermänner〉の目的が生活環境の整備にあるのか、それとも社会倫理の確立にあるのかは不明であるが、通常は戯れに用いられる語である。。

(25) Oppermann, a.a.O., S.85.

(26) Oppermann, a.a.O., S.86f. Berramdane/Rossetto, *supra* note 8, p.6.

(27) Stéphane Leclerc, *Les Institutions de l'Union européenne*, (Gualino éditeur, 2005), p.99.

(28) Berramdane/Rossetto, *supra* note 8, p.6.

(29) Priollaud et Siritzky, *op. cit.*, p.71. EU憲法条約第一―二二条。

(30) Berramdane/Rossetto, *supra* note 8, p.6.

(31) Berramdane/Rossetto, *supra* note 8, p.6.

(32) Oppermann, a.a.O., S.91.; Berramdane/Rosetto, *supra* note 8, p.6.

(33) 中村民雄執筆・翻訳「欧州憲法条約――解説及び翻訳――」、平成一六年衆議院憲法調査会事務局、第Ⅰ―二〇条。なお中村の訳語は、その実態に注目し、さらに既存の「欧州評議会」(Europarat, Conseil de l'Europe) との区別の意味をも込めての試みであろう。欧州理事会がEUに対してその発展のために必要な活力 (impetus) を提供する任務を帯びるとされるが、おそらくは単なる活力 (vitalité ou force) よりも強力な衝撃的指導力を指しているのではなかろうか。

(34) Priollaud et Siritzky, *op. cit.*, p.73.

(35) Wolfgang Wessels, „Die institutionelle Architektur des Verfassungsvertrags: Ein Meilenstein in der Integrationskonstruktion," in Mathias Jopp/Saskia Matl (Hrsg.), *Der Vertrag über eine Verfassung für Europa—Analysen zur Konstitutionalisierung der EU*, (Nomos, 2005), S.53. なお二院制への移行問題については、同書五二頁以下を参照せよ。

(36) Wessels, a.a.O.

(37) Sauron, *supra* note 19, p.227; Priollaud et Siritzky, *op. cit.*, p.77. なお、最新のドイツの注釈書は、ラントについてのみ言及し、ベルギーやスペインに関する言及はないことを付記しておく (Christian Calliess/Matthias Ruffert (Hrsg.), EUV, EGV: das Verfassungsrecht der Europäischen Union mit Europäischer Grundrechtecharta: Kommentar, 3.Aufl., (C.H. Beck, 2007), S.1906.)。

(38) Leclerc, *op. cit.*, p.105.

(39) Hottmann, a.a.O.; Leclerc, *op. cit.*, p.103.

(40) 憲法条約第I—二五条によれば、「特別多数決は、閣僚理事会構成国の少なくとも一五カ国から成る、少なくとも五五％の多数であって、連合の総人口の少なくとも六五％をなす加盟諸国を代表する多数とする」とされている。

(41) Priollaud et Siritzky, *op. cit.*, p.80. Paul Craig & Gráinne de Búrca, *EU LAW—Text, Cases and Materials*, 4th ed., (Oxford University Press, 2007), p.49.

(42) Douglas-Scott, supra note 21, p.76. David Blanchard, *La constitutionalisation de l'Union Européenne*, (Éditions Apogée, 2001), p.244.

(43) Oppermann, a.a.O., S.94.

(44) Leclerc, *op. cit.*, p.107. Craig & de Búrca, *op. cit.*, p.50.

(45) Oppermann, a.a.O., S.94f.

(46) Leclerc, *op. cit.*, p.107.

(47) Sauron, *op. cit.*, p.239.

(48) 山下英次、EUの意思決定プロセス　http://koho.osaka-cu.ac.jp/vuniv2003/yamashita2003-5.html

(49) Oppermann, a.a.O., S.95; cf. Craig & de Búrca, *op. cit.*, p.51.

(50) “Superorgan”を「超然的機関」と訳したことの適否は判断し難いが、黒田清隆が自らの率いる内閣を「超然内閣」と称して政党に左右されない不偏不党の内閣を標榜したひそみに倣ったものである。

(51) Leclerc, *op. cit.*, p.109. Hans-Wolfgang Arndt, Europarecht, 8. Aufl., (C.F. Müller, 2006), UTB, S.51.

(52) Oppermann, a.a.O., S.100.

(53) Klemens H. Fischer, *Der Europäische Verfassungsvertrag*, (Nomos, 2005), S.172.

(54) わが国で一般的に用いられる「愛国心」とは、きわめて曖昧な言葉である。それは父祖の地を意味する“patrie”を愛する自然的心情としての“patriotisme”なのであるが、国民国家後の「国」(nation)を強調してきたわが国では、しばしば“nationalisme”と区別がつかないでいるのではないか。

(55) Oppermann, a.a.O., S.102. Craig & de Búrca, *op. cit.*, p.40.

(56) 委員長に対する給与は、月額二二、二二〇ユーロ、他に巨額の住宅手当やその他の手当てがある。このような高額の給与は、ヨーロッパ石炭鉄鋼共同体以来、人材を集めるためのものであった。Sauron, *op. cit.*, p.180.

(57) Oppermann, a.a.O., S.101. 委員数が加盟国数を下回る場合には、委員の選出は、加盟諸国同権の原則に基づいて、輪番制の下で行われることになる (Calliess/Ruffert, a.a.O., S.1926f.)。

(58) Oppermann, a.a.O., S.10.

(59) Oppermann, a.a.O., S.102.

(60) Oppermann, a.a.O., S.96

(61) Klemens H. Fischer, *Der Europäische Verfassungsvertrag—Texte und Kommentar*, mit einem Geleitwort von Dr. Benita Ferrero-Waldner, (Nomos, 2005), S.174.

(62) Oppermann, a.a.O., S.105. Craig & de Búrca, *op. cit.*, p.43.

(63) Oppermann, a.a.O., S.106.

(64) Oppermann, a.a.O., S.105. Craig & de Búrca, *op. cit.*, p.43f.

(65) David Blanchard, *La constitutionalisation de l'Union Européenne*, Éditions Apogée, 2001, p.245 et ss.

(66) Thierry Debard, Bernadette Le Baut-Ferrarèse et Cyril Nourissat, *Dictionaire du droit de l'Union Européenne*, (Ellipses, 2002), p.44.

(67) Debard et al., *ibidem*.

(68) Sauron, *op. cit.*

(69) 佐藤幸男監修、高橋・臼井・浪岡『拡大EU辞典』(小学館、二〇〇六年) 一二八頁。

(70) Blanchard, *op. cit.*, p.354.

(71) Sauron, *op. cit.*, p.214.

(72) Sauron, *op. cit.*; Blanchard, *op. cit.*, p.338 et s.

(73) Blanchard, *op. cit.*, p.355.

(74) JOCEL 184 du 17 juillet 1999. Blanchard, *op. cit.*, p.355. この建前は、憲法条約以前からとられていたものであり、理事会は立法権と行政権を共に有している。

(75) Sionaidh Douglas-Scott, *Constitutional Law of the European Union*, (Longman, Pearson Education, 2002), p.136.

(76) Douglas-Scott, *op. cit.*, p.136.

(77) 二〇〇五年一二月一九日に早稲田大学比較法研究所でなした「EU法研究における比較法の役割」と題する講演の末尾でこれを取り扱っており、他日公刊される戒能通厚編『比較と歴史のなかの日本法学——比較法学への日本からの発信』(早稲田大学比較法研究所)を参照されたい。

フランスによる欧州連合憲法条約の否決 ——国内的側面——

滝沢　正

I　はじめに

欧州連合のいわゆる憲法条約の批准が各国において進められるなか、フランスにおいて二〇〇五年五月二九日に、次いでおよそ十日後にはオランダにおいて相次いで国民投票で否決され、にわかにその前途に暗雲が立ち込めるにいたった。フランスもオランダも原加盟国であり、とりわけフランスは英独と並ぶ欧州連合内の大国であることから、こうした動向を無視して進むことは不可能であり、大きな衝撃が走った。もっとも、その後七月上旬にルクセンブルクは可決しており、全体としては仕切り直しという感じがもたれた。すなわち、火は完全には消えていない状況と評価されている。しかし、凍結状態が解除され条約案が修正されて成立にこぎつけるにしても、それまでには相当の長期化が予想されている。

フランスで国民投票が行われる直前に安全策をとり議会で承認したドイツ、フランスの動きを見定めて先送りを決めた二〇〇五年後期の議長国であるイギリス、直後に賛否を明らかにしたオランダやルクセンブルクを含めて、各国の個別の事情を検討することにはそれなりの意義があろう。ここではドイツとともにヨーロッパ統合を牽引してきた国であり、大国としてその将来に対して影響力が大きいフランスに焦点を合わせて、この憲法条約の否決という問題を検討する。その際に、国際的側面すなわち各国の反応(1)および力関係の変化、憲法条約の今後の見通し(2)などについては、ここでは対象としない。フランス法専攻の私としてはもっぱらフランスの国内的側面を扱い、しかも政治的、社会的論点を網羅的にというよりは関わりをもつ法的論点を中心として考察を行いたい。

論点を二点に絞ってあらかじめ問題の所在を説明したい。第一は、他国でも類似する事情がみられたのであるが、条約批准には必ずしも国民投票という手段が不可欠というわけではなく、国会の承認でも十分であるという点である。現実にも国民投票の帰趨に不安を覚えたシュレーダー内閣のドイツは、国会の承認という途を選択している。これに対して、フランスのシラク大統領はあえて国民投票という手法を選択したわけであり、どこにこの制度の意義があるのか、国民投票制度の内容と機能を一般的にまたフランスの実態に即して検討する。第二は、提案を否決した国民の投票行動の背景にあると思われるフランスの政治状況の変化を探ってみたい。そのことを通じて、他の西欧諸国さらにはわが国ともかなりの部分において共通する現代的な問題状況を指摘できればよいと考えている。

II　国民投票の制度と機能

わが国で重要な対外政策を決定する場合には、政府が方針を決めるとしても、最終的にはすべてが国会で審議され承認される。日米安全保障条約の承認の際の国会の混乱を想起すれば、このことはすぐに理解される。これに対して、国民投票の制度があれば、どちらの手段によるかが、まず選択されなければならず、そこに重大な政策判断が含まれることになる。先回のマーストリヒト条約の批准においてすでに国民投票によったため、今回も当然国民投票によるものとして、フランス本国でもわが国でもこの点はほとんど議論されていない。しかし、この根本的問題をまず押さえておく必要があろう。

一 代議制と直接民主制

直接民主制はギリシャのポリスで行われ、民主制の原型を示している。またスイスのカントンでは今日でも直接民主制が利用されている。しかし、フランスのように大きな国においては直接民主制が機能することは難しく、どうしても代表民主制、代議制が基本となる。もっとも、代議制のみで運用するか、これを補完するものとして直接民主制を併用するかは政策問題となる。第五共和制下のフランスでは、第三、第四共和制時代の伝統とは異なり、直接民主制の要素が多く取り入れられている。当初はなかった大統領の直接選挙制の採用にもその一端が示されているといえるが[(3)]、政策決定については国民投票制度がその典型例である。憲法三条一項は、「国家の主権は、人民に属する。人民はその代表者によりおよび国民投票の手段によりこれを行使する。」と規定し[(4)]、両者の併用を明示している。国民投票では直接に国民の意思を問うわけであるから、承認された場合の重みがあることのほか、選挙の時のみ主権者であってあとは議会に丸投げというのではなく、国民に政治を担う主体としての自覚を促し当該重要問題を考えさせる効果も期待できる[(5)]。

二 国民投票と追認的国民投票

ところで国民投票は、その利用目的に応じて二種が区別されてきた。国民の意向を真に知るための本来的な国民投票、レフェレンダム（referendum）と、為政者が自己の政策を正当化するために行う追認的国民投票、いわゆるプレビシット（plébiscite）である。後者はナポレオンの考案になるとされ、独裁権を確立するためにナポレオンは巧妙に利用し、その後もナポレオン三世をはじめとして、表見的民主主義にとどまる国々で頻繁に用いられている。アメリカが経済援助の中止や武力行使をちらつかせるので、第三世界の独裁国家が民主制を装うために実施する「国民投票」が典型例である。そこでは九八％の投票率で九五％が信任したというような投票結果が公表されるが、その実態は投票箱の横に銃剣を携えた軍隊がいたりするのである。民意の高い今日のフランスの状況では、国民投票は本来的な形でしか機能することが考えられない。プレビシットであるならば今回のような否決される結末など論外であるからである。

三　第五共和制憲法典における国民投票制度

第五共和制憲法典においては、国民投票が積極的に運用されているわけであるが、二種の国民投票制度が規定されている。一つは憲法一一条が規定する大統領の権限である。政府の提案または両院の共同提案に基づいて、「公権力の組織および共和国の基本政策」について、大統領は国民投票に付すことができる。この権限については、一九九五年八月四日の憲法改正により対象事項が、「社会的、経済的基本政策および公役務の組織」についても拡大された。

他の一つは憲法八九条が規定する憲法改正手続きに関連する。すなわち、改正案が成立するためには両院で議決されたのち、国民投票で可決されることが必要である。もっとも、大統領提案の改正案は、これに代えて両院合同会議（Congrès）で五分の三の多数により可決することでもよく、いずれの方法によるかは大統領の決するところによる。実績としては、両院合同会議による事例が多数を占める。

四　運用

第五共和制下でこれまで九回の国民投票が実施された。対象事項としては、旧植民地の処遇に関するものが三回、欧州共同体に関するものが三回、憲法改正に関するものが三回である。憲法改正に関するもののうち最初の二回、③と④は一一条の手続きによるものであり、八九条に特別な規定が設けられていることから憲法違反ではないかという疑問がもたれた。これに対し、⑧のものは憲法八九条が定める憲法改正手続きによる国民投票である。列挙するならば以下のとおりである。

①一九六一年一月八日　アルジェリアの自治　旧植民地
②一九六二年四月八日　エヴィアン協定　旧植民地
③一九六二年一〇月二八日　憲法改正（大統領直接選挙制）
④一九六九年四月二七日　憲法改正（州の創設および元老院改組）
⑤一九七二年四月二三日　EC拡大　欧州共同体
⑥一九八八年一一月六日　ヌヴェル・カレドニーの将来　旧植民地(6)
⑦一九九二年九月二〇日　マーストリヒト条約　欧州共同体
⑧二〇〇〇年九月二四日　憲法改正（大統領任期短縮）
⑨二〇〇五年五月二九日　EU憲法条約　欧州共同体

国民投票は本来政策の採否を国民に直接問う制度である。①から④がド・ゴール大統領時代に実施された。ところが批判が強かった④につき、ド・ゴール大統領は自らの進退を賭けると明言した。大統領は本来全国民を代表する存在、国家元首であるから、国民投票では純粋に政策の採否を国民に問うべきであり、特定の政策に加担すべき存在ではないと思われてきた。ところが政治的争点に自ら身を置き党派性を示したわけであり、その否決によりド・ゴール大統領の辞任がもたらされた。以後、国民投票はそれを提案した大統領の信任という意味をもつようになったとされる。例えば、すぐあとで行われた⑤のEC拡大には国民の間でほとんど反対の声はなかったはずであるが、相当多数の反対票が投じられた。ポンピドゥ大統領に対する左翼陣営の批判票といわれている。政争の手段として政策決定そのものに反対でなくとも、否決に回ることがありうるのである。その後十六年の長期に及ぶ国民投票の空白の大きな理由は、歴代の大統領がこの傾向を嫌ったためと考えられている。(7) 今回の国民投票についても、実施を進めたシラク大統領、ラファラン首相の信を問うという面が強くみられた。もちろんシラク大統領は、信任投票の性格をもつものではないと再三言明した。しかし、否決されたということになれば、やはり大統領の威信は大きく損なわれ、またラファラン首相は責任をとらされて辞任し、ドヴィルパン外相が後任の首相に指名された。

ただし、国民投票の政治化は、一筋縄ではいかない。大統領の反対派は、政敵を倒すためには手段を選ばずという方針により、反対に回ることが多い。しかし、反対派が当該政策につき意見が分かれているときは、国民の面前で反対陣営の分裂を演出させる効果もありうる。今回の国民投票では与党よりもむしろ野党の社会党がその内部において賛成派と反対派に割れて、後述するように与党以上に大きな痛手を負った。結局、与野党を問わず、フランスの威信が大きく傷ついたことになる。そこで次に、なぜそうしたマイナスの影響が予想されたにもかかわらず、国民投票が実施され、またフランス人が否決という投票行動をとったのか、検討してみたい。

III 政治状況の変化と投票行動

今回憲法条約の批准を否決したフランス国民が、特にこれまで欧州統合に冷淡であったというわけではない。欧州連合が実施する世論調査、ユーロバロメーターでは、フランスはドイツなどとともに大体平均値に近いところにいつも位置している。ちなみに調査項目によらず国別の賛否状況では、常に最高がルクセンブルクであり、常に最低がイギリスである。フランス人およびフランス国の立場は集約すると総論はおおむね賛成、しかし各論、個々の政策ではやや反対が多くなるという傾向といえようか。

そうしたフランスが今回否決した理由はいくつか指摘されている。信任投票化の結果という点は、すでに述べた。しかし、それだけではすべての説明はつかない。そのほかでは、第一に、国民が時期尚早であると考えたという理由である。マーストリヒト条約、ニース条約ときてこの上さらに憲法条約を締結することまですぐに必要なのだろうかという疑問が生じたわけである。客観的にも、一度立ち止まってゆっくり考えるべき時期であると思っても不思議ではない。すなわち、統合が臨界状況になったと認識されたわけである。第二に、投票する時期としては社会状況が悪すぎたという理由である。二〇〇四年五月に欧州連合は二十五カ国に拡大したが、その頃よりフランスでは失業者が増えて国民投票の頃は不況のただ中にあった。そのため、「ポーランドの配管工」（後述三2参照）に示される欧州拡大への不信、ひいては統合への不信が高まったのである。タイミングがきわめて悪かったということである。第三に、論争が政争の道具となったという理由である。これまでは政治的エリートたち、極右・極左を除いた与野党の指導者たちは、ヨーロッパ統合を推進する点では一致していた。今回はその一翼である社会党のファビウス元首相が、アングロサクソン的でない社会国家ヨーロッパを強調して、統合そのものではなく、統合の手法に異議を唱えて反対した。しかもこの草案を作成した最高責任者は、ジスカール・デスタン元フランス大統領である。第四に、フランス国民の慢心であり、フランスなくしてEU統合はない、という一種の思い上がりである。他の小国ならば、否決すれば統合から取り残されてしまうという恐怖から、賛成せざるをえない心理になる。フランスには第二次大戦後にヨーロッパ防衛共同体を提案しておきながら、つぶした前科もある。しかし、ヨーロッパ各国の市民の率直な反応がフランスのような大国の国民でなければ表明できないのであれば、この否決は貴重である。フランスの否決がなければオランダの状況も、たとえ否決するにしてももう少し僅差というように異なっていたことが考えられる。以下では、国民投票をめぐるこれら以外のより法的な論点を指摘する。

一　国際関係の緊密化と国内法との関係

国際関係が緊密化すると、国際的な動向が国内法に影響を直接に及ぼすようになる。かつては外交上のことがらは外務省というプロ集団の仕事であった。今でも外務省はどこの国でもこうした気位が高い。これに対して、近時は外務省の頭越しに首脳外交が盛んとなり、そうなると外国との対応は政府にとりあえずは任せておけばよい、国内法上に具体化したら議会や国民が考えましょうという対応に変化した。今日の欧州諸国ではそれでも済まなくなって、国民がじかに国際関係に関心をもたざるをえなくなっている。欧州連合憲法条約の是非を問う国民投票はこうした傾向を象徴するものであるが、国際関係が国民の生活に関わりを深めている事態は、ヨーロッパでは以前から拡大するのがみられた。憲法レヴェルと法律以下のレヴェルに分けてフランスの法的対応を検討する。(8)

1　国際法規の憲法との抵触

国際法規の内容がそもそも憲法典と抵触することがある。憲法五四条は憲法院が両規定の両立しえないことを宣言した場合においては、憲法を改正したのちでなければこの国際法規を批准できない、としている。このような理由で行われた憲法改正は以下の六回を指摘できる。ちなみに憲法改正は二〇〇三年までで全部で十七回であるから、比率は低くない。対象事項はヨーロッパに関するものが中心であるが、⑤は世界規模の条約に関する。欧州統合に伴う広域行政の必要性から導かれた二〇〇三年の地方分権改革のための憲法改正のように間接的なものを含めれば、国際関係の影響はさらに多くなる。日本国憲法は解釈が融通無碍なところがあって改正なしで済ましている面も強いので、わが国の改正論議からは想像ができない事態である。

① 一九九二年六月二五日　マーストリヒト条約
② 一九九三年一一月一九日　庇護権
③ 一九九六年二月二二日　EU通貨統合(9)
④ 一九九九年一月二五日　アムステルダム条約(10)
⑤ 一九九九年七月八日　国際刑事裁判所(10)
⑥ 二〇〇三年三月二五日　欧州逮捕状

2　国際法規と法律の抵触

国際法規と憲法以外の国内法規との関係をどのようにとらえるかは、議論の分かれるところである。次元を異ならせる法体系と考える二元論よりも、まったく別の法体系をなすのではないとする一元論が近時は有力である。この立場にたてば、国際法規のうちには国内法規として直接適用されるものが増加している。しかもフランスでは国際法規の国内法としての効力を法律に優位させている。すなわち、国際協定一般については、第四共和制憲法以来、国際法優位を規定している。第五共和制憲法についていえば、その五五条が国際法優位を規定しており、最近においては裁判所もこの原理を忠実に守っている。[12] 他方で欧州共同体法については、設立条約で直接適用を明示するほか、EC裁判所が共同体法の優位性を認めている。[13] 共同体法が国民の生活にとり重要性を増す状況の下で、欧州連合憲法条約について、国民の意思を直接に問うことがなされた背景が理解される。[11]

もっとも、フランス国民のすべてがこうした状況を正確に理解していたかというと、疑問である。さらに、国民投票に先立ち有権者全員に配布された憲法条約の全文は、あまりに長くしかも決してわかりやすいものとはいえない。したがって問われたのは、条約の個別の内容というよりも、統合を一層進めることの是非である。その点で、否決された背景としては、政治がフランス国民の意見を集約してくみ上げることができなかったことが、大きく関わっていよう。与野党が一致して賛成しているはずの条約であったからである。次に、こうした政治状況の変化を検討する。

二　伝統的な対立点の消滅

国民投票は国民の意思を直接に問う手段であるが、日常的にこれを代弁しているのが政党である。実は現行フランス憲法典には、政党に関して四条に規定がある。すなわち、「政党および政治団体は、投票における意思表明に協力する。政党および政治団体は、自由に結成され、その活動を行う。政党および政治団体は、国民主権および民主政の原理を尊重しなければならない」(一項)。ところが政党が今回の賛否に影響力を行使しえたかというと、ほとんどできなかった。それまで政党は特定の政治的立場を代弁してきたのであるが、そうした対立点が消滅してしまったからであり、新たな対立点については代弁できないからである。[14] まず、消滅してしまった伝統的な対立点として、イデオロギーと右派と左派の政治的立場について指摘することができよう。

1　イデオロギー

右派は王党派などを除けば、自由主義、個人主義に基礎を置いているものの、一般的に強固な思想的背景は希薄である。そこでここでは左派を取り上げることになるが、左派のイデオロギーの第一は、共産主義である。資本主義の矛盾が多くみられまたそれに対する対応が不十分であった時代、またソビエト連邦をモデルとして社会主義国家の建設に希望がもたれていた時代には、共産主義イデオロギーは大きな影響力をもっていた。今日では、資本主義諸国において労働者の待遇改善に著しいものがあり、他方ソビエト連邦をはじめとする社会主義国家の崩壊は、このイデオロギーの決定的衰退をもたらした。フランス共産党は、かつては西ヨーロッパで最強のひとつであったが、現在大幅に凋落している。もっとも、共産党自体は統合反対の立場である。

第二は、社会民主主義のイデオロギーである。社会主義への対抗のための高福祉・高負担の図式は、北欧での実践を通じてヨーロッパで高く評価されてきた。フランスでは社会党がこの立場を代弁してきた。ところが今日では、アングロサクソン・モデルが有力となり、必ずしも万能とは考えられなくなっている。また、社会国家の理念が各党派により程度にこそ差はあれあまねく取り入れられた結果、政治的主張としての独自性が希薄化した。社会党は国際協調が売り物であり、統合賛成が基調である。ミッテラン前大統領も積極的であった。ところが今回の欧州統合について独自性を強調したのが、この理念に忠実なはずの社会党左派のファビウス元首相の対応であり、反対のメッセージであった。

2　右派と左派

右派と左派、保守と革新と言い換えてもよい両者は、多くの政治的論点について長期にわたり根本的に対立してきたが、今日ではほとんど対立点が消滅している。第一に、歴史であり、右派は歴史的伝統を尊重し、左派は進歩を目指し、保守と革新を体現するものであった。ところが既得権益の擁護を代弁してきた右派が社会の改革を積極的に志向し、逆に政権に就き利益配分にあずかるようになった左派は現状の維持に回る事態が少なくない。日本の保守である小泉内閣が標榜する「自民党をぶっ壊す」という改革志向も、世界的には実は決して珍しいことではない。第二に、宗教であり、右派はカトリックと緊密であり、左派は非宗教、政教分離を旨としてきた。ところが右派は教皇よりもリベラルな立場をとり関係が疎遠となり、左派はキリスト教の平和、友愛、人権、平等などの精神に理解を示すようになる。第三に、社会構造であり、右派は中間団体や大企業に寛大であり、左派は国家と個人を二元的に考え、これに敵対してきた。ところが右派が個人の自由を一層確保するため規制に乗り出し、左派は労働組合、消費者連合など団体への依存を強める。第四に、伝統的価値であり、右派は祖国、家族、労働と勤勉など、いわばブルジョワ的価値を認め、左派は国際的連帯、個人、余暇などに価値を認めてきた。ところが右派はより自由を志向し、左派は財産的にも精神的にも余裕を得て伝統的価値を再評価する。第五に、軍事・外交であり、右派は資本主義陣営に、左派は社会主義陣営に拠っていた。ところが東西両陣営の対立が解消し、外交政策にほとんど相違がみえなくなる。社会党のミッテラン大統領と右派のシラク大統領とで、対アメリカ、対ドイツ政策で対応に基本的差異がみられない。すなわち、一言にすると一貫して反アングロサクソン、親ドイツである。

三　新たな対立点の登場

伝統的な対立点が消滅し、代わって新たな政治的対立点が登場するが、これらは政党の立場と一致しない。同一政党の内部で賛成の者と反対の者がおり、政党による統制が利かなくなってしまっている。これが一致しているのは、極端にいえばル・ペンの率いる極右政党である国民戦線のみといえる。

1　アイデンティティ

フランス人のフランスか、多文化のフランスかであり、移民問題に典型的に示される。国民国家の社会を志向するのか、開かれた社会を志向するのかと言い換えてもよい。前者はノン、後者はウイに結びつく。政党では国民戦線は移民排斥で立場が明確あるが、他の政党では開かれた社会を基調としつつもそのスタンスについて内部に意見の対立を抱えている。

2　ヨーロッパ統合

今回の国民投票で問われた事項であるが、1の文化的側面を、経済的側面に置き換えたものといってよい。フランス国内経済優先か、ヨーロッパ域内経済優先かであり、失業問題に典型的に示される。前者はノン、後者はウイに結びつく。国民戦線は国内優先で立場が明確であるが、他の政党では内部で調和点を定めるに当たり意見の対立を抱えている。社会党での対立が最も先鋭であり、いずれも首相経験者であるロカールが賛成、ファビウスが反対の立場をとり、分裂の危機を迎えている。東の安い労働力がフランス人の職域を侵して失業に追い込んでいるという事態を象徴する

「ポーランド人の配管工」の議論は、このからみで喧伝された。

3　司法

安全重視か、人権重視かであり、治安問題に典型的に示される。移民や外国人の犯罪、国境を越える犯罪への対応という面で、アイデンティティやヨーロッパ統合と密接に関わる。安全は国内事項、人権は普遍的事項である。かつて右派に属する司法大臣ペールフィットは治安を優先する立場をとり、社会党の司法大臣バダンテールは人権侵害に留意する立場をとったが、今日では既成政党の間で差異は見いだしがたくなっている。前者はノン、後者はウイに結びつく。国民戦線のみが安全重視で明快である。

Ⅳ　おわりに

欧州共同体の発足時には、第二次世界大戦の愚を繰り返してはならないという信念が行き渡っていた。欧州連合憲法条約に賛成する者は、こうした独仏和解の意義と歴史的経緯を熟知している年配者が多く、またこれを理解する知識人が多かった。しかし時代は流れ、戦争を知らない若者世代が増大する。また失業にさらされている労働者には、こうした経緯だけで十分に納得してもらうことが困難である。(15)

同時に冷戦時代には、東西の米ソ両大国の間でヨーロッパの諸国は団結することによって初めてその存在を示すことができた。しかしソビエト連邦が崩壊し、中東欧諸国がこぞって欧州連合に加盟を求める今日の状況の下で、こうしたいわば消極的意味での存在意義も薄れてきている。

他方で欧州連合は、発足当初の六カ国時代であれば、利害も均一であり、石炭鉄鋼共同体が基礎となった産業資源共同利用と共同市場形成の意図が明確であった。現在二十五カ国に拡大し同時に目標も多様化し、メッセージが希薄になっている。また過去を抜きにした未来志向のみでは、拡大EUの意義を万人に理解させることが困難となっている。そして政党がこれに関する立場を代弁できないのであれば、なまじ賛成派が大多数である議会で国民の真の意向を抜きにして批准するよりも、国民投票で当たって砕けろという方式がむしろまっとうな方法であるのかもしれない。フランスでの実践から、憲法条約への賛否の亀裂よりも実は政党の意向と国民の意思の乖離がむしろ深刻な課題として浮かび上がったように思われる。

フランスではマーストリヒト条約の批准のときも僅差であったので、今回について否決の可能性を承知しつつもあえて国民投票に付した面がある。否決という結果によりフランスの威信は傷ついたとはいえ、欧州連合全体にとってみればマイナスばかりとはいえないように思われる。すなわち、これまでのエリート主導の統合が民意をどこまで反映してきたのか、民主的基盤が備わっていたのかという欧州連合が抱える最も根本的問題について、反省する機会となったことの意義は少なくない。

注

(1) フランスは、盟友であるドイツと直ちに首脳会談をもち、理解を求めた。
(2) 二〇〇六年一一月までに批准を終え二〇〇七年から発効という予定は白紙となり、本格的な再検討は、少なくともフランスの大統領選挙の年である二〇〇七年以降に先送りされた。

(3) フランスの地方公共団体では首長公選制を採用しておらず、国家レヴェルでいかに直接民主制に傾斜しているかがわかる。

(4) 一般論であって、大統領任期短縮のケースのように投票率があまりに低い場合には、こうした効果は期待できない。他方で、代議制を空洞化しポピュリスムに流れる危険性も指摘されるところである。

(5) もっとも、欧州連合憲法条約についていえば、あまりに複雑すぎて真の内容に及んだ学習効果はあまりなかったとされる。これに比べて、⑧の大統領の任期を七年から五年に短縮する憲法改正は、逆に内容があまりに単純で異論もなかったことから、投票率が極端に悪かった。

(6) 滝沢正「ヌヴェル・カレドニーの将来に関する国民投票」『日仏法学』一七号(一九九一年)一一三頁以下。

(7) 憲法改正も空白がみられた。この点については、滝沢正「フランスにおける憲法改正」北村一郎編集代表『現代ヨーロッパ法の展望　山口俊夫先生古希記念』(東京大学出版会、一九九八年)四二三頁以下参照。

(8) 滝沢正「フランスにおける国際法と国内法」『上智法学論集』四二巻一号(一九九八年)三九頁以下。

(9) この憲法改正については、滝沢正「紹介/フランス」『比較法研究』五八号(一九九七年)一九七頁以下を参照。

(10) この二回の憲法改正については、滝沢正「紹介/フランス」『比較法研究』六一号(一九九九年)二三〇頁以下を参照。

(11) かつては必ずしも規定どおりの運用をなしておらず、議会主権の伝統から法律を尊重して同位に置き、後法優位の適用をなす憲法実践を繰り返してきた。

(12) 司法裁判所は一九七五年のジャック・ヴァブル判決以降、行政裁判所は一九八九年のニコロ判決以降である。

(13) 直接適用を判例上認めたのは、一九六三年の Van Gend en Loos 判決であり、優位性を認めたのは、一九六四年の Costa c. ENEL 判決である。

(14) ジャック・ロベール(滝沢正訳)「第五共和制の行方」『日仏法学』二二号(一九九八年)二三五頁以下。

(15) ここでは世代と職業について言及するにとどめたが、学歴、都市部と農村部、地域などによる明瞭な差異も指摘されている。

EU憲法体制と新規加盟国

鈴木輝二

はじめに

EU憲法条約をめぐっては憲法条約の成立要件である全加盟国の批准のうち二〇〇五年五月のフランス、それに続く六月のオランダの国民投票においてEU憲法条約の批准が否決される結果となって憲法条約成立の賛否に暗雲を投げかけたが、一時的停止状態の中でも他の加盟国の憲法条約批准の手続きは進行しつつあり、いずれ何らかの修正案によって妥協されるものと思われる。(1) その一時的停止がEUの発展にとって大きな後退をもたらしたわけではない。特に新規加盟国においてはEUの地域格差是正のための予算に基づく、インフラ整備の事業がすべての拡大地域において国内予算と一体となって実施されており、国民一般からすると初めてEU加盟の実益を認識する機会となった。当然ながらそれは国内の世論に影響を与え、二〇〇三年九月当時、ポーランドを例にとると国内の与野党の政治家が争点にし、ニース条約の条件より不利になったと〝憲法条約草案〟に関して反発したナショナリストたちの勢いは二〇〇七年になると低調となる。批准をめぐる国内論争が展開しているとき、国民一般はそれほど深く憲法条約を知ったわけではないのでポプリストたちの扇動に影響されていた側面があった。(2) 今日では世論調査で憲法賛成派の勢力が過半数を占めている。

さて、中東欧諸国のＥＵ加盟過程はＥＵ法体制の反映としての外交交渉であったので、従来の国際法の先例にないＥＵ法あるいはＥＵ当局の加盟予定国の内政に介入する内容を伴うものであった。ＥＵ法の特色を知るためにもその交渉過程の分析は重要となる。古典国際法からすれば、国家主権への介入は国民主権的憲法秩序の認めることのできない〝国内問題〟として検討され、その運用いかんでは古くは戦争誘発の原因にさえなった。第一次大戦後の新興諸国の憲法は、現代国際関係の相互依存性を考慮して起草段階で国際連盟規約、多国間条約などの国際的約定および比較憲法学的成果を憲法に取り込み国際法優位説は事実上一般化した。しかし国内裁判機関は憲法と条約の関係を二元論で理解する通説的態度を変えたわけではない。それに対してＥＵ法は加盟交渉の段階で、加盟候補国の法はＥＵ法体制との調和、あるいは統一されることを求め、ＥＵ法と衝突する国内法は改正されることが条件となった。二〇〇三年に第一次拡大加盟国の専門家との間で合意に達した加盟条約は、全文五千数百頁に達する膨大な条文からなる、先例のない国際条約である。関係国はＥＵ側の提案する三十一分野の各種の規制に関して国内法がＥＵ原則に統一されることを約定したのである。

ＥＵが主導する新規加盟候補国の欧州化政策は当初からＥＵのみの専管事項として形成された問題ではない。欧州の市民的秩序の形成に関わる欧州諸機関（欧州評議会、ＰＨＡＲＥ、欧州復興開発銀行（ＥＢＲＤ）など）はその複層的外交関係によって実践的に市民社会型社会と国家の形成（欧州化）に参与してきた。ＥＵ憲法条約草案は法技術的にはそれまでの各機関により個別に形成されたルールの統一を目指している。

したがって本稿では比較憲法的あるいは法史的アプローチによる中東欧諸国の憲法形成過程を中心に考察し、ＥＵ憲法条約に加盟国の憲法体制がどのような点で問題となるかを検討してみたい。

I　欧州連合（EU）加盟プロセスの特殊性

一　EU拡大過程の特徴

西欧連合として形成された欧州連合（EC、EU）が旧社会主義諸国を加盟国とするための外交交渉は国際法の従来の諸原則からすると先例のない異例な形態をとった。長期にわたる多数国間条約交渉であるだけでなく、交渉に参加した専門家の膨大な数からして先例のないものであった。その結果、二〇〇三年四月に調印された加盟条約は本文と付属議定書を含めて五千数百頁からなるもので、国際条約としても先例のない膨大なものである(3)。

このようにして形成されたEUの二十五カ国体制（二〇〇四年五月一日発足）は加盟条約がそれぞれの加盟候補国の国内法上の原則からみて最重要事項に関する国際条約としてみたとしても従来のいかなる国際条約交渉とも異なる形態となった（先例として、比較できるのは社会主義国間で締結された一九五五年のワルシャワ条約があるが、軍事的政治的に重要条約であるため特別な批准手続が記録されているが、これは古典的軍事同盟条約であって、批准手続が強調されたのは政治的意味があったため）。

中東欧諸国の加盟問題はEU法からみると、一九九七年一二月のEU理事会でアジェンダ二〇〇〇宣言に基づくEU拡大問題が決議されたのが本格的な加盟交渉の始まりであったが、交渉が速やかに進んだわけではない。最終段階の加盟交渉は、二〇〇一年二月のニース条約によって加速されることが決意されている。

加盟交渉の内容は、通常の国際条約の交渉とは異なり、加盟候補国の国内法の調整という作業が中心となった。主として三十一分野にわたるEU制度と加盟候補国の制度調整が実務家レベルの膨大な作業として進められ、それが加盟交渉の実質的内容となった。双方の高度な政治的判断も含みながら、加盟交渉は二〇〇二年にEU側の加盟承認決議として結実した。加盟申請国の最終的国内法手続きは、大半の国で国民投票という手続で進められ、いずれの国においても国民投票は加盟を承認するものであった。

それまでに至る政治的背景としてはゴルバチョフソ連共産党指導者の冷戦体制解消の新思考外交があり、彼の単一の〝欧州共通の家〟構想が提起されたことが発端にある。冷戦構造にあった欧州の東西二極構造の崩壊後の欧州について一九八五年当時は、ロシアを含めた旧社会主義国すべてがブロックとして欧州への復帰可能性を含めて、ややあいまいに語られていた。ポーランドとハンガリーで社会主義体制転換の動きが具体的に進行していた一九八九年に西側二十四カ国（日本も含む）は、それを支援するための国際援助機関（PHARE）を創設して対応したが、まだ、欧州機関独自の体制転換援助機関ではなかった。PHAREは援助対象国を拡大する過程で段階的に欧州諸機関で提起されている〝欧州化〟についての原則を吸収し、市民的自由、政治的多元主義（複数政党制の承認）、私的所有制の保障などを対象国の改革に盛り込まれることを援助条件とすることで欧州諸機関の先導的役割を果たした(4)。

東側はコメコン解散後、速やかに欧州連合加盟の要請を行ったが、EU側は旧東欧諸国の加盟申請に対して、ポーランド、ハンガリー、チェコスロバキアの三国についてはローマ条約に基づく連合協定（トルコの先例）の対象として対応した。これに対し、三国側は共同でEUと交渉するに際して、連合協定に特別に将来の加盟に言及する文言が挿入されることを求めた。その結果が、一九九二年の〝欧州協定〟として結実した(5)。三国がEUとの間で締結した協定は、ほぼ同文である。この欧州協定は、その後の旧社会主義国とEUとの協定の先例となって、ルーマニア、ブルガリア、エストニア、ラトビア、リトアニア、スロベニアのケースに援用されている。

EUは、連合協定国からの加盟への早い進展を求める要求に対して、EU内部の各諸機関のレベルで総合的検討を加え（主として理事会、関係国外相会議）、一九九七年のアムステルダム会議において新規加盟問題を加速することを決議した。それに基づいてEU理事会は、中東欧の加盟要請国からポーランド、ハンガリー、チェコ、スロベニア、エストニアの五カ国を交渉の第一グループとして選んだのである。いずれの国も政治、経済、社会の体制転換が速やかに進展していたが、それに加えて歴史的に欧州文明との共通性の高い地域である点も特徴的である。

ルーマニアとブルガリアは、一九八九年の変革こそ他の東欧諸国とほぼ同時的に進めたが、その内容は、それぞれ固有の問題、例えばルーマニアにおけるチャウセスク独裁体制、ブルガリアにおけるジフコフ独裁体制などが当面の課題であって、政変後においても政治システムとしての共産党独裁体制は依然として存続する状態であった。政治改革が党指導部の権力闘争にとどまり、西側の期待する社会レベルに達するものではないと判断された。その政治改革の遅れが経済体制の変革についてのプログラムにも影響し、市場経済化の具体化が遅れていた。ただし、EU側は、その後加盟申請国間に差別を設ける意味がないとしてこのグループ別は解消した。

二　加盟条件として中東欧諸国が求められた体制移行

EU、PHAREおよび欧州評議会（Council of Europe）などの欧州諸機関が一九八〇年代末から旧社会主義国への援助を実施するに当たり、一貫して東欧諸国に求めている改革の内容は、ともに共通の政治社会体制となるための諸条件の確立であった。すなわち第一の段階では政治制度の民主化＝非共産化（共産党独裁体制の解体＝デコムニザツィア）としての複数政党制の確立、司法機関の独立、国家行政組織の分権化など近代市民社会の基本的制度の導入である。それを実現するための政治的自由としての完全な自由選挙の実現を条件とした。欧州評議会が政治制度、法制度の改革（欧州人権条約による各種プロトコールの批准）、自由選挙制度に焦点を当てているのに対して[6]、欧州連合はさらに経済制度の市場経済体制の確立のためには、生産手段の所有形態の変革による多様化（国有から私有へ）、人と物についての規制解除により交流の強化が経済制度の指令から市場への転換の基礎的条件となることを強調していた。

その中でも私的所有制の確立（民有化）は、社会主義体制が改革の最後段階にまで死守したイデオロギーであり、制度であっただけに深刻な政治問題となった。(7)

東欧人民民主主義国は、ソ連体制の枠内で比較的に多くの私的セクターを存続させていた。

特に、旧東ドイツ、ポーランドなどでは一九四〇年代後半にソ連モデルに基づく、ソ連共産党主導の国有化政策が実施されたが、その後もかなり有力な私的セクターの中小規模の企業が残り、その扱いは東ドイツとポーランドでは対照的であった。東ドイツのホーネカー政権は一九七二年の緊急国有化法で半国有事業体を国有化し、東ドイツにはもはや資本主義的セクターはないという立場であったが、ポーランドでは一九七〇年代の新経済法で中小事業を規定し、雇用数二〇〇人程度の規模であれば指令経済の補完的役割をもつセクターとして公認されていた。(8) ソ連モデルといってもネップ時代のソ連では私的セクターを認めていたのだが（一九二二年ロシア共和国民法）、一九三〇年代にソ連モデルが教条化され、私的セクターは消滅していた。しかしフルシチョフ時代においては経済改革をめぐる議論の対象に市場メカニズムの部分的導入と私的セクターの再生が含まれていた。東欧で一九三〇年代のソ連モデルに基づき徹底した国有化政策を行ったのはブルガリアとチェコスロバキアだけで他の東欧地域では私的セクターは程度の差はあったが存在していた。

したがって一九九〇年代に私有化政策をドラステックなショック療法として実施する段階ですでに国により事情が異なっていた。

しかしそれでもなお、ソ連と比較すると中東欧諸国には、戦前からの旧法が休眠状態とはいえ効力を失わずに存在したことが市民個人の所有意識という法文化として存在した事実は大きい。

最も具体的ケースとしては、土地所有権が挙げられる。ソ連モデルに忠実だったブルガリアでさえ農地の社会化で個人の土地所有権は協同組合に管理され、個人農は土地所有権に基づく地代収入も失っていたが、その場合でもソ連とは異なり、各農民は提供した土地の法形式上は土地所有権を保持していた。農業協同組合化が進まず個人農が大半を占めたポーランドでは農地の協同組合による管理は農民の抵抗が強く実現できなかった。社会主義政権は一九五六年以降、農業の社会化も所有形態も私有のまま部分的改良策以外は具体的な社会主義的改良政策を放棄していた。

ベルリンの壁崩壊以降の東ドイツは、変革のテンポが他の東欧諸国と異なり一挙に統一への急速な法の調整が進み、他の東欧諸国の改革のテンポとは比較にならないが、モロドウ政権が前ホーネカー政権の政策を他の東欧諸国並みの改革路線に修正することを手始めに一九七二年の小企業国有化を緊急に改め、再私有化法を決定して、一万二〇〇〇あまりの中小企業を私有化して、統一のための連立政権にバトンを渡した。

統一後のドイツは、旧東ドイツ時代の諸制度を完全に転換して、ドイツを再生させる政策をとり、私有化に当たっては、一九四五―四九年の四カ国（実質的にはソ連占領）管理の期間を除くドイツ民主共和国政府による私的所有権の一切の侵害に対しての権利回復を基本原則としただけでなく、それに加えてナチス政権時代、すなわち一九三三―四五年の期間における第三帝国による一切の私的所有権の侵害に対する権利回復も同時に行った。

これに伴う二〇〇万件を超す不動産の権利紛争は、多くの外国投資家を旧東ドイツ投資事業から遠ざける理由になったが、このための民有化公社（Treuhandanstalt）は、約八〇〇〇の旧国有企業の民有化の目的を一九九四年までに集中的に行い解散している。(9)

他の東欧諸国の場合、体制転換に東ドイツほどの外部の要因はなかったが、体制転換後の新政権は、社会主義体制を歴史として抹殺するデコムニザツィアの立場を一般的に受け入れていたので、すべての自国の法秩序を一九四八年の本格的社会主義化が進む前の状態に回復する政策を採用した。したがって一九四〇年代の国有化政策は否定され、戦間期に制定された民商法あるいは欧州型の民商法原則に遡り、権利関係が再確認される作業が行われた。しかしすべての旧法関係を法的に回復させることは難しく、現状回復が不可能の場合、補償法による財産補償金が旧権利者に支払われた。これらの政策により一般的には、小規模な土地、不動産などが比較的短い時期に私有化された。しかし社会主義時代の特徴である大規模産業投資の結果、形成された国有企業に管理される大規模工業施設は、特別の民有化政策なしには民有化は不可能だった。これらの資産は、公的所有ではあっても、社会主義政権崩壊後は、本来、誰に帰属するのかさえ法的、理論的根拠が必要だった。

この前者と区別するための大規模民有化法の段階に至り各国の民有化政策はさまざまな政治経済的難題に直面した（前述の東ドイツのケースも問題点は同じだが、西ドイツ政府の巨額の財政援助が投下されて国家管理の下での所有権が整理された後、主としてドイツ国内資本に私有化されたので事情は異なる）。

これら指令経済体制国の民有化問題は、市場経済国の民有化と異なり、単に法形式的な所有権形態の変更だけではなく、同時に、経済再建を市場体制（不動産などの自由市場、有価証券市場の形成）を導入しながら実現しなければならないという二重課題に直面している点で区別されねばならない。まず、国家の一元的支配下にある国有資産を国家から分権化し、少なくとも間接的管理体制に移行させる（法人格をもつ企業の資産とする）作業が民有化の前段階で必要となる、それをさらに新しい私的所有権として第三者に移転させる作業が民有化である。しかも、市場経済システムがまだ十分機能しない段階での民有化であるから、単に、市場で売却するという方法ではそれは実現できない。社会主義体制では市民間の資本取引という考えは否定されていた。わずか限られた私的セクターか、第二経済（ブラックマーケト）で非合法で存在するだけであった。

体制転換後のポプリスト的政治グループは、社会主義体制下で国民の資産として形成された資産は、民有化に際してすべて国民に無償で平等に配分されるべしと主張し、かなりの国民的支持を得ていたが、具体的経済政策としては、危険性の高いものであったし、財政危機に直面している政府が現実にできるはずはなかった。しかし多くの新政権は、新しい複数政党制による連立政権であったのでそれをまったく無視することもできず、従業員所有制などを部分的に承認して妥協せざるをえなかった(10)。

チェコとエストニアでは、バウチャー（有価証券）を国民に配分する方法が導入された。このチェコ方式ではバウチャーによる有価証券市場が形成されることが条件となるのでバウチャーの配分だけでは民有化は完了しない。つまりバウチャー所有者の権利は有価証券市場が平常に機能するまでの停止条件付きの権利にとどまる。実態としては一般バウチャー所有権者はすぐにも現金化する傾向であったのでその管理のための投資会社が設立された。いかなる形式にしろ旧国有資産を無償で国民に配分するという考えは、経済政策としては有効ではなかったが、政治的には無視できない風潮であった。したがって国民に無償で配布するバウチャー方式は、大規模民有化の一部とはいえ大半の国で採用されている。

経済的に意義ある民有化は、市場価格に基づく公正な評価によって国有資産が私有化されることである。それは、国家財政に寄与する点からも現実的であった。しかし、国内にそれに応えられる資本市場も有産階級もまだ形成されていないのであるから、有償の民有化となると外国資本に期待するしかなかった。民有化に伴う所有権変更の対象に外国人あるいは外国法人が参入するとなると、また新しい問題が発生する。すなわち資本の自由化による内外資本による市場の形成である。国内の国有資産が、内外無差別に国際市場価格で取り引きされる現実を、これら体制移行過程の社会が問題なく受け入れたわけではないが、大規模民有化が進展せず、かつての大国有企業の廃墟のような現実を前に多くの政治指導者は西側のアドバイザーの評価を受け入れて積極姿勢に転ぜさるをえなかった。外国資本の受け入れに解放政策で最初に対応したのはハンガリーである。ハンガリーでは、旧国有企業の民有化に際しての外国資本参加による企業再建が一般化した。そして外国資本参加比率をほぼ無制限にしており、しかもその分野にも特に制限はない(11)。

ハンガリー、チェコ、ポーランドがアジアの韓国に先駆けて一九九五年にＯＥＣＤの加盟を承認された理由は、このような転換政策による資本自由化政策がショック療法として実施されたことに対する評価であった。

所有権の変更と同時に経済管理の国家統制は実質的に解体して、市場経済へ本格的に移行した。経済の国家セクターは単一の国家管理から独立の法人によるの経営へ移行するのであるが、社会主義時代に経済改革を経験しているハンガリー、ポーランドそしてチェコと社会主義本流のソ連では、同じ社会主義経済管理でも内容はかなり異なっていた。つまりソ連には、独立した国有企業という概念すら希薄だったのに対して、ハンガリー、ポーランドでは、国有企業法が一九七〇年代の改革で導入され、経済単位としての企業は国家から一定の独立性をもつという考えはすでに定着していた。しかし社会主義指令経済下では、独立法人を拘束する国家統制があり、企業の独立性はきわめて限られた領域でしか認められなかった。その点はブレトン・ウッズ体制下の西側企業が自由市場で行動でき、外貨規制のない状況にあるのと異なる点であった。

市場経済下の企業は、いかなる形態であれ、完全な自由が原則である。公的規制は市場が公正に機能するためのもの（公正取引委員会の例）か、行政的介入（産業政策など）であり、それも限定される。

移行期において各国の立法府が、市場経済化のさらなる加速的改革のために採択した対策は、同時にＥＵなどの欧州機関の要請とも一致するものであるが、以下のような課題である。

国際的標準の会計原則の導入。国際的資産評価システムの確立。市場型金融システム、特に与信制度の確立。各種専門有価証券市場の創設。資本取引の内外完全自由化。企業情報の開示（ディスクロージャー）。破産法、独占禁止法などの厳格適用（司法機関の独立性強化）。徴税制度の確立、付加価値税の本格的導入。市場型社会福祉制度としての社会保障制度の確立など。(12)

三　欧州協定に基づくEU加盟準備

一九九一年にEU委員会は、中東欧諸国のうち体制転換の進展が速いポーランド、ハンガリー、チェコスロバキアの三国と連合協定の交渉を開始することを決定する。それを加速した政治的要因は、ソ連の解体による旧社会主義国諸国の政治不安であった。三国との交渉に際してEU側は連合協定の目的としての欧州化の原則を明らかにした。そこでは、経済、貿易のみならず政治社会体制の共通政策の重要性が強調された。三国側は、共同で交渉に当たり、コメコン解体後の欧州における新経済秩序に参加し、そのための特別の地位がEUによって確保されることを期待し、交渉で従来の連合協定を一歩進めた〝準加盟協定〟を求めた。EU側は、ローマ条約には準加盟の規定がないことから、将来の加盟を前提とする連合協定とすることに難色を示したが、連合協定を〝欧州協定〟と呼称することで妥協し、将来の加盟問題について明文によるコミットは避けながらも実質的に加盟を予測する協定となった。三国に続いてルーマニア、ブルガリア、エストニア、ラトビア、リトアニア、スロベニア、が一九九二年から一九九六年にかけて相次いで同様の欧州協定を締結した。

同協定に基づく関税同盟的部分については、同協定のEU加盟国の批准を待つまでもなく暫定協定によって、早くも一九九四年から発効しており、工業製品貿易に関してはいち早くほぼ無関税取引が実現した。

しかし欧州協定の核心部分は、加盟のための欧州的条件を準備することである。これを欧州化過程＝総合的な欧州文明標準（Acquis Communautaire）とEU側は定義した。[13] 欧州協定に基づく欧州化過程は、条約締結国の任意的国内調整作業（Voluntary Harmonisation）に委ねられている点が特徴である。[14] 政治、経済、社会、文化、などの領域すべての分野での欧州化は、まず、それぞれの国内体制の変革なしには実現不可能だが、欧州協定によればその準備過程については条約上の拘束力はなく、そのすべてが各協定国の国内問題としてそれぞれの国に委ねられている。中東欧諸国の政治的背景を考えれば、これは妥当な結果であるように思う。

中東欧諸国の現代史をみれば、大半のケースで独立国、いわゆる国民国家としての経験はわずかヴェルサイユ体制の戦間期の二十年あまりにすぎない。国民的あるいは民族的自決の経験という観点からみれば、EU加盟国の主要メンバーが十九世紀以降のウィーン体制下で政治的安定を確保し、同時にその限界を経験して欧州統合に参加している状況とはかなり異なることは考慮すべきであろう。しかも第二次大戦後は、ほぼ半世紀にわたり〝制限主権国〟としてソ連体制に組み込まれ、完全な主権国ではなかった。EU加盟問題はこれら民主的国民国家として再生した新政権の下での初めての国民的討議の結果として形成される歴史的対外政策である。民主化された政権が自国の主権的権限とEUとの関係に特に関心をもつのは当然である。EUはその超国家的性質をめぐる長い論争、特に加盟国の国内裁判所とEU法との軋轢の経験から、それを避ける意味でも、中東欧諸国に拘束力のないEU法への任意的調整を強調したものと思われる。

欧州協定は先例となるEFTAとEUにより構成されるEEA協定（一九九二年五月）と異なり、紛争処理のためのパネルをもたないが、協定国とEUとの間で連合評議会が設置され、協定上の最高審議機関となり協定国のEU法への任意的調整作業を審議する。

その結果として協定国の法的地位にはきわめて特殊な状況が生まれる。つまり協定国は、将来の加盟国の法的地位が未確定であるにもかかわらず、加盟のための準備作業を、任意的とはいえ、間接的には拘束性の強いEUの勧告を受け入れる状況の下でEUとの間で法の調整作業を行うことになった。[15]

チェコでは、欧州協定発効後、閣議決定（一九九四年五月四日）で副首相の下に特別委員会が設置され、国内法のEU法への調整作業が開始されている。それによるとすべての法案はEU法との調整が義務づけられ、そのための必要な権限が副首相に委ねられる。

ハンガリーにおける対欧州連合の調整作業はそれよりも早く、一九八八年から開始されたが、チェコと同じく欧州協定締結後、直ちに閣僚会議に法調整のための各省間機関が設置され、EU法への調整が本格化する。国会は、そのための特別な権限を法務大臣に付与するとする法を採択している(一九九四年第一号)[16]。

ポーランドにおいては、一九九〇年にいち早くEU法との調整のための委員会が閣僚会議に設置され、欧州協定発効後は、一九九四年三月二九日閣議決定で各閣僚がその関連分野でのEU法への調整が義務づけられ、いずれのレベルの法案も事前に予備的検討が加えられることになった。また、国会でも議長の下にEU法との調整を目的とする特別機関が設置された。さらにポーランドでは、欧州協定に基づく調整作業を加速させるために関係機関に調整作業計画を作成させ、また閣内に欧州統合問題担当大臣を置いた。それだけではない。一九九六年九月一七日閣議決定で民事法典編纂委員会が組織されることが決定され、十三名の委員が任命された。法典編纂委員会の目標は、すべての法はEU法の基本原則に合致し、なおかつ現代のポーランド社会の要請に応えるため諸法典を再検討することであった[17]。

このような欧州協定国側の一方的調整作業に対してEU委員会は協定国の作業が順調に進むべく専門家の交流、共同作業を通じてその作業に協力するだけでなく、EU法形成についてのガイドラインを示して、各協定国の作業に指導的影響を与えてきた。

例えば、一九九五年五月にEU委員会が公表した「中東欧連合協定諸国のEU内部市場への統合準備白書」の法的性質が問題とされた際、関係国ではこれは単なる公表文書ではなく、欧州協定国に対しては法的文書であるとする解釈が一般化した。協定各国はその内容についてそれぞれの法的手続により承認するための国内法手続きを行っている。

ポーランドでは、白書に基づきEU法への調整のための作業計画(一九九六—一九九七年)が発表された。白書の法的性質については国内法上の論争はあるが、一般的には欧州協定に基づく勧告と理解され、各国の立法活動が任意原則に基づいてEU法への調整を行う際の実質的指導理念として影響をもつ文書としての法的性質が認められている。ポーランドのケースでは、各種の法案、および決定など調整の対象とされた七八〇件のうち、約四〇〇件が何らかの修正が求められ、EU法との調整が義務づけられる根拠となった。

EUが、分野によってはPHAREなどと協力して行った法改革の中では、以下のような諸項目が特に重視されている。

工業所有権、知的所有権、消費者保護、工業規格、関税、統計システムの統一、環境保護、航空法、銀行法、破産法、税法、企業会計法、エネルギー法、など。一九九五年白書ではこれに加えて、資本自由化、工業製品の自由な移動に伴う安全性、競争法、人の自由移動、専門職資格相互承認、個人データ、民商法、公共調達、税法、特に付加価値税などが優先順位に従いEU法との調整が進められた。(18)

四　指令制度から市場制度へ

社会主義時代の国有企業は、法形式的に独立した法人格をもつとされながら、実態は、国家の経済活動のための分身であって経済計算に基づく企業ではなかった。国家計画に基づく指令による経済活動はあったが、それは市場の需要に応ずる活動ではなく、企業管理者は、中央の指令に従う官僚機構の分身であって、業務的管理権（生産手段としての所有権は国家に帰属）に基づく管理者にすぎず、自主的政策決定能力はほとんど認められない代わりに企業経営に責任はなかった。あくまでも国家の指令（国家法および行政法）に基づく管理者であった。(19)

対外経済関係においてもコメコンの多国間通商関係はすべて、政府間協定で計画され、しかも取引はすべて国家独占企業によって無競争で行われた。競争的関係は、東西貿易として残される西側諸国との貿易だけであった。ソ連では社会主義国有企業という概念すら警戒的であって、国有企業ではなく、国家の経済単位という法的地位であり、一九六〇年代の経済改革でも企業に関する閣議決定が実質的企業法だった。企業法という概念はハンガリーやポーランドがまず提起し、それが、ゴルバチョフ時代のソ連法に導入されて、一九八八年国有企業法となったのである。このような状況下で体制転換のためのいわゆる〝ショック療法〟としての経済改革政策が一九八九年以降、採用された。

一九八九年のポーランド、ハンガリーに始まる体制転換で従来のシステムのほぼすべてが否定され、市場経済システムへの移行が突如として開始された。各国有企業は、昨日までの国家調達が打ち切られ、すべてを市場に委ねる自由が与えられたが、実態としては、市場が未形成のまま、計画による指令だけが廃止されたのであるから、公的経済セクターは、すべての存在根拠を失い、壊滅的状況に追い込まれた。

一九八九年を起点とする経済統計は、いずれの指数を取り上げても壊滅的数字を示しており、その不況の程度は第一次大戦後の一九二九―三四年のそれを越えるものであった。GDPのマイナスは、ラトビヤ＝五〇％、エストニア＝三九％、アルバニア＝三八％、ウクライナ＝三七％、ルーマニア＝三四％、ブルガリア＝三一％、スロバキア＝二五％、チェコ＝二一％、ハンガリー＝一九％、ポーランド＝一四％などが、一九八九年から一九九三年の経済実績の経過であった。当時の楽観的予測でもこれら諸国の経済的再建は少なくとも、二十年の時間が必要という説が有力であった。中東欧諸国の中でポーランドとハンガリーが比較的に経済活動を激減させずにいたのは、この両国では経済改革が一九七〇年代から進行し、また、対外経済も東西貿易として西側諸国との貿易が全体の三〇―四〇％を占めていたので他国のケースより市場への転換が容易であった事情による(20)。

五　EU体制と法改革

第二次大戦後の約半世紀は、中東欧諸国は形式的には独立国として、戦間期に未完成のまま残された法体系の整備の作業を完成させる機会の到来と考えられていた。事実、戦後直ちに再開された立法作業は、戦争とドイツ占領で中断していた戦間期の各種起草作業を継承し、その完成を目指した。しかし、短い戦後に続く社会主義時代は、それが本格化する一九四八年以降においては特に、戦間期から継承された欧州大陸法系の立法作業が再度、中断されて、それまでの伝統にないソ連法を母法とする社会主義法が政治的に導入されて、いわゆる社会主義法体系が各国の立法当局の最優先課題とされた。

中東欧諸国の法文化は、国民国家としての独立が遅れて、大半の国で独立は十九世紀後半から第一次大戦後であったので、独自の法体系をもつ歴史は短いのであるが、中世以来、古くはローマ法の継受、それに続く神聖ローマ帝国、ハプスブルグ、フランス、ドイツなどの統治下で、欧州大陸法（ローマ法、カノン法、ドイツの各種ラント法、フランス法、オーストリア法、など）の法文化の中で社会的規範、特に市民の法意識などは形成されていた(21)。

マルクス理論によれば、法は、資本主義体制の下での国家概念と同じく、発達した社会主義社会では無用のものとなり死滅すると予言されて、ソビエト革命の当初は、法消極論が主流であったので革命による生産関係の変革によりもたらされる国家、社会、法の関係について精緻な理論は必ずしも十分には展開されていなかった。一九三〇年代のソ連において理論化された社会主義法は、その法消極説を否定して、従来のいかなる法のカテゴリーとも異なり、法としての最高形態となるのが社会主義法と定義され、公有制生産関係に基礎を置き、階級的利益を優先する法の特色が強調された。それはソ連において党内権力闘争に勝利した党指導部によって理論化され、しかも一党独裁体制の下で公式化された。それによれば、階級的利益としての労働者と農民階級を権力の基盤にして、党に指導される単一の政策決定過程が絶対的正義である無欠陥、無過失性が強調されて、市民法の原理である言論自由、私的所有制などの伝統的な個人の私的権利体系を中心とする多元的市民法秩序（西欧法）は否定される。したがって一党独裁体制を基盤にした絶対的国家権力集中による実定法体系が国家権力機関により強行されるという超実証主義法体系が形成されていた。しかしその法による〝社会主義的合法主義〟（ロシア語による〝ザコンノシチ〟）を保障する独立した司法機能という概念はなかった。

中東欧諸国は、ソ連より遅れた社会主義国として一九四八年頃からソビエトモデルを導入したが、その体制転換過程は〝ソビエト化〟と呼ばれ、ソ連軍と治安警察による暴力の伴う強制であった（巨大な秘密警察機構が体制内に組織され、市民的自由を拘束する強制装置が体制の必然の部分となっていた）。しかしソ連と異なりすでに市民法文化を知る社会であった中東欧の文化圏の国では社会主義政権といえども、ソ連党に指導される国際共産主義に基づく社会主義的政策を実施するに当たり、自国の固有の法文化を無視してソ連型社会主義法を無定見に導入はできなかった。党の公式政策が、社会の現実を無視して強制されれば法と現実のギャップが拡大して、政治的緊張が高まるだけでなく、共産党が本来の目的とする社会主義建設が非現実となる危険すらあった。それは一九五六年頃、スターリン批判として一時的に正統化された[22]。しかし社会主義政権の基盤は無葛藤理論によるプロレタリア階級に根拠を置く共産党にあり、それが実態として市民（人民）に支持されるか否かは、自由選挙が保障されない体制では表面的には人民側の非公式な抵抗か消極的な形の無関心がバロメーターとなっていた。党の公式的立場は常に正統性ありと強弁されていたが、党内民主制さえ保障されない現状に失望して、知識人を中心とする反体制運動は静かに地下運動として芽生えていた[23]。

したがって、中東欧諸国、特にポーランド、ハンガリー、チェコスロバキア、東ドイツについては、一九四八年以降導入された社会主義法といってもソ連法の形式は受け入れても、実質的内容は、かなり異なり、これらの諸国に定着している旧法文化を徹底的に否定するということはできず、妥協的に社会主義法原理を導入するにとどめていた。いわゆる、人民共和国体制が法形式的にも必要であった。そこでは、ソ連型の社会主義法と前体制から継承された欧州型旧法が部分的に共存し、そして社会的実態としては、それにもかかわらず、公式法としての社会主義法が空洞化している状況がしばしば報告されていた。現代法社会学によると法は秩序維持だけでなく、社会発展に対する積極的役割を担う社会工学的役割が強調されている。(24) 法と社会の関係の有効な関係は立法政策としても必須な条件であった。その社会的矛盾の究明を専門とする社会学、法社会学などの研究は、ソ連では、一九七〇年代に至るまでブルジョア学問として公認されず、弾圧の対象とさえされていたが、ポーランド、ハンガリーなどではその研究成果は、当初から党指導部も注目せざるをえなかった。特に、一九六〇年代後半における経済不振に直面すると、党指導部は、社会学、法社会学をその経済不振の原因究明のために奨励さえする時期もあったのである。

体制内的反社会主義思考は、このような状況下で必然的に社会的認識となっていた。特にポーランドのようにカトリック教会が国有化を免れて経済的に独立した社会組織として存続した国では反体制の勢力は、それを隠れ蓑に、時には合法的に活動した。その最終的要求は、政治的多元主義を合法化することにあった。その最初の動きが一九五六年のポーランドとハンガリーでの事件であったが、それをめぐる東欧諸国とソ連の政治文化的格差は大きく、ポスト・スターリンのニューリーダーであったフルシチョフであってもソ連党の指導部は東欧党の多元主義への離脱を認めようとはしなかった。

このソ連党と東欧党の政治文化的格差に基づく政策の相違は、一九六八年のチェコスロバキア事件、一九八〇年のポーランド〝連帯〟労働組合の際の対応に現れた。両者の間には、支配と被支配の関係はあってもゴルバチョフの登場まで正常な状況での対話さえ成立していなかったのが実情であった。

一九八九年以降、ポーランド、ハンガリーで始まり、他の中東欧のすべての社会主義政権に波及した変革は、これら社会主義原理に基づく諸制度を、多少の時差はあったものの、否定した（デコムニザツィア）。そして、西欧型の市民法をそれに代わる政治社会原理として復活させた。ソ連体制から解放された諸国の政治変革は、権力党が社会的にはすでにレジテマシイを失っていたのと批判勢力が反体制運動として西欧諸国の政治グループと関係を深めていたので西欧型の方向での復帰に迷いはなかった。しかもそれは、西欧市民社会原理を伝統的に継受して、それを普遍的政治、法文化と認識する思考に支えられていたので、歴史的に西欧文化圏に帰属する、ポーランド、チェコ、ハンガリーなどの社会においてより明白な方向が示されていた[25]。

現在の中東欧における欧州化政策は、かつてのソビエト化の過程と異なり、単一のイデオロギーに基づく、統一的体制を目指すものではない。基本的な市民社会の原理を共通する限り、各主権国の独自の法体系は維持される。しかし経済活動の単一市場を目指してのボーダーレス化、技術発展に伴う情報と人と物の流動性はかつて国民国家が構想された時代には想像できないスケールのグローバルな展開を示している。国家レベルの独自の法体系といえどもその現実に対応した協調性が必須の条件となり、法の調和、限りなく統一への作業は、比較法の日常的課題となっている[26]。

II　一九九〇年代諸憲法

一　一九九〇年代憲法への助走としての民主化過程

中東欧諸国の体制移行とはデコムニザツィアとして一九四〇年代後半以降確立していた旧社会主義憲法体制を放棄して、市民型憲法体制を導入する過程を指す。しかしソ連の国際共産主義イデオロギーの覇権的支配構造が解体され、国民国家として実質的に完全な自由を確保されたとはいえ、新体制の形成のためのモデルは不確定であった。各国にはそれぞれの独立過程の歴史によって異なるが、大半の国はヴェルサイユ体制で独立国として存在した戦間期の政治・法文化をもっていた。そこではヴェルサイユ体制下の勃興する立憲主義の影響を受け、圧倒的に共和制議会主義が採用され、中東欧地域における憲法史に関する限り市民社会型の憲法が開花した状況が生まれていた。それがナチスの占領、第二次大戦中あるいは戦後、ソ連の覇権的支配を受けるモロトフ－リッペントロープ秘密協定そしてヤルタでの連合国列強首脳の協定などの国際的枠組みの中でソ連体制が導入され、憲法体制も一九三六年のスターリン憲法を基礎とする各国の社会主義憲法が形成され、それが半世紀にわたり施行されていた。

大半の中東欧諸国（一九三九年にソ連に併合されたバルト諸国は例外）においては、一九四八年頃から本格化する社会主義時代においても法形式的には立憲主義の伝統は維持されたが、法形式的に立憲主義であっても、社会主義体制では政権党である共産党と国家の関係は一体化されており、従来の意味での立憲体制は存在せず、それが意味をもつのは改革が検討される一九八〇年代まで学問的対象になるものでもなかった。

一九八九年から九〇年代初頭にかけて形成された新興政治勢力は、当初は非合法であった反体制運動が旧社会主義憲法の超法規的運用で合法化されたものを含めて暫定的に形成された政治グループであった。それに一九九〇年代当初に旧共産党勢力（共産党およびそれに協力する翼賛的政治グループ）が解党して形成される新しい政党を含めて玉石混交の政治グループが中心であった。反体制勢力は政権党の共産党系の独裁体制を解体させる目的のためだけに結集した政治勢力の集合であるから統一された政治プログラムもなく、政党としての条件を備えてはいなかった。共産党体制が解体して当初の目的を達成した後に残された政治勢力は、結社の自由だけが保障されて結党されたので政党の数は各国で一〇〇を超すグループが形成される百家争鳴の状態となった。[27]

政治学理論は政党は社会的利益勢力に支えられて形成されるというが、政治学理論も揺籃期の市場的市民社会の説明には有効ではなかった。

当時、社会的に承認される政治モデルは唯一、戦間期の体験であった。まず戦間期のモデルを公式あるいは非公式に採用して旧名の政党を復活させて新党を結成したケースもあるが、政党としての社会的実態を伴うには時間を要した。

新憲法の形成過程は、社会主義一党独裁体制の解体のテンポ、政治過程の相違によって異なる。一九八〇年代初頭から一党制の危機が表面化し、自主的労働運動〝連帯〟が形成され、政治的多元主義が公式に討議されていたポーランドのケースから、デコムニザツィアのドミノ現象の中で一九八九年末の一カ月ぐらいの期間に政権が転換したバルカン諸国のケースもあれば、一九九一年のソ連解体によって一挙に独立が可能となったバルト諸国の例もある。

新体制への準備期間が長いポーランドやハンガリーでは、一九五六年に反体制であると同時に反ソ連の政変を経験していたし、チェコスロバキアにおいても一九六八年事件として共産党一党独裁体制批判の行動の歴史的経験をもっていた。いずれのケースも政治的多元主義が主張され、国家外交のフリーハンドを求めるものであった。しかしいずれもソ連の軍事介入で弾圧された経験を共有していた(28)。

ポーランドにおいては政治的多元主義は一九五〇年代に一党独裁の政権党内部の党内批判勢力の形成から始まり、それが労働組合に支持され、労働組合が国際的スタンダードとしてあるILO原則に基づく新労働組合として再編成される運動として一九八〇年代に具体化する。それをめぐる論争は、一九七六年のポーランド人民共和国憲法改正が政治的契機となった。当時ソ連新憲法(一九七七年)が起草段階にあり、より高度な社会主義社会の憲法(いわゆるブレジネフ憲法)を目指していた動きに影響を受けたポーランド当局の憲法改正の動きに対して、ポーランドの批判派は内外のメディアに市民的諸原則の保障のない憲法状態を訴えた。反体制派の論拠は一九二一年ポーランド共和国憲法にあった。非公式とはいえ反体制運動の存在は社会的には正当性を得ていたので、その動きがポーランドにおける新しい自由労組、連帯の形成につながる。

社会主義憲法体制が平和的に市民社会型の憲法秩序（当初は実定法体制としては未完成であったが）へ移行するに際して非公式労組連帯と政府代表との間で調印された政労合意書という超憲法的法的文書が生まれ、一九八〇年の国会で法的文書として承認された事実は重要である。[29] しかし自由労組連帯が、非政党性を強調して政権党の一党独裁制の立場と妥協を図っても社会的存在としては市民の支持は拡大し、党の国際共産主義の指導理念からは受け入れられない政治的多元主義の実態（二重権力状態）が醸成されるに及んで、ポーランド統一労働者党（政権党）は実態としての社会（市民）ばかりでなく、公式な機関（友好党である社会主義各国の共産党）からの信頼も失う状況がすでに現れていた。ソ連党および隣接の社会主義政権にとっては「連帯」は国際社会主義運動の原理からみて危険な状態となり、兄弟国への援助という名目での軍事的介入が発動される状態となった。ポーランド当局は紛争を国内にとどめる目的もあって一九八一年一二月に戒厳令で連帯労組活動を非合法化した。

しかしポーランドにおける政変は一九八九年に再開される。当局は戒厳令解除後も体制改革などで社会主義体制の信頼回復を試みたが、全国民的な規模の反体制的政治的傾向が形成され、ボイコット、ストが慢性化する社会情勢の中で、党幹部は国家危機管理の一環としていったんは非合法化した連帯労組を事実上復活させざるをえない状況に追い込まれた。自由連帯労組の代表を含めた全国民的な諸勢力の代表による円卓会議は社会主義憲法からみて超憲法的であったが、当局は連帯との妥協の舞台として設置に合意した。一九八九年四月に開催された円卓会議の諸決議（社会契約の一種）はその後のポーランドにおける政治改革の基本方針を定めた法的文書として扱われ、複数政党制は当然ながら承認された。このような政労合意書および全国的な円卓会議の創設方式はいずれも超憲法的文書、機関となったが、社会主義憲法秩序が平和的に市民社会型の憲法秩序への移行期には欠かせない法的装置として、他の体制移行諸国のモデルとして機能した。[30]

ポーランドの動きに反応してハンガリーにおいても党内批判派の集会が一九七〇年代後半に組織され、そのハンガリー民主フォーラム＝HDFは政権党内部にも影響し、活動を内外に波及する過程で当局は一九八九年に団体結社法（一九八九年一月一一日採択）を公布して政党には至らない社会活動としていち早く合法化してしまった。そのことでハンガリーの政変は他の東欧革命の例に比べて政治的緊張が少なく、より平和的変革の印象が強い。そしてそれから中東欧では最初の市民型憲法（一九八九年憲法）が制定される。しかし、後述するように、ハンガリーにおいて複数政党制が十分機能する以前に新憲法が制定された状態は特殊な例と扱うべきであろう。

社会主義体制から市民型民主体制に移行するに当たって注目しなければならないのは、体制移行が単なる政権のイデオロギーの変更だけでなく、社会経済体制の構造改革を伴う点である。つまり、移行期の初期においては政治的多元主義は認められても社会構造的にはそれに対応する社会構造がまだ形成されておらず、民主的政策決定に当たっての多元的あるべき社会代表が形成されていなかったのである。社会主義時代には生産手段の私有が廃絶されていたから、資本家、私的資本型経営者（わずかに、小規模のサービス業の存在のみ）などの社会層の形成もなく、固有の利益集団の形成もなかったので特定社会利益集団の形成もなかった。一〇〇を超す政治集団が形成されたとしてもそれはまさに揺籃期の特殊社会現象にすぎなかった。少数民族党、ビール愛飲党なども形成された。議会民主制が形成されるための国民の意思形成の前提になる政治代表の形成が当初の問題であった[31]。欧州評議会は、体制移行期の諸国の欧州評議会への加盟条件として自由普通選挙の実施を条件としたことが象徴的である。

社会主義時代の制限的、形式的選挙法に代わって、完全な自由選挙が円卓会議で保障されたが、それに基づく、自由選挙が最初に実施されたのはハンガリーであった（一九九〇年三月二五日と四月八日）。ポーランドでは円卓会議の決議に基づき、一九八九年六月四日、および六月一八日に国会議員選挙が実施されたが、これは旧体制との妥協の結果、政権党の議員定数が六五％確保できる仕組みがまだ残されていた。それにもかかわらず、選挙後の国会では反体制派の指導者が首相に選ばれた（一九八九年八月）。

このような民主化への揺籃期の政党の形成に関していえば、戦間期に市民型体制を体験している中東欧諸国では、社会的利益代表論からみるとその反映にはなっていないが、ノスタルジックな旧政党が名称として復活し、政治結社の自由原則に基づき、過剰ともいえる複数政党が形成され、農民党、キリスト教民主党などの名称が復活する。初期に焦点となったのは選挙法の制定であった。

二　選挙法による過剰民主主義の修正

戦間期において独立後の各国はリベラルな憲法体制の下で結社の自由が保障され、自由選挙によって議会民主制が実施されたが、あまりにも多くの政党が政権党に関わり、連立政権による新興国家の政策決定は不安定であった。これを政治学では過剰民主主義と呼んでいた(32)。

一九二〇年代の新憲法は、比較法的にはフランス憲法、アメリカ憲法、ワイマール憲法などを参照しながら、リベラルな議会民主主義を保障するものであった。しかしリベラルな憲法体制だけでは、実質的な民主主義体制は確保できなかった。一九三〇年代に入ると政治的には左右両派からの批判にさらされ、ついにはクーデタによって憲法改正あるいは新憲法によって大統領などに施行権が集中される憲法体制に変革される傾向があった(一九二一年のポーランド憲法は、一九二六年憲法改正、さらに一九三五年大統領独裁型の憲法に変えられた。リトアニア一九二二年憲法も同じく一九二六年のクーデタ後、一九二八年の憲法改正があり、さらに一九三八年憲法で大統領独裁制を導入する(後述))。

一九九〇年代の憲法をめぐる中東欧の政治状況はその再来であった。

チェコでは戦間期において過剰民主主義状態は深刻な政治問題であった。例えば一九二〇年のリベラルなチェコスロバキア共和国憲法の下での一九二五年の選挙において、参加政党数は二十九党あり、議席を確保した政党数は十三党であった。立法過程がそれに対応して複雑な連立政権の手に委ねられることで、政治の安定は得られなかった。その反省からチェコの初代の大統領のハベルは、当時一〇〇を超す政治団体が活動する現状を考慮して、一九九〇年選挙法の起草に当たって民主的議会運営には政党数は五、六党が望ましいと発言したほどである。最初のチェコスロバキア選挙法である一九九〇年二月二七日法は全体の投票数の五％に満たない政党の自動的失格、いわゆる足切り方式を採用した。そのほか、政党の登録要件として一万人の署名文書、個人候補に関しても一万人の支持者署名などが要件とされた。(33)

このチェコ方式ともいえる足切り方式は、ポーランドにおいては第二次の一九九三年五月二八日選挙法に採用され、第一次の一九九一年六月二八日法に基づく選挙で選出された二九党の政党が一九九三年九月一九日の選挙では六党に減少した。

選挙法に関しても比較法の知識が活用された。足切り方式による投票の際の死票の拡大を考慮して、西欧諸国で実践済みの選挙方式、Hare-Niemeyer（ヘア＝ニーマイヤー）方式から d'Hondt（ドント）方式さらには Hagenbach-Bischoff（ハーゲンバッハ＝ビショフ）方式が加味された方式などが採用された。したがってそれに従って実施される選挙結果の計量には時間のかかることが一般的となった。(34)

三　一九九〇年代憲法の特徴

中東欧においては立憲主義の伝統が継承されていたので政治体制の移行が実現した段階で憲法問題が焦点となる。政治体制の移行が実現してまもなくハンガリーでは一九八九年憲法が制定された。ハンガリーは戦間期に一〇〇日天下といわれる共産政権時代（一九一九年のベラ・クン革命）にラディカルな憲法を公布した経験もあるが、それに続く、保守的反動政権が長く、権威的な憲法体制はナチスと同盟したこともあり、一九四七年社会主義憲法を放棄してもモデルとする適切な市民型憲法の先例がなかったという事情がある。新政治勢力に支持される議会は市民型の憲法を他の東欧諸国に先行して制定した。しかしその後の政治社会の民主化、市場経済化の進展による社会変化を考慮して再三の憲法改正が行われている。

憲法制定に時間をかけ、それまでの期間は旧憲法の改正で補い（いわゆる小憲法）、また、暫定憲法を施行するという方式をとったのはポーランドである(旧一九五二年ポーランド人民共和国憲法を大幅に改正(一九九〇年三月八日法)、さらに暫定小憲法（一九九二年四月二三日法）を施行させ、新憲法は一九九七年四月二日憲法として公布された)。ポーランドでは戦間期の独立時代にワイマール憲法、オーストリア憲法、フランス憲法、アメリカ憲法を参照して制定されたといわれる一九二一年憲法（一九二一年三月二一日法）をもち、戦後の人民時代においてもその憲法を根拠にソ連型憲法の全面的導入に抵抗していた歴史がある。一九五二年憲法は一九七六年改正以後においても国会制度の改革、オンブズマン、行政裁判所、憲法裁判所などを創設するための改正などを行って生き残りを図り、法的改良という点では他の社会主義憲法の改革に先行していた。

チェコスロバキアは、チェコとスロバキアの二民族が合体して構成された独立国であった。一九一八年暫定憲法に続いて制定された一九二〇年憲法は欧州の立憲思想の影響を受け、リベラルな憲法体制であった。その特徴は大統領にかなりの権限を認める議会民主制であることで、過剰民主主義の弊害を乗り越えて、クーデタが発生するような国内政治上の緊張はなく一九二〇年憲法体制は一九三八年まで維持されていた。悪名高い一九三八年のミュンヘン協定に基づくナチス・ドイツの占領によって一九二〇年憲法体制は解体する。戦後体制は一九二〇年憲法体制の再生として機能した時代もあるが一九四八年の社会主義政権の出現により、前大統領は亡命し旧体制は断絶した。しかし社会主義憲法時代においても大統領制は維持されるなど（一九四八年人民共和国憲法、および、一九六〇年社会主義共和国憲法）に旧憲法の法形式的な残滓は残されていた。チェコスロバキアにおいては社会主義時代における政治改革は二民族問題が常に憲法改正と結びついていた。もともとは国家創設時にはなかった問題であるがナチス占領政策によって誘発された民族対立であった。チェコスロバキアに連邦制が導入されたのは一九六八年の〝プラハの春〟の際の憲法改正(一九六八年一〇月二七日法)であり、国会は民族院をもつ二院制となった。新体制に移行しても国政の指導層は連邦主義者だったが、スロバキアには民族主義者が台頭し、政党の統合、議会の民族別代議員の割り当てなどをめぐって対立し、結局、連邦制解体に進む。両国の代表による一九九二年一一月二五日法(連邦解体法)により一九九三年一月一日からそれぞれ別個の独立国となった。チェコスロバキアの解体過程は、それほどの政治的緊張が伴わなかったことから〝静かな離婚劇〟にたとえられる。連邦解体直後、制定されたチェコ憲法(一九九二年一二月一六日公布)は、連邦解体以前に、公布されていたスロバキア憲法(一九九二年九月一日公布)と内容的には大きな相違はない。戦前からの伝統を継承して大統領制の議会民主制が原理である。[35]

ソ連崩壊によって一挙に独立が現実となったバルト諸国(エストニア、ラトビア、リトアニア)の場合は、市民型憲法体制についての独自の準備期間があったわけではない。しかし、独立の法的根拠は、一九三九年から一九四〇年にかけてのソ連軍の占領とそれに続くソ連への編入によるソ連憲法体制への統合は国際法違反という立場であった。一九八〇年代後半からの非合法な民族独立運動(各共和国内での公式な独自路線の宣言など)は、一九三九年八月二三日のモロトフ−リッペントロープ秘密協定が国際法違反であり、それによる一九三九−四〇年のソ連併合は法的根拠のない国家犯罪という立場を主張して、ヘルシンキ会議などに訴えていた。[36] これに対してゴルバチョフは一九七七年ソ連憲法による連邦離脱の可能性(同憲法には離脱の手続規定がなかったのでその改正による)を条件に説得を試みるが失敗する。事実上の独立は一九九一年のエリーチン・クーデタによってソ連が解体することで、まずバルトを含めた各共和国が独立し、次いでそれが国際的承認を得るというプロセスで進行する。ソ連からの開放は自動的に一九四〇年以前の法的状態への復帰となるとするのがバルト諸国の立場であった。

バルト諸国は、独立宣言と一九四〇年前体制への復帰宣言を一九九一年の事実上のソ連からの開放が実現する以前から共和国内の議会などで行っていた（リトアニア＝一九九〇年三月一一日、エストニア＝一九九〇年三月三〇日、ラトビア＝一九九〇年五月四日）。憲法体制についてはリトアニアの一九三八年憲法、ラトビアの一九二二年憲法、エストニアの一九三八年憲法の復活がそれと同時に宣言された[37]。

戦間期のバルト諸国の憲法は他の、ヴェルサイユ体制で独立した諸国と同じようにリベラルな憲法を制定する機会に恵まれた。フランス憲法、アメリカ憲法、一九一九年のワイマール憲法、一九一九年のフィンランド憲法、一九二一年のポーランド憲法、一九二〇年のチェコスロバキア憲法などを参照にした共和制の議会民主制を強調する憲法であった。しかしリトアニアを除いて独立の歴史をもたないし、独立の国家体制を維持するための多くの難題を抱えていた。大国であるロシアとの領土問題、多民族問題があり、国籍法、農地改革などで紛糾した。独立後の第一期の憲法（エストニア＝一九二〇年憲法、リトアニア＝一九二二年憲法、ラトビア＝一九二二年憲法）はいずれも国内の左右両派の政治勢力の攻撃にあい、憲法施行後数年にしてクーデタを経験している。したがって、ラトビアを除き、クーデタ後に憲法改正を行い、さらに第二次の憲法を公布している。リトアニアの一九三八年憲法それにエストニアの一九三八年憲法はそれまでの第一期の憲法の過剰民主主義状況をもたらした議会の権限を制限し、代わって大統領の権限を強化する（事実上の独裁体制、特にリトアニア）特徴をもっている。ラトビアはクーデタ後、反動的な政権が成立し議会を無視して一九二二年憲法はそのままに憲法の空洞化状態が続いていた。

このように独立後の新体制は共和制議会主義の原理を導入したが理想と現実の問題に直面して危機的状態となった。民主的な議会に国家権力が過度に集中したことで三権分立型共和制のバランスが崩れ、いずれの憲法体制も国家の最重要事項を解決できない機能不全に陥っていた[38]。

一九九〇年に旧独立体制への復帰を宣言した際も戦間期の立憲主義の経験からの反省があった。

ラトビアは一九二二年憲法の空洞化を経験しているだけにその憲法への復帰の願望が強く、新生ラトビアの最高評議会は一九二二年憲法（一九二二年二月一五日）を再公布した（一九九一年八月二一日法）。

リトアニアは一九三八年憲法による暫定期間が過ぎると旧憲法の影響は残すものの、新憲法を起草し、国民投票によって可決されると同時にそれを布告した（一九九二年一〇月二五日法）。

エストニアは一九三八年憲法の継承性を強調した上で、新憲法草案が国民投票で可決されると同時に新憲法を公布した（一九九二年六月二八日法）。

三国の新政権はいずれも、対ロシア政策では共通するロシア系少数民族問題などの課題を抱えているが、戦間期のようにバルト同盟という条約上の国際法関係はない。しかし半世紀にわたるソ連の圧制の体験から、民族主義、国際的な安全保障の問題を重視する。そして三国はEU加盟、NATO加盟問題では協力した。国内的には戦間期におけると同じように領土問題、言語法、国籍法問題が深刻である。そのいずれもが欧州的市民社会の統合を目指すEU諸国の諸法とは必ずしも一致しない矛盾がある。(39)

Ⅲ　条約と憲法

条約と憲法という文脈でみるとポーランドを中心とする中東欧には地勢的条件からする憲法史の独特の展開がある。ロシア革命を避けてフランスに亡命したミルキー－ゲツェヴィチ（B. Mirkine-Guetzévitch）が一九三三年に国際憲法（Droit constitutionnel international, Paris, 1933）と題する著書を発表し、憲法と条約の関係を明らかにし、立憲主義が国際法に左右される状況を指摘した(40)際にも著者の念頭には東欧の憲法史における実証的体験があったものと思われる。

一　立憲主義と国際関係

アメリカ憲法（一七八六年）に続き、フランス憲法と同時代に制定された一七九一年五月三日ポーランド王国憲法は君主制を存続させながらも議会制民主主義を実現した近代憲法の先例となるものであった。制定過程はフランス憲法思想、イギリス憲法思想、アメリカ独立思想の影響がみられる。啓蒙思想の影響を受けた国王が自ら起草作業に参加する自律的な憲法制定過程であった。しかし憲法の革新性、フランス政治思想の拡散を恐れたロシア帝国（形式的には一部の新憲法反対派のポーランドのマグナートの援助要請に基づくとされる――一七九二年四月二七日のペテルスブルグ宣言の）軍事介入および、それに戦略的に対応するプロイセン帝国の介入があり一七九一年憲法体制のポーランド王国は発足後一年にはロシア帝国軍の侵攻を受け、事実上、憲法体制は二年足らずで解体し[41]、ロシアとプロイセン間でポーランド王国領分割協定が調印される（一七九三年一月二三日協定）。貴族・氏族中心の議会制ではあったが、民主的に制定された憲法秩序が外国の暴力的行為で事実上、崩壊した例となった。これを、欧州文明の分岐線はポーランドまで、その外延に非ヨーロッパとしてのロシアがあると評する有力な歴史家がいる[42]。

二　平和条約による憲法体制の保障

（1）分割されたポーランドの再生は十九世紀初頭のナポレオンの東方進行で現実となる。ナポレオン軍とロシアの同盟軍が対プロイセン戦に勝利し、プロイセン管理下の旧ポーランド領をフランスが占領する。一八〇六―〇七年のこの戦役の平和条約（テルルッジット条約、一八〇七年七月七日）において勝利側であるフランスとロシアはプロイセンから回復される旧ポーランド王国領にフランスを保護国とする〝ワルシャワ公国〟を創設することを約定する。ロシアはポーランド王国の再生を恐れて、国称としての〝ポーランド〟の再生に反対したため国称は、〝ワルシャワ公国〟となった。ナポレオンの指示で組織された統治委員会は旧一七九一年憲法体制のスタッフが再登用され、憲法起草がナポレオンの指導で進み、ワルシャワ公国基本法（一八〇七年七月二二日公布）が制定された。これは一七九一年憲法の再生ではないが、フランスの憲法思想に基づく啓蒙的憲法ということがいえ、議会制、司法の独立が整備され、同憲法体制下で多くのフランス法が導入された。しかしフランスとロシア関係が悪化して、ナポレオン軍がロシア遠征に向かうがそれに失敗したフランス軍がポーランドから撤退する一八一四年には事実上、一八〇七年基本法体制は解体する。(43)

（2）一八〇七年のワルシャワ公国の創設に平行して、一八〇七年平和条約でグダンスク（ドイツ名、ダンチッヒ）を独立自由都市国家とすることがフランス、ロシア、プロイセン間で約定された。しかしワルシャワ公国の例と異なり、ハンザ都市国家の自立した特殊な関係から、フランスを保護国としながら、フランスとグダンスク市間の基本協定が別途締結され（一八〇七年七月一三日）、それが憲法の役割を果たした。フランス軍は駐留し、ナポレオン法典は導入されたが一八〇八年にはドイツ人法学者の手になる独自憲法を起草するなど（一八〇八年グダンスク憲法草案、一二一カ条）、同時に法改革を実施していた。しかし新憲法が公布される前にナポレオン軍は一八一四年に撤退する。(44)

（3）ナポレオン戦後の欧州の新秩序を約定する全欧州国際会議は一八一四年九月から一八一五年六月までウィーンで開催され、ウィーン会議は世紀の長期の外交交渉となった。ポーランド問題は重要議題となったが、その文書は一八一五年五月九日協定である。戦勝国側のロシア、プロイセン、オーストリアそれに中立的なイギリスが旧ワルシャワ公国の領土分割を協議した。それに敗戦国側とはいえフランスも署名国として発言の場があった。同条約は、民族自決、民族言語の保護を認め、フランスに代わって旧ワルシャワ公国を統治することになるロシア、プロイセンに対する条約上の義務を課している。

ロシアは旧ワルシャワ公国を統治するに当たって、ロシア皇帝が兼王となる戴冠式をワルシャワで行い、国称をポーランド公国（俗称、会議公国）とし、立憲主義を受け入れた。当時ロシアは帝国内では近代法の経験がなく、立憲主義も受け入れていなかったが、ポーランド公国に関しては特例の政治体制となった(45)。

ロシア皇帝の勅令として公布された一八一五年五月二五日法は、ポーランド公国の基本法（憲法）である。起草に当ったのはポーランド貴族でアレクサンドル一世皇帝の側近としてロシアの外相をも務め、また、ポーランド時代は一七九一年憲法にも関係した啓蒙派の人物、アダム・チャリトリスキ公である。内容は旧ワルシャワ公国の一八〇七年基本法を継承しており、国民代表による議会、公式言語をポーランド語にするなど当時としてはリベラルな自治を保障し、個別の軍隊の保持も認めるものであった。ウィーン会議全体の傾向はナポレオンの軍事的進行によってもたらされた旧秩序（アンシャンレジーム）の破壊に対して、失地回復の反動傾向があった中で、ポーランド公国の一八一五年基本法は唯一リベラルな体制を堅持していると評価された。それはウイーン会議における国際的妥協の結果としての側面がある。一八一五年基本法体制は一八二五年にロシア皇帝アレクサンドル一世の統治が終わるまで保障されたが、その後はロシア皇帝の政策の保守化に伴うロシア化政策の導入によって一八一五年体制は解体していく。一八一五年基本法体制はウィーン会議で分割されたポーランド領の中で国家体制の立憲的保障という意味では欧州的啓蒙思想を継承していた例である。しかし条約には明確な義務事項が規定されていなかった。

一八二五年以降のロシア化政策によって一八一五年基本法体制は次第に解体されていく。一八三二年制限制定法などがポーランド法の最後のもので、その後はポーランド法はロシア帝国法制に統合され、ポーランドはロシア帝国行政の一部になる（ペテルスブルグにポーランド省が設置される）(46)。

（4） 同じくウィーン会議で条約上の権利として旧ワルシャワ公国の西部領を統治することになるプロイセンは、一八一五年五月一五日令で新領土をポズナン大公国としてプロイセン王国の統治とは別途に扱うこととした。自治のための地域議会、それへの代表の選出、民族言語の公用言語化、民族語教育なども定めた。しかしそれらは条約に基づく憲法的保障ではなく、国内法による措置のみであった。プロイセンの国内行政政策の変更とともにドイツ化政策が進み、民族言語教育なども廃止された。ウィーン条約の内容は義務の伴わない外交的約定であり、その内容が遵守されたのは十年ほどであった(47)。それはポズナン大公国体制が条約にもとづく憲法的保障ではなかったことが理由として挙げられる。

（5） ナポレオン時代のグダンスク自由都市に続く例としてウィーン体制で中立自由都市となったクラクフ市の例がある。

ウィーン会議においてロシア代表は旧ワルシャワ公国領だった古都クラクフをロシア領とすべく要求したが、関係国は反対して、その対案として生まれたのがクラクフの中立化であり、そのための自由都市として独立させる案であった。一八一五年一月九日、および一八一五年五月三日、一八一五年六月九日などの条約で関係国、とりわけオーストリア、プロイセン、ロシアの三国間で調印されたクラクフの中立と独立に関する諸条約がその基礎である。これらの諸条約でウィーン会議の参加国はクラクフの中立化、自由都市の地位についての国際的保障を与えた(48)。

条約の保障に基づき一八一五年五月三日最初の憲法が制定された。憲法起草の中心人物は、ポーランド公国のケースと同じくアダム・チャリトリスキ公という説が有力である。リベラルな自由都市共和国として大学に特権が認められ、市民による自治による文化都市国家を目指した。その後、憲法起草作業はさらに進められ一八一八年九月一一日に本格的な基本法（憲法）が制定された。共和制議会、司法機関の独立、四十一名で構成される議会を最高機関とすることなどである。私法に関してはほぼ、ワルシャワ公国時代のフランス諸法が継承された。

しかし一八三三年ロシア政府による政治情勢の変化（ロシア統治下のポーランド領での反ロシア蜂起分子がクラクフと関わるとする）を理由とする条約改正要求があり、その要求により条約が改正された（一八三七年九月九日）。その趣旨は共和国の自治権を制限して条約当時国の監視機能を強化するというもので、それに従い基本法の一部が改正された。その後、それに不満な政治勢力によるクラクフ蜂起が発生（一八四六年）し、一時はロシアがポーランド公国領に編入することを提案するが、それが受け入れられないとオーストリア側に譲歩し、オーストリア領に編入されことに賛成し、形式的にはオーストリア政府がクラクフ中立条約の破棄を提案し、それを他の当事国であるロシアとプロイセンも受け入れてクラクフの中立自由都市共和国を定めた条約は破棄された。以来、クラクフはオーストリア行政下の地域都市としてオーストリア領に編入されてしまった（三国条約に基づくオーストリア皇帝の勅令一八四六年一一月一六日）[49]。

クラクフ自由共和都市国の基本法の成否が国際条約にあり、憲法が条約の破棄とともに法的根拠を失った例である。

三　国際連盟による憲法体制の保障

（1）第一次大戦後は条約と憲法の関係は急速に日常化する。一九一九年のヴェルサイユ条約によって創設され、さらに国際連盟に保障される自治共和国は欧州のあちこちに現れた。ここではダンツィヒ（グダンスク）市の例を取り上げる。

ダンツィヒ自由都市は一九一九年のドイツに関するヴェルサイユ条約（一〇〇―一〇八条）に基づき、国際連盟の保護下の自治国として創設された。最高執行権は国際連盟の任命する高等弁務官であるが、その下での共和制の立憲体制が保障された。ただしダンツィヒ憲法は改正する際には国際連盟によって承認を受けなければならないと規定し（四九条）、特に非武装化についての厳格な禁止条項を設けた。内政に関しては自治原則が保障されたが、完全な主権行使は制限され、外交権、市民に対する外交保護権は、同市とポーランド政府間の協定（一九二〇年一一月九日）にも基づきポーランド政府が行使する。しかしその際、ポーランド政府は国際連盟の委託による保護国としての権利行使であるので、ヴェルサイユ条約、国際連盟規約に拘束される。それをめぐる紛争が発生した場合は、常設国際司法裁判所に付託される。有名な事件としてはダンツィヒ市におけるポーランド国有郵便事業サービスの件に関する常設国際司法裁判所の勧告に基いた国際連盟理事会の決定がある。(50) ダンツィヒ自由市は、非武装化都市であって軍事基地はなかった。保護国のポーランドは国際連盟の諸条約に拘束され、ここにいかなる軍事施設ももつことは許されなかった。ナチスの一九三九年九月の対ポーランド戦はダンツィヒ攻撃が始まりで、それが第二次大戦の端緒になった。

（2） 同じく、ヴェルサイユ条約（九九条以下）に基づき創設されたメーメル（Memel＝独語、Klaipeda＝ポーランド、リトアニア語）自由都市の例では、ヴェルサイユ条約と国際連盟規約による立憲自治体制に市民、特に大半を占めるリトアニア系住民は必ずしも満足ではなかった。当初高等弁務官は国際連盟の任命するフランス人で、治安維持目的でフランス軍が駐留し、行政職員はドイツ系市民が多かった。住民の大半を占めるリトアニア系住民は独立したリトアニアへの編入を求める蜂起を起こし、それがクーデタとなって、メーメルの自治体制を解体してリトアニア領への編入を宣言した（一九二三年一月一一日）。クーデタにより実効的行政権が侵害された実態に対して国際連盟の付託受けた同理事国代表（英国、フランス、イタリアそれに日本）とリトアニア政府との間で、メーメルにおけるリトアニア系住民の要求を受け入れるか否かを検討する交渉が行われ、国際連盟側のリトアニア側に対する妥協の結果、国際連盟はメーメルの政治的現実を認めてリトアニアを保護国とするメーメル協定を調印する（一九二四年五月八日）[51]。その結果、当初常駐していたフランス軍（約三〇〇〇人）が撤退し、メーメルの管理体制のリトアニア化が進む。しかしその際に同時に調印された議定書、「メーメル地域の基本法」は立法行政の自律、小数民族の権利保護、市民代表制の確立、外国人の法的地位の保護、などを規定した。一九二四年基本法は国際条約によって保障され、同時に国内法上の最高法規であった。改正のためには厳格な民主的要件が規定されていた。保護国であるリトアニアは当時、一九二二年憲法体制を維持して民主的ルールが生きていた時代であるが、一九二六年に保守反動派のクーデタによって一九二二年憲法が改正され（一九二八年）、民族主義的政治勢力による独裁化が進んでいた。このような保護国の政治状況は国際連盟に自治体制を保障されたメーメルの体制には直接反映しないが、リトアニア政府が任命する知事（高等弁務官）は特権をもつのでその政治的立場いかんによっては保護国のリトアニア政府の政策にメーメル自治体制は大きく影響を受ける。国際連盟に付託された関係国（英国、フランス、イタリア、日本）はメーメルをめぐる政治状況の変化に危機感をもち、リトアニア政府に対して、国際的に義務づけられた基本法の遵守を要求する文書を関係国に送付した（一九三二年三月一六日）。それに不満だった知事はメーメル議会を解散した（一九三二年三月二二日）。それは知事の越権行為とする四カ国側はその他の紛糾した問題について常設国際司法裁判所にリトアニア政府を相手とする提訴を行った（一九三二年四月一一日）。常設国際裁判所はこれに対して詳細な判断を示した。メーメル基本法はリトアニアの主権下にあるとはいえ民主的原理に従って組織された単一の自治体制を規定しているとし、議院内閣制の厳格な適用が規定されていることも強調した[52]。保護国リトアニアとの政治体制のギャップがあろうとも、メーメルの民主的自治体制は維持されねばならない国際法上の義務というのが結論となる[53]。

国際連盟体制が維持されたのは一九三〇年中頃までであった。ナチス外交とそれに続く軍事攻勢で国際連盟体制は空洞化する。メーメルはその後、ナチス・ドイツの戦略的関心と一体となったドイツ系住民（ヒットラー・ユーゲンらが中心）のドイツ併合要求などを口実とするドイツの外交攻勢があり、ドイツ・リトアニア間のメーメル割譲条約（メーメルのドイツ領への編入）（一九三九年三月二二日）が締結された。メーメルの法的地位に対する重大な変更であったが、国際連盟はすでに無力化していた。しかも連盟から付託を受けた四カ国のうちイタリアと日本はナチス・ドイツと同盟関係にあり、日本はすでに国際連盟を脱退していて、ドイツ外交に疑問を挟む余地がなかった。第二次大戦後、メーメルは一九四六年にソ連リトアニア共和国領に編入され、クワイペダ市となり、現在はリトアニア共和国領となり、リトアニアのバルト海における唯一の海運都市である。

（3）国際連盟規約その他の条約で加盟国の国内体制が制約される例としてはハンガリーの国際連盟加盟のケースがある。

一九二〇年ハンガリーが国際連盟加盟を申請した際、利害関係の深い既加盟国であるチェコスロバキア、ルーマニア、セルボ・クロアチア・スロベニアの代表などから、ハンガリーにハプスブルグの復権を禁ずることを義務づける提案がなされ、ハンガリーはこれを受け入れ、国内法の改正によってハプスブルグ帝国ないしはその復興に関する活動が国内法上、刑法の対象となることなどを約した。具体的にはその国際連盟などの要求に応えて、以下の内容をもつ国内法を制定した。すなわち、カレル四世の主権の廃止、一七二三年以降のオーストリア王朝の皇位に関する諸勅令の廃止、王選出の権利は国民にあると規定した（一九二一年一一月六日法[54]）。

（4）国際連盟規約とそれに関連する諸条約の原則が新興独立国の憲法制定過程に具体的に拘束するケースとしてはポーランドの少数民族保護問題が挙げられる。

ポーランドと国際連盟および連合国と締結した少数民族保護に関する一九一九年六月二八日の条約は、独立後間もないポーランドが憲法起草作業を展開中の条約である。同条約によりポーランド領内はもとより新しく主権を引き受ける地域において、ポーランドはその制度を自由と正義の原理に一致させることを保障するとした。同条約の内容は一九二一年憲法に具体化した（一九二一年三月一七日憲法、一〇九条以下）[55]。しかし、ポーランドにおいては少数民族問題は新領土を中心にして深刻な政治問題であった。例えば少数民族の国家に対する忠誠が問題となり、ポーランドの最高裁判所は一九二五年に東部ガリチア（現ウクライナ）のポーランドからの独立運動に関してそれに関連したウクライナ人運動家を有罪とする判決を下した（一九二五年一一月二五日）。これは国際的反響をもたらした。

国際連盟の総会では（一九二二年）少数者といえども保護を受ける国に対する忠実な市民として協力すべきであるという決議はあるが、法的決定ではない。この問題については当時の新興独立国では民族派の勢力が強く、国内の少数民族問題に対して寛容ではなかった事情もある[56]。

Ⅳ　ＥＵ憲法体制と中東欧の憲法

中東欧諸国においてＥＵ加盟条約は歴史的重要性をもつ条約であったが、大半の国で条約は国民投票にかけられ批准された。しかしその際に憲法改正した例はない。それは体制移行期を経過して各国の憲法が欧州市民型の憲法となり、そのすべての憲法が国際法優位原則を導入していたからである[57]。その点では第一次大戦後の新興諸国がまだ憲法を準備できない状態でヴェルサイユ体制の国際主義、人権の確立、民族自決、平和主義などの諸原理を起草過程にある憲法に取り込む国際法上の義務を課せられた点と異なる。

しかしＥＵ憲法体制（新規加盟国にとっては二〇〇〇年のニース条約までが交渉の際の実効的法源であったが）を自

国法に統合させるためには、欧州協定が成立してから数えても、数年間の専門家集団による交渉が必要だった。加盟条約という国際法が二元論の枠組みを超えて実質的には国内法に関わり、国内法を変更してきた。その結果、実現した新規加盟国の拡大によってもたらされた欧州連合は、少なくとも二〇〇四年からは欧州の地理的平面に単一の巨大な実定法体制として存在することになった。これを何と評価するのであろうか。

すでにみたように欧州法文化の周辺部に属する新規加盟国の大半の国では、立憲主義による自治、議会制民主主義は国家の近代化過程の目標であった。しかし彼らの地勢的環境からして自立した立憲主義の実現の道は内外の事情に左右されてジクザクな道のりであった。その憲法史の特徴が現在の憲法状態に大きく影響している。

ロシアとバルカンの一部を除けば、中東欧においては十九世紀に欧州の啓蒙思想の影響を受けた政治改革が進み、立憲主義による市民社会形成の端緒はあった。しかしそのいずれもが、さまざまな理由で成功せず、国内的には権威的権力の台頭があり、国外においてはロシアやトルコのような非欧州的勢力の侵害の危機に直面していた。それに加えて十九世紀以来の戦乱の歴史がある。

一九四〇年代後半にこの地域に成立した社会主義体制導入は西欧に遅れた近代化の早道であるという説もあるが、実態は非欧州的文化的特色をもつロシアによる社会主義体制であったことで、悲劇的であった。立憲主義の法文化は断絶され、権力の一元的支配構造は、それまでの伝統的な自然法思想、啓蒙思想などに支えられて形成された社会正義概念を基準とする社会の価値基準を破壊した。法形式的に立憲主義が採用されていてもそれによって保護されるべき価値が名目的にはプロレタリア独裁を実現するというイデオロギーであって、非現実的であった。しかも法制度は実際には権力党の共産党の官僚的組織擁護ための手段に低落し、それに加えて非法的制度である秘密警察機構(国家的テロ組織)が暗躍し、独立した司法制度という考えも導入されなかった。

このような二十世紀後半の半世紀にわたる法文化によって形成された社会はそれぞれ歴史的相違はあるものの市民の

国籍法（外国人法）	言語法	破産法	土地・農地
1993. LV 1996/7号 1997 庇護法（CXXXIX）			1994 外国人取得法 1996/7号
			1920. 3. 24 外国人土地法
1992. 12. 29 法 1999. 11. 30 外国人法		1991. 7. 11	1991. 5. 21
1993. 1. 19	1995. 11. 15		
1991. 6. 5 外国人法 1991. 6. 5			
1995. 1. 19 外国人法 1993. 7. 8	1995. 2. 21 少数民族文化保障法 1993. 10. 26 国語法 1995. 2. 21		
1991. 10. 15 市民回復法 1994. 7. 22 前ソ連国籍者法 1995. 4. 12	国語法 1999. 12. 21 少数民族文化独自法 1991. 3. 19		
1991. 12. 5 外国人法 1991. 9. 5 移民法 1991. 9. 4	1995. 1. 31	1992. 9. 15	1994. 4. 26 土地法
			1991. 2. 22 1991. 4. 25 農地法
1991. 12. 5 外国人法 1991. 9. 5 1992. 5. 18	1995. 1. 31	1992. 9. 15	
1991. 1992. 外国人法			

EU新加盟諸国の立法状況

	憲　法	民有化法	民・商法
ハンガリー	1989. XXXI	1990 小民有化 1991 資産補償法 1992 従業員所有法 1994 大民有化 1995 国有企業売却法	1990 私企業法 1997 商業企業法
ポーランド	1997. 4. 2 憲法 1997. 8. 1 憲法裁判所法	1990. 7.13 法 1993. 4.13 民有化法	商法典 2001. 1. 1
チ　ェ　コ	1992. 11. 29 憲法 1991. 1. 9 基本人権憲章 1992. 11. 13 チェコ・スロバキア分割法 1993. 6. 16 憲法裁判所法	1990（小民有化） 1991 私有化法	1992 商法 （1991. 11. 5） 私企業法 1990. 4. 19
スロバキア	1992. 9. 1		
スロベニア	1991. 12. 23	1992. 11. 11	1993. 5. 27 会社法
エストニア	1992. 6. 28	1991. 6. 13 所有権法 1991. 6. 13 資産改革法 私有化法 1993. 6. 17 1993. 2. 5	1990. 6. 13 所有権法 1989. 11. 7 企業法
ラトビア	1922. 2. 15 市民憲章 1991. 12. 10	1994. 2. 17	1991. 1. 23 有限会社法
リトアニア	1992. 10. 25 憲法裁判所法 1993. 2. 3	1991. 6. 18 回復法 1997. 11. 4 大民有化法	1992. 10. 6 払当権法 会社法 1990. 5. 22 1994. 7. 5 1995. 7. 5 1996. 3. 14
ブルガリア	1991. 7. 12 憲法裁判所法 1991. 7. 30	1992. 2. 5 1992. 4. 23 1994. 6. 9 1995.	1991. 5. 16 公布商法典 1991. 6. 27 私企業法
ルーマニア	1991. 11. 21 憲法裁判所法 1992. 5. 18	1997. 11. 4 企業私有化 1990. 7. 31 1991. 8. 14 1997. 12. 29 再私有化法 2001. 2. 14 法	1990. 11. 16 企業法 1992. 10. 6 払当権法
クロアチア	1990. 12. 22	1991. 4. 18	

法意識と行動として残されている。一九九〇年代の民主化過程でこれらの要因が一挙に改革されたわけではない。他方、EU既加盟国は、一九五〇年代以降の半世紀に市民社会の成熟過程のさまざまな問題を経験し、それを議会制民主主義手続を通じて克服しながらマーストリヒト条約に到達した。立憲主義による議会、行政権、司法機関の機能に関して厳しい葛藤を経て現在の三権分立のメカニズムを推敲してきた。

ジスカール・デスタンスを中心とするEU憲法条約起草委員会には形式的には加盟各国の代表に加えて加盟予定国の議会代表、専門家も参加しているが、憲法を支えるこのような立場の相違が検討された内容にはなっていない。当初、EUの文明的基盤はキリスト教文化にあるとしたポーランドなどの主張もあったが、具体的な反応はニース条約に保障された投票形式が維持されることぐらいでEUの将来構想に向けての新規加盟国側の目立った提案はなかった。新規加盟国の関心は国民国家形成期の国民的感情を表現するにとどまり、国家的利害に関心が集中している。

国内においても憲法に保障された三権分立原則は、理論としては二世紀も前にフランス憲法思想として紹介されたにも関わらず、長い実践的経験の欠如からその運用は常に混乱を伴っている。当面、憲法上の最高機関である議会が全能の権力を行使しているが、それを支える社会構造が新興資本主義社会であるから、政党政治の文化がひ弱で、不安定である。

しかし、対外政策に関しては別の側面がある。例えば、アメリカのイラク政策に関してポーランドをはじめとする新規加盟国の大半はアメリカ政府を支持してイラクに派兵し、フランス、ドイツなどのEU主要国と異なる外交を展開し、明らかに将来のEU共通外交政策の目論見とは異なった。しかしEUの統合は基本的には各国の特殊性を認めた上での共通政策の策定過程であるから、外交政策に関しては一定のヘテロジェニティは容認されるべきではないか。その許容の程度は今後のEU外交にはむしろプラスとなる可能性も出てくるように思われる。

しかし具体的なEUの対外条約締結権の問題になるとさらに詳細に検討しなければならない。その例として二〇〇三年にＥＵとアメリカ政府の間で締結された犯人引渡し、および法的共助協定（二〇〇三年六月二五日調印）には注目しなければならない。いうまでもなく、この協定は九・一一事件後の緊急事態に対応した協力協定であるが、ＥＵ加盟国全体を拘束する。(58)

注

（1） A. Godlewski, "Co jest w tym traktacie?," *Nowe Panstwo*, 2003, nr.4, s 10 i n.

（2） M. Paszynski, "Francuskie i Holenderskie "Nie"—przyczyna, czy Nasteptwo kryzysu Uni Europejskiej?," *Wspolnoty Europejskie* nr.6,163, 2005 s 18 i n.

（3） A. Godlewski, note 1.

（4） ＰＨＡＲＥ（ポーランド・ハンガリー援助プログラム）、ＥＢＲＤ（欧州復興開発銀行）などの組織も同様にＥＵと一体となって〝欧州化〟作業に参加した。一九九三年に筆者が一専門家として参加したＥＢＲＤの行動プログラムをめぐるロンドン会議には、中東欧の体制移行に関わる欧州および国際機関の代表が一同に参加し、法改革を中心に具体案が検討された。

（5） 鈴木輝二「欧州連合（ＥＵ）の拡大と中東欧の一九九〇年体制」二一号（東海法学、一九九九年）一三頁以下。

（6） 庄司克弘「欧州審議会の拡大とその意義――ロシア、加盟を中心に」九五巻四号（国際法外交雑誌、一九九七年）一頁以下。

（7） 鈴木輝二『ＥＵへの道――中東欧における近代法の形成』（尚学社、二〇〇四年）二一三頁以下。Brus, W., Laski, K., *From Marx to Market: Socialism in Search of An Economic System*, (Oxford, 1989).

（8） 鈴木輝二、前掲書、二四四頁以下。

(9) 広渡清吾『統一ドイツの法変動――統一の一つの決算』(有信堂高文社、一九九六年)一〇頁以下。
(10) 藤田勇「旧ソ連におけるペレストロイカ―所有制改革」『神奈川法学』二八巻一号(一九九三年)六三頁以下。
(11) S. T. Surykowska, *Prywatyzacja*, Warszawa, 1996.
(12) 鈴木輝二、注(8)。
(13) G. Gialdino, "Some Reflections on the Acquis Communautaire," *Common Market Law Review*, vol.32, 1995, p.1089ff.
(14) A. Evans, "Voluntary Harmonization in Intergration between the European Community and Eastern Europe," *European Law Review*, vol.22, 1997, pp.201ff.
(15) R. Szafarz, "Skutecznosci norm prawa miedzynarodowego u prawie wewnetznym w swietle nowej konstytucji," *Panstwo i Prawo*, z 1, 1998, s 3 i n; S. Pears, An Ever Closer waiting Rooms?: The Case for Eastern European Accession to European Economic Area, *Common Market Law Review*, vol.32, 1995, p.187ff.
(16) E. Piontek, "Central and Eastern European Countries in Preparation for Membership in the European Union; a Polish Perspective," *Yearbook of Polish European Studies*, vol.1, 1997, p.73ff.
(17) White paper, the EU Comission, COM (95) 163 final, 03.5.1995; M. Gorka, "Realizacja bialy ksiegi komisji Europejskiej w porzadeku prawnym Rzeczypospolitej Polskiej jako element procesu dostosowania prawa polskiego do standardow Unii Europejskiej," Mik, (ed.), *Polska w Unii Europejskiej; Perspektywy, warunki, szanse i zagrozenia*, Torun, 1997.
(18) Gorka, *op. cit.*
(19) *Ibid.*
(20) J. Stanczyk, "Zmiany systemowe w post-socialistycznych panstwach Europy srodkowej i wschodnej," *Studia Europejska*, nr.3, 1997, s 27 i n.
(21) C. Tomuscht, H. Kotz, B. Von Maydel, (eds.), *Europäische Integration und nationale Rechtskulturen*, (Köln: C. Heymann, 1995).
(22) 鈴木輝二「ポーランドの法社会学」川島武宜編『法社会学講座』五巻(岩波書店)一九七二年。
(23) Dissent in Poland, London, 1976.
(24) A. Podgorecki, V. Olgiati, *Totalitaran and Post Totalitarian Law*, Onati, 1996; A. Kojder, *Godnosc i sila prawa: szkice*

socjologiczno-prawne, Warszawa, 1995.

(25) 鈴木輝二「一党制から多党制へ」白鳥令、砂田一郎編『現代政党の理論』（東海大学出版会、一九九六年）二九二頁以下。

(26) T. Koopmans, "The Birth of European Law at the Crossroads of Legal Traditions," *American Journal of Comparative Law*, vol.39, 1991, p.493ff.

(27) 鈴木輝二、前掲論文、注28参照。

(28) 鈴木輝二「社会主義理論における国際法と国内法の関係」『法律時報』一九六六年一月号、三六頁以下。

(29) Rewolucja Solidarnosci, *Polityka*, nr.4/2005; T. Moldawa, *Konstytucje Polskie 1918-1998*, Warszawa, 1999, s 266 i n.

(30) T. Moldawa, *Konstytucje Polskie*, *op. cit.* s 285 i n.

(31) 鈴木輝二、前掲論文注1参照、および、鈴木輝二「欧州概念の東方への拡大と比較法」『東海法学』第一六号（一九九六年）一一七頁。

(32) A. Korbonski, "How Much Is Enough? Excessive Pluralism as the Cause of Poland's Socio-Economic Crisis," *International Political Science Review*, vol.17, no.3, 1996, p.297ff: The New Democratic Parliaments: The First Years, (Ed.) L. D. Longley, D. Zajc, (IPSA Working Papers) Lawrence University, USA, 1998.

(33) 鈴木、前掲論文、注1、三三〇頁以下。

(34) 注(7)、三三一頁。

(35) 林忠行「チェコスロバキアの連邦解体――共同国家における求心力と遠心力」『国際問題』一九九二年一二月号、三九三号、二〇頁。

(36) D. A. Loeber, "Soviet Attitude toward Political Unions of States: The case of the Baltic Republics 1918-1940," *The Korean Journal of International Studies*, vol.VII, no.4, 1976, p.33ff.

(37) 鈴木輝二「バルト諸国の国家形成」『東海法学』第一〇号（一九九三年）一三頁。

(38) 鈴木輝二、前掲論文、一八頁。M. W. Graham jr., *New Governments of Eastern Europe*, (N. Y.: Kraus reprint, 1969).

(39) 渋谷謙次郎「シチズンシップと言語問題――マイノリティの権利をめぐる予備的考察」『社会体制と法』創刊号（二〇〇〇年）五四頁。

(40) B. Mirkine-Guetzévitch, *Droit ccnsitutionnel international*, (Paris: R. Sirey, 1933), ミルキヌ＝ゲツェヴィチ（小田滋、樋口陽一訳）『憲法の国際化——国際憲法の比較法的考察』（有信堂、一九六四年）一頁、著者緒言。

(41) 鈴木輝二『ＥＵへの道』二〇〇四年、前掲書、注（7）、七九頁。Z. Szczaska, 1. Ustawa Rzadowa z 1791 r, (Re.) M. Kallas, *Konstytucje Polski*, Warszawa, 1990, s 19 i n.

(42) O. Halecki, *The Millenium of Europe*, (Notre Dame UP, 1963), p.304ff.

(43) M. Kallas, 1. Ustawa Konstytucyjna Ksiestwa Warszawskiego z 1807 r, *Konstytucje Polski, op. cit.*, s 105 i n.

(44) E. Rozenkranz, 2. Zycie Konstytucyjne Wolnego Miasta Gdanska w dobie napoleonskiej, *Konstytucje Polski, op. cit.*, s 157 i n.

(45) 注（15）参照、九九頁。H. Izdebski, 4. Ustawa Konstytucyjna Krolewstwa Polskiego z 1815 r, *Konstytucje Polski, op. cit.*, s 185 i n.

(46) 鈴木、前掲書、一〇一頁。T. Demidowicz, 6. Statut Organiczny z 1832 r, *Konstytucje Polski, op. cit.*, s 293 i n.

(47) A. Korobowicz, W. Witkowski, Ustroj i Prawo na Ziemiach Polskich, Lublin 1996, s 150 i n.

(48) J. Goclon, Konstytucje Wolnego Miasta Krakowa z 1815, 1818 i 1833 r., *Konstytucje Polski, op. cit.*, s 233 i n; 鈴木輝二『ＥＵへの道』前掲書、一四七頁。W. M. Bartel, *Zgromadzenie* Reprezentantow Wolnego Miasta Krakowa, Czasopismo Prawno-historyczne, T. XXXVI z 1, 1984, s 143 i n.

(49) J. Codon, *op. cit.*, s 287 i n.

(50) H. Lauterpacht, *Oppenheim's International Law*, the fifth edition, p.171, the seventh edition p.176, and the eighth edition, p.194.

(51) Graham, 注（12）鈴木輝二「バルト諸国の国家形成」前掲論文、一〇頁。

(52) ミルキヌ＝ゲツェヴィチ、前掲書、『憲法の国際化』三五頁以下。

(53) 同上書、四一頁。

(54) 同上書、七三—七六頁。

(55) St. Krukowski, 2. Konstytucja Rzeczypospolitej Polskiej z 1921 r., *Konstytucje Polski, op. cit.*, T. II, s 19 i n.

(56) 戦間期の少数民族問題は旧オーストリア－ハンガリー二重帝国解体後の深刻な問題であった。一八六七年の憲法的妥協（アウスグライヒ）によってオーストリア帝国下のハンガリーが二重帝国の主権国家となっただけでなく、帝国の少数民族（主要民族だけでも十五民族あまり）は自治権を得て帝国議会にも代議員を送り、それはガリチアも同様で、自治が認められていた。しかし帝国解体後、独立できた民族は、ポーランド、チェコスロバキア、ルーマニア、セルボ・クロアチア・スロベニアなどに限られ、ガリチアは独立ではなく、ポーランド領に編入されてしまった（一九一九年パリ平和条約）。ガリチアは歴史的に西部はポーランド人地域であったが、東部はポーランド人、ウクライナ人の混住地域であった。そこで東部ガリチアの独立問題がウクライナ系住民の要求となっていた。彼らは、東部ガリチアは独立すべきでヴェルサイユ条約体制と国際連盟によって独立の可能性が閉ざされたことに不満だった（J. Goclam, 8. Statut Krajowy Galicji z 1861 r, s 359, *Konstytucje Polski, op. cit.*, s 359 in: ミルキヌ＝ゲツェヴィチ、前掲書、一七八頁）。

(57) A. Sajo, "The Impacts of EU Accession on Post -communist Constitutionalism," *Act Juridica Hungarica*, vol.45, No.3-4, 2004, p.193ff.

(58) T. Georgopoulos, "What kind of treaty-making power for the EU? Constitutional problems related to the conclusion of the EU-US-Agreements on Extradition and Mutual Legal Assistance," *European Law Review*, April, 2005, vol.30, p.190ff.

第三部　基本的規範の共有と緊張——国際法・欧州人権条約・ＥＵ法・各国法の多層的補完と緊張

EUにおける移民・難民法の動向

広渡清吾

I　移民・難民――国境を越える人の流れの構図

国連事務総長（当時）のコフィ・アナンが二〇〇四年一月にヨーロッパ議会を訪問した際に、議会で行った演説のテーマは、「ヨーロッパは、なぜ移民戦略を必要とするか」というものであった。彼は、そこで次のような議論を展開した。

EUは二〇〇四年に東欧の新加盟国十カ国を加え、二十五カ国四億五〇〇〇万人の規模に拡大する。しかし、この大欧州も二〇五〇年には、高齢化・少子化の進展によって四億人近くに人口が減少する予測である（周知のように二〇〇七年にさらに二カ国が加盟し、EUの現在の総人口は四億八〇〇〇万人である―筆者）。人口減少の趨勢は、世界の先進国地域で同様に生じる。これらの地域にとって有効な解決戦略の一つが移民戦略である。移民を受け入れるか否かの決定は、各国の権利に属する。しかし、EUが移民に対して扉を閉ざすことは決して賢明なことではない。アジア・アフリカ地域の人々は、ヨーロッパの人々にとって当然のことと見なされる自らの人生を発展させる可能性をもっていない。また、実際、移民の出身国への仕送りは二〇〇二年で八八〇億ドルを超え、これら途上国の受け取るODAの総額五七〇億ドルを大きく上回っている。もちろん非合法の移住を防止し、移住の適正なコントロールのシステムを作ることは、重要である。二十一世紀に、移民はヨーロッパを必要としており、ヨーロッパは移民を必要としているのである。国連が先頃設置した「国際移住世界委員会（Worldcommission for international migration）」は、この問題の政策的、制度的解決の提案に資するであろう。[1]

アナンが示した移民問題と人口問題を結合させる移住戦略は、国連の政策文書では“Replacement Migration”と表現されている。[2] つまり、先進国地域の人口減少を途上国地域からの移民によってreplaceし、地球規模での人口発展のバランスを保持し、同時に世界の発展の均衡を図るという考え方である。世界の人口発展の予測（中位推計）をみると、二〇〇〇年段階で世界人口六〇億五〇〇〇万人、うち先進地域一一億九〇〇〇万人、発展途上地域四八億六〇〇〇万人のところ、二〇五〇年には世界人口八九億人、先進地域一一億五〇〇〇万人、発展途上地域七七億五〇〇〇万人と見積もられている。[3]

この予測は、先進地域の人口停滞と発展途上地域の人口爆発を示しており、発展途上地域からの移住の圧力が飛躍的に高まることを推測させるものである。

人口問題は、意外な形でもEUの将来問題に影を落としている。すでに早く一九八七年に加盟申請をしたトルコについて、周知のようにEU加盟国の態度はなお厳しい。トルコの民主主義、法治国家性に対しての疑念が払拭されず、そもそもイスラム教社会がEUと相容れるかという原理的な議論がテーブルに乗ったままである。ところで、人口問題から眺めると、もしトルコの加盟が認められれば、トルコはドイツに次ぐ第二位の地位（人口六五〇〇万人）を占め、かつ、二〇二五年にはドイツを抜いて人口第一位でEU最大国となる予測である。[4] このような事情は政治家によって正面から取り上げられるわけではないが、加盟問題についての人々の意識に影響しうるものであろう。

さて、人口分布は、生産力と収容可能な人口の相関関係に規定されて諸地域が過剰と不足の不均衡をもつことによって、国境を越える人の流れ（国際移住）を作り出す構造的な基盤である。もちろん、具体的な国際移住は、この上で、種々の歴史的要因が作用して生み出される。あらためて、第二次世界大戦後の、ヨーロッパを中心にした国際移住の構図をみれば次のようになろう。(5)

第一の国際移住は、五〇年代末から六〇年代を経過して七三年のオイルショックまで続いた先進工業国への外国人労働者の移住である。

第二の国際移住は、外国人労働者の移住がオイルショックによって停止した後、これらの移住外国人労働者が出身国に帰国せず、逆に出身国から家族を呼び寄せることから生じる、家族の後追い移住である。これによって、移住外国人労働者は、家族とともに移民化（帰国を考慮しない永続的定住化）することとなった。この流れは、現在に至るまで継続している。

第三は、南北問題を背景にした国際移住である。発展途上国における開発の進行に伴う国内の労働者移動の発生と国際移動手段のコストの低下による移動可能性の増大という与件の下、先進国地域と発展途上国地域の経済格差の昂進を起動力にして（送り出し要因と引き出し要因の相乗）、「南から北へ」の人の流れは、とりわけ八〇年代以降顕著になってきた。この場合の国際移住は、法的にみれば、合法・非合法の移住、難民という形をとるものとさまざまでありうる。

第四に、八〇年代後半から九〇年代前半にかけての「東から西へ」の国際移住である。東欧とソ連の社会主義の崩壊は、政治的、経済的、また民族的理由による、その地域からの人々のエクソダスを引き起こした。ここでも、国際移住は、難民、移住、世代を超えた「帰国」（東欧・ソ連地域のドイツ系マイノリティーのドイツへの帰還）等、さまざまな形をとった。これも部分的には、現在まで続いている。

以上の諸要素を含みながら、二十一世紀は、「グローバル・マス・マイグレーションの時代」と特徴づけられている。

現在、世界の六〇億人のうち、自己の出身国を離れて居住している者が約一億五〇〇〇万人といわれている。この特徴づけは、量的なことに着目してだけのものではなく、構造的なとらえ方に拠るものである。すなわち、このような時代を規定する要因は、経済の、より厳密には資本主義経済のグローバル化にみられる。

これには二つの意味が含まれる。一つは、社会主義体制の崩壊（アジアには社会主義国が存在するが、経済的にはもはや社会主義的体制をとっていない）によって、地球の全域に資本主義体制が及んだこと、もう一つは、資本主義の担い手である企業の有力なものが多国籍化し、グローバル企業として経営されることである。これとともに、国民国家が有する企業の経済活動に対する規制力は著しく後退し、同時にまた国民国家の国民保護機能も減退する。国民国家は、規制緩和された自由な市場を多国籍企業に提供し、それを通じて国民に雇用と生活を自己責任で確保することをアピールするものへと変態する。もともと資本主義経済の活動は、領域的限界をもたないものであり、領域的に成立する国民国家の枠内には収まらないものである。この資本主義経済の本性が実際のものとして顕著に展開し、国民国家に優越しつつあるものとして現れているのが現代である。この中で、国民として国民国家の保護に自分の運命を託すことができない人々は、国境を越え、仕事と安全を求めていくのである。

この状況の下、実際に国際移住が構造化されて（人の流れの経路や対応するシステム、送り出しと受け入れの相互関係の形成）、さまざまな問題を生み出すとともに、国民国家と国民の関係、その反面としての国民国家と移民の関係も伝統的な概念からの離脱・変容を示すことになる。(6) こうして、現代の国際移住が生み出す問題と国民国家体制の変容は、国際移住に関わる法システムの新たな形成を促すのである。

II　国際移住と法システム

一　法制度としての移民・難民

現代の国家は国民国家（nation-state）として特徴づけられる。この国家は、自国民（national）を排他的に保護する権利をもつ。また、領域国家としてその領域の絶対的管轄権をもつ。国民に対しては、自国の領域に居住し、自由に移転し、自由に活動する権利を基本権として保障し、他方で出国の自由および国籍離脱の自由を保障する。他国民（non-national）は、ちょうど逆の境遇に置かれる。出身国を離れて、他国の保護を求めようとしても、他国はそのような義務を負うわけではない。また、その国家のその領域に入れるかどうか（入国できるかどうか）すらも確実ではない。保障を求められる国は、保護を求めるその者について出身国が排他的保護権をもつのであるから、それを無視して保護すれば出身国に属する（人的）主権への干渉になりかねない。

このような国民国家の論理は、まず「難民」制度の国際法的形成によって修正される。世界人権宣言（一九四八年）は、「すべて人は、迫害を免れるため、他国に避難することを求め、かつ、避難する権利を有する」（第一四条第一項）と規定した。つまり、「迫害されている者」が避難を求めるときは、それが他国民であっても、国民国家は保護を与えなければならないとされたのである。この趣旨を具体化した国際条約が、ジュネーブ難民条約（一九五一年）であり、EU諸国はもちろん、日本もこれに加入している。

同条約の定義規定の実質的部分によれば、「難民」（refugee, Flüchtling, réfugié）とは、「一定の出来事の結果として、その人種、宗教、国籍、一定の社会的グループへの所属、または政治的信条のゆえに迫害を受けることを恐れる十分な理由があり、自らが国籍をもつ国の領域の外に居り、かつ、自らが国籍をもつ国の保護を要求することができない」者とされる(同条約第一条第二号参照)。条約加盟国は、このような定義における者を難民として認定する手続き、および難民として承認した場合のその処遇について、条約に従い国内法的整備を行い、措置する義務を負う。

経済的窮迫の中で自国を離れて他国に仕事と安全を求める人々は、しばしば最後の手段として難民としての保護を求める。これは、難民条約の定義による難民から外れており「経済難民」と呼ばれることがある。通常、他国に仕事を求める場合には、他国の法制度に従って、滞在資格や労働許可(滞在と就業活動のための資格。日本法では「在留資格」)を取得しなければならない。他国に入国するためだけにでも、あらかじめ入国査証を必要とすることが多い。このような他国によって予定された制度を履行せずに、その国への入国やそこでの滞在、あるいは就労を試みれば、法的にそれは非合法な移住・就労ということになる。

国民国家は、他国民(無国籍者の場合を含む)の要求(入国・滞在・就労)に対して自国の利益を護る立場から裁量的な決定を行いうるが、もちろん自国の法制度に従って手続きを行い、審査をし、判断するのであり、恣意的な行為が許されるわけではない。国際社会ではすべての人が普遍的な人権の享有主体であり、国民国家の他国民受け入れの法制度や受け入れの実務も、このことを尊重すべきものである。国際移住をめぐる法においては、一方で国民の排他的保護を目的とする国民国家の論理と利害、他方で人の国籍を問わない普遍的な人権の尊重の原則が交錯するのである。

「移民」(immigrant, Einwanderer, immigré)は、狭義には出身国を離れて他国において永続的な滞在・就労を目的とする移住者の意味であり、出身国への帰国を前提に他国で一時的な滞在・就労を目的とする移住者一般から区別される。このような制度としての移民を認めない(入国の際に与える滞在資格として「永続的な滞在」を認める資格を予定していない)ドイツ法は、移民と外国人労働者(移住者)を用語上も厳格に区別する必要があり、そうしている。これに対してアメリカやフランスでは、一時的滞在者も移民も区別せずに immigrant, immigré を用いる。ただし、ドイツでも、波乱含みの経緯をたどって成立した二〇〇四年の移住法によって、科学者や専門家、教師、経営者などについては、移民として受け入れる制度が導入された。日本の外国人法制（出入国管理法制）は、狭義の意味における移民を認めていない。

以上のように、国際移住に関わる法システムとしては、移民（移住者一般と狭義の移民）および難民の法システムをとらえることができる。

二　移住者の社会的統合の問題

国際移住の問題は、他国民受け入れの窓口の問題だけではない。難民として受け入れられた者や移住者は、受け入れ社会の中でその社会のもともとの成員と同様に実際に生活し、さまざまなネットワークを形成していくのである。出身国への帰国を確定的に予定する一時滞在者の場合はそれほど深刻ではないが、長期に、あるいは永続的に滞在し、また、家族とともに受け入れ社会での生活を送ることになる場合、外国人が自分たちの文化的アイデンティティをどう保持するか、あるいは、外国人のままでその社会の政治的意思形成にどのように参加できるのか、等の問題が生じる。長期に、あるいは永続的に滞在する外国人は、その定住国の国籍を取得する帰化の制度をどう利用するかという問題に直面する。また、定住国で子が出生する場合、その子の国籍がどのように決定されるかという問題がある。それゆえ、移住者は、受け入れ社会の国籍法のあり方に重要な利害をもつことになる。

帰化の問題は、政治的意思形成への参加の問題に連動する。選挙権は、国民主権原則の下で、国民＝国籍者にのみ付与されるのが通常である。外国人は、その社会の永続的な成員となっていても、ここから排除される。そこで、定住した外国人に、帰化による国籍取得を前提にすることなく、政治的参加権を認める可能性がヨーロッパ諸国でも、また、日本でも模索されてきており、実際的な解決は、地方自治体レベルの参政権の賦与に求められている。EUでは、マーストリヒト条約（一九九二年）によって「EU市民権」が創設され、これに基づいて加盟国国民は出身国以外の居住する加盟国で地方参政権を行使できるものとされた。ただし、域外第三国出身の外国人への手当ては、行われていない。国際移住の法システムをとらえようとすれば、このように、国籍法や参政権の取り扱いなど、受け入れ社会での移住者の処遇の問題にまで射程を及ぼす必要があろう。ここでさらに微妙な問題は、移住者の文化的・宗教的アイデンティティに関わる問題である。

アメリカ合衆国は、種々の出自をもつ移民から構成される社会である。さまざまな文化的・宗教的アイデンティティをもった集団が社会に共棲する。これらのさまざまな文化的・宗教的アイデンティティを尊重し、「共生」させるための原理的な考え方が、この社会ではたえず模索されている。アメリカ研究者の整理によれば、伝統的なリベラルな考え方は「文化的多元主義 cultural pluralism」と呼ばれるが、これに対して「多文化主義 multiculturalism」が近年、強く主張されるようになった。前者は、文化的・宗教的問題を「私的な領域」の問題として位置づけ、公的な領域における統合と私的な領域における多元主義の両立を図ろうとする。フランスの政教分離原則（laicism, Laizität, laïcité）に対応するものといってよい。これに対して後者は、公的な領域にまで多元主義を及ぼそうとする考え方である。(7)

「多文化主義」は、文化的・宗教的アイデンティティを個人的なもの、私的なものとしてではなく、集団的なものとして把握する。ここにリベラルな考え方との分岐点がある。多文化主義は、同一文化集団の公的な承認、つまり、その集団の分権的自治の承認を要求し、集団の存続とアイデンティティを維持しようとするために、かえって集団成員の個人的自由（個人のアイデンティティの決定権）を制限するという問題を生み出す。多文化主義は、この限りで、国家サイズにまで広げれば、文化的ナショナリズムと同様の論理をもつものといえる。(8)

EUでは、特にイスラム教徒の文化的・宗教的アイデンティティ問題が論争の対象となっている。象徴的な事例が、イスラム女性のスカーフ（scarf, Kopftuch, écharpe）着用の問題である。(9) ドイツでは、アフガン出身のイスラム女性（ドイツ国籍を有する）が、教員実習期間中、教室において当局の注意にもかかわらず、スカーフを着用し、その結果、教員として採用されなかったという事案で、二〇〇三年九月に連邦憲法裁判所が行政の不採用決定の取消を求める彼女の憲法訴願を認容する決定を行った（この憲法訴願は、連邦行政裁判所が彼女の請求を棄却したことに対して申し立てられた）。

連邦憲法裁判所決定の主旨によれば、公立学校における宗教的衣装の着用については宗教的多元主義の視点から、立法者が適切な法令を定めることが必要であり、このような法的基礎なしに行われた行政決定は無効であるとされた。ただし、裁判官の意見は五対三に分かれ、三名の少数意見は、国家の宗教的中立性の原則に従ってスカーフの着用は許されず、これについての当局の指示に従わないことは職業的適性を欠くものと判断した。(10)

これによって、直接の事案は「寛容」の方向で解決されたが、今後のことは連邦を構成する各州の法規制に委ねられることになった。当該事件の当事者であるバーデン・ヴュルテンベルク州は、二〇〇四年四月に州学校法を改正し、次の規定を新設している。公立学校の教員は学校において「生徒およびその親に対して州の中立性を疑わしめ、または政治的、宗教的、世界観上の学校の平和を脅かし、または阻害することとなる、政治的、宗教的、世界観上、またはそれに類似する外的な表明を行うことを許されない」。同州の文部大臣は、イスラム女性のスカーフの着用がこの規定に抵触するという解釈を州議会において確認した。(11)

このように政教分離原則を形式的に実行するやり方に対しては、反対する議論も強い。例えば、マリールイゼ・ベック（二〇〇二―〇五年に「移住・難民および統合のための連邦オムブズマン」を務めた）や元連邦議会議長リタ・ジュスムートをはじめとする約七十名の政治家・学者・専門家のアピール「強制された解放ではなく、宗教的多様性を――

スカーフ法に反対するアピール」は、次のような議論を展開する。

スカーフの着用は、確かにイスラム女性の抑圧のシンボルである。しかし、それを一律に禁止することは、強制されている女性も自己の選択によって着用している女性も同一視することになる。着用を強制されている状態から、今度は着用しないことを強制するというやり方に移ることが果たして適切なのか。教育の場における宗教的シンボルをすべて禁止することが適切なのか。肝要なことは、人権抑圧的な事態を禁止することであり、宗教的自由を否認することではない。イスラム女性のスカーフ着用の一律禁止は、彼女たちを孤立させ、イスラム原理主義に追いやることになろう。[12]

フランスでは二〇〇四年二月に、公立学校での宗教的シンボルの着用・利用を禁止する法律が制定された。この禁止は、教師だけでなく生徒にも同様に及ぶ。シラク大統領（当時）は、この法律の制定に関して「宗教的自由の名の下で、法律および共和国の諸原則に反することが許されるべきではない」と述べており、議会での反対はごく少数にとどまった。[13] 政教分離に関するフランス社会の世論のあり方は、ドイツに比べると揺らぎが小さいようにみえる。

ドイツの場合に問題を複雑にしているのは、公立学校でキリスト教的シンボルの設置や利用がこれまで合法的に行われているという事情がある。つまり、政教分離原則は、キリスト教には緩やかにしか適用されていない。一九九五年に連邦憲法裁判所は、バイエルン州の公立小学校が各教室にキリストの磔像（Kruzifix）を掲示していることについて、基本法の宗教の自由の保障に反して違憲であると判決した。バイエルン州は、この判決を受けて州学校令を改正し、キリストの磔像の掲示に対する異議申立ての制度を作った。つまり、「信仰上、世界観上の真正にして有効な意義申立て」が行われれば、像を撤去するという制度に改正したのである。しかし、実際にこの異議申立て制度が利用されることは難しく、その後もキリストの磔像の掲示が続いているのである。[14] ドイツにおける政教分離原則のこうした実情は、新たな法規制がもっぱらイスラム教徒に向けられるものだという批判につながっている。

以上のように、ある社会への外からの移住は、その後に移住者の受け入れ社会への統合の問題が続くのである。

国際移住に関する法的問題は、このような広がりをもつものと考えられるが、本稿ではEUにおける移民・難民の受け入れに関わる法の動向をスケッチするにとどまる。

Ⅲ　EUにおける移民・難民法

一　国際移住の法規制の共通化へのEUの発展

もともとEC（ヨーロッパ共同体）にとって、構成国以外の第三国出身者の移住の受け入れや難民の認定は、その目的と権限の外にある事項であった。しかし、EC諸国は一九八〇年代以降、この問題について個別国家ごとの対応に限界があるという認識を次第に共有し、EU（ヨーロッパ連合）への発展とともに具体的な展開がみられることになる。

マーストリヒト条約（一九九二年）は、新たにEUの課題として「司法および内務の領域における協力」について規定し、そこでは、難民政策、国境管理政策および移民政策が「共通の関心事項」として明示された。アムステルダム条約（一九九七年成立、一九九九年五月発効）は、さらに一層進み、これらの政策を「共同体の政策領域」と位置づけ、共同体の権限としてこれらの政策領域についての法規制を行いうることとしたのである。

アムステルダム条約は、EUの共通の移民・難民政策に関して、理事会が条約発効から五年以内に、①EU域内の内部国境の管理の廃止および統一的な査証と外部国境の管理、②難民申請についての審査国を決定するための基準および手続、庇護申請者の受け入れ・難民としての承認・難民審査と難民資格否認の手続についての最小規制、③第三国からの避難民の一時的保護の最小規制および保護についての構成国への均衡のとれた負担配分の措置、③移住者の入国・滞在の要件および滞在資格付付与の手続規範に関わる措置、ならびに非合法移住・滞在に関わる措置、および、④一つのEU構成国で合法的に滞在する第三国国民が他の構成国で滞在しうる権利と条件の確定のための措置、を決定することを要請した(創設条約六一—六三条)。

一九九九年一〇月のEU理事会は(フィンランド・タンペレで開催)、アムステルダム条約の発効を受けて、移民・難民政策領域において追求すべき共通政策の柱を四つにとりまとめた。第一に、EU領域へ移住する外国人の出身国とのパートナーシップの確立、第二に、ヨーロッパ共通難民政策の確立、第三に、EU領域に継続的に居住する第三国国民の公正な処遇の推進、そして第四に、移住の大きな流れをコントロールするシステムの構築である。理事会は、これらの柱についてEU委員会に検討を要請した。これ以降、国際移住に関わるEU法のシステム作りは、急速な展開をみせることになる。この中で、まず、それまですでに共通の国境管理政策に実績を挙げてきていたシェンゲン協定のシステムについて述べておこう。

シェンゲン協定(締結地のルクセンブルク・シェンゲンに由来)は、一九八五年にドイツ、フランスおよびベネルックス三国が締結し、これを基礎に加盟国を増やして発展してきた国境の共通管理のシステムである(一九九〇年のシェンゲン実施条約のほか種々の関連取り決めを含めて「シェンゲン在庫」と呼ばれる)。アムステルダム条約は、このシェンゲン・システムをEUの枠内に編入することを規定した(アムステルダム条約議定書二—六条、最終文書四四—四七項)。この共通の国境管理のシステムに服する諸国の地域が、いわゆる「シェンゲン空間(Schegen-Raum)」と呼ばれる。シェンゲン・システムは、アムステルダム条約発効と同時にEUの制度として発足した。

シェンゲン・システムは、①構成国間の内部国境のコントロールを廃止し、EUと非EU諸国との境界である外部国境について共通の管理を行う、②査証および難民審査について共通の規制を採用する、③構成国間の自由移動を保障するとともに、安全保障を目的として警察・税関・司法領域での構成国間の協力を強化し、移住者に関する情報の収集と交換のシステム（Schegen Infomation System：SIS）を構築する、という内容をもっている。このシステムの代表例は、共通の査証制度であり、「シェンゲン・ビザ」と呼ばれる。シェンゲン・ビザは、シェンゲン空間のいずれかの国で発給され、どの国においても、入国と三カ月以内の短期滞在を保障する。査証を必要としない対象国も共通に定められており、日本もその一つである。[15]

このシェンゲン・システムには、アムステルダム条約以前にすでイギリスおよびアイルランドを除くEU十三カ国が参加していた（デンマークは共通査証制度のみに参加）。この両国は、アムステルダム条約以後に部分的な参加を表明した。また、シェンゲン・システムには、非EU国であるアイスランド、ノルウェー（いずれも一九九六年にシェンゲン協定に参加、一九九九年五月にあらためてEUと協定締結）およびスイス（二〇〇四年にEUと協定）が加入している。

二〇〇四年五月に加盟を認められた新規構成国十カ国は、キプロスを除いて、二〇〇七年一二月からシェンゲン・システムが適用された。このために、新規加盟国およびスイスをネットワークに編入するための上記した情報システム（SIS）の第二世代（SIS II）が整備され、また新規加盟国の外部国境に接する飛行場、港湾施設等における国境管理体制がEUによって査察・評価された。以上にかかわらず、安全保障の目的のための警察・税関・司法における協力は、新規加盟とともにすぐに始めるものとされている。[16]

二　労働者およびその家族の移住に関わる政策と法システム

EU委員会は、理事会の要請に応えて、タンペレ会議以降、移民問題・難民問題に関する共通政策と法システムの形成に向けて報告や提案を積極的に行い、これまですでにいくつかの指令や規則が成立している。

そこで、このうちまず、第三国からの労働者およびその家族の移住に関わる政策と法システムについて検討し、次項で難民に関わる政策と法システムを取り上げることにしよう。

1　EU委員会の移住政策

EU委員会は、二〇〇〇年一一月に「共同体の移住政策に関する報告」（以下A報告）を、続いて二〇〇三年六月に「移住、統合および雇用に関する報告」（以下B報告）をEU理事会とEU議会に提出した。[17]委員会の移住政策の特徴は、第一に、労働移住を積極的に位置づけること、第二に、この際人口政策的な長期的観点よりも経済成長の観点が重要視されること、そして第三に、移住労働者と移住家族の統合を進めるために「市民社会」の活用を強調すること、であり、以下順次にそれをみよう。

A報告によれば、EU諸国は、七〇年代のオイルショックによる不況以降、基本的に労働移住を抑制する政策をとってきているが、この抑制策は現在の状況に適合せず、労働移住の圧力が高まって非合法移住が増大しており、今や、国際的な人の流れを適切に規整する積極的な移住政策が求められている。

この積極的な移住政策の具体的な論点としては、①移住圧力をストップし、送り出し国・受け入れ国および移住労働者がそれぞれの立場からメリットをもつ移住のコンセプトを形成すること、②長期的には専門労働者の移住の促進が重要であること、③一方向的な移住ではなく、往復型（スキルアップした労働者の出身国への帰国等）の移住も必要であること、④送り出し国の労働移住の原因を縮減する政策（開発援助等）を同時に進めること、⑤移住労働者の平等処遇のために、受け入れ国での雇用関係法の整備を進めること、⑥非合法移住の阻止、人身売買的移住の根絶、難民制度の濫用の防止を進めること、などが挙げられている。

A報告は、労働移住の人口学的、経済学的コンテクストについて、EU十五カ国および新規加盟の十カ国を考慮しても、生産人口の減少傾向が持続し、かつ、EU構成国における実際の高い失業率にもかかわらず（二〇〇〇年で八・四％）、特定分野（情報通信分野、人的サービス分野等）について労働力不足があることを指摘して、積極的移住政策を理由づけている。ただし、委員会の見解によれば、上でアナン演説に関連して言及した国連人口部の提唱する「人口減少問題の解決策としての移住」（Replacement Migration）政策は、移住者の生殖パフォーマンスが受け入れ社会にすぐに同化するので長期的には解決策にならない。とはいえ、移住は少なくとも短期的に人口減少を緩和する意味をもつとされている。

B報告は、A報告の延長線上で、労働移住の経済的意義をもっと強く打ち出している。特に経済成長率と移住の関連が指摘され、九〇年代について、一方でアメリカにおいては移民が成長率を一・五％引き上げ、社会の高齢化のテンポを緩やかにしているのに対し、他方で日本においては、その移住抑制策が経済停滞と社会の急速な高齢化をもたらしたと指摘している。それゆえ、委員会によれば、移住政策は、専門労働力をめぐる国際的競争、高齢化に伴う生産人口減少の防止とそれによる経済成長の確保、および総人口減少への対応（ただし、長期的には受け入れ社会の出生率の上昇しか解決策はないとされる）を視野に収めるべきものとなる。

B報告は、このように移住の積極的な意味づけをする中で、特に統合の問題に焦点を絞っている。統合は、委員会によれば、移住が経済的な成功を収めるために必要であり、また、移住者を抱えた社会の一体性を作り出すために重要である。統合の問題は、A報告でも同様の視点から取り上げられていたが、B報告はより詳しく論じ、かつ、実情分析のためにEU構成諸国にアンケート調査を実施し、その結果を補遺として添付している。

統合のコンセプトについては、移住者と受け入れ社会との「双方向的なプロセス」であること、移住者が、受け入れ国において国民と「平等の権利と義務を有すること」、「自己のアイデンティティを失うことなしに受け入れ社会の規範と価値を承認すること」、また受け入れ社会の生活のすべての領域への参加を保障されること、さらに、移住者の積極的な参加が推進されるべきこと、などが語られる。

ここに示されるように、統合の内容として本質的に重要なことは、移住者の国民との同権化であり、移住者のアイデンティティの尊重である。後者について、A報告は「多元主義的社会」として受け入れ社会が発展すること、すなわち文化的社会的差異の尊重と同時に共通の基本原則（人権・民主主義・価値の多元性等）の承認を基礎にする社会を展望している。ヨーロッパ社会とイスラムの共生がこれについて難しい現実の応用問題を提示していることは、上でみたとおりである。

同権化は、制度論として展開されている。A報告は、統合のプロセスにおいて市民社会的要素（市民の組織、団体、活動）が役割を担うことを指摘するとともに、「市民権」（citizenship, Zivilbürgerschaft）のコンセプトが重要であることを提起した。これについては、B報告がさらに敷衍している。同権化は、法的にみれば、かつ、その限りで、移住者が受け入れ国の国籍を取得することによって完成する。それゆえ、国籍取得を容易化すること（移住者について帰化要件の緩和・帰化請求権の付与、受け入れ国で出生した移住者の子についての出生地主義の採用等）は、統合促進の一つの措置である。委員会は、これを踏まえながらも、国籍を取得することなしに平等化を図る法的手段として市民権を位置づける。すなわち、市民権は、帰化をしなくとも国籍者と同様の権利を取得する制度として考えられている。

このような市民権の制度は、EUの指令によって個別のEU構成国が国内法的に実施することも想定されるし、また、より実現可能性のある方向は、EU規則による共通の基準に従って、第三国国民である移住者にEU市民権を与える制度である。これによれば、EU市民権を取得した第三国国民は、EU圏内でいずれのEU構成国の国民でもないが、いずれの構成国でも国民に準じて処遇されることになろう。後者の可能性は、法学文献でも提案されている。(18)

委員会の構想する積極的移住政策は、①二十五カ国に拡大した新EU（二〇〇七年から二十七カ国）において労働移住の共通規制が果たして可能か、②各国の失業問題の解決が優先すべきだ、③途上国の良質の労働力を奪うEUの利己主義に結果する、といった批判を受けている。[19] また、委員会によれば、移住労働者をどの分野で、どの程度受け入れるかは、EU全体で統一的に決定することが困難であり、構成国に委ね、相互の調整を図るとされる。しかし、そもそもこうした決定は構成国に留保された主権に属し、EUの移住に関する権限外であるという原理的な主張があることに[20]注意しなければならない。

2 労働者および家族の移住に関わるEU法システム

委員会がこれまで具体的に法システムの形成を提案した領域は、①長期に滞在する第三国国民の法的地位、②家族の後追い移住の権利、③留学や研修のための移住、そして④就業を目的とする移住の四つである。

このうち、最初の三つについては、指令が制定された。[21] しかし、委員会の積極的移住政策に関わる就業を目的とする移住についての共通規制の形成には構成国の反対が強く、委員会の提案は成立の見込みがうすいとみられている。以下では、①および②を取り上げよう。

「長期に滞在する権利をもつ第三国国民の法的地位に関する指令」は、二〇〇三年一一月に制定され、二〇〇六年一月が各構成国の国内法的措置の実施期限である。同指令は、EU構成国のそれぞれのナショナルな法に従って合法的に滞在する移住者(第三国国民)にEU共通の法的地位を与えて、EU域内の一定の自由移動を認め、その地位を安定させることを狙いとする。EU構成国国民に共通のEU市民権が創設されたのと同様に、EU構成国の移住者に共通の「EU長期滞在権」が、この指令によって創設されることになった。

EU長期滞在権は、各構成国で五年以上合法的に継続して滞在する第三国国民が申請して取得できる。継続して五年の要件については、いくつかの緩和措置が規定され個別の事情への配慮が行われている。取得のための基本要件は、自己と家族の生活を保障する収入および医療保険への加入であり、また、各構成国の法に従った統合のための要件を満たしていることが要求されることもある。この申請は、「公の秩序および公共の安全」に危険が生じるという理由から拒否されることができるが、国内の経済的理由によって拒否することはできない。与えられた滞在権は、十二カ月間継続してEU域内を離れたときには、消滅するものとされる。

EU長期滞在権は、最短でも五年間有効であり、自動的に更新される。この滞在権を有する者は、すべての構成国において、就業活動(雇用・自営業)、教育、公的資格、社会保障・社会扶助、税制、および結社の自由・労働組合や使用者団体への加入等に関して、構成国国民と同等に取り扱われる。ただし、構成国はこの同等取扱いを一定の場合には制限することができる。さらに、長期滞在権者は、退去強制からも特別に保護される。

EU長期滞在権者は、滞在権を承認した最初の受け入れ国以外の構成国においても、三カ月以内であれば自由に滞在できる。三カ月を超えるときは、就業活動、大学での履修または職業研修、およびその他の特定した目的のためであれば、滞在する権利をもつ。ただし、就業活動の場合には、各構成国は、国内法による手続を経ることを要求できる。第二の受け入れ国に滞在するときは、家族を随伴することができる。

EU長期滞在権者が第二の受け入れ国に滞在する場合、その構成国の国内法に従った滞在資格の申請ができる。また、この滞在資格の取得に基づいて第二の受け入れ国で五年以上の合法的継続的滞在の要件を満たせば、この構成国に対してあらためてEU長期滞在権の申請ができる。第二の受け入れ国で新たにこうした法的地位を取得しなければ、この者は第一の受け入れ国で取得した法的地位にとどまる。第二の受け入れ国は、国内法に従った滞在資格の付与およびEU長期滞在権の付与を行った場合には、第一の受け入れ国に通知することとされている。このような「第一受け入れ国」と「第二受け入れ国」という制度設計は、当該の移住者が「公の秩序および公共の安全」に重大な危険を生ぜしめる場合、EU地域からの退去強制にどの構成国が責任をもつかという責任帰属を明確にするためのものであると考えられる。

以上のようなEU長期滞在権の構成は、この滞在権と構成国の国内法による滞在資格との関係を実務上、かつ、理論的にどのように整理するかという興味深い問題を提起している。

「家族の一体的結合の権利に関する指令」は、二〇〇三年九月に制定され、国内法的措置の実施期限は二〇〇五年一〇月であった。家族の後追い移住は、現在の国際移住の最も重要なカテゴリーであり、国境を越えた家族の一体的結合は、一つの国際的人権として基礎づけられている。構成国の国内法でもこの課題に対応しているが、同指令は、この権利を保障するためのEU共通規制を作り出すことを目的とする。

同指令によれば、家族を呼び寄せることのできる第三国国民である移住者は、少なくとも一年以上有効な滞在資格をもち（構成国はこれを二年まで延ばすこともできる）、さらに継続的な滞在の見込みを有していなければならない。それゆえ、庇護申請中の移住者は、家族を呼び寄せる権利をもつ者から除外される。また、家族と共に生活するのに十分なスペースのある住居、自己と家族の生活を保障する収入および医療保険への加入が基本条件である。

後追い移住の権利を有する家族の範囲は、配偶者（法律上のパートナーシップも含む）および未成年子（養子を含む）である。未成年子は、構成国の国内法によって成年に達しておらず、かつ、未婚である者をいう。配偶者は、一人に限られる。後追い移住を承認されない配偶者がある場合、その配偶者との間から生まれた未成年子は特にその子の福祉が必要とする場合に限って、後追い移住の権利を認められる。

構成国は、上記以外の家族、すなわち、直系の一親等の親族、成年の未婚の子、法律上の配偶者でない生活上のパートナーについて、それぞれ固有の規制を定めることができる。また、十二歳を超える未成年子について、国内法に従って統合基準に関する審査を行うことができる。家族の後追い移住の権利は、当該者が「公の秩序および公共の安全」に危険を生ぜしめる恐れがあるときは拒否される。

受け入れられた家族は、呼び寄せた移住者と同じ滞在資格を与えられ、就業活動および教育へのアクセスの権利が保障される。また、五年以上滞在すれば、移住した家族はそれぞれ固有の滞在権を取得することができる。

同指令は、委員会の当初の提案からみれば、やや抑制的なものになっている。委員会案では、事実上の生活パートナーも配偶者と同一に取り扱われ、また、十二歳超の未成年子についての統合基準による審査も予定されていなかった。後追い移住の権利を認める子の年齢をどこで線引きするかは、移住政策上の争点の一つであり、移住抑制的立場は、年齢を下方に引き下げようとする。移住を認める子の年令を引き下げる理由としては、受け入れ社会における教育等を通じての社会統合をより確実にするためであり、また、移住後に直ちに就労を必要とする事態を避けること等が挙げられる。

同指令は、構成国の実施措置による法規制が指令の内容よりも当事者に有利なことを妨げないが、指令よりも不利な法規制を行うことを禁止している。

三　難民の移住に関わる政策と法システム

1　EU委員会の難民政策

EU委員会は、難民政策について、二〇〇〇年一一月に「共通の庇護手続および連合の範囲で統一的に通用する庇護を与えられた者の地位についての報告」（以下C報告）、二〇〇二年一二月に「第三国とEUの関係に移住に関わる利害を取り込むことに関する報告」（以下D報告）、二〇〇三年三月に「共通の庇護政策および難民保護のためのアジェンダに関する報告」（以下E報告）、二〇〇三年六月に「より利用しやすく、より公平で、かつより機能する庇護制度についての報告」（以下F報告）および二〇〇四年六月に「持続的な解決へのアクセスの改善――国際的に保護を要する者のEUへの制御された入国および出身地域の保護容量の強化についての報告」（以下G報告）をEU理事会とEU議会に提出した[22]。

C報告は、EU共通の難民政策の形成の第一段階として、EU域内における難民認定の審査権限国を確定する基準の定立、庇護審査手続の共通化、難民の法的地位の統一化など、EU難民法の共通化の制度的提案を中心的な課題としている。これに対して、D報告以降は、難民が生み出される地域に対するEUの関係のあり方に焦点が絞られている。そこでたてられている課題は、難民がEUに到来してからの対策と制度を用意することから進んで、①難民がEUに来ないようにすること、②来る前にどこかでくい止めること、③来る場合にもそれを制御した形でEUが受け入れられるようにすること、この三つを射程に入れたシステムをいかに構築するかである。

C報告によると、EU域内での難民申請の状況は、九〇年代の初めにピークがあり、その後減少し、九〇年代半ばから再び増加傾向を示しているが、難民資格の承認件数は微減している（承認率は一〇％を前後する）。全体としてみれば、EU構成国の難民認定審査がより厳しくなっていること、また、庇護申請に経済的移住の目的が隠されていることが多くなっていること（いわゆる経済難民の増加）、さらにジュネーブ難民協定の難民カテゴリーと実際の申請事例とのミスマッチが増加していることが近年の特徴であるとされる。

この指摘からも見て取れるが、ジュネーブ難民条約に基礎を置く国際的な難民制度は、個人としての難民に着目し、一定の理由で政治的に迫害されている個人を国際的に（つまりその個人の属する国家でない他の国家が国際社会の約束に従って）保護するための制度である。これに対して現在、実際に認められるのは、しばしば難民が特定の諸地域から集団的に流出し、その原因が社会経済的なものであり、かつ、非合法の移住と難民としての移住が混然としているという状況である。この場合であっても難民としての自己申告が行われれば、国際的保護を与えるべきか否かの法的な手続が開始されなければならない。

こうした状況に着目して、この間にイギリスのブレア首相（当時）が難民制度の再構築の提案を行い、またUNHC

R（国連難民高等弁務官）も「協定プラス」（Convention Plus）というコンセプトを提示した（ジュネーブ難民協定にプラスするプロジェクトの必要性を示すもの）。F報告は、この二つの提案に関してEU委員会として検討を加え、委員会としての構想を提示している。

F報告が差し当たり提示する構想（ブレア・ペーパーと「協定プラス」を勘案して）は、難民の流出する地域（難民出身地域）とEU地域との間に媒介項を設けて、その媒介項によってEUへの難民の移住を「規制し、制御する」というものである。その媒介項は、難民出身地域に隣接する非EU国であり、ここに難民収容施設を設置し、この国が難民の第一受け入れ国となる。第一受け入れ国の難民審査によって（EUも関与する）、庇護希望者は、難民として承認されず出身国に送還される者、第一受け入れ国に難民として移住できる者、そしてさらにEU構成国に難民として受け入れられる者に選別される。第一受け入れ国は、難民出身地域に隣接するから、難民として認められなかった者の送還も容易であり（ヨーロッパからの送還に比して）、かつ、第一受け入れ国の移住者も出身国への任意の帰還が容易である。他方で、EU構成国は、難民の移住を制御された形で受け入れることができる。EUとして受け入れた難民は、さらに一定の手続に従って、EU構成国に配分される

F報告は、以上の大筋を示したシステムを「より利用しやすく、より公平で、かつより機能する庇護制度」と呼んでいる。このシステムは、EUのシステムというより、EUが国際社会に提案するシステムである。EUにとってきわめて虫のいい提案のように思われるが、難民出身地域、第一受け入れ国グループ、そしてEUの協力がUNHCRの指導の下で進められるというのが構想の大前提である。ここでの政策的なキーポイントは、難民政策を途上国の開発援助と制度的にリンクさせる方途を見いだすことにある。

F報告は二〇〇三年六月のギリシャ・テッサロニキでのEU理事会に提出されたが、理事会はさらにこの方向での検討を深めることを委員会に委託した。これに基づいてG報告は、F報告での構想をより具体的なプログラムとして提案

している。それは、第一に「新移住プログラム」、第二に「編入プログラム」、そして第三に「地域保護プログラム」である。

第一の新移住プログラムは、EUとしての難民受け入れプログラムであり、各構成国のプログラムへの参加は任意である。これによれば、プログラムに参加する構成国は、第一受け入れ国に係官を派遣し、難民協定による難民の要件よりも緩和した要件の下で（EUに共通の基準および各構成国毎の基準）、各構成国として受け入れる難民を選考し、自国に移送する。この場合の受け入れ数は、構成国が自国の受け入れ能力を勘案して決定する。全体のシステムは、UNHCRの指導の下に運営され、難民の移送には国際移住機関（IOM：International Organaization for Migration）が協力し、現地での難民の申請には関連のNGOが援助することが、それぞれ期待されている。

第二の編入プログラムは、第一受け入れ国において難民の受け入れの条件を整備し、その「保護能力」を高めるための援助プロジェクトである。第一受け入れ国の審査手続きを法治国家にふさわしい水準で構築すること、第一受け入れ国に難民として承認されたものが生活の基礎を形成し、社会への統合が可能になるように条件を整備して、難民の第一受け入れ国への編入を促進すること等が援助プログラムの目的となる。

第三の地域保護プログラムは、EUへの難民の流れを制御するために難民出身地域の保護能力を高める（社会経済的開発、人的資本開発、法制度整備等）ためのプログラムであり、個々のEU構成国がこの地域の特定の第三国とのパートナーシップによって進めるものである。ここでは、途上国への開発援助を難民・非合法移民対策とより直接的にリンクさせて進める考え方が明確に示されている。

開発援助政策と難民・移民政策を結びつけて政策体系を構想することは、現代の国際移住の要因の一つが南北の社会経済的格差にあることからすれば、当然のことである。その際に重要な問題の一つは、具体的な制度設計や制度運営において難民や移民についての人権保障の観点が十分に尊重されるかどうかにある。

ＥＵが難民出身地域の第三国との提携によって難民の流れを制御し、抑制するという方向は、ＥＵ側の政治的イニシアチブで具体化が可能であり、実際に動きが始まっている。[23] ただし、新移住プログラムのような形で、国際移住に関わる法システムが明確に形成されることになるかどうかは、なお今後をみなければならない。

以上の政策的議論と並んで、難民に関わるＥＵの共通法システムは、Ｄ報告からＧ報告にかかわらず、Ｃ報告の示した方向に沿って委員会で準備され、提案されていった。そこで、次にそれをみよう。

2　難民の移住に関わる法システム

二〇〇〇年のＣ報告以降に制定された難民規制に関わる指令および規則は、①「ダブリン協定の有効な適用を目的とした指紋比較のための"Eurodac"の創設に関する規則」（二〇〇〇年一二月）、②「避難民の大量流入の場合の一時的保護の承認およびこれらの者の受け入れと受け入れの結果に伴う負担の構成国への均衡のとれた配分を促進するための措置に関する指令」（二〇〇一年七月）、③「構成国への庇護申請者の受け入れのための最小規制の確定についての指令」（二〇〇三年一月）、④「ある構成国において行われた第三国国民による庇護申請を審査する権限を有する構成国を決定するための基準と手続を確定するための規則」（二〇〇三年二月）、⑤「難民として、またはその他国際的な保護を必要とする者としての第三国国民または無国籍者の承認および地位についての最小規制ならびに付与されるべき保護の内容に関する指令」（二〇〇四年四月）などである。[24]
これらの表題は、指令・規則の目的が何であるかをおおよそ示している。問題に即して整理すれば、まず第一番目に、ＥＵ域内における「難民ツーリズム」を防止して域内の難民認定審査の一元化と効率化を図る課題に対応するのが、①および④である。難民ツーリズムとは、ＥＵ域内に入った庇護希望者が、ある構成国で行った庇護申請が却下されても移動を続けて他の構成国において繰り返し庇護申請を行うことである。これに対しては、すでにシェンゲン・システムと関連させて一九九〇年にダブリン協定が締結され[25]、締約国間での審査の一元化が図られた。④の規則は、ダブリン協定の内容を踏まえながらEUとしてのシステムを作ったものである。そこでこの規則は、「ダブリンII規則」とも呼ばれる。

難民認定審査の一元化のシステムは、ある庇護希望者について「審査をする権限を有する国は構成国の中でただ一つである」という原則を具体化するものである。④規則によれば、この審査権限国は、庇護希望者にとって最も深い関わりをもつ国である（第一に査証や滞在資格の発給国、第二にこれがないときは、庇護希望者が最初に入国した国などが基準とされ、また家族による複数の申請を一体的に審査するための配慮など詳細に具体化される）。庇護希望者が規則の基準によって確定する審査権限国以外の国で庇護申請をすれば、この者は審査権限国に審査のために移送される。また審査権限国の審査決定は、すべてのEU構成国によって承認され、当該庇護希望者が他の構成国で再度庇護申請をすれば、審査権限国に送還される。審査権限国は、庇護申請を却下された者を出身国に送還することについて第一次的な責任を負うのである。このような処理を効率的に進めるために、庇護申請者の情報を蓄積し、EU構成国間の情報交換に供されるのが①規則によるEurodacの電子情報システム（European automated Fingerprint Recognition System）である。

ダブリンII規則のシステムは、庇護希望者が庇護を求める国を自分で選択できないという原理的問題や、審査のための庇護希望者の移送にコストがかかることなどが批判的に指摘され、中立地主義を採用すべきことが主張されている。[26]すでにこのシステムは動いているので（二〇〇三年九月一日施行）、今後の展開をみなければならない。

第二の問題は、庇護申請者および難民（その他国際的な保護を与えられる者）として承認された者の法的地位と処遇を統一化することである。各構成国においてこれらが異なり、優劣が存在すれば、EU域内における各構成国への庇護申請の頻度に偏りが生じる恐れがある。難民の人権の尊重と同時に構成国相互の負担の均衡を目指すのがこれらの共通規制の狙いであり、③指令が庇護申請を行った庇護希望者に保障される便宜や機会ならびにその保障が制限される場合について、⑤指令が難民資格を承認された者（その他国際的な保護を与えられる者）の地位について規制する。

③指令は、庇護申請者のために、必要な情報の提供、必要な書類（例えば身分証明書）の交付、国内移動の原則的自由の保障、住居・食事・衣服などの生活に関わる給付の提供、家族の一体性への配慮、医療ケア・精神医療ケアの提供、教育へのアクセス保障等を行うことを規定する。特別のハンディキャップのある者、未成年者、拷問や暴力の被害者について特別の配慮を行うべきことも規定される。

庇護申請者の就業活動は、原則として認められないが、審査期間が長引いて一年を経過しても審査決定が行われないならば、申請者の責めに帰すべき事由がないことを前提に、一定の条件付きで就労を認めることができるとされている。指令による保障は、庇護申請者が理由なく失踪し、告知・通知義務に従わず、あるいは審査手続に出頭しない、不当に物質的な要求を行う、さらに、公共の安全への危険を生ぜしめるような行為をする場合には、制限されまたは否認される。③指令の国内法実施措置の期限は、二〇〇五年二月六日であった。

⑤指令は、ジュネーブ難民協定の定義による難民に加えて、難民として承認されなかった者にも一定の要件の下に補助的な国際的保護を与えることを規定する。この補助的保護は、その者が出身国において、拷問、非人間的・屈辱的な取り扱い、もしくは死刑の執行の恐れ、または戦争もしくは内乱による生命への重大な危険があり、送還されるべきでない場合に与えられる。指令は、難民および補助的な国際的保護を受ける者の認定のために必要な審査の基準となる事実関係や状況について、具体的に規定している。こうした保護は、戦争犯罪を犯した者（平和に対する罪、人道に対する罪）、政治的でない重大犯罪を犯した者、国際連合の諸原則に違反する行為を犯した者には、与えられない。

難民資格または補助的保護の資格を承認された者は、退去強制から保護される権利、滞在資格を請求する権利（難民については少なくとも三年、補助的保護を受ける者は少なくとも一年、いずれも延長可）、国内の自由移動および他国への旅行の権利、就業活動の権利、教育へのアクセス、医療などのケアへのアクセス、適切な住居、社会的統合のためのプログラムへの参加などが保障される。⑤指令の国内法実施措置の期限は、二〇〇六年一〇月一〇日である。

以上のほかに、委員会が、二〇〇一年二月以来行っていた提案に基づいて二〇〇五年一二月に「難民資格の承認または否認のための手続のための最少規制に関する指令」が制定された。(27) 指令の国内法的実施措置の期限は二〇〇七年一二月一日である。

この指令は、①手続において保障されるべき事項を列挙し、②第一審手続を通常手続と迅速手続に分けて運用することができることを定め、③迅速手続にすることのできる場合を示している。その場合としては、庇護申請者が明らかに根拠のない矛盾した陳述を行うこと、自己の身上や出身国について陳述を行わないことなどの他に、「安全な出身国」から出国し、または「安全な第三国」を経由してきたことが規定されている。ここでの「安全な出身国」、「安全な第三国」は、共通のリストが理事会によって作成される。実際上の問題としては、難民資格を承認しなかった者について、難民条約（三三条）で規定されているノンルフルマン原則（迫害の危険の存在する地域への送還の禁止）に抵触しないかどうかの審査には相当のコストがかかり、そこまで含めて考慮すれば迅速手続の採用が問題の効率的な処理を促進するとはいえないという批判がある。(28) このように、難民法のシステムは、難民の出身国への送還の取り扱いに関して、つまり「出口」の問題に関して、最も人権にセンシティブな制度設計と運用を求められるのである。

Ⅳ　おわりに

国際移住に関わる法システムは、その有効性を追求すれば、国際移住の流れに「対応する」にとどまらず、「制御する」という考え方に導かれ、そうなれば一国的なナショナルな法制を超えて、国際的な枠組みがより適切な手段を提供しうるものとして求められる。ＥＵの難民に関わる政策は、ＥＵの共通規制の形成を超えて、グローバルな難民政策の必要性（その積極的プロモーターとしてＥＵが位置づけられる）を明らかにしている。これに関連して、労働者の移住についても計画的な制御のシステムが構想される可能性は、排除できない。こうした構想における落とし穴は、国際移住を「制御」すべき集団的現象としてとらえる政策が、個々の移住者の人間としての尊厳の尊重と人権の保障に抵触する制度の設計につながる恐れである。

ＥＵの主要国は、ドイツなどのように国際移住「大国」であるが、これに対して日本は、量的な意味でも、また、政策的水準においても、国際移住「小国」である。ＥＵ委員会は、上述のように、日本の抑制的移住政策が失われた十年の原因であると指摘しているが、そのことを措くとしても、国際移住の「小国」性は、二十一世紀日本社会のダイナミズムを規定する大きな問題の一つである。ＥＵの国際移住の法システムと政策の検討は、こうした日本社会の課題(29)の照射のためにも位置づけうる。

注

略記法

FAZ: Frankfurter Allgemeine Zeitung

ZAR: Zeitschrift für Ausländerrecht und Ausländerpolitik

(1) FAZ vom 29.1.2004.

(2) "Replacement Migration: is it a solution to declining and ageing populations?," *Population Division*, Department of Economic Social Affairs UN Secretariat, 21. 3. 2000.

(3) United Nations, World Population Prospects: The 1998 Revision, Volume 1. Comprehensive Table.

(4) FAZ vom 13. 12. 2002. 法的な問題の整理として Faruk Sen, „Probleme und Perspektiven der Türkei auf dem Weg in die Europäische Union," ZAR1/2003, S.3-6.

(5) Friedrich Hechmann/Dominique Schnapper (ed.), *The Integration of Immigrants in European Societies: National Differences and Trends of Convergence*, (Lucius & Lucius, 2003). 駒井洋監修、小井土彰宏編著『移民政策の国際比較』(明石書店、二〇〇三年) 参照。

(6) 伊豫谷登士翁『グローバリゼーションと移民』(有信堂高文社、二〇〇一年) 第一部「資本のグローバル化と人の移動」参照。

(7) 油井大三郎「いま、なぜ多文化主義論争なのか」油井大三郎、遠藤泰生編『多文化主義のアメリカ——揺らぐナショナル・アイデンティティ』(東京大学出版会、一九九九年) 一—二一頁。

(8) 井上達夫「多文化主義の政治哲学——文化政治のトリアーデ」、前掲書、八七—一一四頁参照。

(9) ドイツ社会における問題の描写として „Das Kreuz mit dem Koran," *Der Spiegel* 40/2003, S.82-97. ヨーロッパにおけるイスラ

ム問題のより広い検討として内藤正典、阪口正二郎編著『神の法vs人の法』（日本評論社、二〇〇七年）参照。

(10) 判決の報道としてFAZ vom 25.9. 2003; 判決の分析と問題の構図について、Silke Ruth Laskowski, „Der Streit um das Kopftuch geht weiter,“ *Kritische Justiz*, 4/2003, S.420-444.

(11) „Baden-Wuertenberg verabschidet Kopftuch-Verbot,“ FAZ vom 2. 4. 2004.

(12) „Religiöse Vielfalt statt Zwangsemanzipation!— Aufruf wider eine Lex Kopftuch,“ Homepage von Beauftragte der Bundesregierung für Migration, Flüchtlinge und Integration, 12. 2. 2004.

(13) „Breite Mehrheit für Laizitätsgesetz,“ FAZ vom 11. 2. 2004.

(14) Laskowski, a.a.O., S.435 Anm.98.

(15) Volker Westphal, „Das Schengen-Visum,“ ZAR 7/2003, S.211-218.

(16) Der Schengen-Besitzstand und seine Einbeziehung in den Rahmen der Europäischen Union, http://europa.eu.int/scadplus/leg/de/lvb/133020.htm.; 岡部みどり「人の移動をめぐる共同国境管理体系とEU」木畑洋一編『ヨーロッパ統合と国際関係』（日本経済評論社、一九九五年）一三七―一七二頁。

(17) KOM (2000) 757, KOM (2003) 3, http://europa.eu.int/scadplus/leg/de/cha/c10611.htm.

(18) Christine Sauerwald, *Die Unionsbügerschaft und das Staatsangehörigkeit in den Mitgliedstaaten in der Europäischen Union*, (Peter Lang, 1996).

(19) Peter Haegel/Cristian Dübner, „Migrationspolitik der Gemeinschaft,“ ZAR 4/2001, S.154-159.

(20) 例えばEU憲章案第三編「域内政策及び域内行動」第四章「自由、安全および移民に関する政策」第二節「国境規制、庇護および移住に関する政策」二六七条五号をみると「本条は、雇用または自営を問わず仕事を求めてその領土に第三国から来る第三国民の受入数を決定する構成国の権利に影響しないものとする」と規定されている。中村民雄（作成）『欧州憲法条約――解説及び翻訳』（衆議院憲法調査会事務局発行、二〇〇四年）参照。

(21) Kay Hailbronner, *Ausländer- und Asylrecht: Vorschriftensammelung* (Stand: Mai 2005), (C.F. Müller Verlag, 2005).

(22) KOM (2000) 755, KOM (2002) 703, KOM (2003) 152, KOM (2003) 315, KOM (2004) 410, http://europa.eu.int/scadplus/leg/de/ivb/114152.htm

(23) 岡部、前掲論文参照。

(24) Hailbronner, a.a.O., 2005.

(25) ダブリン協定（ヨーロッパ共同体の一構成国において行われた庇護申請について審査をする権限国の確定に関する協定）は、一九九〇年六月一五日に当時のすべての加盟国が署名し、一九九七年九月一日に発効した。

(26) Brigit Schröder, „Die EU-Verordnung zur Bestimmung des zuständigen Asylstaats,“ ZAR 4/2003, S.126-132.

(27) Mindestnormen für Verfahren zur Zuerkennung und Aberkennung der Flüchtlingseigenschaft, Tätigkeitsberichte der Europäichen Union, Zusammenfassung der Gesetzgebung, http://europa.eu.int/scadplus/leg/de/lvb/133140.htm.

(28) Guenter Renner, „1999, Von der Rettung des deutschen Asylrechts,“ ZAR 5/1999, S.206-217.

(29) 広渡清吾「移民――『問題』から『課題』へ」工藤章他編『現代日本企業』第二巻（有斐閣、二〇〇五年）一三七―一四一頁。

規範内部の「規範違反」

――フランス共和国憲法とニュー・カレドニアにおける制限的な選挙人団の構成――

大藤紀子

Ⅰ はじめに

いわゆる「法段階説」を提唱したハンス・ケルゼンによれば、国家の法は、「同位の、言わば、同列に並んでいる法規範の体系」ではなく、上下・委任関係をもつ「法規範の種々の層から成る段階的秩序」である。(1) 段階的秩序においては、国際法をも含む異なる段階の規範が「統一的体系を構成する」と見なされている。

ケルゼンは、異なる段階の規範相互の抵触（＝規範違反の規範 normwidrige Norm）につき、「ある規範体系の異なる段階に属する二つの規範の間に論理的矛盾がある場合」、例えば「憲法違反の法律」について、憲法は「決して直に無効としないで、そのために定められた機関によって、例えば、憲法裁判所によって、憲法に規定された手続において、無効とされるまでは依然として妥当すべき」であり、憲法自体がその「憲法違反の法律の妥当性を欲している」と述べている。(2)

革命期以来、共和国の単一不可分性、主権の単一・不可分・不可譲性を標榜し、国民主権原理の下、主として一般意思の表明である法律によって主権的意思を具体化してきたフランスでは、国家の統一的法秩序は、法律を中心とした構造を呈してきた。このような法律中心の構造は、第五共和制一九五八年憲法によって初めて修正され、憲法院（Conseil constitutionnel）という憲法適合性審査機関が設けられることにより、規範相互、すなわち憲法と条約、憲法と法律との抵触の問題が、一九七〇年代以降審査されるようになった。

憲法と条約の抵触については、一九五八年憲法五四条が定めている。この規定によれば、「共和国大統領、首相、両議院のいずれか一方の議長、または六〇人の国民議会議員もしくは六〇人の元老院議員による付託を受けた憲法院が、国際規約に憲法に違反する条項が含まれることを宣言した場合には、憲法改正の後でなければ、当該国際規約の批准または承認をすることはできない」[3]。また直接的には法律の憲法適合性審査について定めた六一条も、条約の批准法律の審査という形式を通じ、実際には条約の実体的な憲法適合性審査にも用いられている。

このように、五四条ないし六一条の規定に基づく条約の憲法適合性審査は、審査の対象が、署名後、批准・承認前の条約、あるいは採択後、公布前の法律に限られ、審査請求もその期間内に限定されている。審査請求権者は大統領、首相、国民議会・元老院議長、六〇名の国民議会・元老院議員のみであり、審査期間も一カ月（緊急の場合は八日）であるなど、限定的な制度であるのが特徴である[4]。また批准・承認され、すでに効力を有する条約について、憲法院は判断権がないため、そうした条約の憲法適合性については、審査されない。仮に条約が憲法規範と両立しない条文を含んでいたとしても、その効力は存続する[5]。

条約と法律との抵触については、五五条に定めがある。「適法に批准されまたは承認された条約もしくは協定は、他方当事国による各条約もしくは各協定の施行を留保条件として（相互性の要件）、公示後直ちに、法律に優越する権威をもつ」と規定されている。この規定は、条約の法律に対する優越性について、きわめて明確な内容を呈している。にもかかわらず、法律が一般意思の表明であり、侵害しえないものと見なされてきた革命期以来のフランス共和国の伝統を背景に、フランスの各裁判（審査）機関は、条約に基づいて法律の効力を問題にすることを拒んだ。またどの機関がその抵触についての審査を行うのかを五五条が明示していないこともあり、具体的な訴訟において、当初、この条文は実効的に機能しなかったのである。

破毀院（Cour de cassation）では、一九三一年一二月二二日判決[6]意見で示されたいわゆる「マテール（Matter）理論[7]」が継承され、五五条の規定があるにもかかわらず、条約と法律は同等の効力をもち、「後法は前法に優る」の原則から、後から制定された法律に条約は対抗できないと判断されていた。またコンセイユ・デタ（Conseil d'Etat）においても一九六八年三月一日判決[8]で「法律スクリーン（loi-écran）論」が展開され、国家行為が法律を根拠とする場合、「一般意思の表明」である法律をそのまま適用することを任務とする行政裁判所は、国家行為が条約に適合的か否かを判断することはできないとされている。コンセイユ・デタの審査は、国家行為の法律との適合性審査を任務とし、法律そのものを問題にすることはできない。「法律スクリーン論」とは、そうしたコンセイユ・デタの審査権の限界に基づいて、条約と国家行為との間に法律が介在する場合に、その法律がスクリーン（銀幕）のように作用し何も透過しえないため、スクリーンの向こう側の条約との関係は問えない、とする理論である。憲法五五条も、こうして実質的には、その効力を否定され続けていたのである[9]。

以下、これまで憲法院、コンセイユ・デタ、破毀院によって「具体化」されてきたフランス法秩序における憲法と条約との関係に着目し、一九九八年にコンセイユ・デタによって下されたサラン事件判決を紹介しつつ（Ⅱ）、国家の法秩序との関係におけるその問題点を検討したい（Ⅲ）。

II　サラン事件判決

一　法治主義の「死角」

憲法五五条との関連で「法律スクリーン論」を展開したコンセイユ・デタの判決は、実は条約の法律に対する優越性の担保を憲法院に委ねる目的で下されている。法律が特定の条約の規定に反すれば、条約の優越性をその法律が損なうことになるため、五五条違反となる。したがって、法律の条約適合性の判断は、結果的にその法律が憲法五五条に反しないか否かについての判断となり、法律の憲法適合性の審査を専権的に行う憲法院の任務であるとした。五五条が定める内容を実質的には憲法レベルの問題として位置づけることにより、自らの権限外の事項とする意図がそこには表れていた。

ところが憲法院は、コンセイユ・デタの判断に与することなく、妊娠中絶法案の合憲性に関する一九七五年一月一五日判決（七四—五四DC）[10]において、憲法の形式的効力を有する規範の総体であるところの「憲法ブロック」に条約は含まれないという判断を下し、法律の条約適合性審査を自らの権限ではないと見なしたのである。

この憲法院の一九七五年判決を受けて、破毀院が即座に行った判例変更が、一九七五年五月二四日ジャック・ファーブル事件判決[11]である。コンセイユ・デタの判例変更は、それよりはるかに遅れた一九八九年一〇月二〇日ニコロ事件判決[12]によって行われた。憲法院が拒んだ審査を行うに際し、破毀院は主に一九七五年の憲法院判決の既判力を理由にしている。他方、コンセイユ・デタは、憲法五五条が法律の条約適合性審査の権限を司法および行政裁判所に付与していると解釈した。ここにようやく憲法五五条が実効的な規範として機能し始め、これに基づく条約の法律に対する優越性が原則となった。(13)

このように、五五条に基づく、破毀院やコンセイユ・デタによる法律の条約適合性の保障は、いわば不法地帯（les zones de non droit）に法治主義をもたらした画期的な判決と評価されている。(14)しかし憲法との関係を考えた場合には、法治主義的な観点からは、必ずしも手放しで喜べない問題が残されることになった。つまり憲法五四条や六一条が規定するフランスにおける条約や法律の憲法適合性審査は、すでに述べたように、きわめて限定的な制度にすぎない。こうした審査に付託されることなく、すでに効力を有する条約や法律については、憲法との形式的効力関係は一つの「死角（un angle-mort）」となり、憲法適合性はもはや担保する術がないのである。(15)五五条の実効化に伴い、法律は条約に適合的でなければならなくなったが、ひとたび効力を付与されれば、その条約・法律の憲法適合性について判断されることはない。つまり皮肉にも、国内法秩序の最高の段階に位置するはずの憲法は、全体としてむしろ蚊帳の外に置かれるような形になってしまうのである。憲法違反の条約や法律があっても、それを無効にする制度のないまま、その「妥当性」が保持され、「法的効力が増大する」(16)。

ニコロ事件判決から十年を経て、一九九八年一〇月三〇日、コンセイユ・デタによってサラン事件判決(17)が下された。この判決では、五五条をめぐり、問題となった法律が憲法的性質を有する場合に、その条約適合性を判断できるか否かが主な争点となっている。五五条の「死角」に関わる論点であるが、以下その概要を紹介したい。

二　サラン事件判決の概要

南太平洋のフランス領ニュー・カレドニアでは、一九八〇年代以来先住民カナク（kanak）を中心とする独立派とニッケルの採取を求めて移住した欧州からの移民とその子孫カルドシュ（caldoches）の反独立派との抗争が激化していた。社会党政権の下では自治権限が広く認められたものの、一九八六年以降の保守連合政権の下では移民勢力に有利な住民投票が強行され、独立反対の結論が出されるなど、フランス政府の対ニュー・カレドニア政策は、不安定であった。

その後一九八八年に、フランソワ・ミッテラン（François Mittérand）大統領の再選、ミシェル・ロカール（Michel Rocard）社会党政権が樹立され、独立派・反独立派・フランス政府との間でマティニョン（Matignon）協定が締結された。このマティニョン協定には、「一年間フランス本国政府が直接統治し、社会経済発展計画および人材育成の実施、新制度に関してフランス人に国民投票を行い、十年後には自決のための住民投票（le scrutin d'auto-détermination）が行われる旨定められた。一九八八年一一月九日には国民投票に基づいて法律（八八—一〇二八）が制定され、そこでこの住民投票についても規定された。

マティニョン協定から十年後の一九九八年四月二一日、ヌメア（Nouméa）協定が新たに締結され、五月五日に署名された。[18] この協定には、①マティニョン協定で予定された自決のための住民投票の実施を十五—二十年延期し、二〇一四年—二〇一九年（第四回目の議会会期）の間に行うこと（五条一段）、②この間国家の権限は、漸次的にニュー・カレドニアの諸機関に移譲ないし分配され、国家は最終的に司法、公安、防衛、金融、国際問題といった特定の事項のみを行うこと（三条—三・三条）、③ニュー・カレドニアは、制限的な選挙人団によって選ばれた議会による固有の立法権、市民権を獲得し、選挙制度、雇用および慣習上の身分などにつき、法律の効力を有する特別な規範（国の法〔lois du pays〕）を制定することなどが定められている。

このように、ヌメア協定は、ニュー・カレドニアに国家の権限を移譲し、固有の立法権、市民権を付与することから、もはや憲法七四条が規定する海外領土の枠組みではとらえきれない内容であったため、憲法改正が行われることとなった。一九九八年七月二〇日の憲法的法律（九八—六一〇）は、国会においてほぼ全会一致で可決され、憲法典に

「ニュー・カレドニアに関する経過規定」と題する一三章が加えられた[19]。

一三章は、七六条、七七条の二つの条文により構成される。

七六条は、第一に「ニュー・カレドニアの住民は、一九九八年五月五日にヌメアで締結され、同年五月二七日にフランス共和国官報で公布された協定の諸規定に関して意見を表明するため、一九九八年一二月三一日までに招集される」(一項)とし、ヌメア協定の承認に関する住民投票が行われることが定められている。またニュー・カレドニアの自決のための住民投票についての「一九八八年一一月九日の法律二条に定める条件を充たすものは、投票への参加が認められる」(二項)とし、住民投票が同法律の定める十年の居住要件を充たす制限的な選挙人団で構成されることを容認している。さらに「投票の組織に必要な措置は、閣僚会議で議決され、コンセイユ・デタの諮問を経たデクレ(命令)によって実施される」(三項)とする。

七七条は、ヌメア協定の内容を実施するための必要な措置を採択する権限を立法府に委任することを目的とする。「第七六条が定める投票により協定が承認されたときは、ニュー・カレドニア議会の意見を徴した後に実施される組織法律が、当該協定で定められた方針を尊重してニュー・カレドニアの発展を保障するために、かつ、実施に必要な方式にしたがって……規定する」と定めている。規定される事項は、「ニュー・カレドニアの諸機関に対して最終的に移譲される国家の権限、移譲の期間と方式、さらにそこから帰結される諸費用の分配」、「ニュー・カレドニアの諸機関の議決機関の文書が公布前に憲法院の審査に供される条件」、「市民権、選挙制度、雇用、および慣習上の身分に関する諸規則」、「ニュー・カレドニアの当該住民が、完全な主権の取得について意見を表明するために招集される条件および期限」である(一項)。また、「第七六条で言及された協定を実施するために必要なその他の措置については、法律がこれを定める」(二項)とする。

一九九八年八月二〇日、憲法七六条三項に基づいて、住民投票の組織に関するデクレが定められた。その三条は、

「憲法七六条および一九八八年一一月九日の法律二条に基づき、投票当日に当該領土の選挙人名簿に記載され、一九八八年一一月六日以来ニュー・カレドニアに居住する者は、一九九八年一一月八日の住民投票[20]に参加することができる」とし、八条は、「委員会は、一九八八年一一月九日の法律二条に基づき、要求があれば、投票日において年齢および居住要件を充たす選挙人を当該名簿に記載する」と規定した。このように投票資格や投票日を定めるとともに、デクレは、投票に付される文面、投票方法、準備、運動、集計、結果の公表などについても定めた。

この八月二〇日のデクレの適法性をめぐって、一〇月七日、ニュー・カレドニアに居住しながら選挙資格を否定されたサラン氏およびルヴァシェ氏いる十五人の訴団が、一〇月七日、コンセイユ・デタに訴えた。その主張は、住民投票を制限的に一定の選挙人団にのみ認めていることが、憲法三条、五五条、一七八九年人権宣言一条、六条をはじめとする国内規定およびフランスが批准している欧州人権条約一四条、同第一選択議定書三条、市民的政治的権利に関する国際人権規約二条、二五条、二六条に定められた、平等原則、普通・平等選挙の規定に違反するとし、デクレの取消しと投票の差止めを求めるものであった（その他挙げられているのが、選挙法L一条、L二条、L一一条、L一一—一条およびL三〇条、民法二二条、四八八条）。こうした訴えに基づき、投票期日に間に合うよう判断が下されたのが、一九九八年一〇月三〇日のサラン事件判決である。

判決は、モゲ (Maugué) 政府委員意見[21]に従い、請求を棄却している。

憲法と条約との関係については、制限的な選挙人団の構成を認める「一九八八年一一月九日の法律二条」は、「憲法七六条の委任の効果によって、その規定自体が憲法的価値を有する」のであって、憲法五五条によって「国際規約に付与された優越性は、国内秩序において、憲法的性質を有する規定には適用されない」と判断されている。

以下関連部分を引用する。

「憲法七六条が参政権に関する他の憲法的価値を有する規範に対する例外である以上、当該デクレの規定が、憲法前文が引用する人および市民の権利宣言一条および六条または憲法三条に違反するという主張は退けられなければならない」。

「憲法五五条は『適法に批准されまたは承認された条約もしくは協定は、他方当事国による各条約もしくは各協定の施行を留保条件として、公示後直ちに、法律に優越する権威をもつ』と規定するが、このように国際規約に付与された優越性は、国内秩序において、憲法的性質を有する規定には適用されない。したがって当該デクレは、国内秩序において適正に効力を有する国際規約の規定に反するために、憲法五五条違反となるという主張は退けられなければならない」。

「原告はコンセイユ・デタをして、一九八八年一一月九日の法律二条に対し、市民的政治的権利に関する国連の規約二条、二五条、二六条の規定、欧州人権規約一四条、その第一選択議定書三条を優先的に適用するよう求めるが、当該二条の規定に対する憲法七六条の委任の効果によって、その規定自体憲法的価値を有する以上、このような主張は退けられなければならない」。

判決は、このように憲法五五条に関連して、「国際規約に付与された優越性は……憲法的性質を有する規定には適用されない」とし、条約の優越性が、法律に対するものであり、憲法的規範に対する優越性まで規定するものではない点を明らかにする。

判決の内容は、一見条約に対する憲法の優越性を宣言したものと受け取られるが、モゲ政府委員によれば、実際にはそれほど積極的な意味をもつものではないと評価される。なぜなら、このような判断によっても、憲法に抵触する条約の有効性が変わるものではなく、したがって条約一般に対する憲法の優越性を具体的に保障することにはならないからである。

判決の積極的な意図は、むしろニコロ判決以来実効的に活用されている五五条に基づく自らの権限の範囲を確定することにあったといえよう。つまり当該デクレが憲法的性質を有する規定を根拠とする場合には、その条約適合性についてコンセイユ・デタは判断を下すことができないという、「憲法スクリーン（Constitution-écran）論」が展開されているのである[22]。

ニコロ判決以前に「一般意思の表明」である法律の内容について審査を控えていたコンセイユ・デタは、憲法的規範に対する審査をも極力控える立場を堅持する。このような立場は、一九六二年三月九日のフランス―マリ間司法協力協定の規定が、「共和国の法律によって承認された基本原則（Principes fondamentaux reconnus par les lois de la République: PFRLR）に適合するように解釈されなければならない」と判断した一九九六年七月三日コネ事件判決[23]にも表れており、また一九九九年三月五日ルケット事件判決[24]では、「コンセイユ・デタは、法律が租税負担平等の憲法原則に適合的かどうかを判断する権限を有しない」とされ、法律の憲法適合性の審査も行いえないことが確認されている。

Ⅲ　憲法改正による複合的（complexe）な法秩序の容認

一　ニュー・カレドニア＝「主権を分かつ国」

サラン事件判決において、コンセイユ・デタは、「国際規約に付与された優越性は、……憲法的性質を有する規定には適用されない」と判断した。

これは、憲法改正手続によって定められた憲法七六条の委任の対象である一九八八年一一月九日の法律が、それ自体「憲法的価値を有する」ことを認めるものである。同様の憲法的価値は、憲法七七条に規定された組織法律、すなわち後に制定された一九九九年三月一九日の組織法律（九九―二〇九）に対しても認められた。この組織法律は、憲法七七条が規定するように、住民投票によって承認されたヌメア協定の「方針を尊重し、ニュー・カレドニアの発展を保障するために」定められたものである。

すでに述べたように、ヌメア協定は、国家の「法律」の効力を有する「国の法（lois du pays）」の制定をニュー・カレドニア領土議会（Congrès）に許し（ヌメア協定二・一条、一九九九年三月一九日の組織法律九九条、一〇七条）、ニュー・カレドニアに独自の市民権の創設を認めている。(25)こうして、ニュー・カレドニアは、フランスと「主権を分かつ国（pays à souveraineté partagée）」として位置づけられているのである。(26)ヌメア協定前文は、「カナク民族（le peuple kanak）の尊厳を害し、そのアイデンティティを剥奪した」過去の植民地政策を批判し、「奪われたアイデンティティをカナク民族に取り戻し、新しい主権の創設に先立ち、共通の運命において分割されたその主権を承認しなければならない」と規定した（ヌメア協定前文三条八段）。

このようなニュー・カレドニアの位置づけは、一九九八年七月二〇日の憲法的法律案審議の際にも認識されていた。すなわち国民議会法務委員会委員長カトリーヌ・タスカ（Catherine Tasca）議員は、「『国の法』の制定という権限を移譲するヌメア協定は、疑いなく共和国の不可分性の原則を害するもの」と見なしていた。タスカ議員によれば、共和国の不可分性の原則は、「国家の主権の不可分性を意味して」おり、単一の立法府が「地方議決機関が介入する領域を決定し、いかなるときもそれを問題にでき」るのでなければならない。したがってヌメア協定に示されたニュー・カレドニアの位置づけは、「主権の単一・不可分・不可譲性、および共和国の不可分性(27)」に対する例外、すなわちフランスの政治上、憲法上の伝統に対する重要な例外となる。また当時の法務大臣エリザベト・ギグ（Elizabeth Guigou）氏は、「ヌメア協定によって『国の法』と位置づけられた一定の議決に、国会によって表決された法律と同等の権威が付与される」点につき、「ヌメア協定の基本の一つである分割された主権（souveraineté partagée）という本質的な概念を表現するものである」と説明している[28]。

ニュー・カレドニアは、「自律的な共同体（collectivité sui generis）」として、国家と主権を分かち、独自の法体系をもった存在である。国家の権限は、漸次的にニュー・カレドニアに移譲され、またこうした動きは「不可逆性（irréversibilité）」を有し、もはや「後戻りは許されない」（ヌメア協定五条五段）。上記サラン事件判決が示すように、通常の憲法ブロックや条約の規定は、憲法七七条により憲法的価値を付与された一九九九年三月一九日の組織法律に矛盾しない限りでのみ適用される。

通常の海外領土の諸機関の権限の変更には、憲法七四条に基づいて組織法律の制定により可能だが、ニュー・カレドニアにおいては、その「不可逆的」な位置づけにより、新たな組織法律の制定によって国に有利な権限分配に変更することはできない。つまり憲法七七条に基づき、一九九九年三月一九日の組織法律に定められたニュー・カレドニアの政治機構は、憲法的位置づけを付与されるがゆえに、もはや新たな組織法律をもってしても、改変することはできない。「国家とニュー・カレドニア間の権限の分割は、主権の分割を意味」し、「定められた期間において、自己組織の原則（le principe d'auto-organisation）に基づいて、ニュー・カレドニア領土議会によって改変されうる」のである（ヌメア協定前文五条九段[29]）。法律の効力が認められた特定の「国の法」は、国の専権事項（一九九九年三月一九日の組織法律二一条）に関わらない限り、法律の効力を有する「法の一般原則」（Principes généraux du droit : PGD）の適用も免れる。

また『国の法』は、その公布以前に、国家の代表、ニュー・カレドニア執行府、地方（province）の長、ニュー・カレドニア領土議会の議長、または同議会議員の三分の一の請求により、憲法院の審査に付すことができる」ものとされている（ヌメア協定二・一・三条、一九九九年三月一九日の組織法律一〇四条、一〇五条）。「国の法」の審査に当たる憲法院は、通常とは異なる憲法ブロックの適用を余儀なくされる。この場合、憲法違反か否かのグレー・ゾーン（zones d'ombre）が増し、憲法院の役割はより複雑かつ困難になることが予想される[30]。

このように一九九八年七月二〇日の憲法的法律に基づく憲法の改正は、伝統的なフランス共和国の法秩序とニュー・カレドニア固有の法秩序の並存を招き、多種多様の法規範の適用を迫る点で裁判官の任務を困難にした。

それは、欧州連合設立条約およびその改正条約批准の際に、憲法典の中に独立の章を設けて批准に必要な最小限の関連規定を取り込んだとき(一九九二年六月二五日の憲法的法律〔九二―五五四〕、一九九九年一月二五日の憲法的法律〔九九―四九〕)と同様の効果をもたらすものと思われる。自律的な法秩序を有する欧州連合/欧州共同体の法体系がフランス法秩序に取り込まれた結果、やはり単一・不可分の主権概念の再検討や欧州市民権の位置づけの問題が生じたのと同様と考えられるのである。(31)

こうした改正方式の是非については、一九九二年九月二日判決(いわゆるマーストリヒト第二判決)で、憲法院の見解が示されている。この判決において憲法院は、「憲法制定権力の主権的判断権(le pouvoir souverain d'appréciation du constituant)」に言及し、関連条文を一つ一つ改める代わりに、新たな条項を付加するなど、憲法改正の方式に関して、憲法制定権力は「自由に(loisible)」判断できるとした。(32)

欧州連合は、フランス全土とフランスの法律全体に直接関わることであるのに対し、ニュー・カレドニアは、フランス国民全体の〇・三%にしか関わりがないという意味では、その重要性に差があることは否めない。しかし、両者とも、憲法改正手続を通して、同じ形式的な「憲法」の枠組の中に、その存在が認められたのである。それは、フランスを「不可分」の「共和国」と宣言している憲法の内部に、その規定に反して、別の自律的な法体系の存在を許容するものに他ならない。

二　規範内部の「規範違反」

サラン事件判決によれば、「憲法七六条が参政権に関する他の憲法的価値を有する規範に対する例外である以上」、その委任に基づいて定められた規定が普通平等選挙の原則を規定する憲法三条ないし複数の条約の規定に「違反するという主張は退けられなければならない」。

したがって、一九八八年一一月九日の法律ないしそれに基づいて定められたデクレ、さらにはヌメア協定に基づく一九九九年三月一九日の組織法律は、五四条の手続に基づいて憲法内部に組み込まれることにより、国際法との関係における五五条の審査を免れると見なされる。同様に憲法の他の条項との関係においては、同レベルの法の抵触の問題として扱われ、「特別法は一般法に優る」という原則が働き、特別な規定である憲法七六条が同三条に優先すると考えられる（モゲ政府委員意見[33]）。

一般的にフランスでは、学説上も「憲法改正権」と「憲法制定権力」とは区別されておらず、サラン事件判決は改正に際しての内容的な限界となる「超憲法規範」の存在を否定する立場に与するものに他ならない[34]。

しかし、こうしたいわば規範内部の「規範違反」は無限に許されるのであろうか。ここではあえて、一九九八年七月の憲法改正の実体的な意味について考えてみたい。

ニュー・カレドニアの問題には、すでにみたように、以前より、自治や独立を望む先住民カナクと欧州からの移民との間に政治的駆け引きがあったことが考慮されなければならない。ニュー・カレドニアの領土議会（Congrès du Territoire）選挙（比例代表制）の区割や議席配分等を定めた一九八五年八月二三日の「ニュー・カレドニアの発展に関する法律」（八五―八九二）の合憲性に関する一九八五年八月八日憲法院判決（八五―一九六ＤＣ）では、ヌメアと他のレジオンの間の議席配分に二倍以上の格差があることが違憲と判断された。憲法院は、ニュー・カレドニアの領土議会が、「憲法三条を尊重して、領土とその住民を代表するものであるためには、本質的に人口の基礎に基づき選挙されねばならない」とし、ここでは「一般利益の要請」に対する限度を超えた考慮を平等原則に反し、違憲と判断したのである。この判決の背景には、同法律による不平等な区割・議席配分が「人種差別」に当たるとする審査付託者の主張への配慮があったと考えられている。(35)

ヌメア協定は、一九九八年一一月八日の住民投票とその後の『国』の機関の選挙および最終的な住民投票において、制限的な選挙人団を構成する」(二段)と規定している。一九八七年の住民投票では、選挙資格に対する三年の居住要件が、欧州移民に有利に働いて、独立反対の結論を導いたとされているのに対して、ヌメア協定に基づく十年の居住要件は、むしろ自治や独立の方向を支える働きがあるものと受け取られている。(36)

サラン事件判決におけるモゲ政府委員意見の中でも、「制限的な選挙のあり方は、ニュー・カレドニアの地位の発展に関し、きわめて重要な賭けとなった」ことが指摘され、「大量の移民が、領土の原住民をして将来マジョリティになる可能性をすべて失わしめるのではないかという、メラネシア系住民の不安に応えるため、国民投票によって採択された一九八八年一一月九日の法律は、マティニョン協定の定めに基づき、選挙人団をいわば凍結させた」との説明がある。(37)つまりここでは、国民主権、共和国、普通平等選挙という伝統的、一般的な憲法上の価値に対し、特別条項の制定を通じて特殊な価値を同じ憲法上の土俵に乗せることで、後者が例外的に優先される構造が作られたのである。

ニュー・カレドニアは、旧植民地として、確かに政治的に特殊な位置づけをもっている。ヌメア協定においても「期間終了時に、国家はニュー・カレドニアに完全な解放(émancipation)を認める目標を承認する」と定め(前文五条二段)、将来的な独立が志向されている。

その特殊性を強調する意味で、政府の憲法改正案は当初、憲法本文の章に組み込まず、独立した付則的な憲法的法律（loi constitutionnelle annexe）の形式にするというものであった[38]。しかし「共和国の中に留まるわれわれ（住民）の意思を確認するという意味で、憲法典自体に規定したほうがよい」（ニュー・カレドニア代表の元老院議員、Simon Loueckhote氏）との意見が尊重され、一三章に定められることになったとされる[39]。

こうして設けられた一三章は、「経過的」規定であり、最終的には独立を目指すニュー・カレドニアの不可逆的な行方を支える過渡的な措置を定めたものであるかもしれない。しかし現にこうした規定が憲法に置かれ、「主権」的な権限を「共和国」の内部に許す以上、「主権」も、「共和国」も、従来の固定的、絶対的な「単一・不可分」の概念ではとらえきれない要素を含んでしまったと考えられるのではなかろうか[40]。

三　二〇〇七年二月二三日の憲法改正

ヌメア協定二・二・一条を具体化した、一九九九年三月一九日の組織法律一八八条および一八九条は、独立に関する自決のための住民投票においてだけなく、ニュー・カレドニア領土議会および地方議会（assemblées de province）の議員選挙の際にも、制限的な選挙人団による選挙が五年ごとに実施される旨定めている。

二〇〇七年二月二三日、憲法的法律が制定され、ニュー・カレドニア領土議会および地方議会の議員選挙における制限的な選挙人団の範囲を明確にする目的で、憲法七七条に次のような第三項が新たに加えられた。

「ニュー・カレドニアおよび地方の議会議員を選出する選挙人団の定義において、七六条および一九九九年三月一九日の組織法律九九―二〇九号一八八条ならびに一八九条に言及された協定が定める名簿とは、七六条の定める投票の際に作成され、その投票に参加を認められなかった者を含む名簿である」。

この規定によって、当該選挙における制限的な選挙人団の範囲は、一九九八年一一月八日の住民投票の時点において、十年の居住要件を充たしていた者に加え、同時点で要件を充たしていないが、一九九九年三月一九日の組織法律一八八条の定める付則名簿に登録された者に原則として「凍結（gelé）」されることとなった。

一九九九年三月一九日の組織法律によれば、「十年の居住要件」を充たす選挙人団を構成するのは、次の三者である。第一に、一九九八年一一月八日の住民投票の時点ですでに十年ニュー・カレドニアに居住していた者である（一八八条一項a）。同時点で居住要件を充たさなかったため、選挙資格を付与されなかった成年者は、一八八条に基づいて付則名簿に登録される。選挙人団は、第二に、この付則名簿登録者のうち、その後行われる「領土議会および地方議会選挙当日において、遡って十年ニュー・カレドニアに居住した」者が随時含まれる（一八八条一項b）。第三に、本人またはその両親のいずれか一方が一八八条一項aまたはbの要件を充たし、一九九八年一〇月三一日以降に成年となった者である（一八八条一項cおよび二項）。

このうち付則名簿への登録者、すなわち居住要件さえ充たせば将来選挙資格が得られる者の範囲をめぐっては、従来解釈が二通りに分かれていた。

一つは、原則として一九九八年の時点で登録された者に「凍結」されるという解釈である。この解釈によれば、選挙資格者は、一九九八年の時点で当該名簿に登録された者に限られ、遅くとも二〇〇八年までには、選挙人団の範囲が確定する。

もう一つの解釈は、一九九八年一一月八日の住民投票以降にニュー・カレドニアに移住した者であっても、移住後十年の居住要件を充たした段階で、二〇〇九年以降の領土議会および地方議会選挙や住民投票での投票権が認められるという解釈である。この場合の選挙人団の範囲は、（凍結されず）「可変的（glissant）」である。

一九九九年三月一九日の組織法律の憲法適合性について審査を付託された憲法院は、同年三月一五日、上記二つのうち、第二の解釈の採用を明らかにしていた。(41) 憲法院は、「憲法制定権力が憲法的価値を有する諸原則に反する新しい規定を憲法の条項に挿入」する場合、その違反は、「黙示的」なものでなければならず、また「[ヌメア]協定の実施に厳格に必要な限りにおいてなされるのでなければならない」とした上で、「十年の居住要件」を課された選挙人団について、次のような具体的な定義を施していた。すなわち「選挙の当日に、付則名簿に記載され、十年の居住要件を充たすことを要求するヌメア協定の規定（二・二・一条四段）は、「一八八条および一八九条の両規定に基づいて、ニュー・カレドニアへの移住の日にかかわらず、一九九八年一一月八日以降であっても、選挙当日において、遡って十年、一八九条一項にいう付則名簿に記載され、ニュー・カレドニアに居住している者が、地方および領土議会の選挙に参加しなければならない」ことを意味する。「制限的な選挙人団のこのような定義が、つまるところ、唯一憲法制定権力の意思に適うものである」としていたのである。

この憲法院判決の定義に反して、二〇〇七年二月二三日の憲法的法律は、付則名簿登録者の範囲に関する上記第一の解釈、すなわち、将来の選挙人団の構成が一九九八年の住民投票に際して登録された者に凍結されるという解釈に依拠している。政府の説明によれば、第二の解釈は、「ヌメア協定署名者の意思に適わないと思われる」というのである。[42]

このような憲法改正が行われた背景には、二〇〇五年一月一一日に下された欧州人権裁判所の判決[43]が背景となっていると分析されている。[44]

コンセイユ・デタのサラン事件の際には、一九九八年の住民投票の制限的な選挙人団の構成を具体的に定めたデクレの条約適合性が争われたのであるが、欧州人権裁判所に提起されたピ（Py）対フランス事件は、領土議会および地方議会の議員選挙における選挙人団の構成が直接の争点になった。

同事件の申請人は、一九九五年以来、ニュー・カレドニア大学に講師として赴任したものの、一九九九年のニュー・カレドニア領土議会および地方議会選挙人名簿への登録申請をヌメア市長によって拒否された。申請人は、ヌメア第一審裁判所および破毀院に対して、憲法や国際法の諸規範を根拠に処分の違法性を主張したが、いずれにおいても、サラン事件でのコンセイユ・デタの見解同様、憲法的価値を付与されたヌメア協定に対しては条約の優位性を主張できないとして、訴えは退けられた。そこで、こうした制限的な選挙人団の構成が、「締約国は、立法府の選択において人民の自由な意見表明を確保する条件に基づいて、合理的な間隔を置いて秘密投票による自由選挙を行うことを保障する」と定める欧州人権条約第一附属議定書三条に違反するとして、フランス共和国を相手に、欧州人権裁判所に審査が付託されたのである。欧州人権裁判所は、二〇〇五年一月一一日、第一附属議定書三条に基づいて保障される投票権は「絶対的ではなく、制限に服する」（判決理由四四段）とし、欧州人権条約五六条三項により「やむにやまれぬ性質」を有する「地方の要請」に基づいた制限は許されるとの立場を確認した（同六〇段）。欧州人権裁判所は、「ニュー・カレドニアの現在の地位は、完全な主権を獲得するまでの暫定的な段階を反映するのであって、自決の過程の一部である」とした。また「一九九九年三月一九日の組織法律が定めた十年の居住要件は、不穏な政治的、制度的な歴史の後に、血塗られた紛争を軽減する手段であった」とし、それは「ニュー・カレドニアに、より平和的な政治的風土をもたらし、当該領土がその政治的、経済的、社会的発展を継続することを可能にしている」として、「ニュー・カレドニアの歴史や地位は、申請者の投票権に課された制限を正当化する『地方の要請』を構成する」と判断した（同六一段―六四段）。つまり、欧州人権裁判所の同判決は、脱植民地化の暫定的な過程に置かれた特殊な地方において、歴史的な背景や紛争軽減の必要を理由に、自由選挙の原則を制限できることを認めたのである。

このように二〇〇七年二月二三日の憲法改正によって、選挙人団が「凍結」されたことから、次のような点が、今後の課題として浮上する。

第一に、ヌメア協定五条四段および一九九九年三月一九日の組織法律二一七条に基づいて、二〇一四年―一九年の間に行われる独立に関する自決のための住民投票において、完全な主権の獲得が否決された場合には、十年ないし十五年後に改めて住民投票が行われる旨規定されている。独立への動きが「不可逆的」であるとはいえ、否決が続いた場合、欧州人権裁判所のいう自決のための「暫定的な段階」がいつまで続くのか、先行きが不透明であり、憲法規範内部に設けられた違反が「永続」する可能性も否めない点である。

第二に、すでにみたように、将来の領土議会および地方議会議員選挙において新たに選挙資格を得る者は、一九九八年の住民投票の際に付則名簿に登録された者に「凍結」される一方、一九九九年三月一九日の組織法律一八八条一項cおよび二項によれば、両親のどちらかが、一八八条一項aまたはbの規定により、選挙資格を有する場合に、その子が成年に達した場合にやはり選挙資格を有する旨規定されている。自由選挙の原則の例外規定に、世襲的要素が加えられたと解することも可能であり、平等原則との関係において問題となりうる。(45)

第三に、上記のような制限的な選挙人団の構成要件は、ニュー・カレドニアに居住するフランス以外の欧州加盟国国民にも適用されるが、こうした地方選挙の参政権の制限が、欧州共同体設立条約の欧州連合市民権規定に違反することが、将来的に欧州司法裁判所によって問題にされかねない。

Ⅳ　おわりに

フランス憲法においては、単一・不可分の主権概念に支えられた共和国の法体系がすべてを包み込んでいた。今やそうしたかつての一元的な様相から転じて、複合的な法秩序の並存を認めることが余儀なくされていると考えられる。以上みてきたように、特定の地域において、固有の立法権を通じて自律的な法の形成が認められたことにより、独自の法体系が形成された。それによって、地域の法体系と国家の法体系とは、もはや単層的な上下・優劣関係によっては説明できなくなっている。(46)

また憲法適合性判断の実効化に伴い、条約批准や法律の公布に先立ち、憲法改正が比較的容易に行われるようになる。現在のフランスではその憲法改正が、異なる法秩序の調整手段になっているのである。

仮に一元的な視点でみた場合には、異なる法体系を包括的に取り込む形での調整は、形の上での「憲法」の優越性しか確保しない[47]。これでは実質的な意味で憲法を「ないがしろ」にする規範に、憲法の「お墨付き」を与える意味しかもたなくなる。現実にはこうしたさまざまな法形式が、「単一・不可分」であるはずのフランス「共和国」内で効力を有している。

憲法と条約、法律と条約、あるいは憲法と「国の法」、いずれの関係も、「絶対的」かつ「固定的」にとらえれば、「矛盾」が生じる。欧州連合にせよ、ニュー・カレドニアにせよ、自律的に展開する存在なのである。フランスの法秩序は、こうした動態的な存在を内部に孕むことによって、複合的な法体系構築の途上にあると考えられる。

注

(1) ハンス・ケルゼン（横田喜三郎訳）『純粋法学』（岩波書店、一九三五年）一一九頁。
(2) 同、一三二―一三四頁。
(3) 以下、一九五八年憲法の条文の日本語訳は、樋口陽一・吉田善明編『解説世界憲法集』第四版（三省堂、二〇〇一年）（辻村みよ子訳）を参考にした。また阿部照哉・畑博行編『世界の憲法集』第二版（有信堂高文社、一九九八年）（光信一宏訳）も参照。
(4) 拙稿「フランスにおける批准前の条約の合憲性審査について(1)」『一橋研究』一八巻二号（一九九三年）七二―八一頁。

(5) 憲法院は、一九七〇年六月一九日判決（七八―三九ＤＣ）以来、欧州共同体に関するパリ条約およびローマ条約について、それらは「適正に批准され、公布されたものであって、憲法五五条の適用領域に入って」いるため、憲法適合性審査の対象にはならないと判断している。拙稿「フランスにおける批准前の条約の合憲性審査について(2)」『一橋研究』一八巻四号（一九九四年）九五―九六頁。

(6) Cass. civ., 22-12-1931, *Sirey* 1932, p. 257, concl. Matter, note Niboyet.

(7) 意見を提示した検事総長の名前を取ったもの。

(8) CE, Sect., 1-3-1968, Syndicat général des fabricants de semoules de France（フランス穀物生産者総合組合）, *Rec. Leb.* p. 149, concl. Questiaux, *AJDA* 1968, p. 235.

(9) 拙稿「条約の解釈に関するフランスConseil d'Etatの判例変更について」『一橋研究』一七巻四号（一九九三年）三四―三七頁。

(10) Décision 74-54 DC, 15-1-1975, *Rec.* p. 19. この判決は、条約の「相対的、偶発的性質（un caractère relatif et contingent）」を強調し、「条約に反する法律は、必ずしも憲法に反するものではない」点を示したものである。拙稿「現代立憲主義の下における人権条約の地位について――フランスの場合――」『杉原泰雄退官記念論文集　主権と自由の現代的課題』（勁草書房、一九九四年）二〇二―二〇五頁参照。

(11) Cour de cassation, cham. mixte, 24-5-1975, Administration des douanes c/Société café Jacques Vabre, *D.* 1975, p. 497, concl. Touffait.

(12) CE, Ass., 20-10-1989, Nicolo, *Rec. Leb.* p. 190, concl. Frydman.

(13) なお、フランスでは、条約と法律との関係について、一般的な国際条約と欧州連合／欧州共同体の条約とは形式的に区別されておらず、同等に扱われている。

(14) Jean-François Flauss, «Note de jurisprudence,» *RDP* 1999, p. 33.

(15) Christine Maugué, «L'arret Sarran, entre apparence et réalité,» *Les Cahiers du Conseil Constitutionnel*, no. 7, 1999, p. 90.

(16) ケルゼン、前掲書、注(1)、一三七頁。

(17) CE, Ass., 30-10-1998, Sarran, Levacher et autres, *AJDA* 1998, p. 1039, chron. F. Raynaud et P. Fombeur, p. 962. サラン事件判決

に先立って、前記一九七五年一月一五日憲法院判決（七四—五四DC、注（10）参照）では憲法違反ではないと見なされた妊娠中絶法を、条約違反とした一九九〇年一二月二一日のコンセイユ・デタの判決がある。この判決は、全国カトリック系家族の会連合」他（Confédération nationale des associations familiales catholiques et autres）および「あらゆる中絶への関与に対して良心に従って反対する会」他（Association pour l'objection de conscience à toute participation à l'avortement et autres）の二件の提訴に基づいて、一九八九年一〇月二〇日のニコロ判決直後に下されたものである。憲法に適合する法律は、必ずしも条約に適合するものではないということを示しつつ、妊娠中絶法が、欧州人権条約二条および市民的政治的権利に関する国際人権規約六条の保障するすべての人の生きる権利に違反する旨判断されたのが注目される。前掲拙稿、注（10）、二〇五—二〇六頁参照。

(18) *JO*, LD, 27-5-1998, p. 8039.

(19) 一九五六年憲法八九条三項に基づいて提出された憲法改正案の各議院および国会における投票結果は、次のとおりである。国民議会—一九九八年六月一六日、投票総数五〇七、有効票数五〇三、賛成四九〇、反対一三。元老院—一九九八年六月三〇日、投票総数三〇八、有効票数二九七、賛成二八七、反対一〇。国会—一九九八年七月六日、投票総数八八五、有効票数八五八、賛成八二七、反対三一。

(20) ヌメア協定の是非に関して行われた一九九八年一一月八日の住民投票では、投票率七四・二三％の下、七一・八六％の賛成が得られている。

(21) Christine Maugué, «L'accord de Nouméa et la consultation de la population, (conclusions sur Conseil d'Etat, Assemblée, 30 octobre 1998, MM. Sarran et Levacher et autres),» *RFDA* 1998, pp. 1081-1089.

(22) サラン事件判決に関するおおむね一致した見解である。例えば、Denis Alland, «Considération d'un paradoxe: primauté du droit interne sur le droit international (Réflexions sur le vif à propos de l'arrêt du Conseil d'Etat, Sarran, Levacher et autres du 30 octobre 1998),» *RFDA* 1998, pp. 1094-1104 参照。

(23) CE, Ass., 3-7-1996, Kone, *Rec. Leb.* p.255. M. Long, P. Weil, G. Braibant, P. Delvolvé, B. Genevois, *Les grands arrêts de la jurisprudence administrative*, 12e éd., (Dalloz, 1999), pp. 792-798. マリ（西アフリカの国）の国籍保持者コネ氏の犯罪人引渡処分に対し、コネ氏が、フランス—マリ間の協定に反し、無効を主張した事件。コンセイユ・デタは、GISTI判決に基づき、

協定の解釈を行うと同時に、PFRLRにより、政治的理由に基づく犯罪人引渡は禁止される旨判断し、「当該条約は、PFRLRに適合するように解釈されなければならない」とした。ただし本件は、政治的理由に基づく引渡ではないとして、請求は棄却された。なお、GISTI判決（CE, Ass., 29-6-1990, *Rec.* 171.）については、前掲拙稿、注（9）参照。

(24) CE, Ass., 5-3-1999, Rouquette, *RFDA* 1999, p. 357.

(25) 協定の適用期間終了後、ニュー・カレドニアが全面的に主権を得た場合に、市民権を「国籍」とすることも決定できると定めている（ヌメア協定二条）。

(26) Jean-Yves Faveron, «La Nouvelle-Calédonie, «pays à souveraineté partagée,» *RDP* 1998, pp. 645-658 ; Jean-Yves Faveron, «Nouvelle-Calédonie et Constitution : La révision constitutionnelle du 20 juillet 1998,» *RDP* 1999, pp. 114-130.

(27) 一九五八年憲法三条一項は「国民の主権は人民に属する。人民は、その代表者を通じて及び国民投票により主権を行使する」とし、同二項は「人民のいかなる部分もまたいかなる個人も主権の行使を自己のために独占することはできない」と規定している。また一条は、「フランスは、不可分の非宗教的、民主的かつ社会的な共和国である。フランスは、出生、人種または宗教の差別なく、すべての市民に対し法律の前の平等を保障する。フランスはすべての信条を尊重する」と定めている。

(28) *JO*, DP, AN, 12-6-1998, p. 4958 ; *JO*, DP, S, 1-7-1998, p. 3632.

(29) ヌメア協定三・一条および三・二条、三・三条は、フランス国家からニュー・カレドニアへの権限の移譲や分配、フランス国の専権事項について定めている。また、三条は、「ニュー・カレドニア領土議会は、五分の三の特別多数決により、国家の専権事項（des compétences de caractère régalien）を除き、権限の移譲について規定された細目につき、改正を要求することができる」とし、移譲される権限内容についての判断が国家の専権事項を除き、ニュー・カレドニア領土議会にも担保されることを認めている。

(30) Garsenda Rossinyol, «Les accords de Nouméa du 5 mai 1998 : un nouveau statut pour la Nouvelle-Calédonie,» *RDP* 2000, pp. 445-486 ; Regis Fraisse, «La hiérarchie des normes applicables en Nouvelle-Calédonie,» *RFDA* 2000, pp. 77-91.「国の法」に関する初めての憲法院判決が、二〇〇〇年一月二七日に下されている。François Luchaire, «Le Conseil constitutionnel devant la loi du pays en Nouvelle-Calédonie : commentaire de la décision du 27 janvier 2000,» *RDP* 2000, pp. 553-562 参照。

(31) 拙稿「ヨーロッパの『憲法』に関する試論」『聖学院大学論叢』一一巻二号（一九九九年）参照。
(32) 前掲拙稿、注(5)、九二頁。
(33) Maugué 前掲論文、注(21)、一〇八六頁。
(34) 憲法改正の限界に関連して、本書所収、拙稿「『憲法的伝統』と『超憲法性（supra-constitutionnalité)』——憲法改正に限界はあるのか——」を参照されたい。また、Geneviève Gondouin, «Le Conseil constitutionnel et la révision de la Constitution,» *RDP* 2001, pp. 529-530. 山元一「『憲法制定権力』と立憲主義——最近のフランスの場合——」『法政理論』三三巻二号（二〇〇〇年）に詳細な検討がある。横尾日出雄「フランスにおける憲法改正と統治構造の変容（二・完）」『法学新報』一〇八巻四号（二〇〇一年）も参照。
(35) 只野雅人「フランスにおける選挙制度と平等」山下健次・中村義孝・北村和生編『フランスの人権保障——制度と理論——』（法律文化社、二〇〇一年）一一〇—一二二頁。
(36) ヌメア協定前文は、「非植民地化（décolonisation）がニュー・カレドニアに居住する共同体間の持続的な社会的絆（lien social）を再構築する手段である」旨規定していた。
(37) Maugué 前掲論文、注(21)、一〇八六頁。一九九六年の調査によれば、メラネシア系の住民は、総人口の四四・一％を占めるのに対し、欧州系は三四・一％であった（Institut Territorial de la Statistique et des Etudes Economiques による調査。http://www.outre-mer.gouv.fr/ ［二〇〇七年一二月現在］参照)。
(38) Projet de loi constitutionnelle relatif à la Nouvelle-Calédonie, *Document Assemblée nationale* no. 937, enregistré le 27 mai 1998, p.4, cité in Faberon, Nouvelle-Calédonie et Constitution... 前掲、注(26) p. 116.
(39) *JO*, DP, S, 1-7-1998, p. 3641.
(40) なおコルシカ問題について、山元一「《一にして不可分の共和国》の揺らぎ——その憲法学的考察——」『日仏法学』二二号（一九九九年）二三—二六頁および糠塚康江「フランス社会と平等原則」『日仏法学』二二号（一九九九年）七二—七三頁参照。
(41) Cons. const., 1 mars 1999, no. 99-410 DC, *AJDA* 1999.329.
(42) Projet de loi constitutionnelle complétant l'article 77 de la Constitution, http://mjp.univ-perp.fr/france/pjlc2006.htm（二〇〇七

年一二月現在）参照。

(43) CEDH, Py v. France, 11 janvier 2005, *AJDA* 2005. p.118.

(44) Olivier Gohin, «Quand la République marche sur la tête—Le gel de l'électoral restreint en Nouvelle-Calédonie,» *AJDA* 2007, p.805.

(45) *Ibid.*, p.806.

(46) 関連して、欧州人権裁判所は、法や民主主義の理解そのものに多元的な視点を用いている。拙稿「ヨーロッパにおける『民主的社会』の要請」杉原泰雄・清水睦・比較憲法史研究会編『憲法の歴史と比較』（日本評論社、一九九八年）四一七―四三〇頁参照。こうした多元的な視点を前提にすれば、ケルゼンが考えたような国内法と国際法とを一つの統括的な秩序として包み込む一元的な理解は、もはや適当ではなくなっていると考えられるのではなかろうか。

(47) 憲法秩序と欧州共同体法秩序との間には、「圧縮不可能な二元性（dualisme incompressible）」があるとした上で、憲法改正による調整の結果、共同体法の実質的な優越と憲法の形式的な優越現象がみられるとする、オベルドルフ教授の見解がある（Dialogue entre Louis Favoreu et Henri Oberdorff, «Droit constitutionnel et droit communautaire, les rapports de deux ordres juridiques,» *RMCUE*, no. 435, 2000, pp. 96-97）。

「憲法的伝統」と「超憲法性（supra-constitutionnalité）」
――憲法改正に限界はあるのか――

大藤紀子

Ⅰ　はじめに

二〇〇三年三月二六日、フランスの憲法院は、六〇名以上の元老院議員による審査請求によって、フランス共和国の分権的地方組織を認める二〇〇三年三月一七日の憲法改正法の合憲性について、その審査権限を否定する判決を下している。[1] 争点は、（1）上下両院合同会議（Congrès du Parlement）が採択した憲法的法律（改正法）[2] 案の憲法適合性審査権限を憲法院が有するか否か、（2）八九条五項が定める憲法改正の限界[3] の位置づけであった。憲法院は、一九六二年一一月六日判決[4]、一九九二年九月二三日判決[5] の立場を継承し、次のように判断している。

「憲法院の権限は厳格に憲法によって規定され」（判決理由一段〔1er Considérant〕）、「憲法六一条は憲法院に組織法律および……通常法律の憲法適合性審査の権限を与えているものであり」、「六一条、八九条、また憲法の他のいかなる規定からも、憲法改正について判断を下す権限を憲法院は引き出すことを得ない」（判決理由二段〔2ème Considérant〕）。「したがって、憲法院は、二〇〇三年三月一七日に上下両院合同会議（Congrès）によって承認された共和国の分権的組織に関する憲法改正の憲法適合性判断を目的として、請求者元老院議員によって付託された案件について判決を下す権限を有しない」（判決理由三段〔3ème Considérant〕）。

本件の先例となる一九六二年一一月六日判決は、当時のド＝ゴール大統領が、憲法一一条の人民投票手続を用いて行った憲法改正の合憲性についての判断であり、一九九二年九月二三日判決は、マーストリヒト条約批准を承認する人民投票完了直後の審査請求に対する批准法案の合憲性についての判断である。両判決は、人民投票で採択された法律に関しては、憲法適合性を審査しえないと判断している。つまり、憲法院は、「憲法制定権力」の決断に対し、判断不能であることが宣言されたのである。(6)

二〇〇三年の本判決は、次の二つの点で、一九六二年判決および一九九二年判決と異なっている。第一に、八九条五項の憲法改正限界条項が争点となっている点。第二に憲法制定権力への言及がない点である。

今回の判決には「憲法制定権力」による説明は登場しない。すなわち投票を行う選挙人団のみを憲法制定権力と見なすのではなく、上下両院合同会議という議会手続による憲法改正をも憲法制定権力の行為と見なすかどうかについては、明示されなかった。

憲法院は、判断を下す際の選択肢の一つとして、憲法改正の限界を構成する「共和政体」（共和国）の概念（八九条五項）に、実体的な解釈を施すことも可能であった。つまり「フランスは、不可分の非宗教的、民主的かつ社会的な共和国である」とするフランス一九五八年憲法一条の共和国概念と、憲法改正法によって新たに設けられる「分権」との整合性を追究し、今回の憲法改正が、八九条五項違反となる、あるいはならない点を判断することも、理論的には不可能ではなかった。

しかし、憲法院は、そのような選択肢はとらず、憲法改正法案の憲法適合性審査権そのものを否定した。つまり、憲法的法律と、組織法律や通常法律とを形式的に区別し（それぞれ「手続」が異なる）、憲法院自らの権限を五四条および六一条が明文上認めている、組織法律および通常法律の憲法適合性審査のみに限定する結論を選択したのである。[7]

このような憲法院の法的判断（選択）は、少なくとも暫定的に八九条五項の規定を法的に実効性のないものとする。八九条五項を根拠に、憲法改正の限界として、憲法院が、いわゆる「超憲法的規範（norme supra-constitutionnelle）」（共和国政体）を実定法上の概念として「適用」するためには、それを可能にする憲法上の手続が必要である。換言すれば、理念的・理論的な「上位性」を特定の「超憲法的規範」ないし「憲法的伝統」がもっていたとしても、憲法改正法や他の憲法上の規定との関係において、その「上位性」を担保する手続がなければ、実定法上は、想定された「上下関係」は無いに等しい。二〇〇三年三月二六日のフランス憲法院判決は、憲法院に担保された憲法適合性審査手続が明示的に憲法改正法を対象にしていないため、憲法院は、フランスの「憲法的伝統」に基づいて憲法改正の限界を定めた「超憲法的規範」を根拠に、問題の憲法改正法が「憲法違反」かどうかを自ら判断することはできないと見なしたのである。[8]「憲法改正手続」は、このような場合、「憲法的伝統」をも、「超憲法的規範」さえも覆しうることが明らかにされた。特にこの点において、同判決は、日本における同様の議論に、示唆を与えるものと考える。[9]

II　日本における憲法改正限界説

日本においては、憲法改正権に関し、学説は大きく無限界説と限界説とに分かれるが、限界説が通説となっている。[10]その限界説では、改正の限界となる内容は、「超憲法性」という言葉によって表現されることはなく、[11]憲法の基本原理あるいは「根本規範」として語られるが、以下便宜上、フランスでの議論に合わせて「超憲法的規範」としてそれらを総称する。

一　「超憲法的規範」の内容

憲法改正権の限界を構成する規範の内容は、おおむね次のようなものが想定されている。

(1)憲法制定権[12]の授権の対象を定める規範、あるいは主権の所在を定める規範。例えば国民主権、君主主権を定める規範である。日本国憲法の場合、前文が、「国政は、国民の厳粛な信託によるものであって、その権威は国民に由来し、その権力は国民の代表者がこれを行使し、その福利は国民がこれを享受する」ことをもって、「人類普遍の原理」であるとし、「この憲法は、かかる原理に基くものであ」り、「これに反する一切の憲法、法令及び詔勅を排除する」とする。

(2)基本的人権の尊重、個人の尊厳。

(3)平和主義。日本国憲法第九条は、戦争と武力の行使を「永久にこれを放棄する」と定めている。

(4)憲法改正手続および憲法改正の限界を定める規定である。[13]

二　「超憲法的規範」の法形式

「超憲法的規範」は、憲法の法的根拠となり、「憲法の基礎となる」性質をもつ「憲法の憲法」であるが、「国法体系においては、特別の法形式は与えられないで、憲法の中にその席を占めている。この意味では、憲法の一部」であるとされる。この理論は、したがって「憲法の内部に」「段階構造の存在」を前提とし、「超憲法的規範」と「他の普通の憲法規範」とは段階的に区別され、「後者は前者によって、根拠づけられ、規律されている」と見なすものである。[14]

三　憲法改正の限界との関係

この立場によれば、「憲法改正作用は、憲法改正に関する憲法の規定に基づく作用であり、憲法上の作用、«un pouvoir constitué» の一種である。しかし、この作用は、単なる立法作用と異なり、憲法規範を生み出す作用である」とされる。「普通の憲法規範」が憲法改正作用によって生み出されるのに対し、憲法改正規範は、「超憲法的規範」に直接基づく規定であるとされる。したがってここにまた、「超憲法的規範」―憲法改正規範―普通の憲法規範という、憲法における段階構造が認められる。[15]

芦部信喜は、憲法制定権力は、「自己の存在と通用の前提であり、かつみずからを支える」「実定化された超実定的な法原則」によって、拘束されるとする。「制憲権の活動はこの根本規範によって内在的に制約されるので、それを踏みにじる新しい法秩序の創設は、制憲権の発動ではなく、あらわな事実力による破壊と言わねばならない」とする。[16] 同氏の理論は、(1)「超実定的憲法原則」の「実定性」を強調し、(2)それが歴史と環境による拘束を免れないとする点において、形而上学的―神学的自然法とは区別される「実定法を前提とする歴史的自然法論」であるという。[17]

この実定化された超実定的原則に拘束された制憲権は、それ自身は「憲法の外にあって憲法をつくる力であるから、実定法上の権力ではない」が、「近代憲法では、法治主義や合理主義の思想の影響も受けて、制憲権を憲法典の中に取り込み、それを国民主権の原則として宣言するのが、だいたいの例となっている」という。そして憲法改正権は「制度化した憲法制定権力」であると位置づけられる。したがって「改正権の生みの親は制憲権であるから、改正権が自己の存立の基盤ともいうべき制憲権の所在(国民主権)を変更することは、いわば自殺行為であって理論的には許されない」ものとなる。[18]

Ⅲ 日本における過去唯一の憲法「改正」例と「憲法的伝統」

近代以降の日本が実際に経験した憲法改正は、現在までただ一つである。すなわち明治憲法から日本国憲法への「改正」である。しかしこの憲法「改正」は、改正に限界があるという立場においては、問題を提起している。すなわち明治憲法において万世一系の天皇として、その永続性が謳われていた天皇主権の政治体制（国体）が変革されている点において、限界を超えた行為であると考えられるからだ。

一 「国体」——明治憲法下（五七年）の「憲法的伝統」をめぐって

1 ポツダム宣言と「国体」との矛盾

第二次大戦末期、すでにポツダム宣言[19]発表以前に、日本の敗戦が予想された[20]にもかかわらず、日本政府[21]がポツダム宣言発表後二十日間も受諾されなかったのは、「国体の護持」を戦争終結のための不可譲の条件としていたためである。なぜならポツダム宣言には、「国体」の保障と矛盾する規定はあっても、それを明示的に認める規定はなかったからである。その間、広島と長崎に原爆が投下され、旧「満州」にソ連軍が進攻する。戦争の継続がもはや不可能となった八月一〇日、政府はそれでもなお、「条件付」でポツダム宣言を受諾した[22]。

ポツダム宣言は、日本の将来の政治が、人権の尊重、民主主義、平和主義、責任政治を原理とし、「日本国国民の自由に表明せる意思」によってその具体化を図ることを要求していた。人権の観念を欠き、天皇が主権（統治権）を総攬し、統帥権の独立を建前とし、国民に対する無責任を原則とする明治憲法は、その要求と根本的に矛盾する関係にあったはずである。

2　明治憲法の「改正」

当初、ポツダム宣言の要求を実現するに当たり、日本政府および当時の憲法学者の大勢は、明治憲法の改正を不要と考えていた。明治憲法は条文が少なく、法律に多くを留保しているため、法律の運用を柔軟に行うことによって、ポツダム宣言の要求に応えることができると考えられたのである。日本政府、保守諸政党は、「国体」すなわち天皇主権の護持に固執していた。それが当時の支配層の共通の価値、「憲法的伝統」であったとされる。(23)

結局占領軍GHQが起草した憲法草案を基に、きわめて短期間で日本国憲法が誕生した。ところがその前文が「主権者たる国民が画定した」と宣言しているのとは裏腹に、実際には、新しい憲法の「制定」手続ではなく、明治憲法七三条に基づく改正手続が用いられた。(24)

明治憲法下における憲法学説上、改正は無限界に行われうると考えられていたのであろうか。通説はむしろ憲法改正には内容上の限界があるという立場であった。すなわち明治憲法の上諭第五段に「将来もしこの憲法のある条章を改訂するの必要なる時宜を見るに至らば」とあり、七三条一項に「将来この憲法の条項を改正するの必要あるとき」とされていることから、憲法改正は部分的にのみ想定されており、全面的な改廃は認められないと解されていた。また上諭第二段が「国家統治の大権は朕が之を祖宗に承けて之を子孫に伝うる所なり」とし、一条が「大日本帝国は、万世一系の天皇之を統治す」と定めていたことから、天皇主権は将来の日本国民にとっても改正の対象となりえないと解され、こうした「国体」を規定した憲法は「不磨の大典」(憲法発布勅語)とも表現されていたのである。

にもかかわらず行われた「改正」は、日本国憲法にポツダム宣言の要求を織り込み、天皇主権を否定し、国民主権・

民主主義を基本原則としたのを筆頭に、明治憲法（大日本帝国憲法）をその名称・内容・形式において、根本的に改変するものとなった。

二 「八月革命説」による「憲法的伝統」の「断絶」

1 限界踰越と日本国憲法の効力

戦後、明治憲法の「改正」手続を経て、改正の限界を超えて誕生した日本国憲法の「正当性」が議論となった。この点につき、学説は、日本国憲法無効説[25]と有効説に大別され、後者はさらに明治憲法との連続性を認める明治憲法改正説[26]とそれを認めない新憲法制定説（＝八月革命説）とに分かれたが、戦後の通説は、このいわゆる八月革命説と呼ばれるものとなる。

2 八月革命説

学説の要点は、次のようなものである。

(1)憲法改正限界論の立場から、明治憲法の定める改正手続で、「その根本的建前」である天皇主権を真正面から否定する国民主権を定めることは、「論理的に自殺」を意味し、法律的にも許されない。したがって、日本国憲法の成立は、法的な改正ではなく、「法以外の事実——一種の革命——による変革だった」というべきである。[27]

(2)ポツダム宣言は、日本国民（Japanese people）の自由意思（freely expressed will）により日本の最終的な政治形態（the ultimate form of government）が定められることを要求していたが、それは「国民主権の採用と、……それと矛盾する天皇主権の廃棄を要請したものと解される」。このポツダム宣言の受諾（八月一〇日）によって、「法理的には、これまでの天皇主権の建前を廃棄し、あらたに国民主権の建前を樹立した」(=法律的な意味の革命があった)と考えられる。(28)

(3)八月革命によって、明治憲法そのものは廃止されたわけではなく、「根本建前」が変わった結果、新しい建前に抵触しない限度において、明治憲法が「妥当」し、憲法改正も、その限りにおいて明治憲法七三条によるのが適当と考えられたのである。(29)

八月革命説は、このように一方で明治憲法上の「伝統」との「断絶」、天皇主権から国民主権という「超憲法的規範」の「転換」と、明治憲法上の改正手続の採用とを「矛盾なく」説明し、かつ日本国憲法の効力も担保しえた点で、学界の注目を引き、通説として確固たる地位を占めるに至った。

(C) 新たな「憲法的伝統」の形成?

こうして憲法改正手続によって、天皇主権=国体という明治憲法上の「伝統」は「廃棄」された。しかし国民主権原理という新たな「超憲法的規範」に基づいて成立した日本国憲法は、象徴天皇制を温存している。第二次大戦敗戦という政治的契機によって「西欧的価値」を取り込んだ日本国憲法は、天皇に対し、主権者ではなく、政治的権力を一切否定した「象徴」としての地位を与えることによって、国民主権原理と天皇制の温存とを両立させたのである。

当時の法制局官僚であり、日本国憲法制定過程に深く関わった佐藤達夫は、議会答弁に関連して次のように「国体」の意味を読み替えたと回顧している。すなわち「国体」を天皇主権と考えるのではなく、「国民の心の奥深く根を張っている天皇とのつながりによって(いわば天皇をあこがれの中心として)国民全体が結合し、もって国家存立の基底を成している」「国家の個性」であると見なしたことを指摘する。(30)

これをきっかけに、いわゆる「国体論争」が次のように展開された。すなわち、(1)天皇が国民のあこがれの中心であるという歴史的事実は変更していないとし、「国民の統一を天皇が象徴するとすれば、主権を象徴するものもほかならぬ天皇ではなかろうか」として、国体に根本的な変更はないと論じられたり(和辻哲郎)、(2)多くの人々の福祉をできるだけ公平に具現する筋道(＝ノモス)を最高の政治原理とする点では天皇の統治も国民主権も同じであるとする見解である(尾高朝雄)。こうした見解は、国体を法的意味にではなく、精神的・倫理的概念としてとらえている点で、学説上批判の対象となる。[31]

しかし、その後の日本政治における天皇の地位は、憲法運用上、さまざまな問題を提起することになる。例えば、政治的権能をもたない(日本国憲法四条)天皇の権限は、「憲法が規定する国事に関する行為のみ」(同四条・六条・七条)に限定されているにもかかわらず、その限定をはるかに超えて行われ、また法律上は、元号の使用(一九七九年元号法制定)、君が代・日の丸(一九九九年国旗国歌法制定)が公認され、事実上強制されるに至っている。最高裁判決においては、「天皇は日本国の象徴であり日本国民統合の象徴であることにかんがみ、天皇には民事裁判権が及ばないものと解するのが相当である」として、その私的行為についても民事裁判権が否定されている。これに対しては、「国民主権や法の下の平等を原則とする憲法下で認めることはできない」解釈であり、「神権天皇制を認めた旧憲法下でさえ、天皇の御料について民事裁判権が及ぶと解されていたことからしても、日本国憲法下の天皇についてこれをまったく否定することは不可解」であると学説上強く批判されている。[32]

ここから、われわれは、具体的な個別の決定がいかに重要かということを再認識する必要に迫られる。そこには、政治的思惑に基づいて、日本国憲法の基本原理に適合しない新しい(!)「憲法的伝統」が、既成事実の積み重ねによって恣意的に着々と形成されてしまう余地がある。

四　「超憲法性」のパラドックス

「超憲法性」の概念は、二重のパラドックスを内包している。

第一に、それは「超越的」な内容を「確定」しようと試みる点において問題となる。またその「確定」された内容を前提に、それが憲法内部の実定法の世界に取り込まれているという設定そのものにアポリアがある。憲法内部の規範をもって、いかに憲法を超えたところの（超憲法的）規範を論定しうるのか。また憲法内部の論理が、いかにして憲法を外側からみることができるのだろうか。主権者たりとて、国家の外側から、神の視座にたち、国家を眺めることはできないのである。超越的な視座をもつことは、結果的に自然法に基づく場合と同じ問題を惹起する。つまり「人間は、神をあらゆるものに先立つ第一原因としながらも、人間自らが神とともに在る世界の観察者となっている」。あるいは、神をも観察する「神の神」のごとく振る舞うことになる。(33)

「超憲法的規範」と呼び、それを他の憲法規範と「区別」するのは、その呼称者が、規範の重要性に対する認識からにせよ、あるいは自らの政治的利益からにせよ、それを憲法上定められた制度（手続）による侵害から護り、未来に永続させる目的をもつからに他ならない。しかしここに「超憲法的規範」の第二のパラドックスが伏在する。憲法上の制度の侵害の届かないこの規範は、憲法を「超えた」規範であるにもかかわらず、否、「超えているからこそ」、憲法によって護ることはできない。なぜなら、憲法はそれを護る制度（手続）を担保していないからだ。したがって、国家の法体系の中では、永続が望まれるこの「超憲法的規範」こそが、最も危険にさらされているともいえるのである。

憲法改正との関係でいえば、まさに自らの頭髪を掴み、泥沼からはい上がろうとするミュンヒハウゼン男爵の姿が、「超憲法的規範」を象徴するにふさわしい（ミュンヒハウゼンのトリレンマ）(34)。「超憲法的規範」は、憲法改正の対象とすることはできないとされる。しかし、改正の対象となったかならないかを審査し、判断する主体と手続が憲法に定められていなければ、この規範は、法的な意味を失ってしまう。冒頭に挙げたフランス憲法院の判決は、その点を示唆している。結局法の妥当性の根拠を段階的に上位の規範に求める続ける限り、無限に「上位」の規範が作られ続けなければならないことになる。憲法院は、こうした無限の正当性追求の道を選択するのではなく、憲法上明示的に定められた範囲の権限を行使する憲法によって定められた機関であることに徹し、その範囲内での役割のみを果たそうとしたと考えられるのではなかろうか。

Ⅳ 「憲法的伝統」の時間地平

日本の憲法学説は、八月革命説により、明治憲法から日本国憲法への「憲法改正」を、「革命」に基づく新憲法の制定にほかならないと説明した。この「憲法改正」によって、明治憲法上の「憲法的伝統」とは「断絶」し、「超憲法的規範」は「転換」したとされた。しかし、日本国憲法の下においても、法の運用上は、「断絶」も「転換」も達成されていない。現実には、日本国憲法の基本原理に反すると見なさざるをえない決定が下されているのである。日本国憲法から、また新たに「革命」と見なさざるをえない「憲法改正」が行われる可能性も否定できない。

このような、憲法の基本原理とその運用や適用上の齟齬を手続的に修正する術がなければ、またあったとしても、国会や内閣、裁判所がその齟齬を認識し、それを修正すべく判断を下さなければ、「憲法違反」の現実は存続し、次の「現実」へと受け継がれてしまう。

問題は、憲法理論の建て方にある。近代憲法学は、「超憲法的規範」の存在を前提に展開してきた。しかし、憲法が憲法を超えた規範を根拠にすることはできない。「超憲法的規範」の存在そのものを否定するのではない。「超憲法的規範」を前提にすることと、それを根拠として用いることとは問題の次元が異なるのである。すなわち、普遍かつ超越的な「超憲法的規範」は、憲法のディスコースにおいて「根拠」として使われた段階で、特殊かつ具体的なものとして、その「超越性」を失う。

「憲法的伝統」も「超越なるもの」として用いられるや否や、憲法から飛び出て憲法に作用するものとなる。例えば「憲法的伝統」をもって、憲法改正という現実の手続を限界づける根拠とすることは、結局は「憲法以外のもの」によって憲法の改正をコントロールすることになる。それは、時として政治的であり、恣意的となる。

「憲法的伝統」とは、憲法によって憲法の下に作り出され、用いられるその限りにおいて、憲法を（内部から）支える「根拠」となるのである。憲法（理論）が、超越性を（超越なるものとして）参照し、用いるのであり、超越性が憲法をコントロールするのではない。

「伝統」は、過去の単なる沈殿物ではない。「どんなに純正で本物の伝統であっても、伝統の支配は、およそひとたび存在するものがすべてもつような惰性力のおかげで、自然な仕方で成就されていくのではなくて、肯定され、把握され、育成される必要がある」という。(35)「憲法的伝統」も、「断絶」し、「転換」されるような超越的・固定的な概念としてとらえるのではなく、その存立の背景としての時間地平という前提から考えることができよう。

この点について、超越的次元を用いた法の基礎づけを排する法社会学者ニクラス・ルーマンは、「システムが妥当根拠を外部化する場合でも、その外部化自体がシステム内的な作動であることに変わりはない」として法の妥当性を階層構造でとらえることを批判している。ルーマンは、「超憲法的規範」にせよ、「憲法的伝統」にせよ、時間を超えて「存続」するという見方を排し、「妥当はシステムの産出物であり、瞬間ごとに新たに作成」されるものとする。(36)「法的事象の実際のプロセスが、妥当という持続物にそって流れていく、というように考えてはなら」ず、「妥当は、過去を振り返り未来を先取りするなかで、現れてくる」という[37]。

ここから法の妥当性の根拠は、「時間のうちに」すなわち「システムの妥当状態が継続的に変更されていっていること」、「つまり作動が作動へと常に接続していくこと」のうちにあることになる[38]。法は、「このようにして、旧い法として現状にくり込まれてゆくことになるものがたえず新しく生産される」のである[39]。

このように考えると、「超憲法的規範」の内容も、時間地平でとらえた「憲法的伝統」の形成過程にとり込まれる限りにおいて、意味をもつ。問題は、したがって「超憲法的規範」の存在を確定することでも、憲法改正の限界を法理論的に明らかにすることでもない。いかなる憲法規範の内容の妥当性も、「超越的な」視座においては証明されることはない。そうではなく、法は、憲法内部の手続を通じて、「それが妥当すると決定されたがゆえに、独力で妥当する」と考えざるをえない。「決定を通じて作り出されたものは、またもや決定を通じて変更されうる。……内容的な正当さは、規範が─変更されるかもしれないにもかかわらず─変更されないことにある」のである[40]。

つまり、一つ一つの決定の内容にのみ、「超憲法的規範」がそれ自身でありうる拠り所があるのであって、そこで同時に「憲法的伝統」の現在と未来とが示される。言い換えれば、憲法が定めている具体的な手続を通じて、日本国憲法でいえば、立法過程や裁判などを通じてこそ、「憲法的伝統」が実現され、「超憲法的規範」が具体化される。法の階層性を前提にし、理念的な「伝統」や「超越性」を現実に「顕現」させ、それを「根拠」とするのではない。定められた手続の具体的な行使のあり方や内容を、絶え間なく検証することこそが重要となる。「一歩一歩『つぎつぎと起こる』手続き[41]」の中にこそ、われわれは批判的な眼を向けなければならないのである。

注

(1) Décision no. 2003-469 DC du 26 mars 2003, «Loi constitutionnelle relative à l'organisation décentralisée de la République,» *JO*, 29 mars 2003, p. 5570.

(2) 本憲法改正の分析として、大津浩「『地方分権化された共和国』のためのフランス憲法改正」『法律時報』七五巻七号、九九―一〇九頁。また Olivier Gohin, «La nouvelle décentralisation et la réforme de l'Etat en France,» *AJDA*, 2003, pp. 522-528; Jean-François Brisson, «Les nouvelles clefs constitutionnelles de répartition matérielle des compétences entre l'Etat et les collectivités locales,» *AJDA*, 2003, pp. 529-539 ; Yves Jegouzo, Un Etat décentralisé, *AJDA*, 2003, p. 513 参照。法案は、最終的には、二〇〇三年三月二八日の憲法的法律として成立した。Loi constitutionnelle no. 2003-276 du 28 mars 2003 relative à l'organisation décentralisée de la République, *JO*, no. 75 du 29 mars 2003, p. 5568.

(3) 八九条五項――「共和政体は、これを改正の対象とすることはできない (La forme républicaine ne peut se faire l'objet de la révision.)」。

(4) Décision no. 62-20 DC du 6 novembre 1962, «Loi relative à l'élection du Président de la République au suffrage universel direct, adoptée par le référendum du 28 octobre 1962,» *Rec.*, p. 27.

(5) Décision no. 92-313 DC du 23 septembre 1992, «Loi autorisant la ratification du traité sur l'Union européenne», *Rec.*, p. 94.

(6) Georges Vedel, Souveraineté et supraconstitutionnalité, *Pouvoirs*, no. 67, 1993 ; Bruno Genevois, «Les limites d'ordre juridique à l'intervention du pouvoir constituant,» *RFDA*, 1998, pp. 909-921.

(7) 二〇〇三年三月二四日の政府見解は、このような結論を主張していた。Voir Observations du gouvernement sur le recours dirigé contre la loi constitutionnelle relative à l'organisation décentralisée de la République. なお、政府見解の補足的説明によれば、八九条五項は、一九四六年一〇月二七日憲法九五条（「共和政体は、これを改正案の対象とすることができない」）を反復したものである。この規定は、一八八四年八月一四日の憲法的法律二条によって一八七五年二月二五日の憲法的法律（第三共和制憲法）に初めて挿入されて以来（八条）、フランス共和国の「憲法的伝統」であるという。ただし、政府見解は、この規定の射程を、君主制に対抗するという意味に限定してとらえているため、仮に実体的に判断しても、二〇〇三年三月一七日の憲法改正法は、憲法違反にならないとした。

（8）同判決について、Jean-Pierre Camby, «Supra-constitutionnaité : la fin d'un mythe,» *RDP*, 2003, pp. 671-688 参照。判決の結論に多少なりとも懐疑的な立場から、Louis Favoreu, «L'injusticiabilité des lois constitutionnelles,» *RFDA*, 2003, pp. 792-795; Jacques Robert, «La forme républicaine du Gouvernement,» *RDP*, 2003, pp. 359-366; Dominique Maillard Desgrées du Loû, «Le pouvoir constituant dérivé reste souverain,» *RDP*, 2003, pp. 725-739 ; Christophe Geslot, «La loi constitutionnelle relative à l'organisation décentralisée de la République devant le Conseil constitutionnel,» *RDP*, 2003, pp. 793-80. より批判的な立場から、Marguerite Canedo, «L'histoire d'une double occasion manquée,» *RDP*, 2003, pp. 767-792 ; Thomas Meindl, «Le Conseil constitutionnel aurait pu se reconnaître compétent,» *RDP*, 2003, pp. 741-765.

（9）本稿は、二〇〇三年九月一二日にフランス・コルマーで開催されたアルザス日本学研究所、日仏公法セミナー他主催のシンポジウム（「法的および憲法的伝統〔La tradition juridique et constitutionnelle〕」）での報告に基づいている。Noriko Ofuji, «Tradition constitutionnelle et supra-constitutionnalité : y a-t-il une limite à la révision constitutionnelle ? L'exemple de la Constitution japonaise,» *RFDC*, 2004, pp. 619-631 参照。

（10）この立場を示す代表的な学説として、宮澤俊義（芦部信喜補訂）『全訂日本国憲法』（日本評論社、一九七八年）七八六頁（「改正の可能性も、その基本原理を否定しない範囲内でのみとめられなくてはならない。その範囲の外に出た改正は、すくなくともその憲法の定める手続によってはできない、と解すべきである」）。清宮四郎『憲法Ⅰ』第三版（有斐閣、法律学全集3、一九七九年）四一一頁（「たとえ憲法改正の手続によってなされたとしても、根本規範の定める原理に触れるような憲法の変改は、実は憲法の改正ではなくて、憲法の破壊であり、憲法を超えた革命行為である。それは憲法の自殺にほかならない」）参照。また芦部信喜は、憲法改正限界説を表明し、その理由として、権力の段階構造（「改正権の生みの親は制憲権」）や人権の根本規範性（「人権」と「国民主権」とが、「ともに『個人の尊厳』の原理に支えられ不可分に結び合」い、「このような憲法の中の『根本規範』とも言うべき人権宣言の基本原則を改変することは、許されない」）、前文の趣旨等を挙げている（芦部信喜（高橋和之補訂）『憲法』第四版（岩波書店、二〇〇七年）三七九―三八一頁）。

一方、杉原泰雄は、「憲法改正限界説が支配的」としながら、「それが論理的にすぐれており、より大きな説得力をもっているとはかならずしもいえない」とし、「憲法の保障する人権を自然権の確認・根本規範とみなすかどうかは、信仰の領域に属する問題といえないわけでもない」とする。「しかし、なお、憲法改正には限界があるとすべき」とし、国民主権原理、人権保障・平和主義の基本構造の変更は、その限界を超えるとする。「改正の限界を超える改正は、法論理的には違憲無効である。しかし、事実においては、国民の承認をえた改正を阻止することは不可能であるから、それは有効なものとして行われることになるであろう。その場合、法的には、改正手続によらない改正と同様、それは旧憲法の否定による新憲法の制定（革命）として説明されることになる」という（杉原泰雄『憲法Ⅱ 統治の機構』（有斐閣、法学叢書7、一九八九年）五一七—五一八頁）。また樋口陽一も、「改正限界論」は、「限界をふみこえるような憲法変更に対して、事前の予防的効果をもつにとどまり、そのような憲法変更が実際におこなわれてしまったときには、それを旧憲法の改正としてでなく、新しい憲法の制定としてうけとることになる。それぞれの憲法の自己同定性《アイデンティティ》を明らかにしつつ考察を進めようとする観点から、憲法改正限界論を採ることが有益であろう」とする（樋口陽一『憲法』第三版（創文社、二〇〇七年）八一—八二頁）。杉原・樋口の見解は、憲法改正限界論が現実の政治においては、覆される可能性がある点を鋭く指摘している。しかし、このように「政治（現実）」と「理論」を分断することは、結果として理論上の欠缺として作用し、ひいては憲法のアイデンティティを失わせることになりはしないだろうか。

(11) 占領軍GHQのレッド・パージ政策の一環として、平野力三農相（社会党）の公職追放令（GHQの管理法令）による公職追放処分の取消を求めた訴訟において、一九四六年二月二日東京地裁判決が管理法令の「超憲法的性格」を理由にその違憲審査権を否定している。ここで用いられた「超憲法性」は、「新憲法に優る効力を有する」（田中二郎「ポツダム緊急勅令をめぐる違憲論」『公法研究』一〇号所収）が、占領法規という、国内法体系外の法規という意味で、使われている。本稿における国内法体系「内」の超憲法的性質とは異なるゆえ、ここでは扱わない。渡辺治『日本国憲法「改正」史』日本評論社、一九八七年、一七八—一九五頁参照。

(12) 日本の憲法学説では、憲法制定権と主権とは区別されるのが通説。

(13) 「憲法九六条の定める憲法改正国民投票制は、国民の制憲権の思想を端的に具体化したものであり、これを廃止することは国民主権の原理をゆるがす意味をもつので、改正は許されない」とされる。芦部、前掲書、三八〇—三八一頁。

(14) 清宮、前掲書、三三頁。
(15) 清宮、前掲書、三五頁。
(16) 芦部信喜『憲法制定権力』(東京大学出版会、一九八三年) 三一八頁。
(17) 同氏は、「法原則の歴史性という視点を基本とし」、「法律的に実定法から独立した所与としての自然法は認められないが、実定法に内在するものとしての自然法が……認められる」とするホセ・ヨンパルトの「自然法論」と「基本的には同じ立場を採る」という。それは、法実証主義と「なんら抵触するものではなく」、「ただ、『たとえ実定法であってもただちに法にはならないという条件を残す』こと、つまり『悪法も法である』という Gezetz ist Gesetz の主張をそのまま是認しないこと、そこに自然法論の特徴がある」とする。芦部、前掲書『憲法制定権力』三二三頁。ホセ・ヨンパルト『実定法に内在する自然法——その歴史性と不変性』(有斐閣、上智大学法学叢書4、一九七九年) 八—九頁参照。
(18) 芦部、前掲書『憲法』三五七頁。杉原泰雄は、「憲法改正権は、憲法典の存在を前提とし、憲法典によって設けられた権力 (**pouvoir constitué**) にすぎないから、それによって憲法典の一体性を否定する原理的な変更や全面的な改廃をすることは、論理的に不可能といわざるをえない」とする。「とりわけ、それによって主権原理が憲法改正権を含めて全国家権力の主権者による所有と主権者目的のためのそれらの存在理由を示しているところからすれば、背理といわざるをえない」。前掲書、七九頁。
(19) 連合国が戦争終結のための条件として日本政府に提示した降伏文書。
(20) 政府は宣戦布告前のソ連に対し、戦争終結の仲介を依頼するよう、駐ソ大使(佐藤尚武)に訓令している。杉原前掲書、四五頁。
(21) 戦後、日本では、戦争中に権力の座にあった者の戦争責任が徹底的には追及されず、敗戦の責任をとって自ら権力の座から離れる者もほとんどいなかった。その結果、戦後においても、戦争中に権力の座にあった者の多くが政府に残ったのである。杉原泰雄編著『資料で読む日本国憲法(上)』(岩波書店、同時代ライブラリー183、一九九四年) 九頁。
(22) 八月一五日の天皇による戦争終結宣言には、「朕はここに国体を護持しえて」という一節が入れられている。
(23) 占領軍GHQと日本政府が新憲法の制定を急いだため、国民には憲法問題を十分に検討する時間が与えられなかった。しかし、野党や民間草案の中には、天皇主権を否定するものも少なくなかった。杉原、前掲書『資料で読む……』三〇頁。

Hajimé Yamamoto, Une réception du constitutionnalisme : le cas du Japon, in *Le nouveau constitutionnalisme, Mélanges en l'honneur de Gérard Conac,* (Economica, 2001), pp. 315-317.

(24) 勅書をもって帝国議会に付議され、その審議・議決を経た後、天皇の裁可を得て、公布するという手続である。

(25) (1) 憲法改正の限界を超えていること、(2) 占領者の占領地における内政不干渉の原則を定めた一九〇七年ハーグ条約および国民の自由意思による政府の樹立を求めたポツダム宣言に反することを根拠とする。

(26) (1) 改正無限界説を前提とし、(2) ポツダム宣言の一二項も、国民主権を原理とする新憲法の制定を求めておらず、主権者たる天皇を含む日本国人が連合国の指揮によらない自由な意思により、平和的傾向を有し責任ある政府を樹立することで足りるとする。(3) したがって明治憲法は、ポツダム宣言受諾後においても、全面的に効力をもち、日本の政治形態の決定は、日本国人の自由に委ねられているとする（佐々木惣一）。

(27) 宮澤、前掲書、七八六―七八七頁（八月革命説は、同氏により「八月革命と国民主権主義」『世界文化』一九四六年五月で展開されたもの）。

(28) 宮澤、前掲書、三四頁。

(29) したがって、七三条の手続のうち、国民主権に反する天皇の裁可と貴族院の議決は実質的拘束力を失うとされる。これに対し、当時美濃部達吉は、ポツダム宣言の条項から明治憲法七三条は無効となったという立場をとり、同条に基づく憲法改正を「虚偽」であると強く主張、憲法改正手続法を次の議会で作るべきとしていたという。佐藤達夫『日本国憲法誕生記』（中央公論新社、中公文庫、シリーズ戦後史の証言 占領と講話4、一九九九年）九五頁。対して、清宮、前掲書、五一頁によれば、明治憲法七三条の手続は、法的に当然のものではなく、「便宜借用し、行為の形式的合法性をよそおった」にすぎない。「政治的にみれば、それは相当に意義のある仕方であった。なぜなら、敗戦による混乱のさなかにあって、国家再建の礎を定めるという大業を遂行するにあたり、……賢明なやり方であったとみられるからである」。また杉原泰雄は、この点について、「ポツダム宣言を受諾することによって、国民（人民）主権等新しい憲法原理の導入は義務づけられたが、特定の制定手続を取ることまでは、義務づけられていない……。しかも、同宣言の受諾によって、明治憲法の天皇主権とそれを具体化する諸規定は、一定の内容上の制約を受けながらも、一切の手続法の存在しない状況の中で制定されたのであるから、特定の手続によらないことを理由として無効とはしえない」とする。杉原、前掲書『憲法Ⅱ 統治の機構』七九―

八〇頁。

(30) 佐藤、前掲書、一〇五頁。

(31) 詳細は、杉原泰雄『国民主権と国民代表制』(有斐閣、一九八三年)一〇頁以下。また Hiroko Tateishi, La supra-constitutionnalité et le constitutionnalisme au Japon, Intervention au Vème séminaire franco-japonais de droit public du 4 au 10 septembre 2002参照。

(32) 辻村みよ子『憲法』第二版(日本評論社、二〇〇四年)九七—九八頁、野中俊彦・中村睦男・高橋和之・高見勝利『憲法I』第四版(有斐閣、二〇〇六年)一一一—一一二頁(高橋和之執筆)、樋口陽一・山内敏弘・辻村みよ子『憲法判例を読みなおす——下級審判決からのアプローチ』改訂版(日本評論社、一九九九年)二三〇—二三三頁以下(山内敏弘執筆)、高橋和之・長谷部恭男・石川健治編『憲法判例百選II』第五版(有斐閣、別冊ジュリスト、二〇〇七年)三七〇—三七一頁(水島朝穂執筆)参照。

(33) 「この議論には、重大なパラドクスが伏在する。つまり、人間は、秘かに、そして暗黙のうちに、神とともに世界の外側に位置し、世界の外側から世界を眺めている。あたかも神のごとく振る舞うのである。ここに人間は、神をあらゆるものに先立つ存在としながらも、人間自らが神とともに世界の観察者となっている。あるいは神の創造をも観察する位置(神の神)に座している。しかし、神こそが創造者であり、第一原因(prima causa)であり、それに対し人間は被造物にすぎない。だから、人間が神の視座に位置していることは、議論のうえで隠されている」。土方透『法という現象——実定法の社会学的解明』(ミネルヴァ書房、叢書 現代社会のフロンティア8、二〇〇七年)六八頁参照。

(34) ハンス・アルバート(萩原能久訳)『批判的理性論考』(御茶の水書房、一九八五年)一七—二二頁。

(35) ハンス=ゲオルク・ガーダマー(池上哲司・山本幾生訳)「真理と方法」、オットー・ペゲラー編『解釈学の根本問題』(晃洋書房、現代哲学の根本問題 第7巻、一九七八年)一八六頁。ガダマーは、解釈学(Hermeneutik)上「伝統」の役割を積極的に位置づけた二十世紀後半の哲学者。

(36) ニクラス・ルーマン(馬場靖雄・上村隆広・江口厚仁訳)『社会の法1』(法政大学出版局、叢書ウニベルシタス767、二〇〇三年)一一五頁。妥当は、また「法システムのダイナミックな安定性のシンボル」(同一一二頁)であり、「システムの統一性に参与する形式なのである」(同一〇八頁)とされる。

(37)「明日の妥当は、シンボルという機能に関しては同一であるにもかかわらず、同じ妥当ではない。今日のうちに、何か決定が下されるだろうからである。だからこそわれわれは、次のようにいったわけだ。法は歴史的マシーンである。それはあらゆる作動ごとに、別のマシーンへと変貌していくのである」(同一一二頁)。

(38)ルーマン、前掲書『社会の法1』一一五―一一六頁。ルーマンによれば、「人間は意味的に構成された世界に生き」、その世界は、「複雑性(Komplexität)」と「不確定性(Kontingenz)」(偶発性ともいう)を呈する。「複雑性」とは、「現実化されうる以上の可能性がつねに存在するということ」を指し、「不確定性」とは、「次に来る体験の可能性として指示されたことが予期されたのとは別様に生起しうるということ」を指す(ニクラス・ルーマン(村上淳一・六本佳平訳)『法社会学』(岩波書店、一九七七年)三七―三八頁)。そして「現在とは、その機能からいえば、複雑性を体験可能な程度にまで縮減すること、他のもろもろの可能性を不可避的かつ不断に消去することである」(同三七五頁)。このような世界の複雑性と不確定性を前提にすると、「妥当シンボルの妥当」は、「全体社会システムおよびその環境のあらゆる事実的作動の、同時性」に由来する「無能力」、すなわち「同時に生じていることに影響を及ぼしたり、何が生じているかを知ったりすることはできない」点に「依拠している」とされる(ルーマン前掲書『社会の法1』一一五―一一六頁)。

なお、「世界を複雑性として把握し、それを縮減しようとするたびに、システムにそのつど経験」がもたらされる。「この経験は、相関的な認識である。その経験は、さらなる複雑性の縮減を通じて次の経験に接続される。この相関的な認識が、さらなる接続を待つというその暫定性は、認識というものの最終的な規定といえる。つまり、つねに接続可能なものとしてのみ、ありうるということである。ここにおいて『接続』は、現時点においての過去と未来とをつなぐ結節ないしカップリングである。そこでは接続に際して、ある過去の出来事の『将来』について自己自身の現在の歴史的観点が適用される。それは、過去の選択ではなく、未来の選択を現在の選択に際して考慮する。したがって、現在はコンティンゲントな未来の過去性である」。土方透「ルーマンを召喚せよ――『作用史』と『システム論的理性批判』」『現代思想 総特集 システム――生命論の未来』二〇〇一年二月臨時増刊、二九巻三号、一一一頁。

(39)ルーマン、前掲書『法社会学』三七七頁。

(40)ニクラス・ルーマン(土方透訳)『法の社会学的観察』(ミネルヴァ書房、21L Minerva, 二〇〇〇年)三四頁。

(41)ルーマン、前掲書、三六頁。

憲法と条約の間

――ドイツ連邦憲法裁判所のEC・EU法理解をめぐって――

小場瀬　琢磨

Ⅰ　問題の所在

欧州統合は、法の領域でみた場合、欧州司法裁判所の法解釈実践の積み重ねによって大きく発展してきたといえるであろう。しかし同裁判所も基本条約によって作られた存在である以上、自らを創造した条約の適法性は審査できない。基本条約が実質的に「憲法」であると理解する諸判例[1]も、あくまでEU法内在的な論理に拠るところが大きい。では、基本条約の締結行為まで遡ってなお、基本条約が憲法ととらえられるか、あるいは、EU創設は「条約の創造者[2]」たる構成国のみによるというべきだろうか。後者の見方を徹底させれば、基本条約は自律的な権力を創設する憲法ではなく、あくまで条約であり、構成国および構成国憲法の側からの統制に服する他律的な存在にすぎないことになる。基本条約を憲法ととらえる見方と基本条約を締結主体である構成国の意思に基づく条約ととらえる見方とのEU法観の乖離は、EU制度がいかなる法的行為によって創設されたのか、またEUの服する憲法的制約はどこから生ずるのかという問題に淵源をもつものである。

この問題について、本稿は、ドイツを例として、①EU条約の構成国の国内実施方式、②EUへの高権委譲[3]の根拠規定であるドイツ基本法二三条、③条約であるとする見方を明確に打ち出したドイツ連邦憲法裁判所(Bundesverfassungs-gericht、以下「憲法裁判所」)のマーストリヒト判決[4]、④EU統合権力の創設行為とその憲法的限界の四つの角度から検討を加える。

II　EU基本条約の国内実施方式からみた憲法説と条約説

ドイツ公法学には、国際法と国内法とを二元的に対置する十九世紀以来の考え方の影響が今日までも及んでいる。トリーペル(Triepel)によれば、国と個人もしくは個人相互間の関係を規律する国内法は、「国の共同体の内部で成立した法[5]」であり、国内的な法源から生じている[6]。これに対して、トリーペルによれば国際法は「複数の協調する国家間相互の関係に及ぶ法[7]」であり、「複数の国家意思が共通意思へと合一すること[8]」によって創造されるという。こうした国際法と国内法との峻別を前提にすると、国際法が国内法秩序の下にある個人の権利義務に影響を及ぼすためには、あくまでも国際法を国内法に置き換える国内法が必要となってくる。基本条約もまた形式的に条約であり、EC・EUが国際法に基礎を置いていることは疑いない[9]。EU条約四八条三段も、EUの基づく条約が構成国の署名批准を経た改正条約によって改正されるとしている。それゆえ、条約と国内法との関係を二元的に理解する見方をEUに当てはめると、ドイツの国内法秩序の外で成立したEU法が、国内法秩序の中で作用するためには「主権の殻[10]」を通り抜けさせる国内立法者の法的行為が必要となる。

この法的行為をドイツ基本法は、同意法律(Zustimmungsgesetz)に求めている。つまり基本法五九条二項一文によれば、「連邦の政治的関係を規律し、または、連邦の立法の対象に関わる条約は、それぞれの連邦の立法について権限を有する機関の、連邦法律の形式での承認または協力を必要とする」としている。この連邦法律すなわち同意法律は、連邦大統領による条約批准に対して議会が同意を与え、同時に議会が国内機関に対して条約を適用するように法適用命令を発するものと解されている。[11] このように基本条約も批准されなければならず、批准には同意法律が必要であることから、国内機関である連邦議会の行為である同意法律には憲法裁判所の審査が及ぶとみる余地が出てくる。この点を強調するのがマーストリヒト判決であり、憲法裁判所のとった橋梁理論(Brückentheorie)である。すなわち、EU法の国内的効力を生じさせおよび適用できるようにすることは、同意法律の発する法適用命令にかかっている。つまり、同意法律といういわばドイツ法秩序への橋によって初めて共同体の権力作用が国内的に法的拘束力を伴って作用するとする理解である。[12] この理解を前提とすると、EU法が国内的に作用するためには①EUの法的行為が、同意法律によってあらかじめ与えた授権の範囲内にとどまり、かつ、②ドイツ憲法の基本原則と適合的である必要が生じる。[13] 憲法裁判所は右の①および②の点を審査できるから、EU法に対する憲法裁判所の審査権は広範に及ぶことになる。[14]

この橋梁理論は、条約の締結および国内実施も国家権力の行使である以上、憲法裁判所の合憲性審査に服するという点に依拠している。確かにこの点は、EUが条約を基礎とする以上は乗り越え難い限界である。しかし、こうした基本法適合性審査が行われたとしても、EU権力自体を否定することはできないという点で条約説の射程は限定的である。憲法裁判所も適切に指摘するように、「[EC]規則は、特別な、条約によって創設された、構成国の国家権力から明らかに分離した『超国家的』公権力の行為である」。[15] この超国家権力に対して「ドイツ連邦共和国は……一定の高権を『委譲した』。これによって、各個別構成国の国家権力に対して自律的であり、かつ独立した新たな公権力が成立した。ゆえに、その行為は、構成国によって確認(批准)される必要もないし、構成国によって廃止されえない」。[16] また、連邦憲法裁判所法九〇条にいう憲法異議の審査対象となるのは、「公権力」の行為、すなわち基本法に拘束されたドイツの公権力の行為のみに限られる[17]。なおEUについて欧州逮捕令状事件における憲法裁判所は、EUの第三の柱（刑事警察司法協力）におけるEU法の法的性質をEUの第一の柱であるECに妥当するEC法の法的性質と明確に区別した。「EU法上の行為形式として枠組決定は、共同体法の超国家的決定構造の外にある。EU法は、発展した統合段階にあるにもかかわらず、なお、「EU条約締結主体である構成国によって」意識的には国際法に帰属させられている部分的秩序である。よって、枠組決定は理事会により全会一致で採択されなければならず、構成国による実施を要し、実施も裁判上貫徹可能となっていない[18]」、と。つまり、政府間協力に関するEUの行為はあくまで構成国のみを拘束するものであり、国内的な実施には構成国の実施行為が必要であるから、この分野でのEU法に関しては国際条約の性質が強く残っているのである[19]。しかしながら、少なくともECについてECの権力それ自体とその行為の有効性をドイツの国内裁判所が否定することはできず、EC権力の自律性が認められており、この点では憲法説がとられているといえる。憲法裁判所が保持しているのは、EUの行為を国内で実施するドイツ公権力の行為が基本法不適合な場合に管轄権を行使し、ドイツ国内で不適用とする権能にすぎない。その範囲で橋梁理論は、EUがとりわけ基本法の諸原則に対応しつつ発展していくことをドイツ憲法の側から迫る道筋を残している。これはEUが条約という形式に依拠している限りで、上述の範囲で条約説の妥当する余地が残ってしまうことを示している。要約すれば、EU基本条約は、一定の自律的法定立を行う権力を創設する点で憲法説の根拠を提供しているが、しかしEU法の定立、解釈適用、実施、執行のすべてを独占する権力を創設するものではない。それゆえドイツ国内での実施立法に対して基本法からの制約が及ぶ余地をなお残しており、ここに条約説を主張する根拠が部分的に残っているといえよう。

III　基本法二三条からみた条約説と憲法説

ドイツ基本法は、ドイツがEUに参加することを憲法上根拠づけると同時に制約も与えている。

「ドイツ国民は、……統一されたヨーロッパにおける同権的な構成員として世界の平和に奉仕せんとする意思に満たされて……この基本法を制定した」（基本法前文一段）。これを受けて二三条一項は、「統一されたヨーロッパを実現させるために、ドイツ連邦共和国は、欧州連合の発展に協力する……」と定める。以上のように欧州統合の実現は、ドイツ人民の意思に由来する国家的目標であり、よってEUの発展に協力（mitwirken）するため、連邦は法律により高権をEUに委譲することができる（二三条一項二文[20]）。高権委譲を受けた統合権力の作用は、国内唯一の権力主体としての国家の性格を変容させる、つまり高権委譲は憲法秩序の改変に等しいから、EU参加の根拠は法律ではなく基本法自体の中に置かれている必要があった。

その一方で二三条一項一文は、「……欧州連合は、民主的、法治国家的、社会的および連邦的な諸原則および補完性の原則に義務づけられており、本質的な点でこの基本法の基本権保障に比肩しうる基本権保障を有している」と性質づけている。かくして同規定は、このような性質をもつEUにのみ参加するという要求をドイツの公権力に対して課している。憲法裁判所も、高権委譲規定は「憲法の独自性（Identität）が依拠するところの憲法の基本構造を憲法改正なしに、すなわち政府間組織の立法によって変更するという途を開くものではない[21]」と解釈している。つまり、EUへの参加はあくまで条件つきである。とりわけ、「放棄できない、現行憲法の基本構造に属する本質は、あらゆる場合に基本法の基本権部分の根底にある法諸原則である[22]」。それゆえ、二三条一項一文の掲げる諸原則の本質は統合への参加によっても変更できない[23]。また欧州連合を創設する条約上の根拠の変更であって、基本法がその内容において変更もしくは補充され、またはかかる変更もしくは補充が可能となるようなものは、連邦参議院および連邦議会の三分の二の多数による同意（基本法七九条二項）が必要とされ、および基本法の本質的構造の改正禁止（同条三項）に服さねばならない。

右記二三条一項一文は構造保全規定（Strukturklausel）と呼ばれる[24]。この規定は、そこに掲げられた諸原則を尊重するEUに参加することを連邦に授権し、もってドイツの憲法構造を維持することを確保する趣旨をもつためである。さらに同規定は、統合に参加するドイツの国家機関の裁量範囲を定め、ドイツの統合権力の行為基準および統合権力行使の統制基準を示している。しかしこの規定は、あくまでドイツの国家機関にのみ宛てられたものであり、他の構成国やEC・EU機関を拘束するものではない[25]。よって、同規定中の諸原則が直ちにEU法上の憲法原則でもあると断ずることはできない。ただし、EU法の側がドイツ基本法との衝突を避けるため、基本法の諸原則を上書きする形で取り入れればEU法上の原則となりうる。この点で構造保全規定は、EU条約六条一項および二項とあわせ読むとEU憲法の法原則を発見する上での淵源のひとつであると評価できよう。

もっとも、基本法二三条は、EUが「条約上の基礎」（一項三文）に基づくととらえており、条約説の論拠を与えているようにみえる。しかし、基本条約がいったん締結批准されると、ECは、自己の名で行為しドイツ国内に超国家的な統治作用を及ぼす。つまり二三条は、超国家的権力を成立させるためのドイツでの根拠と手続を定めるにすぎず、成立した基本条約が、実質は自律的な超国家的権力を創設する憲法の性格をもつようになる。憲法説つまり基本条約が憲法であるとする説まで排除するものではなくなるのである。とりわけEC条約は、一回限りの条約であるにもかかわらず、EC条約によって創設されたECは、権力作用を継続的に及ぼし、国内統治作用における条約と憲法との交錯をもたらす性質を備える。そのためドイツは、基本条約の締結主体のひとつであるが、EUの基本法適合的な発展を確保すべくEUに対して継続的に影響を及ぼすことが基本法から要求されている。この影響力行使は、EU次元ではドイツの構成国としての権利を行使することによって行われる。国内次元では基本法二三条二項―七項の定める連邦に対する議会の民主的統制や州の統合政策への意思決定参加によって行われる。[26] この継続的な影響力行使がＥＵ条約の枠組の中で行われる限りでは、ドイツ基本法は、むしろ基本法とＥＵ法の双方にまたがった憲法的な統治体制を承認しているといえる。

Ⅳ　憲法裁判所のマーストリヒト判決からみた条約説と憲法説

以下では一九九三年のマーストリヒト判決を概観する。一九九二年末は、域内市場統合計画の完成期限とされており、各国では、国内立法におけるＥＣ法を実施するための立法の比重が増大していた。そのため、基本法を基礎とする憲法秩序が侵食されるという危惧がドイツで指摘されるようになっていた。同事件に対して憲法裁判所は、基本法三八条の保障する連邦議会議員選挙への参加権が侵害されるという憲法異議のみを適法とし、この憲法意義について実質審査を行った。憲法裁判所はこの憲法異議を大要次のような根拠により棄却した。すなわち、ＥＵは国家結合(Staatenverbund) であり、その民主的正統性は各国人民から発し、各国政府が統合を統御する。統合が民主的に統制された政府の与えた授権の範囲内にとどまっていれば、民主的に代表される権利は侵害を受けたとはいえない、と。以下では、憲法裁判所が独自に基本条約の法的性質について条約であるとする立場を述べた部分とＥＵ法の存在を前提としその解釈を述べた部分とを分けて判決を概観する。

一　憲法裁判所独自の条約説の立場

マーストリヒト判決はEUが国家結合体であるという一貫した見方をとっている。このことと対応する形で、同判決はまずEU権力が国家の授権によって成立したという授権理論を打ち出している。

欧州連合のような国家結合による高権的権力の担当は、主権的であり続ける国家の授権によって根拠づけられる。その国家は、国家間の分野では政府を通じて行為し、これによって統合を統御する。ゆえに統合は第一次的に政府によって決定づけられている。[27]

この授権理論の帰結は、授権の範囲を越えた権限踰越行為に対して憲法裁判所の審査が及ぶという点である。同裁判所によれば、「ドイツの構成国としての地位、ならびに、そこから生ずる権利および義務——さらには特に国内法領域における欧州共同体の法的拘束力を伴った直接的作用——が、立法者にとって予測できるように条約に表されている」[28]というこの特定性の原則は構成国が基本条約において認めた範囲と方法によってEUが発展していくことを確保するという意味で決定的に重要である。つまり「EU条約によって定められた統合計画と行為授権が事後的に本質的な変更を受けるならば、それはもはや条約に対する同意法律によってカバーされない」[29]としているのである。それゆえ、EC・EU機関が「ドイツの同意法律が基にした条約によってもはや裏づけられないような態様で運用もしくは拡張するならば、条約から生ずる法的行為はドイツの国家領域内では法的拘束力をもたないであろう」[30]ということになる。この場合の「憲法裁判所は、EUの組織機関による法的行為がこれらに認められた高権的権利の限界内にあるのか、あるいは、これを越えているのかを審査することになる」[31]。EUへの授権は「条約の創造者」たる国家によるものであって、EUの正統性は人民から直接に与えられたわけではない。よって、次のようにEU権力はあくまで派生的権力であると主張する。

EU条約は、よりいっそう緊密な——国家によって組織された——欧州諸人民の連合を実現するための国家結合(Staatenverbund)を創設するものであって、単一の欧州人民を基礎とする国家(Staat)を創設するものではない[32]。……欧州連合条約の発効後もまた、共同体権力が構成国から派生していること、また、この共同体権力がドイツの領域内では同意法律の法適用命令によってのみ法的拘束力を伴って作用することに変わりがない[33]。

次に憲法裁判所は、EUが国家による授権により成立した国家結合であるという立場と軌を一にして、民主制もあくまで各国単位で成立しており、欧州議会による民主性付与はこれを補完するにすぎないという立場を打ち出している。

EUは……民主的国家の結合体であり、高権的任務を担当し、高権的権能を行使する。このことを国内議会を通じて民主的に正統づけなければならないのは、第一に構成諸国の国民である[34]。……欧州連合という国家結合において、民主的正統づけは必然的に、欧州諸機関の行為を構成国議会にフィードバックさせることによってなされる。加えて欧州連合の組織構造内部では、構成国市民によって選挙された欧州議会を通じて民主的正統性が付与される。欧州議会を通じた正統づけには、国内議会を通じた民主的正統性を補完する役割が認められる。決定的なことは、欧州連合の民主的基礎が統合に伴い漸進的に強化されており、また、統合が前進する中でも構成国において活発な民主制が維持されていることである[35]。

二　憲法裁判所判示のEU法の解釈部分

憲法裁判所は、ドイツの領域内で基本権の本質内容をEU権力に対しても確保する任務を負うが、EC二次立法のドイツにおける適用可能性についての管轄権は、欧州司法裁判所との協力関係（Kooperationsverhältnis）の中で行使する。(36) これは、先決裁定手続を定めるEC条約二三四条を解釈した部分である。EUは制限的個別的授権の原則に従い、条約により特定の明示的に付与された事項のみに関して立法権限を行使する。これはEC条約五条一段を解釈した部分である。また構成国との競合権限分野では補完性原則に従って行為する。これはEC条約五条二段から導かれることである。EU条約六条三項は権限配分権限（Kompetenz-Kompetenz：新たな権限と任務を自ら創り出し配分する権限）を根拠づけるものではない。(37)

V　統合権力の創設行為および憲法的限界から見た憲法説と条約説

一　統合権力の創設行為

既述のように、ドイツ憲法裁判所はEU権力の創設を一貫して国家の意思に求めている。つまり、構成各国は、国家性を保ち主権的であり続け、EU脱退権を保持する。EU権力は、条約に規定された個別事項に関して権力的行為を行う権限の束にすぎない。これは国家が有しているような主権や権限配分権限ではない。この権力は人民に直接に由来する固有の権力ではなく、構成国の権力からの派生的権力にすぎない。EUは単一の欧州国民に直接に権力の淵源を置かず、「国家によって組織された欧州諸人民のよりいっそう緊密な連合を実現するための国家結合」にとどまると述べている。

しかし、すでにファンヘントエンロース事件の欧州司法裁判所も指摘するように「〔EEC〕条約は締約国間相互の義務を生じさせるだけの協定を超えたものである。この点は、政府だけでなく〔構成国の国民をこえた〕「諸人民」にも言及するこの条約の前文から確認される。また、高権の委譲を受けた機関を設立し、その権利行使が構成国のみならず市民にも影響を及ぼすことからも、〔国家間相互の関係をこえたものであることが〕いっそう明瞭に確認される。さらに特記されるべきことは、共同体に結束した諸国の国民が、欧州議会および経済社会評議会を通じて共同体の運営に協力するよう求められていることである[38]」。「共同体は国際法の新しい法秩序を構成し、構成国はその共同体のために限定的な枠組みにおいてではあるが自らの主権的権利を制限したのであり、この法秩序の法主体は、構成国のみならずその国民も含んでいる。したがって、構成国の立法から独立した共同体法は、個々人に義務を課すのみならず権利をも与えるよう意図されたものである[39]」。このようにEC条約は国家間の合意でありながら、人民の益のために創設され、かつ、各構成国とともに人民もそこに参加するEC権力の作用としてEC法の法的効果を個々人に及ぼす。加えてEC法が各国で統一的かつ各国法に優位して適用される[40]ことからも自律的な権力の存在が推知される。この理解にたつとEC権力の成立を設立構成国権力からの派生としてのみ説明するのは困難である。

EEC条約の締結交渉にも参加したオプヒュルス（Ophüls）は、「主権的権利の保持と相互調整ではなく、条約の事項的範囲において新たに創設された高権のために、欧州結合体のための国家主権縮減の漸進的な第一歩として、高権を放棄することが条約締結主体の意思[41]」であったという。さらに、共同体が独立して任務を果たすことが構成国の意思である点で、また委譲された高権が欧州共通の事項に対応するための団体権限を構成する点で各国の委譲した高権と内容的に異なることを挙げ、EC権力は派生的ではなく固有の権力であると指摘した。[42] イプセン（Ipsen）は、基本条約を「各国の統合権力の合同行為（Gesamtakt staatlicher Integrationsgewalt）」と性格づけ、各国は同方向の一致する意思を共同意思に融合させ、これによって自らの外にある法的効果を生み出したと説明する。[43] この「合同行為」は、条約締結が単なる当事国の意思の合致を超えて、共同体の創設が、国家の外にありつつ国家に対して自律的に作用する法秩序に方向づけられていることを強調する趣旨である。[44] 以上のように締約国の意思や基本条約の締結行為の特質に着目すると、自律的統合権力そのものをもつものとしてのEU像が浮かび上がってくる。

こうした国家結合でありながら、ひとつの統合権力をもっているという性格を前提とすれば、それは当然に民主的に正統づけられたものである必要がある。ペルニーツェ（Pernice）によれば、共同体権力は参加諸人民によって創設された固有、自律的、構成国の国家権力を補完する権力であって、これは国家権力と重なり合いつつ国家機関の上に構築され、国家が十分には処理しえないような任務を果たすよう定められている。[45] その超国家的憲法の正統性基盤は、共通の憲法的文化において結合された欧州諸人民すなわち最終的には欧州市民であるという。[46] この見方は、各国政府と各国の人民による正統性付与を重視する憲法裁判所の見方と鋭く対立する。しかしペルニーツェも指摘するように、自律的統合権力の存在は、各国憲法の共通性とその背後にある各国人民の共通意思を考えなければ説明が困難である。確かに、各国による条約締結批准とEUの民主的成立契機とを結びつけるならば、各国人民により民主的に組織された構成諸国がEU権力を創設したとみるほかない。[47] しかし、その行為形式よりも各国憲法と各国人民の意思の共通性を重視すれば、EUはむしろこれらの共通性に基盤をもつ憲法共同体といえるであろう。憲法説の実質的妥当性もこの点に大きくかかっているといえよう。

二　ＥＵ統合権力の憲法的限界

憲法説の成否に関わる要点は、自律的権力の存否という側面に加えて、ＥＵがもっている権力の拘束法があるかどうかである。イプセンは、合同行為による共同体化（Vergemeinschaftung）に各国「憲法構造の原理的な等質性」を読み込んだ。つまり、国内憲法の諸原則は直ちに自律的ＥＵ権力には及ばないものの、等質な各国共通の憲法原則を介してＥＵ法上受け入れられていく余地を認めた。この見解は「法の一般原則」を第一次法として読み込み、ＥＵ権力の制約法とする見方にも呼応する。ＥＣ条約六条一項も、自由、民主主義、基本権尊重、法の支配という「構成国に共通の」憲法原則をＥＵ法に取り入れる実定法上の受け皿を用意している。つまり、基本条約は最初から自己完結的な憲法として成立したのではなかったが、国内憲法の規範的要求を上書きする形で自律的権力の自己拘束法を形成してきたのである。これはすでに基本権保護に関してみられる。

一九七四年のゾーランゲ（Solange）第一事件決定の憲法裁判所は、ＥＣがドイツ基本法に匹敵する成文基本権カタログをもたない限り（solange）、ＥＣ二次立法をドイツ基本法上の基本権に照らして審査する、との立場をとった。その理由の第一は、ＥＣ二次立法の国内実施にはドイツの国家権力の関与があり、ドイツの公権力の行為という形式をとる以上、ドイツ基本法上の基本権の制約を免れないことであった。第二は、ＥＣの権力的行為がドイツ国内の基本権主体の地位にも影響を及ぼす以上、ドイツ基本法と同等の基本権保障がＥＣの行為についても確保されるべきことであった。[48]しかし、この立場はＥＣ権力の自律性がドイツによって否定される事態を生じさせかねない。これに対して欧州司法裁判所はＥＵ基本権理論を発展させ、ＥＣ法上の「法の一般原則」としての基本権を保障する立場を強めた。[49]

その結果一九八六年のゾーランゲ第二決定の憲法裁判所は、ＥＣがドイツ基本法と「本質的に同等の基本権保護」を保障している限り、EC二次立法に対する審査権行使を差し控えるとの立場に転じた。

マーストリヒト判決も、ドイツ領域内での基本権保障を任務とする憲法裁判所がEC二次立法の審査権をなお保持するとしながらも、欧州司法裁判所による基本権保護に信頼を置いて同裁判所との協力関係（EC条約二三四条の先決裁定手続）の中で審査権を行使する例である。バナナ市場規則事件[50]の憲法裁判所もこの見方を補強する。この判決では「EC二次立法の規範統制のための付託は、EC法における基本権保護に関する現在の法の発展、とりわけ欧州司法裁判所の判例が、絶対的に要請される各基本権の保護を一般的に保障していないということを理由づけている場合に適法である[51]」としたのである。

以上は、国内憲法原則の上書きというEU憲法の発展のあり方を示す好例である。

EU権限行使における適法性確保もまた国内憲法の規範的要求の上書きがEU法上の制限的個別的授権の原則によって進んでいる。マーストリヒト判決の憲法裁判所は、ECは構成国から委譲された権限のみを行使でき、同意法律があらかじめ定めたようなドイツの権利義務とEC法の国内的作用を越えたECの行為は適用できないという立場をとった。また基本権保護の場合とは異なり、権限踰越行為のドイツでの適用可能性については、欧州司法裁判所との協力関係に言及しなかった。一九九八年のアルカン（Alcan）事件では、違法国家援助の回収命令（EC条約八八条二項一段）が、マーストリヒト判決にいう権限踰越のEC法であると主張された。憲法裁判所は、EC法上の競争秩序の執行というECの公の利益を国内管轄官庁も考慮すべきこと、欧州委員会の権限は共同体の直接的な一般的行政手続法（allgemeines gemein-schaftsunmittelbares Verwaltungsverfahrensrecht）を創設するものではないと判示し、憲法訴願を却下した[52]。つまりドイツ憲法裁判所と欧州司法裁判所の判断の衝突が生ずるのは、ドイツの公の利益とEUのそれとが衝突し、かつ欧州司法裁判所による法の遵守確保が機能しないという、きわめて例外的な場合しかないといえよう[53]。

VI 結論

本稿は、ＥＵの基本条約を条約あるいは憲法のいずれととらえるべきかについて考察した。この場合、特に、ＥＵ法の国内実施方式、基本法二三条、憲法裁判所のマーストリヒト判決、統合権力の創設行為とその憲法的限界の四つの角度から検討を加えた。その結果、限られた検討からではあるが、基本条約が、自律的権力を創設する性格とＥＵ権力自身を拘束する性格という憲法の特質を強めてきたことが示された。しかし、このＥＵ憲法は、基本法からの規範的要求に対して閉じておらず、それを受け入れる規範的受け皿をもち、ＥＵ制度の中での構成国が及ぼす影響に対しても開かれている。このことは、基本権保護に関する基本法の側からの要求がＥＵ法上も受け入れられていった過程によく示されている。こうしたＥＵ憲法の発展の態様は、国内憲法にはないＥＵ憲法の特徴であると同時に、構成国憲法とＥＵ憲法の両者にまたがった憲法結合体が将来にわたり深まりを示す方向も示唆している。基本権保護以外の構成国憲法上の要求についても、各国憲法比較やＥＵなりの憲法原則の取り入れ方についての分析を加えつつ、さらに欧州次元の憲法像を探っていくことが今後の課題として残された。

注

BVerfGE: Entscheidungen des Bundesverfassungsgerichts　ドイツ連邦憲法裁判所判例集

EuGH: Europäischer Gerichtshof　欧州司法裁判所

Slg.: Sammlung der Rechtsprechung des Gerichtshofes und des Gerichts erster Instanz　欧州司法裁判所公式判例集（ドイツ語版）

（1）*EuGH*, *Slg*. 1963, 1—van Gend en Loos; *EuGH*, *Slg*. 1986, 1339—Les Verts; *EuGH*, *Slg*. 1991, I-6079—EWR-I.

（2）*BVerfGE* 89, 155（190）—Maastricht.

（3）「高権」とは「立法、執行および司法による国内領域での公権力の行使」である。R. Streinz, in: Sachs (Hrsg.), ***Grundgesetz***, 3. Aufl. 2003, Art. 23 Rn. 53. 本稿はこの意味で以下「高権」および「高権委譲」という用語を用いる。また、本稿ではEC条約とEU条約をあわせて「基本条約」と呼び、特に区別する必要のない限りECとEUを総称して「EU」と呼ぶ。

（4）こうした立場をとるのは、*BVerfGE* 89, 155; *BVerfGE* 113, 273—Europäisches Haftbefehlsgesetz. 学説では、P. Kichhof, „Der deutsche Staat im Prozeß der europäischen Integration,“ in Isensee/Kirchhof (Hrsg.), ***Handbuch des Staatsrechts der Bundesrepublik Deutschland***, Bd. VII, 1992, S. 855 (885); C.D. Classen, in von Mangoldt/Klein/Starck (Hrsg.), ***Das Bonner Grundgesetz***, Bd. II, 5. Aufl. 2005, Art. 23 GG Rn. 5-6.

（5）H. Triepel, ***Völkerrecht und Landesrecht***, 1899, Nachdruck, 1958, S. 12.

（6）Triepel, a.a.O., S. 9.

（7）Triepel, a.a.O., S. 18, 20.

（8）Triepel, a.a.O., S. 63.

（9）ウィーン条約法条約二条一項a号の条約の定義規定参照。

(10) R. Geiger, *Grundgesetz und Völkerrecht*, 2. Aufl. 1994, S. 175.

(11) 同意法律の法的効果については争いがある。条約を国内法の一部とする効果をもつという編入説と国内管轄機関への法適用命令を与える効果をもつとする法適用命令説の二つの見方が対立している。またニコライセンは、基本法二四条一項もしくは基本法二三条に基づいて高権委譲をもたらす法律とそれ以外の条約への同意法律を区別する。前者の委譲法律の機能は超国家的機関の創設に尽き、憲法裁判所の統制も創設時点までしか及ばないと主張する。G. Nicolaysen, „Der Streit zwischen dem deutschen Bundesverfassungsgericht und dem Europäischen Gerichtshof," *Europarecht* 2000, S. 495 (499-500).

(12) *BVerfGE* 89, 155 (188, 190).

(13) G. Hirsch, „Europäischer Gerichtshof und Bundesverfassungsgericht—Kooperation oder Konfrontation," *Neue Juristische Wochenschrift* 1998, S. 2457 (2458).

(14) Weberによれば、憲法裁判所の管轄権はEC・EU法のドイツ国内実施行為に対してのみ及び、また権限踰越のECの行為に対してもあくまで欧州司法裁判所の審査権を優先して例外的な違法状態においてのみ行使される。A. Weber, „Zur Kontrolle grundrechts- bzw. kompetenzwidriger Rechtsakte der EG durch nationale Verfassungsgerichte," in *FS Everling*, Bd. II, 1995, S. 1625 (1637).

(15) *BVerfGE* 22, 293 (296)—Verfassungsbeschwerde gegen EWG-Verordnungen.

(16) *BVerfGE* 22, 293 (296-7).

(17) *BVerfGE* 22, 293 (297).

(18) *BVerGE* 113, 273.

(19) Th. Oppermann, *Europarecht*, 3. Aufl. 2005, S. 139.

(20) 基本法二三条は、マーストリヒト条約の批准を前にして一九九二年に付け加えられた。Gesetz zur Änderung des Grundgesetzes vom 21. Dezember 1992, BGBl. I, S. 2086. それ以前は、基本法二四条一項がEECを含む「国家間組織」(zwischenstaatliche Einrichtungen) への高権委譲の根拠となっていた。

(21) *BVerfGE* 37, 271 (279)—Solange I; *BVerfGE* 73, 339 (372, 375, 376)—Solange II; *BVerfGE* 58, 1 (28, 40)—Eurocontrol.

(22) *BVerfGE* 73, 339 (376).

(23) R. Breuer, „Die Sackgasse des neuen Europaartikels (Art. 23 GG)“, *Neue Zeitschrift für Verwaltungsrecht* 1994, S. 417 (422).

(24) Streinz, a.a.O. (Fn. 3), Rn. 16; I. Pernice, in Dreier (Hrsg.), *Grundgesetz. Kommentar*, Bd. II, 3. Aufl. 2005, Art. 23 Rn. 47-50.

(25) Streinz, a.a.O., Rn. 17; Classen, a.a.O. (Fn. 4), Rn. 12.

(26) ＥＵ事項に関する連邦議会と連邦との協力のための法律は、Gesetz über die Zusammenarbeit von Bundesregierung und Deutschem Bundestag in Angelegenheiten der Europäischen Union vom 12. März 1993, BGBl. I, S. 3178.

(27) *BVerfGE* 89, 155 (186).

(28) *BVerfGE* 89, 155 (186).

(29) *BVerfGE* 89, 155 (186).

(30) *BVerfGE* 89, 155 (186).

(31) *BVerfGE* 89, 155 (188).

(32) *BVerfGE* 89, 155 (188).

(33) *BVerfGE* 89, 155 (190).

(34) *BVerfGE* 89, 155 (184).

(35) *BVerfGE* 89, 155 (185-6).

(36) *BVerfGE* 89, 155 (174-5).

(37) *BVerfGE* 89, 155 (192 ff.).

(38) *EuGH*, *Slg*. 1963, 1 (24-5).

(39) *EuGH*, *Slg*. 1963, 1 (25).

(40) *EuGH*, *Slg*. 1964, 1251.

(41) C.F. Ophüls, „Staatshoheit und Gemeinschaftshoheit—Wandlungen des Souveränitätsbegriffs,“ in *FS 150 Jahre Carl Heymanns Verlag*, 1965, S. 519 (554-5). Ophülsは、この締約国の意思は条約締結前史や政府の考えにも明らかであり、各国議会もこの考えの上に条約を批准したと説明する。さらに構成国からの高権委譲による授権（Delegation）によってＥＣ権力が成立したと見るのは誤りであると指摘している。

(42) Ophüls, a.a.O., S. 565.

(43) H.P. Ipsen, *Europäisches Gemeinschaftsrecht*, 1972, S. 60-1.

(44) Ipsen, a.a.O., S. 61-2.

(45) Pernice, a.a.O. (Fn. 24), Art. 23 GG Rn. 20.

(46) Pernice, a.a.O. (Fn. 24), Art. 23 GG Rn. 20.

(47) Nicolaysen, a.a.O. (Fn. 11), S. 495.

(48) *BVerfGE* 37, 271 (282).

(49) *EuGH*, *Slg.* 1970, 1125—Internationale Handelsgesellschaft.

(50) ＥＣは、ＡＣＰ諸国と第四次ロメ協定を締結し、これらの国からのバナナ輸入を優遇していた。その関係で、第三国からの輸入されたバナナは不利な関税を課せられていた。原訴訟の原告は第三国産バナナを輸入する業者である。管轄裁判所であるフランクフルト行政裁判所は、基本法と不適合な内容の規則をドイツで適用させるような権限はＥＣ立法者に委譲されていないとして、ＥＣ条約に対するドイツの同意法律を憲法適合的に解釈すべきかを問うた。

(51) *BVerfGE* 102, 147 (161)—Bananenmarktordnung.

(52) *BVerfG*, Beschluß vom 17. 2. 2000, 2 BvR 1210/98, *Neue Juristische Wochenschrift* 2000, S. 2015 ff.

(53) J. Schwarze, „Das „Kooperationsverhältnis“ des Bundesverfassungsgerichts mit dem Europäischen Gerichtshof,“ in *FS 50 Jahre Bundesverfassungsgericht*, S. 223 (232).

「カントの永遠平和の世界」の法秩序
――制度化されたコスモポリタン法としてのEU二次立法

佐藤義明

「世界平和のために、わたしは、コスモポリタン（*Cosmopolite*）とみずから称するが、フランスの王冠の下にそれが適えられるように望む」[1]（ギョーム・ポステル）

I　はじめに

二〇〇一年の九・一一事件の後、ロバート・ケーガンは、ヨーロッパでは武力行使に依拠することなく「法の支配」によって地域秩序を維持するようになっているのに対して、それ以外のいくつかの地域では、「法の支配」の成立に向かうどころか、域外の超大国が武力によって秩序を押しつけなければ無秩序状態から抜け出せない「ホッブズ的世界」が残存している、と指摘した。この指摘は、テロリストの巣窟となっているアフガニスタンなどに対してアメリカが果たすべき役割を考える際には、ヨーロッパで適用される規準ではなく「ホッブズ的世界」に適用される規準を参照すべきであることを強調しようとしたものである。この主張の当否はともかくとして、ここで注目したいことは、ケーガンがヨーロッパの地域秩序を指して、「カントの永遠平和の世界」と呼んでいることである。[2]

ヨーロッパが「カントの永遠平和の世界」に至ったといわれるのは、全体主義や共産主義などのイデオロギーが角逐する「歴史」が冷戦の終焉とともに終了し、カントのリベラリズムが唯一の普遍的原理として地域全体で受け入れられる「ポストモダンの天国」が成立したとされるからである。例えば、欧州連合（EU）[3]は、各国が「法の支配」を伴う民主制をとることによってそうした国々の間で平和が確立されるという「民主的平和（democratic peace）」を実現しようとするリベラルな改革である、ということができる。[4]そして、EUは、そのような改革をいきなり世界規模で試みるのではなく、まず地域的に試みるというプラグマティズムに基礎づけられているという意味で、カントに端を発する「法的コスモポリタニズムの第四の伝統」と位置づけられるのである。[5]

カントは、リベラルな国際秩序の条件として、国際法および国内法の確立に加えて、コスモポリタン法（ius cosmopoliticum）の確立を挙げた。すなわち、各国の（中央）政府が形成する国際法および国内法に対して、各国の政府とは独立の主体――コスモポリタン――が形成し、各国を規制する法が必然的に要請されるというのである。カントに従えば、「永遠平和の世界」の実現はコスモポリタン法の実定化を条件とするわけである。本稿は、国際法および国内法に加わるEU法の第三の（形式的）法源、すなわち、第三の法の存在形式（form）であるEU（第二次）立法をコスモポリタン法と位置づける可能性を探り、EU法の理解を深めることを目的とする。「まったく前例のない新しい越境的統治権力体」[6]であるEUは、国家連合（confederation）と連邦国家（federation）という既知の政体いずれかへと収斂する可能性も、未知の第三の政体へと発展し続ける可能性もともにもっているが、それが第三の政体に向かうかどうかはEU立法というコスモポリタン法がどこまで発展するかにかかっていると考えられる。

II　国際法学におけるEU法の位置づけ

最上敏樹は、「カントが構想した世界市民法［コスモポリタン法］というものがただの夢想ではなくなりつつあり、それを理論の中に取り込む国際法思想が必要になっている」[7]と指摘している。この指摘の背景には、例えば、ウィーン条約法条約において、強行規範（peremptory norm）との抵触が「条約」の無効原因になるとする規定が置かれ[8]、国際社会のいわば「一般意思」が国家の合意を破るとする国際法の階層化が生じている事態が存在する。また、国際人道法の課す義務の名宛人を国家ではなく直接個人として、その違反を犯した個人に対して刑事管轄権を行使する国際刑事裁判所を設立する規程が締結されたり[9]、そのような国際犯罪をすべての国が追及する基礎となる普遍的管轄権（universal jurisdiction）が主張されたりするようになるなど、国際法の個人化が起きているという事態も存在する[10]。一言でいえば、国際法の脱国家化が生じているのであり、そこにコスモポリタン法の萌芽も見いだせるのである。

国際法学は、第二次世界大戦以後、とりわけ市民社会団体（CSO）[11]が世界政治に大きな影響力をもつようになった「世界規模のアソシエーション［営利を目的としない自発性に基づく結社］革命（global associational revolution）」[12]以来、国際法の脱国家化を自らの体系に取り込むための概念を模索してきた。例えば、従来、国際法は中央政府によって代表される国家によって形成され、そのような国家の間で適用されるものとされてきたのに対して、現在では、国家を一つの人格的単位と見なすのではなく、その機関である官庁や官僚を単位として国際法を理解すべきであるとして、「官庁間法（trans-governmental law）」という概念が提唱されている[13]。官庁はそれぞれ利益団体を背景にもつと同時に、それ自身の利益ももち、本人（principal）に当たる国家に対して代理問題（agency problem）を生じさせうる代理人に当たると認識されるようになったのである。また、NGOによる越境的活動を規律するためには、法の定立とその執行について国境を越えるネットワークの形成が不可欠となるが、それらの法定立・執行活動には国家のみならずNGO自身が参画しているとして、「国境横断的法（transnational law）」という概念も提唱されてきた(14)。

このような状況の中でも、EU法という「まったく前例のない」現象は、国際法学にとって、とりわけ大きな挑戦となって立ち現れてきた(15)。従来、国際法学はEUを例外的な国際組織であると位置づけるにとどめることが多かった。例えば、佐藤哲夫は、国際組織の任務について協力と統合とに区別することができるとして、EUを主権国家の並存を前提として協力を制度化するにとどまらず、「連邦国家なり新［単一］国家［なり］の誕生を視野に入れているという意味で」統合の国際組織であるとする。そして、そこでは、調整的権限および勧告的権限に加えて、構成国を法的に拘束する規制的権限および構成国内の私人に対しても直接効力を及ぼす超国家的権限が認められているとする(16)。しかし、超国家的権限を認められている国際組織はEU以外には存在せず、EUは「地域的に限定された特殊な例外にすぎない(17)」と位置づけられている。

国際法学は、国際組織の構成とその活動を規律する法、すなわち、国際組織法を、設立条約などの国際法ならびに当該国際組織がその本部所在地や事業地で活動する際に規律を受ける受入れ国の国内法、および、設立条約の下で制定される固有法（派生法）から構成されるとしてきた。固有法の例として挙げられるのは職員規則、業務規則および補助機関設立決議などである。しかし、EU立法がこの三つ類型のいずれに当たるかは明らかにされていない(18)。EU立法は固有法に当たるとされているのかもしれないが、そうであるとしても、国際組織の内部事項に関わる規則がもっぱらの例として挙げられる固有法と、構成国とその国民との関係までも規律の対象とするEU立法とでは、その性質が大きく異なることは否めない。それゆえ、EU立法は、国際組織法の法源の既存の類型に当てはめることが困難であり、「特殊な例外」として体系への取り込みを諦めがちとなる。そこで、妥当対象および形成主体の相違を反映し、かつ、一般性をもつ新たな類型として、カントのコスモポリタン法という概念が注目されることになる。

III　カントによるコスモポリタン法の概念

カントは、法を公法と私法とに区別した上で、公法は国内法、国際法およびコスモポリタン法という形式で存在するとした[19]。そして、コスモポリタン法について次のように説明した。

人々および諸国家が、外的に相互に交流する関係にあって、一つの普遍的な人類国家の市民とみなされることが可能な場合、そのかぎりにおいてコスモポリタン法［が存在する］。この分類は恣意的な分類ではなく、永遠平和の理念に関して必然的なものである。なぜなら、これらの体制の中のただの一員でも、他の成員に物理的影響を与える関係にあり、そのうえ自然状態にあるとすれば、それだけで戦争状態が出現することになろうからである。そしてこうした戦争状態からの解放こそが、まさに筆者の意図するところである[20]。

カントは、人類は地球という限界のある球体に生存しているので、個人は「すべての人との共同体を試みる、その目的で地球のあらゆる場所を訪ねる［強調は原文による］」権利をもち、それはコスモポリタン法によって保障されるべきである、としたのである[21]。

カントは『国際法における理論と実践の関係について』（一七九三年）では、個人と国家とを相似的存在であるとして、平和を実現するためにはそれらの上位に公法を確立することが必要であると主張していた[22]。個人の上位に国家が確立されるべきであるのと同じく、国家の上位に世界国家が確立されるべきとしたのである。しかし、『永遠平和のために』（一七九五年）以後は、個人と国家とが相似的存在であるとする前提をとらず、個人間の平和のためには国家が必要であるとしながら、国家間の平和のためには世界国家の「消極的代替物」として各国の「自由な連盟制度」に依拠することが可能であるとした。この学説変更は、世界国家の形成が当時の状況で現実性を欠いていたという理由だけではなく、それ自身の法を備えている国家が世界国家に吸収されてしまうと、尊重されるべき当該国民のアイデンティティを圧殺することになり、国際的専制に陥りかねないといういっそう原理的な反省を反映するものであった。[23] カントが「自由な連盟制度」として想定していたのは、十八世紀前半のハーグ平和会議であり、それによって「ヨーロッパ全体は一つの連邦国家のように考えられ……それは［支分国に当たる各国の間の］公的な抗争におけるいわば裁定者と見なされた」ので、それが常設的なものになれば抗争を戦争ではなく開明的方法である裁判によって裁定する公法が実現されうるとしたのである。[24]

カントは、このような社会的基盤の上に、コスモポリタン法を「国内法および国際法にいまだ書かれていない法典を補完するもの」[25]と位置づけた。そして、たとえ誰が法を確定する権威をもつかを制度的に確定しなくとも、さまざまな情報の公開性が保障されれば、世界公論の非公式なコミュニケーションを経由してコスモポリタン法が立ち現れるとした。[26] つまり、「地上の一つの場所で法が侵されれば、すべての場所でそれが感じ取られるまでになった」[27]ので、法の違反に対して全人類的な反応が形成され、コスモポリタン法が実現されるはずであるとしたのである。[28]

カントによるコスモポリタン法の提唱からほぼ二百年経って、現在のヨーロッパにおいては、各国による国際法の違反などに対して、欧州の公論が救済を促進する圧力となることが日常的となり、カントの指摘するメカニズムで地域的なコスモポリタン法が実現しているということもできる。[29] それに加えて、そのような非制度的メカニズムを越えて、現在では国際組織の枠組みの中で、国家に対して拘束力をもち、かつ、コスモポリタンの参画が制度上認められた手続でそれが形成される「制度化されたコスモポリタン法」が出現しているとすらいうことができる。そこで、節を改めて、EU法秩序の特質をコスモポリタン法という観点から検討する。

Ⅳ　制度化されたコスモポリタン法としてのEU立法

国際組織が拘束力ある決定を下す権限を認められる例はEUに限られない。例えば、国連憲章第二五条に基づいて拘束力を認められる安保理決議は、拒否権をもつ安保理常任理事国以外の国連加盟国にとって、その拘束力を免れるためには国連を脱退しなければならないという意味で「超国家性」をもつ。また、国際組織が政府代表とは独立の国際公務員をその構成要素とすることもEUに限られない。国連憲章第一〇一条三項は、国連職員は職務遂行能力を第一の考慮事由として選任されるべきであるとし[30]、同第一〇〇条一項は、国連職員はその任務遂行に際して、国籍国の指示を受けることを禁止され、その所属する国際組織のみに責任を負うものとしている。国際公務員は一般に政府間組織に内部化された非政府機関なのである[31]。しかし、安保理決議はもっぱら理事国の間で交渉および起草が行われ、国連事務総長は理事国の間の調整や必要な情報の整理などに当たるとしても、国連憲章上正式な不可欠の役割を割り当てられているわけではない。

国連改革を提案する構想の中には、国連の決定過程にコスモポリタンをいっそう参画させるべきであるとするものが少なくない。例えば、政府代表で構成される国連総会を上院に見立てて、国内では少数者である人々に配慮した選挙で選出される議員によって構成される世界議会を下院に当たるものとして設立すべきであるという構想がある。仮に民主的手続によって議員を選出することを拒否する国がある場合には、国連憲章にうたわれている価値を実現するために、当該国の少数者を代表しうる議員を関連のCSOの構成員などの中から世界議会自身が指名すればよいとするのである。[32] しかし、それ自身が政府間機関である国連総会でこのような構想が受け入れられる見通しは当面皆無であり、一党独裁国家なども残存している現状に照らすと、議員選出の手続を策定することは不可能に近い。また、現在は個々の訴訟について当事国の裁判管轄権への同意を必要としている国際司法裁判所（ICJ）に対して、強制的管轄権を付与すべきであるという構想もある。[33] しかし、この提言も国々に受け入れられる可能性はきわめて低く、しかも、当事国が裁判による解決に消極的な抗争の解決を十五人の「独立の裁判官[34]」に委ねることが国際の平和および安全の維持につながるかどうかについては疑義があるといわざるをえない。[35]

このように、国連法の法源としてコスモポリタン法が存在するということは困難であり、国連が今後コスモポリタン法を形成する手続を採用する見込みも少ない。それに対して、EU法の法源の一つとしてコスモポリタン法が存在するということは可能であると考えられる。EU法の法源には、設立条約であるEU条約およびEC条約などの国際法とEUの活動に関わる国内法のみならず、設立条約の規定に従ってEU公務員が独自に制定または制定過程で決定的役割を担うEU立法が存在するからである。[36]

EU構成国はEUの設立条約から脱退する権利を留保している。[37] それゆえ、構成国は主権を不可逆的に放棄してEU立法に服従しているわけではなく、EUは連邦国家には当たらない。しかし、構成国がEUに帰属している限り、EC条約第二四九条に基づいて、EU立法は構成国で直接効をもち、その中には直接適用されるものもあることとされており、先に述べたように、国連などでも認められる固有法を超える効果をもつ。[38] したがって、EU立法が構成国に対して拘束力をもつというコスモポリタン「法」の資格を満たすことは明らかである。

EU立法は、コスモポリタンがその形成過程への参画を制度上認められているという点で、「コスモポリタン」法の資格を満たす。EU立法は、原則として政府代表が構成する閣僚理事会によって決定されるが、その前提となるEU立法の一般的発案権は、EU公務員によって構成される欧州委員会に与えられている。[39] また、EC条約に特に規定されている場合には、欧州委員会は自らそれらを制定する権限をもつ。[40] 欧州委員会のこれらの権限は、約三万人いるEU官僚によって実質的に担われている。さらに、「十分な独立性を有［する］[41]」者が裁判官を務めるEC裁判所にも広範な管轄権が付与されている。[42] このように、EU立法の形成手続には、EU公務員の参画がEC条約上認められており、政府代表による審議と合意という従来の国際法形成とは質的に異なる新しい集合的法形成形式が確立しているのである。

もちろん、EU公務員が法形成に参画するというだけでは、EU市民の支持を受けるコスモポリタン法が形成されているということはできないかもしれない。一般に、政治的アイデンティティのグローバル化は、「グローバル体系（専門家、熟練者、上級行政職員、超国民的企業の重役からなるネットワーク）のエリート［および］彼［または彼女］らの活動を追いかけ、張り合っている人々」の間でのみ起こっており、それらのエリートと疎外される大衆との亀裂は拡大しているといわれる。[43] つまり、職業としてのコスモポリタンである国際公務員のみによる法形成は「コスモクラシー[44]」にすぎないと見なされ、その被治者からのデモクラシーの要求、とりわけ、各国の主権的権利を再獲得すべきであるとする要求が増大することになるのである。EUでも、この問題は「民主性の欠陥（democratic deficit）」として表面化している。

EUは、そもそも、その「決定が可能な限り開かれた形で、かつ、可能な限り市民に身近な形で行われる、欧州の人々の間におけるいっそう緊密な連合を創設する[45]」ことを標榜している。EUにおける「民主性の欠陥」への対処には、構成国とEUとの権力分立の構造化と、EU機関の間で民主性を保障するような権力分立の構造化という二重の課題がある。本稿では直接には後者が問題となり、それへの対処としては欧州議会の権限の強化が挙げられる。[46] 欧州議会の議員は、構成国の代表ではなく、構成国の「国民の代表[47]」とされ、EU市民によって直接選挙される。欧州議会は、一定の場合にEU立法の承認を拒否してその成立を妨げる権限をもち、[48] また、欧州委員会に法案を提出するように請求する権限をもつ[49]。さらに、欧州委員会を一体として承認する権限[50]およびその委員会を総辞職させる権限ももつ[51]。欧州議会に対してEU市民は請願を行うことができ[52]、欧州議会はオンブズマンを任命する[53]。このように、欧州議会はEU市民が国籍国の政府とは別の媒体でEUの法形成過程を統制し、そこへの入力を行う制度である。

もっとも、欧州議会がEUの民主性を高めるように実際に機能するためには、EU市民がEU市民としてのアイデンティティとEUの政治過程への参画意欲とをもつことが条件となる。「公共圏の存在に対する公衆のこの関心が、公衆を公衆として画定する」[54]。複数の公共圏への関心をもてば、複数のアイデンティティをもつことになる。EU市民権の設立や、一部の構成国の間での国境管理の簡素化は、構成国の国民の間の交流を促進し、EU市民としてのアイデンティティをもつことが国籍国と切り離された根無し草（déraciné）となることを意味するわけではなく、それが国民としてのアイデンティティと両立しうると教育することを目的としていると考えられる[55]。というのも、コスモポリタンとしてのアイデンティティと国民としてのアイデンティティとが二者択一されるべきものと見なされる場合には、より親密な感覚を抱かせる過激なナショナリズムへの依存に陥りやすいからである[56]。実際には、欧州議会選挙の投票率は低下する傾向にあり、欧州議会とEU市民とのきずなの脆弱性が露呈しているといわれる[57]。この傾向が続くならば、欧州議会はEU市民の参画を一般的に促進するというよりも、一部の活発に活動している圧力団体が影響力を強める手段に堕し、民主性の実質的欠陥をむしろ悪化することになりかねない[58]。EU立法の民主性が担保されるかどうかは、EU市民が現に存在する制度を活用するかどうかにもかかっているのである。

以上を敷衍すれば、次のようにいうことができる。EUは、政府代表に加えてEU公務員とEU市民というコスモポリタンも参画する「混合政体（mixed constitution）」[59]をとっている。そのような政体の下で、EU法は国際法および国内法に加えて、EU立法という第三の法源、すなわち、「制度化されたコスモポリタン法」という法の存在形式を認め、その可能性を追求している。EU立法を「制度化されたコスモポリタン法」として理解することは、EU立法を固有法へと分類するだけでは看過されやすい他の固有法の例との相違を見失うことなく、かつ、EU立法を特殊な例外にすぎないと位置づけて国際組織法の体系の外に放逐してしまうことも避けることができる。そして、EU立法の経験は、「制度化されたコスモポリタン法」をEU以外の地域や世界規模で発展させようとする際に、また、コスモポリタン法と国内法や国際法とを調整する規則を確立しようとする際に、参照すべきものである。(60)

V　おわりに

現在、国家の外部にあって国家を統制しうる権威は、独裁国家の政府からの代表も含まれる政府間機関で、国家間の力関係が反映される国連総会などよりも、いずれの政府とも独立し、普遍的価値を担っていると見なされるCSOに認められているといわれる。なぜならば、武力（force）のみならず、マス・メディアを媒介にして発揮される影響力（influence）が国際社会におけるゲームのルールとなっており、『ガリバー旅行記』の中でリリパット人がガリバーにしたように、小さなCSOでも巨大な国家を細い糸でがんじがらめに縛りつけることができるようになっているからである。(61) CSOのこのような機能は、現代の世界統治（global governance）に不可欠の要素と見なされており、そのようなCSOをいかにしてエンパワーするかが世界統治の質を向上させるための実践的課題とされている。(62)

しかし、CSOのエンパワーメントについては、その必要性が指摘されるだけで、それを世界統治に関わる制度にどのように組み込むかまで展望するものは少なかった。極端な場合には、マイケル・ハートとアントニオ・ネグリのように、CSOを「『民衆』を代表」するものと性質づけながら、そこでいう「民衆」を「自分自身を代表できない人びと」でも「グローバルな『民衆』の全体」でもなく、「『民衆』の根底にある生命力」であると定義し、(63)「法学思想が閉ざそうとするものを開かれた状態に保ちつづけることによって……われわれは構成的権力の概念に再会するだけでなく、民主主義的な思想と実践の母体としての構成的権力に出会うことにもなる」[64]とされることすらある。この定義によれば、CSOによって代表されるべきなのは、一定の手続を介して正統性を保障されうる人間の意思ではなく、ハートとネグリ自身が「生命力」または「構成的権力」と見なす主観的観念に他ならないことになる。その結果、制度は桎梏として克服されるべき対象になることはあっても、積極的に構築されるべきものとは見なされない。

しかし、CSOは人間の集団であり、その「内在的善性に訴えることは、理論的分析という不可欠な作業を回避することである」[65]。コスモポリタンという概念が政府代表ではないという消極的に定義されるにすぎないものであるとすると、公益の代表を自任しているが、他人からみれば全体利益ではなく自らの部分利益を主張しているにすぎない人もそこに含まれることになる。とりわけ、公共圏が広くなればなるほど、そこで影響力のあるアソシエーションを結成し、活動しうる団体は資金力によって事実上限定されるので、社会的身分を固定化したり、多国籍・超国籍企業による世界経済の操作の手段となったり、単一の部分利益のみを追求して全体利益を損なったりする団体が過剰な影響力をもつ危険も増す。それを放置することは、世界規模の社会的専制（social tyranny）への陥穽となる可能性をもつ[66]。

また、多くのCSOの主要な目的は、もともと国際社会ではなく自国政府への影響力の拡大であり、国境横断的活動はそのために利用されているともいわれる[67]。国際法に対して、国内では少数派である政治勢力が外国の勢力と結びつくことによって当該国家の憲法に則った決定を覆そうとする試みであり、立憲政治（constitutional government）を掘り崩す手段となりうる、という批判がある[68]。国際法の場合には、まがりなりにも政府という公的主体の決定を介しているのに対して、CSOによって形成されるコスモポリタン法に対しては、この批判はいっそう強く当てはまりうる。例えば、法的拘束力をもたない国連総会決議をCSOが援用し続けると「ハード・ロー」化できるという主張に対して、そのような主張は、二院制をとる国において一方の議院を通過したが他方の議院において否決された法案を消費者団体が援用し続ければ法にすることができるというようなものである、という批判があるのである。[69]つまり、コスモポリタン法の形成過程が制度化されない限り、ＣＳＯは「法の支配」などの普遍的価値を主張しながら、国内で築き上げられてきた「法の支配」を逸脱する手段になるというパラドクスに陥る危険を免れないのである。

ハートとネグリもポリュビオスを引用して指摘するように、「民主制はマルチチュードを代表制の枠組に従って組織する。それによって『民衆』の方は政体の支配のもとにおさまり、政体の方は『民衆』の要求に応じることを余儀なくされる」[70]。秩序の正統性が認められ、それが安定化するためには、人々の参加のチャネルが保障され、手続の透明性が保障され、権力をもつ者の説明責任を追及する手続が保障される必要がある。「生命力」または「構成的権力」が発揮されて法の実質的な淵源（source）が創造されるとしても、それは、学者やＣＳＯによって私的に法であると主張されるだけではなく、有権的機関によって法の形式へと転換されなければならないのである。グローバル化に対応する世界統治が「政府なき統治（governance without government）」という形式をとるとしても、世界主義（globalism）に依拠する政治的プロジェクトにおいては、法に対抗したり法から逃避したりするのではなく、主権国家の中央政府とは異なる何らかの形式の公的制度を樹立し、法を追求することが不可欠である。[71]言い換えれば、制度化はコスモポリタン法が十分発展するための条件である。ＥＵ立法の手続は、コスモポリタン法の制度化の先鞭をつけるものとしてますます注目される。

注

(1) Cited in Pierre Mesnard, *L'Essor de la Philosophie Politique au XVIe Siècle*, 3e éd., (J. Vrin, 1969), p.452. この発言における"cosmo-polite"という語彙はフランス語として初出である。渡辺一夫「フランス文芸思潮序説」『渡辺一夫著作集5』（筑摩書房、一九七一年）七、一七六頁参照。

(2) See, Robert Kagan, *Of Paradise and Power*, (Vintage Books, 2004), p.57, 75-76, 97-98 [ロバート・ケーガン（山岡洋一訳）『ネオコンの論理』（光文社、二〇〇三年）七八、一〇二、一三二頁].

(3) EUは、欧州共同体（EC）、外交・安全保障、司法警察という三つの「柱」の複合体であり、本稿で取り上げるEUの特質はECにのみ当てはまる場合が少なくない。しかし、本稿では、煩瑣を避けるために、原則として三つの「柱」を逐一区別せず、EU法と表記する。

(4) 「民主的平和」の主張として、see, e.g., Immanuel Kant, „Zum Ewigen Frieden," in Königlich Preußischen Akademie der Wissenschaften (hrsg.), 8 *Kants gesammelte Schriften*, (Georg Reimer, 1912) (1795), S.341, 368 [イマニュエル・カント（遠山義孝訳）「永遠平和のために」、（福田喜一郎他訳）『カント全集14』（岩波書店、二〇〇〇年）二四七、二八八―二八九頁].

(5) マルティ・コスケニエミ（林美香訳）「世界市民的な目的をもつ普遍史の理念と実践」思想九八四号（二〇〇六年）四、一五頁参照。第一から第三の「国際法のコスモポリタン的な実践」は、文明概念で社会を分析するもの、普遍的進歩を哲学的に説明する際に国際法の概念を用いるもの、および、社会学に依拠して普遍的法の可能性を議論するものである。同論文一三―一四頁参照。

(6) 中村民雄「はしがき」、中村民雄編『EU研究の新地平』（ミネルヴァ書房、二〇〇五年）i、ii頁。

(7) 最上敏樹「国際立憲主義の再照射」『思想』九八四号（二〇〇六年）一頁［本書の校正段階で、最上敏樹『国際立憲主義の時代』（岩波書店、二〇〇七年）に接した］。

(8) See, Vienna Convention on the Law of Treaties art. 53.

(9) See, Rome Statute of the International Criminal Court art. 1.

(10) もっとも、強行規範や普遍的管轄権などの概念は、その内包および外延が十分確定されているかどうか疑問がある。

(11) "Civil Society Organization" は、非政府団体（NGO）のうち、営利目的の団体——例えば、多国籍・超国籍企業やそれらの関係者が結成した世界経営者協議会（World Business Council）など——を除くものとされる。See, Martin Köhler, From National to the Cosmopolitan Public Sphere, in Daniele Archibugi et al. (eds.), *Re-Imagining Political Community,* (Polity Press, 1998), p.231, 232 n.5. この定義は近年明確化されてきた市民社会の概念を反映する。それによれば、市民社会は、国家領域および経済領域と区別される第三の領域であり、親密圏、アソシエーション、社会運動体などの圏域で構成されるのである。See, Jean Cohen & Andrew Arato, *Civil Society and Political Theory,* (MIT Press, 1992), p.ix.

(12) Anthony McGrew, Power Shift, in David Held (ed.), *A Globalizing World?,* (Routledge, 2000), p.127, 147［アンソニー・マッグルー「権力移動」デヴィッド・ヘルド編（中谷義和監訳）『グローバル化とは何か——文化・経済・政治』（法律文化社、二〇〇二年）一四一、一六三頁］. 世界規模の「アソシエーション革命」の一つの契機は、ポーランドにおける「連帯」の活動であったといわれるが、それ以後、冷戦の終焉を経て、国際社会におけるCSOの活動は拡大の一途をたどっているのである。

(13) See, e.g., Anne-Marie Slaughter, *A New World Order passim,* (Princeton University Press, 2004). 例えば、北大西洋条約機構（NATO）加盟国の防衛官僚はネットワークを形成し、国内の政治機構を通しての監視を免れる脱政府的な意思決定システムを作り上げているといわれる。See, David Held, *Democracy and the Global Order,* (Polity Press, 1995), p.115［デヴィッド・ヘルド（佐々木寛他訳）『デモクラシーと世界秩序——地球市民の政治学』（NTT出版、二〇〇二年）一三七—一三八頁］. なお、中央政府の官庁のみならず、分権化が進んでいる地方政府にも注目する必要がある。例えば、EU構成国の地方政府は、欧州委員会所在地に代表部を設置したり、地域委員会を通じてEUの政策決定に参画したりしている。

(14) See, e.g., Philip C. Jessup, *Transnational Law passim,* (Yale University Press, 1956). なお、NGOの実行を慣習国際法の成立の基礎となる慣行と位置づけるべきであるとする主張もある。See, *A.L.I. Proc.* 57 (1980), p.65 (Statement of Professor McDougal).

(15) EU法秩序も「脱国家化された法秩序（entstaatlichte Rechtsordung）」と呼ばれる。ハウケ・ブルンクホルスト（三島憲一訳）「デモクラシーによる立憲主義」『思想』九八四号（二〇〇六年）三〇、三六頁参照。

(16) 佐藤哲夫『国際組織法』（有斐閣、二〇〇五年）八—一〇頁参照。

(17) 佐藤、前掲書、三五八頁。

(18) 横田洋三編『新国際機構論（上）』（国際書院、二〇〇六年）四三—四六頁（横田執筆）参照。Cf. Philippe Sands & Pierre Klein, *Bowetts Law of International Institutions*, 5th ed., (Sweet & Maxwell, 2001), pp.441-456（国際組織法を、国際組織の内部関係を規律する内部法（基本条約および固有法）と、国際法と国内法の形式をとって当該国際組織と第三者との関係を規律する外部法とに区別する）.

(19) Immanuel Kant, Die Metaphysik der Sitten, in Königlich Preußischen Akademi der Wissenschaften (hrsg.), 6 *Kants gesammelte Schriften*, (Georg Reimer, 1914) (1797), S.203, 311［イマニュエル・カント（樽井正義、池尾恭一訳）『カント全集11』（岩波書店、二〇〇二年）一五二—一五三頁］. コスモポリタン法という概念は、私法の分野ではローマ教会の法および商慣習法 (lex mercatoria) について用いられることがある。See, Daniel Coquillette, "Ideology and Incorporation III: Reason Regulated: The Post-Restoration English Civilians," 1653-1735, *B.U. L. Rev.* 67 (1987) p.289, 293.

(20) Kant, *supra* note 4, S.349［邦訳二六一—二六二頁］.「他の成員に物理的影響を与える」一員への言及は、九・一一事件の実行犯のようなテロリストを想起させる。後述注62参照。

(21) See, Kant, *supra* note 19, S.352-53［邦訳二〇四—二〇五頁］(emphasis in original). コスモポリタン法によって保障されるべき権利には、国家に対抗的に保障されるべき個人の諸権利が含まれる。See, James Bohman & Matthias Lutz-Bachmann, *Introduction to Perpetua Peace* (James Bohman & Matthias Lutz-Bachmann eds.), (MIT Press, 1997) p.1, 7［ジェームズ・ボーマン、マティアス・ルッツ＝バッハマン（田辺俊明訳）「序章」ジェームズ・ボーマン、マティアス・ルッツ＝バッハマン編（紺野茂樹他訳）『カントと永遠平和』（未來社、二〇〇六年）六、一四頁］.

(22) See, Immanuel Kant, Über den Gemeinspruch, in Königlich Preußischen Akademie der Wissenschaften (hrsg.), 8 *Kants gesammelte Schriften*, (Georg Reimer, 1912) (1793), S.273, 310-312［イマニュエル・カント（北尾宏之訳）「理論と実践」（福田喜一郎他訳）『カント全集14』一五九、二一九、二二二頁（岩波書店、二〇〇〇年）］.

(23) See, Kant, *supra* note 4, S.355-57, 367［邦訳二七一—二七三、二八七—二八八頁］（「自由な連盟制度」は「非常に活発な競争による力の均衡によってもたらされ、そして保証される」とする).

(24) See, Kant, *supra* note 19, S.350-351［邦訳二〇二―二〇三頁］(emphasis in original). ハーグは一七一〇年代に数回続けて講和会議および条約締結会議の開催地となった。なお、カントの「自由な連盟制度」の構想に最も近いものは、NATOであるといわれる。See, Jeremy A. Rabkin, *Law Without Nations ?*, (Princeton University Press, 2005), p.148 n.43.

(25) Kant, *supra* note 4, S.360［邦訳二七七頁］.

(26) 公表性を基礎とする非公式なコミュニケーションを経由して立ち現れる法と最も近いものは、国境横断的な相互承認制度であるといわれる。See, Kalypso Nicolaidis & Gregory Shaffer, *Transnational Mutual Recognition Regimes: Governance Without Global Government*, Law & Contemp. Prob. 68 (2005), p.263, 266, 299.

(27) See, Kant, *supra* note 4, S.360［邦訳二七七頁］.

(28) カントは、コスモポリタンに「書物をとおして本来の意味における公衆に語りかける学者」として活動することを期待していた。See, Immanuel Kant, „Beantwortung der Frage: Was ist Aufklärung?," in Königlich Preußischen Akademie der Wissenschaften (hrsg.), 8 *Kants gesammelte Schriften*, (Georg Reimer, 1912) (1784), S.33, 37［イマニュエル・カント（北尾宏之訳）「啓蒙とは何か」（福田喜一郎他訳）『カント全集14』（岩波書店、二〇〇〇年）二三、二八頁］. ただし、カントが前提としていた「書物を基盤とする文芸共和国（respublica literalia）」は、マス・メディアの進化によって掘り崩されている。印刷メディアと比べて説明責任を追及されにくい音声・映像メディアを基盤として文芸共和国を建設することは困難なのである。See, James Bohman, "The Public Spheres of the World Citizen," in James Bohman & Matthias Lutz-Bachmann (eds.), *Perpetual Peace,* (MIT Press, 1997), p.179, 196［ジェームズ・ボーマン（田辺俊明訳）「世界市民の公共圏」、ジェームズ・ボーマン、マティアス・ルッツ＝バッハマン編（紺野茂樹他訳）『カントと永遠平和』（未來社、二〇〇六年）一六四、一八五頁］.

(29) 例えば、欧州人権裁判所（ECHR）の判決は、その不履行が欧州の公論の強い反応を招くので、国際司法裁判所の判決よりも履行されることが多いといわれる。See, D.W. Bowett, "Contemporary Development in Legal Techniques in the Settlement of Disputes," *Collected Courses Hague Acad. Int'l L.* 180 (1983-II), p.169, 216.

(30) 「なるべく広い地理的基礎に基づいて採用することの重要性」にも妥当な考慮が要求される。See, U.N. Charter art. 101,

para. 3. この要求は、加盟国の政府代表としての代表性の保障を目的とするものではなく、国連事務局の活動が加盟国全体に受け入れられるために、国連事務局に多様な文化や法系を反映させることを目的とすると考えられる。

(31) 最上敏樹『国際機構論』（二版、東京大学出版会、二〇〇六年）九九、一七九、二五三—五四頁参照。

(32) See, Jürgen Habermas, "Kant's Idea of Perpetual Peace, with the Benefit of Two Hundred Years' Hindsight," in James Bohman & Matthias Lutz-Bachmann (eds.), *Perpetual Peace,* (MIT Press, 1997), p.113, 134〔ユルゲン・ハーバーマス（紺野茂樹訳）「二〇〇年後から見たカントの永遠平和という理念」、ジェームズ・ボーマン、マティアス・ルッツ＝バッハマン編（紺野茂樹他訳）『カントと永遠平和』（未來社、二〇〇六年）一〇八、一三五頁〕.

(33) See, Daniele Archibugi, "From the United Nations to Cosmopolitan Democracy," in Daniele Archibugi & David Held (eds.), *Cosmopolitan Democracy,* (Polity Press, 1995), p.121, 146-147.

(34) I.C.J. Statute art. 2.

(35) 佐藤義明「国際司法裁判所における強制的管轄権の意義」『本郷法政紀要』七号（一九九八年）二五五、二六四頁参照。

(36) EC条約第二四九条が列挙している規則、命令および決定に加えて、EC裁判所が判例法として発展させてきた「共同体の法の一般原則」——ヨーロッパの新しい共通法（jus commune）と呼ばれる——もEU立法に含めることができる。

(37) 欧州憲法条約草案第I—六〇条一項はEUから脱退する権利を明文で規定した。リスボン条約第四九A条もこの規定は維持している。

(38) 一九九〇年にはすでに、フランス議会が制定した新規立法のうち約半数がEU法から派生したものであったといわれる。See, G.F. Mancini, "Europe: The Case for Statehood," in *Democracy and Constitutionalism in the European Union,* (Hart Pub., 2000), p.51, 64. それらは形式的には国内法であるが、EU法のいわば「延長された表現型（extended phenotype）」ということができる。

(39) See, e.g., Treaty Establishing the European Community art. 251, para. 2. もっとも、構成国は、それ自体約二五〇〇人の事務局を擁する常駐代表委員会（CORPER）を通して、欧州委員会の発案に対して修正の示唆などの統制を及ぼしている。それゆえ、EUの超国家性は「政府間主義によってコントロールされた」ものであるといわれる。最上、前掲書（註三一）一八〇頁参照。

(40) See, e.g., Treaty Establishing the European Community art. 249.

(41) Treaty Establishing the European Community art. 223.

(42) EU構成国が直接任免するならば、EU公務員がコスモポリタンとして行動することは困難になる。しかし、例えば、欧州委員の罷免はEC裁判所に委ねられており、その独立性が強く保障されている。See, Treaty Establishing the European Community art. 216.

(43) デヴィッド・ヘルド「日本語版への序文」デヴィッド・ヘルド編（中谷義和監訳）『グローバル化とは何か』（法律文化社、二〇〇二年）i、iii－v頁参照。

(44) See, McGrew, *supra* note 12, p.153［邦訳一七一頁］. コスモクラシーを担うエリートの中核は、専門家の知識共同体（epistemic community）であり、それは社会的問題を専門的な対処に委ねるべきものとして脱政治化する。See, McGrew, *supra* note 12, p.159［邦訳一七七頁］. そこで、そのような処理に異議を申し立てる団体は、人々の情緒的反応を喚起するという戦略を用いることになる。See, McGrew, *supra* note 12, p.155［邦訳一七二頁］.

(45) Treaty on European Union art. 1.

(46) 欧州議会について、例えば、岡村堯『ヨーロッパ法』（三省堂、二〇〇一年）一二一－一三四頁参照。

(47) See, Treaty Establishing the European Community art. 189.

(48) 政府の訓令の下に活動する政府代表を排除した国際機関として最古のものは、一九四九年に設立された欧州審議会（CoE）の議会総会である。その議員は間接選挙によって選出される。See, Council of Europe Statute art. 25 (a).

(49) See, Treaty Establishing the European Community art. 192.

(50) See, Treaty Establishing the European Community art. 215.

(51) See, Treaty Establishing the European Community art. 201.

(52) See, Treaty Establishing the European Community art. 21, 194.

(53) See, Treaty Establishing the European Community art. 195.

(54) See, Bohman, *supra* note 28, p.189［邦訳一七六－一七七頁］.

(55) 国民としてのアイデンティティと他のアイデンティティとを複数もちうると教育しうる限り、コスモポリタニズムは、地方